Erinnerung an die Natur

Reihe »Geschichte des Natur- und Umweltschutzes«, Band 2
herausgegeben von Joachim Radkau, Hans-Werner Frohn und Thomas Neiss
im Auftrag der Stiftung Naturschutzgeschichte, Königswinter

Friedemann Schmoll, Dr. rer. soc., ist Privatdozent am Ludwig-Uhland-Institut für Empirische Kulturwissenschaft der Universität Tübingen.

Friedemann Schmoll

Erinnerung an die Natur

Die Geschichte des Naturschutzes im deutschen Kaiserreich

Campus Verlag
Frankfurt / New York

Bibliografische Information der Deutschen Bibliothek
Die Deutsche Bibliothek verzeichnet diese Publikation in der
Deutschen Nationalbibliografie. Detaillierte bibliografische Daten
sind im Internet über http://dnb.ddb.de abrufbar.
ISBN 3-593-37355-6

Satz: Satz-Studio Rolfs, Dreis-Brück
Gedruckt auf säurefreiem und chlorfrei gebleichtem Papier.
Printed in Germany

Inhalt

Dritter Teil: Mensch und Tier

Geleitwort

Im vergangenen Jahr trat die Stiftung Naturschutzgeschichte mit dem ersten Band der Schriftenreihe »Geschichte des Natur- und Umweltschutzes« an die Öffentlichkeit. In diesem viel beachteten Sammelwerk erörterten zwanzig Autorinnen und Autoren die schwierigen Beziehungen zwischen dem Nationalsozialismus und der sozialen Bewegung Naturschutz. Heute freuen wir uns, mit dem zweiten Band unserer Schriftenreihe erneut eine Arbeit vorlegen zu können, die den Anspruch auf eine systematische Auseinandersetzung mit einer für den Naturschutz prägenden Epoche erheben kann. Friedemann Schmoll untersucht in seiner Habilitationsschrift das Kaiserreich und damit genau jene historische Phase, in der aus Einzelstimmen und Einzelpersonen die breite Bewegung des Naturschutzes mit gesellschaftlichem Gewicht entstand. Die Gründungen zahlreicher Verbände wie des »Bundes für Vogelschutz« (1899), des »Bundes Heimatschutz« (1904) oder des »Vereins Naturschutzpark« (1909), aber auch die Institutionalisierung einer staatlichen Naturdenkmalpflege in Preußen (1906) belegen, daß der Schutz der Natur zu einem zentralen Aspekt für das Selbstverständnis moderner Gesellschaften geworden war. Der Titel des hier vorzulegenden Buches *Erinnerung an die Natur* entfaltet unterschiedliche Bedeutungsdimensionen, die das Engagement der frühen Naturschützerinnen und Naturschützer bestimmten. Hier formierte sich auf der einen Seite eine soziale Bewegung, deren Mitglieder sich den Belangen der Natur verschrieben und ihr Engagement mit einem moralischen Appell verbanden. Schmoll zeigt auf der anderen Seite auch, daß der Naturschutz um 1900 (ähnlich wie die Denkmalpflege oder die Volkskunde) Erinnerungsarbeit betrieb und mit dazu beitrug, das Gedächtnis moderner Gesellschaften auszubilden, indem vielfältige Wege des Umgangs mit dem natürlichen Erbe gesucht wurden. In seinen auf breitem Quellenmaterial fußenden Erörterungen zur Geschichte der Naturdenkmalpflege, zum Vogelschutz und zum Heimatschutz entfaltet der Tübinger Kulturwissenschaftler all jene ökologischen, ethischen und ästhetischen Motive, welche die Zeitgenossen um 1900 bewegten, als sie Einspruch gegen einen immer mehr auf Nutzen und Ausbeutung zielenden Umgang mit der Natur erhoben. Ich freue mich, daß unsere anspruchsvolle Schriftenreihe mit diesem grundlegenden Werk zur frühen Geschichte des organisierten Naturschutzes fortgesetzt werden kann.

Albert Schmidt

Einführung

Anfang der 1930er Jahre brachte der Wiener Wissenschaftstheoretiker Otto Neurath (1882-1945) die Verschiebung der Kräfteverhältnisse zwischen Natur und Mensch auf eine griffige Formel: »Der Mensch wird immer unabhängiger vom Boden, auf dem er lebt. (...) Wenn früher ein Mensch und ein Sumpf zusammenkamen, verschwand der Mensch, jetzt der Sumpf.«[1] Mit den modernen Möglichkeiten, Natur zu unterwerfen, schien menschliche Zivilisation sich endgültig aus bislang gültigen Abhängikeiten befreit zu haben. Damit einher ging jene Umkehrung in der Beziehung zwischen Mensch und Natur, die Friedrich Schiller in seinen Briefen zur ästhetischen Erziehung Ende des 18. Jahrhunderts dem Zeitalter der Vernunft zur Aufgabe gestellt hatte: »Aus einem Sklaven der Natur, solange er sie bloß empfindet, wird der Mensch ihr Gesetzgeber, sobald er sie denkt.«[2] Als sich allerdings um 1900 Entwicklungsprozesse in Wirtschaft, Technik, Industrie, Verkehr und Wissenschaft schneller und immer schneller vollzogen, schien die Bemächtigung der Natur durch den Menschen einen Grad erreicht zu haben, der auch Fragen nach den kulturellen und ökologischen Folgen dieser Umkehrung aufwarf. Mehr und mehr Skeptiker stellten den Errungenschaften ihrer Gegenwart die Verluste in ihren Beziehungen zur Natur und die Risiken modernen Naturumgangs gegenüber.

Keinesfalls einstimmig begleiteten um 1900 zeitgenössische Chronisten die Entfaltung von wissenschaftlichem und technischem Fortschritt mit Euphorie. In diesem Zeitraum mehrten sich die Stimmen, die Natur nicht mehr primär als feindliches Gegenüber, sondern als Objekt bewahrender Zuwendung bestimmten: »Mit den gewaltigen Mächten der Natur mußte diese Menschheit durch ungezählte

1 Otto Neurath: Empirische Soziologie, in Ders.: Gesammelte philosophische und methodologische Schriften, Bd. 1, hrsg. v. Rudolf Haller u. Heiner Rutte, Wien 1981, S. 507.

2 Friedrich Schiller: Ueber die ästhetische Erziehung des Menschen in einer Reihe von Briefen, in: Schillers Werke. Nationalausgabe. Unter Mitwirkung von Helmut Koopmann herausgegeben von Benno von Wiese, 20. Bd., Weimar 1962, S. 395.

Reihen von Generationen zähe und gefahrvolle Kämpfe auskämpfen, ehe ihr Dasein gegen die Naturmächte gesichert erschien. Und nun, seit dem Ausgange des neunzehnten Jahrhunderts erst, wird den Kulturvölkern voll bewußt, daß nicht nur der Mensch gegen die Naturmächte, sondern umgekehrt auch die Natur gegenüber menschlichem Tun eines Schutzes bedarf.«[3] Natur präsentierte sich jetzt nicht mehr als bedrohende Größe und als Quell unkalkulierbarer Gefährdungen. Natur selbst schien in dieser historischen Phase eines scheinbar entfesselten Kapitalismus und zügelloser Industrialisierung zur bedrohten Größe geworden, die der bewahrenden Inobhutnahme bedurfte, um die zerstörerischen Potentiale der Zivilisation zu kontrollieren.

In dieser Studie geht es um Naturschutz in Deutschland, also um Bewegungen, die spätestens seit den Industrialisierungsschüben der 1890er Jahre gegenüber der Dominanz instrumenteller Naturaneignung alternative Naturbeziehungen einklagten. Naturschutz kontrastierte das in modernen Gesellschaften dominante Bild der Natur als Objekt instrumenteller Vernunft mit einem Verständnis, das über deren zweckgerichtete Nutzung hinauswies. Sie wurde innerhalb jener Veränderungsprozesse der Industrialisierung, Urbanisierung, Rationalisierung, Demokratisierung und Individualisierung, die im Gesamt als Modernisierung verstanden werden, auch zu einem Objekt des Bewahrens. Thema dieser Arbeit sind also die sich im Rahmen dieser Modernisierungsprozesse formierenden Ambivalenzen von Verlust und Rettung, Bewahrung und Vernichtung, die für den Umgang der Moderne mit Natur signifikant erscheinen.

Die hier intendierte Auseinandersetzung mit Naturschutz wird von folgenden Annahmen getragen:

- Die Frage nach der Natur wird für moderne Gesellschaften zu einer zentralen Frage, und dies betrifft sowohl die Beziehungen zur Natur als einer stofflich-naturalen wie auch einer symbolisch-kulturellen Realität. Vormodernen Gesellschaften, deren kulturelle Stabilität permanent durch die Natur gefährdet schien, mußte die Vorstellung, daß die Natur vor der Kultur zu schützen sei, fremd erscheinen. In der Moderne wird eine solche Sichtweise aber zum quasinatürlichen Blick auf Natur. Die Vorstellung einer Verantwortung für Natur schreibt sich in die Kultur – hier verstanden als ein tradiertes und symbolisch codiertes System von Vorstellungen, Auffassungen und Bedeutungen – auf vielfältige Art und Weise ein: in Alltagshandlungen, Wertvorstellungen und

3 Max Haushofer: Der Schutz der Natur (= Veröffentlichungen des Landesausschusses für Naturpflege, Nr. 1), München 1906, S. 3.

Normen, die Institutionen der Gesellschaft, in soziales und politisches Handeln. Dieser Prozeß soll in der vorliegenden Arbeit für den Zeitraum des späten 19. und frühen 20. Jahrhunderts nachgezeichnet werden; es geht also um die Frage, warum, wie und durch wen Natur zum Gegenstand gesellschaftlicher Auseinandersetzungen wurde.

- Entgegen dem oft kultivierten Selbstbild von Naturschützern handelt es sich um eine äußerst erfolgreiche gesellschaftliche Bewegung. Ihre Anliegen wurden innerhalb kürzester Zeit als Fragen des Gemeinwohls und öffentlichen Interesses auch vom Staat anerkannt. Entscheidend hierfür ist in Deutschland die kurze Zeitspanne zwischen den Industrialisierungsschüben der 1890er Jahre und dem Ausbruch des Ersten Weltkriegs. Hier bildeten sich private und staatliche Institutionen aus, die sich durch eine erstaunliche Langlebigkeit auszeichnen sollten. In diesem Zeitraum wurde Naturschutz der Grauzone zwischen gesellschaftlicher Selbstorganisation und Staat überantwortet, wo er bis zur Ökologisierung und Politisierung des Umweltschutzes in den 1970er Jahren verbleiben sollte.
- Dem übergeordneten Anliegen, einem Primat der Ökonomie den Primat der Natur entgegenzusetzen, blieb dagegen »Erfolg« (insofern sich ein solcher überhaupt bemessen ließe) weitgehend versagt. Obgleich Natur sowohl in ihren materialen wie symbolischen Dimensionen in modernen Gesellschaften als kostbares Gut gehandelt wird, vermochte die Formulierung von Naturinteressen der Entfaltung industrieller Systeme keine grundsätzlich andere Richtung zu geben. Naturschutz fungierte eher als symbolisches Korrektiv und Regulierungsinstrument zwischen der Ökonomie und einer Gesellschaft, die ganz unterschiedliche Formen der Teilhabe an Natur einforderte. Die Bewahrung von Natur erweist sich in gesellschaftlichen Differenzierungsprozessen als die »andere« Seite der Vernichtung und fußt auf Entzweiungsstrukturen und Ambivalenzen der Moderne. Vernichtung und Bewahrung erweisen sich als nur scheinbar gegensätzliche und nur vordergründig sich ausschließende Auseinandersetzungsmöglichkeiten mit Natur. Tatsächlich sind sie in ihrer Gleichzeitigkeit ein Grundmuster moderner Naturbeziehungen und ermöglichen in ihrer Wechselbeziehung erst Modernisierung. Die mit Berufung auf Natur vorgetragenen Einwände gegen die Moderne werden also zum Ideenpool kultureller Modernisierung.
- Die Praxis des Schützens von Natur folgte um 1900 keinesfalls der Absicht, eine materielle Lebensgrundlage oder ökologische Größe zu erhalten. Vielmehr ging es in Zeiten beschleunigten historischen Wandels, wie im Falle der Denkmalpflege und anderer Konservierungsagenturen auch, um Prozesse der

Identitätsstiftung. Naturschutz reagierte auf Prozesse der Enttraditionalisierung durch Sicherung von Herkunftsgewißheit. Sein Anliegen zielte im Kaiserreich keinesfalls auf die Lösung moderner Umweltprobleme. Es ging statt dessen um die Rettung des Vorgefundenen und seine Transformation in den Gemeinbesitz moderner Gesellschaften.

- Wie Naturzuwendung und Zivilisationskritik innerhalb von Modernisierungsprozessen gedeutet werden, hängt von geschichtstheoretischen Standpunkten ab. Wird, wie in einem gesellschaftsgeschichtlichen Modell, in der »wachsenden Herrschaft des Menschen über seine natürliche und soziale Umwelt« fraglos der »Hauptgewinn des Modernisierungsprozesses«[4] erachtet, dann erscheinen Gegenströmungen wie Naturschutz und Heimatpflege primär als Abweichung und regressiver Protest. Verstanden im Kontext der Zeit und als Versuch, eine spezifische Form moderner (Zweck-)Rationalität zu hinterfragen, erscheinen vermeintlich antimoderne Bewegungen hingegen als angemessene und ausgesprochen »moderne« Versuche, Entfremdungserfahrungen und ökologische Gefährdungen zu thematisieren.
- Versteht man den Naturschutz des späten Kaiserreichs mit seinen Kommentierungen der Moderne als potentiell offene Suchbewegung, entzieht er sich eindeutigen Zuordnungen. Die Frage nach Natur differenzierte und strukturierte die bürgerliche Gesellschaft nach neuen Maßstäben und Regularien. Eingedenk der Heterogenität dieser Bewegung, die sich quer zu gängigen gesellschaftlichen und politischen Lagern stellte, erweist sie sich nicht als Monopol des politischen Konservatismus, sondern als neue Form von Vergesellschaftung.

1. »Die Kultur als Hauptfeind der Natur«: Zeitdiagnosen und Wirklichkeitsbeschreibungen

Die Gefährdung menschlicher Existenz durch Natur, und diese Erfahrung war vorangegangenen Zeitaltern unbekannt, schien im Zeitalter der Industrialisierung kalkulierbar geworden. Längst hatten sich in zeitgenössischer Wahrnehmung die Verhältnisse umgekehrt, wenn etwa August Heerwagen »Die Kultur als Hauptfeind der Natur« ausmachte.[5] Nicht mehr die Sphäre der Natur barg Risiken, sondern die Zivilisation, die sie ausgemessen, gezähmt und beherrschbar gemacht

4 Hans-Ulrich Wehler: Modernisierungstheorie und Geschichte, Göttingen 1975, S. 17.

5 August Heerwagen: Die Kultur als Hauptfeind der Natur, o.O. u. o.J. [Nürnberg 1909].

hatte. Der Umbau der mitteleuropäischen Welt – unübersehbar im überbordenden Wachsen der Städte und den Veränderungen des Landschaftsbildes – verlief in einem atemberaubenden Tempo, das Fragen nach den Grenzen menschenmöglichen Umgangs mit Natur provozierte. Was also veränderte sich um 1900, wenn über Natur geredet wurde? Wer meldete sich zu Wort, wenn diese als bedrohte Größe zur Disposition gestellt wurde? Welche Argumente wurden vorgetragen, wenn ihr Schutz eingefordert wurde? Viele Beschreibungsszenarien stellten den Segnungen des Fortschritts nun das Gegenbild einer ästhetisch korrumpierten und biologisch verarmten Natur entgegen:

»Die Ausbreitung der Kultur, die Zunahme der Bevölkerung und das daraus entspringende Bestreben, jeden Erdenfleck und jeden Wasserlauf dem Menschen nutzbar zu machen, haben eine Umgestaltung der Erdoberfläche hervorgebracht, die nicht ohne tiefgehende Einwirkung auf den landschaftlichen Charakter, auf Pflanzen- und Tierwelt fast aller von Menschen bewohnten Gebiete unseres Planeten geblieben ist. Allenthalben herrscht das Nützlichkeitsprinzip: Ödlandflächen werden unter den Pflug genommen, Feldgehölze und Hecken gerodet, urwüchsige Wälder in gleichförmige, nüchterne Forstbestände umgewandelt, Ströme und Flüsse reguliert, Wildwässer gebändigt, Quellen gefaßt, Moore und Sümpfe trocken gelegt. (...) In demselben Ausmaße, wie die Kultur sich ausbreitet, gehen Pflanzen- und Tierwelt zurück.«[6]

Für diese Naturzerstörungen wurde die Wirtschaftsgesinnung in einem ungezügelt sich entfaltenden Kapitalismus verantwortlich gemacht. »Die rastlos fortschreitende Kultur«, so Fürst Wilhelm von Hohenzollern (1864-1927), »die Sucht, alle Schätze des Erdbodens und der lebenden Natur dem Geldgewinne dienstbar zu machen, hat es darin gebracht, daß die Naturschönheiten nicht nur unseres deutschen Vaterlandes, sondern der ganzen zivilisierten Welt ernstlich bedroht waren, der Ausbeutung durch den Staat, die großen Aktiengesellschaften und einige Großkapitalisten zum Opfer zu fallen und allmählich ganz zu verschwinden.«[7] In diesem Kapitalismus wurden destruktive Kräfte gesehen, so daß Forderungen zum Schutz von Menschen erhoben wurden. Werner Sombart (1863-1941), Volkswirtschaftler und Mitglied im »Bund Heimatschutz«, klagte solchen Schutz auch für die »Landschaft« ein:

»Die Kraft, die in der kapitalistischen Organisation steckt und die erzeugt wird durch den schrankenlosen Erwerbstrieb ist eine so ungeheure, daß sie, wo sie sich frei betätigt, rings um sich herum Land und Menschen, Kultur und Gesittung, alles einfach kurz und klein schlägt. Man muß deshalb diesme [im Original] wilden Tiere Zügel anlegen, damit es seine Kraft zwar betätigen, jedoch

6 Julius R. Haarhaus: Ziele und Ergebnisse der Naturschutzbewegung, in: Die Grenzboten. Zeitschrift für Politik, Literatur und Kunst, 72. Jg. (1913), S. 33.

7 Fürst Wilhelm von Hohenzollern: Gedanken und Vorschläge zur Naturdenkmalpflege in Hohenzollern, Berlin 1911, S. 1.

seiner Umgebung nicht durch allerhand Unarten schädlich zu werden vermag. Was in viel weiterem Umfange und viel energischer als bisher gegen die Verwüstungen durch den Kapitalismus zu schützen wäre, ist das Land, richtiger die Landschaft. Ich denke hier an die Verunstaltungen, die unausgesetzt durch die Anlage gewerblicher Etablissements den schönsten Gegenden unseres Landes zuteil werden; an den Mißbrauch geweihter Stätten zu Reklame- und anderen Geschäftszwecken, denke vor allem auch an die Verwüstung der Wälder, wie sie als eine notwendige Folge der rein geschäftlichen Ausnutzung des Waldes eintreten muß. Wenn man heute über den Holzlagerplatz einer Parkettfabrik geht und sieht hier die hundertjährigen Eichen in massenhafter Menge aufgestapelt, aus denen dann die Parkettbrettchen für unsere elenden Stadtwohnungen gefertigt werden, so fragt man sich, ob es denn überhaupt noch in ein paar Jahrzehnten, wenn die letzten alten Waldbestände beseitigt sind und alles in eine kümmerliche städtische Kultur umgewandelt ist, ob es sich dann überhaupt noch der Mühe lohnt, weiter zu leben, denn diese Überführung des Eichbaums in die Mietskaserne, ebenso wie die Transsubstation des Fichtenstammes zum inhaltslosen Zeitungsblatt ist gleichsam nur ein Symbol für den großen Entwicklungsgang, den unsere Zeit durchgemacht hat.«[8]

Kategorisch sich verweigernde Stellungnahmen gegen den Kapitalismus waren freilich eher die Ausnahme; geschweige denn kann von einheitlichen Positionierungen ausgegangen werden. Eher schon ging es darum, daß der Staat dem Kapitalismus Grenzen aufzeigen sollte, wie dies etwa der Nationalökonom und Heimatschützer Carl Johannes Fuchs (1865-1939) immer wieder forderte.[9]

In den Bewegungen des Natur- und Heimatschutzes artikulierten sich also Reformbestrebungen, die den Primat wirtschaftlicher Nutzung anzweifelten und auf die Folgen der Nützlichkeitsideologien für Natur und Kultur verwiesen. Eine nur auf Effizienz und technische Machbarkeit zielende Ausbeutung der Natur wurde hier im weitesten Sinne als ästhetische und biologische Verarmung erfahren. Umgekehrt wurde die Verfaßtheit der Natur, ihr ästhetisches Erscheinungsbild genauso wie ihr biologischer Reichtum, nun zu einem maßgeblichen Parameter, mit dem Entwicklungen der Gegenwart bewertet werden konnten. Die Veränderungen des äußeren Erscheinungsbildes der Natur waren den Natur- und Heimatschützern, die sich nun in Vereinen formierten, untrügliches Indiz für ein folgenschweres Herauslösen menschlicher Zivilisation aus den Einbindungen in

8 Werner Sombart: Gewerbewesen. Zweiter Teil, Leipzig 1904, S. 118f.

9 Vgl. Carl Johannes Fuchs: Heimatschutz und Volkswirtschaft. Vortrag gehalten (...) in Stockholm am 6. April 1923. Eigenhändiges Manuskript im Nachlaß Carl Johannes Fuchs, Universitätsbibliothek Tübingen, Md 878. Fuchs präsentierte diese Ansichten bereits 1904 auf der Gründungsversammlung des Bundes Heimatschutz in Dresden und entwickelte sie kontinuierlich weiter. Vgl. auch Carl Johannes Fuchs: Heimatschutz und Volkswirtschaft, in: Mitteilungen des Bundes Heimatschutz, 1. Jg. (1904/05), S. 17-23; Ders.: Heimatschutz und Volkswirtschaft, Halle a. d. S. 1905 (= Flugschriften des Bundes Heimatschutz, 1).

natürliche Zusammenhänge. Veränderung wurde auch als Verlust beschrieben. Die durch Flurbereinigungen und Meliorationen vorgenommene Umgestaltung traditionaler Kulturlandschaften zu modernen Agrarlandschaften und die durch Mechanisierung und Chemisierung möglich gewordenen Nutzungsintensivierungen wurden nicht etwa als Voraussetzungen für eine trotz rasantem Bevölkerungswachstum befriedigende Lösung der bis dato niemals längerfristig gelösten Ernährungsfrage begrüßt. Die nach den Gesetzen der Geometrie arrondierte und am Reißbrett entworfene Landschaft symbolisierte statt dessen das rigorose Diktat der Nützlichkeit und damit das Herausfallen des modernen Menschen aus seinen organischen Bindungen in Natur und Geschichte.

Den Bewegungen des Naturschutzes ging es um Bedrohungen des Lebens in allgemeinstem Sinne. Die Veränderungen der äußeren Natur wurden deshalb synchron zu Veränderungen der inneren Verfassung des Menschen gelesen. Die unbarmherzige Zerstörung vertrauter Landschaft, so Ludwig Klages (1872-1956) in seinem Beitrag für die Feier der freideutschen Jugendbewegung auf dem Hohen Meißner 1913, kündige das »Zeitalter des Unterganges der Seele«[10] an. Als verantwortlich für die allerorten grassierende Verachtung der Natur wurden nicht nur von dem untergangsgläubigen Lebensphilosophen der Triumph von »Mammonismus«, »Fortschritt«, »Zivilisation« und »Kapitalismus« benannt.[11] In der sichtbaren Zerstörung der Natur sahen Kritiker wie Ernst Rudorff (1840-1916) untrügliche Symptome des kulturellen Niedergangs:

»Die Welt wird nicht nur häßlicher, künstlicher, amerikanisirter mit jedem Tag, sondern mit unserm Drängen und Jagen nach den Trugbildern vermeintlichen Glücks unterwühlen wir zugleich unablässig, immer weiter und weiter den Boden, der uns trägt. (...) Gerade so verhält sich unser heutiger Materialismus zu der Begeisterung früherer Zeit. Er ist nichts, so strotzend er sich geberdet, als das Zeichen beginnenden Absterbens. Unsre sinnlich gerichtete Über- und Afterkultur schlägt schließlich in Barbarei, in innere Verrohung um.«[12]

In der Kritik an wachsender Naturausbeutung mischten sich ethischer Idealismus, sakral überhöhter Naturglaube und tiefes Unbehagen in einer als dekadent, oberflächlich und entseelt erfahrenen Gegenwartskultur, deren Komplexität und Undurchschaubarkeit mit dem Gegenbild einfacher und authentischer Natürlichkeit kontrastiert wurde. »Man könnte der Ansicht zuneigen«, so Adolf Levenstein, »daß, je größer die Reibungsflächen der Kultur, desto intensiver das Natur-

---

10 Ludwig Klages: Mensch und Erde, in: Ders.: Mensch und Erde. Sieben Abhandlungen. Dritte, erweiterte Auflage, Jena 1929, S. 28. [1913]

11 Ebda., S. 34.

12 Ernst Rudorff: Heimatschutz, in: Grenzboten, 56. Jg. (1897), Nr. 2, S. 465f.

gefühl.«[13] Oder, in den Worten des Schriftstellers Max Kemmerich (1876-1932): »Wenn die Kultur einen gewissen Höhepunkt erreicht hat, stellt sich die Sehnsucht nach der Natur ein.«[14] In diesem Krisen- und Niedergangsbewußtsein avancierte die Sphäre unberührter Natur zur verheißungsvollen Gegenwelt einer maroden Kultur und einer nur mehr funktionalen und mechanistischen Zivilisation.

Die Zusammenführung von »Natur«, »Schutz« und »Bewegung« verweist auf ein merkwürdiges Paradoxon dieses gesellschaftlichen Phänomens, das in den Jahren nach 1900 eine starke Breitenwirkung entfalten sollte. Während das Motiv des Schützens unmißverständlich Beharrung und eine retrospektive Bezugsrichtung aufzeigt, enthielt das Selbstverständnis als soziale Bewegung in einer modernen Massengesellschaft das deutliche Bekenntnis, Zukunft gestalten zu wollen. Die Akteure des Naturschutzes verorteten ihre eigene Gegenwart im Kontext eines Geschichtsverlaufs, der als Dreischritt aus Niedergang, Krise und Erneuerung periodisiert wurde: »Niemals aber«, so der Ornithologe Curt Floericke (1869-1934), »hat der Mensch unsinniger, unerbittlicher, grausamer und rücksichtsloser unter der Tier- und Pflanzenwelt gehaust, als während der letzten 5 Jahrzehnte. Klingt es nicht wie schneidender Hohn, ist es nicht eine grausame Ironie des Schicksals, daß gerade das vielgerühmte Zeitalter der Naturwissenschaften unsere Natur so verhunzt hat, wie kein anderes?«[15] Aus solch pessimistischer Diagnose sollte nun Erneuerung erwachsen: »Unsere Zeit hat manche neuen Werte moralischer und ästhetischer Art geprägt, die sich rasch entwickelt haben und zu ungeahnter Mächtigkeit gediehen sind. So ist es auch der Naturschutzbewegung gegangen.«[16]

Es waren die reformwilligen und gebildeten Mittelschichten, die sich in den um die Jahrhundertwende gegründeten Organisationen des Naturschutzes engagierten. Ihre Protagonisten und Stichwortgeber waren nicht selten Außenseiter, die aus akademischen Lebensentwürfen ausscherten oder an den Universitäten keine Aufnahme fanden. Sie drängten auf Überwindung wissenschaftlichen Spezialistentums und engagierten sich als Naturschriftsteller. Leute wie Curt Floericke, Konrad Guenther (1874-1955) oder Carl Georg Schillings (1866-1921) suchten ihre soziale und geistige Nische zwischen Wissenschaft und Öffentlichkeit und

---

13 Adolf Levenstein: Die Arbeiterfrage. Mit besonderer Berücksichtigung der sozialpsychologischen Seite des modernen Großbetriebes und der psycho-physischen Einwirkungen auf die Arbeiter, München 1912, S. 354.

14 Max Kemmerich: Naturschutzparke. Ein Mahnruf, in: Die Hilfe, 13. 11. 1910, Beiblatt.

15 Curt Floericke: Umschau über die Naturschutzbewegung, in: Kosmos, 6. Jg. (1909), S. 97.

16 Ebda., S. 100.

fanden in den Lesern des »Kosmos« oder in den Abonnenten des »Kunstwart« ein Publikum, das sich in ihren Zeitdiagnosen wiedererkannte. Sie nahmen gegenüber den tonangebenden sozialen und intellektuellen Milieus des Kaiserreichs und gegenüber dominanten Leitwerten oft genug non-konformistische Haltungen ein und griffen doch weit verbreitetes Unbehagen und vakante Bedürfnisse auf. Bei aller Heterogenität der noch jungen Naturschutzbewegung schien es einen Konsens über die Ursache der grassierenden Naturzerstörungen zu geben: der Triumph einer technizistischen Zivilisation über eine im Idealismus wurzelnde Kultur. In der Erneuerung der Kultur schien sich deshalb der Königsweg zurück zur Natur zu eröffnen. Die Lösung der Naturfrage verhieß auch Erlösung aus dem Unbehagen in den Zwängen moderner Zivilisation. Wenn auch die Grenzen national zentrierter Naturschutzarbeit bald erfahren werden sollten und einzelne Protagonisten wie der Schweizer Paul Sarasin (1856-1926) im Zeitalter des weltweit operierenden Kapitalismus Lösungen nur in internationalen Konzepten und Kooperationen wähnten,[17] war Naturschutz für das Gros ihrer Protagonisten zuvorderst ein Projekt der nationalkulturellen Rekreation. »Die Naturschutzbewegung«, versicherte Hermann Löns (1866-1914) als Exponent eines vor dem Ersten Weltkrieg noch kleinen völkischen Flügels, »wird vielfach noch als eine rein naturwissenschaftliche Bewegung betrachtet. Das ist sie aber nicht; im Gegenteil, sie ist ein Kampf für die Gesunderhaltung des gesamten Volkes, ein Kampf für die Kraft der Nation, für das Gedeihen der Rasse.«[18]

Die soziale und natürliche Umwelt konnte von einer wachsenden Zahl von Menschen nicht mehr als identitätsverbürgende Einheit wahrgenommen werden; sie erfuhren eine zerrissene, ihrer Traditionen beraubte Welt. Modernisierung ist kein linearer Prozeß stetig fortschreitender Entzauberung und Rationalisierung. Integraler Bestandteil von Modernisierungsprozessen sind gegenläufige Unterströmungen und wiederverzaubernde Gegenbewegungen, die mit wachsenden Möglichkeiten der Naturbeherrschung durch Wissenschaft und Technik auf das ganz »Andere« der Natur verweisen und alternative Aneignungsformen einfordern: ihre emotionale und sympathetische Besetzung, ihre Moralisierung und Sakrali-

---

17 Vgl. Paul Sarasin: Ueber die Aufgaben des Weltnaturschutzes. Denkschrift gelesen an der Delegiertenversammlung zur Weltnaturschutzkommission in Bern am 18. November 1913, Basel 1914. In Opposition dazu Hugo Conwentz: Über nationalen und internationalen Naturschutz. Rede bei der Internationalen Naturschutzkonferenz in Bern, am 18. November 1913, in: Aus der Natur, 10. Jg. (1913), S. 289-300.

18 Hermann Löns: Naturschutz und Rassenschutz, in Ders.: Nachgelassene Schriften. Hrsg. von Wilhelm Deimann, 1. Bd., Leipzig und Hannover 1928, S. 486.

sierung oder die Lust an ihrer ästhetischen Erfahrung. Insofern ist die Gleichzeitigkeit von Naturbeherrschung und Naturschutz kein Widerspruch, sondern Ausdruck der die Moderne kennzeichnenden Ambivalenz ihrer Naturbeziehungen zwischen Anbetung und Ausbeutung.[19] Als der Naturschriftsteller und Bio-Philosoph Raoul H. Francé (1874-1943) in den 1920er Jahren in einem Öko-Science-Fiction eine naturalistische Gesellschaftsutopie skizzierte, da nannte er den Naturschutz als markante Gegenbewegung gegen die dominanten Kräfte des Industriezeitalters:

»Eine kleine Schar von herzenswarmen, natürlich empfindenden Menschen kämpfte zwar verzweifelt um ihr Ideal eines Naturschutzes. (...) Der Staat unterstützte sie verschiedentlich in Kleinigkeiten, aber alles das zusammen erreichte nichts anderes, als daß da und dort eine Blume oder irgend ein Vogel für die letzten Überreste seines Stammes noch eine Freistätte fand. Kaltlächelnd schritt die Allgemeinheit über diese naturliebenden Herzen hinweg und zerstörte im großen, was jene im kleinen hegen und pflegen wollten. Und doch bewahrten gerade diese Verlachten die heilige Flamme, aus der der große Naturheilungsgedanke, der hinter der Kultur der Gegenwart steht und sie erst so groß und so glücklich gemacht hat, emporstieg.«[20]

Tatsächlich mehrten sich um 1900 nicht nur die mahnenden Zwischenrufe. Wenige Jahre, nachdem in den 1890er Jahren in Deutschland die Hochindustrialisierung eingesetzt hatte, kam es in rascher Abfolge zu zahlreichen Gründungen von Vereinen und Verbänden, die sich dem Schutz von Natur und Heimat verschrieben und auf die Grenzen ökonomischen Wachstums verwiesen:

»Bei diesen Riesenschritten menschlicher Kultur muß die Befürchtung rege werden, daß auch manches vernichtet wird, was unwiederbringlich ist, ist es einmal verloren. (...) Aus diesem Gefühl der Sehnsucht nach Natur und der Furcht vor der alles nivellierenden Kultur an Orten, die uns in ihrer natürlichen Schönheit teuer sind, aus diesem Gefühl heraus entstand erst bei einzelnen, dann in rascher Ausbreitung zu breitem Strome anschwellend der Gedanke des Naturschutzes, des Heimatschutzes. Zu dem Streben, die Natur zu schützen, gesellt sich der Gedanke der historischen Pietät für das, was unsere Altvorderen erschaffen. Pietät, dieses tief religiöse Gefühl, ist auch ein Hauptzug der Psychologie des Naturschutzes.«[21]

---

19 Vgl. Klaus Eder: Die Vergesellschaftung der Natur. Studien zur sozialen Evolution der praktischen Vernunft, Frankfurt a.M., insbesondere S. 225-238. Zur Entzweiung von Naturbeziehungen vgl. auch Keith Thomas: Man and the Natural World. Changing Attitudes in England 1500-1800, London 1983.

20 Raoul H. Francé: Phoebus. Ein Rückblick auf das glückliche Deutschland im Jahre 1980, München 1927, S. 38f.

21 Ernst Schwalbe: Schutz der Tierwelt als Naturdenkmäler, in: Naturwissenschaftliche Wochenschrift, NF 10. Bd. (1911), S. 482.

Bereits seit der Reichsgründung hatte der sich zunächst in lokalen Vereinen und dann in reichsweiten Organisationen wie dem »Deutschen Verein zum Schutze der Vogelwelt« (1875) oder dem »Bund für Vogelschutz« (1899) formierende Vogelschutz den Rückgang zahlreicher Vogelarten beklagt und Gegenstrategien entwickelt. Seit dem Jahre 1900 kämpfte der »Verein zum Schutze und zur Pflege der Alpenpflanzen« für die Erhaltung seltener Pflanzen; in naturkundlichen Vereinen, unter Botanikern, Gartenfreunden und Gartenarchitekten wuchs das Bewußtsein um die Gefährdung von Flora und Fauna. Der »Isartalverein« mit Sitz in München wollte seit 1902 naturnahe Flächen in der Umgebung der bayerischen Großstadt der Privatspekulation entziehen und für öffentliche Interessen sichern. Im Jahre 1909 griff der »Verein Naturschutzpark« die US-amerikanische Idee der Nationalparks auf und plante in Deutschland und Österreich Großreservate, in denen möglichst unberührte Natur erhalten werden sollte. Der 1904 gegründete »Bund Heimatschutz« verstand sich als kulturkonservative Erneuerungsbewegung ganzheitlichen Zuschnitts und widmete sich neben dem Schutz der Natur vor allem der Pflege der Volkskultur und der Denkmalpflege. Der »Dürerbund« als Sammlungsbecken der Gebildetenreform stellte mit dem »Kunstwart« sein Sprachrohr den Interessen des Natur- und Heimatschutzes zur Verfügung und wirkte als Popularisator. Bereits seit 1877 kümmerte sich der »Internationale Verein gegen Verunreinigung der Flüsse, des Bodens und der Luft« um Fragen der Fluß- und Gewässerverschmutzung. 1909 wurde ein »Bund zur Erhaltung der Naturdenkmäler aus dem Tier- und Pflanzenreich« gegründet, der das mittlerweile vielfältige Spektrum der Naturschutzvereine zu bündeln gedachte. Sympathie und Engagement für den Schutz der Natur regten sich in den Gebirgs- und Wandervereinen proletarischer und bürgerlicher Provenienz, dem »Deutschen Lehrerverein für Naturkunde«, den seit den 1830er Jahren aktiven Tierschutzvereinen oder der Jugendbewegung. Auf Resonanz stießen die Ideen des Natur- und Heimatschutzes in den Vereinen für ländliche Wohlfahrtspflege oder der Gartenstadtbewegung. Das Bewahren einer »natürlichen« Verfassung des Menschen und eine naturgemäße Lebensführung waren Anliegen der Bewegungen der Lebensreform, die sich in Vereinen für Vegetarismus, Naturheilkunde, Naturismus oder Anti-Lärm-Vereinen organisierten.[22]

Natur und Natürlichkeit wurden für eine wachsende Zahl von Menschen zum Schlüssel für eine als sinnvoll erfahrene Welt. Die wertorientierten und auf poli-

---

22 Einen Überblick der im Kaiserreich aktiven Vereine liefern Konrad Guenther: Der Naturschutz, Freiburg 1910, S. 247-263 sowie Hugo Conwentz: Merkbuch für Naturdenkmalpflege und verwandte Bestrebungen, Berlin 1918, S. 30-71.

tische Partizipation drängenden Vereine bildeten ein weitverzweigtes gegenkulturelles Netzwerk. Sie kämpften für die Rettung von Tier- und Pflanzenarten oder klagten durch Moralisierung einen anderen Umgang mit außermenschlicher Natur ein. Sie fochten gegen eine in ihren Augen ästhetische Verunzierung des landschaftlichen Erscheinungsbildes, kämpften für die Erhaltung von Reliktnaturen und natürlichen Einzelobjekten wie Moore und erratische Blöcke oder größere landschaftliche Einheiten wie Berg- und Heidelandschaften. Sie entwickelten dabei differenzierte Schutzstrategien. Die Naturschützer nützten bei der Durchsetzung ihrer Interessen die vorhandenen kommunikativen und politischen Möglichkeiten zur Herstellung von Öffentlichkeit. Sie starteten Medienkampagnen und bildeten erste Bürgerinitiativen. Solche Initiativen setzten den politischen und wirtschaftlichen Interessen ein oft nicht präzise benanntes, in jedem Falle nicht-materielles Interesse an der Erhaltung der Natur entgegen. Dabei kann freilich von einem Singular »Naturschutz« im Sinne einer homogenen Bewegung, die einheitlich organisiert gewesen wäre und sich weitgehend einheitlichen Zielen verpflichtet fühlte, keine Rede sein. Dahinter steht vielmehr ein Plural an Motiven, Legitimationen und Strömungen. In unterschiedlichen Organisationen waren unterschiedliche Motive tragend: wissenschaftliche, ökologische, ästhetische, ethische, religiöse und andere mehr. Was all diese Bemühungen aber wiederum einte, war der Versuch, Natur Nutzungsformen zu entziehen und zu bewahren, weil diese auch im Zeitalter der Moderne mehr als nur beliebig ausbeutbarer Rohstoff sein sollte.

Indes wäre es verfehlt, Praxis, Wahrnehmungshorizont und Deutungsmuster des sich im Kaiserreich formierenden Naturschutzes mit den Maßstäben eines heutigen Umweltschutzes zu messen, der als Basis seines Handelns primär wissenschaftliches Wissen über natürliche Zusammenhänge nimmt. Die frühe Naturschutzbewegung entwickelte keinen kulturellen Code für die Umweltprobleme der modernen Zivilisation und ignorierte gänzlich die Verhältnisse in den Großstädten und Industrieregionen, wo die Entwicklung von Lösungsmöglichkeiten der Wasser- und Luftverunreinigungen oder Abfallprobleme den Wachstumsprozessen beständig hinterherhinkte. Solche Wahrnehmungsdichotomien waren tief verankert in der Großstadtfeindschaft des deutschen Bildungsbürgertums, das sich kulturell an den Leitmustern vom »Wunschbild Land und Schreckbild Stadt« orientierte.[23] In der modernen Stadt, so das von der Romantik modellierte und über Wilhelm Heinrich Riehl (1823-1897) und Ernst Rudorff in den frühen Natur-

23 Friedrich Sengle: Wunschbild Land und Schreckbild Stadt. Zu einem zentralen Thema der deutschen Literatur, in: Studium Generale, 16. Jg. (1963), S. 619-631.

schutz tradierte Schreckbild, berührten sich, wie dies der württembergische Landeskonservator Eugen Gradmann (1863-1927) formulierte, »Unnatur und ästhetische Unkultur«.[24] Die Großstadt repräsentierte all das, was als bedrohlich und als traditionale Lebensformen zersetzend erfahren wurde: Anonymität, Massengesellschaft, Künstlichkeit, Funktionalität oder die Oberflächlichkeit nur mehr veräußerter Zivilisation. Die Impulse der Naturschutzbewegung galten deshalb vorerst dem Bewahren des Vorhandenen und weniger der Gestaltung der natürlichen Umwelt. Die Natur, der sich der Naturschutz in bewahrender Absicht zuwandte, bestand aus unberührt erscheinenden Landschaftsrelikten oder aus der dem Untergang geweihten bäuerlichen Kulturlandschaft vorindustrieller Provenienz, die in der Vielfalt ihrer Erscheinungsformen eine symbiotische Einheit von Mensch und Natur symbolisierte. Protagonisten wie Eugen Gradmann klagten allerdings auch schon im Kaiserreich ein, daß der Naturschutz nicht nur konservierenden Reliktschutz betreiben dürfe:

»Es wird darauf hingewiesen, daß die Forderung des Naturschutzes, die aus naturkundlichem Interesse fließt, Museumsgeist atme. Allerdings genügt es nicht, wenn wir das uns teure Bild der Heimat erhalten wollen, nur die seltenen Arten zu erhalten in je einem Exemplar und wohl zu verwahren. Wir können aber auch nicht die ganze noch freie Natur als Schonung behandeln, einzäunen und jeder Nutzung entziehen. Die Dinge dem Leben zu entziehen, ist Museumspolitik, ein Verfahren, das wissenschaftlichen Interessen dienen mag, den künstlerischen Sinn aber nicht befriedigen kann.«[25]

Großstädte oder Industrieregionen wurden – mit wenigen Ausnahmen – nicht als Natur identifiziert, so daß sich kein Sensorium entwickeln konnte für die Wahrnehmung und Lösung moderner Umweltprobleme.[26] Hier liegt denn auch der Grund für die Ausbildung zweier unabhängiger Traditionsstränge in der gesellschaftlichen Auseinandersetzung mit der natürlichen Umwelt, die erst in den neuen sozialen Bewegungen des Umweltschutzes während der 1970er Jahre zueinander kommen sollten. Bis zu den modernen ökologischen Konzepten, bei denen das romantische Konstrukt einer ahistorischen und weitgehend unberührten Ursprungsnatur durch einen offeneren und politisierten Umweltbegriff abgelöst wurde, schien die »Isolation von Naturschutz und urban-industriellem Umweltschutz (...) geradezu konstitutiv. Dieser wurde nur innerhalb der Stadt betrieben, jener kam nur außerhalb in Frage. Stand hier der pragmatische Ausgleich privatrechtlicher Kon-

---

24 Eugen Gradmann: Heimatschutz und Landschaftspflege, Stuttgart 1910, S. 4.

25 Ebda., S. 21.

26 Eine der wenigen Ausnahmen war Hans Klose: Das westfälische Industriegebiet und die Erhaltung der Natur, Berlin 1919.

fliktsituationen mit Hilfe technischer Schutzvorkehrungen im Vordergrund, so dominierte dort die romantische Naturverklärung.«[27] Wurde bei der Lösung von zivilisatorisch verursachten Umweltproblemen in Industrie- und Großstadtregionen von der modernen Hygiene auf Wissenschaft und Technik gesetzt, operierten die Naturschutzbewegungen mit ästhetischer Kritik, was ihnen von der umwelthistorischen Forschung zuweilen als mangelndes Problembewußtsein angekreidet wird, andererseits aber kaum zu wundern braucht. Wenn die Naturwissenschaften als wesentlicher Faktor technischer Modernisierung und damit auch als Ursache eines diffusen Unbehagens in der Moderne erschienen, bedurfte es anderer Kategorien, mit denen historische Entwicklungen kritisiert werden konnten. Hier lieferten ästhetische Beschreibungskategorien eingängige und überzeugende Deutungsmuster, mit denen der zeitgenössische Umgang mit Natur kritisiert werden konnte. Der Rückgriff auf die Ästhetik muß also im Wahrnehmungshorizont der Zeit nicht als Eskapismus erscheinen, sondern durchaus als taugliches Instrument, mit dem Sehnsucht und Forderung nach unversehrter Natur artikuliert werden konnte. Ästhetische Kommentierungen bezweifelten oder ergänzten eine nur utilitarische Sicht auf Natur und hielten – orientiert an einem ästhetischen Landschafts- und historistischen Denkmalverständnis – diejenigen Dimensionen präsent, welche verloren gingen.

Es gehörte zu dem vom Naturschutz kultivierten Selbstbild, sich angesichts eines entfesselten Fortschritts als Minderheit zu stilisieren, als auserwählte Elite, deren Engagement als vergeblicher Minderheitenkampf gegen einen unaufhaltsam zerstörerischen Strom der Massenzivilisation erschien. Naturschutzgeschichte läßt sich aber, umgekehrt, auch als Erfolgsgeschichte lesen: Es dauerte nur wenige Jahre, bis sich im Kaiserreich erste Stimmen erhoben, die auf die Folgen von Naturzerstörungen hinwiesen. Schon bald wurde eine Reihe von Vereinen gegründet, die vielfältige Initiativen zur Naturbewahrung starteten. Solches Ansinnen blieb nicht nur bürgerschaftliches Engagement: Bereits 1906 wurde die »Staatliche Stelle für Naturdenkmalpflege in Preußen« gegründet; auf einzelstaatlicher Ebene folgten andernorts staatliche oder halbstaatlich operierende Organisationen für Natur- und Heimatschutz.[28] Noch zu Zeiten des Kaiserreiches kam es

27 Rainer Wolf: Der Stand der Technik. Geschichte, Strukturelemente und Funktion der Verrechtlichung technischer Risiken am Beispiel des Immissionsschutzes, Opladen 1986, S. 39.

28 Vgl. Michael Wettengel: Staat und Naturschutz 1906-1945. Zur Geschichte der Staatlichen Stelle für Naturdenkmalpflege in Preußen und der Reichsstelle für Naturschutz, in: Historische Zeitschrift, Bd. 257 (1993), S. 355-399; Andreas Knaut: Die Anfänge des staatlichen Naturschutzes. Die frühe regierungsamtliche Organisation des Natur- und Landschaftsschut-

neben dem bereits seit 1888 verabschiedeten und 1908 novellierten Reichsvogelschutzgesetz zu etlichen Gesetzen, die dem Staat eine Handhabe für die Erhaltung von Natur und Landschaft gab. 1919 schließlich wurde der Schutz der Natur analog zu Zeugnissen des historischen und kulturellen Erbes in § 150 der Weimarer Verfassung zur Staatsangelegenheit erhoben: »Die Denkmäler der Kunst, der Geschichte und der Natur sowie die Landschaft genießen den Schutz und die Pflege des Staates.« Es gibt wenige gesellschaftliche Bewegungen, die innerhalb solch kurzer Zeiträume eine vergleichbare moralische, institutionelle und legislative Erfolgsgeschichte schrieben.

Sind Natur- und Heimatschutz nun den antimodernistischen Gegenströmungen und irrational-regressiven Fluchtbewegungen zuzuordnen, die, radikalisiert durch den Ersten Weltkrieg und verengt auf ihre völkischen, antirationalen und biologistischen Akzente, geradewegs im nationalsozialistischen Ideenkonglomerat mündeten?[29] Ist der Naturschutz also nur ein traditionalistischer Reflex auf die Zumutungen der Moderne? Die Kontinuität ideologischer Orientierungen von Wilhelm Heinrich Riehl über die Wortführer des Heimatschutzes wie Ernst Rudorff oder Paul Schultze-Naumburg (1869-1949) und biographische Verflechtungen wie etwa die Rolle des bereits im Kaiserreich engagierten und von 1922 bis 1938 als Leiter der »Staatlichen Stelle für Naturdenkmalpflege« in Preußen und der »Reichsstelle für Naturschutz« aktiven Walther Schoenichen (1876-1956) stützen diese Vermutung. Blickt man indes auf das breite Spektrum der Naturschutzaktivitäten und die Vielfalt der Akteure, scheint die simple Gleichung in Fortschrittsoptimismus und Kulturkritik nicht ohne weiteres aufzugehen. So verständlich aus dem Rückblick auf die Erfahrungen des 20. Jahrhunderts die Einordnung von Natur- und Heimatschutz in eine Interpretation des deutschen Sonderwegs erscheint, so sehr verengt diese Deutung die Vielschichtigkeit und Offenheit der Bewegungen. Naturschutz um 1900 stellte sich nicht einfach quer zu den Entwicklungen der Moderne, sondern nahm als deren soziales und kulturelles Phänomen selbst an ihnen Teil. In der Praxis des Sammelns und Bewahrens kommentierte der Naturschutz Modernisierungsprozesse. Er relativierte historischen Wandel durch Bilder einer über alle historischen Zeiten dauerhaften und nun bedrohten Natur. Sein Ausgangspunkt dabei war das Leitbild unberührter

---

zes in Preußen, Bayern und Württemberg, in Werner Abelshauser (Hrsg.): Umweltgeschichte. Umweltverträgliches Wirtschaften in historischer Perspektive (= Geschichte und Gesellschaft, Sonderheft 15), Göttingen 1994, S. 143-162.

29 Vgl. die Beiträge in Joachim Radkau und Frank Uekötter (Hrsg.): Naturschutz und Nationalsozialismus, Frankfurt/M. u. New York 2003.

Natur, demgegenüber Veränderung als Unheils- und Verfallsgeschichte erscheinen mußte. In dieser Krisenerfahrung fungierte Natur als ein maßgeblicher Parameter, an dem historischer Wandel gemessen werden konnte, und sie wurde so zum Ausgangspunkt der Dichotomisierung von Werten und Einstellungen: Kultur versus Zivilisation, Stadt versus Land, Gemeinschaft versus Gesellschaft, Mechanismus versus Organismus, Künstlichkeit versus Natürlichkeit. Naturschutz hielt das Thema Natur gegen die kulturelle Hegemonie von Nützlichkeitsideologien präsent und fragte auch nach den Kosten der Modernisierung. Naturschutz, indem er auf Antagonismen gesellschaftlicher Aneignung von Natur wies, blickte nicht nur sentimentalisch zurück, sondern verhandelte auch eine »andere Moderne«. Die Bewegung des Naturschutzes um 1900 suchte die Entzweiung von szientifischen und sympathetischen, instrumentellen und nicht-instrumentellen Naturbeziehungen aufzuheben und die Vorstellung eines Naturganzen präsent zu halten. Insofern wäre es voreilig, die Naturschutzbewegung als irrationale Fluchtbewegung zu klassifizieren, es sei denn, man weist kategorisch instrumentelle Naturverhältnisse uneingeschränkt der Rationalität und nicht-zweckrationale der Irrationalität zu.

2. Selbstfindungsliteratur, Modernisierungstheorie, Umweltgeschichte: Zum Stand der Forschung

Mit der stärkeren gesellschaftlichen Thematisierung ökologischer Fragen seit 1970 ist auch das Interesse an umwelthistorischen Fragestellungen gewachsen. Dies betrifft die Geschichtlichkeit von materialen Mensch-Umwelt-Beziehungen wie auch die Geschichte ökologischer Bewegungen und die Historizität von Naturvorstellungen. Noch 1986 diagnostizierte Ulrich Linse, daß Geschichtslosigkeit »ein besonderes Kennzeichen der ›neuen sozialen Bewegungen‹ in Deutschland« sei und mögliche ideengeschichtliche Bezüge zu früheren Ansätzen ökologischen Denkens und ökologisch orientierter Bewegungen in Deutschland nach den Erfahrungen nationalsozialistischer Naturmystik abgeschnitten wurden.[30] Seither ist das Interesse an Beziehungen zwischen Mensch und Umwelt jedoch deutlich gestiegen. In dieser Auseinandersetzung sind Disziplinen wie die Geschichtswissen-

30 Ulrich Linse: Ökopax und Anarchie. Eine Geschichte der ökologischen Bewegungen in Deutschland, München 1986, S. 7f.

schaft, die Kunstgeschichte, Volkskunde, Philosophie, Ethnologie, Geographie und Soziologie beteiligt, aber auch Naturwissenschaften und die Wissenschaftsgeschichte. Bei aller Heterogenität der Sujets, Fragestellungen und Zugangsweisen lassen sich zwei grundsätzlich unterschiedliche theoretische Voraussetzungen und Intentionen dieser Bemühungen erkennen – die der »Konstruktivisten« und die der »Realisten«. Von den Konstruktivisten wird auf die differenten Konstruktionen von Natur und Natürlichkeit verwiesen, auf deren kulturelle, soziale und historische Spezifik, und darauf, daß von »der« metahistorischen Natur, geschweige denn von einer »Grundnorm« Natur keine Rede sein könne. Zu vernehmen war gar das Plädoyer, endlich vom Begriff der »Natur« Abschied zu nehmen, da er ohnehin nur noch einen »Sack für unverarbeitete Geschichte« abgebe.[31] Hinter dem Singular »Natur« verbirgt sich denn auch ein schillernder Plural an Bedeutungszuweisungen und Sinngebungen. Natur tritt auf als Oppositions- und Kampfbegriff gegen eine als marode erfahrene Kultur. Natur verweist auf das Andere der Geschichte, das Gegenteil menschlicher Praxis oder wird als Maßstab und Norm aufgerufen. Sie gerät als Wildnis, Badestrand oder Sonnenuntergang wechselweise zur Kulissen- oder Sehnsuchtslandschaft. Sie erinnert an unsere Verwandtschaft zu den Tieren oder erhält als »Schule der Natur« maßgebliche Autorität. Als Gen erhält Natur die Macht eines Informationsprogramms, das Leben bis in die beiläufigsten Gesten diktiert und für das als letztes Reservat nicht-gemachter Natur nunmehr Bestandschutz eingefordert wird. Natur ist für die einen ein ursprünglicher Zustand der Harmonie, für die anderen das Gegenteil: ein dynamisches Chaos, das tendenziell alle Modelle kultureller Ordnung bedroht.

Während die Kulturalisten deshalb entschieden darauf verweisen, Natur sei eine kulturelle und soziale Konstruktion, so daß just so viele Naturen, wie es mögliche kulturelle Sichtweisen auf sie gibt, existierten, verweisen andere auf den unauflöslichen Rest außermenschlicher Wirklichkeit, der sich allen Dekonstruktionsversuchen gegenüber als resistent erweise. Natur sei eben nicht nur ein Produkt menschlicher Geschichte, schon gar nicht ein willkürliches Konstrukt ohne objektive Substanz. Sie zeige sich vielmehr als jenseits aller Kulturen und über die historischen Zeiten hinweg dauerhafte Größe. Sowohl in aktuellen Umweltdebatten wie in Diskussionen der Umweltgeschichte ist deshalb zu vernehmen, daß endlich Abschied genommen werden müsse von anthropozentrischen Weltbildern. Statt dessen solle der Natur ein Eigenrecht zuerkannt werden, weshalb sie denn auch als Subjekt in der Geschichte zu berücksichtigen sei.

---

31 So Rudolf zur Lippe, zit. n. Michael Kienzle (Hrsg.): Natur-Schauspiele. Vom Umgang mit der Natur in der Stadt, Tübingen u. Stuttgart 1993, S. 10.

An dieser Stelle können die philosophischen und erkenntnistheoretischen Implikationen, die sich aus der Doppelzugehörigkeit des Menschen zur Natur und zur Kultur ergeben, nicht erörtert werden. Verwiesen werden sollte lediglich darauf, daß auch im Zusammenhang der Naturzerstörungen und Naturschutzbewegungen im Kaiserreich eine Natur verhandelt wird, die als kulturelle Erfindung zum Oppositions- und Kampfbegriff aufgeladen wurde, aber eben nicht vollständig hierin aufgeht. Der trotz aller Bedeutungsoffenheit der Naturbegriffe massive Rekurs deutet in jedem Fall darauf hin, daß die Rede von der Natur zumindest elementare »Ordnungs- und Orientierungsbedürfnisse«[32] erfüllt. Und dies verweist auf eine Erfahrung, die nur durch den Rekurs auf Natur kommunizierbar wird: daß das menschliche Leben nicht nur von Regeln und Faktoren beeinflußt wird, die von Menschen selbst gesetzt werden, sondern auch von solchen, auf die sie keinen Einfluß haben.

Vor diesem Hintergrund sind die Naturschutzbewegungen im Kaiserreich aus unterschiedlichen Gründen zum Gegenstand historiographischer Auseinandersetzung geworden.

A. Vertreter des ehrenamtlichen und professionellen Naturschutzes rückten zunächst während der Konstituierungsphase um 1900, dann vor allem nach 1945 und nach der gesellschaftlichen Aufwertung des Umweltschutzes seit den 1970er Jahren ihre Arbeit selbst in eine historische Perspektive.
B. Die sich seit den 1980er Jahren profilierende Umweltgeschichte befragte den Naturschutz als möglichen Vorläufer ökologischer Bewegungen und rekonstruierte ansatzweise ideen- und mentalitätsgeschichtlich das Phänomen »Naturschutz« als Reflex auf die Industrialisierung.
C. Mit der Zuwendung der deutschen und angelsächsischen Geschichtswissenschaft zum deutschen Kaiserreich erwachte aufgrund modernisierungstheoretischer Fragen Interesse am Naturschutz als vermeintlich antimodernistische Fluchtbewegung.

Im Folgenden sollen diese von unterschiedlichen Motiven getragenen Auseinandersetzungen mit Naturschutzgeschichte vorgestellt werden. Um wichtige Fragen zu präzisieren, sollen danach in einem eigenständigen Punkt D Einzelarbeiten aus dem Schnittfeld von Umweltgeschichte, Ideologiekritik und Modernisierungstheorie erörtert werden.

---

32 Rolf Peter Sieferle: Rückblick auf die Natur. Eine Geschichte des Menschen und seiner Umwelt, München 1997, S. 17; vgl. auch Joachim Radkau: Natur und Macht. Eine Weltgeschichte der Umwelt, München 2000, S. 27-32.

A. Zur historischen Selbstfindungsliteratur des Naturschutzes

Die Beschäftigung mit der Geschichte des Naturschutzes setzte mit dem Zeitpunkt seiner Institutionalisierung in Vereinen und staatlichen Behörden ein. Damit war auch die Notwendigkeit der gesellschaftlichen Legitimierung gewachsen, so daß das Interesse an etwaigen historischen Wurzeln und möglichen Traditionslinien geweckt war. Die ersten »Naturschutzgeschichten« stammten von den zeitgenössischen Protagonisten selbst und dienten im Kaiserreich, in der Weimarer Republik und im Nationalsozialismus historischer Selbstvergewisserung.[33] In der Suche nach Herkunft sollte eigenes Handeln durch scheinbare Traditionsmächtigkeit bekräftigt werden. Hier wurde denn auch das Fundament zu etlichen Mythen der auf romantische Traditionslinien verpflichteten Naturschutzgeschichte gelegt, die teilweise kontinuierlich bis heute fortgeschrieben werden, so etwa die Anbindung der Naturdenkmalpflege an die Tradition der romantischen Naturwissenschaften und die Person Alexander von Humboldts oder der Ursprungsmythos des Drachenfels, bei dessen Unterschutzstellung 1836 die Allianz aus ästhetischer Natursehnsucht und nationalem Geschichtsbewußtsein maßgeblich war.

Weitere Versuche der historischen Verortung des Naturschutzes setzten diese Einengung fort. Sie folgten eher hagiographischen Bedürfnissen und dem Anliegen eigener Identitätsfestigung. Es waren nach Hugo Conwentz Vertreter der zweiten Generation professioneller Naturschützer, die zumeist zum Ende ihres beruflichen Lebenswegs oder danach als Akteure und Analytiker zugleich die Geschichte des Naturschutzes systematisierten. Walther Schoenichen oder Hans Klose (1880-1963) als Leiter der »Staatlichen Stelle für Naturdenkmalpflege« in Preußen bzw. der daraus hervorgegangenen »Reichsstelle für Naturschutz« legten erste umfangreiche Arbeiten vor.[34] Hier erfolgte eine Fortschreibung bestehender Mythen sowie die Fokussierung von Naturschutzgeschichte auf die Bewegung des Heimatschutzes und den staatlichen Naturschutz. Betrieben wurde

---

33 Z.B. Hugo Conwentz: Über Geschichte und Aufgaben der Naturdenkmalpflege in Preußen, in: Beiträge zur Naturdenkmalpflege, 2. Bd. (1912), S. 112-138; Rudolf Hermann: Geschichte des Vogelschutzes, in Carl R. Hennicke: Handbuch des Vogelschutzes, Magdeburg 1912, S. 321-366; Franz Moewes: Zur Geschichte der Naturdenkmalpflege, in Walther Schoenichen (Hrsg.): Wege zum Naturschutz, Breslau 1926, S. 28-71 oder Walther Schoenichen: Aus der Geschichte des Naturschutzes, in Ders.: Naturschutz im Dritten Reich. Einführung in Wesen und Grundlagen zeitgemäßer Naturschutz-Arbeit, Berlin 1934, S. 15-25.

34 Walther Schoenichen: Naturschutz, Heimatschutz. Ihre Begründung durch Ernst Rudorff, Hugo Conwentz und ihre Vorläufer, Stuttgart 1954; Hans Klose: Fünfzig Jahre Staatlicher Naturschutz. Ein Rückblick auf den Weg der deutschen Naturschutzbewegung, Gießen 1957.

die Monumentalisierung einzelner Personen wie etwa Hugo Conwentz oder Ernst Rudorff, deren Ideen nun exklusiv mit Naturschutz identifiziert wurden, so daß andere Trägergruppen – etwa eine nicht-bürgerliche Klientel oder der Vogelschutz – weitgehend aus dem Blickfeld gerieten. Diese historische Aufarbeitung des Naturschutzes wurde nach 1945 von Beteiligten geleistet, deren eigenes Engagement die Zeit vom Kaiserreich bis in die Anfangsjahre der Bundesrepublik Deutschland umspannte. Niedergeschrieben in einer Lage, da dem Naturschutz aufgrund seiner ideologischen Verstrickungen in den Nationalsozialismus und im Klima erwachender wirtschaftlicher Aufbaueuphorie Marginalisierung drohte, erscheint hier die Auseinandersetzung erschreckend distanz- und bruchlos. So sind die Arbeiten von Walther Schoenichen, der schon vor 1933 rassenbiologische und sozialdarwinistische Positionen vertreten hatte und danach für den Naturschutz vom Nationalsozialismus euphorisch »die Erfüllung so mancher ihrer für unser Volk bedeutsamen Forderungen und Wünsche«[35] erwartete, vor allem durch die Bemühungen gekennzeichnet, die Jahre zwischen 1933 und 1945 aus Naturschutzperspektive auszublenden. Eine Auseinandersetzung mit den Widersprüchen zwischen der ideologischen Aufwertung des Naturschutzes und der radikalisierten Naturausbeutung im Rahmen deutscher Autarkie- und Aufrüstungspolitik im Nationalsozialismus fand nach 1945 nicht statt.

Selbst Hans Klose, der in seinem Rückblick auf »Fünfzig Jahre Staatlicher Naturschutz« diese Naturzerstörungen nicht unerwähnt gelassen hatte, gelangte zu einem eigentümlichen Periodisierungsvorschlag, als er die Verabschiedung des Reichsnaturschutzgesetzes im Jahre 1935 zum Schlüsselereignis deutscher Naturschutzgeschichte deklarierte und so die Jahre zwischen 1919 und 1935 als »Kampfzeit« und die kurze Periode zwischen 1935 und 1939 als die »Hohe Zeit« klassifizierte.[36] In diesen Deutungen verschmolzen Lebens- und Bewegungsgeschichte; hier ging es um die Konstruktion von Traditionslinien des Naturschutzes, die dessen Geschichte unabhängig politischer Systeme und unabhängig der historischen Verwerfungen des 20. Jahrhunderts verstanden wissen wollte. Entkoppelt von jeglichen zeitgebundenen gesellschaftlichen Involvierungen, erscheint die Geschichte des Naturschutzes als autonome Realisierung einer Idee über den Wandel politischer Systeme hinweg. Beide, Klose und Schoenichen, haben mit ihren geschlossenen Darstellungen nachhaltig das Verständnis von Naturschutzgeschichte geprägt. Keinesfalls um Einzelfälle handelt es sich, wenn ihre Arbei-

35 Schoenichen 1934, Geleitwort.

36 Vgl. Klose 1957, S. 32-35.

ten auch heute noch bisweilen regelrecht in den Rang von Primärquellen erhoben werden.[37]

Ein weiterer Schub der Auseinandersetzung von Naturschützern mit ihrer Geschichte setzte mit dem ökologischen Paradigmenwechsel der 1970er Jahre ein, als der klassische Naturschutz sein Monopol als Bewahragentur verlor und gegenüber den neuen sozialen Bewegungen des Umweltschutzes an gesellschaftlichem Stellenwert einbüßte. Jetzt sollte sichtbar gemacht werden, daß nicht nur die Zerstörung der Umwelt Geschichte hatte, sondern auch Bewegungen, die gegen die Ausbeutung der Natur in Industriegesellschaften kämpften, keinesfalls vergangenheitslos waren. Weitere Stimulanzien zur Beschäftigung mit Naturschutzgeschichte lieferten zudem bis heute andauernde Institutionalisierungs- und Verwissenschaftlichungsprozesse, die es notwendig scheinen ließen, das Verhältnis von ehrenamtlichem und staatlichem Naturschutz in der historischen Entwicklung verstehbar zu machen. Auch in dieser Phase wurde wesentlich auf dieselben Quellenbestände zurückgegriffen und die vorgezeichneten Geschichtslinien bekräftigt, so daß kaum das Interesse an neuen Fragestellungen wachsen konnte.[38] Diese in der Regel von professionellen Naturschützern geleisteten Arbeiten erschöpfen sich oft in Abrissen prägnanter Ereignisse. Sie zeigen sich hauptsächlich interessiert an der Geschichte von Institutionen oder an der Bedeutung maßgeblicher Protagonisten. Demgegenüber fehlt es an der Entwicklung analytischer Kategorien, welche hinlänglich in der Lage wären, den kultur- und sozialgeschichtlichen Ort des Naturschutzes in modernen Industriegesellschaften zu erläutern.

---

37 Jüngst etwa Albrecht Milnik: Hugo Conwentz. »Naturschutz, Wald und Forstwirtschaft«, Berlin 1997.

38 Z.B. Konrad Buchwald: Geschichtliche Entwicklungen von Landschaftspflege und Naturschutz in Deutschland während des Industriezeitalters, in Konrad Buchwald u. Wolfgang Engelhardt (Hrsg.): Handbuch für Landschaftspflege und Naturschutz, Bd. 1, München 1968, S. 97-131; Wolfram Pflug: 200 Jahre Landespflege in Deutschland, in: Stadt und Landschaft – Raum und Zeit. Festschrift für Erich Kühn, Köln 1969, S. 237-280; Gerhard Olschowy: Zur Entwicklung des Natur- und Umweltschutzes in Deutschland, in Ders. (Hrsg.): Natur- und Umweltschutz in der Bundesrepublik Deutschland, Hamburg u. Berlin 1978, S. 1-7; Wolfgang Erz: Zur zeitgeschichtlichen Entwicklung von Naturschutz und Landschaftspflege, in: Rheinischer Verein für Denkmalpflege und Landschaftsschutz (Hrsg.): Erhalten und Gestalten. 75 Jahre Rheinischer Verein für Denkmalpflege und Landschaftsschutz, Neuss 1981, S. 367-388; Wolfgang Erz: 75 Jahre Bundesforschungsanstalt für Naturschutz und Landschaftspflege im Spiegel deutscher Naturschutzgeschichte, in: Jahrbuch für Naturschutz und Landschaftspflege, Bd. 33 (1983), S. 177-199; Wolfgang Erz: Geschichte der Naturschutzbewegung, in: Ingo Kowarik, Erika Schmidt, Brigitt Sigel (Hrsg.): Naturschutz und Denkmalpflege. Wege zu einem Dialog im Garten, Zürich 1998, S. 57-66.

B. Naturschutzbewegungen in der Umweltgeschichte

Spätestens mit der Erkenntnis der globalen Dimensionen moderner ökologischer Krisen engagierte sich auch in Deutschland – angeregt vor allem durch angelsächsische Impulse und Arbeiten der französischen »Annales«-Schule – eine Umweltgeschichte, die sich freilich weniger durch theoretische und methodische Geschlossenheit, dafür durch ein mittlerweile umso umfangreicheres Konvolut aus Einzelstudien profilierte.[39] Nach rund zwei Jahrzehnten Forschungspraxis wurden etliche Umweltprobleme industrieller Gesellschaften in ihren historischen Dimensionen ausgeleuchtet. Als Ergebnisse liegen vor allem Fallstudien zu den Themenkomplexen Wasserverschmutzung, Hygiene, Luftverschmutzung oder Abfall vor.[40]

---

39 Zum jeweiligen Stand vgl. die Literaturberichte Ulrich Troitzsch: Historische Umweltforschung. Einleitende Bemerkungen über Forschungsstand und Forschungsaufgaben, in: Technikgeschichte, 48. Jg. (1981), S. 177-190; Engelbert Schramm: Historische Umweltforschung und Sozialgeschichte des 19. und 20. Jahrhunderts, in: Archiv für Sozialgeschichte, 27. Jg. (1987), S. 439-485; Paul Leidinger: Von der historischen Umweltforschung zur Historischen Ökologie. Ein Literaturbericht, in: Westfälische Forschungen, 41. Jg. (1991), S. 495-516; Arne Andersen: Umweltgeschichte. Forschungsstand und Perspektiven, in: Archiv für Sozialgeschichte, 33. Jg. (1993), S. 672-701; Christian Simon (Hrsg.): Umweltgeschichte heute. Neue Themen und Ansätze der Geschichtswissenschaft – Beiträge für die Umweltwissenschaft. Environmental history newsletter, Sonderheft 1, Mannheim 1993.

40 Maßstäbe setzte der Sammelband Franz-Josef Brüggemeier u. Thomas Rommelspacher (Hrsg.): Besiegte Natur. Geschichte der Umwelt im 19. und 20. Jahrhundert, München 1987, in dem anhand einzelner Naturmedien zentrale Konflikte wie Wasser-, Boden- oder Luftverschmutzung erörtert werden. Studien zu einzelnen Umweltproblemen vgl. z.B. John von Simson: Kanalisation und Städtehygiene im 19. Jahrhundert, Düsseldorf 1983; Gerd Spelsberg: Rauchplage. Hundert Jahre Saurer Regen, Aachen 1984; Franz-Josef Brüggemeier u. Thomas Rommelspacher: Blauer Himmel über der Ruhr – Geschichte der Umwelt im Ruhrgebiet 1840-1990, Essen 1992; Paul Münch: Stadthygiene im 19. und 20. Jahrhundert. Das kommunale Engagement in der Wasserversorgung und Abwasser- und Abfallbeseitigung unter besonderer Berücksichtigung Münchens, Göttingen 1993; Michael Stolberg: Ein Recht auf saubere Luft? Umweltkonflikte am Beginn des Industriezeitalters, Erlangen 1994; Ulrike Gilhaus: »Schmerzenskinder der Industrie«. Umweltverschmutzung, Umweltpolitik und sozialer Protest im Industriezeitalter Westfalens 1845-1914, Paderborn 1995; Arne Andersen: Historische Technikfolgenabschätzung am Beispiel des Metallhüttenwesens und der Chemieindustrie 1850-1930, Stuttgart 1996; Franz-Josef Brüggemeier: Das unendliche Meer der Lüfte. Luftverschmutzung, Industrialisierung und Risikodebatten im 19. Jahrhundert, Essen 1996; Jürgen Büschenfeld: Flüsse und Kloaken. Umweltfragen im Zeitalter der Industrialisierung (1870-1918), Stuttgart 1997.

An die Stelle anfänglicher Aufbruchsstimmung ist mittlerweile allerdings eine gewisse Orientierungslosigkeit getreten. Dies wurzelt offenkundig im nach wie vor ungeklärten Selbstverständnis: Was eigentlich ist Umweltgeschichte? Oder anders herum: Was ist nicht Umweltgeschichte? Als Ende der 1970er Jahre damit begonnen wurde, wissenschaftliche Auseinandersetzungen mit Natur- und Umweltthemen aus ihren jeweiligen Einbettungen in weitgefächerten Einzeldisziplinen der Geistes-, Sozial- und Naturwissenschaften herauszulösen und institutionelle Netzwerke zu knüpfen, waren diese Bemühungen explizit dem Anspruch verpflichtet, in der Geschichte mögliche Lösungsansätze für aktuelle Problemlagen spätindustrieller Gesellschaften zu finden. So ging es Ulrich Troitzsch, als er 1981 den Forschungsstand einer »Historischen Umweltforschung« bilanzierte, vor allem darum, durch »die Kenntnis des Vergangenen (...) einen Beitrag zur Bewältigung künftiger Aufgaben zu leisten, als durch die Freilegung und kritische Analyse von Wurzeln, Wegen, Irr- und Umwegen historischer Prozesse, Hinweise und Entstehungshilfen für die Lösung vor uns liegender Probleme gewonnen werden können.«[41] Dieser Ansatz mochte damals angesichts eines ausgeprägt ahistorischen Bewußtseins über Umweltfragen allemal plausibel erscheinen. Dennoch muß gefragt werden, ob mit einem solchen Anspruch der Wahrnehmungshorizont und die Handlungsmöglichkeiten der zeitgenössischen Akteure nicht notwendigerweise als defizitär und unangemessen erscheinen mußten.

Mit dem Stichwort »Historische Ökologie« sind Versuche verbunden, systemtheoretische Ansätze der wissenschaftlichen Ökologie für historische Forschung produktiv zu machen. Für Paul Leidinger ergab sich aus dem Anspruch, gesellschaftliches Handeln mit den Maßstäben der Ökologie zu bewerten und die »Einzelfaktorenanalyse« mit einer interdisziplinären »Systembetrachtung« zu synchronisieren, ein breites Feld an Forschungsaufgaben. Die »Historische Ökologie«, so Leidinger, habe es zu tun »mit unterschiedlichen Gesellschaften und Kulturen in unterschiedlichen Räumen und zu verschiedenen Zeiten«.[42] Umweltgeschichte habe deshalb stets als konstituierende Einflußgrößen naturräumliche Beschaffenheiten, klimatische Verhältnisse, Bevölkerungs- und Siedlungsweisen, zivilisatorische, energetische und technische Standards, politische und ökonomische Organisationsformen sowie die Entwicklung rechtlicher, ethischer und religiöser Normen einzubeziehen.

Auch Rolf Peter Sieferle markierte bei der Suche nach Pfaden aus dem Dilemma einzeldisziplinärer Einbindungen jeweiliger umwelthistorischer Themen

41 Troitzsch 1981, S. 177.
42 Leidinger 1991, S. 506.

die Wegweiser in Richtung einer ökologischen Anthropologie und erachtete eine nur umwelthistorisch erweiterte Sozialgeschichte als ungenügend: »Eine historische Rekonstruktion der Mensch-Umwelt-Beziehung muß einen Blickwechsel vom üblichen Anthropozentrismus zur Aufnahme eines Ökosystem-Konzepts vornehmen.«[43] In einem interdisziplinär angelegten Programm müßten Stoffkreisläufe und Energieflüsse, Bevölkerung, Krankheitserreger, Industriesysteme, Hygiene und Ideengeschichte als Größen für ein umfassendes Verständnis umwelthistorischer Fragen herangezogen werden. Für Sieferle erscheint eine um die Dimension »Umwelt« erweiterte Sozialgeschichte deshalb als unzulänglich, weil diese doch lediglich die Wirkungen von Kultur und Gesellschaft auf Natur in den Blick nehme, keinesfalls aber Erläuterungshilfen zu der Frage gebe, inwieweit Natur zu jeweiligen historischen Zeiten und Orten einen Handlungsrahmen für Kultur abgebe. Unabdingbar für eine umfassende Rekonstruktion von Mensch-Umwelt-Verhältnissen erscheint Sieferle deshalb die Verknüpfung kultur- und naturwissenschaftlicher Methoden, so daß die Forschung die nötigen Kompetenzen erhalte, um die komplexen Wirkungsgefüge interagierender sozial-kultureller und natürlich-ökologischer Systeme zu erläutern.[44] Freilich ist auch hier zu fragen, ob mit den – durchaus auch in den Naturwissenschaften umstrittenen – Ansätzen der Ökosystemtheorie die jeweils maßgeblichen Logiken in den Sphären Kultur und Gesellschaft adäquat in ihrer Eigengewichtigkeit rekonstruiert werden können oder nicht »Geschichte als Naturschauspiel«[45] begriffen und einer Naturalisierung der Gesellschaft das Wort geredet wird.

Konsequent führte Sieferle sein Projekt, die materiellen und die symbolischen Dimensionen der Mensch-Natur-Beziehungen in den Griff zu bekommen, in einer bei Jäger- und Sammlergesellschaften einsetzenden und mit dem Abschied von der Natur ausklingenden Umweltgeschichte weiter.[46] Mit dem Anspruch eines universalhistorischen Abrisses verbleibt Sieferle dabei doch wieder weitgehend im Horizont europäischer Umweltgeschichte. Sein »Rückblick auf die Natur« wird durch die Rekonstruktion zweier elementarer Prozesse strukturiert: den Wandel energetischer Systeme sowie die Transformationen der Landschaft. In

---

43 Rolf Peter Sieferle: Perspektiven einer historischen Umweltforschung, in Ders. (Hrsg.): Fortschritte der Naturzerstörung, Frankfurt a.M. 1988, S. 311. Der Band versammelt einige der anregendsten umwelthistorischen Beiträge aus der angelsächsischen Geschichtsschreibung.

44 Vgl. Rolf Peter Sieferle: Aufgaben einer künftigen Umweltgeschichte, in: Simon 1993, S. 29-43.

45 So der Titel der Sieferle-Kritik von Thomas Kluge und Engelbert Schramm in: Freibeuter, Nr. 40, Berlin 1989, S. 56-65.

46 Sieferle 1997.

groben Rastern skizziert Sieferle eine auch ohne menschliche Eingriffe dynamische Naturlandschaft, in welcher der Mensch quasi als bloßes Naturwesen existierte und nicht steuernd in natürliche Prozesse eingriff. Ihr folgt bei Sieferle eine »Agri-Kulturlandschaft«, in der nicht nur ökologische, sondern in Auseinandersetzung mit lokalen und regionalen Umweltbedingungen auch kulturelle Vielfalt entstand, wobei er hier mit seiner Diagnose einer »Einheit von Kultur und Natur«[47] dem Landschaftsideal der Kulturkritik und ihrem Leitbild vormoderner Gesellschaften als naturwüchsige Ordnungen weitgehend folgt. Die »große Transformation« schließlich wird bei Sieferle mit dem Übergang vom solaren Energiesystem der Agrargesellschaften zu fossilen Energiesystemen der Industriegesellschaften eingeläutet. Mit der Industrialisierung begann zwar die Auflösung der vielgestaltigen Kulturlandschaften; die endgültige Transformation zu einer nach Funktionen und Zwecken gegliederten Industrielandschaft setzte sich dann aber umfassend erst nach einem längeren Nebeneinander agrarischer und industrieller Landschaftssegmente, das weiterhin ökologische Vielfalt gewährleisten konnte, durch. Seinen Ausblick auf die ökologischen Entwicklungen des neuen Jahrtausends überschreibt Sieferle mit »Die totale Landschaft«. Damit meint er die totale ökologische und ästhetische Homogenisierung der Wirklichkeit.

Joachim Radkau suchte zwischen den »Höhenflügen der Geistesgeschichte und den konkreten Fallstudien, zwischen dem alttestamentlichen Dominum-terrae-Gebot und der Wupperverschmutzung um 1890«[48] eine mittlere Ebene als Terrain der Umweltgeschichte zu sondieren. Trotz dieses Plädoyers einer zeitlichen und analytischen Selbstbeschränkung erscheint auch Radkaus Programm einer Umweltgeschichte weit und bisweilen wenig verbindlich: »Historische Umweltforschung ordnet sich ein in die Erforschung der langfristigen Entwicklung der menschlichen Lebens- und Reproduktionsbedingungen. Sie untersucht, wie der Mensch diese Bedingungen selber beeinflußte und auf Störungen reagierte. Dabei gilt die spezifische Aufmerksamkeit der Umweltgeschichte unbeabsichtigten Langzeitwirkungen menschlichen Handelns, bei denen synergetische Effekte und Kettenreaktionen mit Naturprozessen zum Tragen kommen.«[49]

Explizit berücksichtigt Radkau »natürliche« Einflußgrößen für das Verhältnis zwischen Mensch und Natur in den historischen Analysen einer großdimensionierten »Weltgeschichte der Umwelt« (so der Untertitel von »Natur und

47 Ebda., S. 124.

48 Joachim Radkau: Unausdiskutiertes in der Umweltgeschichte, in: Manfred Hettling, Claudia Huerkamp, Paul Nolte, Hans-Walter Schmuhl (Hrsg.): Was ist Gesellschaftsgeschichte? Positionen, Themen, Analysen, München 1991, S. 48.

49 Ebda., S. 45.

Macht«), die der Bielefelder Umwelthistoriker zuletzt vorlegte. In seinen historischen und kulturellen Vergleichsstudien räumt Radkau hier vor allem auf mit den auch von der Umweltgeschichte genährten Mythen, erst die Industrialisierung westlicher Prägung habe ein vordem harmonisches Beziehungsgeflecht zwischen Mensch und Natur zerstört. Radkau zeigt, daß auch andere Kulturen und historische Zeiten keinesfalls durchweg Formen der Naturaneignung ausgebildet haben, welche die Natur als materielle und immaterielle Ressource höher respektiert hätten. Im Vergleich mit 2000 Jahre zurückreichenden Umwelteingriffen in China, ägyptischen Bewässerungswirtschaften oder der Auseinandersetzung zwischen Mensch und Meer in Holland oder Venedig werden die qualitativ neuen Umgangsformen mit Natur in der industriellen Epoche deutlich, die sich nach Radkau erst im Zeitalter des Massenkonsums nach 1945 krisenhaft und nun erstmals in globalen Dimensionen zugespitzt haben. Eben weil Radkau die Akzente auf den kulturellen und historischen Vergleich legt und seine Aufmerksamkeit den Nachhaltigkeitsdebatten der modernen Umweltschutzdiskussionen widmet, liefert er zur Naturschutzbewegung um 1900 eher ein umfassenderes Kontextverständnis als neue Erkenntnisse.

Strikt auf Distanz zu Bemühungen, die Dimensionen des Natürlichen in die historiographische Arbeit zu integrieren, ging Arne Andersen.[50] Hinter diesen Programmen[51] wittert er eine fragwürdige Kritik am Anthropozentrismus, die auf ein niemals normativ zu fassendes Eigenrecht der Natur dränge. Geschichte stelle sich demgegenüber immer als Geschichte der Menschen, ihrer Aktionen und Reaktionen dar, und Natur ist für ihn deshalb niemals anders als sozial konstituiert. Andersens Programm einer Umweltgeschichte: »Die historische Umweltforschung beschäftigt sich mit dem Mensch-Natur-Verhältnis, der gesellschaftlichen Naturaneignung. Dies schließt Produktions- wie Reproduktionsverhältnisse ebenso ein, wie deren mentale und kulturelle Verarbeitung.«[52]

---

50 Arne Andersen: Über das Schreiben von Umweltgeschichte, in: Simon 1993, S. 44-57.

51 Andersen bezieht sich auf Franz-Josef Brüggemeier: Umweltgeschichte – warum, wozu und wie? Überlegungen einer neuen Disziplin, in: Thomas-Morus-Akademie (Hrsg.): Historische Umweltforschung. Wissenschaftliche Neuorientierung – aktuelle Fragestellungen (= Bensberger Protokolle, 71), Bensberg 1992, S. 9-26. Brüggemeier selbst plädiert allerdings andernorts für eine »kleine Umweltgeschichte«und distanziert sich von den Forderungen nach umfassenden anthropologisch-ökologischen Perspektiven in der Umweltgeschichte. Er schlägt vor, das Konzept des Ökosystems allenfalls als Orientierungsgröße heranzuziehen; weitergehende Versuche, die Ökologie als Erläuterungshilfe für menschliche Handlungen heranzuziehen, hält er methodisch für fragwürdig und unangemessen; vgl. Brüggemeier 1996, S. 10-15.

52 Andersen 1993a, S. 46.

Angesichts des hohen Anspruchs all dieser Programme muß nachgefragt werden, was denn an überhaupt möglichen Sujets historiographischer Arbeit nicht auch Umweltgeschichte sein soll. Immer und überall ist der Mensch gebunden an seine natürliche Basis; fast immer und fast überall existiert Natur nur in der Auseinandersetzung mit und in der Wahrnehmung durch Menschen. Insofern wäre nachzufragen, ob Forderungen wie etwa eine systematische ökologische Horizonterweiterung nicht besser integraler Bestandteil bestehender Ansätze der Geschichtsschreibung sein sollten. Nach den angeführten Definitionsversuchen des Forschungsfeldes Umweltgeschichte betreffen diese im Grunde sämtliche Formen menschlichen und außermenschlichen Lebens in historischer Perspektive. Wie und wo existiert der Mensch gänzlich unabhängig von einer natürlichen Basis?

Was auffällt, ist die in der Regel vorgenommene Separation ideen-, mentalitäts-, kultur- und realgeschichtlicher Ebenen. Die Frage, wie die Veränderung von Mensch-Natur-Beziehungen erlebt und verarbeitet wurde, der Wandel ethischer und ästhetischer Normen, die Geschichte der Ideen und Ideologien von Natur, mithin also der Diskurs, in dem sich die Zeitgenossen über Fragen von Natur und Umwelt verständigten – all das erscheint in den Programmen der Umweltgeschichte zwar berücksichtigt, aber merkwürdig losgelöst von realgeschichtlichen Prozessen. Die Naturschutzbewegung indes kann nicht verstanden werden, wenn sie lediglich als kultureller Reflex auf die Moderne verstanden wird, und sie kann auch nicht verstanden werden, wenn sie nur daran gemessen wird, welche institutionellen und strategischen Antworten sie auf moderne Naturzerstörungen fand. Erst in einer synthetischen Zusammenschau ihrer ideengeschichtlichen und ideologischen Hintergründe, der Ausbildung staatlicher und nichtstaatlicher Institutionen und der Praxis ihrer Bewahrprogramme kann der gesellschaftliche Ort des Naturschutzes adäquat lokalisiert werden. Naturschutz hat auch etwas mit der materiellen Geschichte der Mensch-Natur-Verhältnisse zu tun, weil er in modernen Gesellschaften zum Instrument wird, mit dem natürliche Umwelten beeinflußt werden. Die Frage, wie und warum beeinflußt wird, kann aber nur verstanden werden, wenn seine kultur- und mentalitätsgeschichtllichen Bezüge aufgezeigt werden und rekonstruiert wird, wie von den Trägern des Naturschutzes die gesellschaftlichen Umbruchsprozesse an der Schwelle zum 20. Jahrhundert erlebt und verarbeitet wurden.

C. Naturschutzgeschichte und Modernisierungstheorie

Die zivilisationskritischen Orientierungen des Naturschutzes schienen ein prägnantes Deutungsinstrumentarium für seine gesellschaftliche und weltanschauliche Verortung zur Verfügung zu stellen. Damit wurde er zu einem beredten Phänomen für ein in den letzten Jahrzehnten erwachtes Interesse am Deutschen Kaiserreich. Im Zuge von Fritz Sterns nachdrücklicher Einschätzung des »Kulturpessimismus als politische Gefahr«[53] folgte eine Hinwendung historischer Wissenschaften zu Fragen des deutschen »Sonderwegs« und »Sonderbewußtseins«, bei deren Erörterung Natur- und Heimatschutz zunächst strikt in den Kontext rückwärtsgewandter Gegenströmungen zum Projekt Moderne gebunden wurden. Damit wurden Kontinuitäten gesellschaftlicher Bewegungen sichtbar, die sich im Kaiserreich formierten, während der Weimarer Republik einer pluralistischen und demokratischen Gesellschaft das Ideal eines an Natur und Tradition gebundenen Volksganzen entgegensetzten und nicht unmaßgeblich den Weg in den Nationalsozialismus vorbereiteten.[54]

Forschungen vor allem aus dem Umfeld der Bielefelder Schule der Sozial- und Gesellschaftsgeschichte verwiesen zunächst konsequent auf die Widersprüche zwischen wirtschaftlicher Modernisierung sowie im Vergleich mit anderen westlichen Industrienationen restaurativen Tendenzen im politisch-gesellschaftlichen System des Kaiserreichs, mithin also auf den »Sonderweg« Deutschlands.[55] Gegen diesen in der deutschen Geschichte angelegten Determinismus wandte sich neben angelsächsischen Historikern[56] auch Thomas Nipperdey, der dafür plädierte, die deutsche Geschichte zwischen Kaiserreich und Nationalsozialismus nicht

53 Fritz Stern: Kulturpessimismus als politische Gefahr. Eine Analyse nationaler Ideologie in Deutschland, Bern 1963.

54 Eine Übersicht über den Stand der Forschungslage bei Thomas Kühne: Das Deutsche Kaiserreich 1871-1918 und seine politische Kultur: Demokratisierung, Segmentierung, Militarisierung, in: neue politische literatur. Berichte über das internationale Schrifttum, XLIII. Jg. (1998), S. 206-263 sowie Joachim Scholtyseck: Deutsches Kaiserreich 1871-1918, Teil I und II, in: Geschichte in Wissenschaft und Unterricht, 47. Jg. (1996), S. 693-706 u. S. 753-764.

55 Vgl. exemplarisch Hans-Ulrich Wehler: Deutsche Gesellschaftsgeschichte. III. Bd. Von der ›Deutschen Doppelrevolution‹ bis zum Beginn des Ersten Weltkrieges 1849-1914, München 1995.

56 Vgl. David Blackbourn u. Geoff Eley: The Pecularities of German History. Bourgeois Society and Politics in Nineteenth-Century Germany, Oxford u. New York 1984 sowie David Blackbourn u. Richard J. Evans: The German Bourgeoisie. Essays on the Social History of the German Middle Class from the Late Eighteenth to the Early Twentieth Century, London u. New York 1991.

nur von ihrem Ergebnis her zu verstehen, sondern auf ihre Potentiale und Vielschichtigkeiten hin zu untersuchen. Würden die subjektiven Perspektiven der historischen Akteure in den ihnen möglichen Horizont von Denk- und Handlungsweisen eingebunden, ergebe sich ein vielschichtigeres Bild, das die deutsche Geschichte sehr viel näher an den Hauptstrom westeuropäischer Entwicklungen bringe.[57] Ähnlich wie im Falle anderer westlicher Industrienationen, wenn auch in Akzentuierungen radikaler, erscheine gesellschaftliche Modernisierung nicht als lineare Entwicklung, sondern als komplexer Prozeß widersprüchlicher Bewegungen, dem eine generelle Janusköpfigkeit eigen sei. An die Stelle eines weitgehend monolithischen Bildes eines autoritären Obrigkeitsstaates mit militaristischen Tendenzen, geringen Partizipationsmöglichkeiten des Bürgertums an der Politik, konservativer Bürokratie und aggressivem Nationalismus tritt bei Nipperdey ein vielfältiges Panorama, das auch Raum ließ für die Entfaltung demokratischer Tendenzen, nonkonformer Milieus und moderner Mentalitäten.

Dennoch wird das Sujet Naturschutzgeschichte in der historiographischen Auseinandersetzung nach wie vor weitgehend einer konservativ-reaktionären Kulturkritik zugeordnet und vor allem als Transferinstanz zwischen nationalistischen und völkischen Sozialutopien des 19. Jahrhunderts und deren durch Biologisierungen ermöglichte Transformation in die Blut- und Boden-Mythen des Nationalsozialismus gesehen. Ideen- und ideologiegeschichtlich sind solche Kontinuitätslinien problemlos nachzuzeichnen, und fraglos kann auch für die Zeit vor dem Ersten Weltkrieg bei einer Reihe exponierter Naturschützer eine Biologisierung ihrer Weltbilder nachgewiesen werden. Offen bleibt freilich dabei, ob damit die gesamten Potentiale der um 1900 thematisierten Naturfrage adäquat eingeordnet werden können.

D. Antimodernisten oder kulturelle Modernisierer?

Es sind vor allem Interessen der Umweltgeschichte und einer an modernisierungtheoretischen Fragen laborierenden Geschichtswissenschaft, welche die Geschichte des Naturschutzes zum Thema machten. Selten freilich sind diese Erkenntnismotive klar zu trennen, und so sollen nun exemplarische Arbeiten aus deren Schnittfeld vorgestellt und in die Perspektive einiger für die Naturschutzgeschichte relevanten Leitfragen gerückt werden.

---

57 Vgl. Thomas Nipperdey: Deutsche Geschichte, 2 Bde., München 1990 u. 1992.

Regressive Flucht oder politische Partizipation? Im Gefolge von Fritz Sterns Analyse des »Kulturpessimismus als politische Gefahr« entstanden Einzelstudien, die sich den kulturkonservativen Erneuerungsbewegungen widmeten. In seiner wegweisenden ideologiekritischen Arbeit über »Agrarromantik und Großstadtfeindschaft«[58] verortete Klaus Bergmann Ideen des Natur- und Heimatschutzes im Umfeld des Kulturpessimismus. Er lenkte die Aufmerksamkeit auf die Stellungnahmen Wilhelm Heinrich Riehls – für Bergmann »der ideologisch wohl bedeutsamste Antipode seiner Zeitgenossen Marx und Engels«[59] – zu ersten Modernisierungs- und Industrialisierungsschüben um die Mitte des 19. Jahrhunderts und auf die Rezeption und Popularisierung dieser antimodernistisch-restaurativen Ressentiments im deutschen Bürgertum während der folgenden Jahrhundertwende. Riehl lieferte jene zeitdiagnostischen Stichworte, die wenige Jahrzehnte später weiten Kreisen des deutschen Bildungsbürgertums zur Beschreibung des gesellschaftlichen Wandels plausibel erschienen. Im Urbanen erachtete Riehl die Grundlagen einer vaterlandslosen Moderne, welche die Menschen aus ihren Einbindungen in natürliche Zusammenhänge löste. An die Stelle der gewachsenen Gemeinschaft, so das Szenario Riehls, trat ein kränkelnder Individualismus und ein oberflächliches Kosmopolitentum. In der durch Bergmann geleisteten Rekonstruktion der ideengeschichtlichen Wurzeln deutscher Agrarromantik und Zivilisationsfeindschaft wird verständlich, weshalb der Naturschutz kaum in der Lage war, ein Bewußtsein gegenüber den Umweltproblemen der modernen Zivilisation auszubilden und seine Aufmerksamkeit fast ausschließlich auf Verlusterfahrungen im Rahmen von Enttraditionalisierungsprozessen lenkte.

Differenziert sondierte Gerhard Kratzsch den sozialgeschichtlichen Hintergrund des »Dürerbundes« als Organ der wilhelminischen Gebildeten-Reform, das wesentlich zur Popularisierung des Natur- und Heimatschutzes beitrug.[60] Kratzsch machte darauf aufmerksam, daß diese Reformbewegung zunehmend inhomogener Mittelschichten nicht nur pauschal als traditionalistische Opposition zur Moderne verstanden werden könne, sondern durchaus ideologisch heterogene Kräfte bündelte, denen es nicht nur um die Bewahrung des Vorhandenen, sondern um Erneuerung ging. Hier organisierten sich Angehörige des gebildeten Mittelstandes, die in Abgrenzung zur materialistischen Gesinnung wirtschaftsbürger-

58 Klaus Bergmann: Argrarromantik und Großstadtfeindschaft, Meisenheim 1970.

59 Ebda., S. 41.

60 Gerhard Kratzsch: Kunstwart und Dürerbund. Ein Beitrag zur Geschichte der Gebildeten im Zeitalter des Imperialismus, Göttingen 1969; Ders.: Der Kunstwart und die bürgerlich-soziale Bewegung, in Ekkehard Mai, Stephan Waetzoldt u. Gerd Wolandt (Hrsg.): Ideengeschichte und Kunstwissenschaft im Kaiserreich, Berlin 1983, S. 371-396.

licher Schichten auf eine an ethischer Umorientierung und individueller Lebensführung ansetzenden Reform der Gesellschaft zielten.[61]

Wolfgang R. Krabbe[62] lieferte in seiner Arbeit über die lebensreformerischen Vegetarier, Naturisten oder Naturheilkundler eine analytische Grundlage, die erhellt, wann und warum der Parameter der Natürlichkeit als Reflex auf mentale Verunsicherungen für Angehörige des wilhelminischen Bildungsbürgertums Anziehungskraft entfalten konnte. Krabbe sieht in dem Rekurs auf Natürlichkeit eine am Individuum und dessen Bewußtsein ansetzende Erneuerungsbemühung, die auf das Gesamt der Gesellschaft zielen sollte und deshalb nicht voreilig als unpolitische Fluchtbewegung aus der nüchternen Realität einer funktionalen Moderne eingestuft werden könne.[63]

Natur- und Heimatschutz werden oft als apolitische bürgerliche Kulturbewegungen charakterisiert, denen es nicht um die Durchsetzung politischer Interessen, sondern um die Etablierung kultureller Identitätsangebote und Wertmuster ging. Unbestritten sind zwar die Nähe von weltanschaulichen Deutungsangeboten, die in der Moderne wesentlich einen Verlust an Vertrautheit, traditionalen Bindungen und Sicherheit konstatierten. Dennoch wäre es verfehlt, den Anspruch des Naturschutzes auf pure Bewußtseinsreform zu reduzieren. Im Gegenteil: Unstrittig eine wertorientierte Bewegung, drängte er doch massiv auf politische Partizipation und arbeitete an institutionellen und legislativen Lösungsmöglichkeiten von Natur- und Umweltproblemen. Hierzu kann für die jüngeren Forschungsergebnisse festgestellt werden, daß sich die Fragestellungen verschoben haben. Die um 1900 entwickelten Ansätze der bürgerlichen Kulturbewegungen werden nicht mehr pauschal als traditionalistisch und regressiv abgetan. Sie werden vielmehr selbst als Symptome der Modernisierung verstanden, als Gegenströmungen

---

61 Neuerdings plädierte auch Rüdiger vom Bruch für eine differenziertere Sichtweise des »Dürerbundes«, die auch das zukunftsorientierte Erneuerungspathos der Bewegung als zeittypisches Modernitätssyndrom berücksichtigen sollte; vgl. Rüdiger vom Bruch: Kunstwart und Dürerbund, in: Kerbs/Reulecke 1998, S. 429-438.

62 Wolfgang R. Krabbe: Gesellschaftsveränderung durch Lebensreform. Strukturmerkmale einer sozialreformatorischen Bewegung im Deutschland der Industrialisierungsperiode, Göttingen 1974.

63 Auch Eva Barlösius plädierte in ihrer Analyse der Vegetarierbewegung für eine politisierte Interpretation der Lebensreform. Man könne sie nicht pauschal als »antimodern« abtun, weil man sonst jegliche Kommentare, die als Ursache kritikwürdiger Verhältnisse Modernisierungsphänomene ausmachen, als »antimodern« und irrational klassifizieren müsse; vgl. Eva Barlösius: Naturgemäße Lebensführung. Zur Geschichte der Lebensreform um die Jahrhundertwende, Frankfurt a.M./New York 1997.

und Nebenzweige, die vor dem Hintergrund eines in bürgerlichen Mittelschichten weit verbreiteten Unbehagens auch eine »andere« Moderne verhandelten:

»Es war der akute Bedarf des Bürgertums nach ›kultureller Vergesellschaftung‹, d.h. nach verbindlichen Deutungsmustern, Werten und Verhaltensregeln, auf die es in Entscheidungssituationen zurückgreifen konnte. Es ist deshalb falsch, die Kulturdebatte von vornherein als Ausdruck einer resignativen Flucht des Bürgertums in eine machtgeschützte Innerlichkeit zu deuten. Sie dürfte eher eine im vorpolitischen Raum geführte, in ihrer metapolitischen Qualität durchaus politischen Debatte um alternative gesellschaftliche Ordnungsentwürfe gewesen sein.«[64]

Thomas Rohkrämer wendet sich in seiner Studie über Natur, Technik und Zivilisationskritik zwischen 1880 und 1933 energisch gegen die teleologische Deutung der im Kaiserreich formulierten Zivilisationskritik, die bruchlos in der Ideenwelt des Nationalsozialismus aufgehen würde.[65] Statt dessen macht er darauf aufmerksam, daß Denk- und Deutungsmuster der Zivilisationskritik nicht Bestandteil geschlossener Weltbilder gewesen sind, sondern von heterogenen Gruppen zur Diagnose ihrer Zeit und zur Formulierung politischer Ziele verwendet wurden. Rohkrämer verhandelt prominente Exponenten der Zivilsationskritik sowie soziale Bewegungen der Lebensreform oder die Jugendbewegung deshalb im Kontext einer prinzipiell offenen Sehnsucht nach einer »anderen Moderne«. Wenn er dabei den Natur- und Heimatschutz einbindet in eine breite Suchbewegung nach Alternativen zu einer nur funktionalistischen Moderne, so würde dies eigentlich ein differenziertes Verständnis für die Heterogenität des frühen Naturschutzes ermöglichen. Leider reduziert aber auch Rohkrämer den Naturschutz auf die Ausprägungen von Heimatschutz und Naturdenkmalpflege, beläßt es bei der Neubewertung vorhandener Literatur und versäumt deshalb die Möglichkeit, die Vielschichtigkeit der Naturschutzbewegungen neu zu bewerten.

Nation, Region, Heimat. Werner Hartung erneuerte in seiner Regionalstudie über die Heimatbewegung in Niedersachsen die Klassifizierung des Heimatschutzes als ästhetische Flucht in eine idyllisierte Vergangenheit mit völkischen Leitintentionen.[66] Hartungs Verdienst besteht vor allem darin, die Funktion der Heimat-

64 Rüdiger vom Bruch, Friedrich Wilhelm Graf und Gangolf Hübinger: Einleitung: Kulturbegriff, Kulturkritik und Kulturwissenschaften um 1900, in Dies. (Hrsg.): Kultur und Kulturwissenschaften um 1900. I. Krise der Moderne und Glaube an die Wissenschaft, Stuttgart 1989, S. 14f.

65 Thomas Rohkrämer: Eine andere Moderne? Zivilisationskritik, Natur und Technik in Deutschland 1880-1933, Paderborn 1999.

66 Werner Hartung: Konservative Zivilisationskritik und regionale Identität. Am Beispiel der niedersächsischen Heimatbewegung 1895-1919, Hannover 1991.

idee im Rahmen der deutschen Nationalstaatsbildung zu analysieren.[67] Er versteht das spezifisch deutsche, ethnisch-kulturell begründete Konzept »Heimat« als Nachwirkung der einzelstaatlichen Vergangenheit Deutschlands und ordnet es damit in die entwicklungsgeschichtlichen Besonderheiten Deutschlands ein. Als Reflex auf den Zentralismus des neuen Reiches unter preußischer Hegemonie sei hier das Vakuum regional sehr unterschiedlich ausgeprägten Reichsbewußtseins aufgenommen und an regionale Orientierungsmuster, in denen sich konservative Zivilisationskritik und regionale Identitätsstiftungen mengten, gebunden worden.[68] Hartung sieht schon früh eine Verbindung völkischer Ideologien mit dem Interesse an Natur, Geschichte und Volkskultur, das in der Heimatidee eine ideologische Klammer erhielt. Von hier aus zeichnet er Kontinuitätslinien über die Weimarer Republik in den Nationalsozialismus nach. Den Bemühungen des niedersächsischen Heimatschutzes um die Erhaltung von Landschaft, Tieren und Pflanzen weist Hartung lediglich kompensierende Funktion zu. Er muß freilich zwangsläufig zu diesem Fazit kommen, da er zeitgenössisches Handeln mit Maßstäben moderner Ökologie bewertet.[69]

Natur und Geschichte. Helmut Fischer ist es in seinem Abriß der Heimatschutzgeschichte gelungen, voreilige Typisierungen zu vermeiden, um umso differenzierter die Geschichte des deutschen Heimatschutzes in den Kontext zeitgenössischer Geistesströmungen und politischer Bewegungen einzubetten. Er macht so die Wirklichkeitsbeschreibungen des Heimatschutzes vor dem Hintergrund der werdenden Industriegesellschaft verständlich und zeigt, wie die Allianz von Geschichtsbewußtsein, Natursehnsucht und die Identifikation mit dem lokalen Nahraum »Heimat« zunächst für die soziale Gruppe des Bildungsbürgertums zu einem maßgeblichen Deutungssystem der zeitgenössischen Umbruchsprozesse

---

67 Ähnlich auch die Analyse von Karl Ditt: Die deutsche Heimatbewegung 1871-1945, in: Bundeszentrale für politische Bildung (Hrsg.): Heimat. Analysen, Themen, Perspektiven, Bonn 1990, S. 135-154.

68 Celia Applegate und Alon Confino verweisen in ihren Studien über die Pfalz bzw. Württemberg auf die Funktion der Heimat-Idee als Vermittlungsebene zwischen dem lokalen Nahraum der Menschen und dem imaginären Konstrukt der Nation. Vgl. Celia Applegate: A Nation of Provincials. The German Idea of Heimat, Berkeley 1991; Alon Confino: The Nation as a Local Metaphor. Württemberg, Imperial Germany, and National Memory, 1871-1918, Chapel Hill u. London 1997.

69 Hartung 1991, S. 228.

wird: »Natur, Denkmal und Heimat werden seit dem 19. Jahrhundert zu Kernbegriffen der Bewältigung von Wirklichkeit.«[70]

Thomas Adam zeigt die – zeitlich verschobene – Parallelität der Bewegungen der Geschichts- und der Naturschutzvereine auf und damit ihre mentalitätsgeschichtliche Nachbarschaft.[71] Beide, so Adam, seien als Reflex auf gesellschaftlichen Wandel zu verstehen, und bei beiden ging es durch das Retten, Sammeln und Bewahren um die Verteidigung des Vertrauten – einmal durch die memoriale Anbindung der bürgerlichen Gesellschaft an eine nationale Vergangenheit, das andere Mal durch die Erhaltung von Natur und Landschaft. In einer weiteren Arbeit vertritt Adam die These, »daß sich in den traditionellen Natur-, Landschafts- und Heimatschutzorganisationen die Wurzeln der heutigen Umweltbewegung finden lassen und daß ein fester Kernbestand sowohl hinsichtlich der Trägerschichten als auch der Weltanschauungen und Denkweisen zu konstatieren ist.«[72] Während sich lediglich die politischen Aktionsformen und Argumentationsmuster der »Neuen sozialen Bewegungen« geändert hätten, seien sowohl mit den Mittelschichten als Trägergruppen als auch den antimodernistischen Orientierungen mehr Kontinuitätslinien als Differenzen festzustellen. Diese groß angelegte These zu einer über hundertjährigen Geschichte läßt sich in einem vergleichsweise kleinen Beitrag nur dann durchhalten, wenn dieser sich darauf beschränkt, Reizvokabeln und Schlüsselbegriffe aneinanderzureihen. Ein differenzierter Vergleich des traditionellen Naturschutzes, der sich im Umfeld des Historismus ausbildete und sich als Laienbewegung organisierte, mit dem ökologisch und wissenschaftlich argumentierenden Umweltschutz, könnte dagegen grundsätzliche Unterschiede in den Vordergrund stellen. Dies betrifft neben politischen Aktionsformen und Verwissenschaftlichungstendenzen vor allem daran gebundene Handlungsoptionen.

---

70 Helmut Fischer: 90 Jahre für Umwelt und Naturschutz. Geschichte eines Programms. Herausgegeben vom Deutschen Heimatbund, Bonn 1994, S. 8. Zum Spannungsfeld des Heimatschutzes zwischen rückwärtsgewandter Orientierung und Erneuerungsanspruch vgl. Edeltraud Klueting (Hrsg.): Antimodernismus und Reform. Beiträge zur Geschichte der deutschen Heimatbewegung, Darmstadt 1991; Edeltraud Klueting: Heimatschutz, in: Kerbs/Reulecke 1998, S. 47-57.

71 Thomas Adam: Parallele Wege. Geschichtsvereinigungen und Naturschutzbewegung in Deutschland, in: Geschichte in Wissenschaft und Unterricht, 48. Jg. (1997), S. 413-428; Thomas Adam: Rettung der Geschichte – Bewahrung der Natur. Ursprung und Entwicklung der Historischen Vereine und des Umweltschutzes in Deutschland von 1770 bis zur Gegenwart, in: Blätter für deutsche Landesgeschichte, 133. Bd. (1997), S. 239-277.

72 Thomas Adam: Die Verteidigung des Vertrauten. Zur Geschichte der Natur- und Umweltschutzbewegung in Deutschland seit Ende des 19. Jahrhunderts, in: Zeitschrift für Politik, 45. Jg. (1998), S. 20.

Naturpolitik: Umwelthandeln, ästhetische Kritik oder symbolische Memorialkultur? Die Vielschichtigkeit an Begründungen für den Schutz der Natur und die Mannigfaltigkeit an institutionellen Ausprägungen arbeitete Raymond Dominick in seinem Beitrag zur Geschichte des deutschen Natur- und Umweltschutzes zwischen 1871 und 1971 heraus.[73] Wenn auch die Länge des Untersuchungszeitraums zwangsläufig Verkürzungen erzwingt, so gelingt es Dominick doch, gerade für die Zeit des Kaiserreichs aufzuzeigen, daß bereits hier ein differenziertes Instrumentarium an Schutzstrategien und ein Legitimationszusammenhang geschaffen wurde, der bereits all jene anthropozentrischen und nicht-anthropozentrischen Argumente umfaßte, welche die Umweltdiskurse bis zum Ende des 20. Jahrhunderts prägten. Allerdings versäumt es Dominick, einen analytischen Gesamtzusammenhang für die beschriebenen Bewegungen zu schaffen. Er beläßt es bei einer Beschreibung der historischen Entwicklung, ohne dabei Kategorien und Begriffe zu entwickeln, durch die verständlicher werden könnte, weshalb die Frage nach Natur und ihrem Schutz für immer mehr Menschen zu einer zentralen Frage wurde.

Dem staatlichen Naturschutz und der »Naturdenkmalpflege« widmet sich Michael Wettengel in seiner Studie zum Verhältnis von Staat und Naturschutz zwischen 1906 und 1945. An den Anfang setzt Wettengel die Beobachtung, daß sich eine »allgemein gehaltene Zivilisationskritik und die Errichtung von Schutzgebieten für scheinbar unberührte Naturräume gut mit gleichzeitiger technischer und industrieller Modernisierung vertrugen, ja sogar eine gewisse kompensatorische Wirkung ausübten.«[74] Wettengel diagnostiziert die auffällige Differenz zwischen fundamentalistischer Zivilisationskritik und der vergleichsweise harmlosen Praxis der Naturbewahrung als symptomatisch für den deutschen Naturschutz, der die Erhaltung der Natur stets als kulturelle Aufgabe erachtete. Dadurch sei es ihm nicht gelungen, ein den Umweltproblemen adäquates Instrumentarium an Schutzstrategien zu entwickeln. Die Differenz zwischen rhetorischer Radikalität

73 Raymond Dominick III: The Environmental Movement in Germany. Prophets & Pioneers, 1871-1971, Bloomington u. Indianapolis 1992.

74 Wettengel 1993, S. 357. Der Naturdenkmalpflege widmete sich auch Rolf Peter Sieferle und band sie an eine die gesamte Neuzeit umspannende Ideengeschichte der Fortschritts- und Zivilisationskritik. Während er die ästhetische Kritik des Heimatschutzes dem politischen Konservatismus zuordnete und als Verteidigung der Ständegesellschaft und sozial exklusiver Privilegien interpretierte, attestierte er der Naturdenkmalpflege eine weitgehende Akzeptanz der Industriegesellschaft. Durch das symbolische Bewahren von Relikten habe sie die Akzeptanz technischer Modernisierung eher befördert; vgl. Rolf Peter Sieferle: Fortschrittsfeinde? Opposition gegen Technik und Industrie von der Romantik bis zur Gegenwart, München 1984.

und musealisierender Praxis habe sich bis in den Nationalsozialismus fortgesetzt, wo sie sich als ideologische Aufwertung einer mystifizierten Natur bei faktischer Ignoranz von Naturbelangen offenbarte, was für den Naturschutz eine fatale Korrumpierung bedeutet habe.

Aus der Perspektive einer Umweltgeschichte, welche die Umweltzerstörungen in industriellen Gesellschaften thematisiert, erscheint Naturschutz gegenüber den Dimensionen der Zerstörungspotentiale in der Regel als defizitär. Es mag die eigene Eingebundenheit der Umweltgeschichte in die globalen ökologischen Krisen des späten 20. Jahrhunderts sein, sowie ein dezidiert an ökologischen Wissensformen geschliffenes Problembewußtsein, das manche Autoren immer wieder dazu verleitete, Positionen des Naturschutzes als unangemessen zu beschreiben. Wenn er ausschließlich als Vorgeschichte moderner Ökologiebewegungen verstanden wird, dann freilich erscheint Naturschutz zwangsläufig als harmloser Reflex, der kaum adäquate Lösungsansätze ausbilden konnte. Ob dies allerdings mit dem Selbstverständnis der historischen Akteure korrespondiert, darf dahingestellt werden. Ärgerlich jedoch sind begriffliche Unschärfen, die Naturschutz nicht als in der Gemengelage naturwissenschaftlicher, ethischer und ästhetischer Orientierungen hochgradig differenzierte Bewegung verstehen, sondern verkürzen auf einzelne Positionen. So wurde Naturschutz lange weitgehend mit Heimatschutz identifiziert. Diese Gleichsetzung ließ Arne Andersen im Titel seines Aufsatzes »Heimatschutz: Die bürgerliche Naturschutzbewegung« anklingen.[75] Er verweist dort auf die Asymmetrie zeitgenössischer Umweltprobleme und dem Problembewußtsein des bürgerlichen Naturschutzes. Andersen zeigt, daß es der Heimatschutz unterließ, grundsätzliche Kritik an Umgangsformen des Kapitalismus mit Natur auszubilden. Er beschränkte sein Bemühen auf die Rettung von einzelnen Naturdenkmälern und landschaftlicher Schönheiten und wich auf das Feld von Scheinkonflikten aus. Die kapitalismuskritischen Stimmen im 1904 gegründeten »Bund Heimatschutz« hätten bald an Einfluß verloren, so daß der Heimatschutz dezidiert auf eine ästhetische Versöhnung von Industrie und Natur zielte: »Die Politik des Bundes blieb mangels gesellschaftlicher Perspektive reaktiv. Sein Naturbegriff war nicht auf ökologische Zusammenhänge ausgerichtet.«[76]

Hier muß gefragt werden, ob diese in der Umweltgeschichte verbreitete Sichtweise nicht grundsätzlich die kulturelle Logik der Bewegung mißversteht. Das Fazit, der frühe Naturschutz habe mit seinen musealisierenden Strategien und

75 Arne Andersen: Heimatschutz. Die bürgerliche Naturschutzbewegung, in: Brüggemeier u. Rommelspacher 1987, S. 143-157.

76 Ebda., S. 149.

der Dominanz ästhetischer Kritik kein Sensorium für die wirklichen Umweltprobleme entwickelt, zielt an seinem Selbstverständnis gründlich vorbei. Bei der Rettung bedrohter Naturgebilde nämlich ging es keinesfalls um eine Thematisierung der Bedrohung natürlicher Lebensgrundlagen und Ressourcen, sondern zunächst um die denkmalhafte Rettung von Naturphänomenen für das kulturelle Gedächtnis. Die Rettung der Natur zielte weniger auf die Sicherung ökologisch intakter Natur, so daß es nicht wenige Gründe gibt, den Naturschutz sehr viel stärker aus dem Kontext von Historismus, Denkmalpflege und Memorialkultur zu verstehen.

Wenn Naturschutz lediglich dem übergeordneten Programm des kulturkonservativen Heimatschutzes zugeordnet wird, so bleiben zwangsläufig andere Traditionen ausgeblendet. Vor allem aber wird er genau dort verortet, wo er nach anfänglicher Resonanz alsbald keine Rolle mehr spielen sollte. So suggeriert die Veröffentlichung von Andreas Knauts zwar materialgesättigter, leider jedoch die Entwicklung analytischer Zugriffsmöglichkeiten vernachlässigende Dissertation in ihrem Titel »Zurück zur Natur! Die Wurzeln der Ökologiebewegung«, daß hier eine bis ins Kaiserreich zurückreichende Geschichte der modernen Umweltbewegung rekonstruiert werden soll. Tatsächlich allerdings wird mit dem Akzent institutionen- und personengeschichtlicher Annäherungsversuche nur die Geschichte des »Bundes Heimatschutz« im wilhelminischen Zeitalter verhandelt. Obendrein wird dann akribisch aufgezeigt, wie der Naturschutz im Gesamtkonzept des Heimatschutzes durch das »Übergewicht der Architektur und des Denkmalschutzes«[77] noch im Kaiserreich an Stellenwert einbüßte. Diese programmatische Bedeutungseinbuße freilich hat seine Gründe keinesfalls in institutionellen Konkurrenzen oder persönlichen Animositäten, sondern vielmehr in der Eigenständigkeit einer zwar heterogen organisierten, jedoch in der Formulierung von Aufgaben und Lösungsmöglichkeiten einheitlichen Naturschutzbewegung, die eben nicht nur im zeitgenössischen Programm des Heimatschutzes aufgehen konnte, sondern eigenständige Institutionalisierungsprozesse anstieß.

Demgegenüber wandte William H. Rollins[78] ein, daß die Dominanz ästhetischer Kritik im Heimatschutz keineswegs als Flucht vor Konflikten gedeutet werden sollte. Vielmehr war mit ästhetischen Beschreibungskriterien für den Hei-

---

77 Andreas Knaut: Zurück zur Natur! Die Wurzeln der Ökologiebewegung, Greven 1993, S. 393.

78 Williams Rollins: »Bund Heimatschutz«. Zur Integration von Ästhetik und Ökologie, in: Hermand 1993, S. 149-181 sowie Ders.: A Greener Vision of Home. Cultural Politics and Environmental Reform in the German Heimatschutz Movement, 1904-1918, Ann Arbor 1997.

matschutz, den Rollins im Sinne Antonio Gramscis als Gegenbewegung gegen die hegemoniale Kultur des Kapitalismus versteht, ein Instrument vorhanden, mit dem der Utilitarismus dominanter Fortschrittsideologien kritisierbar gemacht werden konnte. Rollins zeigt, daß es sich bei der Kritik an Landschaftsveränderungen nicht um beleidigte Reflexe auf die Korrumpierung des Geschmacksempfindens einer Klientel handelt, die mit der Verteidigung ihrer ästhetischen Privilegien ihre schwindenden sozialen Privilegien kompensiert. Die ästhetische Kritik zielte vielmehr auf einen Umgang mit Natur, der diese nur mehr reduziert auf die Rationalität des reinen Zweckes. Rollins macht im Heimatschutz eine frühe »ökologische« Bewegung aus, die im lokalen Nahraum »Heimat« Verantwortung für die Natur übernommen habe. Eben darin sieht er die Berechtigung, dem Heimatschutz »environmental consciousness« bzw. eine »environmental culture« zu attestieren. Er plädiert dafür, die Akzente der ästhetischen Reform als zeitgemäße Kritik am Umgang mit Natur zu lesen. So kann die Studie von Rollins für eine angemessenere Bewertung der ästhetischen Kritik an Umwelt- und Naturzerstörungen zwar durchaus als befreiend gelesen werden. Allerdings schlichen sich Fragwürdigkeiten ein, wenn er etwa Heimatschutz als »die früheste Umweltbewegung in der deutschen Geschichte«[79] klassifiziert, womit er die Umwelthygiene, aber auch Traditionen wie den Vogelschutz oder naturkundliche Vereine ausblendet. Zudem stellt er die Sorge um die Natur ins Zentrum der Heimatschutzaktivitäten, welche er fast ausschließlich unter dieser Perspektive analysiert und die Beziehung zu anderen Handlungsfeldern wie Denkmalpflege, Architektur und Volkstumspflege vernachlässigt.

Deutscher Sonderweg oder westliches Modernitätssymptom? Unter dem Eindruck der Sonderwegsdebatte wurde Naturschutz lange ausschließlich als deutsches Phänomen behandelt. Die signifikante Allianz von nationalem Geschichtsbewußtsein und Natursehnsucht ließ freilich in sämtlichen europäischen Staaten Bewegungen entstehen, die sich dem Bewahren des bedrohten natürlichen und kulturellen Erbes widmeten – wie etwa seit den 1890er Jahren der »National Trust for Places of Historic Interest or Natural Beauty« in England und Wales.[80] Etwas

79 Rollins 1993, S. 149.

80 Zu Sowjetrußland Douglas R. Weiner: Models of Nature. Ecology, Conservation, and Cultural Revolution in Soviet Russia, Bloomington u. Indianapolis 1988; zu Großbritannien David Evans: A History of Nature Conservation in Britain, London u. New York 1992; im interdisziplinären Selbstverständnis bestechend ist die Studie zur Schweiz von François Walter: Bedrohliche und bedrohte Natur. Umweltgeschichte der Schweiz seit 1800, Zürich 1996;

andere Akzente wiesen dagegen die Naturschutzbewegungen der USA auf.[81] Verdienstvollerweise hat Karl Ditt sich der hier dringend erforderlichen Komparatistik angenommen und Gemeinsamkeiten und Unterschiede in der jeweiligen ideologischen und organisatorischen Entwicklung des Naturschutzes in den USA, England und in Deutschland aufgezeigt. Ditt zeigt, daß Naturschutz nicht pauschal einer sich verweigernden Antimoderne zugeordnet werden könne, sondern durch einen Doppelcharakter gekennzeichnet ist, bei dem sich modernisierungskritische und modernisierungsfördernde Motive mischen:

»M. a. W. der Naturschutz war gegen Ende des 19. Jahrhunderts mit seinen Forderungen auf Begrenzung des Fortschritts durch die Herausnahme von Gebieten, Tieren und Pflanzen aus zivilisatorischen Nutzungen und in einem weiteren Sinne mit seinem Kampf gegen das ›materialistische Denken‹ wirtschaftlich antimodern, kulturell und politisch jedoch modern.«[82]

Während den Naturschutzbewegungen in den drei untersuchten Staaten diese Grundorientierung durchaus gemeinsam sei, konstatierte Ditt auch Unterschiede. So überwanden in England und den USA die Naturschutzbewegungen ihren nur zivilisationskritischen Impetus und erachteten in sozialen Funktionen der Naturteilhabe für moderne Massengesellschaften einen wichtigen Auftrag zum Schutz der Natur. Demgegenüber blieb in der deutschen Naturschutzbewegung die zivilisationskritische Grundorientierung dominant, die zu einem eher elitären Selbstverständnis führte. Natur sollte hier gerade gegen moderne Phänomene wie den Massentourismus verteidigt werden.

Um die Differenzen und Gemeinsamkeiten der Naturschutzbewegungen in Deutschland, anderen europäischen Staaten und in den USA noch stärker herauszuarbeiten, bedarf es komparatistischer Arbeiten. Danny Trom hat hierfür Frankreich und Deutschland mit einem Vergleich des »Bundes Heimatschutz« und der 1901 gegründeten »Société pour la Protection des Paysages de France« in den

---

Beiträge zu einzelnen Aspekten der Naturschutzgeschichte Deutschlands, Österreichs, Italien, Großbritanniens, Frankreichs, Belgiens, der Niederlande und skandinavischen Staaten finden sich in dem Sammelband Erk Volkmar Heyen (Hrsg.): Naturnutzung und Naturschutz in der europäischen Rechts- und Verwaltungsgeschichte (= Jahrbuch für europäische Verwaltungsgeschichte, Bd. 11), Baden-Baden 1999.

81 Vgl. Samuel P. Hays: Conservation and the Gospel of Efficiency. The Progressive Conservation Movement 1890-1920, Cambridge, Mass. 1959.

82 Karl Ditt: Naturschutz zwischen Zivilisationskritik, Tourismusförderung und Umweltschutz. USA, England und Deutschland 1860-1970, in: Matthias Frese u. Michael Prinz (Hrsg.): Politische Zäsuren und gesellschaftlicher Wandel im 20. Jahrhundert. Regionale und vergleichende Perspektiven, Paderborn 1996, S. 528.Vgl. auch Karl Ditt: Nature Conservation in England and Germany 1900-1970, in: Contemporary European History, 5 (1996), S. 1-28.

Blick genommen, die er beide als ästhetisch-patriotische Projekte zur Sicherung des jeweiligen nationalen Erbes untersucht. Trom zeigt, wie nahe die beiden Nationen bei der Konstruktion und Funktionalisierung bestimmter Naturbilder liegen. So erhellend der nationale Vergleich ausfällt, so bedauerlich ist es, daß leider auch Trom dem Irrtum aufsitzt, der »Bund Heimatschutz« habe den »nationalen Alleinvertretungsanspruch für die Belange der ›Natur‹« beanspruchen können.[83] Unter dieser Voraussetzung kommt Trom natürlich zwangsläufig zum Ergebnis, daß die Auseinandersetzung mit Natur um 1900 vor allem ästhetisch motiviert war.

Insgesamt also suggeriert der Stand der Forschungslage, es habe sich bei den frühen Naturschutzbewegungen um ein weitgehend homogenes Phänomen gehandelt. Indem die Forschung ihr Augenmerk auf den Heimatschutz richtet bzw. in ideengeschichtlichen Untersuchungen Reizvokabeln und Schlüsselwörter aneinanderfügt, um so die Kontinuität antimodernistischer Tendenzen herauszuarbeiten, wird die Vielschichtigkeit der Naturschutzbewegungen um 1900 ausgeblendet. Naturschutz erscheint als Singular, der seine Einwände und Fragen an die Moderne mit einer Stimme formuliert habe. Außen vor bleiben wichtige Traditionsstränge des frühen Naturschutzes wie die Impulse aus naturwissenschaftlichen Vereinen oder die ethischen Traditionen des Tierschutzes. Indem die Akzente der Forschung auf die ästhetische Kritik und deren ideologischen Implikationen gesetzt werden, wird gerade die spezifische Dynamik nicht erkannt, die sich aus dem Zusammengehen der unterschiedlichen ästhetischen, ethischen und naturwissenschaftlichen Traditionsstränge in der Idee des Naturschutzes entfaltet hat. Schließlich scheint auch die Festschreibung des Naturschutzes auf ein allenfalls defizitär ausgebildetes Problembewußtsein kaum verwunderlich. Anstatt zu rekonstruieren, welche Beschreibungsmöglichkeiten und welches Wissen über Natur den Akteuren in ihrer Zeit zu Verfügung stand, werden kurzerhand Maßstäbe ökologischen Bewußtseins der postindustriellen Jetztzeit in die Geschichte zurückverlängert. Notgedrungen fällt dabei der Historiker in die Rolle des Zensors, der angesichts unbefriedigender Erledigung der Aufgabenstellung nur schlechte Noten zu verteilen hat – auch wenn der Eleve seine Aufgabenstellung nicht einmal ahnen konnte.

---

83 Danny Trom: Natur und nationale Identität. Der Streit um den Schutz der ›Natur‹ um die Jahrhundertwende in Deutschland und Frankreich, in: Etienne François, Hannes Siegrist, Jakob Vogel (Hrsg.): Nation und Emotion. Deutschland und Frankreich im Vergleich 19. und 20. Jahrhundert, Göttingen 1995, S. 149.

3. Zur kulturellen Logik der Naturbewahrung

Es gibt eine Menge Gründe und Motive, Natur zu schützen: weil ihre Schönheit oder sinnliche Erfahrung das menschliche Leben bereichert, weil der Mensch aus ethischen Gründen ihre Unversehrtheit, Integrität bzw. das, was er sich darunter vorstellt, zu gewährleisten hat, weil ein materielles Überleben der Menschheit nur dann ermöglicht werden kann, wenn die natürlichen Lebensgrundlagen erhalten werden. Heute, nach den Erfahrungen globaler ökologischer Krisen in den 1960er und 1970er Jahren, erscheint der Schutz der Natur als eine fast schon quasi-natürliche kulturelle Technik moderner Gesellschaften, wobei zur Beurteilung, welche Naturen bewahrende Zuwendung genießen, in der Regel auf »Objektivität« pochende ökologische Erkenntnisse herangezogen werden. Ökologische Wissenschaften entwickeln Normen für den Schutz evolutiver Prozesse, für »Biodiversität« oder bestimmen die »Leistungsfähigkeit des Naturhaushalts« mittels Artenvielfalt. Sie geben Kriterien vor, wie die Nachhaltigkeit von Bewirtschaftungsformen eingehalten werden kann, und all das wird wiederum als Grundlage für politische Entscheidungen, welchen Naturen Schutz anzugedeihen ist, herangezogen – wobei nicht selten vergessen wird, daß solche ökologischen Wissensformen ihre Entstehung spezifischen historischen Voraussetzungen verdanken und nicht zeitlos sind.

In den Auseinandersetzungen um den Schutz der Natur während des Kaiserreiches war von ökologischen Begründungen zwar auch, aber vergleichsweise wenig zu hören – kein Wunder, standen solche Wissensformen den frühen Naturschützern auch gar nicht zur Verfügung. Statt dessen wurde die Forderung nach Naturbewahrung begleitet von einem diffusen Gewirr aus ethischen, ästhetischen, utilitarischen, sozialhygienischen, wissenschaftlichen, nationalkulturellen, pädagogischen aber auch zumindest vor-ökologischen Einwänden.[84] Symptomatisch für die Argumentationsweise des Naturschutzes im Kaiserreich ist eine diffuse Gemengelage aus nationalistischen Überhöhungen, romantischen Naturbildern, prä-ökologischen Gleichgewichtsvorstellungen[85] und ethischen Idealismen. Durch diese Breite an Argumenten und Legitimationen wird es möglich, daß sich in der vagen Forderung nach dem Schutz einer nur unpräzise beschreibbaren »Natur« Menschen unterschiedlicher weltanschaulicher Couleur und gesellschaftlicher Herkunft zusammenfanden. Der gemeinsame Nenner schien zunächst einfach darin

84 Zur Vielschichtigkeit der Argumente im zeitgenössischen Problembewußtseinen vgl. z.B. Gottfried Eigner: Naturpflege in Bayern, München 1908.

85 Solche finden sich vor dem Ersten Weltkrieg z.B. bei Raoul H. Francé oder Curt Floericke.

gefunden, einem alles unterjochenden Fortschritt das Bewahrenswerte der Natur entgegenzuhalten. »Der Naturschutz will der heimatlichen Natur die Reichhaltigkeit und Schönheit bewahren, so daß das Volk Freude und Belehrung aus ihr schöpfen kann«, so Konrad Guenther, der in der »Naturliebe« die »Wurzel der Vaterlandsliebe« ausmachte und soziale Forderungen nach Partizipation an Natur mit sozialhygienischen und nationalkulturellen Argumenten mengte.[86] All das an Natur müsse bewahrt werden, so Wilhelm Bock, »was das ursprüngliche und unverfälschte Wirken der Natur zeigt, was durch Alter geheiligt und ehrwürdig geworden, und was von den Altvordern gepflegt und geschützt wurde.«[87] Dem »Nützlichkeitsprinzip« der Moderne setzte Julius Haarhaus die »ethischen und ästhetischen Werte des Lebens« entgegen.[88] Und der Nationalökonom und Schriftsteller Max Haushofer (1840-1907) erachtete im Schutz der Natur den Schutz der »Schätze an Schönheiten (...), die von einer gültigen Weltordnung der Menschheit dargeboten sind, damit sich dieselbe daran erfreue, selber Schönheit schaffen lerne und den Gedanken des Schönen in alle Ereignisse und Verhältnisse des Lebens hineintrage«. Genauso freilich, so Haushofer, dienten die Gegenstände der Natur als »Quellen der Naturerkenntnis«, und schließlich stelle der Schutz der Natur auch eine unverzichtbare wirtschaftliche Zukunftsvorsorge dar.[89]

In dieser Arbeit soll Naturschutz als eine spezifische kulturelle Praxis moderner Gesellschaften verstanden werden, durch die materielle und immaterielle Naturbeziehungen reguliert werden. Dabei handelt es sich nicht nur um symbolische Aneignungsformen, sondern um Praxen, die selbst als Einflußgrößen in die naturalen Realitäten eingreifen, indem sie bestimmte Bewirtschaftungsformen durchsetzen, ästhetische Erscheinungsformen von Natur und Landschaft einfordern oder Objekte der Natur bewahren, die im Prozeß der Selbstentfaltung von Kultur und Zivilisation dem Untergang geweiht wären. Im Naturschutz verknüpfen sich also symbolisch-kulturelle Aneignungsformen von Natur mit natural-stofflichen Beziehungen, durch welche die Wirklichkeit der Natur beeinflußt und verändert wird. Diese Praxis des Schützens folgt bestimmten Regeln und einer spezifischen kulturellen Logik. Signifikant für moderne Gesellschaften westlichen Zuschnitts erscheint dabei das auf den ersten Blick paradoxe Auseinanderfallen zweier unterschiedlicher Tendenzen. Einerseits wachsen die Möglichkeiten der Naturnutzung

86 Guenther 1910, S. III u. IV.

87 Wilhelm Bock: Die Naturdenkmalpflege. Die Bestrebungen zur Erhaltung der Naturdenkmäler und ihre Durchführung, Stuttgart 1910, S. 2.

88 Haarhaus 1913, S. 34.

89 Haushofer 1906, S. 4f.

und -unterwerfung unermeßlich; gleichzeitig wächst auch die Bereitschaft, Natur als quasisakrale Größe zu verehren und zu bewahren. Während sich so das industrielle System auf der Basis nur mehr zweckrationaler Naturbeziehungen entfalten konnte, wurde gleichzeitig die »andere« Natur in Form konservierter Landschaften, vor dem Aussterben geretteter Arten oder spezifischer Biozönosen präsent gehalten.

Naturschutz verteidigte die Natur vor der Kultur. Naturschutz als eine wie auch immer motivierte Entziehung von Natur aus Nutzungsverhältnissen ist damit eine Form von Tabuisierung. Tabus schaffen in der Trennung von Profanem und Sakralem eine Ordnung der Welt; sie markieren Objektbereiche als unantastbar und entziehen sie somit einer nur profanen Verwendung. Dadurch helfen sie, Normen zu etablieren und zu verankern; sie eröffnen und begrenzen Handlungsmöglichkeiten und tragen dazu bei, kollektive Risiken zu vermeiden. Moderne Gesellschaften haben ein hochdifferenziertes Instrumentarium entwickelt, bestimmte Objektbereiche der Natur profaner Nutzung zu entziehen, und dabei einen Beitrag dazu geleistet, daß Bedeutungen und Sinndimensionen, die an Natur geknüpft werden, in der Moderne nicht zugunsten eines nur zweckrationalen Verhältnisses geopfert werden. »Naturschutzgebiet – nicht betreten«, »Berühren verboten«, »Ansehen ja, pflücken nein«, »Staatseigentum« – die auf Verbots- und Hinweisschildern plazierten Zeichen und Regeln, mit denen das Verhalten der Menschen mit zu schützender Natur gesteuert wird, trennen rigide Mensch und Natur: Hier der allenfalls mit den Distanz signalisierenden Augensinnen bewundernde Mensch, da die als sakrosankt und unberührbar ausgewiesene Natur. Diese Praxis, Naturen mit Tabus und bestimmte Umgangsformen mit Sanktionen zu belegen, könnte in komplexen Gesellschaften als kulturelle Form verstanden werden, zwischen den beiden Polen modernen Naturumgangs – Anbetung und Ausbeutung, Verachtung und Verheiligung – zu vermitteln und die objektiven Spannungen, die sich hieraus ergeben, auszugleichen. Insofern versteht diese Arbeit den Schutz der Natur auch als Form der Tabuisierung: Objekte und Ausschnitte der Natur werden materiellen Nutzungsformen entzogen. Es ist dies keine elementare Intervention in Naturverhältnisse, aber ein höchst symbolischer Vorgang: die immateriellen Bedeutungsdimensionen, mit denen diese Naturen und Landschaften belegt werden, wiegen offenbar schwerer als der materielle Nutzen, der durch sie zu erzielen ist. Der immaterielle Ertrag des Schützens scheint höher als der materielle Ertrag des Nützens. Deshalb stehen im Zentrum dieser Arbeit Fragen nach den Bedeutungen, mit denen bestimmte Naturen belegt werden.

Die alles entzaubernden Modernisierungsprozesse evozierten eine Leidenschaft des Bewahrens und beförderten die Sehnsucht nach historischen Architekturen, verschwindenden Gegenständen des täglichen Lebens, nach vermeintlich authentischen Volkskulturen und eben auch nach scheinbar unberührten Naturen. Die neue Kulturtechnik des Bewahrens zielte freilich nicht auf ein vermeintliches Naturganzes, sondern zunächst auf biologische, landschaftliche oder ökologische Relikte, die im Rahmen dieses umfassenden Umbauprozesses in eine neue Ordnung transformiert werden sollen. Naturschutz konnte im Übergang in die moderne Welt nicht vollständig jene Naturen und Landschaften erhalten, deren soziale und ökonomische Grundlage eben abhanden kam. Natur wurde nicht en Gros in diese neue Welt transformiert, sondern als Zeichen der Erinnerung, als Symbol der Vergangenheitsgewißheit. Was für das Museum gilt oder für die Denkmalpflege, gilt auch für den Naturschutz: Die Dinge sterben ab, das Leben wird ihnen entzogen; an seine Stelle tritt das Interesse des Konservierens. Wie die Reliquie als Zeuge und Fragment eines verlorenen Lebenszusammenhanges, so stiftet nun auch das Naturrelikt als Objekt, das ausschließlich mit nichtmateriellen Bedeutungen besetzt ist, einen Kult, den nämlich der neuen, modernen Naturbewunderung, der jene Sinndimensionen, die mit dem unduldsamen Diktat purer Zweckrationalität verloren gingen, präsent hält. So gelingt es, den allmählichen Übergang von der traditionalen in die moderne Welt nicht als Trennung zu erfahren, sondern als Überbrücken, das den Menschen die Erfahrung vermittelt, in beiden Welten – jener der Vergangenheit und jener von Gegenwart und Zukunft – aufgehoben zu sein.

In den Auseinandersetzungen um den Schutz der Natur prallten prinzipiell unterschiedliche Logiken aufeinander, deren Vertreter sich dadurch auszeichneten, daß sie sich nicht verstehen konnten. Sie repräsentieren jeweils unterschiedliche Formen, mit der Natur in Beziehung zu treten. Diese Arbeit will Vorstellungswelt und kulturelle Logik der Naturbewahrer rekonstruieren. Thema dieser Arbeit soll auch, aber nicht in erster Linie, die Geschichte von Ideen sein, die Geschichte unterschiedlicher Legitimationen, Natur zu bewahren und die Geschichte ihrer ideologischen Implikationen. Ausgangspunkt der Arbeit ist jedoch jene kulturelle Technik, die in den Naturschutzvereinen nicht nur eingefordert, sondern auch praktiziert wurde: Retten, Sammeln und Bewahren von Natur. Ein scheinbares Paradoxon: Jene Kultur, die Natur unterwirft und zivilisiert, entdeckt in der scheinbar ursprünglichen und unwandelbaren Natur das Andere dieser sich permanent wandelnden Kultur, dem sie sich schützend und bewahrend zuwendet. Natur kann sich nicht aus sich selbst heraus schützen. Hierzu bedarf es der Opposition von menschengemachter Kultur und außermenschlicher Natur. Die Beherrschung der Natur ist eine Variante dieser dichotomischen Beziehungsgeschichte, eine andere Schutz und Bewahrung; hier Verachtung und Ausbeutung, da die Vorstellung von Heilung und Heiligung.

Es kann in dieser Arbeit nicht um Bewertungen gehen, ob die Antworten, die der Naturschutz auf die Probleme von Industriegesellschaften gefunden hat, angemessen oder defizitär sind. Von Interesse ist vielmehr, welche Sehnsüchte und Wünsche sich in der Forderung nach intakten Naturverhältnissen verbargen. Wer meldete Einwände gegen die Zerstörung und Ausbeutung der Natur an? Wie wurden die neuen Umgangsformen des Industriezeitalters mit Natur in unterschiedlichen sozialen Milieus wahrgenommen und wie die Veränderungen von Natur und Landschaft beschrieben? Mit welchen Begründungen wurde der Schutz der Natur eingefordert? Welche historischen Handlungsmöglichkeiten ergaben sich aus der Einsicht, daß die Natur ein bedrohtes Gut darstellt? Welche Naturen erhielten denn überhaupt den Status des Bewahrenswerten und welche nicht?

Liebe zur Natur und Leidenschaften des Bewahrens sind schwierige Wirklichkeitsbereiche für eine historische Analyse. Wenn aber die Frage nach der Natur in modernen Gesellschaften nachvollziehbar gemacht werden soll, muß sie sich auch solchen Dimensionen stellen. Wenn über eine Natur geredet wurde, welche in kulturelle Obhut genommen werden sollte, dann wurde in ganz unterschiedlicher Weise auf sie Bezug genommen: als wissenschaftlich meßbare Größe, ökologisch-organische Einheit, ästhetisches Phänomen, eigenwertiges Subjekt oder materielles Objekt. Natur wurde in jedem Fall mit Sinn und Bedeutung belegt und solchermaßen zur Frage der Kultur. Sinn ist gleichermaßen eine hermeneutische Kategorie, wie sich Sinnkonstitution aus transsubjektiven Handlungs- und Sprachzusammenhängen ableiten läßt. Natur ist gleichermaßen realer Stoff und Materie wie symbolisches Konstrukt, in das Bedeutungen und gesellschaftliche Bedürfnisse eingelagert werden. Natur und erst recht die Frage ihres Schutzes sind also Verhandlungssache. Um der Komplexität historischer Wirklichkeitsdeutungen und der an sie gebundenen gesellschaftlichen und politischen Prozesse gerecht zu werden, kann die Analyse nicht Angelegenheit einer disziplinären Einzelwissenschaft sein. Möglichkeiten eröffnen hier vielmehr diskursanalytische Methoden, die den strukturellen Bedingungen historischer Wirklichkeit wie den mentalen und kulturellen Prägungen gleichermaßen Rechnung tragen.

Im Naturschutz traten geistige Ideale, kulturelle Normen und Werte, soziale Interessen und politische Ziele miteinander in Beziehung und verfestigen sich in institutionellem Handeln, das wiederum auf die Gesellschaft zurückwirkte. Im Laufe dieser Studien wechseln deshalb immer wieder die Perspektiven. Wenn Diskurse nicht nur sprachliche Ebenen einbeziehen, sondern auch Handlungsebenen, dann soll einerseits rekonstruiert werden, von wem wie warum über Natur geredet wurde. Einer Geschichte des Naturschutzes müssen seine Ideen und Konzepte, seine politische und soziale Basis, sein wissenschaftlicher und außerwissenschaftlicher Hintergrund und seine ideologischen Überformungen zugrunde gelegt werden. Andererseits sollen auch Bewahrpraxen und Umgangsformen mit Natur in den Blick genommen werden, also die Umsetzung dieser Ideen in die Realität. Dies wird in der bürgerlichen Gesellschaft ausgehandelt zwischen Politik, Verwaltung, Institutionen, Privatleuten und der Öffentlichkeit. Naturschutz wurde zum Handlungsfeld von Politik und Verwaltung, weshalb in der Beschäftigung mit seiner Geschichte auch der Geschichte von Recht und Institutionen nachgegangen werden muß. Einzubeziehen sind bei einem Handlungsfeld, das durch stetige Verwissenschaftlichung gekennzeichnet ist, Erkenntnisse der Wissenschafts- und Geistesgeschichte. Der Alltag ist der Ort der sozialen und kulturellen Aneignung von Leitbildern und Werten, die mit Natur verknüpft wurden. Um aufzuzeigen, wie intensiv Vorstellungen einer bewahrenswerten Natur im Zivilisationsprozeß verinnerlicht wurden und nun auch alltägliche Handlungsformen regulierten, werden in einzelnen Fällen auch Versuche einer historischen Ethnographie unternommen, die gelebte Naturaneignung und symbolische Konstruktionen von Natur zusammenbringen sollen.

Aus diesen Prämissen ergibt sich die Gliederung der Analyse. Als Ausgangspunkt soll zunächst eine knappe Skizze der »realen« Natur- und Umweltveränderungen im Untersuchungszeitraum dienen. Quasi als Folie liefert sie den – wenn auch nur grob gezeichneten – Hintergrund für die Frage, welche historischen Prozesse Anlaß für die Beschreibungsszenarien und Zeitdiagnosen des Naturschutzes lieferten. Wie korrespondieren die sichtbaren Veränderungen des landschaftlichen Erscheinungsbildes und die durch Mechanisierung und Chemisierung ermöglichten Nutzungsintensivierungen mit den zeitgenössischen Bildern und Interpretationen einer bedrohten, womöglich untergehenden Natur?

Im Anschluß daran will die Arbeit in drei Hauptteilen entfalten, welche spezifisch modernen Erfahrungsdimensionen die Sehnsucht nach unversehrter Natur beförderten: die Erfahrung beschleunigter Zeit, eine sich wandelnde Beziehung zu Tieren und Pflanzen und das Herausfallen aus räumlichen Gebundenheiten.

Natur und Zeit. Die Moderne ist eine Epoche neuer Zeiterfahrungen: Technologischer und sozialer Wandel verliefen in bis dato unbekanntem Tempo, individuelle Lebensläufe konnten kaum mehr verläßlich prognostiziert werden. Mit dem Prinzip Fortschritt, das auf Wandel und Veränderung und eben nicht mehr auf Überlieferung des Vertrauten setzte, konterkarierte die Moderne alle bislang gültigen Erfahrungen, in dauerhaften Ordnungen zu leben, in denen Vergangenheit, Gegenwart und Zukunft in einem verläßlichen Verhältnis standen. Das Verhältnis von Erfahrungsraum und Erwartungshorizont, so Reinhart Koselleck, war in der

Moderne durch stetig wachsende Differenz gekennzeichnet.[90] In dieser Situation, da der lebendige und lebensweltliche Bezug zur Vergangenheit verloren ging, bildeten moderne Gesellschaften Institutionen aus, die nach dem »Ende der Gedächtnisgeschichte«[91] die Erfahrung von historischer Kontinuität und Dauerhaftigkeit vermittelten: die moderne Geschichtswissenschaft, Archive, Museen, Denkmale oder die Denkmalpflege. »Es gibt lieux de mémoire, weil es keine milieux de mémoire mehr gibt«,[92] so markierte Pierre Nora den Beginn institutionalisierter Traditionsstiftung. An der Denkmalpflege orientierte sich auch der Naturschutz des Kaiserreichs, insbesondere die Naturdenkmalpflege. Sie schenkte ihre Aufmerksamkeit auffällig »alten« Phänomenen der Natur, markanten und »merkwürdigen« Bäumen zunächst, die oft seit Jahrhunderten das landschaftliche Erscheinungsbild prägten, Findlingen, deren Entstehung weit in vormenschliche Zeiten wies, Mooren oder Landschaftsformationen, die ihre Gestalt traditionalen Bewirtschaftungsformen vorindustrieller Epochen verdankten. Gegenüber den Brüchen und Zäsuren der vergangenheitslosen Moderne erscheint hier die Natur als statisches Gegenbild, das der modernen linearen Zeit die zyklische Zeit der Naturkreisläufe entgegensetzt und gleichsam zeitenthoben die Verankerung des Menschen in ewiggültigen Prinzipien bezeugt. In diesem Teil der Arbeit also sollen Sehnsüchte nach Natur als Sehnsüchte nach Vergangenheit rekonstruiert werden.

Mensch und Tier. Ein maßgeblicher Gegenstandsbereich des Naturschutzes waren und sind Tiere und Pflanzen. Ihr Rückgang und Aussterben wurde nicht nur in Liebhaberkreisen der amateurwissenschaftlichen Naturkundevereine als traumatisch erfahren. Dies lieferte Impulse, über mögliche Ursachen zu reflektieren. Ein besonders beredtes Beispiel für die Überlagerung von ökologischen, ästhetischen, ethischen und utilitarischen Schutzmotiven liefert der Vogelschutz, der sich bereits im letzten Drittel des 19. Jahrhunderts in Vereinen organisierte und von einer anfänglich utilitarischen und wissenschaftlichen Bewegung zu einer populären Schutzbewegung wurde. Aus diesem Grunde wurde der Vogelschutz für eine Fallstudie herangezogen, an der gezeigt werden soll, wie die Moderne ihre Beziehung zu Tieren und Pflanzen dichotomisch zwischen Anbetung und Ausbeutung

---

90 Vgl. Reinhart Koselleck: »Erfahrungsraum« und »Erwartungshorizont« – zwei historische Kategorien, in Ders.: Vergangene Zukunft. Zur Semantik geschichtlicher Zeiten, Frankfurt a.M. 1989, S. 349-375.

91 Pierre Nora: Die Gedächtnisorte, in: Ders.: Zwischen Geschichte und Gedächtnis, Berlin 1990, S. 11.

92 Ebda.

real und symbolisch organisiert. Am Anfang dieses Teils steht die Rekonstruktion eines Problembewußtseins über die Gefährdung der Vogelwelt, Veränderungen der Avifauna und, daraus resultierend, die Skizzierung der wesentlichen Schutzstrategien und Handlungsfelder des Vogelschutzes. Am Beispiel der Tabuisierung von Singvögeln zu Nahrungszwecken soll dann in einer dicht beschreibenden Mikrostudie der Konflikt zwischen Naturnutzung und Naturschutz detailliert untersucht werden, wobei gezeigt wird, wie bestimmte Vogelarten in einem historischen Prozeß den kulturellen Status bewahrenswerter Natur erlangen und aus Nutzungsverhältnissen ausgeschieden werden, weil ihre animalische Natur in einen quasimenschlichen Subjektstatus transformiert wird.

Mensch und Raum. Die Idee der Heimat stellte ein Wunschbild für die Eingebundenheit der Menschen in natürliche Ordnungen zur Verfügung. In Antwort auf spezifische Modernisierungserfahrungen lieferte Heimat eine ideologische und räumliche Klammer für das in Opposition zur Moderne formulierte Ideal einer natürlichen Ordnung, in der die historische Gewordenheit und die symbiotische Einheit von Natur und Kultur einen konkret erfahrbaren Ort erhielten. Neben der Denkmal- und Volkstumspflege zählte der Schutz der Natur zu den wichtigsten Handlungsfeldern des Heimatschutzes. Hier artikulierte sich eine ästhetisch motivierte Kritik an den Veränderungen der Umwelt. Diese Kritik diente als Instrument, moderne Umgangsformen mit Natur zu hinterfragen. Und: Mit ästhetischen Argumenten ließ sich Natur als Gemeinbesitz begründen. In der Arbeit soll rekonstruiert werden, wie die Bewegung des Heimatschutzes sich zunächst an der Kritik an Veränderungen der natürlichen Umwelt entzündete, bevor der Naturschutz (der hier vor allem Landschaftsschutz war) dann in ein umfassendes Programm zur Erneuerung der Kultur eingebettet wurde.

Erster Teil: Die Neuerschaffung der Welt – Natur und Landschaft im Zeitalter der Industrialisierung

1. Der Weg aus der Natur

Mit dem Eintritt in das industrielle Zeitalter, zu dem die Wissenschaften das Tor geöffnet hatten, erreichten die Möglichkeiten der Naturnutzung eine neue Qualität. Immer mehr und immer größere Ausschnitte der über lange Zeiträume unverändert gebliebenen Landschaft wurden nun innerhalb weniger Menschenalter neu vermessen, unterworfen und überformt. Mauern und Tore der mittelalterlichen Städte wurden geschleift. Siedlungen griffen über auf das Land und ließen die vertrauten Grenzen zwischen gebauter Umwelt, kultivierter Landschaft und Wildnis verschwimmen. Die natürlichen Ressourcen im Erdinnern waren nicht länger unbergbare Naturschätze, sondern konnten erschlossen werden. Flüsse wurden aus ihren natürlichen Läufen in künstliche Bette gelegt, um sie als Verkehrswege zu nutzen und das eroberte Terrain der landwirtschaftlichen Bearbeitung zuzuführen. Die europäische Welt wurde dank neuer Verkehrssysteme kleiner. Undurchschaubare Orte der Angst wie Moore und Wälder verwandelten sich in kultivierte Flure. Auch wenn das Leben vieler Menschen in Europa das gleiche blieb wie das ihrer Eltern und Großeltern, waren in der Aneignung, Bearbeitung und Beherrschung der Natur die Maßstäbe des Menschenmöglichen unzweifelhaft in bislang ungeahnte Dimensionen verlegt worden. In zeitgenössischen Beschreibungen des historischen Wandels – wie hier im 1903 und 1904 mehrfach veröffentlichten Aufruf zur Gründung des »Bundes Heimatschutz« – wurde dieser denn auch immer wieder als fundamentaler Bruch mit der Vergangenheit charakterisiert: »Ja, die Verwüstungen des dreißigjährigen Krieges haben nicht so verheerend gewirkt, so gründlich in Stadt und Land mit dem Erbe der Vergangenheit aufgeräumt, wie die Übergriffe des modernen Lebens mit seiner rücksichtslos einseitigen Verfolgung praktischer Zwecke.«[1]

Das Prinzip der Tradition hatte in den alten Gesellschaften Europas beständig auf eine immer neue Wiederherstellung der Vergangenheit gezielt, die Erfahrungsräume des Gestern zur Bewältigung von Gegenwart und Zukunft überliefert und damit dauerhaft statische Ordnungen ermöglicht. Diese Balance zwischen dominierender Beharrung und behutsamem Wandel war nun durch das Prinzip des Fortschritts, das auf Tilgung und Überwindung der Vergangenheit zugunsten einer neu zu gestaltenden Zukunft zielte, aus den Fugen geraten.

Zur zeitgenössischen Wahrnehmung der in Raum und Zeit wirkenden äußeren und inneren Umbruchsprozesse zählt das hie auf unerschütterlicher Fortschritts-

1 Flugblatt »Aufruf zur Gründung eines Bundes Heimatschutz«. Hrsg. von der Geschäftsstelle des »Bundes Heimatschutz«, Charlottenburg 1903/04.

euphorie und da auf skeptischem Kulturpessimismus gründende Bewußtsein, die Gegenwart habe nunmehr eine vollständige Unabhängigkeit von den natürlichen Voraussetzungen menschlichen Lebens erreicht. Die von Naturschützern skizzierten Szenarien beschreiben diese Emanzipation als Abfall von natürlichen Bindungen, und im Pathos der Maschinenstürmer wurde nicht selten die Neuerschaffung einer Welt erzählt, deren Schöpfer nunmehr der Mensch selbst geworden sei:

»Wie ist es denn im Zeitalter der Mechanik und der Maschinen? Nichts mehr kann dem ruhelosen Menschengeiste widerstehen, Erde und Luft, beide sind ihm untertan. Berge werden versetzt, wenn sie dem Menschen im Wege sind, Flußläufe werden verlegt, Moore ausgetrocknet, große Seen neu geschaffen; kein Hindernis gibt es mehr für den menschlichen Änderungswillen.«[2]

Dieses Bewußtsein vom Eintritt in eine historisch neue Epoche gerann unversehens zum Stereotyp, auch wenn es nur selten in der Untergangsgewißheit des frühen »Globalisierungskritikers« Ludwig Klages mündete:

»Schrecklicher noch, als was wir bisher gehört, wenn auch vielleicht nicht ganz im gleichen Maße unverbesserbar, sind die Wirkungen des ›Fortschritts‹ auf das Bild besiedelter Gegenden. Zerrissen ist der Zusammenhang zwischen Menschenschöpfung und Erde, vernichtet für Jahrhunderte, wenn nicht für immer, das Urlied der Landschaft. Dieselben Schienenstränge, Telegraphendrähte, Starkstromleitungen durchschneiden mit roher Geradlinigkeit Wald und Bergprofile, sei es hier, sei es in Indien, Ägypten, Australien, Amerika; die gleichen grauen vielstöckigen Mietskasernen reihen sich einförmig aneinander, wo immer der Bildungsmensch seine ›segensbringende‹ Tätigkeit entfaltet; bei uns wie anderswo werden die Gefilde ›verkoppelt‹, d.h. in rechteckige und quadratische Stücke zerschnitten, Gräben zugeschüttet, blühende Hecken rasiert, schilfumstandene Weiher ausgetrocknet; die blühende Wildnis der Forste von ehedem hat ungemischten Beständen zu weichen, soldatisch in Reihen gestellt und ohne das Dickicht des ›schädlichen‹ Unterholzes; aus den Flußläufen, welche einst in labyrinthischen Krümmungen zwischen üppigen Hängen glitten, macht man schnurgerade Kanäle; die Stromschnellen und Wasserfälle, und wäre es selbst der Niagara, haben elektrische Sammelstellen zu speisen; Wälder von Schloten steigen an ihren Ufern empor, und die giftigen Abwässer der Fabriken verjauchen das lautere Naß der Erde – kurz, das Antlitz der Festländer verwandelt sich allgemach in ein mit Landwirtschaft durchsetztes Chicago!«[3]

In der ästhetischen Kritik an einem nur auf Effizienz und Nutzen ausgerichteten Umgang mit Natur erschien regelmäßig das Diktat der Geometrie als Symbol für die Dominanz des Nützlichkeitsprinzips, welches eine organisch verfaßte Natur durch eine vom Menschen erdachte und gemachte ersetzte. Jener nach Rationali-

---

2 Carl Ritters: Der Naturschutzpark in der Lüneburger Heide, in: Hamburgische Geschichtsblätter, 1. Jg. (1926), S. 123.

3 Klages 1929, S. 22f.

tätskriterien geordneten und nach Nützlichkeitsaspekten vermessenen Agrarlandschaft wurden die Leitbilder organischer Kulturlandschaft und ursprünglicher Natur gegenübergestellt, wiewohl mit Ausnahme weniger Hochgebirgsregionen oder Moor- und Küstenlandschaften solche zum Zeitpunkt, da diese Kritik angestimmt wurde, in Mitteleuropa längst nicht mehr existierten. Doch auch in jenen scheinbar organisch gewordenen und vielgestaltigen Kulturlandschaften, welche traditionale Gemeinschaften hervorgebracht und beherbergt hätten, seien Nutzen und Schönheit untrennbar miteinander geknüpft gewesen: »Wo wir auch hinblikken, nichts als Verunstaltungen, nichts von dem natürlichen Takte, durch den sich unter den Händen unserer Altvorderen das Nützliche ganz von selber schön gestaltete, so daß die Brücke, die Mühle, die Scheune zu anmutsvollen Gebilden in der Landschaft wurden.«[4] Welche historischen Prozesse nun evozierten die Kritiker des Utilitarismus mit ihren Bildern einer dem menschlichen Willen unterjochten, ihrer Wesenheit beraubten und rücksichtslos ausgebeuteten Natur?[5] Mit welchen technischen, gesellschaftlichen und sozialen Veränderungen korrespondierten die von Naturschützern skizzierten Beschreibungen der Wirklichkeit? Welche realen Veränderungen veranlaßten sie zu ihren Diagnosen des Niedergangs und dem Befund einer elementaren Kulturkrise?

2. Bevölkerung

Die sichtbaren Veränderungen der natürlichen Umwelt im Industriezeitalter verweisen zunächst auf einen historisch einmaligen Anstieg der Bevölkerung in Europa, der den Bruch mit herkömmlichen Formen des Wirtschaftens, Wohnens, Arbeitens, Ernährens und Zusammenlebens einläutete. Lebten um 1800 auf dem Territorium des späteren Deutschen Reiches rund 24 Millionen Menschen, so waren es 1866 bereits 39,9 Millionen und 1914 sogar 67,8 Millionen. Die Bevölkerung hatte sich im Verlaufe eines Jahrhunderts nahezu verdreifacht. Die Bevölkerungsdichte stieg von 45 Einwohnern pro Quadratkilometer auf dem Gebiet des Deutschen Bundes im Jahre 1816 auf 76 Menschen pro Quadratkilo-

4 Aufruf zur Gründung eines Bundes Heimatschutz, 1903/1904.

5 In diesem Kapitel sollen lediglich die wichtigsten umwelthistorischen Prozesse angedeutet werden, vor deren Hintergrund die Naturschutzbewegungen Position bezogen. Für den skizzenhaften Abriß wurde auf die historische und umwelthistorische Standard-Literatur zurückgegriffen, so daß Einzelnachweise entfallen.

meter 1871 im Deutschen Reich und schließlich auf 120 Menschen um 1910. Spitzenreiter waren damals die Regionen mit industriellen Ballungszentren: Sachsen mit 321 Einwohnern pro Quadratkilometer, das Rheinland mit 264 Einwohnern oder Westfalen mit 204. Demgegenüber war in den agrarisch geprägten Regionen aufgrund massiver Wanderungsbewegungen die Bevölkerungsdichte trotz hohem Bevölkerungswachstum vergleichsweise gering geblieben: 1816 lebten in Ostpreußen 23 Menschen pro Quadratkilometer und 56 im Jahre 1910, in Westpreußen waren es 22 im Jahre 1816 und 67 fast ein Jahrhundert später, und in Mecklenburg-Schwerin war in diesem Zeitraum die Bevölkerungsdichte von 23 auf 49 Menschen pro Quadratkilometer gestiegen. Hungersnöte und Auswanderungswellen, in deren Verlauf allein zwischen 1841 und 1885 mehr als vier Millionen Menschen Deutschland verließen, begleiteten zunächst noch diese Bevölkerungsexplosion, die eine Intensivierung von Land- und Forstwirtschaft sowie besonders in der zweiten Jahrhunderthälfte ein bislang unbekanntes Wirtschaftswachstum evozierte. Allerdings übertrafen die Wachstumsprozesse in Landwirtschaft und Industrie das Bevölkerungswachstum bald derart, daß nicht nur die kollektiven Hungersnöte spätestens mit der zweiten Jahrhunderthälfte der Vergangenheit angehörten, sondern sogar der Lebensstandard mittel- und langfristig beträchtlich erhöht werden konnte. Damit waren denn auch die 1798 in seiner Streitschrift »An essay on the principle of population« vorgelegten sozialpolitischen Prognosen von Thomas Robert Malthus, nach denen die Nahrungsmittelproduktion mit dem explosiven Bevölkerungswachstum nicht werde Schritt halten können und Krisen großen Ausmaßes zu erwarten seien, hinlänglich widerlegt.

Noch eindrücklicher fallen die Produktivitätssteigerungen in der Landwirtschaft aus, wenn dabei berücksichtigt wird, daß in diesem Zeitraum nicht nur die Zahl der unmittelbar in der Landwirtschaft tätigen Menschen kontinuierlich abnahm, sondern der Anteil der Landbevölkerung überhaupt. Allein zwischen 1882 und 1907 ging im Deutschen Reich die im Agrarsektor tätige Bevölkerung von 18,8 Millionen auf 17, 7 Millionen Menschen zurück; ihr Anteil an der Gesamtbevölkerung nahm von 41,6 Prozent auf 28,4 Prozent ab. Dies verweist auf die Dimensionen der Auswanderungswellen, vor allem aber der Binnenwanderungen arbeitssuchender Menschen in die neuen Industriezentren und Großstädte. Diese Wanderungsbewegungen nahmen im 19. Jahrhundert Ausmaße an, die sie zu den größten Bevölkerungsbewegungen in der deutschen Geschichte werden ließen. Von 60,4 Millionen Menschen im Deutschen Reich lebten im Jahre 1907 etwa 29 Millionen (= 48 Prozent) außerhalb ihrer Geburtsgemeinde. Während 1871 noch fast zwei Drittel der Bevölkerung auf dem Lande lebten, waren es

1910 nur noch zwei Fünftel. In diesem Zeitraum stieg die Zahl der Großstädte mit über 100 000 Einwohnern von acht auf 48. Je sichtbarer sich diese Prozesse in die äußere Wirklichkeit einschrieben und je mehr Menschen von ihnen bewegt wurden, desto vehementer verdichtete sich in der konservativen Kulturkritik das Wunschbild des ländlich-intakten Lebens und die regressive Utopie eines in Boden und Scholle verwurzelten Volkes.

Gemessen an den Prognosen, nach denen die explosionsartig sich vermehrende Spezies Mensch keine Lebensgrundlage mehr finden würde, fiel die Bilanz des 19. Jahrhunderts trotz Armut, Hunger und Auswanderung erstaunlich erfolgreich aus. Daß so viele Menschen ernährt werden konnten, ging offenkundig auf das Konto des technischen und ökonomischen Fortschritts. Wenn auch die Rede von der »Industriellen Revolution« nicht unumstritten sein mag, so mußte doch aus dem Blickwinkel zeitgenössischer Wahrnehmung als revolutionär erfahren werden, wie grundlegend sich dabei die bislang gängigen Formen menschlichen Lebens, Wirtschaftens und Arbeitens verändert hatten.

3. Landwirtschaft

Die größte Aufgabe des Jahrhunderts, nämlich die Ernährung der stetig wachsenden Bevölkerung, schien weitgehend gelungen: Allein zwischen 1800 und 1850 wurde die landwirtschaftliche Produktion verdoppelt und bis um 1875 sogar verdreifacht. Die bäuerliche Arbeit zielte nun nicht mehr auf Subsistenzwirtschaft, sondern immer mehr auf kommerzielle Produktion von Waren für den Markt, so daß landwirtschaftliche Arbeit stärker von den Regeln des modernen Agrarkapitalismus diktiert wurde. Die traditionelle Landwirtschaft, die weitgehend an lokal unterschiedliche natürliche Einflußgrößen wie Klima oder Bodenverhältnisse gebunden war, wurde dabei umfassend transformiert. Die industrialisierte Landwirtschaft emanzipierte sich aus den natürlichen Bindungen und war dank chemischen Düngemitteln, Mechanisierung und neuen Sorten in der Lage, sich ihre Produktionsbedingungen selbst zu schaffen, was die Möglichkeit drastischer ökologischer und ästhetischer Monotonisierung des Raums eröffnete.

Die traditionelle Agrarlandschaft Mitteleuropas war nicht nur durch ökologische, sondern auch durch kulturelle Vielfalt geprägt. Im kleinräumigen Rahmen lokal unterschiedlicher Umweltbedingungen hatten sich Lebensformen entfaltet, die in hohem Maße an ortsspezifische Verhältnisse gebunden waren. Bodenverhältnisse, klimatische Bedingungen, das Vorkommen natürlicher Ressourcen, Lage und andere Kräfte beeinflußten die Entfaltung materieller und geistiger Kulturen. Das heißt nun nicht, daß natürliche Faktoren die Ausbildung kultureller Systeme determiniert hätten. Deren Eigenlogik wird – im Gegenteil – dadurch deutlich, daß sich auch unter vergleichbaren Umweltbedingungen ganz unterschiedliche Strategien der Umweltanpassung und Umweltaneignung ausbildeten, die in jeweils lokal unterschiedlichen materiellen und symbolischen Kulturen sichtbar wurden. So entstand eine Welt aus Mikrokosmen, die sich im überschauenden Blick des modernen Zeitalters als eine der lokalen Eigenarten ausnahm. Die Vielfalt, deren Untergang vom Natur- und Heimatschutz beklagt werden sollte, betraf den ökologischen Reichtum vieler kleinformatiger Lebensräume. Sie betraf den Reichtum an Nutztieren und Nutzpflanzen, die wiederum eine unübersehbare Vielzahl lokaler Sorten und Rassen aufwiesen. Und sie bezog sich auf das ästhetische Erscheinungsbild der Landschaften.

Die Produktionserfolge der modernen Landwirtschaft im 19. und 20. Jahrhundert wurzelten in technischen und wissenschaftlichen Innovationen sowie in der Veränderung von Bewirtschaftungsformen. Die Überwindung traditionaler Abhängigkeiten und eine Umverteilung von Bodeneigentum ermöglichte eine ökonomischere Nutzung der landwirtschaftlichen Flächen. Durch Trockenlegung oder Bewässerung wurde die landwirtschaftliche Nutzung auf Moore, Ödland oder Heiden erweitert, die bislang allenfalls extensiv genutzt worden waren. Die Zusammenlegung kleiner landwirtschaftlicher Flächen durch Flurbereinigung oder Verkoppelung ermöglichte eine effizientere Bewirtschaftung.[6] Der Übergang zur Stallfütterung führte zu massiver Erhöhung der Viehbestände, und da Mist und Jauche nun nicht mehr auf der Weide verschwendet, sondern effektiver genutzt wurden, trug die Einführung der Stallfütterung indirekt auch zur Ausbreitung der Ackerflächen bei. Saatgutverbesserungen oder die Einführung neuer Feldfrüchte wie der Kartoffel führten zu immensen Ertragssteigerungen, wobei die Kartoffel in vielen Regionen, wie etwa Irland, selbst die Basis für Bevölkerungsexplosionen abgab. Seit 1850 wurde auch die deutsche Landwirtschaft von einer Mechanisierungswelle erfaßt, durch welche die begrenzte menschliche und tierische Arbeitskraft von leistungsfähigeren Landmaschinen immer mehr zurückgedrängt wurde. Zudem führten die industrielle Produktion und der industrielle Vertrieb von Düngemitteln seit Ende des 19. Jahrhunderts zu weiteren Steigerungen der Bodenproduktivität.

---

6 Vgl. Gerhard Schildt: Die Gestaltung der modernen Kulturlandschaft durch Gemeinheitsteilung und Flurbereinigung, in: Calließ/Rüsen/Striegnitz 1989, S. 229-256.

Saatgutverbesserung, mineralische und chemische Düngemittel und eine effektivere Bodenbearbeitung ermöglichten massive Ertragssteigerungen. Allein zwischen 1880 und dem Ersten Weltkrieg stiegen die Hektarerträge der vier wichtigsten Getreidesorten um die Hälfte, die der Kartoffel wuchsen von 85 (1870) auf 160 Doppelzentner im Jahre 1913. Die Grünlanderträge stiegen zwischen 1885 und 1913 um 29,4 Prozent. Drastisch waren auch die Wachstumsraten in der Viehzucht. Zwischen 1873 und 1913 stieg die Zahl der Rinder von 15,778 Millionen auf 20,99 Millionen. Vehementer noch nahm sich die Vermehrung der Schweine aus, deren Populationen in diesem Zeitraum von 7,12 Millionen auf 25,66 Millionen zunahmen. Begleitet wurde der rasante Aufstieg der Rinder und des Allesfressers Schwein vom Rückgang der traditionellen Fleischlieferanten Schaf und Ziege. Die Zahl der Schafe ging abrupt von 28 Millionen im Jahre 1860 auf rund 5 Millionen am Vorabend des Ersten Weltkriegs zurück.

All diese Intensivierungsprozesse führten zu einer gravierenden Umgestaltung der Landschaft, die von den Naturschützern als Verlust des organisch Gewachsenen zugunsten eines künstlichen, nach rationalen Kriterien entworfenen Nutzungsraums erfahren werden sollte. Mäandernde Wasserläufe wurden begradigt, Hecken und Baumsolitäre abgeholzt; Landschaft wurde einheitlicher und schien ihrer lokalen »Eigenarten« beraubt. Was keinen unmittelbaren Nutzen besaß, gehörte nicht in die Landschaft. Das gleichzeitige Nebeneinander kleinräumiger Landschaftseinheiten und Lebensräume wurde zugunsten einheitlich bewirtschafteter Flächen zurückgedrängt. Das Weideland im Deutschen Reich ging zwischen 1800 und 1900 von 5,5 Millionen auf 2,7 Millionen Hektar zurück, während das Ackerland in diesem Zeitraum von 18 Millionen auf 25 Hektar anwuchs. Allein in Preußen ging der Anteil naturnaher Ödlandflächen von 33 Prozent im Jahre 1802 auf fünf Prozent um 1900 zurück.[7] Für die Natur- und Heimatschützer kehrte sich der Fortschritt in Verfall:

»Die hier seit einem halben Jahrhundert eingeführte Verkoppelung (d.h. Zusammenlegung der bäuerlichen Grundstücke zu dem Zwecke bequemerer Bewirtschaftung) überträgt das kahle Prinzip der geraden Linie und des Rechtecks so blind in die Wirklichkeit, war und ist darum in ihrer praktischen Durchführung so brutal, daß eine Feldmark, über die das Unwetter dieser Regulierung dahingezogen ist, aussieht wie ein fleischgewordenes nationalökonomisches Rechenexempel. Die Herrschaft des Menschen über die Dinge der Außenwelt ist hier nicht mehr die des Hausvaters über sein Gesinde, die dem Untergebnen neben aller Dienstbarkeit doch auch ein gewisses Recht selbständigen Daseins zugesteht; nein, die Natur ist zur Sklavin erniedrigt, der ein Joch abstrakter Nutzungssysteme, das ihr völlig fremd ist, gewaltsam aufgezwängt, deren Leistungs-

7 Vgl. Wehler, Gesellschaftsgeschichte, Bd. 2, S. 409ff.

fähigkeit ausgepreßt wird bis auf den letzten Tropfen. Begradigte, zu Gräben umgewandelte Bäche, begradigte Waldgrenzen, schnurgerade, breite, unter Umständen steil bergansteigende Feldwege, nirgends mehr ein Hohlweg oder eine feuchte Stelle mit der ihr eignen wilden Pflanzen- und Tierwelt, nirgends eine Hecke oder ein Busch am Ackerrand oder in der Wiese, wo ein Landmann, ein Wandrer rasten, ein Singvögel nisten könnte – das ist das trostlose Bild einer so zugerichteten Gegend.«[8]

Land- und Forstwirtschaft sollten für den Naturschutz die am stärksten umkämpften Konfliktfelder abgeben. Bei der Kritik an der landschaftlichen Umgestaltung geriet nicht immer nur das Prinzip reiner Nützlichkeit ins Visier. Als etwa Ernst Rudorff in einem Brief an den Violinisten Joseph Joachim (1831-1907) im Jahre 1878 die Verkoppelung in der Umgebung seines Landsitzes Lauenstein monierte, da ging es dem späteren Heimatschutz-Nestor auch um Zweifel, ob die reine Zweckrationalität, welche sich in der geometrisierenden Umgestaltung der Kulturlandschaft veräußert, identisch mit den Maximen der Nützlichkeit sei oder eine nach den Kriterien der Nützlichkeit bewirtschaftete Agrarlandschaft nicht auch per se ästhetische Elemente hervorbringen müßte:

»Jemandem, der so verwachsen mit einer Gegend ist, wie ich mit der hiesigen, thut das Herz weh, wenn er sieht, wie das Hübscheste, landschaftlich Anmuthigste, nicht etwa dem Nutzen, sondern dem aberwitzigen Prinzip der Geradlinigkeit, der Bequemlichkeit der Herren Feldmeßer, die auf ihren Karten nur Quadrate und Rechtecke haben und danach rechnen mögen, zum Opfer gebracht wird. Allein vom Standpunkt der nüchternen Praxis ist es schon unglaublich, was auf diesem Wege zu Tage gefördert wird; kein Bach bleibt in seinen Windungen ungeschoren, er muß geradeaus und womöglich bergauf laufen, wo er dann hinterher alles Land, wenn die stärkere Strömung kommt, herabschwemmt; quer über die Hügel laufen die Feldgränzen, schlagen gänzlich unbebautes Land zu den Äckern, nehmen anderes zum Wald, wo Wiese sein könnte, u.s.w. Was ich aus dieser Sündfluth retten konnte, habe ich gerettet; ich bin schon seit Jahren bemüht gewesen, so weit mich die Sache angeht, zu schonen und zu steuern – einstweilen auf dem Papier; jetzt wird das Ding Wirklichkeit, und da sieht man erst ganz, was dennoch Alles verloren geht.«[9]

---

8 Ernst Rudorff: Heimatschutz, in: Grenzboten, 56. Jg. (1897), S. 402.

9 Brief von Ernst Rudorff an Joseph Joachim vom 12. September 1878, zit. n.: Johannes Joachim und Andreas Moser (Hrsg.): Briefe von und an Joseph Joachim. Dritter Band: Die Jahre 1869-1907, Berlin 1913, S. 201f. Zur Verkoppelung vgl. auch die gleichnamigen Gedichte von Hoffmann von Fallersleben und Hermann Löns in Marie Jaedicke: Naturschutz-Brevier. Dichtungen und Aussprüche, Neudamm 1927, S. 32f.

4. Wald und Forstwirtschaft

Der deutsche Wald verkörperte spätestens seit dem 18. Jahrhundert nicht nur eine materielle Ressource, sondern auch emotionale Bindung und nationales Selbstverständnis. Mit dem Übergang zu einer rationellen Forstwirtschaft war auch der Mythos vom deutschen Wald geboren, in dem der freie germanische Mensch beheimatet war und die deutsche Eiche Freiheit, Stärke und Alter des deutschen Volkes symbolisierte. Paradox: Während an die Stelle der abwechslungsreichen Mischwälder der geometrisch lichte Forst trat, konstruierte die Romantik geschichtsvergessen das lockende Bild von Waldesdunkel, Märchenwald und Wildnis. Die reale Basis dieser Traumwälder waren allerdings genau jene traditionalen Hutewälder, die ihre Entstehung nicht etwa einer sich selbst überlassenen Natur, sondern oft ökologisch bisweilen prekären Bewirtschaftungsformen durch Viehbestände verdankten.

Mit dem Bevölkerungswachstum des 18. Jahrhunderts und der damit verbundenen Ressourcennutzung des Waldes als Energielieferant, als Weide und für Bauzwecke waren im 18. Jahrhundert die Waldbestände stark zurückgegangen.[10] Wenn auch die Lautstärke der Klagen über Holzknappheit nicht unbedingt mit den realen Dimensionen der Holzkrise korrespondierte,[11] begann nach einer langen Zeit des Raubbaus nun eine Forstwirtschaft auf systematischer Basis, die für den Wald einen Funktionswandel vom vielfältig genutzten Wirtschaftsterritorium zu einem monokulturell genutzten »Holzacker« bedeutete. In den Aufforstungen dominierten rasch wachsende, d.h. in relativ kurzen Zeiträumen Ertrag versprechende Arten wie Fichte oder Kiefer, was einen Rückgang von Mischwäldern, in erster Linie von Laubbäumen wie Eiche oder Buche, bedeutete. Waren um 1800 noch rund zwei Drittel der Wälder auf dem Territorium des späteren Deutschen Reichs Laubwälder, so hatte sich das Verhältnis zugunsten von Nadelhölzern bis um 1900 umgekehrt. Kennzeichen der modernen Forstwirtschaft war – wie in der Landwirtschaft – die Standortunabhängigkeit der Arten. Hatten zuvor die Umweltbedingungen das Vorkommen der Baumarten diktiert, traten nun an die Stelle vieler einige wenige »globale« Arten, die unabhängig von den klimatischen Voraussetzungen und den örtlichen Bodenverhältnissen produziert werden konnten. Großflächige Nadelholzkulturen setzten sich durch, was insgesamt zu einer beträcht-

---

10 Allgemein zur Wald- und Forstgeschichte vgl. Hansjörg Küster: Geschichte des Waldes. Von der Urzeit bis zur Gegenwart, München 1998.

11 Vgl. Joachim Radkau: Holzverknappung und Krisenbewußtsein im 18. Jahrhundert, in: Geschichte und Gesellschaft, 9. Jg. (1983), S. 513-543.

lichen Vergrößerung bestehender und zur Bildung neuer Waldgebiete im 19. Jahrhundert führte. Diese Expansion wurde außerdem begünstigt, weil die Bedeutung von Holz als Brennstoff zugunsten anderer Energielieferanten mit der einsetzenden Industrialisierung rapide zurückging und nun vornehmlich Nutzholz gefragt war. Nach einer Zeit hoher Beanspruchung hatte sich im 19. Jahrhundert also die Situation entspannt. Die Bewirtschaftung des Waldes hatte sich nicht mehr an aktuellen Bedarfslagen zu orientieren, sondern fußte auf dem Prinzip der Nachhaltigkeit, bei dem Anbau, Wachstum und Einschläge in ausgewogenem Verhältnis standen, so daß ökonomische und ökologische Kriterien der Waldnutzung sich annähern konnten.

Sichtbar wurde diese Nutzungsintensivierung nicht nur in der landschaftlichen Monotonisierung, sondern auch in neuen Landschaftsgrenzen. Dienten multifunktionale Wälder in traditionalen Gesellschaften Mitteleuropas – etwa die Hutewälder oder Heiden – nicht nur der Jagd und Holznutzung, sondern auch als Weideland, so wurde im 19. Jahrhundert immer strikter getrennt zwischen Weide- und Waldland, die nur noch je einer Nutzungsform unterliegen sollten. Optischen Ausdruck fand diese Zweckreduzierung nun in der Opposition von forstlich genutzten Waldflächen und offener Agrarlandschaft. Das Landschaftsbild folgte im 19. Jahrhundert immer konsequenter einzelnen Funktionen, d.h. die Flächen dienten nur mehr einer und nicht mehr unterschiedlichen Nutzungsformen. Verloren gingen neben der Mehrfachnutzung auch die Übergänge und vor allem die nicht oder nur minimal genutzten Landschaftspartien. Die neuen Linien und Grenzen im Landschaftsbild markierten nur mehr unterschiedliche Funktionen und Zwecke.

Diese Monokulturen erwiesen sich bald als anfällig für großflächige Zerstörungen durch Insektenfraß oder Sturm- und Schneeschäden. Begleitet wurde die forstwirtschaftliche Entwicklung deshalb auch von alternativen Konzepten. Das Prinzip der nachhaltigen Bewirtschaftung aus dem 18. Jahrhundert war natürlich zunächst ein ökonomisches und zielte darauf, daß stets so viel Holz zur Verfügung stand, wie in Gewerben und Industrien gebraucht wurde. Mit der Erfahrung, daß der nur über Generationen nachwachsende Rohstoff Holz nicht in beliebiger Menge und Dichte anbaubar war, geriet es allerdings auch zu einem ökologischen Prinzip. Alternative forstwirtschaftliche Konzepte wie der Dauerwald sollten eine Vielfalt an Arten und Altersklassen gewährleisten. Daß die Wälder nicht nur unter den Aspekten ökonomischer Effizienz Behandlung erfuhren, lag vor allem am Übergang vom Holz zur Kohle als wichtigstem Energieträger in der Industrialisierung sowie der Entwicklung alternativer Baustoffe, so daß die Forstwirtschaft teilweise vom ökonomischen Druck entlastet wurde – wiewohl der Bedarf an Gruben- und Bauholz, Eisenbahnschwellen und Papierholz wuchs. Überdies war früh die Forderung zu hören, daß Wälder nicht nur unter dem Kriterium der ökonomischen Effizienz bewirtschaftet werden dürften, sondern auch sozialen und ästhetischen Belangen Rechnung getragen werden müsse. Der kulturellen Bedeutung der Wälder trug nicht erst Heinrich von Salisch (1846-1920) mit seiner »Forstästhetik« Rechnung.[12] Schon Mitte des 19. Jahrhunderts hatten Heinrich Burckhardt (1811-1879) und andere Forsttheoretiker ästhetische Kriterien bei der Waldgestaltung und ganz im Sinne der späteren Naturdenkmalpflege den Schutz außergewöhnlicher Bäume als »Monumente der Väter« eingefordert.[13] Und bei Wilhelm Heinrich Riehl waren die immateriellen Bedeutungsüberschüsse des Waldes längst in ein national-völkisches Gesellschaftskonzept eingebunden:

»Der Mensch lebt nicht vom Brode allein. Auch wenn wir keines Holzes mehr bedürfen, würden wir doch den Wald brauchen. Das deutsche Volk bedarf des Waldes. Brauchen wir das Holz nicht mehr, um unseren äußeren Menschen zu erwärmen, dann wird dem Geschlecht der grüne, in Saft und Trieb stehende zur Erwärmung seines inwendigen Menschseins umso nötiger sein.«[14]

Riehl brachte eine emotionale Beziehung zum Wald unmittelbar in Beziehung zur nationalen Identität der Deutschen: »Ein Volk muß absterben, wenn es nicht zurückgreifen kann zu den Hintersassen in den Wäldern, um sich bei ihnen neue Kraft des natürlichen, rohen Volksthumes zu holen. Eine Nation ohne beträchtlichen Waldbesitz ist gleich zu achten einer Nation ohne gehörige Meeresküste. Wir müssen den Wald erhalten, nicht bloß, damit uns der Ofen im Winter nicht kalt werde, sondern damit die Pulse des Volkslebens warm und fröhlich weiter schlagen, damit Deutschland deutsch bleibe.«[15]

5. Die großen Städte

Manche Vogelarten zeigen als Kulturfolger keinerlei Scheu, Errungenschaften menschlicher Technik und Zivilisation als ihre »natürlichen« Lebensräume und Nistorte zu betrachten. Wanderfalken machen, wenn es um mögliche Nistplätze geht, zuweilen keinen großen Unterschied mehr zwischen natürlichen Felsmassi-

12 Heinrich von Salisch: Forstästhetik, Berlin 1885.

13 Heinrich Burckhardt: Säen und Pflanzen nach forstlicher Praxis. Handbuch der Holzerziehung. Vierte verbesserte Auflage, Hannover 1870 [1855], S. 478.

14 Wilhelm Heinrich Riehl: Land und Leute (= Die Naturgeschichte des Volkes als Grundlage einer deutschen Social-Politik, 1. Bd.), Stuttgart u. Tübingen 1854, S. 28.

15 Ebda., S. 32.

ven oder einem Autobahnviadukt aus Beton. Ob Stare, Schwalben oder Tauben, die sich auf dem herbstlichen Zug nach Süden auf Stromleitungen sammeln, zwischen Bäumen und Strommasten als Ruhemöglichkeit unterscheiden können, wissen wir nicht – jedenfalls scheinen sie nicht selten die Strommasten als bessere Bäume zu erachten und geben ihnen oft den Vorzug. Die Amsel wurde seit dem 19. Jahrhundert vom Wald- zum Stadtvogel, und der Hausrotschwanz schert sich keinen Deut darum, daß er mit seinem von Eisen und Glas eingerahmten Nistplatz in der eingeschlagenen Straßenlaterne keine Brutstätte in natürlicher Natur gefunden hat. Überhaupt scheinen Tiere und Pflanzen wenig von der im deutschen Naturschutz tief verankerten Großstadtfeindschaft zu ahnen. Ihnen scheint es in natürlicher Instinktsicherheit relativ gleichgültig zu sein, ob es sich bei ihren Lebensräumen um »natürliche« oder gemachte Natur handelt. Auch wenn der Verweis gerne zur undifferenzierten Kampfparole gegen den Naturschutz verkommt, bleibt zweifelsohne richtig, daß sich viele Tiere und Pflanzen als Kulturfolger dem Lebensraum Stadt angepaßt haben und Großstädte eine hohe Artenvielfalt aufweisen.

Ganz anders als die Natur selbst erscheinen in ihrer Beziehung zur Großstadt die Naturschützer, die zwar zu einem beträchtlichen Teil selbst dem Bildungsbürgertum der Städte entstammten, aber im Gegensatz zu den angeführten Tieren und Pflanzen zuweilen einen regelrechten Haß auf ihre urbanen Herkunftsorte offenbarten. Mit der Bedrohung ihrer sozialen und kulturellen Position durch die neue technische Intelligenz und die neuen städtischen Eliten verlagerte das Bildungsbürgertum als bislang akzeptierte gesamtgesellschaftliche Orientierungskraft seine Leitbilder und Ideale vor die Tore der Stadt auf das idyllisch verklärte Land. Die Naturschützer schienen über keinen kulturellen Code zu verfügen, auch spontane Vegetationen auf Industriebrachen, Eisenbahndämmen, in Gruben, auf Halden oder in Stadtparks als Natur zu identifizieren. Die Stadt erschien als das Andere der Natur; sie repräsentierte das Gekünstelte und nicht das Echte, das Entworfene und nicht das Gewachsene, den Konflikt und nicht die Harmonie. Die Stadt, so scheint es, ist der Ort der Künstlichkeit und nicht der Natürlichkeit. Die Natur des Naturschutzes war demgegenüber eine von menschlichen Einflüssen unberührte.

Stadt erschien als Anti-Natur. Urbanisierungsprozesse in Deutschland sind im 19. und 20. Jahrhundert gekennzeichnet durch die Verschränkung von Bevölkerungswachstum, Industrialisierung, Binnenwanderung und Stadtentwicklung. Das Wachsen der Städte war eine Folge der Industrialisierung, wie das Beispiel des Ruhrgebiets zeigt, das um 1800 noch ein agrarisch geprägtes Gebiet mit Dörfern und kleinen Städten war. Nach der Expansion der Textilstädte in der ersten Jahrhunderthälfte folgte mit den Industrialisierungsschüben der zweiten Jahrhunderthälfte eine vollständige Umwandlung der Region zu einem zusammenhängenden Ballungsgebiet, in dem zwei Millionen Menschen (davon die Hälfte in fünf Großstädten) lebten. Entsprach das Ruhrgebiet dem Entwicklungstyp Stadt, bei dem verstädternde Regionen als flächendeckendes Konglomerat verschiedener industrieller Zentren entstanden, basierte die andere Entwicklungsmöglichkeit (wie in Berlin) auf der Expansion eines traditionellen Zentrums, das in der Hochindustrialisierungsphase räumlich in die umgebende Region übergriff und schließlich durch Eingemeindungen eine neue Einheit ausbildete.

Das Werden der Großstädte war ein Reflex auf zwei demographische Prozesse: Bevölkerungswachstum und Wanderungsbewegungen. Die expandierenden Städte wurden im 19. Jahrhundert zum Anziehungspunkt von Menschenmengen, die sich Arbeit und sozialen Aufstieg erhofften. Lebten 1871 im Deutschen Reich noch 63,9 Prozent der Bevölkerung in Gemeinden unter 2000 Einwohnern, waren es 1910 nur noch 40 Prozent; im selben Zeitraum stieg der Anteil der Menschen, die in Städten über 20000 Einwohnern lebten von 12,5 Prozent auf 34,7 Prozent. Vom Bevölkerungswachstum profitierten also die Städte, von denen 1910 schon 48 den Rang einer Großstadt besaßen. Die Einwohnerzahl Berlins (ohne die späteren Eingemeindungen) war von 198000 im Jahre 1816 auf über zwei Millionen gestiegen, diejenige Leipzigs von 35000 auf 679000, Münchens von 54000 auf 596000, diejenige von Frankfurt a.M. von 42000 auf 415000, Stuttgarts von 23000 auf 286000, Dortmunds von 4000 auf 214000, Duisburgs von 5000 auf 229000, Hannovers von 15000 auf 302000 oder jene von Gelsenkirchen von 1000 auf 170000.

Die Großstädte repräsentierten das moderne Leben schlechthin. Sie präsentierten sich als Schaukasten der Moderne und als Produktionsstätte all dessen, was die Gesellschaft der Zukunft auszeichnen sollte: Funktionalität, Institutionalisierung, Innovation, Dichte, Nervosität, Masse. In den Großstädten verdichteten sich nicht nur soziale Problemlagen, sondern auch die neuen Umweltbelastungen der Industriegesellschaft: Luft- und Gewässerverschmutzung, das Müllproblem oder physische und psychische Beeinträchtigungen durch Lärm. Wiewohl diese Umweltbelastungen nicht nur die psychische und physische Unversehrtheit der Menschen gefährdeten, sondern auch Tier- und Pflanzenwelt beeinträchtigten, blendete der Naturschutz diese Problemlagen weitgehend aus. Indes entbehrte die antimodernistische Ideologie, nach der Stadtluft krank mache, in mancherlei Hinsicht jeglicher realen Grundlage. Im letzten Drittel des 19. Jahrhunderts zeitigten die stadthygienischen Reformen beeindruckende Erfolge: War die Sterblichkeitsziffer in den Städten aufgrund grassierender Armut, schlechter Ernährungslage der arbeitenden Klassen, den starken Beanspruchungen an industriellen Arbeitsplätzen, schlechter Krankenversorgung und desolaten hygienischen Verhältnissen zunächst weitaus höher als auf dem Land, wandelte sich in den letzten Jahrzehnten des 19. Jahrhunderts das Bild. In den 1880er Jahren sank die Sterblichkeitsziffer in den Großstädten unter die des Landes, wobei gleichzeitig die durchschnittliche Lebenserwartung stieg und die Säuglingssterblichkeit abnahm.

Mit der Expansion der Städte verloren sie ihre Geschlossenheit; die traditionalen Grenzen zwischen Siedlung und Umland lösten sich auf. Wenn vordem feste Stadtmauern strikte Grenzen zwischen Stadt und umgebendem Land bildeten, so trat an ihre Stelle nun ein uneindeutiges Provisorium, ein ständig sich verändernder Übergang aus Wohngegenden, Brachen, Industriezonen und Müllplätzen. So konnte das Bild der Großstadt als landfressender Moloch, als wucherndes Krebsgeschwür, das sich rücksichtslos über das »gesunde« Land hinwegsetzte, konturiert werden. Ignorierten Natur- und Heimatschutz die Natur in der Stadt weitgehend, wurde sie schon eher zum Thema in der Hygiene oder in der modernen Stadtplanung, die beide die Umweltfrage mit der sozialen Frage verknüpften. Im Bemühen, das lange Zeit ungezügelte Wachstum der Städte unter planerische Kontrolle zu bekommen, wurde auch Natur zum Element einer ästhetisch anspruchsvollen städtischen Umwelt. Kriterien einer naturnahen Gestaltung von städtischen Lebensräumen formulierte nicht nur die Gartenstadtbewegung. Nachdem die moderne Stadtplanung nicht mehr differenzierte zwischen unterschiedlichen Funktionseinheiten, sondern das Gesamt der Stadt als eigenständigen Organismus in Blick nahm, ging es aus sozialen und hygienischen Gründen um die Integration von Natur- und Freiflächen in urbane Räume. Im Ruhrgebiet stand bereits vor dem Ersten Weltkrieg die koordinierte Vernetzung städtischer Grünflächen auf der Tagesordnung. In Berlin konzipierte der spätere Stadtbaurat Martin Wagner ein systematisches Programm städtischer Freiflächenpolitik, bei dem die sozialen und hygienischen Funktionen menschlicher Naturaneignung in der Stadt in der Formel des »sanitären Grüns« unterstrichen wurden.[16]

Eine Ausnahme unter den Naturschützern war Hans Klose, der während des Ersten Weltkrieges für das Ruhrgebiet ein Konzept erarbeitete, in dem soziale Ansprüche an Natur mit ökologischen und ästhetischen Erfordernissen der Naturbewahrung versöhnt werden sollten.[17] Im Gegensatz zum Gros der Naturschützer verfolgte Klose intensiv die stadtplanerischen und hygienischen Diskussio-

---

16 Martin Wagner: Städtische Freiflächenpolitik. Grundsätze und Richtlinien für Größe und Verteilung der verschiedenen Arten von sanitärem Grün im Stadtplane mit besonderer Berücksichtigung von Groß Berlin, Berlin 1915.

17 Klose 1919.

nen der Zeit und suchte mit seinem Programm für eine Industrieregion die Synthese eines konservierenden und eines gestaltenden Naturschutzes. Hier wurde Naturschutz als gestaltende Kraft proklamiert, die die modernen Instrumente der Stadtplanung, Landschaftsgestaltung und der Freiflächenpolitik offensiv nutzen sollte. Klose entwickelte ein Sensorium für industrielle Umweltbelastungen, überantwortete diese nicht lediglich der naturwissenschaftlichen Hygiene, sondern zielte auf einen synthetischen Naturschutz.

Er teilte freilich bezüglich kultivierter Natur die in Naturschutzkreisen verbreitete Ideologie des minderwertigen Surrogats. Danach sei das gestaltete Stadtgrün der Parks, Spielplätze und Erholungsanlagen allenfalls ein Ersatz für eine authentische Natur. Das Verhältnis der »gemachten« zur »echten« Natur sei dasjenige von Kaffeersatz zu Bohnenkaffee.[18] Dennoch band er Naturschutz ein in die aktuellen stadtplanerischen Diskussionen. Klose suchte den aktuellen Entwicklungsprozessen mit einer Doppelstrategie gerecht zu werden: Es ging ihm um das Bewahren jener von unkontrollierten Urbanisierungs- und Industrialisierungsprozessen bedrohten Natur; es ging ihm aber auch um die Gestaltung einer städtischen Umwelt, in der Natur als soziale und kommunikative Bezugsgröße existierte und nicht nur als Projektionsfeld agrarromantischer Sehnsüchte vor die Grenzen der Städte verlagert werden mußte. »Heimat« verortete er nicht nur jenseits der Stadtgrenzen; »Heimat« verstand er auch als zu realisierendes Leitbild städtischen Daseins. So forderte er einerseits – so noch vorhanden – die Erhaltung »ursprünglicher« Natur in der Stadt; andererseits verfocht er aus sozialen Gründen die systematische Anlage von innerstädtischen Grüngürteln und stadtnahen Erholungsgebieten. Wiewohl sich in Kloses Programm ein möglicher Brückenschlag zwischen nur konservierendem Naturschutz sowie einem den sozialpolitischen Erfordernissen der Zeit genügenden Gestaltungsprogramm andeutete, sollte dieser Vermittlungsversuch vorerst Einzelstimme bleiben.

6. Energie/Luftverschmutzung

Die Industrialisierungsschübe des 19. Jahrhunderts wurden erst möglich durch den Übergang von Holz, einem nachwachsenden Rohstoff, auf Kohle, deren Nutzung als Energieträger zeitlich befristet ist. Mittel- und langfristig konnte, wenn denn eine längere Raubwirtschaft vermieden werden sollte, immer nur so viel

18 Ebda., S. 65.

Holz verbraucht werden, wie im selben Zeitraum nachwuchs. Mit der Kohle kam ein Energieträger in industriellen und privaten Verbrauch, der in beliebigen Mengen zur Verfügung zu stehen schien. Nachdem mit der Eisenbahn ein Verkehrssystem existierte, welches natürliche Standortfaktoren sekundär werden ließ und preiswerten Transport zu nahezu beliebigen Verarbeitungsorten ermöglichte, konnte die Kohle ab 1850 ihren Siegeszug antreten. Sie wurde in unterschiedlichsten Gewerben in beliebiger Menge verfeuert. Rauchende Fabrikschlote symbolisierten für die einen die Segnungen des Fortschritts, für die anderen die Ursache irreversibler Schädigungen der natürlichen Umwelt und der persönlichen Unversehrtheit. Kritik an Emissionen wurde früh – im Falle von Rauchschäden schon in vorindustrieller Zeit – von Betroffenen artikuliert, wobei die Konflikte in der Regel als lokale zwischen der ansässigen Bevölkerung und der Industrie ausgetragen wurden.[19] Im Zentrum dieser Umweltkonflikte standen einerseits Interessen von Privatleuten an der Beeinträchtigung ihres Eigentums und ihrer Gesundheit sowie andererseits die Interessen der Industrie.

Unzweideutige Priorität in Konfliktfällen genoß in der Regel die Förderung der aufstrebenden Industrien, so daß dem Widerstand traditioneller Gewerbe, der Landwirtschaft oder betroffener Anlieger in der Regel wenig Erfolg beschieden war. So sah die preußische Gewerbeordnung von 1845 zwar die Möglichkeit von Auflagen für die Industriebetriebe seitens der (zumeist industriefreundlichen) Genehmigungsbehörden vor. Andererseits jedoch blieben die Einspruchsmöglichkeiten von Anwohnern begrenzt, während die Betriebe in der Regel Bestandschutz genossen. Emissionen wurden trotz aller Fortschritte in Wissenschaft und Technik lange als unvermeidlicher Bestandteil des Fortschritts verhandelt, dem sich andere Interessen wie die Sorge um physische Unversehrtheit oder Schäden in der Land- und Forstwirtschaft unterzuordnen hatten.

Allerdings gab es bereits früh Auflagen für die Industrie. In Preußen wurde 1831 eine Mindesthöhe von Fabrikschornsteinen von 20 Metern vorgeschrieben, so daß Rauch und Dampf sich gleichmäßiger verteilten, um weniger schädlich zu wirken. Da es im 19. Jahrhundert fast unmöglich blieb, bestehenden Betrieben nachträglich Auflagen zu machen, setzte sich in Konfliktfällen das Prinzip der in den Himmel wachsenden Fabrikschlote durch, was für eine Verdünnung der Schadstoffe innerhalb größerer Gebiete und eine Entlastung von Nachbarn und Anliegern sorgen sollte. Zwar hatte sich in den Auseinandersetzungen um

19 Vgl. Brüggemeier 1996.

den Freiberger Hüttenrauch 1860 beim Bau eines 60 Meter hohen Schornsteins gezeigt, daß dadurch das Problem nicht gelöst wurde, sondern sich lediglich das Schadensgebiet vergrößert hatte. Dennoch führten solche Erkenntnisse keinesfalls zu Strategieänderungen, sondern – im Gegenteil – zur Fortsetzung, damit sich später dieselben Fehler auf 140 Metern Höhe wiederholen konnten.

Der Terminus der ortsüblichen Belastung, mit dem die Konflikte in der Regel entschärft werden sollten, blieb – ähnlich wie der Verweis auf die Selbstreinigungskräfte bei der Verschmutzung der Gewässer – vage und lieferte keine verbindlichen Kriterien für Lösungen. Mittelfristig allerdings unterstützte er die Separation unterschiedlicher städtischer Funktionsräume und förderte dadurch soziale Segregation: Er erlaubte eine wachsende Belastung von existierenden Industrieregionen, während attraktive Wohngebiete frei von industriellen Belastungen blieben. Kriterien der körperlichen Gesundheit blieben für die Beurteilung der Luftverschmutzungen lange zweitrangig, weil Medizin und Naturwissenschaften keine verbindlichen Erkenntnisse über die Wirkweisen einzelner Emissionen liefern konnten. So setzte sich zwar im 19. Jahrhundert allgemein die Erkenntnis durch, daß die Verschmutzung der Luft gesundheitsschädlich für die Bewohner der Städte sei, ohne daß dies aber mittelbaren Einfluß auf Genehmigungsverfahren oder Konfliktlösungen gehabt hätte. Verläßliche Grundlagen für die Einschätzung der gesundheitlichen Auswirkungen fehlten freilich, so daß noch lange nach 1900 selbst unter Naturschützern der Verweis auf die Statistik genügte, um die Ansicht mittelbarer gesundheitlicher Einflüsse der schmutzigen Luft auf die Einwohner von Industrierevieren als Vorurteil erscheinen zu lassen:

> »Hiernach soll dort die Luft ungesund oder doch weniger gesund als anderswo sein. Wiederum kann eine solche Ansicht nicht gerade wundernehmen, denn dem Fremden fällt der eigentümliche Geruch, der über einem großen Teil der Gegend liegt, nicht weniger auf als Rauch und Schmutzfarbe. Und doch ist die Meinung irrig, wie die Gesundheitsstatistik zahlenmäßig und auf das genaueste beweist. So betrug die Sterblichkeitsziffer in Gelsenkirchen 1910 nur 16,9 auf das Tausend gegen 17,9 bei dem Durchschnitt der deutschen Groß- und Mittelstädte. Ansteckende Krankheiten treten in keiner Weise stärker auf als in Städten gleicher Größe.«[20]

Insbesondere in der Hochindustrialisierungsphase seit den 1890er Jahren nahm das Problem der Emissionen nochmals zu, zudem auch die Feuerung in privaten Haushalten die Umwelt belastete und hier gleichfalls keine Lösungen gefunden wurden. So präsentierten sich die Verhältnisse in den Großstädten teilweise verheerend. Wenn auch in dieser Zeit eine systematische Auseinandersetzung mit

---

20 Klose 1919, S. 27f.

dem Problem der Luftverschmutzung einsetzte, etwa angestoßen durch den »Deutschen Verein für öffentliche Gesundheitspflege«, lieferte die Situation in Städten und Industrieregionen für Natur- und Heimatschützer ein düsteres Szenario aus sterbenden Bäumen und Pflanzenkulturen und aschgrauen Himmelszelten. Tag und Nacht, so Hans Klose über das Ruhrgebiet, quirle der Rauch »aus den Schornsteinen heraus, ziehen sich die Rauchfahnen Hunderte von Metern durch die Luft, ehe sie sich verteilen und zerflattern. Nichts kennzeichnet mehr die Industrielandschaft als diese Banner Plutos, die H. Landois die westfälischen Palmen nannte. Jeder kennt die Wirkung einer rußenden Petroleumlampe, eines rauchenden Kohleofens; in kurzer Zeit sind Möbel und Fußboden von Rußflocken und Staubteilchen bedeckt, und die Hausfrau ist tiefbetrübt über den unerwünschten Schmutz. Sind das Ausnahmefälle im häuslichen Leben, so arbeiten die Qualm- und Schmutzspender des Industriegebiets fast ohne Aufhören. 70m und höher recken sich die Schornsteine der Werke, um ihren Brodel von Ruß, Staub und Verbrennungsgasen in obere Luftschichten zu befördern. Je höher der Schornstein, desto größer das Verbreitungsgebiet seines Qualms. (...) Wenige Wochen nur grünt das frühlingsjunge Laub. Bald legt sich die Schmutzhülle darüber; graubraune Farbtöne mischen sich unter das Grün, und noch vor Beginn des Sommers herbstet es. Der Laubfall der Bäume tritt mehrere Wochen früher ein als in der industriearmen Nachbarschaft.«[21]

7. Verkehr

Eine unabdingbare Voraussetzung für die Etablierung industrieller Systeme war die Errichtung kalkulierbarer Verkehrswege für die Zirkulation von Produktionsmitteln und Waren. Dadurch konnte sich die bislang dezentrale industrielle Produktion von natürlichen Standortfaktoren emanzipieren. Die industrielle Moderne wurde deshalb nicht selten, wie von Wilhelm Heinrich Riehl, mit Verkehr, Geschwindigkeit, Ruhelosigkeit und Bewegung identifiziert:

»Viele Leute glauben heutzutage an keinen Heiligen mehr, mit Ausnahme eines einzigen Heiligen, der aber nicht im Kalender steht, an den ›heiligen Verkehr‹: er stellt für sie die Urkraft aller bewegenden Mächte der Gesellschaft dar. Er treibt und hebt unsere Cultur in früher nie geahnter Weise – wer wollte das bezweifeln? – er macht die Völker größer und die Länder kleiner, er

---

21 Ebda., S. 25ff.

förderte die durchgreifende Umwälzung unseres socialen Lebens, er wird noch viele erschütterndere Katastrophen in Staat und Gesellschaft hervorrufen, wenn er selbst in neuen ungeahnten Katastrophen zusammenbrechen und sich wieder verjüngen wird.«[22]

Der Übergang auf den Energieträger Kohle, der die industrielle Revolution in Gang setzte, war erst durch den Ausbau flächendeckender Verkehrsnetze möglich geworden. War die Phase der Protoindustrialisierung aufgrund der lokalen Gebundenheit der Ressourcen noch durch dezentrale Entwicklungsprozesse gekennzeichnet, garantierten nun die neuen Verkehrssysteme, daß Rohstoffe aus unterschiedlichen Regionen zur Verarbeitung an einen Ort gelangen konnten. Zunächst wechselte in England der Verkehr von der Straße auf die Eisenbahn, die zur tempomachenden Zugmaschine der Industrialisierung wurde. Damit wurde das Verkehrssystem Straße, das sich notgedrungen an die natürlichen Gegebenheiten anzupassen und Hindernisse wie Täler, Steigen, Gebirge oder Sümpfe zu respektieren hatte, durch ein solches abgelöst, das sich wie die Eisenbahn mittels Einebnungen, Brücken oder Tunnelbauten über sie hinwegzusetzen vermochte. Das Schiene-Rad-System der Eisenbahn erwies sich als Verkehrssystem, das zwar nur bei geringfügigen Steigungen funktionierte, sich allerdings weitgehend unabhängig von den natürlichen Voraussetzungen etablieren konnte, weil nicht das Verkehrssystem an die natürlichen Gegebenheiten, sondern diese an das Verkehrssystem angeglichen wurden. Bei vergleichsweise geringem Energieaufwand waren nun enorme Beschleunigungen von Transport und Verkehr möglich – was denn auch immer wieder als Vernichtung traditionaler Raum-Zeit-Gefüge erfahren und beschrieben wurde.[23]

Anders als in England, wo die Bedürfnisse der Schwerindustrie den Eisenbahnausbau beflügelten, wurde die Entwicklung in den deutschen Ländern zunächst durch die kleinstaatlichen Verhältnisse gebremst. Innerhalb der durch Zollschranken getrennten Einzelstaaten freilich setzte unter der Regie privater Bahngesellschaften nach der Eröffnung der ersten Bahnstrecke zwischen Nürnberg und Fürth der rasche Ausbau des neuen Verkehrssystems ein. Standen Ende 1840 in Deutschland 549 Streckenkilometer zur Verfügung, waren es 1850 bereits 6044 Kilometer, 1860 11633 Kilometer, 1870 19575 Kilometer, 1880

22 Bei diesem Zitat handelt es sich um eine vom Autor 1883 in eine neue Auflage angefügte Anmerkung; Wilhelm Heinrich Riehl: Land und Leute. Achte durch viele Zusätze vermehrte Auflage (= Die Naturgeschichte des Volkes als Grundlage einer deutschen Social-Politik. Erster Band), Stuttgart 1883, S. 5.

23 Vgl. Wolfgang Schivelbusch: Geschichte der Eisenbahnreise. Zur Industrialisierung von Raum und Zeit, München u. Wien 1977.

33 838 Kilometer, 1890 42 869 Kilometer, 1900 51 391 Kilometer und 1910 schon 61 148 Kilometer. Dieser Ausbau vollzog sich bis zum Jahrhundertende wesentlich unter der Regie von Privatgesellschaften, wobei den Einzelstaaten durch die Vergabe von Konzessionen und die Genehmigung der Bauprojekte wesentliche Mitspracherechte vorbehalten blieben. Nach der Reichsgründung von 1871 zielte die Politik des neuen Reiches auf die Verstaatlichung der Eisenbahnen. Bereits in den 1870er Jahren setzte eine massive Verstaatlichungswelle ein, in deren Verlauf das Netz der Privatbahnen von 1880 noch rund 10000 Kilometern auf 1885 nur noch 1 650 Kilometern schrumpfte.

Aus der Perspektive des Naturschutzes geriet die Eisenbahn weniger ob ihrer Funktion als Triebwagen der Industrialisierung ins Visier der Kritik. Die geometrische Linie der Schiene symbolisierte vielmehr das Diktat moderner menschlicher Bedürfnisse, bei deren Befriedigung Gegebenheiten der Natur sekundär wurden und als beherrschbar erschienen. Die Kritik wurde denn auch als ästhetische Kritik an der Zerstörung des vorgefundenen Landschaftsbildes vorgetragen. Wilhelm Heinrich Riehl etwa empfand die Eisenbahn in der Rheinlandschaft ähnlich destruktiv wie die Flußregulierungen, weil sie der Landschaft ihr organisches Erscheinungsbild raube: »Die gerade Linie ist nun einmal der ästhetische Fluch der modernen Cultur, und ich glaube, die gegenwärtige Vorliebe für das tollste Schnörkelwerk der Roccocoformen ist eine Art Verzweiflungsflucht vor der geraden Linie, die uns überall verfolgt.«[24] Mit einiger Befriedigung registrierte Riehl allerdings denn doch den vorläufigen Triumph der Natur als einen »Sieg des Rheines«[25], weil sich im engen Tal zwischen Mainz und Koblenz die Streckenführung der Eisenbahn doch dem Lauf des Flusses unterzuordnen hatte.

Wurde die Eisenbahn als Symbol des Fortschritts und damit auch als Symbol wachsender Naturunabhängigkeit identifiziert, kreuzten Automobile bis zum Ende des Kaiserreichs kaum den Gesichtskreis der Naturschützer. Die Exklusivität dieses Verkehrsmittels schien zunächst eher einen individuellen Weg zurück zur Natur zu ermöglichen, eröffnete es doch ein weit höheres Maß an individueller Freiheit als die auf die Streckenführung verpflichtete Eisenbahn. Im Gegensatz zu den Vorboten des Massentourismus, die sich via Schiene und weiter mit den Bergbahnen den Weg in die Freizeitwelt Natur suchten, verhieß die Fahrt der Automobilisten in die unversehrte Natur noch vergleichsweise geringe Belastungen, so daß

---

24 Wilhelm Heinrich Riehl: Rheinlandschaft. Gesprochen im ›Verein für wissenschaftliche Vorträge‹ zu Crefeld am 24. Oktober 1871, in Ders.: Freie Vorträge. Erste Sammlung, Stuttgart 1873, S. 65.

25 Ebda., S. 66.

das Kraftfahrzeug kaum einen Erregungswert in der Naturfrage entfaltete. Bis 1914 rollten lediglich rund 70000 Automobile über die noch holprigen Straßen des Deutschen Reiches. Die durch die Erscheinung dieser Automobile evozierten Konflikte wurden in der Regel nicht zwischen Naturschützern und Autofahrern oder zwischen Fortschrittsoptimisten und Fortschrittspessimisten ausgetragen, sondern zwischen den unterschiedlichen Teilnehmern des Straßenverkehrs – es ging im Zeitalter vor der Massenmotorisierung um die soziale Herrschaft auf der Straße. Äußerte sich der Naturschutz nicht explizit zu möglichen durch die Motorisierung verursachten Umweltproblemen, so thematisierte er zumindest allgemein die Frage des Wege- und Straßenbaus. Hier formulierte Hugo Conwentz die auch später weithin gültige Auffassung, daß bei anstehenden Straßenbauten die Existenz von Naturdenkmalen zu prüfen und diese gegebenenfalls zu schützen seien. Außerdem empfahl er, »die Wege nicht immer in gerader, sondern auch in etwas gewundener Linie auszuführen«, weil sie sich solchermaßen harmonischer in das vorgefundene Landschaftsbild fügen würden.[26] Während Klagen über Belastungen durch Lärm, Unfälle und Straßenstaub zuweilen in eine allgemeine antiurbane Zivilisationskritik eingebunden wurden, erfuhr die Frage der Schadstoffemissionen zumindest durch den Naturschutz zunächst keine Thematisierung. Erst durch den Motorisierungsschub der 1920er und 1930er Jahre wurde die Beeinträchtigung des Landschaftsbildes zum Gegenstand der Naturschutzkritik (Diktat der Geometrie, Zerstörung von Alleen, Beeinträchtigung von Reservaten u.a.), die in der Ära des Autobahnbaus während der NS-Zeit in der Doppelstrategie forcierten Straßenbaus und gleichzeitigen landschaftsästhetischen Zugeständnissen an den Naturschutz aufgelöst wurde.

8. Wasser

Der mäandernde Wasserlauf sucht sich, Gunst und Widrigkeiten der natürlichen Verhältnisse respektierend, selbst sein Bett und ist dabei Teil eines organischen Zusammenhangs, dem sich traditionelle Nutzungsformen wie Fischerei, Mühlen- oder Schmiedehandwerk so anzupassen hatten, daß die Eingriffe das Gewässer nur bedingt veränderten. Der begradigte Bachlauf symbolisiert statt dessen die Unterwerfung der natürlichen Gegebenheiten unter den menschlichen Wil-

26 Hugo Conwentz: Über die Berücksichtigung des Naturschutzes bei Ingenieuranlagen (Vortrag auf dem baltischen Ingenieurkongreß in Malmö), in: Prometheus, 26 Jg. (1915), S. 497.

len, dem – umgekehrt – nun die landschaftlichen Verhältnisse angepaßt werden. Er schafft sein Bett nicht selbst; ihm wird eines gegeben. In der Kritik der Naturschützer symbolisierte die geometrische Linie des begradigten Baches deshalb die Respektlosigkeit des modernen Utilitarismus gegenüber den Gesetzmäßigkeiten der Natur. Dies artikulierte schon 1871 Wilhelm Heinrich Riehl, als er konstatierte, daß die Rheinlandschaft deshalb in der Hierarchie ästhetischer Landschaften gesunken sei, weil sie seit Anbruch des Industriezeitalters vom geometrisierenden Diktat der Flußregulierungen und Eisenbahnlinien geprägt werde. »So hört der Rhein mehr und mehr auf Strom zu sein und wird Kanal. Das ist eine ästhetische Degradation.«[27] Uferverengungen, Begradigungen und die Beseitigung von Stromschnellen hätten den einstmals wilden Strom gebändigt. »Nur bei Hochwasser und Eisgang bietet der Rhein noch das volle Bild des weiland gepriesenen wilden Stromes. Wann alle Ufer überschwemmt sind und die Schiffe im Hafen rasten, dann findet der alte Vater Rhein sich selber wieder. Der Knecht zerbricht die Kette; er wird wieder Herr.«[28]

Daß sich hinter ästhetischer Kritik mehr verbarg als nur das Naserümpfen eines beleidigten Geschmackssinnes, zeigen im 19. Jahrhundert durch Überschwemmungen angestoßene Überlegungen, ob solche »hausgemacht« seien und die Natur eben zurückschlage, weil Ziel aller Regulierungen und Entwässerungen stets der rasche Abfluß von Wasser gewesen sei – wie etwa im Frühjahr 1881 im Reichstag anläßlich aktueller Hochwasserkatastrophen am Rhein zu Bedenken gegeben wurde.[29] Der Umgang mit dem Medium Wasser im Industriezeitalter war nicht nur gekennzeichnet durch Gewässerregulierungen, wie etwa seit den 1820er Jahren die Rheinregulierungen von Johann Gottfried Tulla (1770-1828). Hinzu kam die Verschmutzung der Gewässer durch die wachsenden Industrien und Großstädte. Genossen Fäkalien in der Welt um 1800 noch den Status einer Ware, die gesammelt und als Dünger an die Landwirtschaft abgegeben wurde, avancierten menschliche Ausscheidungen mit dem Städtewachstum des 19. Jahrhunderts zu einem Umweltproblem, das neu organisiert werden mußte. Die Organisation der Ver- und Entsorgung von Trink- und Abwässern ging nun vollständig in den Verantwortungsbereich der Kommunen, die für die Beseitigung der Fäkalien und Abwässer kein Geld mehr gaben, sondern nahmen. In den wachsenden Städten war die Kritik an den hygienischen Zuständen immer lauter geworden.

---

27 Riehl 1873, S. 63.

28 Ebda., S. 64.

29 Vgl. Franz-Josef Brüggemeier: Tschernobyl, 26. April 1986. Die ökologische Herausforderung, München 1998, S. 62ff.

Lösungen schien das System der englischen Schwemmkanalisation zu versprechen, bei dem Fäkalien, Regenwasser und Abwässer vereinigt und in die nächstliegenden Flüsse eingeleitet wurden.

Naturwissenschaftliche Legitimation erhielt dieses Entsorgungsprinzip durch die in der Hygiene populäre Bodentheorie und durch die Theorie der Selbstreinigungskräfte der Flüsse von Max Pettenkofer (1818-1901). Danach sei eine Reinigung von Abwässern nicht notwendig, da diese in den Flüssen verdünnt und durch deren Selbstreinigungskräfte gesäubert würden. Als Ursache der Seuchen und Epidemien erachtete man nach der Bodentheorie die langfristige Verseuchung der Böden durch Abfälle und Exkremente, so daß die Brunnen kein sauberes Trinkwasser mehr liefern könnten. Die Konsequenz dieser beiden Hygienetheorien bestand deshalb in der Forderung nach zentraler Wasserversorgung und dem Bau flächendeckender Kanalisationen. Kläranlagen schienen nicht notwendig. Also wurde das Trinkwasser denselben Flüssen entnommen, in die – in der Regel ein Stück flußabwärts – die Abwässer eingeleitet wurden. So hatte Hamburg im Jahre 1892, als eine Choleraepidemie 7600 Menschenleben forderte,[30] zwar ein modernes Kanalisationssystem, allerdings weder Kläranlagen noch ein zentrales Wasserwerk. Das Trinkwasser wurde statt dessen der Elbe entnommen, in die auch die städtischen Abwässer flossen. Nachdem bei der Choleraepidemie 1892 auffiel, daß weder die Einwohner Altonas noch die Insassen des Hamburger Zentralgefängnisses von der Epidemie betroffen waren, wurden wichtige Zusammenhänge deutlich. Weder das Zentralgefängnis noch Altona bezog das Trinkwasser vom Hamburger Zentralsystem. Das Gefängnis speiste das Wasser aus einem eigenen Brunnen; Altona bezog das Wasser zwar gleichfalls aus der Elbe, gebrauchte zur Reinigung aber Sandfilter, die offenkundig eine Aufbereitung des Trinkwassers gewährleisteten.

Dennoch setzte sich das Prinzip der Schwemmkanalisation flächendeckend durch. Der Bedarf der Landwirtschaft an natürlichen Düngemitteln war durch die mineralischen Dünger stark gesunken, so daß sich hier ohnehin keine volkswirtschaftlich ernsthaft Alternative der Entsorgung eröffnete. Merkwürdig losgelöst vom Problem der städtischen Entsorgung wurde die Frage der industriellen Abwässer diskutiert, deren Brisanz sich erst seit den 1890er Jahren und dann allenfalls zögerlich offenbarte. Mit den Textil- und Schwerindustrien, den Rüben-, Zucker- oder Papierfabriken und den Eisen- und Metallhütten in den Industriezentren hatte die Produktion von Schmutzwasser Ausmaße erreicht, die das Pro-

30 Vgl. Richard J. Evans: Tod in Hamburg, Hamburg 1990.

blem nun nicht mehr unabhängig von Fragen der öffentlichen Hygiene erscheinen lassen konnten. Statt rigorosen Reinigungsgeboten nach dem Verursacherprinzip verlagerte sich die Diskussion auf die Suche nach scheinbar objektiven Grenzwerten, mit denen Gewässer belastet sein dürften. Wie unsicher Wissenschaften und Hygiene den komplexen Wirkungsgefügen begegneten, zeigt freilich die Unfähigkeit, verbindliche Grenzwerte festzulegen. Auffällig dabei scheint, daß offenbar in die Verläßlichkeit der menschlichen Sinnesausstattung mehr Zutrauen gelegt wurde als in die Kenntnis über sichtbare und unsichtbare Zusammenhänge. Bei der Einleitung von industriellen Abwässern sei entscheidend, so hieß es 1888 in einem Bericht der Wissenschaftlichen Deputation für das Medizinalwesen, »daß das Flußwasser in seiner Klarheit, Farblosigkeit, in Geschmack, Geruch (...) nicht wesentlich verändert sein darf.«[31]

Die Industrien sahen die Gewässer ausschließlich in ihrer ökonomischen und industriellen Funktion unter dem Aspekt der Kostenneutralität, der sich konkurrierende Interessen oder Bedeutungsdimensionen unterzuordnen hatten. Flüsse waren in erster Linie Ableiter von Industrieabwässern. Eine besondere Pointierung fand diese Auffassung in der Idee der »Opferstrecke«, vertreten etwa durch Curt Weigelt, der noch in den 1890er Jahren für die Fischereiverbände differenzierte Gutachten über die ökologischen Folgen der Gewässerverunreinigungen geliefert hatte und nun als Sachverständiger für den Chemieverein tätig war. Nach dem Diktum der »Opferstrecken« sollten bestimmte Flüsse oder Flußabschnitte nur noch als Ableiter für Industrieabwässer fungieren und ausschließlich unter diesem Aspekt Behandlung erfahren, da öffentliches Interesse und Belange der Industrie ohnehin weitgehend identisch wären.

In der Frage der Gewässerverschmutzung gab es sonst seltene Versuche der Brückenbildung zwischen den Handlungsfeldern des frühen Umwelt- und des Naturschutzes. Zu nennen sind hier etwa Georg Bonne und der »Internationale Verein gegen Verunreinigung der Flüsse, des Bodens und der Luft«.[32] Bonne, Antipode des Hygienikers Max Pettenkofer und dessen Theorie der Selbstreinigungskräfte, argumentierte zwar einerseits im Duktus der zeitgenössischen Naturwissenschaften und setzte in der Frage der Flußverunreinigungen auf technische Lösungen. Andererseits sind auch seine Initiativen eingebunden in eine kultur-

31 Bericht über die unter Zuziehung von Vertretern der Ärztekammern geführten Verhandlungen der Wissenschaftlichen Deputation für das Medizinalwesen, Sitzung vom 24., 25. und 26. Oktober 1888; zit. n. Büschenfeld 1997, S. 44.

32 Zur Positionierung des sich Anfang der 1910er Jahre auflösenden Vereins zwischen Kulturkritik und Hygienebewegung vgl. Büschenfeld 1997, S. 79-87.

konservative Vorstellungswelt, so daß er selbstverständlich den Dialog mit dem Natur- und Heimatschutz suchte und etwa 1913 auf dem gemeinsamen Tag für Denkmalpflege und Heimatschutz an das nationale Emotionspotential der Heimatschützer appellierte:

»So mögen die Regierungen, die Behörden und die Bevölkerung sehen, daß unsere idealen Bestrebungen des Heimatschutzes sich decken mit den Forderungen der Hygiene und der Volkswirtschaft. Im Namen des Schutzes der Heimat, im Namen des Schutzes der Bevölkerung müssen wir darauf dringen, daß diese Forderungen der Hygiene und der Volkswirtschaft erfüllt werden im Rahmen unserer heutigen Wissenschaft und Technik, entsprechend der Höhe unserer heutigen Kultur.«[33]

Andere als nur funktionelle Bedeutungsdimensionen klagten demgegenüber Vertreter von Natur- und Heimatschutz ein, die in ihren Beschreibungen des Zustands der Gewässer den funktionalen Reduktionismus vor allem mit ästhetischen und emotionalen Dimensionen deutscher Flüsse und Seen konterkarierten:

»Unsere großen Ströme und Flüsse, soweit sie durch bevölkertes Land fließen, sind zu einem großen Teile ihrer Schönheit unwiederbringlich beraubt: die Klarheit ihres Wassers ist ihnen genommen. Jedes fließende Wasser, an dem Menschen wohnen, muß ununterbrochen Massen von Abfallstoffen in sich aufnehmen, um sie wegzuführen. Manche dieser Gefließe, derer Wassermassen und Gefälle reichlich genug sind, vermögen trotzdem klar zu bleiben. Wo aber die Abfälle des Haushalts und schmutzige Fabrikwasser in übermächtigen Mengen in das Fluß- oder Bachbett gelangen, reicht das Selbstreinigungsvermögen der Gewässer nicht mehr aus; trüb, übelriechend und freudlos wälzen sie sich talabwärts; bis endlich die großen Ströme ihre schlammigen Massen in die Meere ergießen.«[34]

Wie seitens der Industrie und der Naturwissenschaften die ökologischen Folgen der Gewässerverschmutzung ausgeblendet wurden, so zeichnen sich Beschreibungen wie die Haushofers oder jene Konrad Guenthers durch eine auffällige Abstinenz gegenüber den biologischen Folgen für Flora und Fauna zugunsten ästhetischer Aspekte aus:

---

33 Georg Bonne: Die Verunreinigung unserer Gewässer und ihre Verhütung, in: Zweite Gemeinsame Tagung für Denkmalpflege und Heimatschutz. Dresden 25. und 26. September 1913. Stenographischer Bericht, Berlin 1913, S. 191; vgl. auch Georg Bonne: Die Notwendigkeit der Reinhaltung der deutschen Gewässer vom gesundheitlichen, volkswirtschaftlichen und militärischen Standpunkte aus erläutert durch das Beispiel der Unterelbe bei Hamburg-Altona, Leipzig 1901 sowie Georg Bonne: Deutsche Flüsse oder deutsche Kloaken? Eine ernste Mahnung in letzter Sekunde an unsere Regierungen und an unser Volk, Hamburg 1907.

34 Haushofer 1906, S. 8.

»Wer sich einen der Kultur so recht dienstbar gemachten Fluß ansehen will, fahre nach Elberfeld. Schon die Farbe der Wupper zu bestimmen, ist schwer, denn gar zu viele Farbstoffe werden von den Fabriken in sie abgeleitet. Zu beiden Seiten des Flusses erheben sich die steinernen Häuser, Rauch hüllt das Ganze ein, und das fließende Wasser ist wie eine Riesenmausefalle eingesperrt in das Gerüst der Schwebebahn, die rasselnd über ihr hinsaust.«[35]

Operierte der Natur- und Heimatschutz vordergründig mit ästhetischen Einwänden gegen die Gewässerverschmutzung, begleiteten schon eher die Fischer ihre Forderung nach Reinhaltung der Gewässer mit ökologischen Argumenten. Hier kollidierten Interessen der Industrie und der Städte mit traditionellen Nutzungs- und Eigentumsrechten. Zunächst bedingt durch Flußkorrektionen, dann aber vor allem durch die Einleitung industrieller und kommunaler Abwässer, waren die materiellen Interessen der im 19. Jahrhundert vom Niedergang erfaßten Flußfischerei existentiell durch Rückgang und Aussterben zahlreicher Fischarten bedroht. Die Forderung nach Reinhaltung der Gewässer und gegen Flußregulierungen artikulierte sich bei den 1913 noch rund 50000 Berufsfischern im Deutschen Reich als Forderung nach Erhaltung materieller Ressourcen.[36] Tendierte die Nordseefischerei auch vor dem Ersten Weltkrieg zur Überfischung der Bestände, waren die Binnenfischer, wollten sie denn mittel- und langfristig ihre Lebensgrundlage erhalten, zwangsläufig auf das Prinzip des nachhaltigen Wirtschaftens in sauberen Gewässern angewiesen.

Eine Vermittlung zwischen den Industrien und den Fischern sowie anderen traditionellen Berufsgruppen, die – wie Müller oder Landwirte – durch Flußverunreinigungen betroffen waren, erwies sich ähnlich wie im Falle der Luftverschmutzung als schwierig und vorläufig unlösbar. Die Kommunen setzten alsbald auf das englische Vorbild der Schwemmkanalisationen, so daß auf lange Sicht technische Sachzwänge festgeschrieben wurden. Zudem gab es kaum verbindliches naturwissenschaftliches Wissen über die gesundheitlichen und ökologischen Auswirkungen von Gewässerverunreinigungen, so daß im Kaiserreich ein zwischen vielerlei Interessen sich windender Gesetzgeber weit entfernt davon war, festschreiben zu können, wie und durch wen Gewässer belastet werden durften.

---

35 Guenther 1910, S. 63.

36 Übersichten zeitgenössischer Fischsterben und Proteste der Fischer enthalten die Schriften Georg Bonnes; insbesondere Georg Bonne: Die Klagen der deutschen Binnenfischer über die zunehmende Verunreinigung der Gewässer, Hamburg 1912.

9. Abfall

Der gesellschaftliche Umgang mit jenen Stoffen, die in Überflußgesellschaften als »Müll« oder »Abfall« bezeichnet werden, weil sie aus angestammten Funktionszusammenhängen ausgeschieden wurden, ist grundsätzlich durch den Übergang von einer Ressourcenverwertung zu einer auf Vernichtung zielenden Entsorgung gekennzeichnet. In traditionalen Gesellschaften, wie überhaupt in auf optimale ökonomische Ressourcenverwertung zielenden Knappheitsgesellschaften, existieren so gut wie keine materiellen Dinge, welche, einmal ihrer ursprünglichen Funktion enthoben, nicht in neuen Verwendungszusammenhängen gebraucht würden. Ähnlich wie Fäkalien in traditionalen Gesellschaften einen Wertstoff und eine Ware darstellten, die in Verwertungskreisläufen Nutzung fanden und für deren Verkauf die Besitzer materiell entschädigt wurden, verwandelte sich ihrer Funktion enthobene Materie in modernen Industriegesellschaften von einer Ressource zu einem nutzlosen Produkt, für dessen Entsorgung nun umgekehrt seitens der Kommunen Gebühren erhoben wurden.

Durch die Prozesse der Industrialisierung und der Urbanisierung erreichte das Müllaufkommen im 19. Jahrhundert sowohl eine neue Quantität wie eine neue Qualität, so daß die Frage des gesellschaftlichen Umgangs mit Müll spätestens seit den 1880er Jahren auch in Deutschland zu einem Problem wurde.[37] Wachsende psychische Distanz zu entwerteten Dingen ließ diese zur Belästigung der Sinne werden, wodurch die Anstrengungen forciert wurden, Unrat und Abfall aus dem öffentlichen Bild zu tilgen. Modernes Hygienebewußtsein machte in Schmutz und Müll ein physisches Gefahrenpotential aus. Dieses Wissen um Ansteckungs- und Krankheitsgefahren verlängerte sich im Kulturellen durch die Wahrnehmung von Abfall als ästhetische Beeinträchtigung der Umwelt. Nicht nur das Aufkommen des Mülls in den an Zahl und Größe wachsenden Großstädten hatte sich verändert, sondern im Zeitalter der industrialisierten Warenherstellung auch seine Konsistenz. An die Stelle vorwiegend wiederverwertbarer und verrottbarer organischer Stoffe traten wachsende Mengen an Glas, Blechen, Papier und Plastik. Die Müllbeseitigung zur Rohstoffgewinnung war ein zu allen historischen Zeiten und in allen Kulturen angewandtes Verfahren, bei dem anfallende Reste kompostiert, verfüttert oder verbrannt und danach noch vorhandene Überbleibsel professionell durch Lumpen- und Abfallsammler Verwertung fanden. Es gab durchaus Versuche, diese traditionellen Verfahren in die komplexen Verhältnisse der

37 Vgl. Carmelita Lindemann: Verbrennung oder Verwertung: Müll als Problem um die Wende vom 19. zum 20. Jahrhundert, in: Technikgeschichte, 59. Jg. (1992), S. 91-107.

Großstädte und der Industriegesellschaft zu transformieren. Bei dem 1898 in München/Puchheim etablierten System wurde der Müll en Gros gesammelt und hernach zur Weiterverarbeitung sortiert. Ein anderes Verfahren wählte man 1907 in Charlottenburg, wo bereits in den Haushaltungen nach Asche, Küchenabfällen und Gerümpel getrennt gesammelt wurde. Beide Modelle der Reststoffverwertung erwiesen sich allerdings in der Praxis als zu kostspielig und als technisch schwer durchführbar, so daß sie bald wieder eingestellt wurden.

Neben solchen Systemen der Wiederverwertung konzentrierte sich die Diskussion innerhalb der Hygiene auf die Müllverbrennung, welcher die Idee zugrunde lag, die in dem Müll gespeicherte Energie wiederzugewinnen. Thermische Verfahren der Müllentsorgung hatten sich bereits seit den 1870er Jahren in England durchgesetzt, wo die Zahl der Verbrennungsanlagen bis 1904 auf über 200 angewachsen war. In Deutschland wurde eine solche Anlage erstmals 1896 in Hamburg in Betrieb genommen; bis 1914 folgten sechs weitere Städte. Standen mit Müllverwertung und Müllverbrennung vor allem Dungwert und Brennwert im Mittelpunkt der Überlegungen, entschieden sich die Kommunen während des Kaiserreichs mehrheitlich für eine dritte Alternative: die Deponierung des Mülls. Damit hatten sie sich auf die vordergründig kostengünstigste und technisch leichteste Lösung kapriziert, die sich erst aufgrund der langfristigen Akkumulation von Müll als problematisch erweisen sollte. Die Mülldiskussionen während des Kaiserreichs konzentrierten sich vor allem auf die Frage der Entsorgung, nicht aber auf die Frage der Vermeidung oder der Verpackung industrieller Waren.

Die Müllfrage war vor allem ein Problem der wachsenden Städte. Als Anti-Natur gerieten diese kaum in das Blickfeld des Naturschutzes, so daß hier kein Krisenbewußtsein entstehen konnte. Erst der Müll, der durch Touristen in die freie Natur getragen wurde, gefährdete die Reinheitsvorstellungen der zivilisationsmüden Natur- und Heimatschützer. So befand Fürst Wilhelm von Hohenzollern:

> »Sache der Erziehung ist es, frühzeitig im jungen Menschen einen Abscheu vor solchen Geschmacklosigkeiten wachzurufen und das natürliche Anstandsgefühl zu wecken, das ihm sagt, daß man sich überall, wo man zu Gaste ist, und das ist man im fremden Walde ebensogut wie in öffentlichen Anlagen, gesittet benehmen soll. Auf diesem Wege ließe sich auch eine andere Unsitte bekämpfen, das Wegwerfen von Frühstückspapieren usw. in den Anlagen und Wäldern.«[38]

Hier präsentierte sich der Naturschutz, wie so oft, als Sittlichkeitsbewegung, der es angetan schien, die Sekundärtugenden Ordnung und Sauberkeit zu etablieren, wie denn Walter Schoenichen noch in den 1920er Jahren das Problem Abfall

38 Hohenzollern 1911, S. 23f.

verhandelte: »Bezüglich des Alkoholgenusses behaupten die Ärzte, daß eine gelegentliche Ausschweifung nicht so schädlich wirke wie die dauernde, regelmäßige Gewöhnung. Ganz gewiß gilt dieser Grundsatz auch für das Fortwerfen von Papier. Mit unseren Begriffen von der Sauberkeit des Straßenbildes ist es unvereinbar, wenn überall Papierfetzen, Omnibus-Fahrkarten und allerlei sonstige Abfälle umherliegen. Die Erziehung der Menschenmassen zum Reinlichhalten der Straßen, Plätze und Anlagen wenden die Behörden daher neuerdings mit Recht größere Aufmerksamkeit zu.«[39]

10. Zusammenfassung

Die Entfaltung industrieller Systeme war kein abruptes Ereignis, welches das landschaftliche Erscheinungsbild Mitteleuropas von Heute auf Morgen veränderte, sondern ein langer und langsamer Prozeß, der, was die Homogenisierung und Nivellierung der Landschaft und der natürlichen Umwelt betrifft, erst mit den Modernisierungsschüben nach dem Zweiten Weltkrieg abgeschlossen wurde. Charakteristisch für die Agrar- und Industrielandschaften des späten 19. und frühen 20. Jahrhunderts war statt dessen als Gleichzeitigkeit des Ungleichzeitigen ein räumliches Nebeneinander von immer noch und noch lange bleibenden vormodernen Kulturlandschaften, modernen Agrarlandschaften und Stadt- und Industrielandschaften, die zwar lokal und regional scheinbar zügellos die historischen Vorgängerlandschaften zu überformen schienen, im Gesamtblick aber quantitativ noch nicht nennenswert ins Gewicht fielen. Kennzeichnend ist damit für den hier behandelten Untersuchungsraum nicht die totale Transformation (wiewohl sich diese regional – etwa im Ruhrgebiet – durchaus vollzogen hat), sondern das räumliche Auseinanderfallen in unterschiedliche landschaftliche Segmente. Um 1900 waren die Tendenzen der Industrialisierung zwar in vereinzelten Schreckbildern monotoner Agrareinöden, ausgeräumter Landschaften, verseuchter Flüsse, rußschwarzer Himmel und unwirtlicher Stadtmoloche vorauszuahnen. Realiter aber war die mitteleuropäische Welt um 1900 noch immer eine der ökologischen und ästhetischen Vielfalt, in der die moderne Stadt und die Heidelandschaft, die durch Realteilung entstandene kleinräumige Agrarlandschaft und das Industrierevier, das urtümlich erscheinende Tal des Alpenflusses und

---

39 Walther Schoenichen: Der Umgang mit Mutter Grün. Ein Sünden- und Sittenbuch für jedermann (= Naturschutz-Bücherei, Bd. 11), Berlin-Lichterfelde 1929, S. 45.

neue Eisenbahnlinien koexistierten. In den rückständigen Regionen des Reiches hatte sich das Leben der Menschen im Vergleich zu den vorausgehenden Generationen allenfalls unmerklich verändert. Ernst Rudorffs Klage jedenfalls vom »unaufhörlichen, nervenquälenden Heulen und Summen der Dampfdreschmaschinen, das heutzutage in Herbsttagen nicht nur den Nachbarn plagt, sondern sogar den Wanderer stundenweit verfolgt« und den sich im Vergleich hierzu als »wohltönende Dorfmusik« ausnehmenden »Takt der Drescher«[40] verstummen ließ, war in der ländlichen Welt um 1900 die Ausnahme und nicht die Regel.

Aber: Wiewohl Umweltschädigungen und Naturzerstörungen in ihren Auswirkungen lokal und regional noch begrenzt blieben, thematisierten Natur- und Heimatschutz Tendenzen, die im Gesamt des Prozesses auf eine umfassende Transformation der Landschaft und eine möglichst vollständige Emanzipation aus natürlichen Bindungen der agrarischen und industriellen Produktion hinauslaufen sollten. Die vorgelegten Diagnosen erweisen sich somit als unzutreffend und richtig zugleich, beschrieben sie zwar die Wirklichkeit verzerrt, analysierten dabei aber doch präzise und vorausgreifend die Dynamik industrieller Systeme mit allen Konsequenzen. Die Perspektive von Natur- und Heimatschutz auf diese Prozesse war zurück- und nicht vorausschauend. In der tiefen Skepsis am Fortschritt und in der Erfahrung des Wandels wurde der Blick zurückverwiesen auf das Vorangegangene. Damit ging es um die Erhaltung und Verteidigung des Vorgefundenen und nicht um die Gestaltung des Künftigen, so daß im konservierenden Naturschutz die Bewahrung von Relikten und nicht die Suche nach der Natur angemessenen Formen ihrer Nutzung auf das Programm geschrieben wurde.

Im Kontrast zur Moderne erscheint der Daseinsrahmen der vorherigen Kulturlandschaft als deren Negation. Das Erscheinungsbild der noch existenten Kulturlandschaft, deren soziale und ökonomische Basis dem Untergang geweiht ist, dokumentiert das historische Vergangensein, und im Wunsch nach ihrer Konservierung artikuliert sich die Sehnsucht, mit der eigenen kulturellen und natürlichen Herkunft in Beziehung zu treten. Das Merkmal, dem sie ihre Anziehungskraft verdankt, ist im retrospektiven Blick der Fortschrittskritik die Einheit von natürlichem Rahmen und kultureller Durchformung, welche als landschaftliche Ganzheit, aber auch als Einheit von freier und kultivierter Natur erscheint. Sie suggeriert in dieser harmonischen Ganzheit die Möglichkeit eines nicht-entfremdeten Daseins, in welchem die Beziehung einer organischen Natur zu der ihr entgegengesetzten Kultur noch nicht zerrissen ist.

---

40 Rudorff 1897, S. 465.

Zweiter Teil: Naturbewahrung und kulturelles Gedächtnis

»Was ist eigentlich Aura? Ein sonderbares Gespinst aus Raum und Zeit: einmalige Erscheinung einer Ferne, so nah sie sein mag. An einem Sommernachmittag ruhend einem Gebirgszug am Horizont oder einem Zweig folgen, der seinen Schatten auf den Ruhenden wirft – das heißt die Aura dieser Berge, dieses Zweiges atmen.«

Walter Benjamin: Das Kunstwerk im Zeitalter seiner technischen Reproduzierbarkeit

1. Heilige Bäume

Als Hugo Conwentz am 21. Juni 1919 in der »Gesellschaft für Anthropologie, Ethnologie und Urgeschichte« zu Berlin einen Vortrag über die »Beziehungen der Naturdenkmalpflege zur Vorgeschichte und zur Volkskunde« hielt, da empfahl er einen »Abwehrzauber« zum Schutz außergewöhnlicher Bäume: »Ein Forstmeister in Württemberg erzählte mir, daß er eine schöne Eibe in seinem Revier nur dadurch habe erhalten können, daß er ein Heiligenbild an ihrem Stamm anbrachte.«[1] Diese Finte, Natur gegen den profanen Zweck ihrer Nutzung zu tabuisieren, war keinesfalls neu, sondern kursierte bereits etliche Jahre als moderne Baumsage in der Naturschutzszene. Auch Joseph August Lux (1871-1947) hatte in seiner »Baumpredigt« auf Hugo Conwentz verwiesen, der wiederum auf der Jahresversammlung des »Bundes Heimatschutz« 1906 in München Gabriel von Seidl (1848-1913) als Vorbild praktischen Naturschutzes gewürdigt hatte. Conwentz rühmte den Münchner Architekten und Vorsitzenden des »Isartalvereins«, weil dieser »in der Umgebung seines oberbayrischen Sommersitzes einen schönen Lärchenbaum, der zu seinen Lieblingsbäumen gehört, vor der Beseitigung schützte, indem er den Baum mit dem Kreuzeszeichen versah. Der Baum war sichtbar geheiligt und geschont.«[2]

---

1 Hugo Conwentz: Die Beziehungen der Naturdenkmalpflege zur Vorgeschichte und zur Volkskunde, in: Zeitschrift für Ethnologie, 51. Jg. (1919), S. 46.

2 Joseph August Lux: Baumpredigt, München o.J. [1911] (= 81. Flugschrift des Dürerbundes), S. 4. Vgl. auch Otto Feucht: Der Naturschutz in Württemberg. Aufgaben und Möglichkeiten, Stuttgart 1922, S. 61. Hugo Conwentz hatte diesen Vorschlag bereits um 1900 in einem »Entwurf einer staatlichen Organisation zur Erhaltung der Naturdenkmäler« (einer Vorarbeit zu seiner offiziellen »Denkschrift«) gemacht: »In Gegenden mit katholischer Bevölkerung kann ausnahmsweise auch von einer Einrichtung, welche unmittelbar der Erhaltung von Naturdenkmälern dient, Gebrauch gemacht werden. Wie nämlich die Erfahrung lehrt, übt ein am Felsen oder am Baume angebrachtes Kreuz oder Heiligenbild einen sehr wirksamen Schutz aus.« Staatsbibliothek Preußischer Kulturbesitz, Nachlaß Hugo Conwentz, Kasten 11.

Insbesondere alte Baumveteranen, in die Heiligenbilder oder Kreuzeszeichen regelrecht eingewachsen waren, genossen populäre Verehrung sowohl unter der ländlichen Bevölkerung wie in Naturschutzkreisen, denn in diesem Ineinswerden von Natur und religiösem Symbol kamen unterschiedliche Naturzugänge zueinander: die vermeintliche Pietät der Tradition gegenüber Natur und das moderne Bedürfnis, Natur zu schützen. Ein bemerkenswerter Vorgang: Naturschützer als Protagonisten einer kulturellen Moderne entlehnten sich mit dem Kreuz oder dem Heiligenbild Symbole der traditionalen Volkskultur. Ein Vorgang, der sich Ungleichzeitigkeiten verdankt: Der ländliche Raum war ökonomisch modern geworden, kulturell aber noch immer traditional. Die Verwendung des Kreuzes durch die Naturschützer zielte jedoch auf einen neuen Sinnzusammenhang, der nicht die Konstruktion einer religiösen Landschaft, die als Schöpfernatur gelesen werden konnte, verfolgte. Sie verlieh der Natur selbst den Status des Heiligen. Nicht der alte Baum ist nunmehr der in eine religiöse Landschaft eingebettete Ausdruck einer der Tradition entspringenden Pietät; das religiöse Zeichen ist zum Objekt einer der Säkularisierung folgenden Re-Sakralisierung geworden, die freilich vom traditionalen Menschen anders gelesen wird als vom modernen Menschen – in jedem Fall aber denselben Effekt erzielt und das Objekt der Natur in ein unantastbares verwandelt. Das Zeichen verlagerte seinen Sinnbezug auf die diesseitige Natur und wurde dem Naturschützer zum Zeichen einer neuen Heiligkeit, der heiligen Natur.

Baumkulte sind kein spezifisch deutsches Phänomen, aber die deutschen Naturschutzbewegungen entwickelten eine besondere Beziehung zu Bäumen, so daß die Baumverehrung in Deutschland eine spezifische nationale Ausprägung erfuhr. »Von deutschen Bäumen« nannte der oberste staatliche Naturschützer im Nationalsozialismus Walther Schoenichen seine Portraitsammlung wichtiger Baumarten, wodurch er keinesfalls behaupten wollte, daß diese Arten nur in Deutschland vorkommen. Behaupten wollte er statt dessen die besondere Beziehung der Deutschen zu den Bäumen.[3] Baumkulte sind auch kein modernes Phänomen. Zu allen historischen Zeiten und in vielen Kulturen waren es Bäume, die im besonderen als Naturgebilde auf transzendente Sinndimensionen verwiesen und das Prinzip des Lebens verkörperten. Nicht zuletzt durch die modernen Naturschutzbewegungen erfuhren traditionale, christliche und vorchristliche Baumkulte eine Transformation in moderne Vorstellungswelten, bei der sie natürlich Bedeutung und Funktion veränderten. Bäume eigneten sich wie wenig andere Naturobjekte zur Versinnbildlichung all dessen, was Natur in der Moderne schüt-

3 Walther Schoenichen: Von deutschen Bäumen, Berlin 1950.

zenswert erscheinen ließ: Sie sind Individuen, können als eigenständige Subjekte wahrgenommen werden und sind dabei doch dem höheren Ganzen des Waldes unterworfen. Baumriesen – beständig alternd und sich dabei doch stets verjüngend – stehen für Unzerstörbarkeit und Dauerhaftigkeit; ihr Alter verweist auf Zeitrhythmen, welche die Endlichkeit menschlicher Generationen zum Eintagsfliegenschicksal werden läßt, so daß sie zu Zeugen der Natur- und Menschengeschichte gleichermaßen werden. Bäume verbinden Himmel und Erde. Sie sind Teil eines Ganzen, dem Wald oder einer Landschaft, und bilden dabei selbst ein Ganzes, denn der Baum beherbergt wiederum eine unendliche Vielzahl von Tier- und Pflanzenarten.

Die modernen »Baumsagen« des Naturschutzes sind mehr als nur kuriose Belege für die Raffinesse findiger Naturschützer. Sie illustrieren eindrücklich die Mechanik jener Kulturalisierungsprozesse, durch die Natur zum Bestandteil des kulturellen Gedächtnisses und zum Erbe moderner Gesellschaften verwandelt wurde. Der »merkwürdige« Baum wird zum Denkmal einer historischen Zeit, da die Beziehungen zwischen Mensch und Natur in eine symbiotische Einheit gebettet schienen. Solche Geschichten verweisen auch auf Fragen, mit denen sich Naturschützer im Kaiserreich auseinandersetzten: Mit welchen Strategien konnte gegenüber konkurrierenden Nutzungsinteressen ein effektiver Schutz der Natur durchgesetzt werden? Welchen Naturen sollte denn überhaupt bewahrende Zuwendung gelten? Einzelnen Objekten (wie in diesem Falle Bäumen), ästhetisch reizvollen Landschaftsformationen oder biologischen Lebensgemeinschaften? Von Menschenhand unberührter Natur oder land- oder forstwirtschaftlich genutzter Natur, die so bewirtschaftet werden sollte, daß eine als harmonisch empfundene Balance zwischen materiellen Erträgen einerseits und ästhetischen oder biologischen Kriterien andererseits ausgehandelt werden konnte? Ging es um einzelne bedrohte Tier- und Pflanzenarten, deren Bewahrung wissenschaftlich-dokumentarischen oder ästhetischen und ethischen Interessen folgte? Was wurde in zu bewahrenden Naturgebilden gesehen? Seltene Arten und Phänomene biologischer Vielfalt, Zeugnisse vaterländischer Natur oder ein Relikt, demgegenüber wissenschaftliches Interesse aufzubringen war?

Tatsächlich konkurrierten in der Frühgeschichte des privaten und staatlichen Naturschutzes unterschiedliche Konzepte und Strategien. Da war die wesentlich von Hugo Conwentz, dem ersten Leiter der »Staatlichen Stelle für Naturdenkmalpflege« Preußens, entwickelte und systematisierte Naturdenkmalpflege. Sie avancierte nach 1900 zu einem der wichtigsten und die Geschichte des Naturschutzes am nachhaltigsten prägenden Bewahrkonzepte. In der Arbeit dieser 1906 etablierten Behörde ging es zunächst um das Inventarisieren und Konservieren von Relikten und Einzelobjekten, die freilich symbolisch für etwas Übergeordnetes standen: Das zu bewahrende Naturdenkmal repräsentierte nicht nur das in ihm Sichtbare, sondern ein verlorenes Naturganzes, eine vorhistorische Zeit, die durch das Medium »Denkmal« in Dialog mit der Gegenwart trat. Die Etablierung dieser Naturdenkmalpflege beeinflußte die Geschichte des staatlichen Naturschutzes in Deutschland bis weit in die zweite Hälfte des 20. Jahrhunderts. Aus der 1906 gegründeten »Staatlichen Stelle« entwickelte sich 1935 die erweiterte »Reichsstelle für Naturschutz«. Die Geschichte des staatlichen Naturschutzes stellt sich auch nach 1945 als eine institutionellen Kontinuität dar: Die »Reichsstelle« und das Reichsnaturschutzgesetz von 1935 erfuhren zunächst in der britischen Besatzungszone Anerkennung; die Arbeit wurde unter dem seit 1938 amtierenden Leiter Hans Klose fortgesetzt. Seit 1953 firmierte die staatliche Institution in der BRD als »Bundesanstalt für Naturschutz und Landespflege«, seit 1962 als »Bundesanstalt für Vegetationskunde, Naturschutz und Landschaftspflege« und seit 1976, dem Jahr der Verabschiedung des neuen Bundesnaturschutzgesetzes, als »Bundesforschungsanstalt für Naturschutz und Landschaftsökologie«.

Preußens »Staatliche Stelle für Naturdenkmalpflege« erwarb sich rasch nationale und internationale Reputation.[4] Orientierte sich die Naturdenkmalpflege weitgehend an der Kunst- und Kulturdenkmalpflege, zielte der nichtstaatliche, aber staatlich geförderte Heimatschutz mit dem Programm der ästhetischen Reform auf eine umfassende kulturelle Erneuerung. Hier war der Schutz der Natur nur ein Baustein neben anderen. In allen staatlichen und privaten Strömungen des Naturschutzes waren das Naturdenkmal als Einzelobjekt sowie das Schutzgebiet bzw. das Reservat oder der »Naturschutzpark« die wichtigsten praktischen Instrumente. Dahinter verbarg sich ein Verständnis von Naturschutz, das auf dessen Funktion als mentalitätsstabilisierendes Instrument in Zeiten historischer Umbrüche verweist: Vor dem Hintergrund beschleunigten gesellschaftlichen Wandels wurde bedrohte Natur als Repräsentantin untergegangener und just hinab dämmernder historischer Zeiten wahrgenommen. Ob als »Naturdenkmal« oder als »Naturschutzgebiet« – das Bewahren der Natur folgte dem Prinzip der Musealisierung. Während Memorialinseln vergangener Naturzustände gerettet wurden, vollzog sich außerhalb dieser Enklaven ungebrochen die Entfaltung jenes industriellen Systems, das doch eigentlich als Verursacher der beklagten Natur- und Umweltschädigungen diagnostiziert worden war.

Daß sich mit der Naturdenkmalpflege Conwentzscher Prägung ein Instrument der Naturbewahrung etablierte, welches weitgehenden gesellschaftlichen und poli-

---

4 Vgl. Knaut 1994a.

tischen Konsens genoß, lag auch an der politischen Zurückhaltung, mit welcher zwischen Nutzungsinteressen und Bewahrabsichten operiert wurde. Desentwegen handelte sich diese staatliche Naturdenkmalpflege denn auch bald Vorwürfe des »konwentzionellen Naturschutzes«[5] ein, wie sie besonders radikal von Hermann Löns vorgetragen wurden. Der Heideschriftsteller, der beständig zwischen zivilisationskritischem Verbalradikalismus, frühen völkischen Einfärbungen und zuweilen doch fortschrittsbeseelten Positionen hin- und herlavierte, erachtete in der staatlichen Naturdenkmalpflege ein wenig taugliches Instrument:

»Es klingt bitter, aber es ist so: Die amtliche Naturdenkmalpflege erweckt immer mehr den Verdacht, als arbeite sie einem großzügigen, wirkungsvollen Naturschutz entgegen. Sie schützt Belanglosigkeiten, arbeitet im Detail, hemmt aber eine Bewegung, die sich auf das Ganze richten muß. Sie ist eben amtlich, muß büreaukratisch vorgehen, darf um Himmelswillen Niemand auf die Zehen treten, nicht Sturm läuten, nicht das Nothorn blasen.«[6]

Und weiter: »Pritzelkram ist der Naturschutz, so wie wir ihn haben. Der Naturverhunzung dagegen kann man eine geniale Großzügigkeit nicht absprechen. Sie fährt Auto im 80 Kilometertempo; der Naturschutz kraucht knickebeinig hinterdrein. Die Naturverhunzung arbeitet ›en gros‹; der Naturschutz ›en detail‹. Die Naturverhunzung herrscht, der Naturschutz steht in ihren Diensten.«[7] Bei aller Kritik avancierte jedoch die Idee des Naturdenkmals zum wichtigsten Leitbild in den wilhelminischen Naturschutzbewegungen. In dieser Idee schienen wesentliche ihrer Anliegen aufgehoben: die der reflektierten Bestandssicherung des natürlichen Erbes, das in einer Zeit des Überganges in Gegenwart und Zukunft herübergerettet werden sollte.

Hier nämlich artikulierten sich Unbehagen und Orientierungsunsicherheiten und damit kulturelle Bedürfnisse nach Natur, die in der Vorstellung des »Naturdenkmals« einen Nenner gefunden zu haben schienen; es ging um die Erinnerung an eine durch den historischen Wandel gefährdete natürliche Umwelt, um die Kontinuität und Dauerhaftigkeit der Wirklichkeit, welche die Menschen umgab. Die Vorstellung einer denkmalhaft zu rettenden Natur korrespondierte mit der

---

5 So kommentierte Hermann Löns ironisch das Motiv einer Bildpostkarte, die er am 24.9.1911 an Hanns Fechner geschickt hatte. Sie zeigt ein eingezäuntes und mit dem Schild »Staats-Eigentum« versehenes Hünengrab bei Lehmke, Lkr. Uelzen; Hermann-Löns-Archiv, Stadtbücherei Hannover, Nr. 225. Mit »Conwentzioneller Naturschutz« hatte Löns bereits 1910 einen Artikel über Naturschutz im »Hannoverschen Tageblatt« tituliert.

6 Hermann Löns: Der Naturschutz und die Naturschutzphrase. Ein noch unbekannter Kampfruf von Hermann Löns, in: Der Waldfreund, 5. Jg. (1929), S. 4f.

7 Ebda., S. 7.

modernen Erfahrung beschleunigter historischer Prozesse, durch die Menschen einer Einbindung in eine historische Kontinuität aus Vergangenheit, Gegenwart und Zukunft beraubt schienen. Das Naturdenkmal als symbolisches Merkzeichen korrespondierte mit dieser Zeiterfahrung und suchte in der imaginierten Überzeitlichkeit der Natur Bleibendes und Dauerhaftes entgegenzusetzen. So erscheint die Naturdenkmalpflege weniger als taugliches Instrument zur Bewahrung natürlicher Lebensgrundlagen und zur Organisation des Stoffwechsels zwischen Natur und Gesellschaft. Allerdings ordnete das Medium Naturdenkmal symbolisch das prekär gewordene Verhältnis von Vergangenheit, Gegenwart und Zukunft und verknüpfte die Zeitenfolge in einem als sinnvoll gedeuteten Zusammenhang. Es suggerierte Kontinuität und wurde zum Erfüllungsgehilfen, in der Erfahrung des Wandels die Sehnsucht nach Dauer zu stillen.

Die kulturelle Praxis des Schützens schafft ein Netz aus Gedenkzeichen und insularen Museumsnaturen. Dabei folgt sie den Maximen eines Virginitätskults, einer Ideologie der Unberührtheit, die das Interesse vornehmlich auf von Menschenhand unbelassene Natur lenkt. Als bewahrenswert erscheint zunächst alles, was außerhalb der menschlichen Kultur liegt. Tatsächlich zielte das Programm der Naturdenkmalpflege zumindest anfänglich vornehmlich auf völlig von Menschenhand unbelassenen Naturgebilden. In der Praxis freilich wurde der Begriff des Naturdenkmals alsbald erweitert und umfaßte eben nicht nur »charakteristische Gebilde der heimatlichen Natur, vornehmlich solche, welche sich noch an ihrer ursprünglichen Stelle befinden und von Eingriffen der Kultur nahezu unberührt geblieben sind«,[8] sondern bald auch ganze Landschaftseinheiten, Tier- und Pflanzenarten und vor allem erratische Blöcke oder »merkwürdige« Bäume, welche erst durch ihre Verwendung als Dorf- oder Friedhofslinden, Galgenbäume oder Träger religiöser Zeichen Zeugnischarakter erhalten hatten.

So bildete der Naturschutz in seiner jungen Geschichte bis zum Ersten Weltkrieg bereits eine Vielfalt unterschiedlicher Ansätze und Programme aus, sowie unterschiedliche Institutionen und Strategien. Gemeinsam aber ist den Kritikern und Kritisierten, den staatlichen und den in Vereinen organisierten Naturschützern, den Radikalen und Gemäßigten eine Grundintention: Naturschutz erweist sich in seiner Frühgeschichte vor allem als Erinnerungsarbeit, die in Zeiten der Umbrüche auf den Erhalt natürlicher Zeugnisse zielt. Er ist zunächst ein Kind des Historismus und verschwistert mit der Denkmalpflege. Um den Stellenwert der

---

8 Hugo Conwentz: Naturdenkmalpflege, in: Handwörterbuch der Naturwissenschaften, Bd. 7, Jena 1912, S. 38.

Naturdenkmalpflege nicht nur als praktisches Instrument, sondern auch als kulturellen Leitwert herauszuarbeiten, soll diese im folgenden in verschiedene Zusammenhänge gestellt werden. In einer Vorgeschichte wird zunächst gefragt, wann und weshalb das Interesse an »Merkwürdigkeiten« der Natur geweckt wurde. Nach diesen Skizzen zur Geschichte insbesondere der Baumliebe geht es um die historischen Vorläufer, auf die sich die Naturdenkmalpflege berief. Anhand einer Begriffs- und Definitionsgeschichte soll überprüft werden, wie die Idee des Naturdenkmals erweitert wurde zu einem umfassenden Leitbild. Im Zentrum steht dann die institutionelle Ausbildung des Naturschutzes nach 1900 und insbesondere der Beitrag von Hugo Conwentz. Dabei wird auch nach der politischen Reichweite dieses Konzepts gefragt. Die vergleichsweise rasche staatliche Organisation des Naturschutzes zeigt, daß dieser als Angelegenheit des Allgemeinwohls akzeptiert wurde, und die Natur als ideelles Gut unter die Patronage des Staates gestellt wurde. Andererseits zeigt die bald wachsende Kritik am staatlichen Naturschutz, daß Konzepte wie die Naturdenkmalpflege bereits von vielen zeitgenössischen Akteuren als den Dimensionen moderner Naturausbeutung gegenüber unangemessen wahrgenommen wurde. Um Differenzen und Gemeinsamkeiten, Verbindungen und Verflechtungen aufzuzeigen, soll deshalb der Geschichte des staatlichen auch die Geschichte des privaten Naturschutzes gegenübergestellt werden.

2. Merkwürdigkeiten: Baumgeschichten zwischen Ressourcennutzung und Naturbewahrung

2.1 Gottfried Kellers »Die Leute von Seldwyla«: Die Zerstörung der Natur und der Verlust von Heimat

In der Novelle »Das verlorene Lachen«, der letzten Erzählung aus »Die Leute von Seldwyla«, thematisierte Gottfried Keller 1873/74 die Krisenerscheinungen seiner Gegenwart und den Zerfall seiner Schweizer Heimat. Eine zentrale Rolle dabei übernimmt ein Baum, Wolfhartsgeereneiche genannt, die Jukundus, der junge Held der Geschichte, wider alle Wirtschaftsinteressen verteidigt und die zum Sinnbild einer untergehenden Zeit avanciert. Anhand der Liebesgeschichte von Jukundus und Justine beschrieb Keller den Verlust handwerklich-ständischer Gebundenheit in der sozialen Gemeinschaft, die sich sukzessive in der modernen Welt auflöst. Der heimatliche Raum der fiktiven Schweizer Kleinstadt »Seldwyla« wird der rein instrumentellen Wirtschaftsgesinnung und damit der Entfremdung aus ihrer historischen Gewordenheit preisgegeben. Auch Jukundus – nach außen ein nicht eben wohlhabender Durchschnitts-Seldwyler; innerlich ein aufrechter, stets sich und sein Handeln prüfender junger und obendrein ansehnlicher Mann – wird in Kellers Geschichte zum Wirtschaftsemporkömmling. Allerdings nicht aus innerem Antrieb, sondern eher unfreiwillig: Jukundus liebt Justine, Tochter aus bestem Hause, die er auf einem Sängerfest kennen- und liebengelernt hat. Von deren wohlhabender Familie wird er zunächst zwar geschätzt, als Heiratskandidat für die attraktive Justine aber schlicht deshalb abgelehnt, weil eine nicht standesgemäße Heirat für die Familie außer Frage steht. Erst als ein Bruder Justines beim Militär in einen Ehrenhändel verwickelt wird und Jukundus klug und diplomatisch das Duell abzuwenden weiß, wird er, wenn auch widerstrebend, als möglicher Gatte für Justine akzeptiert. Allerdings: Um in deren Familie als gleichwertiges Glied geschätzt zu werden, ist ein gewisser materieller Wohlstand unabdingbar, so daß Jukundus zum sozialen Aufstieg gedrängt wird. Er verlegt sich also auf den Holzhandel, der auf kurze Sicht viel Gewinn verspricht.

Damit nimmt das Unheil seinen Lauf: Die Ressourcen der Wälder um Seldwyla sind nämlich begrenzt, und so viel Holz, wie nun gefällt wird, kann unmöglich nachwachsen. Jukundus bricht den Generationenvertrag. Dieser hatte in der traditional verfaßten Gesellschaft das Nachhaltigkeitsprinzip vorgegeben, nach dem eine Gegenwart immer nur so viel an Natur nutzen durfte, wie es von der Vergangenheit ererbt hatte, um die Ressourcen im selben Umfang an die Zukunft weitergeben zu können. Dessen wird nun auch Jukundus gewahr, und diese Bewußtwerdung vollzieht sich am Sinnbild des uralten Baumes, der bislang alle historischen Zeiten überdauert hatte und im Verlauf der Geschichte zum Mahnmal gegen den kapitalistischen Gewerbsgeist wird:

»Da wurde an einer schief und spitz sich ziehenden Berglehne, welche der Wolfhartsgeeren hieß, ein schönes Stück Mittelwald geschlagen. Aus demselben hatte von jeher eine gewaltige Laubkuppe geragt, welche eine wohl tausendjährige Eiche war, die Wolfhartsgeereneiche genannt. In älteren Urkunden aber besaß sie als Merk- und Wahrzeichen noch andere Namen, die darauf hinwiesen, daß einst ihr junger Wipfel noch in germanischen Morgenlüften gebadet hatte. Wie nun der Wald um sie herniedergelegt war, weil man den mächtigen Baum für den besonderen Verkauf aufsparte, stellte die Eiche ein Monument dar, wie kein Fürst der Erde und kein Volk es mit allen Schätzen hätte errichten oder auch nur versetzen können. Wohl zehn Fuß im Durchmesser betrug der untere Stamm, und die waagrecht liegenden Verästungen, welche in weiter Ferne wie zartes Reisig auf den Äther gezeichnet schienen, waren in der Nähe selbst gleich mächtigen Bäumen. Meilenweit erblickte man das schöne Baumdenkmal, und viele kamen herbei, es in der Nähe zu sehen.«[9]

Man hatte zunächst vor, die Eiche separat zu verkaufen, weil der Baum dann mehr Geldertrag abwerfen würde. Jukundus allerdings war die Freude an den stattlichen Gewinnen, die der Holzhandel abwarf, längst vergällt, und er begann sich für sein egoistisches Tun zu schämen. Im Anblick des stattlichen Baums vollzog sich ein Bewußtseinswandel, und nun »erbarmte sich Jukundus und suchte ihn zu retten. Er stellte vor, wie gut es dem Gemeinwesen anstehen würde, solche Zeugen der Vergangenheit als Landesschmuck bestehen zu lassen und ihnen auf allgemeine Kosten Luft und Tau und die Spanne Erdreich ferner zu gönnen; wie die verhältnismäßig kleine Summe des Erlöses nicht in Betracht kommen könne gegenüber dem unersetzlichen inneren Wert einer solchen Zierde. (…) Jukundus wandte sich an die Regierung, indem er die Erhaltung einzelner schöner Bäume, wo solche sich finden mögen, als einen allgemeinen Grundsatz belieben wollte. Es wurde erwidert, der Staat besitze wohl für Millionen Waldungen und könne diese nach Gutdünken vermehren, allein er besitze nicht einen Taler und nicht die

9 Gottfried Keller: Das verlorene Lachen, in Ders.: Die Leute von Seldwyla, Zweiter Band, Basel 1978, S. 264f.

kleinste Befugnis, einen schlagfähigen Baum auf Gemeindeboden anzukaufen und stehen zu lassen. Er sah wohl, daß man überall nicht zugänglich war für seinen Gedanken und daß er sich nur als Geschäftsmann bloßstellte und heimlich belächelt wurde. Da kaufte er selbst die Eiche und das Stück Boden, auf welchem sie stand, säuberte den Boden und stellte eine Bank unter den Baum, unter dem es eine schöne Fernsicht gab, und jedermann lobte ihn nun für seine Tat und ließ sich den Anblick gefallen.«[10]

Gottfried Keller schildert hier eine neue Sichtweise auf Natur, die der bedenkenlosen wirtschaftlichen Verwertungsabsicht ein Denkmalbewußtsein gegenüberstellt. Die alte Eiche beglaubigt in einer Epoche des Individualismus und Werteverfalls eine historische Zeit, in der die Gemeinschaft offenkundig in symbiotischer Einheit mit der sie umgebenden Natur lebte. Die tausendjährige Eiche übrigens muß später, als das Holzgeschäft nach massiver Übernutzung nicht mehr floriert und Jukundus dringend Geld braucht, doch noch fallen, und durch ihren Sturz wird sie schließlich zum Sinnbild der alles zur Ware verwandelnden Naturentfremdung moderner Wirtschaftsgesinnung. Jukundus hatte zwar Abstand genommen vom Holzgeschäft und sich verlegt auf den Handel mit modernen Waren. Vorübergehend schien er auch mit seinem Gewissen ins Reine gekommen. Dann aber drohte ihm wegen zwielichtiger Geschäftspartner der Bankrott, und weil seine geliebte Frau die Armut scheute, veräußerte er die Wolfhartsgeereneiche als letztes Kapital, das ihm verblieben war. Alsbald hatte der Käufer eine Schar Holzfäller eingestellt, die sich tagelang an der Eiche zu schaffen machten. Als sie endlich zum Sturz vorbereitet war, versammelten sich Tausende Seldwyler, um – wenn auch ähnlich wie bei einer Hinrichtung mit gemischten Gefühlen – den Sturz des Baumes zu verfolgen. Aus weiter Ferne sah auch Jukundus, wie die Eiche fiel, und ihr Ende wurde ihm zum Sinnbild der eigenen Entwurzelung: »Da ging es ihm durchs Herz, wie wenn er allein schuld wäre und das Gewissen des Landes in sich tragen müßte. Die Seldwyler aber lebten an jenem Abend eher betrübt als lustig, da der Baum und Jukundi nicht mehr da waren.«[11]

In Kellers Novelle werden zu einem sehr frühen Zeitpunkt Umbewertungsprozesse formuliert und der Schutz von Natur als ein Kompensationsphänomen geschildert. Der Raubbau an der Natur wird mit einer kulturellen und sozialen Rache beantwortet, mit dem Herausfallen aus einer vertrauten heimatlichen Ordnung, die Geborgenheit und Aufgehobensein verbürgte. Natur repräsentiert also eine untergegangene Zeit, es geht im Moment des Untergangs um die Ret-

10 Ebda.

11 Ebda., S. 272.

tung eines isolierten Zeugen, der evolutionäre und historische Zeit zu beglaubigen vermag. Was hier geschützt werden soll, ist nicht etwa der ökologische Lebensraum Wald oder der Lebenszusammenhang des ganzen Tales. Schützenswert ist nur das isolierte Relikt mit seinem historischen Zeugnischarakter. Das Objekt, die Eiche, erfährt als Natürliches eine Kulturalisierung, und sie erfährt als objektivierte Geschichte und Kultur eine Naturalisierung – erst dadurch wird sie schützenswert. Auf diese Weise nähern sich historische Zeugnisse und natürliche Raritäten aneinander an: Die Ruine als Menschenwerk speist ihre Aura vom Natürlichen des Verfalls, wie umgekehrt die Eiche oder der Findling als Natur »merkwürdig« und damit erhaltenswert erst aufgrund ihres historischen Zeugnischarakters werden. In gewissem Sinne freilich geht es beim glücklosen Lebensgang des Helden Jukundus auch um eine ökologische Moral: Solange der Held frei war von jenem sozialen Aufstiegswillen, welcher ihm erst durch die Liebe zu Justine auferlegt wurde, war er unabhängig von den von außen auferlegten Bedürfnissen, die ihn den Weg ins Unglück einschlagen ließen. Solange lebte er zwar bescheiden, aber glücklich in einer Gemeinschaft, welche wiederum in Harmonie mit der umgebenden Natur lebte, die allen eine stets respektierte Lebensgrundlage abgab. Erst durch den Einbruch der modernen Welt, die neue Bedürfnisse und Werte in den vertrauten Kosmos hereintrug, zerbrach auch das gewachsene Gefüge einer Einheit aus Natur und Menschenwelt.

Mit dem Sinnbild des alle Zeiten überdauernden Baumkolosses, welcher der neuen Zeit geopfert wird, greift Gottfried Keller auf ein bereits populäres Motiv zurück. Wie nur wenig andere Phänomene der Natur schien der Baum das zu verkörpern, was im historischen Wandel als bewahrenswert erachtet wurde und der württembergische Förster und Naturschützer Otto Feucht später so benennen sollte: »Der Baum aber wird zum persönlichen Denkmal der Natur, das den Jahrhunderten standhält wie ein Fels und doch voll lebendigen Lebens ist, dem gegenüber der Mensch zum vergänglichen Geschöpf wird.«[12] Baum und Wald werden zu Metaphern, mit denen sich historischer Wandel und gesellschaftliche Wunschbilder beschreiben lassen. Die Monokulturen der modernen Forstwirtschaft repräsentieren die Massengesellschaft, jene entseelte, nivellierte, ästhetisch eintönige und rationalisierte Moderne, der mit dem scheinbar organisch gewachsenen, individuen-, alters- und artenreichen Wald herkömmlicher Provenienz das Bild einer intakten und harmonischen Tradition gegenübergestellt wird. Dabei verhalten sich Baum und Wald metaphorisch zueinander wie Individuum und Gesell-

12 Feucht 1922, S. 55.

schaft.[13] Dem Wald als organisches Prinzip des Ganzen hat sich der Baum als Individuum unterzuordnen und kann sich gleichwohl nach den Voraussetzungen seiner Anlage und seiner Umgebung gemäß ausbilden. Wie das Individuum sich in der bürgerlichen Gesellschaft dem übergeordneten Ganzen der Nation bzw. der organischen Lebensgemeinschaft des Volkes unterzuordnen hat, so kann sich der individuelle Baum auch nur innerhalb der Lebensgemeinschaft Wald ausbilden, die als Ganzes ein harmonisches Miteinander ungleicher Individuen bildet.

Hier besitzen Wald und Baum einen eingängigen Wiedererkennungswert für organizistische Gesellschaftsbilder, und dies macht denn auch ihre Anziehungskraft für den frühen Naturschutz aus. Die durch die Brücke des Organischen ermöglichte Analogisierung von Natur und Gesellschaft erlaubt zu Zeiten elementarer historischer Umbrüche mit den Konnotationen von Harmonie, Vertrautheit und Verwurzelung ein überzeugendes Gegenbild zur Entfremdung und Entseelung der Menschen in der modernen Jetztzeit. Der Baum verkörpert all das, was diese Zeit entbehrt: Dauer, Kontinuität, Verwurzelung, Standfestigkeit und Stärke, Zeitlosigkeit und Gewordensein – mithin die Wesenheit und Beseeltheit der Natur.[14]

2.2 Forstwirtschaft und Waldromantik: Zur Entzauberung und Wiederverzauberung des Waldes

Bereits um die Mitte des 19. Jahrhunderts wuchs das Interesse an »merkwürdigen« Bäumen. Die Rationalisierung der Forstwirtschaft seit dem späten 18. Jahrhundert hatte den Waldbau verwissenschaftlicht und den Wald in einen potentiellen »Holzacker« verwandelt, in dem nicht Gesetze der Natur walteten, sondern die Menschenidee der optimierten Nutzung Holz geworden war. Dieses Holz des modernen Waldes gedieh zuerst als Idee in den Köpfen, Tabellen und Plänen der neuen Forstwissenschaftler, bevor es als geordnetes Heer von Bäumen in die Wirklichkeit kam. Dickicht und unwägbare Wildnis, in der unbeherrschbare Mächte hausten, wurden ausgeleuchtet und neu geordnet. Die von Verwissenschaftlichungsabsichten angestoßene Rationalisierung der Forstwirtschaft war eine Form

13 Vgl. auch Franz von Mammen: Der Wald als Erzieher. Eine volkswirtschaftlich-ethische Parallele zwischen Baum und Mensch und zwischen Wald und Volk, Dresden u. Leipzig 1934.

14 Vgl. Raoul H. Francé: Ewiger Wald. Ein Buch für Wanderer, Leipzig 1922.

der Pazifizierung jener Natur, die bislang eine bedrohende Gegenwelt zur kultivierten Umwelt der Menschen gebildet hatte. Während die Räuber, Hexen und wilden Tiere in die Welt der Märchen, in die Literatur und in die bildenden Künste entschwanden, wurde das Regiment im realen Wald vom Forstgeometer übernommen, der klare Grenzen zog und mittels einem Netz gerader Wege auch eine symbolische Ordnung des neuen Zeitalters sichtbar machte. Anstelle der individuell wachsenden Bäume trat der standardisierte »Normalbaum«, dessen Ertrag vorab mathematisch exakt kalkuliert werden sollte.

So wie das vermeintliche Naturganze des Waldes in den »Holzacker« verwandelt wurde, schien auch der mathematisch berechnete »Normalbaum« nur mehr auf seinen materiellen Zweck, auf Nutzen und Ertrag, reduziert. Daß Natur nicht nur in der Vorstellungswelt von Fortschrittskritikern kaum in einer solchen Zwecksetzung aufgehen konnte, zeigt eine Reihe von Gegenbewegungen, die alternative Sinn- und Bedeutungsdimensionen einforderten. Die Romantisierung des Waldes insgesamt und seine Nationalisierung kann als eine solche Wiederverzauberung gelesen werden. Der romantische Blick in den Wald sollte freilich auch von solchen Gruppen mitmodelliert werden, die nicht in einem zweckfreien Verhältnis zum Forst standen. In der Forstwissenschaft häuften sich um die Mitte des 19. Jahrhunderts Stimmen, die auf die immateriellen Bedeutungsüberschüsse des Waldes verwiesen und daraus Forderungen nach Schutz und Bewahrung zumindest einzelner »merkwürdiger« Bäume ableiteten. So räumte Heinrich Burckhardt 1855 in seinem Handbuch der Holzerziehung dem Aspekt der »Waldverschönerung« ein eigenes Kapitel ein, in dem er unterstrich, daß der Wald nicht allein als Produktionsort verstanden werden dürfe, sondern auch ästhetische und soziale Funktionen als Erholungsstätte ausübe: »Die lebendigen Monumente der Väter, die stattlichen Bäume, sie haben eine weitere Bedeutung, als bloße Quelle des Geldeinkommens zu sein. – Die Zeit der heiligen Haine ist zwar längst vorüber; aber noch heute senkt der stille erhebende Wald jenen Frieden in das Gemüth des einsamen Waldbesuchers, den ihm das Gewühl der Menschen nicht beut.«[15] In seinem Plädoyer, das Nützliche mit dem Schönen zu verbinden, schlug Burckhardt die Anlage geschlungener Wege vor. Neben Ruheplätzen und Aussichtspunkten regte er die Bepflanzung historisch wichtiger Orte an, und unabdingbar für die »Poesie des Waldes« seien Schutz und Hege von Wild und Vögeln.

15 Burckhardt 1870, S. 478.

»Das Schönste freilich, was der Wald besitzt, sind seine altehrwürdigen Bäume und Bestände, der imposanten Gebilde der starren Natur nicht zu gedenken. Die hohen Säulen mit ihrem gewölbten Laubdach, der alte Baumriese, sammt der wilden Felspartie, sie sind dem Naturfreunde mehr, als die Bauwerke von Menschenhand, denen der Kunstsinn huldigt. Alles hat zwar seine Zeit, und auch der alte Baumbestand muß endlich fallen, doch schone seiner, wo er eine seltene Erscheinung ist, bis andere Rücksichten ihr Recht fordern. Dem alten Eremiten aber, dem Zeugen mächtiger Naturkraft, an dem Jahrhunderte und ganze Generationen mit ihrer Geschichte vorüber gingen, der vielleicht unter den Millionen von Bäumen seinen besonderen Namen führt und weithin bekannt manchen längst schlummernden Sohn des Waldes unter seinem Dache sah, – ihm gönne seine Stätte, bis der Sturm ihn bricht oder sein letztes Blatt verblichen ist.«[16]

Das spätaufklärerische Postulat einer Einheit von Nutzen und Schönheit erneuerte in den 1880er Jahren Heinrich von Salisch (1846-1920) in seiner »Forstästhetik«, die Ideen der englischen Gartenkunst aufgriff. Mit seinem obzwar vielbeachteten, jedoch kaum praktisch umgesetzten Programm stellte er sich in die Tradition der Landesverschönerung und begriff die Forstästhetik als »Lehre von der Schönheit des Wirthschaftswaldes.«[17] Ohne also die Funktion des Waldes als Wirtschaftsraum in Zweifel zu ziehen, beharrte Salisch darauf, daß seine Bedeutung nicht allein in einer gewerblichen Zwecksetzung aufgehen könne:

»Denkt man nun bei dergleichen nicht an den Geldbeutel des Steuerzahlers, warum sollte gerade das forstliche Gebiet verurtheilt sein, mit barbarischer Rücksichtslosigkeit ausgebeutet zu werden. Ist doch der Wald für alle Künste eine Schule, und die Waldespracht für jedermann die Quelle eines Genusses, welcher vor manchem Kunstgenuß das voraus hat, daß er auch dem Unbemittelten zugänglich, dem Ungebildeten kaum weniger als dem Gebildeten verständlich ist.«[18]

Auf der Grundlage ästhetischer und landschaftsästhetischer Erörterungen, die den Wald als Ganzes begriffen und Farbenlehre, Akustik und Olfaktorik einbezogen, machte Salisch konkrete Vorschläge zur forstlichen Praxis, wobei er die Anlage von Fernsichten oder Wegenetzen genauso berücksichtigte wie die »Verschönerung der Waldbestände durch Pflege altehrwürdiger Bäume«.[19]

16 Ebda., S. 481.
17 Salisch 1885.
18 Ebda., S. 5.
19 Ebda., S. 197-208.

2.3 Sichten, Inventarisieren, Schützen. Die systematische Erfassung der forstbotanischen Merkwürdigkeiten

1847 hatte das Interesse an »merkwürdigen« Bäumen erstmals in einem deutschen Staat Systematisierung erfahren, was nichts weniger signalisierte als ein wachsendes öffentliches Interesse an einem natürlichen Erbe, das nicht gänzlich dem Diktat ökonomischer Verwertung unterworfen werden sollte. Auf Initiative des sächsischen Finanzministeriums wurden Fragebögen an die Oberforstmeister des Landes versandt, mit denen besonders schöne, große oder ihrer Form wegen auffällige Bäume erfaßt wurden. Wenn auch die Zahl der in den fiskalischen Forsten katalogisierten Baumindividuen mit 28 bescheiden ausfiel, so war ein Vorbild gegeben, das Nachahmer fand. Und: Jenes wissenschaftliche Interesse, mit dem die Inventur begründet wurde, implizierte bereits das Motiv des Bewahrens, »indem es im Interesse der Wissenschaft für angemessen gehalten wird, davon nicht nur Kenntniß zu haben, sondern auch nach Befinden für die Erhaltung seltener Exemplare das Nöthige anzuordnen.«[20] Markante Bäume wurden mit dem Ziel vermessen und beschrieben, sie der Nachwelt zu erhalten. Neben detaillierten topographischen Bezeichnungen, einer Standortbeschreibung, Angaben zu den Maßen des Baumes, der Schilderung seines Gesundheitszustandes und Anhaltspunkten über sein Alter und seiner Geschichte waren in dem Fragebogen auch Vorschläge zu seiner Erhaltung erbeten worden.

Zunächst zögerlich, gegen Ende des Jahrhunderts aber immer zahlreicher, folgten in weiteren Einzelstaaten und preußischen Provinzen Inventare »merkwürdiger« Bäume. In der Kategorie der »Merkwürdigkeit« überschnitten sich zwei Bedeutungsdimensionen, die sowohl den älteren wie einen neueren Sinngehalt des Wortes umfaßten. Gemeint war einerseits der Erinnerungs- oder Denkmalswert des Baumes, der sich über unterschiedliche Merkmale konstituieren konnte: über Alter, Seltenheit der Art oder erinnerungswürdige historische Ereignisse. Die zweite Bedeutungsebene läßt sich nicht gänzlich von der ersten trennen, verweist allerdings auch auf einen eigenständigen Sinn: Der Baum konnte aufgrund von Merkmalen erhaltenswert werden, welche gängige Normvorstellungen überschritten; ein Baum konnte »merkwürdig« werden aufgrund der Abnormität seines Wuch-

20 Anonym: Uebersicht der durch Schönheit, Größe und Form merkwürdigen Bäume der sächsischen Staatswälder, in: Jahrbuch der königl. sächs. Akademie für Forst- und Landwirthe zu Tharand. Des forstwirthschaftlichen Jahrbuches neunter Band. Neue Folge. Zweiter Band, Leipzig 1853, S. 67.

ses oder seiner Größe.[21] Es ging bei diesen Bauminventaren also um die Bestandssicherung eines natürlichen Erbes, das in einem Wald aus »Normalbäumen« und Standardarten wie Fichte oder Kiefer eigentlich keinen Platz mehr hatte. Erst mit der Etablierung der Monokulturen wurde also umgekehrt auch das Interesse an Abwechslung und Vielfalt geweckt, mit den Massenarten das Interesse am auffälligen Individuum, und mit der Dominanz der Nutzungsaspekte formierte sich im Gegenzug auch der ästhetische Blick auf und in den Wald. Erst im Kontrast zum monotonen und schnellwachsenden Holzacker hatte das greisenhaft-knorrige und materiell nutzlose Baumindividuum an Wertschätzung und ästhetischer Anziehungskraft gewonnen. Die Popularität solcher Baumprojekte ließ sich bald daran ablesen, daß die Initiative nicht nur von Behörden kam, sondern mitunter auch von Einzelpersonen.[22] Die Ergebnisse wurden häufig in repräsentativen Prachtbänden zusammengefaßt oder in forstwissenschaftlichen, naturkundlichen oder touristischen Zeitschriften veröffentlicht.[23]

Die Inventarisierung der forstbotanischen Merkwürdigkeiten war zunächst von den Forstbehörden angeregt worden. Ziel war es, in einem abgrenzbaren Territorium besondere Bäume zu inventarisieren, zu sichten und zu beschreiben, um sie auf dieser Wissensgrundlage zu erhalten. In den in der zweiten Hälfte der 1890er

---

21 Vgl. z.B. Alfred Jentzsch: Nachweis der beachtenswerten und zu schützenden Bäume, Sträucher und erratischen Blöcke in der Provinz Ostpreußen, Königsberg 1900; Hugo Conwentz: Forstbotanisches Merkbuch. Nachweis der beachtenswerten und zu schützenden urwüchsigen Sträucher, Bäume und Bestände im Königreich Preußen. Westpreußen, Berlin 1900; Johannes Winkelmann: Forstbotanisches Merkbuch. Nachweis der beachtenswerten und zu schützenden urwüchsigen Sträucher, Bäume und Bestände im Königreich Preußen. Pommern, Berlin 1905; A. Rörig: Forstbotanisches Merkbuch. Nachweis der beachtenswerten und zu schützenden urwüchsigen Sträucher, Bäume und Bestände im Königreich Preußen. Hessen-Nassau, Berlin 1905; Wilhelm Heering: Forstbotanisches Merkbuch. Nachweis der beachtenswerten und zu schützenden urwüchsigen Sträucher, Bäume und Bestände im Königreich Preußen. Schleswig-Holstein, Berlin 1906; Gustav Brandes: Forstbotanisches Merkbuch. Nachweis der beachtenswerten und zu schützenden urwüchsigen Sträucher, Bäume und Bestände im Königreich Preußen. Hannover, Berlin 1907; Bemerkenswerte Bäume im Großherzogtum Hessen in Wort und Bild. Herausgegeben vom Großherzoglichen Ministerium der Finanzen, Abteilung für Forst- und Kameralverwaltung, Darmstadt 1904; Emil Schlieckmann: Westfalens bemerkenswerte Bäume. Ein Nachweis hervorragender Bäume und Waldbestände, Bielefeld 1904.

22 Vgl. Friedrich Stützer: Die größten, ältesten oder sonst merkwürdigen Bäume Bayerns in Wort und Bild, München 1900.

23 Z.B. Königliche Württembergische Forstdirektion (Hrsg.): Schwäbisches Baumbuch, Stuttgart 1911.

Jahre einsetzenden Arbeiten des Geologen Alfred Jentzsch (1850-1925) zum Forstbotanischen Merkbuch für Ostpreußen erschien nun in etwa zeitgleich zu den Aktivitäten von Hugo Conwentz explizit die Kategorie des Naturdenkmals, die von Jentzsch begrifflich präzisiert wurde. Damit wurde Natur explizit mit einem kulturellen Erinnerungsauftrag in Zusammenhang gebracht, so daß die Naturdenkmalpflege ein systematisches Instrument praktischer Schutzpolitik werden konnte. Jentzsch überwand das naturwissenschaftliche Interesse am Einzelobjekt und stellte das Sammeln, Sichten und Beschreiben in einen übergeordneten Sinnzusammenhang. Er brachte sein Bewahrprogramm in Verbindung mit der Idee, daß die Erhaltung der Naturmerkwürdigkeiten eine Pflege des nationalen Erbes darstelle, welche, wie die Denkmalpflege, zur Ausbildung historischen Bewußtseins und damit zur Stabilisierung nationaler Selbstgewißheit unabdingbar sei. Schützenswerte Naturgebilde wie Bäume, aber auch Moore und erratische Blöcke wurden bei Jentzsch zu Überbleibseln vorangegangener naturhistorischer Zeiten, durch deren Rettung Ursprung von Geschichte und damit Herkunft der Nation beglaubigt werden konnte. Unter den Terminus des Naturdenkmals subsummierte er Tiere, Pflanzen und Gesteine, die allgemein oder in einem bestimmten Territorium selten oder im Rückgang begriffen waren. Bereits Jentzsch überwand die Vorstellung des nur musealisierenden Bewahrens. Er stellte sein Erhaltungsprogramm in den Zusammenhang eines biologischen Netzwerks, innerhalb dessen die einzelne Art existierte. Ein nur auf isolierte Einzelobjekte reduziertes Bewahren, so Jentzsch, müsse das Ziel in vielen Fällen zwangsläufig verfehlen, weshalb sich der Schutz nicht nur auf einzelne Spezies oder Arten beziehen könne, sondern auf größere Schutzgebiete: »Eine aussterbende Art läßt sich im wilden Zustande nur dann möglicherweise erhalten, wenn man einen weiten Umkreis schützt und ihre ganze natürliche Pflanzen- und Tiergesellschaft vor Schädigungen bewahrt.«[24]

Jentzsch nahm also die Einzelspezies in ihrem ökologischen Kontext wahr und erweiterte den Begriff des Naturdenkmals von einzelnen Tieren, Pflanzen oder Gesteinsformationen auf Tier- und Pflanzengesellschaften oder eingrenzbare Lebensräume, die, wie etwa Moore, als eigenständiges Ganzes begriffen wurden:

»So wünschenswert und wirtschaftlich notwendig die Urbarmachung von Sümpfen ist, gibt es doch Fälle, in denen sie keinen oder nur zweifelhaften Ertrag verspricht. Dann mag man überlegen, ob nicht einer oder der andere Waldsumpf mit der ganzen Ursprünglichkeit seiner Pflanzendecke zu erhalten sei? Ist dieser doch der letzte Rest jener Pflanzenwelt, welche beim Einzuge des Menschen unser Land beherrschte. Hier finden wir noch ein Stück Wildnis, ein Bild der natür-

24 Jentzsch 1900, S. VI.

lichen Umgebung unserer Urväter. Wenn in jedem Landkreise 1-2 einsame, schwer entwässerbare und fast wertlose Waldsümpfe in ihrer vollen Ursprünglichkeit unangetastet bleiben, erhalten wir nicht allein gar manche dem Verschwinden nahe Pflanzen- und Tierart, sondern auch Orte, nach denen die Schuljugend mit den Freunden vaterländischer Geschichte wandern mag, um von der Heimat unserer Urväter eine Anschauung zu gewinnen.«[25]

Hier findet sich also das Programm einer Naturdenkmalpflege, das bereits durch jene Leitbilder geprägt ist, die den Naturschutz des Kaiserreichs und teilweise weit darüber hinaus tragen werden. Aus der biologischen Erkenntnis über die zwangsläufige Wirkungslosigkeit isolierten Objektschutzes wird schon hier die Idee einer umfassenderen Schutzgebietspolitik angedeutet. Die Klassifikationsmerkmale, durch die der Status des Bewahrenswerten erlangt wird, sind allerdings keine biologischen. Es ist der historische Zeugnischarakter der Naturgebilde, ihre Eigenschaft, die Verbindung der Jetztzeit zu solchen historischen Zeiten zu knüpfen, die anderweitig nicht vergegenwärtigbar scheinen.

Auch wenn Jentzsch explizit Tiere, Pflanzen, erratische Blöcke oder Moore unter dem Oberbegriff des Naturdenkmals klassifizierte, erschien doch der Baum als besonderes Identifikationsobjekt. Mehr als andere Gebilde vermochte er das Ganze der Natur kommunizierbar zu machen und mit den Attributen der Stärke, Dauerhaftigkeit und des Alters jene Eigenschaften der Natur zu repräsentieren, die diese in einer hektischen und vergangenheitslosen Moderne bewahrenswert werden ließen:

»Lebende Zeugen der Vergangenheit sind die großen Bäume. In heidnischer Vorzeit dem Urwald entsprossen, in christlicher Ritterzeit von frommen Priestern, Mönchen und Rittern, von emsigen Bürgern und Bauern gepflanzt und gehegt, wuchsen sie auf gen Himmel und breiteten ihre Zweige über ganze Geschlechter. Könige sahen sie ruhen und Heere vorüberziehen; in ihrem Schatten spielten Kinder, tanzten fröhliche Burschen und Mädchen und wurden begraben; Häuser und Höfe wuchsen empor und verschwanden: Der Baum blieb stehen. Nun ist er alt geworden. Hoch ragt er auf und stark ist sein Stamm. Wer wagt es, die Axt an seine Wurzel zu legen? Ihm, auf Meilenweite den einzigen lebenden Zeugen einer entschwundenen Zeit? Leise spielt der Wind mit seinen Blättern und geheimnisvoll raunen die Zweige von alten Tagen; von Kampf und Streit, von friedlicher Arbeit, von frohem Genießen und saurem Schweiß. Nein, solch alter Baum ist uns nicht feil um vieles Geld.«[26]

25 Jentzsch 1900, S. VII.

26 Ebda., S. VII.

2.4 Träume des Ursprungs: Wildnis als Leitbild bei Wilhelm Heinrich Riehl

Die Entdeckung der Geschichtlichkeit von Natur lenkte die Aufmerksamkeit der Naturwissenschaften auf überlebte naturhistorische Entwicklungszustände und auf von Menschenhand unbelassene Natur, die zeugnisartig Hinweise auf deren Ursprünge gab. Neben dieses wissenschaftliche Interesse an unberührter Natur trat die romantische Idee eines Zusammenhangs von Volkstum und Natur, nach der Erinnerung und Bindung eines Volkes an seinen natürlichen Ursprung vorhanden sein müsse, um es lebendig zu erhalten. Wilhelm Heinrich Riehl als einer der wichtigsten Stichwortlieferanten der konservativen Kulturkritik um die Mitte des 19. Jahrhunderts gab mit der Idee der Natur als völkischer Jungbrunnen und als Raum nationaler Erneuerung auch eine Begründung für den Schutz ursprünglicher Naturen. Wenn diese versittlichend auf »den wunderbaren Organismus einer ganzen Volkspersönlichkeit«[27] wirken sollten, dann müssten sie dauerhaft geschützt werden.[28]

Riehl, dem laut Walther Schoenichen »ein hervorragender Platz unter den Wegbereitern des Naturschutzes eingeräumt werden«[29] müsse, führte diese Ideen in »Land und Leute« aus, als er die Differenz der Völker als eine natürliche Differenz begründen wollte. Diese Ungleichheit, so Riehl, artikuliere sich in unterschiedlichen Naturbindungen. So charakterisierte er die Deutschen durch ihre spezifische Beziehung zum Wald, der für ihn die unzivilisierte Natur, das Rohe, die Wildnis repräsentierte, zu der das Feld als kultivierte Natur in Gegensatz steht. Riehl formte die Vorstellung, daß echtes Volkstum nur dort werde existieren können, wo die Bindung zur rohen und unverfälschten Urnatur erhalten bleibt, bei den Slawen oder den Deutschen, nicht aber unter den romanischen Nationen oder in England.

Das Verhältnis von Feld und Wald ist für Riehl dasjenige der Kultur zur Natur. Wald erscheint hier als Chiffre für Wildnis, wobei Riehl keinesfalls die Abwesenheit jeglicher kultureller Durchformung der Natur voraussetzt. Sein Leitbild

---

27 Wilhelm Heinrich Riehl: Volkskunde als Wissenschaft, in Ders.: Wissenschaftliche Vorträge gehalten zu München im Winter 1858, Braunschweig 1858, S. 420.

28 Zu dem von der volkskundlichen Forschung bislang vernachlässigten Stellenwert und der Rezeptionsgeschichte Riehls im Naturschutz vgl. Konrad Ott/Thomas Potthast/Martin Gorke/Patricia Nevers: Über die Anfänge des Naturschutzgedankens in Deutschland und den USA im 19. Jahrhundert, in: Heyen 1999, S. 1-56.

29 Walther Schoenichen: Naturschutz als völkische und internationale Kulturaufgabe. Eine Übersicht über die allgemeinen, die geologischen, botanischen, zoologischen und anthropologischen Probleme des heimatlichen wie des Weltnaturschutzes, Jena 1942, S. 42.

umfaßt sowohl den Urwald in unberührtem Zustand wie auch den Wald als realen und symbolischen Lebensraum, in dem Mensch und Natur in harmonischem Gleichgewicht verwoben sind. Der Ursprungszustand, der bei Riehl zur Utopie gerät, läßt also Leitfiguren wie Moorbauern oder Heideschäfer zu Männern der Zukunft werden, archaische Figuren, denen die Zivilisation noch nicht ihre rohe Vitalität geraubt hat. Dieser Wald wird zum Gegensatz der Stadt, der modernen Zivilisation schlechthin, und hier, so Riehl, liege der Ursprung eines von aller Zivilisation unverfälschten Volkslebens. Jegliche Distanznahme zu ihm verheiße Niedergang: »Dieser Gedanke, jeden Fleck Erde von Menschenhand umgewühlt zu sehen, hat für die Phantasie jedes natürlichen Menschen etwas grauenhaft unheimliches; ganz besonders ist er aber dem deutschen Geist zuwider.«[30]

Aus dieser Vorstellung einer sakral überhöhten »Heiligkeit der unberührten Natur«[31] leitet sich denn auch eine Begründung des Naturschutzes ab, die Riehl als »Recht auf Wildnis« postuliert. Soll das Volksleben vital – im Riehlschen Jargon »gesund« – bleiben, bedarf es der Erhaltung dieser rohen Urnaturen. »Jahrhundertelang war es eine Sache des Fortschrittes, das Recht des Feldes einseitig zu vertreten; jetzt ist es dagegen auch eine Sache des Fortschrittes, das Recht der Wildniß zu vertreten neben dem Recht des Ackerlandes. Und wenn sich der Nationalökonom noch so sehr sträubt und empört wider diese Thatsache, so muß der Social-Politiker trotzdem beharren und kämpfen auch für das Recht der Wildniß.«[32] Denn, so Riehl:

»In unseren Walddörfern (...) sind unserm Volksleben noch die Reste uranfänglicher Gesittung bewahrt, nicht bloß in ihrer Schattenseite sondern auch in ihrem naturfrischen Glanze. Nicht bloß das Waldland, auch die Sanddünen, Moore, Heiden, die Felsen- und Gletscherstriche, alle Wildniß und Wüstenei ist eine nothwendige Ergänzung zum cultivirten Feldland. Freuen wir uns, daß es noch so manche Wildniß in Deutschland gibt. Es gehört zur Kraftentfaltung des Volkes, daß es die verschiedenen Entwickelungen gleichzeitig umfasse.«[33]

Riehl interessieren nicht die biologischen Ursprünge und Entwicklungen, sondern die kulturellen. Allerdings wird ihm Kulturgeschichte zur Naturgeschichte, deren Bühne das Volk als Organismus und Kollektivpersönlichkeit betritt. Verliert ein Volk die Bindung zu seinen natürlichen Ursprüngen, so das hier verdichtete und in der konservativen Zivilisationskritik durch Figuren wie Ernst Rudorff oder Hermann Löns vielfach popularisierte Deutungsmuster, dann ist es dem Untergang geweiht.

30 Riehl 1854, S. 30.
31 Ebda., S. 35.
32 Ebda., S. 40.
33 Ebda., S. 31.

3. Ursprung und »Eigenart«: Staat und Naturschutz in Preußen und im Deutschen Reich

3.1 »Gefährdung der ursprünglichen Natur durch die fortschreitende Kultur«: Hugo Conwentz, Wilhelm Wetekamp und die Gründung der »Staatlichen Stelle für Naturdenkmalpflege« in Preußen

Mit dem von Alfred Jentzsch erhobenen Inventar der Naturdenkmale Ostpreußens war ein systematisches Verzeichnis schützenswerter Naturgebilde vorgelegt worden. Als vorbildlich galt auch das »Forstbotanische Merkbuch« für Westpreußen von Hugo Conwentz,[34] der bald die Bauminventare in Anlehnung an die Kunst- und Kulturdenkmalpflege in ein Programm der Naturdenkmalpflege überführen sollte.[35] In seinem »Forstbotanischen Merkbuch« für Westpreußen stellte Conwentz nun explizit die Zuwendung zu Naturmerkwürdigkeiten in übergeordnete Zusammenhänge:

«Immer mehr wird das Antlitz der Natur in unserem Vaterland, wie in anderen Ländern, durch die fortschreitende Kultur verändert. Der Boden, welcher durch das Wirken der Naturkräfte im Laufe der Zeiten hervorgebracht ist, wird von Menschenhand wesentlich umgestaltet und häufig auch ganz zerstört. Die urwüchsigen Bestände der Pflanzen- und Thierwelt werden vernichtet oder ihrer Lebensbedingungen beraubt, und künstliche Züchtungen treten an ihre Stelle. Soll nicht unser Volk der lebendigen Anschauung der Entwickelungsstadien der Natur gänzlich verlustig gehen, so ist es an der Zeit, die übrig gebliebenen hervorragenden Zeugen der Vergangenheit und bemerkenswerthe Gebilde der Gegenwart im Gelände aufzusuchen, kennen zu lernen und möglichst zu schützen.«[36]

---

34 Zu Conwentz vgl. Schoenichen 1954, S. 158-230; Milnik 1997. Eine Literarisierung seines Lebenslaufs, die eher die privaten Seiten von Conwentz zu enträtseln suchte, lieferte Margarete Boie: Hugo Conwentz und seine Heimat. Ein Buch der Erinnerungen, Stuttgart 1940. Nachrufe und Würdigungen in Beiträge zur Naturdenkmalpflege, 9. Bd. (1923).

35 Vgl. Franz Moewes: Zur Geschichte der Naturdenkmalpflege, in Walther Schoenichen (Hrsg.): Wege zum Naturschutz, Breslau 1926, S. 28-71.

36 Conwentz 1900, Vorwort.

Hugo Conwentz wurde 1855 als Sproß einer Mennonitenfamilie bei Danzig geboren. Nach dem Abitur an der Realschule Danzig studierte er Naturwissenschaften in Breslau und Göttingen und wurde 1876 mit einer Arbeit »Über die versteinten Hölzer aus dem norddeutschen Diluvum« promoviert. Als Assistent des Botanikers und Paläontologen Heinrich Robert Goeppert (1800-1884) widmete sich Conwentz in Breslau intensiv der Paläobotanik. Sein Vorhaben, sich mit einer Arbeit über verkieselte Hölzer zu habilitieren und damit sein akademischer Lebensplan scheiterte jedoch, weil Conwentz nur das Reifezeugnis der Realschule und nicht den hierfür notwendigen Abschluß eines humanistischen Gymnasiums besaß. Conwentz erhielt statt dessen 1879 aus Danzig das Angebot, das Westpreußische Provinzialmuseum im »Grünen Tor« aufzubauen und zu leiten. Er nahm diese Offerte auf den 1. Januar 1880 an. Im September 1880 war der Aufbau des Hauses soweit fortgeschritten, daß es anläßlich der 53. Versammlung deutscher Naturforscher und Ärzte eröffnet werden konnte.

In seiner Museumsarbeit profilierte sich Conwentz weiterhin mit wissenschaftlichen Arbeiten, für die ihm 1890 der Professorentitel zuerkannt werden sollte und engagierte sich als Geschäftsführer der Naturforschenden Gesellschaft Danzigs. Als Leiter des Museums zeigte Conwentz mit zahlreichen Vorträgen Präsenz in der Öffentlichkeit und investierte auf Dienstreisen viel Energie in Kontaktpflege. Sein wissenschaftliches Interesse galt bald der Bernsteinforschung, zu der er 1890 die »Monographie der baltischen Bernsteinbäume« lieferte, aber auch Themen der Vorgeschichte. Danach waren es vor allem forstbotanische Arbeiten, denen er seine Aufmerksamkeit widmete. Beobachtungen über den durch die Rationalisierung von Land- und Forstwirtschaft eingeläuteten Rückgang von Waldbäumen wie Eibe oder Elsbeere veranlaßten ihn, die Bestände seltener Bäume und anderer Pflanzen in Westpreußen systematisch zu erfassen. Überhaupt waren es immer mehr Reliktnaturen, die Conwentz beschäftigten, so daß er zu grundsätzlichen Überlegungen zu deren Schutz angeregt wurde.

In diesem Sinne verstand er denn auch das Forstbotanische Merkbuch für Westpreußen:

»Der Staat betrachtet es stets als eine seiner vornehmsten Aufgaben, neben den ihm anvertrauten materiellen, auch den ideellen Gütern seine Fürsorge zu widmen. Schon lange ist er erfolgreich bestrebt, die Denkmäler frühzeitiger Kunst und Kultur zu pflegen und zu erhalten; jetzt soll sich das erweiterte Interesse der Gegenwart auch den Denkmälern der Natur in gleicher Weise zuwenden.«[37]

37 Ebda., Vorwort.

Damit wurde unmißverständlich ein Anspruch der Allgemeinheit auf die Dokumentation und Erhaltung von Naturgütern artikuliert. Die Inventarisation fungierte zunächst als Bestandsaufnahme, auf deren Grundlage die Klassifikation bewahrenswerter Naturdenkmäler erfolgen konnte. Diese systematische Dokumentation erfolgte allerdings nicht nur in der Absicht, Entscheidungsgrundlagen über erhaltenswerte Naturgüter zu schaffen. In der Praxis des Inventarisierens erfolgte bereits eine erste Transformation der natürlichen Objekte in das kulturelle Gedächtnis der sozialen Träger. Was sich zunächst als wissenschaftliches Interesse an Einzelzeugnissen der Naturgeschichte präsentierte, war tatsächlich ein kultureller und sozialpolitischer Anspruch auf Aneignung und Verwaltung eines natürlichen Erbes nach dem Vorbild der Kunst- und Kulturdenkmalpflege. Indem Wissenschaft die Denkmalwertigkeit der Einzelobjekte bestimmte, vertrat sie Ansprüche des Gemeinwohls auf deren Erhalt.

Die Veröffentlichung des »Forstbotanischen Merkbuchs« hatte den Ruf von Conwentz, der ohnehin gute Kontakte zur preußischen Forstverwaltung und zum preußischen Landwirtschaftsministerium unterhielt, verbessert. Bereits 1898 war er mit einer Denkschrift an das Landwirtschaftsministerium herangetreten, »in welcher auf die Gefährdung der ursprünglichen Natur durch die fortschreitende Kultur überhaupt hingewiesen wurde.«[38] Unterdessen hatte im März 1898 der Breslauer Oberlehrer Wilhelm Wetekamp (1859-1945) vor dem preußischen Abgeordnetenhaus anläßlich der dritten Lesung des Etats des Kultusministeriums eine Rede gehalten, die zu einer wichtigen Weichenstellung für den staatlichen Naturschutz werden sollte.[39] Hier hatte Wetekamp darauf verwiesen, daß der Staat Gelder für botanische Gärten, Museen, Kunst- und Kulturdenkmale bereitstelle: »Aber eins fehlt uns noch: es fehlen uns Einrichtungen und Mittel, um die Denkmäler der Entwickelungsgeschichte der Natur uns zu erhalten.«[40] Wetekamp entwickelte das Szenario einer durch zivilisatorischen Fortschritt monoton gewordenen Welt, deren Natur nur noch aus Getreidefeldern und Haustierarten bestünde.

38 Hugo Conwentz: Über Geschichte und Aufgaben der Naturdenkmalpflege in Preußen, in: Beiträge zur Naturdenkmalpflege, 2. Bd. (1912), S. 117.

39 Vgl. Wilhelm Wetekamp: Aus der Geschichte der staatlichen Naturdenkmalpflege, in: Mitteilungen der Brandenburgischen Provinzialkommission für Naturdenkmalpflege, Berlin 1914, S. 207-218. Wetekamps Rede ist auch abgedruckt in: Stenographische Berichte über die Verhandlungen der durch die Allerhöchste Verordnung vom 22.12.1897 einberufenen beiden Häuser des Landtages, Haus der Abgeordneten, Bd. 3, Berlin 1898, 59. Sitzung am 30. März 1898, S. 1958ff.

40 Zit. n. Wetekamp 1914, S. 209.

Er kritisierte die Ausmaße der Meliorationen, die zahlreiche Tier- und Pflanzenarten seltener werden ließen, was ihn zu der Konsequenz veranlaßte:

»Es kommt also darauf an, einen Teil unseres Vaterlandes in der ursprünglichen, naturwüchsigen Form zu erhalten, und da handelt es sich nicht allein um die Erhaltung der Pflanzenwelt und der Tierwelt, sondern auch im geographischen und geologischen Interesse um die Erhaltung gewisser Teile der Erdoberfläche im natürlichen Zustande; und wenn nicht bald unwiederbringliche Verluste besonders auch für die Wissenschaft eintreten sollen, wird es nötig sein, recht bald in der angegebenen Richtung vorzugehen.«[41]

Auch in Wetekamps Rede erschien als Leitbild eine von kulturellen Einflüssen unangetastete Natur. Allerdings schlug er bei seinen Überlegungen, wie diese bewahrt werden könnte, einen anderen Weg ein:

»Wenn etwas wirklich Gutes geschaffen werden soll, so wird nichts übrig bleiben, als gewisse Gebiete unseres Vaterlandes zu reservieren, ich möchte den Ausdruck gebrauchen: in ›Staatsparks‹ umzuwandeln, allerdings nicht in Parks in dem Sinne, wie wir sie jetzt haben, das heißt einer künstlichen Nachahmung der Natur durch gärtnerische Anlagen, sondern um Gebiete, deren Hauptcharakteristikum ist, daß sie unantastbar sind. Dadurch ist es möglich, solche Gebiete, welche noch im natürlichen Zustande sind, in diesem Zustande zu erhalten, oder auch in anderen Fällen den Naturzustand einigermaßen wieder herzustellen. Und zwar handelt es sich hier nicht allein um Waldbezirke, sondern auch um andere Bodenformen, wie Moore, Haiden usw. Diese Gebiete sollen einmal dazu dienen, gewisse Boden- und Landschaftstypen zu erhalten, andererseits der Flora und Fauna Zufluchtsorte zu gewähren, in denen sie sich halten können.«[42]

Explizit verwies Wetekamp auf das Vorbild der Nationalparks in den USA, »das uns sonst mit seinem Materialismus so gern als abschreckendes Beispiel hingestellt wird.«[43] Er schloß seine Parlamentsrede mit der Aufforderung, eine Kommission aus Geologen, Geographen und Biologen zu bilden, die sich mit Schutzmöglichkeiten auseinandersetzen sollte.

Wie Wetekamp weiter berichtet, sandte er eine Niederschrift seiner Rede auch an Hugo Conwentz, von dessen Interesse an der Erforschung und dem Erhalt seltener Tier- und Pflanzenarten er wußte. Anläßlich eines Zusammentreffens beider im Jahre 1898 unterrichtete umgekehrt Conwentz Wetekamp von seinem in Arbeit befindlichen Inventar der Naturmerkwürdigkeiten Westpreußens. Wetekamps parlamentarischer Vorstoß blieb unterdessen nicht ohne Wirkung. Auf Initiative des Ministerialdirektors Friedrich Althoff (1839-1908) fand am 13. Dezember im preußischen Kultusministerium eine Sitzung mit Vertretern verschiedener Ministerien statt, auf der weitere Schritte für den Weg zu einer effektiven Orga-

41 Ebda., S. 210.

42 Ebda., S. 211.

43 Ebda.

nisation der Naturdenkmalpflege diskutiert wurden.[44] Das einleitende Referat hierzu hielt Wilhelm Wetekamp, der den Wunsch erneuerte, »daß auch zum Schutze der Denkmäler der Natur ähnliche umfassende und systematische Maßnahmen getroffen werden möchten, wie sie für die Bau- und Kunstdenkmäler schon getroffen sind.«[45] In einer »Denkschrift über die Erhaltung der Naturdenkmäler« hielt Wetekamp als wichtigste Ergebnisse der Sitzung fest, daß über die Notwendigkeit wirkungsvoller Schutzmaßnahmen Einmütigkeit erzielt wurde. Um eingehender präzisieren zu können, wie eine praktische Naturdenkmalpflege organisiert werden und welche Gegenstandsbereiche sie umfassen sollte, wurden Gutachten und Vorschläge nicht nur von Zoologen, Botanikern oder Geologen, sondern auch von Regierungspräsidenten, Landräten oder Bürgermeistern eingeholt.[46]

Hinsichtlich der Begründung solcher Schutzmaßnahmen lieferte Wetekamp auch sozial-hygienische Argumente:

»Die Erhaltung solcher Gegenden ist aber nicht nur vom ästhetischen Standpunkte aus zu wünschen, sondern sie ist auch als ein dringendes soziales Bedürfnis anzuerkennen. Denn wenn uns auch der Anblick der ausgedehnten blühenden Ackerfluren in den der landwirtschaftlichen Bebauung erschlossenen Gebieten mit großer Freude erfüllt, so wirkt er doch zu eintönig, als daß er unsere durch das einförmige Einerlei der täglichen Arbeit und der täglichen Umgebung erlahmte Arbeitskraft zu neuem Schaffen anzuregen vermöchte. Das Bedürfnis von Zeit zu Zeit zu reiner unverfälschter Natur zurückzukehren ist ein allgemeines: und die mit Aufwendung großer Mittel und in ihrer Bedeutung nicht zu unterschätzenden Parks in der Nähe unserer Wohnorte können dieses Bedürfnis nicht voll befriedigen, da sie doch immer nur Surrogate für die wirkliche Natur bleiben, diese selbst aber nie ersetzen können.«[47]

Mit dieser Forderung nach Partizipationsmöglichkeiten an Natur als sozialhygienische Aufgabe war dem Naturschutz eine Legitimation gegeben, von der die Bewegungen in den USA oder in Großbritannien wesentlich getragen wurden. Der Schutz der Natur folgte einer sozialen Zwecksetzung. In der von der Romantik geprägten, akzentuiert kulturkonservativen und bisweilen offen antidemokratischen Tradition des deutschen Naturschutzes mit seiner Skepsis gegenüber der Massenkultur konnten solche Konzepte hingegen kaum plausibel erscheinen. Der deutsche

44 Vgl. Ebda., S. 213f, sowie die Protokolle in GStAPK, I. HA Rep. 87B, Landwirtschaftsministerium, Nr. 3131.

45 Wetekamp 1914, S. 214.

46 Eine grobe Übersicht über deren Inhalt in Conwentz 1911, S. 118-120; vgl. diesbezüglich z.B. auch das Gutachten vom Leiter der Bremer Moorversuchsstation C. Weber »über die Mittel und Wege zur Erhaltung einzelner Moore und Heiden in ihrem Naturzustande«, in GStAPK, I. HA, Rep. 87B, Landwirtschaftsministerium, Nr. 3131, Bl. 187-204.

47 Zit. n. Wetekamp 1914, S. 215.

Naturschutz folgte weitgehend einem kulturellen Deutungsmuster, das in Natur und Landschaft die Gegenwelt zu einer funktionalisierten Gesellschaft und einer als degeneriert erfahrenen Kultur ausmachte. Was Theo Herrle als tragendes Fluchtmotiv für die deutsche Jugendbewegung diagnostizierte, läßt sich für die gesamten Naturbewegungen dieser Zeit generalisieren: »Wenn die Menschen den übermächtigen Druck der Kultur nicht mehr ausgehalten haben, sind sie entflohen in die Natur oder in die Vergangenheit. Die Natur nimmt alle auf, die Vergangenheit nur den Gebildeten.«[48] Die Beschäftigung mit Natur folgt dabei nicht gesellschaftlichen Zielen, sondern stellt den Rahmen für Vereinzelungserfahrungen des Subjekts – sie wird ein Ort zur Kultivierung von Innerlichkeit. Während in Frankreich oder England die Entdeckung der Natur vom Bedürfnis nach öffentlicher Kommunikation und Verständigung getragen wurde, folgte der deutsche Naturschutz dem romantischen Motiv des Autonomiegewinns in der Natur. Und dieses Muster setzt sich fort in einem elitären Selbstverständnis und der Vorstellung, daß die Natur vor allem vor dem Menschen und weniger für den Menschen zu schützen sei.

Wetekamps parlamentarische Initiative einerseits und die wissenschaftliche Tätigkeit von Hugo Conwentz andererseits hatten innerhalb der preußischen Behörden die Bereitschaft zur staatlichen Organisation einer Naturdenkmalpflege gefördert. Conwentz widmete sich intensiver Fragen der Naturdenkmalpflege, die bald zu seinem eigentlichen Betätigungsfeld wurde. Noch im Jahre 1900 hielt er in der »Naturforschenden Gesellschaft« in Danzig den Vortrag »Der Schutz der Denkmäler der Natur«. Am 22. März 1900 legte er dem Geheimen Oberregierungsrat und späteren Kultusminister Friedrich Schmidt-Ott (1860-1956) den Entwurf einer Denkschrift vor. Auf Antrag des preußischen Kultusministers wurde Conwentz von seiner Tätigkeit als Danziger Museumsleiter beurlaubt, um sich für zwei Jahre ganz der Ausarbeitung einer Denkschrift zu widmen, in welcher die Naturdenkmalpflege auf eine systematische Grundlage gestellt werden sollte. Conwentz nutzte die Zeit zu ausgedehnten Studien und Vortragsreisen nach Schweden und in die Niederlande. Als Ergebnis präsentierte er das Manuskript einer voluminösen Denkschrift, die im geplanten Umfang allerdings nicht zur Veröffentlichung kommen konnte. Conwentz trennte die Überlegungen zur staatlichen Organisation des Naturschutzes[49] von den Teilen seiner Arbeit, in der er sich päda-

48 Theo Herrle: Die deutsche Jugendbewegung in ihren wirtschaftlichen und gesellschaftlichen Zusammenhängen, Gotha 1921, S. 43.

49 Hugo Conwentz: Die Gefährdung der Naturdenkmäler und Vorschläge zu ihrer Erhaltung. Denkschrift, dem Herrn Minister der geistlichen, Unterrichts- und Medizinal-Angelegenheiten überreicht, Berlin 1904.

gogischen Fragen widmete. Diese kamen als Programm einer »Heimatkunde in der Schule« separat zur Veröffentlichung.[50]

Mit einem Brief vom 21. Oktober 1904 sandte Kultusminister Studt die Denkschrift an Kaiser Wilhelm II. und bat diesen, Conwentz für sein Engagement zu danken. Studt erläuterte den Zweck der Auftragsarbeit:

»Die in meinem Auftrage gefertigte Denkschrift will die allgemeine Aufmerksamkeit – der Behörden ebenso wie der Gemeinden, Vereine und Privaten – auf solche Erscheinungen der Erdoberfläche, der Pflanzen- und der Thierwelt innerhalb unseres Vaterlandes hinlenken, welche in irgendeiner Beziehung, sei es wegen ihres seltenen Vorkommens, oder wegen ihrer eigenartigen Gestaltung oder wegen ihrer Zugehörigkeit zu früheren Entwicklungsperioden der Erde als sogenannte Naturdenkmäler besonders beachtenswerth erscheinen und angesichts ihrer mit dem Fortschreiten der Kultur ständig wachsenden Gefährdung eines besonderen Schutzes zu ihrer Erhaltung bedürfen.«[51]

Die Denkschrift präzisierte die Vorstellung des Naturdenkmals durch eine begriffliche Grundlegung, faßte die Grundsätze einer praktischen Naturdenkmalpflege zusammen und machte Vorschläge, wie analog zur Denkmalpflege eine Naturdenkmalpflege staatlich organisiert werden könnte. Stand bei Wetekamp die Naturschutzidee noch explizit mit sozialhygienischen Forderungen in Zusammenhang, wurden diese bei Conwentz weitgehend ausgeblendet. Statt dessen stabilisierte sich der Konnex zwischen dem Leitbild unberührter Natur und ihrer Denkmalwürdigkeit. Eine staatliche Stelle, so der Vorschlag von Conwentz, habe durch die systematische Inventarisation der Naturdenkmäler zunächst wissenschaftliche Aufgaben zu erfüllen. Vor allem aber solle sie beraten, für den ehrenamtlichen Naturschutz eine Anlaufstelle darstellen und als Behörde vermitteln.[52] Seine Überlegungen wurden bald darauf umgesetzt – allerdings nicht in dem Umfang, wie von ihm und vom Kultusministerium geplant. Nachdem nämlich für 1905 noch keine Mittel bereitgestellt werden konnten, wurden für den Etat 1906 24 140 Mark angemeldet, um in Berlin eine »staatliche Zentralstelle für den Schutz der Naturdenkmäler« unter der hauptamtlichen Leitung von Conwentz einzurichten.[53] Allerdings wurden diese Pläne zunächst vom Finanzministerium torpediert. Die erhobenen Einwände zielten auf die elementare Frage, wie sich

50 Hugo Conwentz: Die Heimatkunde in der Schule. Grundlagen und Vorschläge zur Förderung der naturgeschichtlichen und geographischen Heimatkunde in der Schule, Berlin 1904.

51 Brief des Ministers für geistliche und Unterrichtsangelegenheiten Dr. Studt vom 21. Oktober 1904 an Kaiser Wilhelm II., GStAPK, I. HA, Rep. 89H, Geheimes Zivilkabinett, Nr. 20785, Bl. 75.

52 Conwentz 1904a, S. 190-202.

53 Vgl. hierzu die Etatanmeldung und den erläuternden Kommentar von Conwentz in GStAPK, I.HA, Rep. 87B, Landwirtschaftsministerium, Nr. 3131, Bl. 351-361.

der Staat gegenüber dem Naturschutz positionieren und inwieweit er bereit sein sollte, den Schutz der Natur in seinen Verantwortungsbereich zu integrieren. In einem Schreiben an den Kultusminister vom 30. November 1905 legte Finanzminister von Rheinbaben dar, daß der Staat nicht in die Pflicht genommen werden könne und bei allzu weitreichenden Kompetenzen einer staatlichen Stelle für Naturdenkmalpflege mit unkalkulierbaren finanziellen Verantwortlichkeiten zu rechnen sei. Seine Bedenken begründete er auch mit Blick auf Hugo Conwentz:

»Denn durch die Schaffung einer solchen Zentralstelle würde aller Voraussicht nach bei dem Leiter derselben das Bestreben hervorgerufen werden, seine Einwirkung in einem Maße auszudehnen, welche zu ernsten Schwierigkeiten auf mannigfachen wichtigen Gebieten der Verwaltung und zu großem Kostenaufwand führen würde. Wie sehr diese Befürchtungen begründet sind und welche Anschauungen nach dieser Richtung sich geltend machen würden, erhellt ohne weiteres aus der mir übersandten Denkschrift, deren Vorschläge zwar einstweilen nur persönlichen Charakter tragen, aber bei der Stellung des Verfassers nicht wohl unbeachtet bleiben können. Ich darf mich dieserhalb auf den Hinweis beschränken, daß dort der Zentralstelle nicht nur die Aufgabe gestellt ist, die nur mit nicht unbedeutenden Mitteln durchführbare Inventarisierung der Naturdenkmäler vorzunehmen und Schutzvorkehrungen in jedem Einzelfalle anzuordnen, auch besonders gesetzgeberische Maßnahmen vorzubereiten, sondern für die Zentralstelle auch das Recht in Anspruch genommen wird, bei dem Verkauf von staatlichem oder kommunalem Gelände, auf dem sich Naturdenkmäler befinden, und bei allen öffentlichen Anlagen, Wege- und Eisenbahnbauten, Meliorationen, Flußregulierungen und dergl., vorher gehört zu werden und gegebenenfalls Einspruch erheben zu dürfen.«[54]

Nach Ansicht des Finanzministers würde es deshalb genügen, wenn Conwentz die Geschäfte nebenamtlich von Danzig aus und unter Mithilfe einer weiteren Arbeitskraft führe. Unter dieser Voraussetzung sei er bereit, einen Etat von 15000 Mark zur Verfügung zu stellen:

»Zu diesem Zugeständnisse glaube ich in dem Wunsche, Ew. Exzellenz entgegenzukommen, unter Zurückstellung meiner Bedenken mich namentlich deshalb verstehen zu können, weil nach der mir abschriftlich mitgeteilten Verhandlung mit den Kommissaren der Herren Minister für Landwirtschaft, der öffentlichen Angelegenheiten und für Handel und Gewerbe vom 28. September d. Js. darüber kein Zweifel besteht, daß es nicht in Frage kommen kann, Staatsmittel zum Ankauf oder zur sonstigen Sicherung von Naturdenkmälern in Anspruch zu nehmen.«[55]

So kam es: Nachdem für das Haushaltsjahr 1906 im Etat des Kultusministeriums Mittel über 15000 Mark bereitgestellt wurden, erfolgte im selben Jahr die Gründung der »Staatlichen Stelle für Naturdenkmalpflege« mit Sitz in Danzig. Mit ihrer Leitung wurde als Staatskommissar Hugo Conwentz betraut, der diese Funktion

---

54 Schreiben des Finanzministers Frhr. von Rheinbaben an den Kultusminister vom 30. November 1905, GStAPK, I. HA, Rep. 87B, Landwirtschaftsministerium, Nr. 3131, Bl. 374f.

55 Ebda.

zunächst nebenamtlich für ein Jahressalär von 3000 Mark ausübte und weiterhin als Museumsdirektor amtierte. Durch Ministerialerlaß vom 22. Oktober wurden »Grundsätze für die Wirksamkeit der Staatlichen Stelle für Naturdenkmalpflege in Preußen« festgesetzt.[56] In diesen wurden als Gegenstandsbereiche der Naturdenkmalpflege »charakteristische Gebilde der heimatlichen Natur (...), vornehmlich solche, welche sich noch an ihrer ursprünglichen Stätte befinden, seien es Teile der Landschaft oder Gestaltungen des Erdbodens oder Reste der Planzen- und Tierwelt« definiert.[57] Der § 3 listete die Aufgaben der »Staatlichen Stelle« auf:

»1. die Ermittelung, Erforschung und dauernde Beobachtung der in Preußen vorhandenen Naturdenkmäler,
2. die Erwägung der Maßnahmen, welche zur Erhaltung der Naturdenkmäler geeignet erscheinen,
3. die Anregung der Beteiligten zur ordnungsgemäßen Erhaltung gefährdeter Naturdenkmäler, ihre Beratung bei Feststellung der erforderlichen Schutzmaßregeln und bei Aufbringung der zur Erhaltung benötigten Mittel.«[58]

Offenbar wollte man schon zu diesem Zeitpunkt allzu weitreichende Kompetenzen der Naturdenkmalpflege eingrenzen, was dadurch festgeschrieben wurde, daß die »Staatliche Stelle« keinerlei finanzielle Mittel zur Erhaltung von Naturdenkmälern erhalten sollte. Eher appellativ war die Aufforderung zu verstehen, die Interessen der Naturdenkmalpflege in möglichen Konfliktfällen gegenüber konkurrierenden Interessen keinesfalls zum alleinigen Maßstab zu erheben: »Die Staatliche Stelle wird es sich angelegen sein lassen, die auf die Erhaltung der Naturdenkmäler gerichteten Bestrebungen in gesunden Bahnen zu erhalten.«[59]

3.2 Natur und Zeit: Zur Allianz von Naturbewahrung und Geschichtsbewußtsein

Mit der Kategorie des Naturdenkmals hatte Conwentz eine längst existierende Denkfigur aufgegriffen, allerdings in neue Zusammenhänge gestellt und zu einem systematischen Konzept praktischer Naturschutzpolitik erweitert. Conwentz selbst stellte sich mit diesem Begriff in eine Tradition, an deren Anfang er gleich-

---

56 Grundsätze für die Wirksamkeit der Staatlichen Stelle für Naturdenkmalpflege in Preußen vom 22. Oktober 1906, in: Beiträge zur Naturdenkmalpflege, 1. Bd. (1910), S. 42-44.

57 Ebda., S. 42.

58 Ebda., S. 43.

59 Ebda.

sam als Gewährsperson Alexander von Humboldt setzte. Indem Conwentz Humboldt als Schöpfer eines auf Natur zielenden Denkmalbegriffs behauptete, stiftete er dem Naturschutz eine Geschichte und zugleich einen Gründungsvater. Humboldt erzählte im Bericht über seine zwischen 1799 und 1804 unternommene Forschungsreise, die ihn über die Kanaren nach Süd- und Mittelamerika und schließlich in die USA geführt hatte, über den »Zamang del Guayre«, einen riesenhaften Mimosenbaum in den Tälern von Aragua in Venezuela. Er beschrieb ausführlich Erscheinungsbild und Maße der Mimosenart und ihren Sitz im kulturellen Leben der Indianer:

»Die Bewohner dieser Täler, besonders die Indianer, verehren den Zamang de Guayre, den schon die ersten Eroberer etwa im selben Zustand gefunden haben mögen, wie er jetzt vor uns steht. (...) Dieser Zamang muß ebenso alt sein wie der Drachenbaum bei Orotava. Der Anblick alter Bäume hat etwas Großartiges, Imponierendes; die Beschädigung dieser Naturdenkmäler wird daher auch in Ländern, denen es an Kunstdenkmälern fehlt, streng bestraft. Wir vernahmen befriedigt, der gegenwärtige Eigentümer des Zamang habe einen Pächter, der es gewagt, einen Zweig davon zu schneiden, gerichtlich verfolgt. Die Sache kam zur Verhandlung und der Pächter wurde vom Gericht verurteilt.«[60]

Bereits zuvor hatte Humboldt anläßlich der Besteigung der Silla, einem Berg bei Caracas, das Wort »Naturdenkmal« als Bezeichnung für die Erscheinung des Berges und seiner kulturellen Bedeutung verwendet:

»Wir übernachteten am Fuße der Silla; unsere Freunde in Caracas hatten uns durch Fernrohre auf dem östlichen Berggipfel sehen können. Mit Interesse hörte man sich die Schilderung unserer Mühen an, aber mit einer Messung, nach der die Silla nicht einmal so hoch sein sollte wie der höchste Pyrenäengipfel, war man freilich wenig zufrieden. Wer möchte eine nationale Vorliebe rügen, die sich in einem Lande, wo von Denkmälern der Kunst keine Rede ist, an Naturdenkmale hängt? Kann man sich wundern, wenn die Einwohner von Quito und Riobamba, deren Stolz seit Jahrhunderten die Höhe ihres Chimborazo ist, von Messungen nichts wissen wollen, nach denen das Himalayagebirge in Indien alle Kolosse der Kordilleren überragt?«[61]

Es ist hier also das Vakuum von Geschichtlichkeit, das Phänomenen der Natur eine besondere soziale Bedeutung zukommen läßt, einen herausragenden identifikatorischen Wert im sozialen Leben. Ein weiteres Kriterium deutete Humboldt in seinem Reisebericht wenige Seiten zuvor an. Es sei die Unmittelbarkeit, mit der die Menschen im nördlichen Südamerika mit der Natur in Beziehung stünden, die diese hier als beherrschende und nicht als beherrschte Größe erscheinen ließe:

60 Alexander von Humboldt: Reise in die Äquinoktial-Gegenden des Neuen Kontinents. Herausgegeben von Ottmar Ette, 1. Bd., Frankfurt a.M. 1991, S. 623.

61 Ebda., S. 559.

»Überall, wo in der heißen Zone der von Gebirgen starrende, mit dichtem Pflanzenbewuchs bedeckte Boden sein ursprüngliches Gepräge behalten hat, erscheint der Mensch nicht mehr als Mittelpunkt der Schöpfung. Weit entfernt, die Elemente zu bändigen, hat er vollauf zu tun, sich ihrer Herrschaft zu entziehen. Die Umwandlungen, welche die Erdoberfläche seit Jahrhunderten durch die Hände der Wilden erlitten, verschwinden gegenüber dem, was das unterirdische Feuer, die Überschwemmungen gewaltiger Ströme, die tobenden Stürme in wenigen Stunden leisten.«[62]

Conwentz zielte in seiner Anlehnung an Humboldt auf eine Bedeutungsdimension, in der Phänomene der Natur nicht primär als Elemente der materiellen Umwelt einer sozialen Gruppe erschienen. Sie manifestieren statt dessen einen sozialen Sachverhalt; sie sind Ausdruck des sozialen Lebens einer Gruppe, deren kollektive Identität in Ermangelung kultureler Gewordenheit durch Natur konstituiert wird. Die soziale oder religiöse, in jedem Falle immaterielle Bedeutung des Naturobjekts wird dabei durch seine Tabuisierung unterstrichen, durch die es sakralisiert wird und im Umgang mit Natur bestimmte Handlungsanleitungen vorgegeben und andere sanktioniert werden. Interessant hierbei ist nicht der konkrete Sitz des Mimosenbaums im sozialen Leben der Bewohner von Guayre, der an dieser Stelle auch gar nicht bestimmt werden soll. Interessant ist vielmehr die Interpretation durch Humboldt bzw. die Interpretation von Humboldt durch Conwentz, welche die Kategorie des Naturdenkmals in einen ganz bestimmten Bedeutungszusammenhang stellt, der so auch für entwickelte Nationen Europas beansprucht werden kann: Eine durch das Naturdenkmal repräsentierte Natur, so lautet die Botschaft dabei, ist eine identitätsstiftende Instanz, die für die Zusammengehörigkeit sozialer Gruppen unabdingbar ist und deshalb ganz bestimmter Umgangsformen bedarf.

Indes ist weder das Wort »Naturdenkmal« noch die Denkfigur eine originäre Schöpfung Alexander von Humboldts. Die Möglichkeit, in der Natur Ungleichzeitigkeiten zu sehen, sie denkmalhaft als Erinnerungslandschaft wahrzunehmen, gründet in der Entdeckung ihrer Historizität zunächst durch die Geologie und seit dem 19. Jahrhundert durch die Evolutionslehre Charles Darwins. Anzutreffen ist die Rede vom Naturdenkmal bereits in der Geologie des 18. Jahrhunderts, wo sie primär wissenschaftlichen Erläuterungswert besaß. Objekte der Natur bezeugten hier deren Geschichtlichkeit und ermöglichten als Zeugnisse früherer Perioden der Erdgeschichte deren Studium und Rekonstruktion. In diesem Zusammenhang sprach etwa der Alpenreisende und Montblancerstbesteiger Horace de Benedicte Saussure (1740-1799) vom Erinnerungswert von Gesteinsformationen wie Findlingen:

62 Ebda., S. 555.

»Als ich diesen Gedanken zum erstenmal hegte, ward ich von einer ehrfurchtsvollen Bewunderung dieser Felsen durchdrungen, die durch so viele Jahrtausende hindurch unversehrt stillschweigende Denkmale von einer der größten Veränderungen, die unsre Erdkugel betroffen hat, geblieben sind.«[63]

In ähnlichem Zusammenhang erscheint ein Denkmalbewußtsein von Natur auch in der Erdgeschichte von Georg Louis Leclerc de Buffon (1707-1788). Naturdenkmäler sind hier die Quellen des Naturgeschichtlers, die Anhaltspunkte zur Rekonstruktion vergangener Entwicklungsstadien der Naturgeschichte geben können:

»Wie die bürgerliche Geschichte Wappen zu Rate zieht, Münzen untersucht und alte Inschriften entziffert, um Epochen in den Revolutionen des Menschengeschlechts festzusetzen und die Zeitpunkte moralischer Begebenheiten zu bestimmen, so muß die Naturgeschichte in den Archiven der Welt nachsuchen, alte Denkmäler aus den Eingeweiden der Erde hervorziehen, diese zerstreuten Trümmer sammeln und alle Spuren natürlicher Veränderungen vereinigt als Beweise gebrauchen, die den Forscher zur Bestimmung der verschiedenen Alter der Natur leiten können.«[64]

Insbesondere um erratische Blöcke, in denen ein naturwissenschaftlicher Zeugnischarakter und die Funktion als kulturelles Merkzeichen zusammenkamen, lagerten sich schon früh Vorstellungen von »Merkwürdigkeit« in doppeltem Sinne: Die Tatsache ihrer rätselhaften Herkunft und ihr Status als »verirrte« Relikte prädestinierten die Findlinge für eine Bedeutungsbesetzung, die wissenschaftliche und kulturelle Interessen vereinte. Ihre Verwendung in frühgeschichtlichen Zeiten als Hünengräber, ihre Aufladung als sakrale Orte (Opfer- und Teufelssteine) sowie ihr geologischer Zeugnischarakter ließ die Irrläufer zu Merkzeichen mythisierender Vergangenheitskonstruktionen werden, und dies schien nun im 19. Jahrhundert unvereinbar mit der Profanierung, die sie als Baumaterial für Straßen und Dämme erfuhren. Ihre materielle Verwendung stand in Widerspruch zu der kulturellen Funktion als materialisiertes Gedächtnis der Natur- und Menschengeschichte, das in Zeiten des Wandels unbeirrt Dauer und Zeitlosigkeit repräsentierte. Findlinge avancierten damit zu Symbolen, die eine Vielfalt von Bedeutungsschichten von einem naturwissenschaftlichen Erklärungswert, heidnisch-mythisierenden Konstruktionen von Geschichte und patriotischer Landschaftsästhetik vereinten. Als Dokumente natürlicher und kultureller Entwicklung wurden die Findlinge zu materiellen Trägern, welche die Erfindung einer erhaltenswerten Landschaft ermöglichten. Insbesondere in der Schweiz wurde die wissenschaftliche Aufklärung über die Herkunft der Findlinge begleitet von Forderungen nach

63 Horace Benedicte des Saussure: Reisen durch die Alpen, Erster Theil, Leipzig 1781, S. 190.

64 Zit. n. Carl Christoph Beringer: Geschichte der Geologie und des Geologischen Weltbildes, Stuttgart 1954, S. 46.

ihrem Schutz.[65] Schon 1838 faßte der Stadtrat von Neuenburg den Beschluß, den »Pierre à Bot« am Chaumont unter Schutz zu stellen. 1853 schenkte der Staatsrat des Kanton Wallis die Findlinge »Pierre à Dzo« und »Pierre des Muguets« bei Monthey dem Geologen Jean de Charpentier. Der Gletscherforscher Alphonse Favre ließ 1866 die wissenschaftliche Inventarisierung der erratischen Blöcke münden in die Forderung nach ihrem Schutz, welche im Jahr darauf erneuert und ergänzt wurde.[66] In Deutschland kam das öffentliche Interesse an der Dokumentation und Erhaltung der Findlinge zusammen mit der völkischen Belebung germanisierender Mythologie. Die Findlinge, und damit sind sie dem Naturgebilde Baum als kulturelle Merkzeichen verwandt, symbolisierten einer spät geeinten Nation Urtümlichkeit, Stärke und ewige Bindung an den Boden. Die Gleichzeitigkeit ihrer naturwissenschaftlichen Entdeckung und Dokumentation sowie ihrer kulturellen Bedeutungsbesetzung durch die Verwendung bei Kriegsdenkmälern für 1870/71 und ihrer Entdeckung als vorgeschichtliche Hünengräber ließ sie zu Trägern germanischen Vorzeiterbes werden, das der Aktualisierung harrte und geeignet schien für die Versinnbildlichung nationaler Bedürfnisse.

In den Systematisierungsversuchen der Naturdenkmalpflege wurde eine Allianz von Natur und Geschichte geschaffen, die auch die Natur als einen Bereich erscheinen ließ, welcher Bewahrung und Pflege verdiente. Freilich ist auch diese Verknüpfung keine originäre Leistung von Hugo Conwentz, sondern seit der Romantik Bestandteil eines Denkens, Empfindens und Handelns, welches in Phasen beschleunigter historischer Prozesse auf die Sicherung und Bewahrung historischer Herkunftsbestände zielte. Es geht im Naturschutz zunächst um eine Aufmerksamkeit für Relikte, Objekte also, deren Kontext in einer von der Jetztzeit abgekoppelten Vergangenheit liegt und die nur mehr als Zeugnisse und Spuren dieser Vergangenheit in der Gegenwart präsent sind. Diese Orientierung an Relikten und die Sehnsucht nach Herkunft versteht Hermann Lübbe als integralen Bestandteil von Modernisierungsprozessen. Lübbe konstatierte, »daß mit dem Fortschritt unserer Zivilisation auch das reliktvernichtende Zerstörungspotential dieser

65 Vgl. Alfred Barthelmeß: Landschaft. Lebensraum des Menschen. Probleme von Landschaftsschutz und Landschaftspflege geschichtlich dargestellt und dokumentiert, Freiburg u. München 1988, S. 171-176; Dieter Burckhardt: Die Wiege des Naturschutzes stand in Basel – Streiflichter auf Entstehung und Entwicklung des Naturschutzes in der Schweiz, in: Verhandlungen der Naturforschenden Gesellschaft Basel, 102 (1992), S. 6-8.

66 Alphons Favre: Conservation des blocs erratiques, in: Verhandlungen der Schweizerischen Naturforschenden Gesellschaft, 50. Jg. (1866), S. 44-88; Bernhard Studer u. Alphonse Favre: Appel aux Suisses pour les engager à conserver les blocs erratiques, in: Verhandlungen der Schweizerischen Naturforschenden Gesellschaft, 51. Jg. (1867), S. 153-160.

Zivilisation zugenommen hat und mit ihr die Intensität der kompensatorisch wirkenden Konservierungspraxis.«[67] Freilich zielte diese »Leidenschaft des Bewahrens« zwar fast immer, aber eben nicht nur auf Objekte menschlichen Schaffens. Auch seitens der Kunst- und Kulturdenkmalpflege erschienen bereits früh Überlegungen, wie und welche Gegenstandsbereiche der Natur in Bewahrkonzepte integriert werden könnten.[68] So verwies Alexander von Wussow 1885 auf einige Vorläuferbeispiele, in denen Naturobjekte Schutz genossen, ohne daß dies mit irgendeiner materiellen Logik in Zusammenhang stand. Wussow nannte etwa die Verordnung des Markgrafen Alexander zu Baireuth vom 10. April 1780 als die älteste ihm in den deutschen Staaten bekannte Verordnung, welche nicht nur auf die „Erhaltung der Monumente allgemein« zielte, sondern explizit auch Naturgebilde darunter faßte. So sei hier den Jagd- und Forstbeamten zur Pflicht gemacht worden, »für die Erhaltung der ›Steine, Kreuze, Tafeln, Bäume, Marter- und anderen Säulen, welche die Landesgrenze bezeichnen, und die auch als öffentliche Monumente zu betrachten sind‹, Sorge zu tragen.«[69]

Natürlich erfahren diese hier erwähnten Bäume keine Schonung als Elemente einer als natürlich wahrgenommenen Umwelt. Der Bann des Nutzungsverbots wurde ihnen aufgrund ihrer historischen Bedeutung zuteil, indem sie symbolisch politische und soziale Grenzen markierten. Des weiteren führt Wussow hinsichtlich einer frühen Allianz von Natur, Geschichte und Kultur das Herzogtum Gotha an:

»Die Herzoglich Gotha'sche Cirkularverordnung vom 11. Januar 1827 ordnet eine besondere Beachtung der ›Merkwürdigkeiten der Natur, der Kunst und des Alterthums‹ seitens der Behörden und der Privaten an und befiehlt, von Funden derartiger Gegenstände Anzeige zu machen, dieselben auch thunlichst einzuliefern, ohne dadurch Privatleuten eine gesetzliche Verpflichtung zu derartigen Anzeigen aufzuerlegen.«[70]

Neben der historischen bzw. kulturellen Auratisierung der natürlichen Umwelt nannte Wussow in seinen Denkmalsdefinitionen noch ein weiteres Kriterium, nämlich das ästhetische:

---

67 Hermann Lübbe: Der Fortschritt und das Museum. Über den Grund unseres Vergnügens an historischen Gegenständen, London 1982, S. 17.

68 Allgemein zur Allianz von Natur, Geschichte und Denkmal vgl. Wilfried Lipp: Natur, Geschichte, Denkmal. Zur Entstehung des Denkmalbewußtseins der bürgerlichen Gesellschaft, Frankfurt a. M. 1987.

69 Alexander von Wussow: Die Erhaltung der Denkmäler in den Kulturstaaten der Gegenwart, Berlin 1885, S. 77f.

70 Ebda., S. 104.

»Ist für diese Beziehungen eines Gegenstandes zu seiner örtlichen Umgebung weder die Kunst noch die lokale Geschichte von Erheblichkeit, so kann derselbe dennoch dadurch von Wichtigkeit sein, daß er seiner architektonischen oder landschaftlichen Umgebung zum Schmuck gereicht. Werden solche Gegenstände in die Zahl der Denkmäler eingereiht, so ist dies eine Ausnahme, welche in der natürlichen Empfänglichkeit der Menschen für die Schönheit ihrer örtlichen Umgebungen Rechtfertigung finden.«[71]

Die Praxis der Denkmalpflege zielte darauf, den Bestand an ausgezeichneten Objekten innerhalb politischer Einheiten – dies konnte das Reich sein, der Bundesstaat, eine Provinz oder eine kleinere Einheit – zu sammeln und zu dokumentieren. Mit zeitlicher Verzögerung zu Objektivationen der Kunst und Kultur gerieten sukzessive auch Objekte der natürlichen Umwelt in den Wahrnehmungshorizont der Denkmalpflege, so beispielsweise durch die Arbeit der 1875 eingerichteten »Commission zur Erforschung der Kunst-, Geschichts- und Natur-Denkmäler Westfalens« beim »Westfälischen Provinzialverein für Wissenschaft und Kunst«. Ihre Arbeit zielte primär darauf, das erinnerungswürdige Erbe Westfalens photographisch zu dokumentieren und der Öffentlichkeit zugänglich zu machen:

»Zunächst anerkennt sie die Nützlichkeit und die weitgehende Bedeutung der diesseitigen Aufgabe des Gesammtvereins, und das umso mehr, als die denkwürdigen Werke der Kunst, Natur und Geschichte mehr und mehr entweder dem natürlichen Vergange oder der Zerstörung anheimfallen, ohne dass sie als wesentliche oder schöne Elemente der Geschichte aufbewahrt werden für die Wissenschaft.«[72]

Neben den profanen und sakralen Kunstwerken der Architektur, Malerei und Plastik sowie historisch und kulturhistorisch denkwürdigen Objekten wurden explizit genannt: »Naturdenkwürdigkeiten, z.B. die alten Eichen zu Erle, und zu Arnsberg, wichtige Reste und Gebilde geologischer und geognostischer Natur (z.B. das Holtwicker Ei; Nonne und Mönch zu Lethmate).«[73] In einem »Promemoria« zur Arbeit der Kommission war dagegen nicht von »Naturdenkwürdigkeiten«, sondern von »Naturseltenheiten, z.B. merkwürdig gestaltete oder uralte Bäume, wichtige Gebilde und Reste der Paläontologie und Geologie« die Rede.[74] Tatsächlich lagen die Akzente der Arbeit dann auf der Inventarisation von Kunst- und Kulturdenkmälern, wie im ersten Jahresbericht eingeräumt wurde, denn die »auffälligern Merkwürdigkeiten der Natur erfuhren nur in dem ein oder andern

71 Ebda., S. 3.

72 Jahresbericht 1875 der Commission zur Erforschung der Kunst-, Geschichts- und Natur-Denkmäler Westfalens, in: Vierter Jahresbericht des Westfälischen Provinzial-Vereins für Wissenschaft und Kunst pro 1875, Münster 1876, S. 29.

73 Ebda., S. 30.

74 Ebda., S. 36.

Berichte (...) beiläufig eine Erwähnung.«[75] Im folgenden Jahresbericht blieben Naturobjekte unerwähnt, so daß dieses Interesse an den Merkwürdigkeiten der Natur Episode blieb.

Auch im Mai 1888 zielte ein früher Vorstoß des späteren Heimatschutz-Nestors Ernst Rudorff beim »Gesammtverein der Geschichts- und Alterthumsvereine« auf eine Integration der natürlichen Zeugnisse in einen nationalkulturellen Herkunftsbestand. Rudorff hatte sich in den 1870er und 1880er Jahren aufgrund der Flurbereinigungsmaßnahmen um seinen Landsitz Lauenstein intensiver mit Fragen der Veränderung des Landschaftsbildes beschäftigt. Er entzog durch privaten Kauf nicht nur alte Eichen und einzelne Flurpartien der land- und forstwirtschaftlichen Nutzung, sondern setzte seine Erfahrungen mit dem gründerzeitlichen Wandel im ländlichen Raum in eine vernichtende Fortschrittskritik um, die dem Utilitarismus der ländlichen Modernisierungsagenturen das harmonische Bild einer ästhetisch und sozial intakten Heimat entgegensetzte.[76] Rudorff beließ es nicht bei seiner antimodernistischen Kritik, sondern suchte nach Möglichkeiten, seine Bewahr- und Erhaltungsideen praktisch umzusetzen. Mit einem »Antrag auf Schutz der landschaftlichen Natur« wandte er sich 1888 an den »Gesammtverein der deutschen Geschichts- und Alterthumsvereine«. Dessen Generalversammlung hatte 1887 die deutschen Regierungen ersucht, »im Wege der Gesetzgebung erweiterte Bestimmungen über den Schutz der geschichtlichen und vorgeschichtlichen Denkmäler in ähnlicher Weise, wie es bereits in England und Frankreich geschehen ist, baldmöglichst herbeizuführen und zugleich eine wirksamere Organisation der Denkmalpflege anzustreben.«[77] Rudorffs Bemühungen zielten nun darauf, die »geschichtlichen und vorgeschichtlichen Denkmäler« um »Gegenstände der freien Natur«[78] zu ergänzen. Seine Begründung:

»Es liegt in der Natur der Sache, daß ein Verein, der der Ehrfurcht vor der Geschichte des eigenen Volkes und Landes seine Entstehung verdankt, seine Aufgabe nicht darin beschlossen sehen kann, vereinzelte bedeutsame Denkmäler der menschlichen, insbesondere der künstlerischen Thätigkeit vergangener Zeiten zu erhalten, sondern daß er vielmehr bestrebt sein muß, die Gesammtphysiognomie des Vaterlandes, wie sie im Laufe der Jahrhunderte und Jahrtausende sich entwickelt hat, vor dem zerstörerischen Ueberfluthen der Wogen des Tageslebens, vor gedankenloser oder bewußter Verwüstung zu schützen, und so ergiebt sich als unabweisliche Forderung, nicht nur dem Menschenwerk, sondern ebenso dem natürlichen Boden des Landes, der die Bedingung aller Kul-

---

75 Ebda., S. 46.

76 Zu Rudorffs Rolle im Heimat- und Naturschutz vgl. die Kapitel über Heimat und Landschaft.

77 Zit. n. Korrespondenzblatt des Gesammtvereins der deutschen Geschichts- und Alterthumsvereine, 36. Jg. (1888), S. 133.

78 Ebda.

tur von Anfang an gewesen ist, die volle fürsorgende Theilnahme in der gleichen Richtung zuzuwenden.«[79]

Rudorff bemühte sich zwar um eine Analogisierung natürlicher und kultureller Objekte im Konzept einer gemeinsamen Denkmalpflege. Sein Programm freilich ging weit über ein nur konservatorisches Interesse hinaus und setzte ganzheitlich bei einer aus der Geographie und der Ästhetik stammenden »Gesammtphysiognomie« der Landschaft an. Er machte sich frei von einem nur »antiquarischen« Interesse und begriff sein Engagement um den Schutz der Natur als »Kräftigung und Belebung eines höher gerichteten, über die bloße Befriedigung nationaler Eitelkeit hinausgehenden vaterländischen Sinnes.«[80] Der Schutz der Natur bzw. des natürlichen Erscheinungsbildes folgte bei Rudorff primär einem ästhetischen Interesse, dem der Glaube an die sittliche Kraft der Schönheit zugrunde lag:

»Es gilt darauf zu dringen, daß in der Gesetzgebung die Wichtigkeit des ästhetischen Moments auch für das sittliche Gedeihen des Volkes in ihrem vollen Umfang anerkannt, und der Erkenntniß Raum geschafft werde, wie unverantwortlich es ist, jedem spekulativen Gelüst des Einzelnen die äußerste Rücksicht und Schonung angedeihen zu lassen, während man duldet, daß darüber das ideale Gut geschichtlich gewordener, eigenthümlicher Poesie und Schönheit des heimatlichen Landes, an dessen Wahrung die Gesammtheit des Volkes Anspruch zu erheben hat, aus dem dieses unbewußt von allem Uranfang her Nahrung für sein Gemüthsleben geschöpft, mehr und mehr verkümmert und endlich geradezu vernichtet werde.«[81]

Rudorffs ästhetische Kritik an der Veränderung des Landschaftsbildes ist eine grundsätzliche Kritik am Umgang der Moderne mit Natur, die er egoistischen, gewerblichen und rationellen Interessen geopfert wähnt. So zielte er einerseits darauf, daß etwa ein Verschönerungsverein in seinem lokalen Nahfeld sich bemühen sollte, »irgendwie Bedeutsames in seiner Umgebung an geschichtlichen Resten und Eigenthümlichkeiten der Natur, an Baumgruppen, malerischen Uebergängen zwischen Wald, Wiese und Feld, wie diese gelegentlich der Verkoppelungen verdorben zu werden pflegen, natürlichen Bachläufen, Felsen u.s.w. nicht nur vor Zerstörung, sondern auch vor jeder Veränderung und Berührung, vor Verunstaltung etwa durch Inschriften oder Anheften von Plakaten, endlich vor der Nachbarschaft unpassender Anlagen, Gastwirthschaften, Fabriken u.s.w. zu schützen. (...) Auch der Schutz seltener Thiere und Pflanzen (...), endlich die Pflege und Aufrechterhaltung eigenthümlicher Sitten (...) könnte von diesen Stel-

79 Ernst Rudorff: Antrag auf Schutz der landschaftlichen Natur, in: Korrespondenzblatt der deutschen Geschichts- und Alterthumsvereine, 36. Jg. (1888), S. 86.

80 Ebda.

81 Ebda.

len aus wirksam gefördert werden.«[82] Sein primäres Interesse aber galt einer nationalen gesetzlichen Regelung des Naturschutzes.

In diesem Sinne beantragte er denn auch, den 1887 erlassenen Aufruf an die deutschen Regierungen zu ergänzen:

»Es ist hierbei nicht nur an den Schutz des Menschenwerks gedacht, sondern zugleich an die Schonung landschaftlicher Eigenthümlichkeiten, insofern die Natur als Bedingung alles menschlichen Wirkens unzertrennlich von diesem bleibt, auch in der Schätzung ihrer historischen Bedeutung. Alte Bäume, Baumgruppen und Büsche, Quellen, Bäche, Wasserfälle, Hügel, Felsen, Felskämme, einzelne Blöcke, sind unverändert und unberührt zu erhalten. Nicht nur die von Seiten der Industrie, des Verkehrswesens, der Spekulation der Gastwirthe, der Touristenvereine u.s.w. drohenden Gefahren sind in's Auge zu fassen, es ist auch, zumal bei Verkoppelungen und Gemeinheitstheilungen, die Berücksichtigung der natürlichen und historischen Verhältnisse, die Schonung der ursprünglichen Waldgrenzen, der Waldwiesen, der natürlichen Bachläufe, bedeutsamer Stege und Hecken zu erwirken, und die bisherige Praxis insofern zu erweitern, als für dieselbe ausschließlich das Prinzip der geraden Linie und die Bequemlichkeit der Rechnung, kurz Gründe der rationellen Abstraktion neben solchen des materiellen Nutzens ausschlaggebend gewesen sind. Die Ausrottung seltener eigenthümlicher Pflanzen (z.B. anemone alpina auf dem Brocken im Harz, Edelweiß in den Alpen) und Thiere ist zu verhindern.«[83]

Damit hatte Rudorff lange vor Gründung der ersten Natur- und Heimatschutzvereine ein Programm formuliert, das primär von ästhetischen Motiven getragen und bereits einer ganzheitlichen Idee von Heimat verpflichtet war. Wiewohl diese auf konservative Erneuerung zielende Fortschrittskritik, die in der Bewegung des Heimatschutzes weiterentwickelt wurde, der konservatorischen Naturdenkmalpflege Conwentzscher Prägung späterhin »Museumsgeist«[84] unterstellen sollte, gab es zwischen den Bewahrmotiven beider Richtungen zahlreiche Berührungspunkte. Auch Rudorff verstand Naturschutz als Denkmalpflege. Gemeinsam ist den Ideen der Naturdenkmalpflege und der frühen ästhetischen Kritik an Landschaftsveränderungen vor allem aber der Unberührtheits- und Ursprünglichkeitskult, bei dem nur von Menschenhand unbeeinflußte Natur als »echte« Natur galt. Rudorffs Hoffnungen, in der Denkmalpflege und den historischen Vereinen Kooperationspartner zu finden, wurden freilich enttäuscht. Auf der Generalversammlung des »Gesamtvereins« im September 1888 in Posen war der Antrag präsentiert worden. Der Vorsitzende Friedel würdigte zwar in seiner Stellungnahme die patriotischen Intentionen Rudorffs, erachtete aber in der Integration von Tieren und Pflanzen in den Gegenstandsbereich schutzwürdiger Objekte eine

82 Ebda., S. 87.

83 Ebda., S. 87f.

84 So etwa Carl J. Fuchs in Heimatschutz, 6. Jg. (1910), S. 55.

Kompetenzüberschreitung seiner Organisation. Anders verhalte es sich allerdings bei geologischen oder botanischen Phänomenen wie Felsen, Bäumen oder Baumgruppen, insofern diese historischen Erinnerungswert aufweisen. Deshalb legte er der Versammlung einen Entwurf vor, der den Mainzer Beschluß von 1887 dahingehend ergänzte, »den Denkmalschutz auch, so weit als möglich, auf die Erhaltung der geschichtlich überkommenen Physiognomie des Landes, namentlich insofern interessante Felsen, Bäume u. dgl. in Frage kommen, auszudehnen.«[85] Alle weitergehenderen Forderungen wurden abgelehnt, wodurch jedoch nicht explizit ausgeschlossen werden sollte, daß der »Gesammtverein« nicht auch »die Bemühungen Anderer, welche den Schutz geschichtlich interessanter, durch Ausrottung bedrohter Pflanzen und Thiere bezwecken, auch seinerseits in gegebenen einzelnen Fällen befürwortend« unterstützen könne.[86]

Noch vor der Konzeption der Naturdenkmalpflege durch Hugo Conwentz fand sich die Analogisierung von natürlichen und kulturellen Objektbereichen Mitte der 1890er Jahre auch in einer Initiative der Touristen- und Wandervereine. Der moderne Tourismus entwickelte seine Naturbeziehungen in einem Spannungsfeld zwischen romantischen Sehnsüchten nach vorindustrieller und unversehrter Natur einerseits und touristischen Nutzungsformen, die Natur zur Ware und zum Wirtschaftsfaktor degradierten, so daß der Tourismus selbst zum Belastungsfaktor für Natur und Landschaft erwachsen sollte. Der moderne Massentourismus zerstörte das, was er suchte. Dennoch entwickelten die Wander- und Gebirgsvereine früh ein Sensorium für die Belastungen von Natur und Landschaft und engagierten sich für die Erhaltung einer Natur, wie sie bei der Ausübung touristischer Praxen – beim Wandern und auf der Erholungssuche – wiedergefunden werden sollte. 1896 beschloß der damalige »Verband Deutscher Touristen-Vereine« (später »Verband Deutscher Gebirgs- und Wandervereine«) auf seiner 9. Hauptversammlung in Wunsiedel: »Der Schutz der Landschaft vor Verunzierungen durch industrielle Unternehmungen etc. wie der Schutz geschichtlicher oder sonstwie wichtiger Denkmäler wird den Einzelvereinen überlassen.«[87] Und bei der 13. Hauptversammlung 1900 in Hagen wurde eine neue Satzung verabschiedet, die sich einem Programm verpflichtet fühlte, das in ähnlicher Intention wenig später auch von der Naturdenkmalpflege und dem Heimatschutz vertreten wer-

---

85 Zit. n. Korrespondenzblatt des Gesammtvereins der deutschen Geschichts- und Alterthumsvereine, 36. Jg. (1888), S. 134.

86 Ebda.

87 Zit. nach Verband Deutscher Gebirgs- und Wandervereine e.V.(Hrsg.): Deutsches Wandern 1883-1983, o.O. 1983, S. 20.

den sollte. Die Statuten führten nun als Verbandsziele: »4. Schutz der Naturschönheiten, der Denkmäler und alles Eigenartigen, Pflege der geschichtlichen Erinnerungen; 5. Förderung der Kenntnisse der deutschen Landschaft in naturwissenschaftlicher und volkskundlicher Hinsicht durch wissenschaftliche Erforschung und volkstümliche Belehrung.«[88]

Aus unterschiedlichen Gründen also wurde lange vor der Etablierung eines staatlichen Naturschutzes auf die Gefahrenpotentiale des zivilisatorischen Fortschritts für Natur und Landschaft hingewiesen. Die Forstwirtschaft sah ihre Aufgabe nicht ausschließlich in einer ökonomischen Nutzung des Waldes. Wissenschaftliches Interesse galt Naturgebilden als Zeugnisse der Naturgeschichte und als Dokumente natürlicher Entwicklungsgeschichte. Dieses Interesse war freilich nicht naturwissenschaftlicher Selbstzweck, sondern eingebettet in die patriotische Suche nach historischer, kultureller und natürlicher Herkunft. Eine ästhetische Kritik an Veränderungen in Natur und Landschaft wollte diese für zweckfreie Bedeutungsdimensionen offen halten. Ein soziales Interesse machte in der Natur einen Ort physischer und psychischer Regeneration aus und beanspruchte sie als Raum sozialer Verständigung. So unterschiedlich die Wurzeln und Motive dieser Strömungen sein mochten, sie alle mündeten um 1900 in der gemeinsamen Forderung nach Schutz und Erhaltung der Natur.

Exkurs: Die Rettung des Drachenfels als Ursprungsmythos deutscher Naturschutzgeschichte

Kontinuierlich wird in der Naturschutzgeschichtsschreibung am Mythos vom Drachenfels als »das erste amtliche Schutzgebiet«,[89] »das erste deutsche Naturschutzgebiet«[90] bzw. »vermutlich erstes Gebiet«[91] unter staatlichem Schutz gearbeitet; immer wieder wird die Patronage, die der Trachytkegel bei Königswinter durch das preußische Königshaus und den preußischen Staat erfuhr, mit der Schaffung des »faktisch ersten Naturschutzgebietes«[92] identifiziert. Die Bewegung des Naturschutzes sucht nach einer Geburtsstunde und einem Ursprungsmythos, be-

---

88 Ebda.

89 Schoenichen 1954, S. 24.

90 Pflug 1969, S. 244.

91 Wettengel 1993, S. 358.

92 Andreas Kuntz: Der Drachenfels. Ein volkskundlicher Beitrag zur Naturschutzgeschichte, in: Michael Simon u. Hildegard Frieß-Reimann (Hrsg.): Volkskunde als Programm. Updates zur Jahrtausendwende, Münster 1996, S. 59.

kräftigt dieser doch die Realitätsmächtigkeit und Legitimität dieser Bewegung. Die Erzählung von einem Anfang verleiht ihr Dauer, beglaubigt ihre Wurzeln und gibt ihr durch das Vorbild eines positiven Exempels ein Fundament. Warum aber ist es im Falle des deutschen Naturschutzes ausgerechnet der Drachenfels, der diese Funktion übernimmt? Vor allem aber: Warum beruft sich auch nach dem ökologischen Paradigmenwechsel der 1970er Jahre ein Natur- und Umweltschutz, der sein Handeln dezidiert mit Erkenntnissen naturwissenschaftlicher Ökologie legitimiert, auf die romantische Botschaft der Geschichte der erfolgreichen Unterschutzstellung des Berges im Jahre 1836? Zieht der Naturschutz ansonsten seine Vitalität aus der Stilisierung eines vergeblichen Kampfes gegen die Irrwege der modernen Massengesellschaft, steht mit dem Drachenfels eine Erfolgsgeschichte am Anfang. Für was steht der Drachenfels als Ursprungsmythos? Schließlich gab es auch frühere Beispiele, daß Natur – aus welchen Motiven auch immer – Nutzungsverhältnissen entzogen und bewahrt wurde, wie etwa der Bamberger Hain als Wald, der 1803 von der Stadt und 1824 vom Staat geschützt wurde. Aufschlußreich ist also die Frage, aufgrund welcher Eigenschaften dem Drachenfels der Rang des ersten Naturschutzgebietes zugewiesen wird. Tatsächlich nämlich spielt Natur hier allenfalls in ihren ästhetischen Dimensionen eine Rolle. Es ist das landschaftliche Ensemble von Ruine, Berg und deutschem Rhein, das die Allianz von Natur und Geschichte versinnbildlicht und gegenüber Nutzungsansprüchen verteidigt wird. Von seltenen Tieren oder Pflanzengesellschaften, erhaltenswerten geologischen Formationen oder gar »ökologischen« Argumenten ist in dieser Geschichte nichts zu vernehmen. Diese Berufung auf Natur und Geschichte bezeugt nichts anderes als die tiefe Verwurzelung des Naturschutzes in der Denk- und Empfindungswelt der Romantik. Der Drachenfels barg keinesfalls seltene Vegetationsgesellschaften, beherbergte keine bedrohten Tierarten oder bildete eine für das Überleben der Menschen unabdingbare natürliche Ressource, sondern repräsentierte für die bürgerliche Schutzbewegung ästhetische Erfahrungsmöglichkeiten: Konserviert wurde hier die pittoreske, seit 1814 durch ein Denkmal für die Befreiungskriege nationalsymbolisch aufgeladene Landschaft der Romantik.

Um den 324 Meter hohen, von einer Ruine bekrönten Trachytkegel am Rande des Siebengebirges[93] war es in den 1820er Jahren zu heftigen Auseinandersetzungen zwischen Steinhauern und städtischen Bürgern gekommen. Dieser Konflikt offenbarte zwei unvereinbare Sichtweisen auf ein- und dasselbe Objekt: Hie der

93 Zu dessen Geschichte Winfried Biesing: Drachenfelser Chronik. Geschichte eines Berges, seiner Burg und seiner Burggrafen, Köln 1980.

Anspruch, Berg und Ruine zum Zwecke des Steinabbaus materiell zu nützen; da die moralische Empörung über diese Zweckreduzierung und der mit ästhetischen Argumenten unterfütterte Anspruch, den Berg zu konservieren. Der Drachenfels war mit dem Beginn des Jahres 1813 an den Notar Clemens August Schaefer aus Königswinter gegangen, wobei allerdings die bestehenden Steinbrüche ausgenommen worden waren. Für die diesbezüglichen Abbaurechte hatte Schaefer ein Vorkaufsrecht erworben, von dem er 1826 Gebrauch machte. Noch im selben Jahr meldete die örtliche Steinhauergewerkschaft ihr Interesse am Erwerb des Berges zum Zwecke des Trachytabbaus an, der für die Sanierung und die Vollendung des Kölner Doms verwendet werden sollte. Schaefer, seit 1814 Bürgermeister von Königswinter, informierte am 10. August 1826 die Regierung in Köln über die Absichten der Steinhauer und regte »im Interesse der Stadt« an, »daß die vielbesuchte Ruine des Schlosses Drachenfels, sowie das dortige Monument aus dem letzten Befreiungskriege durch den Betrieb nicht dem Verderben Preis gegeben werde, daher denn wohl die hohe Regierung die Erhaltung der Ruine und des Monuments beabsichtigen möchte.«[94] Schaefer offerierte der Regierung die Ruine zum Verkauf, doch diese hegte Zweifel über den Preis, den die Steinhauer geboten haben sollten, witterte hinter Schaefers Gebaren Spekulationsabsichten und blieb einstweilen tatenlos – auch weil zunächst vermutet wurde, daß die jeweiligen Besitzer des Drachenfels zur Erhaltung und Unterhaltung der Ruine verpflichtet seien. So ging diese 1827 in den Besitz der Steinhauer, die unverzüglich mit 250 Arbeitern den Abbau angingen und Brüche anlegten.

Zu diesem Zeitpunkt war der Drachenfels längst ein Anziehungspunkt des nach den napoleonischen Kriegen einsetzenden Rheintourismus. Neben Kölner und Bonner Bürgern waren es vor allem englische Touristen (mehrmals seit 1816 etwa Lord Byron), die den Drachenfels als Wallfahrtsort der erwachten Rheinromantik aufsuchten. Hier wurde 1814 zur Feier des Jahrestags der Völkerschlacht ein Landsturmdenkmal eingeweiht, an dem immer wieder Völkerschlachtfeiern begangen wurden. Als die örtliche Steinhauergewerkschaft bald nach dem Erwerb des Drachenfels 1827 mit dem Abbau der Steine begann, formierte sich Protest. Preußens Kronprinz und König Friedrich Wilhelm III. signalisierten großes Interesse, »daß die Erhaltung dieser schönsten Zierde einer malerischen Ge-

94 Zit. n. Theo Hardenberg: Der Drachenfels – Seine »Conservation vermittelst Expropriation«. Der Rechtsstreit um die Erhaltung des Drachenfelskegels mit seiner aufstehenden Ruine. Der früheste Akt staatlichen Landschaftsschutzes in Preußen (1828-1832), in: Rheinische Denkmalpflege, N.F. 4. Jg. (1968), S. 288.

gend«[95] gesichert werde. In der Presse war von »Vandalismus« zu hören, wobei in Regierungskreisen noch immer der Verdacht kursierte, daß Nachrichten über die drohende Zerstörung der Ruine lediglich deren Preis in die Höhe treiben sollten. Alsbald schien geklärt, daß der Drachenfels nur gerettet werden könnte, wenn er in den Besitz des Staates überging.

Im Streit um den Drachenfels offenbarte sich ein Konflikt zwischen den Möglichkeiten der neuen Gewerbefreiheiten und den Ansprüchen einer Öffentlichkeit auf die Erhaltung von Kunstdenkmälern und Naturschönheiten. Prinz Friedrich von Preußen, Vetter des Kronprinzen, seit 1820 in Düsseldorf ansässig und seit 1825 Besitzer der bald darauf neugotisch erneuerten Burg Rheinstein, benannte in einem Schreiben an den Oberpräsidenten der Rheinprovinz vom 8. Januar 1828 diesen Interessenkonflikt als regelungsbedürftige Grundsatzfrage:

»Die Gefahr, in welcher sich der Drachenfels befunden hat, durch Speculations-Geist dem Vandalismus des 19. Jahrhunderts zu verfallen, veranlaßt, daß ich mit meiner Besorgnis für ähnliche Fälle an Ew. Exzellenz wende, um mit Ihnen Rücksprache zu nehmen, welche Maaßregeln sich für die Zukunft wohl ergreifen ließen, um die schönsten Zierden unserer Gegend vor gleicher Gefahr in Schutz zu nehmen. (...) Man sagt, daß für diesmal noch der Drachenfels von seinem gänzlichen Untergang gerettet worden sei; aber hätte nun Gewinnsucht der gegenwärtigen Besitzern Absicht nicht verrathen, – hätten die Eigenthümer der andern Burgen über kurz oder lang eben so wenig Sinn für das woran die Geschichte des Landes und so vieler Familien sich knüpft? Wie bald würden unsere schönen Gegenden und ihr stolzer Strom nicht geplündert und dem Ansehen, was für uns von so vielen Erinnerungen und dem Fremden von so vielem Intereße ist. Lassen Ew. Exzellenz uns daher alles anwenden, was wir als National-Eigenthum betrachten müssen, und dankbar werde ich die Vorschläge annehmen, die Sie die Güte haben wollen, mir anzugeben, um in diesem Sinne zu verfahren.«[96]

Nachdem im Mai 1829 König Friedrich Wilhelm III. per Kabinettsorder die Überführung des Drachenfels in preußisches Eigentum verfügt und zum Ankauf 10000 Taler bewilligt hatte, setzten mehrjährige Kaufverhandlungen ein. Als die Bemühungen zu scheitern drohten, ordnete der König im Dezember 1830 ein Enteignungsverfahren gegen die Steinhauer an. Schließlich, im April 1836, ging der Drachenfels für 10000 Taler in den Besitz des Staates Preußen. Am 27. April 1836, einen Tag nach Abschluß des Kaufvertrags, faßte die »Kölnische Zeitung« zusammen, weshalb sich der Staat für die Erhaltung engagiert hatte:

95 So die Formulierung in einem Brief des Generaladjudanten von Witzleben an den Kölner Regierungspräsidenten Delius vom 14. Oktober 1827; zit. n. Hardenberg 1968, S. 292.

96 Zit. n. Biesing 1980, S. 184.

»Daß der Berg durch den Betrieb von Steinbrüchen nicht Gegenstand bedeutender Gefährlichkeit für die Gegend und Arbeiter werden möge, daß dieser großartige Felsenwächter am Eingange der doppelten Bergreihe des Bettes unseres Stromes nicht dadurch zugleich in seinen pittoresken Formen beeinträchtigt werden könne, und daß die alterthümlich vielfach denkwürdigen und das Auge des Reissenden fast wundersam ansprechenden Thurm- und Gebäudereste, welche in seltener Kühnheit seine Spitze krönen, der Gefahr der Zerstörung durch Menschenhand thunlichst entzogen werden: dies sind die Gründe, welche unsern König zu der sehr liberalen Acquisition im Interesse des öffentlichen Nutzens bewogen haben. (...) Frei, wie der Rhenane es seit Jahrhunderten, seit der Zerstörung des Felsenschlosses, gewohnt war, kann also jetzt wieder jeder, der sich der schönen Natur des rheinischen Stromes und der Anschauung von dem Berggipfel erfreuen will, denselben besteigen, auf ihm lustwandeln, genießen die Gegenwart und schwelgen in der Erinnerung der Vergangenheit. (...) Mehr als jemals wird der Drachenfels nun seine Besucher finden und damit die Anerkennung sich vermehren, daß Deutschlands weite Gaue wohl nur sehr wenige Punkte darzubieten haben, welche diesem, dem Stolze der Rheinlande, an malerischer Schönheit gleichkommen.«[97]

Die Motive, den Drachenfels gegen die Nutzungs- und Spekulationsinteressen unter staatliche Patronage zu stellen, speisten sich aus einer Allianz aus ästhetischem Erfahrungshunger, bürgerlichem Denkmalbewußtsein und der Hoffnung, den einsetzenden Rheintourismus weiter zu befördern. Das Motiv des Bewahrens triumphierte in diesem Fall über das gewerbliche Interesse an Nutzung. Indes waren bald der Zauber der pittoresken Landschaft und die Aura des Geschichtlichen erneut Gefährdungen ausgesetzt. Der Entdeckung der romantischen Landschaft folgte ihre touristische Kolonisierung und technische Eroberung, ihre Erschließung durch Restaurationsbetriebe und Hotels, Wegenetze und seit 1883 einer Zahnradbahn, so daß dieser Ort zum Ende des 19. Jahrhunderts die moderne Ambivalenz von Natursehnsucht und Naturbelastung selbst repräsentierte. Schon 1880 hatte der spätere Heimatschutz-Nestor Ernst Rudorff in seinen Reflexionen »Ueber das Verhältnis des modernen Lebens zur Natur« die »Prostitution« der Natur durch den Fremdenverkehr beklagt und am Beispiel des Drachenfelsens mit seiner geplanten Gipfelbahn veranschaulicht:

»Es ist offenbar: die beiden scheinbar entgegengesetzten Tendenzen der Zeit, hier das völlig gleichgültige Hinopfern der Schönheit im Dienste praktischer Bestrebungen, dort das Ausbeutungs- und Abnutzungssystem des Touristenwesens berühren sich ebenso sehr im Resultat, als sie der nämlichen Wurzeln entstammen, einer mehr und mehr ausschließlichen Herrschaft realistischer Lebensauffassung, deren natürliches Gegenbild zunehmende Grobsinnigkeit und Stumpfsinnigkeit auf idealem Gebiet sein muß.«[98]

---

97 Zit. n. Hardenberg 1968, S. 307f.

98 Ernst Rudorff: Ueber das Verhältniß des moderenen Lebens zur Natur, in: Preußische Jahrbücher, 45. Bd. (1880), S. 264f.

In der Kritik Rudorffs ging es freilich weniger um Belastungen für Natur und Landschaft und umso mehr um eine Kritik an der Profanierung moderner Naturerfahrung, an der Degradierung der Landschaft zur touristischen Kulissenwelt.

Dieser moderne Sündenfall einer Entweihung der Natur durch touristische Inanspruchnahme war kurz vor der Einweihung der Zahnradbahn auf den Drachenfels im Juli 1883 Gegenstand kritischer Erörterungen im »Echo des Siebengebirges«:

»Ob der Naturfreund der Bahn ungeteilten Beifall zollen wird, das ist eine andere Frage. Nicht jeder, der Sinn für den Zauber der Waldeinsamkeit besitzt, wird es ihr vergeben, daß sie ihren Weg rücksichtslos in möglichst direktester Richtung, ich möchte fast sagen, durch das Herz des Berges nimmt. (...) Mit ihrem Rauch und Gepolter, ihrem schrillen Pfiff und hastigen Jagen verpflanzt sie in den ruhigen Frieden des Berglebens ein Bild der rastlos arbeitenden nüchternen Industrie. Der Riese Dampf verscheucht Vogelsang und Träumereien; den lachenden blauen, sonnigen Himmel möchte er am liebsten mit seinem schwarzen Rauche überziehen und die köstlichste Sonntagsruhe zerreißt wie zum Hohn sein Gerassel und sein unmelodischer Schrei. (...) Betrachten wir die Sache wie sie ist: Nicht die Verschönerung des Berges ist der Zweck des Bahnbaus gewesen, sondern er ist einfach ein industrielles Unternehmen, wie tausend andere und bietet dabei ein praktisches, billiges, bequemes und wohl auch gefahrloses Beförderungsmittel.«[99]

Wiewohl die bürgerlichen Tourismuspraktiken wenige Jahrzehnte später zum Gegenstand heftigster Heimatschutz-Kritik werden sollten, waren in diesem Fall die ausschlaggebenden Schutzmotive diejenigen eines sozialen Anspruchs auf Natur und Landschaft zum Zwecke touristischer Nutzung. Wenn sich also die Naturschutzbewegung immer wieder auf diese Schutzgeschichte beruft, dann betont sie damit vor allem die ästhetischen Motive des Landschaftsschutzes als Traditionsstrang des Naturschutzes. Der Drachenfels steht für die Naturalisierung von Kultur und die Kulturalisierung der Natur, die es ermöglichen, Natur aufgrund ihres Denkmalwertes in das bewahrenswerte Erbe der Nation zu integrieren. Hier berühren sich Ursprungssehnsüchte des Naturschutzes und die romantische Ruinenästhetik, wie sie Georg Simmel dargelegt hat. Die ästhetische Botschaft der Ruine ist die Revision jenes Triumphs, den die Kultur in der Geschichte über die Natur erzielt hat. Im Augenblick des Verfalls des Menschenwerks kehrt sich das Kräfteverhältnis wieder um, und das Verhältnis zwischen menschlicher Kultur und Natur tritt wieder in einen Zustand harmonischen Friedens ein. Jetzt, im Anblick des verfallenen Menschenwerks und der in Auflösung tretenden Formen, mit denen die menschliche Kultur die Natur zivilisierte, ist der Ursprungszustand zumindest symbolisch wieder präsent. Dieser Triumph der Natur über

---

99 Zit. n. Biesing 1980, S. 215f.

das Bauwerk bedeutet Rückkehr in einen Ursprungszustand, die Umkehrung der Herrschaft der Kultur über die Natur und damit die letztendliche Realisierung eines Naturplans: »Eine ausgleichende Gerechtigkeit knüpft das hemmungslose Zusammen alles auseinander und gegeneinander Wachsenden an den Verfall jener Menschen und jenes Menschenwerks, die jetzt nur noch nachgeben, aber sich nicht mehr aus ihrer eigenen Kraft heraus ihre eigenen Formen schaffen und erhalten können.«[100]

3.3 Relikte, Lebensräume, Landschaften: Zur Differenzierung des Krisenbewußtseins in der Naturdenkmalpflege

In seiner Denkschrift hatte Hugo Conwentz die Kategorie des Naturdenkmals von einer vagen Denkfigur in ein systematisches Konzept praktischer Naturschutzpolitik verwandelt. Die Denkschrift avancierte bald sowohl im ehrenamtlichen wie im staatlichen Naturschutz zum maßgeblichen Manifest weit über Preußen hinaus. Conwentz war damit zum wichtigsten Stichwortgeber eines pragmatischen und politisch defensiven Naturschutzes geworden, der weithin nationale und internationale Reputation genoß. Sein Engagement beschränkte sich indes nicht nur auf die Arbeit als Leiter einer staatlichen Behörde. Naturschutz, so sein Selbstverständnis, müsse im Zusammenspiel zwischen staatlicher Bürokratie und gesellschaftlicher Selbstorganisation zu einem wirksamen Instrument erwachsen. Er übernahm deshalb auch Funktionärsaufgaben im ehrenamtlichen Naturschutz. So wirkte er als Ausschußmitglied beim »Deutschen Verein zum Schutze der Vogelwelt«. Bereits vor der Gründung des »Bundes Heimatschutz« 1904 pflegte er intensive Kontakte mit Ernst Rudorff, der ihn als, wenn auch später nicht unumstrittenes, Vorstandsmitglied gewinnen konnte.

In der Praxis jedoch blieb die Kategorie des Naturdenkmals unpräzise und erläuterungsbedürftig, schien sie doch mit ihrem Bezug zu einem vermeintlichen Ursprungszustand mehr Gegenstandsbereiche der Natur vom klassifikatorischen Status des Bewahrenswerten auszugrenzen statt einzuschließen. Was war etwa mit anthropogen geprägten Kulturlandschaften? Zielte der Schutz auf reliktartige Einzelobjekte, biologische Pflanzen- oder Tiergesellschaften oder auch ästhetisch

---

100 Georg Simmel: Die Ruine, in Ders.: Philosophische Kultur. Gesammelte Essais, Leipzig 1911, S. 146.

definierte Landschaftsformationen? Von Anfang an war der Conwentzsche Begriff des Naturdenkmals Kritik ausgesetzt, so daß er ihn sukzessive variierte und veränderte. Diese begriffliche Erweiterung spiegelt auch den Wandel des Problembewußtseins und stellt eine Erweiterung von einem zunächst eher musealisierenden Einzelinteresse hin zu einem effektiven Instrument dar, das auch größere und komplexere Naturphänomene in ein Schutzkonzept zu integrieren vermochte.

In seiner Denkschrift präzisierte Conwentz den Begriff des Naturdenkmals nicht positiv, sondern in Opposition zum Kunst- und Kulturdenkmal. Er beschrieb zunächst den Gebrauch des Wortes Denkmal, der stets die Dimension des Erinnerns entweder an historische Ereignisse oder Personen berge, herausragendes künstlerisches Schaffen würdige oder Sachzeugen vergangener historischer Epochen benenne. Immer jedoch beziehe der Gebrauch sich auf »etwas Künstliches, erst von des Menschen Hand und Geist Erschaffenes«.[101] Demgegenüber aber wohne auch der Natur die Dimension des Historischen inne, so daß sich die Kategorie des Denkmals auch auf Phänomene der Natur beziehen müsse. Conwentz stellte also die Natur der Kultur gegenüber:

»Wie der in vollkommener Weise bearbeitete Steinobelisk ein Denkmal aus historischer Zeit, und wie der von Menschenhand einst zum Gedächtnis eines Verstorbenen errichtete rohe Felsblock ein prähistorisches Denkmal ist, so bildet der in einem früheren Entwickelungsstadium der Erde durch Naturkräfte aus der Ferne ins Flachland gelangte erratische Block an sich ein Denkmal der Natur. Oder, wie der künstlich aufgeschüttete Burgwall und Grabhügel einer entlegenen Kulturzeit vorgeschichtliche Denkmäler sind, bilden die ohne Zutun des Menschen entstandenen, in Aufbau, Form und Grösse ausgezeichneten Berge und Gebirge Denkmäler der Natur. Auch die ganze natürliche Landschaft mit ihrer Bodengestaltung, mit ihren Wasserläufen und Seen, mit den ihr eigenen Pflanzen- und Tiergemeinschaften, sowie einzelne seltene Arten und Individuen der ursprünglichen Flora und Fauna können Naturdenkmäler vorstellen.«[102]

Als maßgebliche Kriterien erschienen Ursprünglichkeit und Unberührtheit. Conwentz schrieb zunächst fest, »dass unter Naturdenkmal etwa ein ursprünglicher, d.i. ein von kulturellen Einflüssen völlig oder nahezu unberührt gebliebener, lebloser oder belebter charakteristischer Naturkörper im Gelände, bezw. ein ursprünglicher charakteristischer Landschafts- oder Lebenszustand in der Natur, von hervorragendem, allgemeinem oder heimatlichem, wissenschaftlichem oder ästhetischem Interesse verstanden wird.«[103]

---

101 Conwentz 1904a, S. 4.

102 Ebda., S. 5.

103 Ebda., S. 186f.

Der Danziger Museumsleiter zielte auf eine Analogisierung von Natur und Kultur; er strebte an, daß Objekte der Natur gleichberechtigt zu Zeugnissen der Kunst- und Kulturgeschichte als nationales Erbe behandelt werden sollten. Dafür bedurfte es einer Übertragung der Typologisierungs- und Definitionskriterien von der Denkmalpflege auf die Naturdenkmalpflege, was sich als problematisch erweisen sollte. War es schon der Denkmalpflege angesichts der Unzulänglichkeit ästhetischer Bestimmungsmerkmale, angesichts beweglicher und unbeweglicher Denkmale und der Vielfalt von Sachzeugen nicht gelungen, präzise Definitionen zu liefern, so erwies sich dies bei der Naturdenkmalpflege als noch schwieriger. Wo überhaupt war in Mitteleuropa das Ideal einer unberührten und unbelassenen Natur noch zu finden? Was war mit der Rettung einzelner Tier- oder Pflanzenindividuen geleistet, wenn die ganze Spezies gefährdet war? Mit welchem Naturbegriff operierte die Naturdenkmalpflege, wenn es darum gehen sollte, Natur gegenüber den Ansprüchen der Industriegesellschaft zu verteidigen? Was sollte erhalten werden? Individuen, Arten, Lebensgemeinschaften, Landschaften? Tatsächlich war die Naturdenkmalpflege im Kaiserreich von der Unmöglichkeit geprägt, einen Naturbegriff auszubilden, mit dem hinlänglich die Belastungspotentiale durch die historisch neue Industriegesellschaft hätten diagnostiziert werden können. Conwentz reagierte auf Kritik und auf die Erfahrungen aus der eigenen Arbeit und erweiterte den Gegenstandsbereich der Naturdenkmalpflege. Überwunden wurde dabei die Konzentration auf das Einzelobjekt; integriert wurden alsbald Reservats- und Schutzgebietsideen.

Der Begriff der Naturdenkmalpflege entstammte der Tradition der Bauminventare und orientierte sich an der Kunst- und Kulturdenkmalpflege, wo zu bewahrende Objekte zumindest klar individualisierbar und eingrenzbar waren. Gegenstände der Natur waren dies in mehrerlei Hinsicht nicht. Unklar blieb die Frage, ob bestimmte Arten überhaupt wirkungsvoll geschützt werden könnten, wenn in die Schutzmaßnahmen nicht auch die für das Überleben dieser Arten notwendigen Lebenszusammenhänge integriert würden. Sowohl in der Denkschrift von 1904 wie auch in den 1906 erlassenen »Grundsätzen für die Wirksamkeit der Staatliche Stelle« wurden Tier- und Pflanzenarten als mögliche Naturdenkmale festgeschrieben. Allerdings erschien niemals eine Spezies schlechthin als bewahrenswert, sondern immer in einem abgrenzbaren räumlichen Kontext. Conwentz erwähnte die Kornelkirsche, die im nordwestlichen und östlichen Deutschland sehr selten und deshalb ein Naturdenkmal sei, nicht aber in Skandinavien oder im nördlichen Rußland. Die Beutelmeise sei im Weichselgebiet als Brutvogel rar und deshalb ein Naturdenkmal, während ihr in Südeuropa aufgrund ihrer dortigen Häufigkeit der Status nicht zuerkannt werden könne.[104] Konstitutiv für ein Naturdenkmal war für Conwentz immer dessen räumliche Gebundenheit, so daß einzelne Arten stets auf einen konkreten Raum bezogen wurden:

»[D]er Eibenbestand in der Tucheler Heide, die Mistel bei Segeberg in Schleswig-Holstein, die Wassernuß bei Saarbrücken, Habmichlieb im Riesengebirge (Rest der Pflanzenwelt); marine bezw. nordische Reliktformen in Binnengewässern, der Biber und andere schwindende Arten in Altwässern der Elbe, das Möwenbruch bei Rossitten, die Kormorankolonie in Westpreußen, der Lummenfelsen auf Helgoland (Reste der Tierwelt).«[105]

Der Naturdenkmalbegriff Conwentzscher Prägung orientierte sich anfänglich primär an Resten und Relikten. Als Bezugspunkt erschien die Vergangenheit früherer Entwicklungszustände der Natur oder gar deren vermeintlicher Ursprung, nicht aber die Gegenwart von Mensch-Natur-Beziehungen. Sollte die Naturdenkmalpflege freilich ein taugliches Instrument praktischer Naturschutzpolitik darstellen, ergab sich eine unauflösbare Differenz zwischen der theoretischen Grundlegung und der Realität von in Mitteleuropa weithin anthropogen geprägten Kulturlandschaften, in denen Urnaturen und Wildnis schlechthin nicht existierten. G. von Arnswaldt benannte diese Definitionsschwierigkeit, indem er einräumte, »daß es nicht möglich sein wird, den Begriff ganz scharf abzugrenzen. Es soll charakteristisch für ein Naturdenkmal sein, daß es ohne menschliches Zutun durch freies Walten der Naturkräfte entstanden ist, und daß es auch ferner von der menschlichen Hand nicht berührt worden ist; aber wo finden wir das in unserem Lande, wo die Leuchte der Kultur jetzt auch den dunkelsten Winkel des Waldes ausgeleuchtet hat? – Und wir würden bei dieser Begrenzung des Begriffes auch, um ein Beispiel herauszugreifen, die Linden auf den Dorfplätzen und Kirchhöfen, welche durch ehrwürdiges Alter, hervorragende Gestalt und nicht selten durch geschichtliche Bedeutung ausgezeichnet sind, nicht als Naturdenkmäler auffassen dürfen, weil sie wohl ausnahmslos von Menschenhand gepflanzt sind.«[106]

Bereits in einem undatierten, vor 1904 stammenden »Entwurf einer staatlichen Organisation zur Erhaltung der Naturdenkmäler« (vermutlich handelt es sich um Vorüberlegungen zur Denkschrift) schuf Conwentz eine Hierarchie von Denkmälern, die sich am Grad der Unberührtheit bzw. der kulturellen Prägung der Objekte orientierte. Als »Naturdenkmäler I. Klasse« verstand er dort solche,

---

104 Conwentz 1904a, S. 8.

105 Grundsätze für die Wirksamkeit der Staatlichen Stelle für Naturdenkmalpflege in Preußen, in: Beiträge zur Naturdenkmalpflege, 1. Bd. (1910), S. 42.

106 G. von Arnswaldt: Ueber Naturdenkmalpflege. Vortrag, gehalten bei der dritten Hauptversammlung des Heimatbundes Mecklenburg in Neustrelitz, in: Mecklenburg. Zeitschrift des Heimatbundes Mecklenburg, 3. Jg. (1908), S. 113f.

»die gar nicht oder kaum von der Kultur berührt sind«, unter »Naturdenkmälern II. Klasse« solche, »die nicht wesentlich von der Kultur berührt sind« und unter »Naturdenkmälern III. Klasse« solche, »bei denen bereits ein erheblicher Eingriff der Kultur stattgefunden hat.«[107] Auch wenn diese Hierarchisierung später nicht mehr vorgenommen werden sollte, blieben die Leitbilder der Ursprünglichkeit und Unberührtheit maßgeblich. Bereits in der Denkschrift von 1904 hatte Conwentz freilich die mangelnde Trennschärfe des Naturdenkmalbegriffs eingeräumt und die Differenz von Unberührtheitsideal und zivilisatorisch überformter Umwelt als Problem erkannt:

»Obschon hiernach eigentlich nur jungfräuliche Gelände, sowie Pflanzen und Tiere, die ohne Mitwirkung des Menschen an ihren Standort gelangten, als Naturdenkmäler angesehen werden sollen, wird der Begriff derselben hier und dort etwas erweitert werden müssen, da völlig unberührte Landschaften, bei uns wie in anderen Kulturstaaten, kaum noch bestehen.«[108]

So hatte sich der Conwentzsche Begriff des Naturdenkmals beständig erweitert. Einerseits wurden bald auch ästhetische Kriterien des Denkmalwürdigen integriert; andererseits wurde das anfänglich nur auf Einzelobjekte begrenzte Interesse erweitert auf komplexere Natur- und Landschaftsphänomene. Aus der Retrospektive der frühen 1920er Jahre rekonstruierte Otto Feucht die Genese des Naturdenkmalbegriffs als eine Erweiterung des Problemhorizonts:

»Ein Denkmal der freischaffenden Natur kann ein ragender Felsblock sein, der von einstiger Herrschaft des Eises und Wassers erzählt oder von der Gewalt unterirdischer Feuerkräfte: es kann ein vielhundertjähriger Baumriese sein, der als letzter Recke einer längstvergangenen Urwaldszeit noch im Kulturland steht; aber es fällt schon weniger leicht, sich eine Waldschlucht, einen See oder gar eine ganze Tallandschaft, einen ganzen Bergzug als Naturdenkmal zu denken, wenn der Begriff seinen eigentlichen wohlumgrenzten Begriff behalten soll. Und gar eine raschvergängliche Blume, einen kurzlebigen Schmetterling unter ihn zu fassen, scheint nicht möglich ohne dem Begriff Gewalt anzutun. Trotzdem ist das Wort Naturdenkmal heute fast allgemein verbreitet. Es hat seinen eigentlichen Sinn verschoben und bezeichnet als Fachausdruck alle Reste freier Natur, deren Schutz und Erhaltung jeweils erstrebt wird, bald ein Einzelgebilde der Natur, bald eine ganze Art, oder eine Lebensgemeinschaft, ja selbst ein ganzes Banngebiet.«[109]

Auch Conwentz selbst hatte sich während des Kaiserreichs gegenüber alternativen Konzepten geöffnet. Explizit erachtete er die Einrichtung von Naturschutzgebieten als tauglichstes Instrument:

---

107 Entwurf einer staatlichen Organisation zur Erhaltung der Naturdenkmäler, Staatsbibliothek Preußischer Kulturbesitz, Nachlaß Hugo Conwentz, Kasten 11.

108 Conwentz 1904a, S. 6.

109 Feucht 1922, S. 25.

»Am vollkommensten werden die Ziele der Naturdenkmalpflege durch die Schaffung von Naturschutzgebieten erfüllt. In ihnen können entweder alle Naturgegenstände vor Veränderungen durch den Menschen geschützt werden, oder der Schutz kann sich auf Teile der Natur beschränken. (...) Die Staatliche Stelle betrachtet es als eine ihrer Hauptaufgaben, die Schaffung solcher Naturschutzgebiete in die Wege zu leiten, sie wissenschaftlich zu erforschen und die Veränderungen ihres Pflanzen- und Tierbestandes feststellen zu lassen.«[110]

Zum Ende des Kaiserreichs schien die defensive Orientierung an Einzelobjekten und Relikten überwunden. Jetzt rangierte das Schutzgebiet gleichwertig neben dem Einzelobjekt.

»Im Sinne dieser Grundsätze sind unter Naturdenkmälern besonders charakteristische Gebilde der heimatlichen Natur zu verstehen, vornehmlich solche, die sich noch an ihrer ursprünglichen Stätte befinden und von Eingriffen der Kultur völlig oder nahezu unberührt geblieben sind. Dahin gehören Flächen von landschaftlicher Eigenart, Gestaltungen des Bodens, die für die Kenntnis der Erdgeschichte oder der Gesteinskunde von besonderer Wichtigkeit sind; weiter Pflanzen- und Tiergemeinschaften, die sich durch ihre Seltenheit, Reichhaltigkeit oder andere wissenschaftlich wertvolle Eigentümlichkeiten auszeichnen; ferner bestimmte Arten und Formen von Pflanzen und Tieren, zumal an der Grenze ihrer geographischen und geschichtlichen Verbreitung; sodann auch einzelne durch Wachstum, Wuchsform und Alter ausgezeichnete Individuen holzartiger Gewächse. Die Pflege der Naturdenkmäler kann vorzüglich durch die Schaffung von Naturschutzgebieten erreicht werden, wo der Schutz sich entweder auf Teile der Natur erstreckt (Pflanzenschutzgebiete, Vogelschutzgebiete) oder die gesamte Natur umfaßt.«[111]

Dennoch schien das für Preußen gewählte Konzept der Naturdenkmalpflege vielen Kritikern angesichts der Ausmaße moderner Naturzerstörung als unzulänglich. Aus der Retrospektive der 1920er Jahre nahm Franz Moewes nochmals die Kritik am lediglich konservatorischen Verständnis der Naturdenkmalpflege auf und verteidigte deren Ethos:

»Hieraus geht u.a. hervor, daß die von manchen Widersachern der Naturdenkmalpflege ausgesprochene und von unzureichend unterrichteten Leuten noch in neuerer Zeit wiederholte Behauptung, daß die Naturdenkmalpflege nur auf die Erhaltung von allerlei vereinzelten Raritäten und Abnormitäten hinauslaufe, sozusagen ein Kuriositätenkabinett im Freien schaffen wolle, von Anfang an nicht begründet war, daß die Naturdenkmalpflege aber allerdings nicht den allgemeinen Naturschutz, nicht die Erhaltung der Allerweltspflanzen und der Allerweltstiere, nicht jedes Hügels,

---

110 Hugo Conwentz: Staatliche Stelle für Naturdenkmalpflege in Preußen, in: Heimatschutz, 11. Jg. (1916), S. 61. Vgl. auch Hugo Conwentz: Naturschutzgebiete. Nach einem Vortrag bei der gemeinsamen Tagung für Denkmalpflege und Heimatschutz in Salburg am 15. September 1911, München o.J. [1912] (= 98. Flugschrift des Dürerbundes); Hugo Conwentz: Naturschutzgebiete in Deutschland, Österreich und einigen anderen Ländern, in: Zeitschrift der Gesellschaft für Erdkunde, Jg. 1915, S. 29-51.

111 Conwentz 1918, S. 17f.

jedes Wäldchens und jedes Gewässers, mochten sie auch an und für sich reizvoll sein, sondern nur die markanten Erscheinungen der Landschaft und der Bodenbildung sowie die seltenen, dahinschwindenden Formen der Tier- und Pflanzenwelt ins Auge faßte. Die wissenschaftliche und lehrhafte Bedeutung dieser Naturgegenstände liegt auf der Hand, aber es knüpft sich an sie fraglos auch ein tieferes ethisches Interesse, und hierdurch wie auch durch die vielfach in Frage kommenden ästhetischen Werte wird deutlicher, daß die Erhaltung der Naturdenkmäler dem allgemeinen Volkswohl dient, was der Durchschnittsstaatsbürger, soweit nur die wissenschaftlichen Belange in Betracht kommen, nicht zu verstehen pflegt.«[112]

3.4 Ästhetik als Versöhnung: Naturdenkmalpflege und Industriegesellschaft

Entlang welcher Fronten verliefen in der Denkschrift die Auseinandersetzungen um eine entweder zu nutzende oder aber zu bewahrende Natur? Aufgrund der Orientierung an einem realitätsfernen Unberührtheitsideal, das mehr als Sehnsucht in den Menschen und weniger als eine sie umgebende Realität existierte, gerieten anfänglich nur bestimmte Objektbereiche in das Blickfeld der Naturdenkmalpflege. Das Bewahr-Leitbild von Ur- und Reliktnaturen wie Mooren, Urwäldern oder erratischen Blöcken ließ hinsichtlich potentieller Tätigkeitsfelder blinde Flecken entstehen. Vom Naturschutz Conwentzscher Prägung konnte nicht problematisiert werden, wie Nutzungsformen von Natur so ausgebildet werden mußten, daß Entwicklungsmöglichkeiten von Natur und Zivilisation in einer modernen Gesellschaft gleichberechtigt nebeneinanderstehen. Es ging im frühen Naturschutz nicht darum, Natur und Gesellschaft miteinander in Beziehung zu setzen. Beide wurden als autonom verstanden, so daß es allenfalls darum gehen konnte, dort zeugnisartig Bestände und Objekte zu erhalten, wo die Kultur auf letzte urtümliche Naturbestände übergriff. Der Naturschutz konnte kein Problembewußtsein für Naturfragen der modernen Jetztzeit ausbilden, da es ihm primär darum ging, die Vergangenheit historischer Natur- und Landschaftszustände ins kulturelle Gedächtnis der Moderne zu transformieren. Er reagierte auf die Moderne, indem er auf vormoderne Zeiten zurückverwies.

Symptomatisch hierfür ist die Auseinandersetzung von Conwentz mit den qualitativ neuen Nutzungsformen von Natur durch die Industrie. Conwentz wandelte sich vom Wissenschaftler und Museumsmann zum Naturschützer während der 1890er Jahre in Westpreußen und damit in einer auch während der Hochindu-

112 Moewes 1926, S. 61.

strialisierungsphase Deutschlands weithin agrarisch geprägten und von den industriellen Entwicklungsprozessen abgehängten Region. Von daher erscheint es zumindest auffällig, daß er in seinem Kapitel »Gefährdung der Naturdenkmäler« neben ethischen und pädagogischen Mangelerscheinungen[113] unter der Rubrik »Aus wirtschaftlichen Gründen« nicht nur der »Melioration« und »Nutzung«, sondern auch der »Industrie« ein eigenständiges Gewicht als Bedrohungsfaktor einräumte. Conwentz freilich nahm – ob aus Überzeugung oder aus strategischen Überlegungen – uneingeschränkt den Primat der Industrie hin: »Der rapide Aufschwung der Industrie ist in hohem Grade erfreulich und von nationaler Bedeutung; aber stellenweise macht sie auch einen nachteiligen Einfluss auf hervorragende Bestandteile der ursprünglichen Natur geltend.«[114] Der Prozeß des industriellen Fortschritts also wurde rundherum bejaht und so rezipiert, daß es allenfalls punktueller Korrekturen bedürfe, um die Natur ins Recht zu setzen.

Während er Rauchgasen immerhin ankreidete, daß sie in großem Umfang die Vegetation zerstörten, erachtete er in den Emissionen der chemischen Industrie allenfalls den Malus, daß »uns der Genuss der freien Natur dort verleidet« werde.[115] Conwentz ästhetisierte entweder die durch die Industrie entstehenden Belastungen für Natur und Landschaft oder aber er hierarchisierte die Auswirkungen so, daß die ästhetischen Effekte vor den ökologischen Beeinträchtigungen rangierten, von denen Bleivergiftungen, Populationseinbußen von Fischen sowie Schädigung der Tier- und Pflanzenwelt angeführt wurden. So beklagte er bei den Industrieabwässern eher die Gefährdung kultureller Reinheit, nämlich daß »durch Färbung der Gewässer die Schönheit der Landschaft beeinträchtigt werden«[116] könne und nannte dann erst die organischen Schäden der Tier- und Pflanzenwelt. Conwentz beklagte die ästhetischen Eingriffe in die Landschaft durch Industriebauten, Wasserkraftwerke oder Fabriken und plädierte für eine Industriearchitektur, die sich in vorgefundene Landschaftsbilder einzufügen habe. Sein Credo lautete: »Es ist keine Frage, daß die Industrie nicht um einen Schritt zurückgedrängt werden soll, um wissenschaftliche Denkwürdigkeiten und Schönheiten der Natur zu bewahren. Wenn aber die Industrie den Weg fand so gross zu werden, muss sie auch Mittel erfinden, allzu nachteilige Einwirkungen von der umgebenden Natur

113 Unter das Kapitel »Aus Mängeln der Erziehung« rubriziert er »Unvollständige Bildung« sowie »Unvollständige Fachkenntnis« und meint damit neben »Gleichgültigkeit und Unverstand, (...) Mangel an Herzensbildung und Roheit« sowie das Fehlen naturwissenschaftlicher Kenntnisse über die Bedeutung bestimmter Naturphänomene; vgl. Conwentz 1904a, S. 13ff.

114 Ebda., S. 69f.

115 Ebda., S. 70.

116 Ebda., S. 71.

fernzuhalten.«[117] Die Transformation von der Agrar- zur Industriegesellschaft wurde gleichsam als evolutives Naturschicksal hingenommen. Durch die Ästhetisierung der entstandenen Probleme wurde die Entzweiung moderner Naturbeziehungen in eine Natur, die unbegrenzt technisch-instrumentellen Zugriffen verfügbar sein sollte und einer solchen, die nicht-instrumentellen Beziehungen gegenüber offen blieb, nicht hinterfragt, sondern bestätigt. Es ging darum, die Wechselwirkungen zwischen Natur und Kultur so zu organisieren, daß zumindest denkmalartig historische Entwicklungszustände der Natur präsent bleiben konnten. Conwentz problematisierte, wie ein Nebeneinander, nicht aber wie ein Miteinander von Natur und Industrie aussehen könnte, so daß zwangsläufig der Schutz der Natur zur puren Kompensation geriet. Deshalb freilich kann dem frühen Naturschutz kein mangelhaft ausgebildetes Problembewußtsein vorgehalten werden. Es korrespondierte nicht mit seiner konservierenden Aufgabe, Kompetenzen hinsichtlich der ökologischen Schädigung durch neue industrielle Praxen auszubilden. Wissen über die Auswirkungen neuer industrieller Nutzungsformen auf Natur waren ohnehin kaum zugänglich (wenn überhaupt existent), da der frühe Naturschutz als Anwalt des Überkommenen agierte, während Fragen der Belastung von Natur und Landschaft durch Urbanisierung und Industrialisierung den Naturwissenschaften, der Technik und der Hygiene überantwortet wurden.

Damit nahm Hugo Conwentz keinesfalls eine außergewöhnlich konforme Position gegenüber Staat und Wirtschaft ein. Auch wenn er als nüchterner Pragmatiker gerne gegen seine (ohnehin meist nur verbal) radikaleren Kritiker ausgespielt wird, spiegelt seine Haltung gegenüber dem industriellen Fortschritt einen im frühen Naturschutz weithin geteilten Konsens, an dem nur verhalten gerüttelt wurde. Selbst Hermann Löns eignet sich hier kaum zur Stilisierung als Antipode, unterschied er sich in seinen Kommentierungen der industriellen Entwicklung zwar bei passender Gelegenheit mitunter schon, aber dann eben doch wieder kaum von Conwentz:

»Im allgemeinen ist dieser Vorgang, der sich überall in der deutschen Heimat vollzieht, unvermeidlich. Man soll darüber nicht in weichliche Klagen ausbrechen; im Gegenteil, freuen soll man sich dessen, denn er beweist, wie unser gesamtes Wirtschaftsleben sich verbreitet und vertieft, ein schönes Zeichen dafür, welche Gesundheit, Kraft und welcher schöpferischer Mut in unserem Volke lebt und sich in fruchtbare Taten umsetzt. Selbstverständlich hat der Ungestüm, mit dem der Verkehr, die Industrie und der Handel seit einem halben Jahrhundert bei uns vorwärtsdrängen, allerlei Schäden im Gefolge, sowohl was die Volksseele anbetrifft, als auch hinsichtlich der Landschaft, der Pflanzenwelt und des Tierlebens. Da nun eine unverunstaltete Landschaft,

117 Ebda., S. 72.

eine bunte Pflanzenwelt und ein reiches Tierleben, ganz notwendige Mittel sind, um ein Volk frisch, gesund und fruchtbar an Leib und Seele zu erhalten, so ergibt sich ohne weiteres für jeden denkenden Menschen mit weitem Blick die Notwendigkeit, mit Rat und Tat dafür Sorge zu tragen, daß der wirtschaftliche Fortschritt nicht, wie so vielfach der Fall ist, in ganz unnützer Weise die Landschaft verhunzt, die Pflanzenwelt verringert und das Tierleben verdrängt.«[118]

Die Stellungnahmen aus den Naturschutzbewegungen zu industriellem Fortschritt ertönten keinesfalls unisono. Die Variationen an Einstellungen zu den Umbruchsprozessen der Zeit enthielten genauso fundamentale Verweigerung und Ablehnung vor allem in Zirkeln der Lebensreform und wiesen mitunter auch differenziertere Schattierungen auf. Dort aber, wo der Naturschutz sich reichsweit in Vereinen organisierte, wurde als Konsens zumeist die Auffassung geteilt, daß die technisch-industrielle Entwicklung grundsätzlich zu bejahen und lediglich hinsichtlich ihrer Schattenseiten abzumildern sei. Die kulturelle Praxis des Bewahrens avancierte dabei zu einer notwendigen Ergänzung des ökonomisch-technischen Fortschritts und wurde getragen von der Vorstellung, Naturschutz habe dessen Auswirkungen abfedernd zu steuern, nicht aber ihn in Frage zu stellen. Es ging in der Naturdenkmalpflege und noch akzentuierter im Heimatschutz primär um eine ästhetische Versöhnung von Moderne und natürlich-historischer Herkunft:

»Es wäre ein törichtes Mißverständnis, wenn damit verlangt wird, daß alles beim alten bliebe. Unmodern soll die lebende Generation nicht sein und in Uebertreibung einer guten Idee dem Fortschritt und der Kulturentwicklung hinderlich werden. Aber das kann und muß man verlangen, daß die Erweiterungen und Vergrößerungen der Städte, die Veränderungen, die durch Ausnutzung der Naturkräfte, durch Handel und Verkehr an dem Landschaftsbilde herbeigeführt werden, den Charakter der Städte und der Landschaft nicht umgestalten.«[119]

Da Wissen um ökologische Zusammenhänge kaum existierte und gleichzeitig der Glaube an vermeintliche Selbstheilungskräfte der Natur nahezu unbegrenzt war, artikulierte sich das Unbehagen an den Veränderungen der natürlichen Umwelt

---

118 Hermann Löns: Der Harzer Heimatspark, in Ders.: Nachgelassene Schriften. Hrsg. von Wilhelm Deimann, 1. Bd., Leipzig u. Hannover 1928, S. 429f. Löns wird in der Naturschutzgeschichte nicht nur gerne als früh völkisch gefärbter Naturschützer herangezogen, sondern auch als Gewährsperson für einen radikalökologischen Flügel, dem die Positionen der Naturdenkmalpflege viel zu defensiv erschienen. Indes scheint Löns in seinen Positionen wenig eindeutig gewesen zu sein, denn seine antimodernistischen Stellungnahmen lassen sich durchaus auch mit industrie- und fortschrittsfreundlichen Kommentaren kontrastieren; vgl. Hans Klose: Hermann Löns und seine Stellung im deutschen Naturschutz, in: Naturschutz, 20. Jg. (1939), Nr. 10, S. 209-213; Thomas Dupke: Mythos Löns. Heimat, Volk und Natur im Werk von Hermann Löns, Wiesbaden 1993, S. 276-291.

119 Arthur Glogau: Schutz des natürlichen Landschaftsbildes, in: G.F. Koch (Hrsg.): Hannoverland. Ein Buch der Heimatpflege, S. 26.

vor allem in ästhetischer Kritik. In dieser Frage existierten denn auch kaum Differenzen zwischen der kulturkonservativen Zivilisationskritik des Heimatschutzes, den wichtigsten Naturschutzvereinen, der staatlichen Naturdenkmalpflege und selbst modernen Exponenten der Neuen Sachlichkeit, denen gewiß kein nur retrospektiver Traditionalismus nachgesagt werden kann. In seinen »Richtlinien für ein Kunstamt« diktierte Adolf Loos kurz nach Ende des Ersten Weltkriegs als Grundsatz, was etliche Vertreter des Natur- oder Heimatschutzes wenige Jahre zuvor kaum anders formuliert hätten: »Bei Industrialisierung der Wasserfälle ist dafür zu sorgen, daß zeitweilig der Wasserfall durch die Ausschaltung des Betriebes seine natürliche Gestalt erhält. Die industriellen Anlagen sind so anzulegen, daß das Naturbild nicht gestört wird.«[120]

3.5 Netzwerke des Naturschutzes: Aus der Arbeit der »Staatlichen Stelle für Naturdenkmalpflege« 1906-1918

Unabhängig aller Schwierigkeiten, den Gegenstandsbereich der Naturdenkmalpflege präzise zu fassen, gelang es Hugo Conwentz innerhalb kurzer Zeit, eine solide institutionelle Infrastruktur aufzubauen, wie sie weitgehend seinen in der Denkschrift skizzierten Vorstellungen entsprach. Noch vor Übersiedlung der »Staatlichen Stelle« nach Berlin 1910 und ihrer Eröffnung im Februar 1911[121] wurde unter der Regie von Conwentz der Aufbau eines Netzwerks aus Orts-, Landschafts-, Bezirks- und Provinzialkomitees für Naturdenkmalpflege in Preußen koordiniert.[122] Grundlage hierfür war ein Erlaß vom 30. Mai 1907 über »Grundsätze für die Förderung der Naturdenkmalpflege in den Provinzen«, welcher die »Grundsätze der Staatlichen Stelle« ergänzen sollte. Die gemeinsame Intention beider Erlasse faßte der preußische Kultusminister von Trott zusammen: »Ein Grundgedanke beider Erlasse ist, daß die Mittel zur Erhaltung einzelner Natur-

120 Adolf Loos: Richtlinien für ein Kunstamt, in: Der Friede III (1919), S. 236.

121 Vgl. Eröffnung der Staatlichen Stelle für Naturdenkmalpflege zu Berlin, im ehemaligen Botanischen Museum Grunewaldstraße 6/7, am 3. Februar 1911, in: Beiträge zur Naturdenkmalpflege, 2. Bd. (1912), S. 109-143. An der Eröffnungsfeier nahmen u.a. teil: Fürst Wilhelm von Hohenzollern, Rudolf Virchow, Wilhelm Wetekamp, Alfred Jentzsch, Henry Potonié und Friedrich Schmidt-Ott.

122 Zunächst Berichte zu den jeweiligen Geschäftsjahren, später Berichte der jährlich abgehaltenen Konferenzen zur Naturdenkmalpflege erschienen regelmäßig in den »Beiträgen zur Naturdenkmalpflege«.

denkmäler grundsätzlich nicht vom Staat, sondern von anderer Seite (Kommunalverbänden, Vereinen, Privatleuten) aufzubringen sind.«[123] Der Staat verfolgte auch mit Blick auf die Zusammensetzung der Komitees eine Doppelstrategie. Er sicherte sich einerseits Einfluß und vermied gleichzeitig unwägbare Verantwortlichkeiten: »Die Komitees werden im Wege freier Verständigung gebildet und setzen sich aus Vertretern der Behörden, wissenschaftlicher Anstalten und Vereine sowie aus interessierten Privatpersonen zusammen. Die Ämter sind Ehrenämter.«[124] Schon Ende 1908 existierten sechs Provinzialkomitees, sieben Bezirkskomitees, ein Landschaftskomitee und vier Ortskomitees, die teilweise über eigene Periodika verfügten.[125] Wurden die Provinzialkomitees in der Regel von Oberpräsidenten und die Bezirkskomitees von den Regierungspräsidenten geleitet, so oblag die Geschäftsführung in der Regel bei ehrenamtlich tätigen Personen, häufig Lehrern und Professoren, die enge Kontakte zu den Naturschutzvereinen hielten. Conwentz selbst war überaus um die Pflege der so in der Grauzone zwischen Staat und Gesellschaft entstehenden Naturschutzszene bemüht, reiste viel, warb vor Ort und gab Hilfestellung bei dem Aufbau lokaler und regionaler Organisationen.

Nach der Übersiedlung der »Staatlichen Stelle« von Danzig nach Berlin war Conwentz als hauptamtlicher Leiter im Range eines Geheimen Regierungsrats tätig.[126] Schwerpunkte der Tätigkeit bildeten Öffentlichkeitsarbeit (Veröffentlichungen, Vorträge etc.), Beratung in Konfliktfällen, Inventarisation und Ausweisung der Naturdenkmäler und Naturschutzgebiete wie 1907 des Plagefenn bei Chorin. Conwentz baute einen Stab aus professionellen und ehrenamtlichen Mitarbeitern auf. Aus diesem Stab sollten sich später führende Köpfe des Naturschutzes rekrutieren, die – wie Hans Klose oder Walther Schoenichen – die staat-

---

123 Brief des Ministers für geistliche und Unterrichtsangelegenheiten von Trott zu Solz »An Seine Majestät den Kaiser und König« vom 24. Mai 1910 GStAPK, I. HA, Rep. 89H, Geheimes Zivilkabinett, Nr. 20785, Bl. 115ff.

124 Bock 1910, S. 76.

125 Vgl. Organisation der Naturdenkmalpflege in Deutschland, in: Beiträge zur Naturdenkmalpflege, 2. Bd. (1912), S. 169-178.

126 Vgl. auch den Brief des Ministers für geistliche und Unterrichtsangelegenheiten von Trott zu Solz »An Seine Majestät den Kaiser und König« vom 24. Mai 1910, in: GStAPK, I. HA, Rep. 89H, Geheimes Zivilkabinett, Nr. 20785, Bl. 115ff. Dort schlug dieser die Ernennung von Conwentz zum hauptamtlichen Leiter der Staatlichen Stelle vor. Darüber hinaus wird in diesem Dokument nicht nur die institutionelle Entwicklung der staatlichen Naturdenkmalpflege geschildert. Es enthält vor allem eine ausführliche Würdigung von Conwentz aus ministerialer Perspektive. Außerdem gibt es Auskunft über die Akzeptanz und die ideelle Wertschätzung des Naturschutzes innerhalb der preußischen Regierung.

liche Naturschutzarbeit im Kaiserreich, während der Weimarer Republik, im Nationalsozialismus und noch in den Anfangsjahren der Bundesrepublik Deutschland federführend prägten. Das Selbstverständnis des staatlichen Naturschutzes als erzieherische Bewegung wurde nicht zuletzt dadurch unterstrichen, daß immer wieder Lehrer vom Schuldienst freigestellt wurden, die dann – wie Wilhelm Bock oder Hans Klose – für ein oder mehrere Jahre in Diensten der »Staatlichen Stelle« standen. Hans Klose war bereits 1903/04 als Assistent von Conwentz in Danzig tätig, trat als wissenschaftlicher Hilfsarbeiter von 1911 bis 1913 in den Dienst der »Staatlichen Stelle«, wirkte in der Weimarer Republik als Naturschutzkommissar in Brandenburg und sollte 1938 zum Nachfolger von Walther Schoenichen als Leiter der Reichsstelle für Naturschutz werden. 1914 wurde Franz Moewes (1856-1937) ständiger wissenschaftlicher Mitarbeiter. Für Fragen der Rechtsprechung gewann Conwentz als ehrenamtliche Mitarbeiter Hermann Rudorff, den Sohn von Ernst Rudorff, und nach dessen Tod 1916 Benno Wolf.

3.6 »Konwentzioneller« Naturschutz und »Naturdenkmälerchensarbeit«: Zeitgenössische Kritik am staatlichen Naturschutz

Der staatliche Naturschutz mußte seine Handlungsoptionen stets in den Kontext eines »allgemeinen Interesses« einbetten. Demgegenüber konnte der private Naturschutz mit seinem Selbstverständnis als Kulturbewegung weitergehendere Forderungen artikulieren. In der Frage, wie weit die staatlichen Eingriffsmöglichkeiten in Konfliktfällen reichen sollten, existierten bereits in der Frühphase des organisierten Naturschutzes offenkundige Differenzen zwischen der staatlichen Naturdenkmalpflege und bürgerlichen Vereinen. Als etwa Hermann Löns 1911 vor dem Lehrerverein in Bremen einen Vortrag über »Der Naturschutz und die Naturschutzphrase« hielt, identifizierte er den staatlichen Naturschutz als Erfüllungsgehilfen eines naturverachtenden Fortschritts:

»Seit einem Jahrzehnt wird beträchtlich viel über Naturschutz geredet und geschrieben oder vielmehr ›geschriftstellert‹; sieht man sich aber das Ergebnis etwas unbefangen an, so kommt nicht viel mehr als Null Komma Null Eins dabei heraus. Wir haben in Preußen eine Staatliche Stelle für Naturdenkmalpflege, wir haben in den Bundesstaaten ähnliche Einrichtungen, haben Provinzial- und Lokalausschüsse, haben allerlei schöne Vorträge und Broschüren amtlichen, halbamtlichen und nichtamtlichen Gepräges über den Naturschutz, haben Kongresse, auf denen lang und breit über Naturschutz geredet wird, haben Aufsätze in Zeitungen und Zeitschriften in Hülle und Fülle, aber besieht man sich das, was dabei herauskommt, mit nüchternen, kritischen Augen, so kommt man zu dem Schlusse: Jawohl, das haben wir, aber einen Naturschutz, den haben wir nicht!«[127]

Die Arbeit von Conwentz denunzierte Löns als »Naturdenkmälerchensarbeit«. Er beklagte, daß zuweilen »Naturdenkmalschützerei sogar zu Naturdenkmalverhunzung«[128] führe und kam insgesamt zu einer despektierlichen Bilanz:

»Geheimrat Konwentz hat seine unbestreitbaren Verdienste. Er hat, nachdem Professor Ernst Rudorff vor zwanzig Jahren seinen Weckruf ›Heimatschutz‹ erschallen ließ, den Naturschutz mundgerecht gemacht und ihn amtlich organisiert. Er hat es aber nicht verstanden, sich an der Spitze der Naturschutzbewegung zu behaupten, und als diese anfing, aus dem Schritt in den Trab und von diesem in Galopp und schließlich Karriere zu fallen, wurde ihm Angst und Bange, er lief nebenher und schrie ›Prrr‹ und blieb schließlich mißmutig zurück. (...) Anders als im Eilzugtempo und mit der größten, unbarmherzigsten und brutalsten Rücksichtslosigkeit darf die Naturschutzbewegung nicht vorgehen, denn es ist Großfeuer gemeldet.«[129]

Und: »Wir wissen nun, woran wir sind, wissen, was der amtliche Naturschutz in Preußen zu bedeuten hat. Er will nicht kulturell wirken, will nicht künstlerisch wirken, er treibt keinen Naturschutz für das gesamte Volk, sondern er verfügt ein bescheidenes, sehr bescheidenes Maß von Naturdenkmalpflege, damit den Museen und Instituten das Material nicht ausgehe und sämtliche staatlich angestellten Geologen, Zoologen und Botaniker infolgedessen in Pension geschickt werden müssen.«[130]

Die von Löns vorgetragene Kritik am politisch defensiven Naturschutz staatlicher Prägung blieb freilich eher die Ausnahme. Conwentz Leistung bestand eben darin, zwischen Staat und Vereinen ein Netzwerk ehrenamtlicher Naturschützer zu organisieren, welches das Gros der privaten Naturschützer eng an staatliche Institutionen band. Dennoch wurden bei aller verbaler Kraftmeierei in solcher Kritik elementare Fragen aufgeworfen: Wie war grundsätzlich das Verhältnis ökonomischer Belange und den Interessen an Naturbewahrung zu bewerten? War die Ökonomie der Natur unterzuordnen oder, umgekehrt, die Erhaltung von Einzelobjekten, Arten, Lebensgemeinschaften oder Landschaftsformationen der Entfaltung ökonomischen Fortschritts? Existierten hier klare Hierarchien, gar ein Verständnis, in welchem die einen oder anderen zu Repräsentanten eines »allgemeinen Interesses« wurden? Sollte sich Naturschutz als Interessenvertretung, als

---

127 Herman Löns: Der Naturschutz und die Naturschutzphrase, in: Der Waldfreund, 5. Jg. (1929), S. 4.

128 Ebda.

129 Ebda., S. 5.

130 Ebda.

politische und soziale Bewegung verstehen oder als staatliches Instrument, durch welches Folgen ökonomischer und technischer Modernisierung zumindest im Kleinen abgefedert werden konnten? Und: Welche juristischen und politischen Möglichkeiten sollte der staatliche Naturschutz zur Durchsetzung seiner Interessen erhalten?

Hugo Conwentz agierte in diesem Kräftefeld stets als Vertreter eines politisch defensiven Pragmatismus, der bei dem Versuch, Naturschutz institutionell zu etablieren, den Kompromiß hinnahm, ihn auf ein bescheidenes Behördenformat zurechtzustutzen. Das Selbstverständnis breiter Natur- und Heimatschutzkreise, als ganzheitlich orientierte kulturelle Erneuerungsbewegung zu wirken, teilte der naturwissenschaftlich geprägte Pragmatiker nicht. Er räumte ökonomischen Interessen den Vorrang ein und drang dann allerdings darauf, die einstige und nunmehr der Zerstörung ausgesetzte Vielfalt der Natur in einzelnen Individuen, Phänomenen und Natudenkmälern zu dokumentieren.

»Bei dem stetigen Fortschreiten der Kultur nahezu auf der ganzen Erde wird die Natur immer mehr in den Dienst des Menschen gestellt. Vom wirtschaftlichen Standpunkt ist es besonders erfreulich, und es bleibt zu wünschen, dass die Nutzung der Naturkräfte noch weiter zunehmen möchte. In anderer Beziehung ist es jedoch bedauerlich, dass somit hervorragende Teile der ursprünglichen Natur, wissenschaftliche Seltenheiten und ästhetische Denkwürdigkeiten beeinträchtigt, teilweise vernichtet werden.«[131]

Mit dieser Haltung rief Conwentz seine Kritiker auf den Plan. Gegenüber einem Staat, der wirtschaftliche Interessen weitgehend als »allgemeine« Interessen identifizierte, trug diese betuliche Politik der kleinen Schritte ganz sicher zur Etablierung des Naturschutzes bei. Die Bereitschaft des Staates, die Erhaltung von Natur und Landschaft als Aufgabe staatlicher Fürsorge anzuerkennen, war alles andere als selbstverständlich. Die Forderung, den Schutz der Natur höher als den Anspruch auf ihre Nutzung zu bewerten, wurde in Politik und Wirtschaft vielfach als Bedrohung erfahren. Auch in Naturschutzkreisen gab es präventive Übungen der Selbstzähmung und Selbstdisziplinierung, die auf eine gesetzliche Grundlage des Naturschutzes freiweg verzichten wollten, um den Primat der Ökonomie und das Recht an freier Verfügung über Privateigentum nicht zu gefährden. So warnte Fritz Graf von Schwerin als Präsident der »Deutschen Dendrologischen Gesell-

131 Hugo Conwentz: Die Erhaltung der Naturdenkmäler. Nach einem Vortrag, gehalten in der Gesamtsitzung der beiden wissenschaftlichen Hauptgruppen d. Ges. deutscher Naturforscher und Ärzte in Cassel am 23. September 1903. – Verhandlungen deutscher Naturforscher und Ärzte, Versammlung 75, Cassel 1903 [gedruckt Leipzig 1904], T.2, Hälfte 1, Naturw. Abt., S. 237f.

schaft« vor »Übertreibungen«: »Ein Gesetz, betreffend den Schutz der Naturdenkmäler, würde ich für sehr bedenklich halten; es wäre dies eine entschiedene Beeinträchtigung des freien Besitzes, Gesetze gegen das Vernichten bestimmter Pflanzen würden Melioration und Vergrößerung der Kultur unterbinden.«[132] Somit fühlte sich auch Conwentz regelmäßig bemüßigt, die allenfalls sekundären Interessen des Naturschutzes zu versichern:

»Hieraus soll nicht gefolgert werden, daß etwa alle Naturdenkmäler der verzeichneten Art zu erhalten sind, was selbst vom wissenschaftlichen Standpunkt nicht erforderlich wäre; vielmehr muß die äusserste Beschränkung obwalten, falls nicht die Durchführung der ganzen Idee in Frage gestellt werden soll. (...) Auch sonst würde es genügen, vielleicht in jeder Provinz ein paar Beispiele der verschiedenen Kategorien, welche dort vorkommen, zu sichern; sofern jedoch mehr Reservate eingerichtet werden können, ist es um so besser.«[133]

Hugo Conwentz hatte unterschiedliche Motive, Natur zu schützen. Zuallererst war er Naturwissenschaftler mit durchaus pädagogischen Neigungen, die bereits mit relativ zurückhaltenden Maßnahmen zu befriedigen waren: »Natürlicherweise wird niemand verlangen, dass der botanischen und zoologischen Denkwürdigkeiten wegen die gesamten Kulturarbeiten, welche die wirtschaftliche Lage der Gegend und des ganzen Landes zu heben bestimmt sind, eingeschränkt werden. Wohl aber ist zu wünschen, dass hier oder da ein einzelnes Moor vor jedem Eingriff des Menschen bewahrt und zu Studienzwecken erhalten bleibt.«[134] Weiterhin akzeptierte er ästhetische Motive zur Legitimierung des Naturschutzes, und auch diese schienen erfüllbar, ohne daß es radikale Nutzungsverbote gebraucht hätte, was Conwentz am Beispiel der industriellen Nutzung der Wasserkraft ausführte: »Selbstverständlich darf die Industrie im grossen Ganzen bei der Verwendung solcher Naturkräfte keineswegs beschränkt werden; aber bisweilen ist es doch möglich die Fabrikanlagen so auszuführen, dass die Schönheit der Natur ganz oder nahezu unbeeinträchtigt bleibt.«[135]

Der Staat zeigte trotz ideeller Unterstützung keinerlei Bereitschaft, für den Schutz der Natur finanzielle Verantwortungen zu übernehmen, so daß die Aufgaben der »Staatlichen Stelle« vorerst lediglich als beratende und pädagogische skizziert wurden. Dabei sollte sie vor allem zwischen den Interessen privater Natur-

132 Fritz Graf von Schwerin: Übertreibungen und falsche Wege zum Schutz der Naturdenkmäler, in: Mitteilungen der Deutschen Dendrologischen Gesellschaft, 15. Jg. (1906), S. 122f.

133 Conwentz: Entwurf einer staatlichen Organisation zur Erhaltung der Naturdenkmäler, Staatsbibliothek Preußischer Kulturbesitz, Nachlaß Hugo Conwentz, Kasten 11.

134 Conwentz 1904a, S. 53.

135 Ebda., S. 73f.

schutzvereine und der Industrie, sowie der Forst- und Landwirtschaft vermitteln, wie 1906 durch § 3 der »Verwaltungsordnung der Staatlichen Stelle für Naturdenkmalpflege« festgelegt wurde:

»Hiernach wird die Tätigkeit der Staatlichen Stelle wesentlich eine aufklärende und anregende sein. Die Erhaltung der einzelnen Naturdenkmäler selbst muß den Beteiligten überlassen bleiben, wie denn auch Fonds für derartige Zwecke der Staatlichen Stelle nicht zur Verfügung stehen. Auch wird sich die Staatliche Stelle für Naturdenkmalpflege angelegen sein lassen, die auf die Erhaltung der Naturdenkmäler gerichteten Bestrebungen in gesunden Bahnen zu erhalten und vor Übertreibungen zu bewahren.«[136]

Die Kardinalfrage stellte sich in allen Auseinandersetzungen um das Selbstverständnis des Naturschutzes als die Eigentumsfrage. Für die Protagonisten des Naturschutzes waren Natur und Naturobjekte ideale Güter der Kulturnation. Während Industrie, Land- und Forstwirtschaft egoistische, in jedem Falle individuelle Interessen verfolgten, erschien ihnen der Schutz der Natur als ein Interesse der Allgemeinheit. Umgekehrt verstanden sich freilich auch die Vertreter von Industrie, Land- und Forstwirtschaft als Repräsentanten eines allgemeinen Interesses. In der Frage, inwieweit Naturschutzinteressen gegenüber privaten Eigentumsinteressen dominieren dürften, positionierte sich der staatliche Naturschutz eher vermittelnd:

»Selbstverständlich sind aber Maßnahmen der bezeichneten Art nur zulässig, soweit es unbeschadet der Wirtschaftlichkeit des Wege- und Grabennetzes und der einzelnen Abfindungspläne geschehen kann oder soweit die dadurch Betroffenen sich damit einverstanden erklären. Die oben genannte Tätigkeit der Generalkommissionen greift der Regel nach tief in die Grundeigentumsverhältnisse des einzelnen und in den landschaftlichen Charakter der betroffenen Feldmark ein; das wird nicht allein von den nächst Beteiligten, sondern wiederholt auch von Fernstehenden unangenehm empfunden. Wenn aber die Generalkommissionen sich gegenwärtig halten, daß es bei ihrer Tätigkeit nicht allein darauf ankommen kann, materielle Güter zu schaffen, sondern daß sie gleichzeitig ideale Ziele zu verfolgen und daß sie auch das persönliche Empfinden des einzelnen möglichst zu schonen haben, so wird das nicht unwesentlich dazu beitragen, manche Persönlichkeiten und manche Kreise mit ihrer Tätigkeit zu versöhnen, die dieser jetzt ablehnend gegenüberstehen.«[137]

136 GStAPK, I. HA, Rep. 87B, Landwirtschaftsministerium, Nr. 3132 »Acta betreffend Konservation von Baudenkmälern, Naturdenkmälern etc., 28. März 1906 - Januar 1909, Bl. 7-10.

137 Anonymus: Naturdenkmalpflege in Preußen, in: Dorfzeitung, 13. Juli 1907.

3.7 Das Tabu des Eigentums: Zum Scheitern der Initiative für ein preußisches Gesetz der Naturdenkmalpflege

Die Frage des Eigentumsrechts erwies sich als Schlüsselfrage des staatlichen Naturschutzes.[138] Einerseits ging es bei der Frage, inwieweit der Staat die Handlungsmöglichkeiten des Privatmenschen einschränken dürfe, um ein grundsätzliches Problem zwischen Individuum und Gesellschaft. Andererseits drängte die Klassifizierung bewahrenswerter Natur als Allgemeinbesitz, als öffentlich verfügbares Gut und kollektives Identitätsreservoir auf ein Bekenntnis des Staates, inwieweit der Naturschutz als Angelegenheit des Gemeinwohls und als Träger verbindlicher Werte der Gesellschaft zu identifizieren sei. Das Spannungsfeld zwischen staatlicher Reglementierung und individueller Freiheit entfaltete auch in den Diskussionen um die Kompetenzen der Naturdenkmalpflege emotionales Reizpotential und beförderte Ängste, deren Kultivierung bestens geeignet schien, den Naturschutz klein zu halten. An der Frage, ob und wie weit der Staat im Interesse des Naturschutzes in die Eigentumsrechte Privater eingreifen dürfe, scheiterten denn auch während des Kaiserreichs Versuche, die Naturdenkmalpflege in Preußen auf eine verbindliche rechtliche Grundlage zu stellen. Als juristische Instrumente, Eingriffe in die Landschaft partiell zu regulieren, boten zwar neben kommunalen Verordnungen, Verwaltungs- und Polizeivorschriften vor allem die preußischen Verunstaltungsgesetze von 1902 und 1907 eine gewisse Handhabe.[139] Allerdings eröffneten beide nur eingeschränkte Handlungsmöglichkeiten für einen ästhetischen Bestandsschutz des Landschaftsbildes gegen bauliche Eingriffe. Während jenes von 1902 gegen das Reklamewesen in der offenen Landschaft zielte, ging es beim »Gesetz gegen die Verunstaltung von Ortschaften und landschaftlich hervorragenden Gegenden vom 15. Juli 1907« vor allem um den Schutz von Dorf- und Landschaftsbildern gegen gravierende bauliche Veränderungen. Die Interessen der Naturdenkmalpflege und des Naturschutzes waren damit nur partiell vertreten.

138 Zur analogen Problemstellung in der Denkmalpflege vgl. Winfried Speitkamp: Die Verwaltung der Geschichte. Denkmalpflege und Staat 1871-1933, Göttingen 1996, S. 365-393; Ders.: Eigentum, Heimatschutz und Denkmalpflege in Deutschland seit dem ausgehenden 19. Jahrhundert, in: Hannes Siegrist u. David Sugarman (Hrsg.): Eigentum im internationalen Vergleich. 18.-20. Jahrhundert, Göttingen 1999, S. 209-224.

139 Eingehender werden die Verunstaltungsgesetze in dem Teil über Heimat und Landschaft erläutert.

Demgegenüber hatte Hugo Conwentz bereits 1904 in seiner Denkschrift und auch schon zuvor die Forderung nach einer gesetzlichen Grundlage der Naturdenkmalpflege erhoben. Um die Unversehrtheit der Naturdenkmäler zu gewährleisten, wollte er die Kompetenzen der Polizeibehörden erweitern. Explizit avisierte Conwentz außerdem die Möglichkeit der Enteignung: »Ein Gesetz in dieser oder ähnlicher Form ist erforderlich, um die Naturdenkmalpflege ganz zu verwirklichen.«[140] Was die rechtlichen Möglichkeiten betraf, zählte Preußen nicht zur Avantgarde unter den deutschen Bundesstaaten. In Hessen war bereits mit dem 1. Oktober 1902 ein Denkmalschutzgesetz in Kraft getreten, das ausdrücklich auch den Schutz der Naturdenkmäler berücksichtigte. Diese wurden definiert als: »Natürliche Bildungen der Erdoberfläche, wie Wasserläufe, Felsen, Bäume u. dgl., deren Erhaltung aus geschichtlichen oder naturgeschichtlichen Rücksichten auf landschaftliche Schönheit oder Eigenart im öffentlichen Interesse liegt.«[141] Ins Blickfeld geriet dabei nicht nur das einzelne Naturobjekt, sondern auch dessen Umgebung. Schutzmaßnahmen sahen vor, daß Arbeiten, welche die Existenz eines Naturdenkmals gefährdeten oder dessen Umgebung verunstalteten, nur mit Genehmigung der Kreisbehörden durchgeführt werden durften. Wurde die Genehmigung versagt, konnte der Eigentümer Entschädigung verlangen bzw. sein Eigentum gegen Entschädigung dem Staat übertragen.

Solche Eingriffe in die Eigentumsrechte wurden als Angriff gegen die liberale Wirtschaftsordnung quittiert und schürten in Preußen die Skepsis gegen ein Gesetz zum Schutz der Naturdenkmäler. Die Conwentzschen Anregungen für Preußen wurden 1912 durch Gesetzesinitiativen der Abgeordneten Aronsohn und Wenke (Fortschrittliche Volks-Partei) aufgegriffen. In zwei Parlamentsdebatten im »Haus der Abgeordneten« wurden die rechtlichen Möglichkeiten zur Stärkung der Naturdenkmalpflege erörtert. Nachdem der Antrag auf Ausarbeitung eines Gesetzes im Frühjahr zunächst breite Zustimmung erfahren hatte, wurde er an die Agrarkommission gegeben. Bei der erneuten Vorlage im Parlament stellte sich dann allerdings heraus, daß die anfänglich parteiübergreifende Koalition hinter den Kulissen auseinandergebrochen war. Die Initiative scheiterte wesentlich am Widerstand konservativer Abgeordneter, die einen zu tiefen Eingriff in die Eigentumsrechte befürchteten. Einerseits also signalisierte die zunächst parteiübergreifende Zustimmung, daß die Idee der Naturdenkmalpflege von breiten politischen Strömungen getragen wurde. Die Ablehnung im Dezember 1912 zeigte aber an-

140 Conwentz 1904a, S. 189.

141 Zit. n. Gottfried Eigner: Über den Schutz der Naturdenkmäler und insbesondere der Flora unter besonderer Berücksichtigung der bayerischen Rechtsverhältnisse, München 1904, S. 15.

dererseits, wie nachhaltig der Primat der Ökonomie in möglichen Interessenkonflikten akzeptiert wurde.

Im »Haus der Abgeordneten« beantragte am 27. März 1912 der Abgeordnete Wenke (Fortschrittliche Volkspartei), die Regierung möge einen Gesetzesentwurf zum Schutz der Naturdenkmäler ausarbeiten. Er würdigte zwar, daß mit den preußischen Verunstaltungsgesetzen aus den Jahren 1902 und 1907 einiges in Sachen Heimatschutz erreicht worden sei. Für die Belange der Naturdenkmalpflege seien diese Gesetze allerdings untauglich, weil sie lediglich Handlungsanleitungen im Falle baulicher Veränderungen lieferten. Wenke räumte ein, daß der Begriff des Naturdenkmals unpräzise sei, würdigte aber grundsätzlich die Arbeit der staatlichen Naturdenkmalpflege in Preußen. Allerdings, so sein Einwand: Diese Arbeit könne sich kaum angemessen entfalten, da keinerlei finanzielle Mittel zum Ankauf bedrohter Naturdenkmäler zur Verfügung stünden. Außerdem habe der Staat gegenüber konkurrierenden Wirtschaftsinteressen keine rechtlichen Regulierungsmöglichkeiten. Und solcher bedürfe es für einen effektiven Naturschutz. Damit hatte Wenke neuralgische Fragen des Eigentumsrechts angesprochen: »Meine Herren, wenn wir ein Gesetz zum Schutze der Naturdenkmäler fordern, so sind wir uns klar darüber, daß ein solches Gesetz in gewissem Maße einen Eingriff in das Eigentumsrecht bilden würde. Der Einzelne würde daran gehindert werden, sein Eigentum wirtschaftlich so auszunützen, wie er es vielleicht gern möchte.«[142]

Ebenso versicherte der nationalliberale Abgeordnete Fritz Ecker (1859-1924), Landrat in Winsen und engagierter Protagonist des geplanten Naturschutzparks in der Lüneburger Heide, auch seine »politischen Freunde sehen in dem Schutz der Natur eine der vornehmsten Aufgaben der Gegenwart und sind bereit, alle Bestrebungen, die hierauf hinzielen, tunlichst zu fördern.«[143] Er plädierte für eine Kompetenzerweiterung der »Staatlichen Stelle« und forderte eine Verbesserung ihrer finanziellen Ausstattung. Für die Naturschutzbewegung insgesamt forderte er mehr staatliche Unterstützung:

»Meine Herren, wir haben es mit einer Bewegung zu tun, die schon seit Jahrzehnten ins Leben getreten ist und sehr in die Tiefe geht. Sie bedeutet die Reaktion gegen den Materialismus, der sich auf Grund unserer beispiellosen wirtschaftlichen Entwicklung gezeigt hat. Es genügt nicht, um ein Volk glücklich zu machen, daß man Milliarden auf Milliarden häuft, man muß auch die Ideale pflegen.«[144]

---

142 Stenographische Berichte über die Verhandlungen des Preußischen Hauses der Abgeordneten, 21. Legislaturperiode, V. Session, Bd. 3, Berlin 1912, Sp. 3678.

143 Ebda., Sp. 3680.

144 Ebda., Sp. 3683.

Während der Abgeordnete Hauptmann (Zentrum) gleichfalls Sympathien für den Gesetzesantrag signalisierte, machte sein Parteifreund Freiherr von Wolff-Metternich deutliche Einschränkungen. Im Naturschutz solle stärker auf Belehrung und Aufklärung gesetzt und auf die Gesetzgebung als »gröbstes Geschütz« verzichtet werden. Für die Sozialdemokratie signalisierte Karl Liebknecht dagegen uneingeschränkte Unterstützung:

»Es ist ein großes Gut, daß wir zu schützen haben, wenn wir verhindern wollen, daß in der Verwüstung unserer Natur weiter fortgefahren wird. Durch unsere moderne wirtschaftliche Entwicklung ist ja unserer Natur so mancherlei Unnatürliches an Lebensbedingungen aufgezwungen worden, was ganz von selbst eine weitgehende Vernichtung von Naturwerten mechanisch im Gefolge hat, die niemals wieder geschaffen werden können.«[145]

Nach diesen parteiübergreifenden Sympathieerklärungen für die Ziele der Naturdenkmalpflege wurde der Antrag zur Ausarbeitung an die Agrarkommission überwiesen.

Trotz der zunächst breiten Unterstützung nahm die Initiative allerdings eine unvorhergesehene Wende. Wenige Tage, bevor am 11. Dezember 1912 die Ergebnisse der Agrarkommission im »Haus der Abgeordneten« vorgetragen werden sollten, nahm sich auch die »5. Konferenz für Naturdenkmalpflege in Preußen« Fragen der gesetzlichen Regelung an. Bei dieser Gelegenheit wurde vorab öffentlich, daß die Agrarkommission nun doch auf Ablehnung des Antrags umgeschwenkt hatte.[146] In der Parlamentssitzung am 11. Dezember 1912 erläuterte der Abgeordnete von Wenden (Konservative) die Gründe für diesen Kurswechsel. Vor seinen Ausführungen freilich schickte er eine grundsätzliche Würdigung der Naturdenkmalpflege voraus: »Der Schutz aller dieser Herrlichkeiten der Natur ist ohne Zweifel eine hohe, ich möchte sagen, eine heilige Aufgabe des Volkes und des Staates, und ich würde mich freuen, wenn es der Weisheit der Königlichen Staatsregierung gelänge, ein Gesetz auszuarbeiten, welches den dauernden Schutz aller dieser Nationalschätze für alle Zeiten verbürgen könnte.«[147] Dann machte von Wenden deutlich, daß es die Eigentumsfrage war, an der die Initiative scheitern sollte: »Es würde doch im wesentlichen dabei auf Eigentumsbeschränkun-

145 Ebda., Sp. 3688.

146 Die Referate von Hans Klose über »Die bisherigen Maßnahmen und ihre Zulänglichkeit« und Benno Wolf über »Vorschläge zum gesetzlichen Schutz« sowie die anschließende Diskussion in: Beiträge zur Naturdenkmalpflege, 4. Bd. (1914), S. 10-43.

147 Stenographische Berichte über die Verhandlungen des Preußischen Hauses der Abgeordneten, 21. Legislaturperiode, V. Session, Bd. 7, Berlin 1912, 105. Sitzung am 11.12.1912, Sp. 8969.

gen ankommen und zwar auf Eigentumsbeschränkungen in einem sehr großen Umfange und in bezug auf enorme Werte. Es würden hier Entschädigungen zu zahlen sein in noch ganz unabsehbarer Höhe und es würden Werte abzuschätzen sein, die in Wirklichkeit gar nicht zu schätzen sind.«[148] Der Abgeordnete Wenke von der Fortschrittlichen Volkspartei grübelte daraufhin im Parlament über die Gründe, die trotz der anfänglich positiven und parteiübergreifenden Signale zum Umschwenken geführt hätten. Er jedenfalls habe den Eindruck gewonnen, »daß sich wohl zwischen den Plenarberatungen und der Kommissionsberatung gewisse Einflüsse geltend gemacht haben, und ich bin der Meinung, daß diese Einflüsse wohl im wesentlichen aus den Kreisen der Großgrundbesitzer hervorgegangen sind, die vielleicht gewisse Beschränkungen ihres Eigentums befürchten.«[149]

Auch Karl Liebknecht wünschte sich für die Sozialdemokratie einen »energischeren« Beschluß der Kommission, schließlich ginge es um unwiederbringliche Naturschätze:

»Wenn wir bedenken, welche Jahrhunderte lange, Jahrtausende lange Arbeit die Natur nötig gehabt hat, um die Naturdenkmäler zu schaffen, an denen sich Generationen erfreut haben, so läßt sich ohne weiteres ermessen, daß es auch allen Mitteln der Technik schlechterdings versagt sein muß, Zerstörungen, die vollbracht sind, aus der Welt zu schaffen. Wir können nicht, und wollten wir nach Goethens Worten Hebel und Schrauben ansetzen, die Natur zwingen, uns das wiederzugeben, was eine törichte Zerstörungslust, ein gefährlicher Egoismus mit kurzsichtiger Gewinnsucht in unserer Zeit ihr entrissen hat. Wir sehen, wie ein Verständnis für den Wert der Naturschätze erst in der neueren Zeit wieder in weiteren Kreisen eingetreten ist – nach der wilden Periode der Entwicklung unserer Industrie, unseres Verkehrs, in der alle anderen Interessen zurückgesetzt worden sind hinter dem einen Interesse des: Bereichert Euch! Enrichissez vous!, wo man gehöhnt hat über diejenigen, die die ästhetischen Werte zu schätzen und zu schützen suchten, als über Narren, die noch nicht genügend den Geist der Zeit verstanden hätten. Jetzt hat nach und nach eine gewisse Einkehr eingesetzt, wesentlich deshalb, weil die unermeßliche Bedeutung der Natur und ihrer Schätze für die Gesundheit der Bevölkerung in moralischer und geistiger, aber auch körperlicher Beziehung immer mehr erkannt worden ist.«[150]

Liebknecht beklagte den grassierenden Materialismus. Dabei wurde auch deutlich, wie ähnlich die Deutungsmuster der kulturkonservativen Kritik und der Linken waren. Das Verbindungsglied dabei war die von beiden Lagern geteilte Kapitalismuskritik:

»Wenn wir betrachten, wie die Landschaften aussehen, durch die wir mit der Eisenbahn fahren, besonders in der Nähe der großen Städte, da wird man oftmals geradezu von einem Ingrimm

148 Ebda.

149 Ebda., Sp. 8971.

150 Ebda., Sp. 8976.

erfüllt über die Rücksichtslosigkeit, mit der die schönsten Landschaften dem Reklamebedürfnis unserer kapitalistischen Kreise zum Opfer gebracht sind. Das ist eine Brutalität ohne Grenzen, und alle Versuche, in der Richtung einschränkend zu wirken, haben bisher nichts genützt.«[151]

Im Gegensatz zu den kulturkonservativen Kreisen teilte Liebknecht allerdings keinesfalls deren kategorische Zivilisationskritik. Deshalb wurde ihm der Schutz der Natur denn auch zu einer sozialen Pflicht des Staates:

»Das ist ein ungemein wichtiges Stück der sozialen Fürsorge; das geht an die Wurzeln der menschlichen Bedürfnisse, der körperlichen und psychischen Bedürfnisse heran. Die Frage ist ernst genug; soll das Menschengeschlecht besonders in den großen Städten nicht weiterhin verkrüppeln, geistig, moralisch und körperlich, so ist es mindestens so dringend wie in dieser Richtung hier vorzugehen, nach der Richtung Vorsorge zu treffen, die ich eben angedeutet habe, nämlich nach der Richtung, die Trennung zwischen Natur und Menschen wieder aufzuheben, die Menschen und die Natur einander zu nähern, damit die Menschen sich so dem Mutterboden der Natur wieder nähern können und in den Stand gesetzt werden, alle die Kräfte, die die enge Beziehung zur Natur allein dem Menschen verschaffen kann, wieder in sich aufzusaugen.«[152]

Anders als die staatliche Naturdenkmalpflege und der in Vereinen organisierte Naturschutz plädierte Liebknecht für weitestgehende Partizipationsmöglichkeiten aller sozialen Gruppen an der Natur:

»Ich möchte noch einmal darauf hinweisen: es genügt für uns nicht ein Schutz der Naturdenkmäler, es müssen vor allen Dingen die Naturdenkmäler dem Menschen zugänglich gemacht werden; nur dann können sie auch geschützt werden, weil nur dann die nötige Fühlung, das nötige Verständnis für diese Naturdenkmäler in der Menschheit erzeugt und erhalten werden kann.«[153]

Konservative, Nationalliberale und das Zentrum waren mehrheitlich gegen ein Gesetz für die Naturdenkmalpflege. In der Abstimmung wurde zwar die ausgearbeitete Resolution empfohlen, die »Staatsregierung möge auf vermehrten Schutz der Naturdenkmäler in geeigneter Weise Bedacht nehmen«.[154] Konfrontiert mit den Reizfragen des privaten Eigentums und den staatlichen Eingriffsmöglichkeiten hatte die Politik aber nicht etwa im Kulturideal der Naturbewahrung, sondern in wirtschaftlichen Interessen ein allgemeines Interesse identifiziert.

---

151 Ebda.

152 Ebda., Sp. 8978.

153 Ebda., Sp. 8983.

154 Ebda., Sp. 8985f.

3.8 Erhalten und Gestalten: Die staatliche Organisation des Naturschutzes außerhalb Preußens

Das Conwentzsche Modell der Naturdenkmalpflege, welches dem Naturschutz einen Platz zwischen staatlicher Verpflichtung und gesellschaftlicher Selbstorganisation zuwies, diente auch in anderen deutschen Einzelstaaten als Vorbild.[155]

Bayern

Mit dem Konzept einer »Naturpflege« signalisierte Bayern ein erweitertes Verständnis von Naturschutz, das die bloße Konservierung außermenschlicher Natur ergänzte um die Pflege und Gestaltung anthropogen geprägter Natur. Die Naturpflege in Bayern knüpfte zwar bewußt an den aus der Kunst- und Kulturdenkmalpflege entlehnten Begriff des Naturdenkmals an. Sie bettete diesen allerdings ein in ein umfassenderes ästhetisches und pädagogisches Programm, das vornehmlich auf Erhaltung landschaftlicher »Eigenart« und Ausbildung von Heimatbindung zielte. Der erste Geschäftsführer des 1905 gegründeten »Landesausschusses für Naturpflege« formulierte die Intentionen so:

»Die Aufgabe der Naturpflege ist es, darüber zu wachen, daß Bild und Inhalt der heimatlichen Natur vor entstellenden Veränderungen oder gar vor Zerstörung möglichst behütet werde. Ihr Augenmerk soll sich nicht auf die einzelnen Naturdenkmäler im engeren Sinne beschränken, sondern sich auf die Gesamtnatur, die Landschaft, erstrecken; (…) nicht die ›Schönheit‹ allein, die Eigenart vor allem ist zu schützen.«[156]

Dieses Konzept vertrat also explizit Anliegen der ästhetischen Reform, die in Dienst der Ausbildung regionaler Bindungen gestellt wurden. Ähnlich wie in Preußen erwies sich die Frage der gesellschaftlichen Selbstverortung der Naturpflege als schwierig, wie Gottfried Eigner andeutete:

»Über die Frage, auf welchem Wege der Natur der nötige Schutz gewährt werden soll, gehen aber die Ansichten noch weit auseinander. Auf der einen Seite hält man private Tätigkeit für ausreichend, auf der anderen Seite ruft man nach Staatshilfe, die bald nur in Verwaltungsmaßnahmen, bald in grundsätzlicher gesetzlicher Regelung des Naturdenkmalschutzes bestehen soll.«[157]

---

155 Eine Übersicht findet sich in Conwentz 1918, S. 1-16.

156 Bayerischer Landesausschuß für Naturpflege (Hrsg.): Einführung in die Geschäfte der Naturpflege, München 1913, S. 3f.

157 Gottfried Eigner: Naturpflege in Bayern (= Veröffentlichungen des Bayerischen Landesausschusses für Naturpflege, Nr. 3), München 1908, S. 67f.

So wurde, ähnlich wie in Preußen, auch durch die bayerische Naturpflege ein Netzwerk aus Einzelpersonen und lokalen Ausschüssen gewoben. Nachdem die bayerische Regierung eine Initiative des »Deutschen Alpenvereins« aufgegriffen hatte und im Oktober 1905 der »Landesausschuß für Naturpflege« ins Leben gerufen worden war, arbeiteten dort zunächst Vertreter von zwölf Vereinen mit, u.a. Delegierte aus Künstlervereinigungen, naturkundlichen Vereinen, dem »Isartalverein«, Ingenieurs- und Architektenverbänden, dem »Deutschen Alpenverein« sowie dem »Bayerischen Verein für Volkskunst und Volkskunde«. War in Preußen die Naturdenkmalpflege also in erster Linie als Fachterrain von Naturwissenschaftlern verstanden worden, so setzte Bayern explizit auf die Mitarbeit von Künstlern sowie von Ingenieuren und Architekten als Trägern des ökonomisch-gesellschaftlichen Wandels. Der Landesausschuß war ohne größere Kompetenzen ausgestattet:

»Der Landesausschuß bezeichnet als seine Aufgabe den Schutz derjenigen Naturgebilde Bayerns, deren Erhaltung einem hervorragenden idealen Interesse der Allgemeinheit entspricht, und sucht dieses Ziel zu erreichen a) durch Abgabe von Gutachten gegenüber den Behörden; b) durch möglichst umfangreiche selbständige Tätigkeit, namentlich durch Weckung und Verbreitung des Sinnes für Naturpflege in den weitesten Kreisen, geeignetes Eingreifen bei Bedrohung einzelner Naturgebilde, insbesondere durch Stellung von Anträgen bei den zuständigen Stellen und Behörden; c) durch Heranziehung gleichartiger Bestrebungen im Lande zu gemeinsamem Zusammenwirken.«[158]

Wie in Preußen wurde der Naturschutz in Bayern zwischen Staat und Gesellschaft plaziert. Die Naturpflege sollte im Falle von Nutzungskonflikten vermitteln, wobei der Staat finanzielle Verantwortlichkeiten rundweg ablehnte. Das dezentral organisierte Netzwerk aus Bezirks- und Kreisausschüssen rekrutierte sich aus ehrenamtlichen Naturschützern; anfallende Kosten suchte der bayerische Staat im Falle konkreter Konflikte auf die beteiligten Parteien abzuwälzen. Ansonsten wurde auf den »Gemeinsinn« verwiesen, welcher die Naturpflege tragen sollte. In der Institution einer Stiftung wurde das adäquate materielle Fundament für die Naturpflege gesehen.[159]

Als Grundsatz wurde festgeschrieben:

»Wenn Veränderungen an der Natur durch Menschenhand bevorstehen, dann hat die Tätigkeit der Naturpflege eine ausgleichende da zu sein, wo zwingende, namentlich wirtschaftliche Gründe eine unveränderte Erhaltung der Natur unmöglich machen – eine hindernde da, wo höhere Interessen für eine Veränderung entweder überhaupt nicht geltend zu machen sind, oder wo der zu befürchtende Schaden außer jedem Verhältnis zu dem erhofften Nutzen steht, oder endlich wo der

---

158 Ebda., S. 113.

159 Vgl. Bayerischer Landesausschuß für Naturpflege 1913, S. 12.

Zweck der Unternehmung ohne wesentliche Erschwerung auch auf andere Weise als durch eine Schädigung der Natur erreicht werden kann.«[160]

Auch in Bayern war man mit gesetzlichen Maßnahmen zurückhaltend und begründete dies mit den primär volkserzieherischen Aufgaben der Naturpflege: »Nicht also die äußerliche Beeinflussung durch den Zwang von Gebot und Verbot ist der wahre Grund, das letzte Ziel der Naturpflege, sondern die innerliche Heranbildung der Menschen zu einem förmlich instinktiv wirkenden Heimatgefühl.«[161]

Württemberg

Inspiriert von den naturdenkmalpflegerischen Aktivitäten in Preußen wurden auch im Königreich Württemberg unter Federführung des Kultusministers Karl von Fleischhauer (1852-1921) Überlegungen vorangetrieben, wie der Schutz der Natur auf eine systematische Grundlage gestellt werden könnte. Wie im Falle der bayerischen Naturpflege sollte sich der im Februar 1908 gegründete »Landesausschuß für Natur- und Heimatschutz« allerdings nicht nur der Naturdenkmalpflege widmen. Explizit wurde auch die Pflege und Gestaltung der Landschaft proklamiert, so daß die in Preußen separaten Handlungsfelder des Natur- und Heimatschutzes zusammengefaßt wurden. Naturschutz sollte sich nicht nur im Schutz des Überkommenen erschöpfen, sondern auch die kulturellen Faktoren der Umweltgestaltung integrieren. Die Klammer hierfür lieferte die Idee der Landschaft als physiognomische Ganzheit, die sich gleichberechtigt konstituierte durch natürliche Rahmenbedingungen und deren kultureller Überformung.

Zunächst war es vor allem die Königliche Forstdirektion, unter deren Regie sich seit 1902 Überlegungen vor allem auf die Erhaltung von Baumdenkmalen und den Schutz der Naturdenkmäler konzentrierten. Der Landeskonservator Eugen Gradmann drängte allerdings auf die Überwindung der orthodoxen Naturdenkmalpflege und verwies auf die gemeinsamen Motive von Natur- und Heimatschutz. In einer Stellungnahme vom 22. Dezember 1905 begrüßte Gradmann die Vorschläge der Forstdirektion, nutzte aber gleichzeitig die Gelegenheit, »noch umfassendere Wünsche im Sinne des neuerdings geforderten Heimatschutzes geltend zu machen. Das Ziel ist Erhaltung des Urwüchsigen, Heimischen und Malerischen in der Landschaft, soweit es die wirtschaftlichen Rücksichten irgend gestatten. In vielen Fällen wird es nur darauf ankommen, den Ausweg zu finden,

160 Ebda., S. 9.
161 Ebda., S. 5.

der die wirtschaftlichen Interessen mit den ästhetischen versöhnt; denn die Erhaltung der Naturschönheiten dient nicht nur der Ehre und der Annehmlichkeit des Volkes, sondern auch seiner Erziehung und seinem Nutzen.«[162] Gradmanns Zugang war also dezidiert ein ästhetischer und seine Visionen galten der Landschaft, so daß sich sein Arbeitsprogramm gliederte »nach den verschiedenen Elementen, welche die Schönheit und Eigenart der Landschaft ausmachen und der Wirkung des Menschen ausgesetzt sind.«[163] In die Liste der Aufgaben für einen beratenden Ausschuß, der »aus einigen technischen, naturwissenschaftlichen und künstlerischen Autoritäten in ehrenamtlicher Funktion, und Vertretern der beteiligten Vereine gebildet«[164] werden sollte, notierte er den Schutz der Gewässer vor Verunreinigung und Korrektur, die Erhaltung malerischer Felsen und geologischer Eigentümlichkeiten, die Einrichtung von Reservationen inklusive Nationalpark, Schutz der Landschaft vor Verschandelung durch das Reklamewesen, Verschönerungunsvereine, die Fremdenindustrie oder den Schutz für die »gepflegte Natur«, worunter er u.a. Weinberge, Wirtschaftswege, alte Brücken, Ruinen, Friedhöfe oder Feldwege zählte.

Anläßlich der 1906 und 1907 vorangetriebenen Planungen zur Gründung eines »Landesausschusses für Naturschutz« versuchte auch Ministerialrat von Reiff in seiner Stellungnahme für die »Abteilung für das Hochbauwesen« des Innenministeriums vom 20. August 1907 die avisierte Institution für Belange des Heimatschutzes zu reklamieren. Hier ging es nun explizit nicht mehr nur um das Bewahren und Verteidigen des Überlieferten, sondern um neuschöpfende Gestaltung von Landschaft. Seine Forderung, auch Künstler und Architekten in den Ausschuß zu entsenden, begleitete von Reiff mit dem Argument, daß sich die Schönheit von Landschaft nicht nur durch deren natürliche Basis, sondern auch durch die Handschrift des Menschen konstituiere:

»Die Schönheit einzelner Naturdenkmäler, Bauten, Baumgruppen, Terraingestaltungen und ganzer Landschaften kann vielmehr durch einzelne Bauten und Baugruppen gesteigert werden, wenn diese nach Umfang, Farbe und Form ihrer Umgebung richtig angepasst werden, und umgekehrt gewinnt die Schönheit eines Gebäudes, ganzer Strassen und Orte durch die sie umgebende Landschaft.«[165]

---

162 Stellungnahme Eugen Gradmanns für »Konservatorium und Staatssammlung vaterländischer Kunst- und Altertumsdenkmale zu den von der Forstdirektion vorgeschlagenen Maßregeln zur Naturdenkmalpflege«, 22. Dezember 1905, HStAS, E 151/07, Best. Nr. 570 II, Bl. 16.

163 Ebda.

164 Ebda.

165 Stellungnahme der Abteilung für das Hochbauwesen des Innenministeriums vom 20. August 1907, HStAS, E 151/07, Best. Nr. 570 I, Bl. 35.

Hieraus leitete er die Forderung ab, den Verantwortungsbereich des projektierten Ausschusses zu erweitern:

»Es fragt sich nun, ob nicht mit Rücksicht hierauf der Landesausschuss für Naturschutz, dem ebenfalls Künstler angehören sollen, nicht zu einem Landesausschuss für Heimatschutz oder für Naturschutz und Heimatkunst erweitert werden sollte, der alsdann in mehrere Unterausschüsse zu gliedern wäre, etwa für ästhetische Naturdenkmalpflege, naturgeschichtliche und naturwissenschaftliche Naturdenkmalpflege, für den Schutz der heimischen Tierwelt, für Baudenkmalpflege (...), für die Pflege heimischer Bauweise, d.h. Pflege der überlieferten ländlichen und bürgerlichen Bauweise, für den Schutz beweglicher Kunstdenkmäler, für Ausgrabungen und Funde.«[166]

In diesem Modell standen sich eine vom Menschen unabhängige Natur und die Sphäre des Kulturellen und historisch Gewordenen nicht mehr dichotomisch gegenüber. Angestrebt wurde deren Versöhnung in der Idee der Heimat.

Tatsächlich war den Interventionen Erfolg beschieden. Die lange vorbereitete Institution wurde im Februar 1908 unter Vorsitz des Kultusministers als »Landesausschuß für Natur- und Heimatschutz« gegründet, in dem nunmehr Vereins- und Behördenvertreter zusammenarbeiteten. Für sämtliche 64 Oberämter des Königreichs wurden Bezirksausschüsse eingerichtet und Bezirksobmänner ernannt. Wie 1911 in dem »Arbeitsplan des Württemb. Landesausschusses für Natur- und Heimatschutz« festgeschrieben wurde, sollte sich der Ausschuß gleichberechtigt Aufgaben des Natur- und Heimatschutzes widmen:

»Der Natur- und Heimatschutz will weder in rückschrittlichem Sinn das ›Alte‹ künstlich und unter allen Umständen behaupten und wiederherstellen auf Kosten des besseren Neuen; noch weitere Fortschritte und Errungenschaften der Neuzeit (in Bodenbewirtschaftung, Bauwesen, Verkehr, Industrie, Gewerbe, Technik u.s.w.) hemmen. – Er will vielmehr, im Geiste besonnener Mäßigung, nur schädliche Nebenwirkungen, Begleiterscheinungen und Auswüchse einer hochgesteigerten wirtschaftlichen Entwicklung verhüten, – unnötigen Zerstörungen an bisherigen Heimatwerten vorbeugen – und, soweit ohne erhebliche Opfer und billigerweise möglich, die Forderungen des Fortschrittes in Einklang bringen mit den Rücksichten auf die Erhaltung heimischer Eigenart, Schönheit, Merkwürdigkeit und Ehrwürdigkeit in allen Natur- und Kulturgebieten.«[167]

Diese Öffnung des Landesausschusses war auch Reflex auf die Kritik am Conwentzschen Modell einer sich primär wissenschaftlich legitimierenden Naturdenkmalpflege. Dieser retrospektiv orientierten Schutzpraxis wurde ein prospektives Anliegen gegenübergestellt. Es ging um die Gestaltung des Künftigen, um eine moderate, die natürlichen und historisch gewordenen Rahmenbedingungen respektierende Transformation der Tradition in eine moderne Welt. Das hohe theo-

---

166 Ebda.

167 Gedruckte Broschüre »Arbeitsplan des Württemb. Landesausschusses für Natur- und Heimatschutz«, o.O. u. o.J. [Stuttgart 1911], S. 1f.

retische Reflexionsniveau, von dem die Planungen zu diesem Landesausschuß getragen wurden, stand dann allerdings kraß im Gegensatz zur Inkonsistenz seiner praktischen Arbeit. Die preußische Naturdenkmalpflege zeichnete sich trotz aller Unschärfen des Naturdenkmalbegriffs durch eine relativ präzise Beschreibung ihrer Handlungsfelder aus. Demgegenüber konnte der württembergische »Landesausschuß« kein prägnantes Problembewußtsein darüber ausbilden, wie welche Gefährdungen der Natur korrigiert und reguliert werden sollten. Sein Aufgabenfeld erwies sich als zuweilen willkürlich erscheinendes Sammelsurium lokaler Konflikte, die im Gesamt kaum einen schlüssigen inhaltlichen Zusammenhang aufwiesen. Ein solcher war zwar im Arbeitsplan skizziert worden. Als Hauptsäule der Tätigkeit wurde dort zum einen der »Naturschutz im engeren Sinn« angeführt, worunter der Schutz geologischer, botanischer und zoologischer »Naturdenkmäler« angeführt wurde. Zum anderen sollte die Aufmerksamkeit dem »Landschaftsschutz im umfassendsten Sinn« gelten, worunter verstanden wurde: »Die Erhaltung, und, soweit ohne künstlichen Zwang möglich, Steigerung der Eigenart und Schönheit des gesamten heimischen Landschaftsbildes im weitesten Sinn, nach seiner natürlichen Gestaltung und geschichtlichen Entwicklung in Stadt und Land.«[168] In der Praxis freilich erwies sich das Engagement des beratenden Gremiums als wenig effektiv. Es widmete sich Problemen der Mückenbekämpfung, der Flurbereinigung, dem Schutz von Fledermäusen, suchte nach geeigneten Maßnahmen gegen die Ausrottung der Stechpalme oder arbeitete an übergreifenden Maßnahmen zum Schutz der Flora auf der Schwäbischen Alb. Diesen Naturschutzaufgaben stand jedoch die Dominanz heimatpflegerischer Tätigkeiten gegenüber: Auseinandersetzungen um die Tübinger Alleen, Ortsbildsatzungen, der Kampf gegen das Reklamewesen, Fragen der Stadtplanung oder Friedhofsgestaltung in württembergischen Kommunen, der Bau elektrischer Stromanlagen und Fernleitungen oder des ländlichen Bauens.[169] Und bisweilen war nicht mehr klar zu trennen, ob der Landesausschuß nun als Hüter der kulinarischen Moral, Wächter kultureller Identität oder als Instanz für den Schutz bedrohter Tiere agierte. In den Jahren 1912 und 1913 jedenfalls wurde das Ausschußmitglied Oberstudienrat Lampert mit Recherchen über die Ausmaße des Igelessens in Württemberg beauftragt. Lampert erfuhr dabei, daß das Igelessen unter »sog. fahrendem Volk und wohl infolgedessen auch in Gemeinden, wo in früherer Zeit fahrende Leute sich niedergelassen haben« praktiziert werde. Er

168 Ebda., S. 5.

169 Vgl. die Berichte in den seit 1911 von der Geschäftsstelle herausgegebenen Mitteilungen »Württembergischer Landesausschuß für Natur- und Heimatschutz«.

vermutete, das Igelessen werde »sicher heimlich betrieben, da die Igel keine übliche Speise bilden und auch auf dem Land Leute, welche Igel essen sich meist auch sonst keines besonderen Rufs erfreuen.«[170] Der Berichterstatter nannte die Orte, in denen Igel auf dem Speiseplan standen, eruierte die Ausmaße, die er maximal mit 500-600 Stück pro Jahr und Gemeinde bezifferte, referierte die Tötungspraxen und Zubereitungsmethoden, um sodann in der Frage möglicher Verbote unentschieden zu bleiben. Ausschlaggebend hierfür schien ihm nämlich die Frage der Nützlichkeit bzw. Schädlichkeit des Igels zu sein, und hierbei entzog sich der Igel einer eindeutigen Klassifizierung. Lampert entschloß sich schließlich für die Klassifizierung des Igels als Schädling, so daß er in der Frage des Schutzes zurückhaltend und in puncto kultureller Differenz liberal bleiben konnte: »Schließlich dünkt es mir auch nicht angezeigt, Leuten, welche Igel regelmäßig und wie es vielfach doch der Fall scheint, in nicht geringer Zahl als Nahrung benutzen, diesen eine billige Nahrungsquelle zu verstopfen, sofern die Tötung des Igels ohne Grausamkeit geschieht und nicht die Ausrottung desselben zu befürchten ist.«[171]

Sachsen und Baden

Während Preußen, Württemberg oder Bayern den Naturschutz in einer halbamtlichen Grauzone plazierten, gliederten ihn einige kleinere Staaten in den Dienstbereich einzelner Ministerien. Andere wiederum, wie Sachsen und Baden, überantworteten Aufgaben des Naturschutzes vollständig an private Vereine wie den »Landesverein Sächsischer Heimatschutz« bzw. den »Badischen Landesverein für Naturkunde«. Diesen Vereinen wurden in der Regel noch weniger exekutive Befugnisse übertragen als den halbamtlichen Ausschüssen, so daß auch ihr Engagement sich weitgehend in Inventarisierungsarbeiten einerseits sowie Beratungstätigkeiten andererseits erschöpfte. Daß die Arbeit Vereinen überantwortet wurde, garantierte keinesfalls eine kritische Staatsferne. Das Beispiel Sachsen weist eine enge Verschränkung von Regierungsbehörden und Heimatschutzbewegung auf. Der am 14. Juli 1908 gegründete »Landesverein Sächsischer Heimatschutz« unterteilte sein Engagement in drei Arbeitsfelder, die organisatorisch drei Abteilungen

170 Erlassung von gesetzlichen Bestimmungen zur Schonung des Igels, Bericht von Oberstudienrat Lampert vom 31. Juli 1912, HStAS, E 151/07, Best. Nr. 570 I, Bl. 154.

171 Verfolgung von Igeln, Erlaß von gesetzlichen Bestimmungen zum Schutze des Igels, Bericht von Oberstudienrat Lampert vom 18. Februar, HStAS, E 151/07, Best. Nr. 570 I, Bl. 161.

zugeordnet wurden: der »Bauberatungsstelle«, der Abteilung »Volkskunst und Industrie« sowie unter Vorsitz von Paul Schumann der Abteilung C »Naturschutz«. Deren Aufgabe bestand laut Satzung im »Schutz der landschaftlichen Natur, der einheimischen Tier- und Pflanzenwelt, sowie der geologischen Eigentümlichkeiten des Landes.«[172] Darunter verstand der Verein, der 1909 rund 15000 Mark und 1912 bereits 37000 Mark an staatlichen Zuschüssen kassierte:

»Schutz der bedrohten Tier- und Pflanzenwelt, sowie bemerkenswerter geologischer Vorkommnisse durch Schaffung von Schutzbezirken oder durch Ankauf, durch Aufklärung in Wort und Schrift. Inventarisierung der natur- und vorgeschichtlichen Denkmäler und deren Veröffentlichung. Lichtbildervorträge zur Aufklärung über die Aufgaben des Naturschutzes. Ermittlung und Schutz der Standorte seltener Tiere durch die zoologiekundigen Vertrauensmänner des Vereins. Schutz der Natur gegen Verunstaltungen aller Art.«[173]

Nach dem organisatorischen Vorbild des »Bundes Heimatschutz« waren auch im «Landesverein Sächsischer Heimatschutz« die Felder Architektur, Volkskunde und Naturschutz getrennt und doch gleichzeitig unter einem institutionellen Dach mit hauptamtlicher Geschäftsführung vereint. Das sächsische Bündnismodell zwischen Staat und privatem Verein wich zwar von anderen Einzelstaaten ab. Dennoch bildeten auch hier Öffentlichkeitsarbeit, Inventarisation und Feldforschung sowie Beratung und Einflußnahme bei Behörden die wichtigsten Aktivitäten. Die Naturschutzabteilung organisierte Ausstellungen und Vorträge. Sie trat nicht nur mit Naturschutznachrichten in den »Mitteilungen des Landesvereins Sächsischer Heimatschutz«, sondern auch mit eigenständigen Publikationen in die Öffentlichkeit. Bei Planung und Bau von Talsperren, Bergbahnen, Elektrizitätswerken, elektrischen Leitungen oder Straßen suchte sie ästhetische und ökologische Interessen des Naturschutzes geltend zu machen. Ein weiteres Tätigkeitsfeld bildete die Inventarisation und Erhaltung von erratischen Blöcken und Baumdenkmalen. Beim Schutz der Flora setzte man auf die Ausweisung von »Naturschutzbezirken«, die teilweise durch Pacht oder Kauf gesichert wurden. Um beim Schutz der Tierwelt verläßliche Entscheidungsgrundlagen für angemessene Schutzstrategien zu ermöglichen, organisierte die Naturschutzabteilung ein Netz aus Vertrauensmännern, die in ihren jeweiligen Beobachtungsgebieten faunistische Daten zu sammeln und gegebenenfalls Schutzmaßnahmen einzuleiten hatten. Gutachterlich wirkte die Naturschutzabteilung in Fällen von Flußverunreinigungen. Und schließlich agierte sie gegen das Reklamewesen in der

---

172 Die Aufgaben und das Arbeitsgebiet des Landesvereins Sächsischer Heimatschutz, in: Mitteilungen des Landesvereins Sächsischer Heimatschutz, 4. Jg. (1914/15), S. 14.

173 Ebda.

freien Natur.[174] Großen Einfluß übte der Landesverein bei der Gestaltung des am 10. März 1909 erlassenen »Gesetzes gegen die Verunstaltung von Stadt und Land«, das dem Schutz von Landschafts- und Ortsbildern galt.

Auch in Baden setzte die Regierung auf die Kompetenz der Vereine. Allerdings firmierte Naturschutz hier nicht wie in Sachsen unter dem Dach des Heimatschutzes. Kompetenzen wähnte man statt dessen bei einem naturkundlichen Verein, nämlich bei dem 1908 aus einem botanischen und einem zoologischen Verein hervorgegangenen »Badischen Landesverein für Naturkunde«. Nachdem das badische Kultusministerium im Juni 1909 mit der Bitte an ihn herangetreten war, »ob der Verein, in ähnlicher Weise wie dies seit einiger Zeit seitens des Oberrheinischen Bezirksvereins des Badischen Architekten- und Ingenieursvereins in Freiburg bei unseren Bestrebungen zur Förderung heimatlicher Bauweise geschieht, gegen Leistung eines entsprechenden staatlichen Zuschusses seine sachverständige Unterstützung bei der von uns in Aussicht genommenen Inventarisation und planmässigen Erhaltung der Naturdenkmäler zur Verfügung stellen will.«[175] Nach Zustimmung des Vereins setzte sich dieser zunächst das Ziel einer allgemeinen Inventarisation der Naturdenkmäler Badens. Neben »Weckung und Verbreitung des Sinnes für Naturbeobachtung und Naturpflege in weitesten Kreisen«[176] sollten auch gesetzliche Möglichkeiten zum Schutz von Tieren und Pflanzen sondiert und die Ausweisung von Naturschutzgebieten überprüft werden.

Anders als in Preußen, Bayern, Württemberg oder Sachsen, wo der Naturschutz sich auf eine solide institutionelle Basis stützen konnte, mußte in Baden allerdings erst Aufbauarbeit geleistet werden. In seiner Kammerrede vom 5. Februar 1910 verkündete der spätere Kultusminister Badens: »Wir werden also in Baden als Zentralstelle, die in Preußen eine Staatsstelle ist, den badischen Naturkundeverein benutzen und ihn entsprechend auch mit staatlichen Mitteln unterstützen.«[177] Diese staatlichen Zuschüsse an den 1913 umbenannten »Badischen Landesverein für Naturkunde und Naturschutz« fielen freilich mit 300 Mark 1911 und 500 Mark in den darauffolgenden Jahren so gering aus, daß effektive Naturschutzarbeit nur unter schwierigen Bedingungen geleistet werden konnte.

---

174 Die Beschreibung der Aktivitäten folgt dem IV. Jahresbericht der Naturschutzabteilung, in: Mitteilungen des Landesvereins Sächsischer Heimatschutz, 4. Bd. (1914/15), S. 177-182.

175 Zit. n. W: Meigen u. A. Schlatterer: Naturschutz in Baden, in: Mitteilungen des Badischen Landesvereins für Naturkunde, Nr. 242-244 (1909), S. 339.

176 Ebda., S. 342.

177 Zit. n. A. Schlatterer: Naturschutz-Fortschritte in Baden, in: Mitteilungen des Badischen Landesvereins für Naturkunde, Nr. 261-262 (1911), S. 77.

Insgesamt ergab sich aufgrund des föderativen Aufbaus des Deutschen Reiches ein heterogenes Bild des staatlichen Naturschutzes. Da die ineinander übergehenden Aufgaben der Naturdenkmalpflege, des Naturschutzes und des Heimatschutzes der Regelung der Einzelstaaten unterlagen, kam es im Kaiserreich nicht zu einer reichsweiten gesetzlichen Regelung. Möglichkeiten der Konfliktregulierung eröffnete vor allem der Weg der Administration, d.h. die Hilfe von Forst- oder Polizeiverordnungen. Auch einzelstaatliche Gesetze wie das hessische Denkmalsgesetz von 1902 oder die Verunstaltungsgesetze lieferten ansatzweise Möglichkeiten, Ansprüche auf Naturnutzung zu reglementieren. Sie zeigten andererseits aber auch unmißverständlich, wie unpräzise die Belange des Naturschutzes bislang formuliert worden waren. Auch die anderen deutschen Einzelstaaten kamen nicht am Conwentzschen Modell der staatlichen Organisation des Naturschutzes vorbei. Seine gegenüber Staat und Wirtschaft defensive Haltung beförderte die Bereitschaft, den Naturschutz institutionell zu verankern. Die Vorstellung einer vermittelnden Instanz, welche im Zweifelsfall den Primat der Ökonomie respektierte, private Eigentumsrechte unangetastet beließ und den Staat vor finanziellen Zumutungen schützte, führte auch außerhalb Preußens zu Organisationsformen zwischen staatlicher Verantwortung und gesellschaftlicher Selbstorganisation.

Inhaltlich leitete die Kritik am auf Ursprünglichkeit verpflichteten Begriff des Naturdenkmals die partielle Überwindung der Naturdenkmalpflege ein. Damit war nicht nur die Integration ästhetischer Begründungen der Naturbewahrung möglich, sondern auch die Ausbildung eines Problembewußtseins, das neben außermenschlicher Natur auch die anthropogen geprägte Landschaft ins Blickfeld rückte. Carl Johannes Fuchs als Vorstandsmitglied des »Bundes Heimatschutzes« beschrieb die schwelenden Differenzen zwischen Natur- und Heimatschutz:

»Dieser Naturschutz, wie Conwentz ihn versteht und in Preußen in hervorragender Weise organisiert hat, ist in Bezug auf seine Objekte nur ein Bestandteil des ganzen Heimatschutzes. (...) Aber die Motive und Zwecke sind – wie einmal klar ausgesprochen werden muß – grundverschieden. Sie sind rein wissenschaftliche (...), keineswegs künstlerische und allgemein kulturelle (...), daher auch die Neigung, sich bei ersteren mit kleineren ›Reservationen‹, d.h. einer Art von Museen zu begnügen – der Museumsgeist, der über dem Ganzen schwebt: ›ein Exemplar der Gattung genügt.«[178]

Hugo Conwentz, der selbst als (wenn auch immer wieder umstrittenes) Vorstandsmitglied im »Bund Heimatschutz« amtierte, wollte Heimatschutz und Naturdenkmalpflege dagegen institutionell strikt auseinanderhalten. Dadurch handelte

178 Heimatschutz, 6. Jg. (1910), S. 54f.

er sich einerseits Kritik vom Heimatschutz und aufgrund seiner politischen Zurückhaltung auch von Seiten des ehrenamtlichen Naturschutzes ein. Andererseits war Conwentz eines gewiß nicht abzustreiten: Erfolg im Detail und Anerkennung quer durch die bestehenden gesellschaftlichen und politischen Lager aufgrund seines nüchternen Pragmatismus. Selbst Kritiker aus den Reihen des Heimatschutzes mußten wie Ernst Rudorff, als er über die Erfolglosigkeit des »Bundes Heimatschutz« im Naturschutz rässonierte, eingestehen: »Demgegenüber hat Conwentz wirklich tüchtige Leistungen vorzuweisen, und den Stuttgartern gelingt es ein bedeutendes Stück Lüneburger Heide zu retten.«[179]

3.9 Der Schutz natürlicher »Eigenart«: Nationale und internationale Natur

Bereits zu Zeiten des Kaiserreiches kam es auf Gebieten des Heimat- und Naturschutzes zu transnationaler Kommunikation, zu internationalen Kooperationen und zur Verständigung auf internationalen Tagungen. Getragen von der Kritik an einer ästhetischen Verarmung der Umwelt, verstanden sich Organisationen wie die 1901 in Frankreich gegründete »Societé pour la Protection des Paysage de France« und der »Bund Heimatschutz« als Verbündete, die denn auch die gemeinsamen Anliegen auf gemeinsamen Tagungen wie dem »Congrès International pour la Protection des Paysages« 1909 in Paris oder auf dem internationalen Heimatschutzkongreß 1912 in Stuttgart koordinierten. Gemeinsamkeiten der jeweils national organisierten Bewegungen standen gleichfalls im Vordergrund, wenn es auf dem Feld des Vogelschutzes um international verbindliche Gesetzesregelungen ging. Auch einzelne Konzepte und Strategien wie die US-amerikanische Nationalparkidee oder die in Preußen konzipierte Naturdenkmalpflege wurden aus ihrem jeweiligen nationalen Entstehungskontext herausgelöst und erfuhren durch ihre breite Rezeption eine Internationalisierung, wobei sie freilich mit jeweils spezifischen nationalen Akzenten adaptiert werden sollten.[180]

---

179 Brief von Ernst Rudorff an Carl J. Fuchs vom 27. Juni 1911, in: Nachlaß Carl Johannes Fuchs, UB Tübingen, Handschriftenabteilung, Ma 875/298. Mit den »Stuttgartern« war der »Verein Naturschutzpark« gemeint.

180 Vgl. die grobe Übersicht in Hanno Henke: Grundzüge der geschichtlichen Entwicklung des internationalen Naturschutzes, in: Natur und Landschaft, 65. Jg. (1990), S. 106-112.

Über die Grenzen des Deutschen Reiches hinaus genoß Hugo Conwentz dabei als Nestor der Naturdenkmalpflege hohe Reputation und avancierte europaweit zu einem maßgeblichen Stichwortgeber. Er engagierte sich als international tätiger Vortragsredner, der in anderen europäischen Staaten Bemühungen um Naturschutz beobachtete und dessen Impulse vielerorts Resonanz erfuhren. Wenige Wochen, nachdem Conwentz im Januar 1904 vier Vorträge über Naturdenkmalpflege in Schweden gehalten hatte, forderte der schwedische Reichstag die Regierung auf, gesetzliche Möglichkeiten zum Schutz der Natur zu sondieren. Conwentz publizierte in internationalen Zeitschriften und wurde vielerorts übersetzt.[181] Er referierte 1904 in Utrecht vor der Botanischen Vereinigung der Niederlande, 1905 in Kopenhagen vor naturwissenschaftlichen Vereinen, 1906 in Wien, 1907 ebenfalls in Wien vor dem 8. Internationalen Kongreß für Land- und Forstwirtschaft, im August 1907 in Leicester und London, 1909 auf dem Ersten Internationalen Kongreß für Landschaftsschutz in Paris, 1913 vor der naturwissenschaftlichen Gesellschaft »Lotos« in Prag, in Wien, Brünn, auf dem 13. Kongreß russischer Naturforscher und Ärzte in Tiflis und im November auf der Internationalen Naturschutz-Konferenz in Bern sowie im Juli 1914 auf dem Baltischen Ingenieurskongreß in Malmö. Daß sich die Arbeit des preußischen und deutschen Naturschutzes an internationalen Zusammenhängen orientierte, signalisierte auch die Publikationspraxis der offiziellen »Beiträge zur Naturdenkmalpflege«, wo regelmäßig über Naturschutz in anderen Staaten berichtet wurde, so über Dänemark, Schweden, Norwegen, Italien, Spitzbergen, Japan, Neuseeland oder Rußland.

Naturschutz verstand sich selbst also als eine internationale Bewegung, die auf Symptome europäisch-westlicher Modernisierungsprozesse reagierte. Dennoch blieb er aus der Perspektive seiner deutschen Träger zuvorderst eine nationale Angelegenheit, die zwar auf internationale Regelungen drängte, ihren übergeordneten Sinn aber erst als Arbeit an der Nation erfüllte. Mit der Geste des Rettens und Bewahrens natürlicher und kultureller Vielfalt stemmten sich die Naturschutzbewegungen gegen die Entseelung, »Verflachung« und den Verfall einer nur mehr veräußerlichten Zivilisation. Deren Erneuerung bedurfte einer Rückbesinnung auf das Überlieferte, und diese natürlichen und kulturellen Herkunftsbestände wurden an das Volk als deren Träger gebunden. Anknüpfend an die Vorstellungswelt Wilhelm Heinrich Riehls, in der dieses Volk auf rohe und unzivilisierte Natur als innere Regenerationsquelle rekurrierte, erachteten die

181 Vgl. die Auflistung von insgesamt 262 Veröffentlichungen in Greta Conwentz: Bibliographia Conwentziana 1874-1922, in: Beiträge zur Naturdenkmalpflege, 9. Bd. (1923), S. 417-441.

Naturschützer der Jahrhundertwende die Rettung ursprünglicher Natur als Voraussetzung zur Erneuerung und Reinigung der Nation. Ob Hermann Löns den Schutz der Natur für die Gesunderhaltung der biologisch definierten Rasse proklamierte oder als »zielbewußte Vaterlandsliebe«[182] anstrebte, Ernst Rudorff die »Natur vor weiterer Verunglimpfung« schützen wollte, um »deutsches Volkstum ungeschwächt und unverdorben zu erhalten«[183] oder Hugo Conwentz in der Bewahrung eines natürlichen Erbes »die Freude und Anhänglichkeit an der Heimat mehren und so der Vaterlandsliebe ihre kräftigsten Stützen bereiten«[184] wollte – immer zielte die Rettung einer sakral überhöhten Natur auf die Erzeugung und Erhaltung eines nationalen Identitätsreservoirs. Die Suche nach und die Kenntlichmachung von Ursprung und »Eigenart« dienten dabei der Konstruktion und Vergewisserung nationaler Herkunft und Einzigartigkeit. Ein sorgsamer Umgang mit der natürlich-organischen Basis der Kultur erhob diese über andere Kulturen und Nationen, erschien die solchermaßen reflektierte Beziehung zur Natur doch als Signum gelungener kultureller Evolution.

Demgegenüber drängten vor Ausbruch des Ersten Weltkrieges andere Initiativen auf eine internationale Organisation des Naturschutzes. In deren Logik korrespondierten natürliche Gegebenheiten nicht mit kulturellen, nationalen und politischen Grenzen. Natur war hier weder an Volk, Nation noch Stamm gebunden, sondern erschien als universelles Gut. Es waren vor allem Bemühungen des Schweizer Zoologen, Ethnologen und Vorsitzenden des »Schweizerischen Bundes für Naturschutz« Paul Sarasin, die darauf zielten, die internationalen Naturschutzbemühungen in einem konsistenten Programm und einer kompetenten Institution zu bündeln. Zuerst hielt der Sproß der Basler Patrizierfamilie auf dem 8. Internationalen Zoologenkongreß in Graz 1910 ein Grundsatzreferat über »Weltnaturschutz«, in dem er angesichts der Verfolgung von Walen, Robben, afrikanischem Großwild und der Vogelwelt in den Kolonialländern die Einrichtung einer Weltnaturschutz-Kommission einforderte. Nachdem noch auf dem Grazer Kongreß ein provisorisches Komitee gegründet wurde, sollten drei Jahre vergehen, bevor im November 1913 in Bern die erste internationale Naturschutz-Konferenz tagte, an der offizielle Vertreter Argentiniens, Australiens, Belgiens, Dänemarks, Deutschlands, Englands, Frankreichs, Hollands, Italiens, Norwegens, Österreich-Ungarns, Portugals, Rußlands, Schwedens, der Schweiz, Spaniens und der USA teilnahmen. In seinem Eröffnungsreferat klagte Sarasin internationale Regelun-

182 Löns 1928, S. 385.
183 Rudorff 1897, S. 466.
184 Conwentz 1915b, S. 51.

gen ein, »denn wie die Natur keine politischen Grenzen kennt, so ist auch ihre Beschützung an keine staatlichen Bezirke gebunden; die lebendigen Schönheiten des Erdballs vor dem sie bedrohenden Untergange zu retten, ist die Aufgabe des nationalen sowohl als des internationalen Naturschutzes; aber der Wetteifer der Nationen soll auch in diesem Gebiete sich entflammen, und diejenige Nation, welche innerhalb ihrer Grenzen im Naturschutz Grosses schafft, wird auch eben damit im Weltnaturschutz Grosses geleistet haben.»[185] Sarasin subsummierte unter internationale Schutzmaßnahmen die weitere Popularisierung von Naturschutzideen, die Angleichung von Schutzbestimmungen insbesondere für wandernde Tierarten, den Schutz der höher entwickelten Tiere und die weltweite Einrichtung von Naturschutzgebieten und Nationalparks.

Und dann nobilitierte Sarasin eine Naturschutzaufgabe, »die wichtigste von allen, und zugleich die würdigste, (...) nämlich diese, die letzten der uns aufbewahrten Reste der primitiven Völkerstämme, der sogenannten Naturvölker, vor Ausrottung zu bewahren und der Nachwelt möglichst unbeeinflusst zu erhalten, können wir uns doch glücklich schätzen, daß ein günstiges Schicksal bis auf unsere Tage Menschenstämme erhalten hat, die nach Lebensweise und nach Denken und Empfinden, nach dem, was wir Ergologie oder Tatenlehre genannt haben, einen Durchgangszustand unserer eigenen Kultur darstellen, sodass, indem wir auf ihr Leben und Treiben hinblicken, wie von einem Turme herab unsere eigene Vergangenheit mit leiblichem Auge schauen. Wie wichtig erscheint also das Bestreben, solche Reste, welche wie durch ein Wunder unserem Planeten erhalten geblieben sind, in möglichst unberührter Reinheit der Wissenschaft, uns selbst und der Nachwelt zu sichern.«[186]

Diese Integration »primitiver Völker« in den Objektbereich zu bewahrender Natur wurde freilich auf der Berner Tagung von 1913 von der Mehrheit der Delegierten abgelehnt. Sarasins »anthropologischer Naturschutz« und damit die degradierende Naturalisierung fremder Kulturen präsentierte sich vor dem Hintergrund der Entzweiung moderner Naturbeziehungen als die andere Seite jener auf Ausbeutung und Vernichtung zielenden Beziehung europäischer Zivilisationen zu außereuropäischen Kulturen. Diese andere Seite der aggressiven Konfronta-

---

185 Paul Sarasin, Ueber die Aufgaben des Weltnaturschutzes. Denkschrift gelesen an der Delegiertenversammlung zur Weltnaturschutzkommission in Bern am 18. November 1913, Basel 1914, S. 5f.

186 Ebda., S. 54f. Ähnlich Carl Georg Schillings: Mit Blitzlicht und Büchse. Neue Beobachtungen und Erlebnisse in der Wildnis inmitten der Tierwelt von Äquatorial-Ostafrika, 2. Aufl., Leipzig 1905, S. 7f; Heerwagen 1909, S. 10-12.

tion der Kolonialstaaten Europas und der USA mit einfach organisierten Kulturen präsentiert sich auch hier als Impetus des Bewahrens.

»Die an Kultur niedrigsten Menschenstämme sind die wissenschaftlich wichtigsten, aber leider müssen wir von vorn herein mit Trauer feststellen, dass schon gewaltige Lücken in ihren Bestand gerissen worden sind, dass der weisse Mensch auch hier, wie in der Tierwelt, zerstörend aufgetreten ist, dass er ganze Stämme ausgeschlachtet hat, in wilder Mordgier, von Blut triefend. Ja, nicht nur ist Blut in Strömen vergossen worden bei der Ausrottung des Urmenschen, sondern es ist eine solche Summe von Qual jenen Schwächeren zugefügt worden, Leiden von solcher Furchtbarkeit, dass, wer die davon handelnden Berichte lesen muss, von diesen Vorstellungen wie von Gespenstern verfolgt wird.«[187]

Interessanterweise begründete Sarasin seine Schutzforderung nicht dadurch, daß er diesen Naturvölkern den Status des Animalischen zuwies. Wurden Schutz und Erhaltung von Tieren vom Naturschutz gängigerweise legitimiert, indem auf das Lebensrecht nichtmenschlicher Kreaturen im Gesamthaushalt der Natur verwiesen wurde (also gerade durch die Differenz von Mensch und Tier), ist es bei Sarasin die Identität von Mensch und Tier, welche die Naturvölker zum Bestandteil seines Weltnaturschutzprogramms werden läßt.

»Dass aber die Rettung dieser Menschenstämme vor Ausrottung ebensogut in das Pflichtenheft der Weltnaturschutzkommission gehört, wie die der anderen höheren Naturlebewesen, wird niemand bezweifeln, der weiss, wie eng das Band ist, das Mensch und Tier verknüpft, dass Mensch und Tier blutsverwandt sind und dass, wie neuere Erfahrungen lehren, dies nicht nur körperlich, sondern auch geistig in vollem Masse gilt. Wenn wir uns demnach bestreben, die tierischen Lebewesen vor dem Untergang zu retten, so müssen wir uns ebenfalls, ja erst recht dafür einsetzen, auch dem Naturmenschen, diesem edelsten aller freilebenden Naturgeschöpfe, tatkräftigen Schutz angedeihen lassen.«[188]

Bei dem deutschen Delegierten Hugo Conwentz stieß Sarasin nicht nur mit »der Erhaltung der anthropologischen Naturdenkmäler«[189], sondern auch mit seinen internationalistischen Positionen auf Ablehnung, denn dessen Verständnis von Naturschutz erfüllte sich nur, wenn dieser einem übergeordneten Ganzen, der Nation, zugewiesen wurde. Natur für sich erschien Conwentz noch nicht als Wert; erst der an eine Nation gebundenen Natur galt die Pietät des Bewahrens:

»Naturschutz ist im allgemeinen ein Teil des Heimatschutzes und stellt somit eine nationale Aufgabe dar. Nur unter dem nationalen Gesichtswinkel ist es möglich, diese Bestrebungen erfolgreich zu fördern: den Einzelnen wie die Gemeinde und die ganze Nation dafür zu interessieren, ein Stück der Natur für Gegenwart und Nachwelt zu erhalten. (...) Im großen ganzen kann nur das

187 Sarasin 1914, S. 55.
188 Ebda.
189 Ebda., S. 62.

eigene Land seine Naturdenkmäler ausfindig machen und schützen, wie es auch dazu berufen ist, seine Kunst- und Geschichtsdenkmäler zu schützen. (...) Die gesetzlichen und die verfassungsmäßigen Unterlagen weichen so außerordentlich voneinander ab, daß an eine einheitliche Regelung des Naturschutzes nicht gedacht werden kann. Überdies würde eine Erstreckung des Naturschutzes auf Gebiete fremder zivilisierter Staaten einen Eingriff in die Souveränität ihrer Gesetzgebung und Verwaltung darstellen und schon aus diesem Grunde unannehmbar sein.«[190]

Dennoch sah auch Conwentz die Notwendigkeit internationaler Zusammenarbeit. In seinem Grundsatzreferat erinnerte Preußens oberster staatlicher Naturdenkmalpfleger an diesbezüglich vorbildliche Initiativen und nannte die 1883 in Paris unterzeichnete internationale Vereinbarung zum Schutz der Robben im Behringsmeer, die internationale Konvention zum Schutz der in der Landwirtschaft nützlichen Vögel von 1895, die 1900 erlassene Konvention zur Erhaltung der Tiere in Afrika oder die Klauseln zum Schutz von Wäldern in Feindesland bei der Den Haager Friedenskonferenz von 1899. Conwentz plädierte trotz der Ablehnung internationaler Organisationen für die Einberufung einer internationalen Kommission von Fachleuten, die »internationale Fragen des Naturschutzes unter Wahrung wirtschaftlicher Interessen zu fördern und in Ländern, in denen es noch keinen Naturschutz gibt, anregend zu wirken« habe.[191] Als internationale Aufgaben benannte Conwentz:

»Schutz der Natur in herrenlosen Ländern (Spitzbergen, Antarktis usw.); Schutz der großen Säugetiere (Wale, Robben usw.) in den Weltmeeren; Schutz von Vogel- und Tierarten, soweit die Mitwirkung mehrerer Staaten dazu erforderlich ist, besonders auch Regelung des Handels mit Federn, Bälgen usw.; ebenso Regelung des Handels mit Gebirgspflanzen, soweit mehrere Staaten beteiligt sind.«[192]

Grundsätzlich allerdings verbat Conwentz sich die Einmischung der internationalen Kommission in nationale Angelegenheiten.

Vor Ausbruch des Ersten Weltkriegs existierten also unvereinbare Positionen zwischen Naturschutzideen, in denen Natur als nationales Gut erachtet wurde und solchen, in denen sie ein universelles Gut darstellte. Dazwischen war da allerdings auch noch der Standpunkt eines Natur- und Heimatrelativismus – auch wenn er als Einzelstimme weitgehend ungehört bleiben sollte. Im Kriegsjahr 1914 machte Fritz Koch als ehemaliger Geschäftsführer des »Bundes Heimatschutz« und Vorstand der »Stiftung Heimatschutz« aufmerksam auf das Thema »Heimat-

---

190 Hugo Conwentz: Über nationalen und internationalen Naturschutz. Rede bei der Internationalen Naturschutzkonferenz in Bern, am 18. November 1913, in: Aus der Natur, 10. Jg. (1914), S. 297.

191 Ebda., S. 299.

192 Ebda., S. 299f.

schutz und internationale Verständigung«. Er erinnerte an das Referat des preußischen Oberregierungsrates Münchgesang, der als Vertreter der deutschen Regierungen auf dem Internationalen Heimatschutzkongreß 1912 in Stuttgart »Heimatschutz und Internationalität«, die gemeinhin als »unüberbrückbarer Gegensatz« verstanden würden, zusammenbringen wollte – »Was geht es schließlich den Fremden an, wenn ich meine Heimat schützen will, wenn ich bemüht bin, ihre Eigenart zu erhalten?«[193] Diese Frage erwies sich alsbald als rhetorische, wenn er Differenz nicht als Bedrohung, sondern als Bereicherung begriff:

»Wenn wir selbst bemüht sind, unserer Heimat alles dasjenige zu erhalten, was sie uns in besonderem Maße lieb und wert macht, so werden wir andererseits verstehen, wie der politische Nachbar von demselben Gefühl beseelt ist, wie er bestrebt ist, seinem Lande seine Eigenart zu erhalten, sein Volk sicher zu stellen vor der Einwirkung fremder Individualität. Wenn wir so die Sache betrachten, dann werden wir mit Interesse und Respekt ohne Ueberhebung und ohne Voreingenommenheit fremde Art zu würdigen wissen. Es wird uns fern liegen, unsere Individualität einem fremden Volke aufdrängen zu wollen.«[194]

Unterdessen forcierte Paul Sarasin seine Bemühungen um einen Weltnaturschutz. Greifbares Ergebnis der Berner Konferenz von 1913 war die Umwandlung des provisorischen Komitees in eine »Beratende Kommission für Internationalen Naturschutz«, deren Sitz in Basel und deren vorläufiger Präsident Sarasin sein sollte. Zwei Delegierte pro Staat bzw. pro autonomer Kolonie sollten sich fortan mindestens alle drei Jahre über Fragen des Naturschutzes verständigen. Die Vorbereitungen Paul Sarasins zu der für den November 1914 geplanten ersten Delegiertenkonferenz in Basel liefen auf Hochtouren, als der Erste Weltkrieg ausbrach und diesen Bemühungen ein Ende setzte.

Der Rekurs auf Natur, der um 1900 einherging mit Bemühungen, die historisch gewordene Welt in ihrer natürlichen Integrität gegenüber den zerstörerischen Potentialen der Moderne zu verteidigen, ist also keinesfalls ein nur deutscher Reflex auf unverdauliche Begleiterscheinungen von Modernisierungsprozessen. Dennoch erhielt der deutsche Naturschutz schon vor 1914 eine spezifische Signatur. Markanter als andernorts erfuhr hier die romantische Zivilisationskritik eine nationalistische Färbung, durch die Natur zum Modell organologischer Gesellschaftsvorstellungen werden konnte, wo doch in ihr, so Ernst Rudorff, »recht eigentlich die Wurzeln des germanischen Wesens«[195] liegen. Auch der Naturschutz

---

193 Zit. n. Fritz Koch: Heimatschutz und internationale Verständigung, in: Korrespondenz des Verbandes für internationale Verständigung, 3. Jg. (1914), S. 10.

194 Ebda.

195 Rudorff 1880, S. 276.

des pragmatischen Hugo Conwentz verweigerte sich der Einbindung in internationale Reglements. So begann zwar in den Jahren vor dem Ersten Weltkrieg die langsame Internationalisierung des Naturschutzes. Die zaghaften Versuche aber wurden durch die Kriegsereignisse jäh unterbrochen. Nach Kriegsende konnte daran nicht nur auf lange Zeit nicht mehr angeknüpft werden. Während der Weimarer Republik gewannen die völkischen Strömungen im deutschen Naturschutz an Dominanz, so daß ohne nennenswerte Widerstände die agrarromantisch-restaurativen Utopien des Kaiserreichs geradewegs in den Blut- und Boden-Mythos des Nationalsozialismus überführt werden konnten.

4. Vereine und Verbände – Facetten der privaten Naturschutzarbeit im Kaiserreich

4.1 Staatliche Verpflichtung und gesellschaftliche Selbstorganisation

Die Geschichte der preußischen Naturdenkmalpflege ist eine Geschichte staatlicher Positionierungsversuche gegenüber den immer dringlicher vorgetragenen Forderungen nach dem Schutz von Natur und Landschaft. Um 1900 gewann die Vorstellung, daß eine schier unbegrenzte Nutzung der Natur das Gegengewicht einer bewahrenden Zuwendung bedürfe, gesellschaftliche Verbindlichkeit und wurde quer durch alle politischen Lager geteilt. Ein Reflex auf die Erfahrung der zerstörerischen Potentiale einer scheinbar unkontrolliert sich entfaltenden Zivilisation war die innerhalb kurzer Zeit vollzogene Ausbildung von staatlichen Institutionen der Naturdenkmalpflege. Der Phase der Hochindustrialisierung nach 1895 folgten unmittelbar nach 1900 massive Institutionalisierungs- und Verrechtlichungsprozesse, die einen gewachsenen Stellenwert des Naturschutzes in Staat und Gesellschaft signalisierten. Der Primat der Ökonomie blieb dabei weitgehend unangetastet. Eingriffe ins Eigentumsrecht waren genauso wie eine finanzielle Verantwortung des Staates gegenüber gefährdeten Natur- und Landschaftsbeständen tabu. Diese defensive Grundhaltung sollte sich als ein Konsens erweisen, der auch im privaten Naturschutz weithin respektiert wurde. Wenn aus den Reihen der sich um 1900 formierenden Vereine Kritik an staatlicher Zurückhaltung vorgetragen wurde, dann artikulierten sich diese Stimmen in der Regel aus der Peripherie der organisierten Naturschutzszene. Das Gros der Verbände aber setzte auf eine Zusammenarbeit mit dem Staat, und die Basis dieser Zusammenarbeit war die gemeinsame Sicht, daß Naturschutz allenfalls den Prozeß der technischen und gesellschaftlichen Modernisierung begleitend korrigieren, nicht aber in Frage stellen dürfe. Dieser Konsens ist auch das Ergebnis jener wohlkalkulierten Strategie, Naturschutz in der Grauzone zwischen staatlicher Verpflichtung und gesellschaftlicher Selbstorganisation anzusiedeln und den Vereinen amtliche oder halbamtliche Aufgaben zu übertragen. Indem sie in die staatliche Naturschutzarbeit eingebunden wurden, waren sie beeinflußbar geworden. Die Zusammenarbeit mit staatlichen Behörden verpflichtete sie auf einen Pragmatismus.

Die öffentliche Kommunikation über Natur, ihre Gefährdung und Möglichkeiten ihrer Erhaltung vollzog sich zwischen Staat, Wissenschaft und den Institutionen der gesellschaftlichen Selbstorganisation, die als Träger jener Werte und Ideen, die die gesellschaftliche Erneuerung beeinflussen sollten, auftraten. Im Naturschutz überlagerten sich staatliche und gesellschaftliche Impulse, wobei die Vereine einerseits an den Staat gebunden wurden, andererseits aber vehement auf die Ausbildung moderner Politikformen drängten, mit ihrer Öffentlichkeits- und Lobbyarbeit neue Mobilisierungsformen entwickelten und damit ihren Beitrag zur Demokratisierung der Gesellschaft leisteten. Die Vereine des Naturschutzes sind damit Indiz und Instrument gesellschaftlicher und kultureller Modernisierung zugleich, sie nahmen Teil an den Prozessen gesellschaftlicher Differenzierung und leisteten als Institutionen der Vergemeinschaftung und Vergesellschaftung ihren Beitrag, das Verhältnis von Individuum und Gesellschaft neu zu bestimmen und die gesellschaftlichen Entwicklungen so voranzutreiben, wie dies Franz Klein 1913 in einer ersten umfassenden soziologischen Studie zum modernen Organisationswesen beschrieb:

»Alles ist nun im Flusse: die Anschauungen, Gefühle, Zwecke und Bewertungen der einzelnen, das Denken und Urteilen über soziale Dinge, die politischen Ideen, Aufgaben und Mittel, alle Fragen der Volkswirtschaft, die Probleme und Methoden der Wissenschaft, Technik und Kunst. Die Organisationen sind eines der wichtigsten Mittel dieser Bewegungen und zugleich vielleicht ihr eigenartigstes Mittel geworden, sie sind mit der Evolution, in der wir uns befinden, ganz und gar eins, auch ihr Schicksal dürfte sich voraussichtlich hier entscheiden.«[196]

Und: »Die freien Organisationen sind ein Protest gegen die Annahme, daß die Dinge in der Gesellschaft oder Menschheit sich von selbst machen oder ausreichend und erschöpfend bloß von den offiziellen Organisationen der Gesamtheit hergestellt werden können. Sie sind das Mittel der an der Zivilisation bewußt und freiwillig arbeitenden Privatpersonen und Ausdruck der Überzeugung, daß solches Mitarbeiten der einzelnen unerläßlich ist.«[197]

---

196 Franz Klein: Das Organisationswesen der Gegenwart. Ein Grundriß, Berlin 1913, S. 294f.

197 Ebda., S. 297f.

4.2 Selbstbildung und politische Partizipation: Zur Soziologie des Vereinswesens

Das freie Vereinswesen, das die Sphären des Privaten und des Öffentlichen miteinander in Beziehung setzt, nach innen auf die Bildung des Individuums wirkt und nach außen die gesellschaftliche Entwicklung prägt, ist als Träger gesellschaftlicher Integrations- und Identitätsbildungsprozesse ein konstitutives Merkmal der bürgerlichen Gesellschaft.[198] Auch die Naturfrage erwies sich als Anliegen, für dessen gesellschaftliche Thematisierung das Vereinswesen als adäquate Organisationsform erschien. In der sozialen Institution des Vereins gelang es, Naturschutz als Ziel gesellschaftlichen Handelns gegenüber konkurrierenden Interessen einzufordern. Die Gründungswelle von Naturschutzvereinen um 1900 ist insofern organisatorischer Ausdruck der zivilisationskritischen Stimmen und damit Indiz für die gewachsene Bedeutung ihrer Anliegen. Im modernen Verfassungsstaat oblag es den Vereinen nicht nur, die gesellschaftliche Kommunikation über die Naturfrage zu forcieren. Der bürgerliche Anspruch auf Mitgestaltung der gesellschaftlichen Prozesse wurde so beantwortet, daß der Staat den Vereinen eine, wenn auch klar begrenzte, Mitwirkungsmöglichkeit bei der Regulierung der aufgeworfenen Probleme einräumte – eine Einbindung, durch welche die Handlungsspielräume und Kompetenzen auf lange Sicht beschränkt blieben.

Die sozialen, kulturellen und gesellschaftlichen Funktionen dieser sich um die Naturfrage ausbildenden Vereinskultur sind vielschichtig und facettenreich. Es geht hierbei auch, aber eben nicht nur, um die Selbstbildung und Selbstkultivierung der Vereinsmitglieder, wenn diese in der Pflege ihrer naturkundlichen Interessen, Passionen und Liebhabereien Bedürfnisse nach sinnvoller Freizeitbeschäftigung und Geselligkeit stillten. Diese Leidenschaften erwuchsen zum sozialen Phänomen, indem die Individuen in Austausch miteinander traten, und dabei erwiesen sich die Vereine auch als Ort der Verwissenschaftlichung gesellschaftlicher Fragestellungen, indem sie Kommunikation und Verständigung Gleichgesinnter in einem immer dichter gesponnenen Netzwerk von Assoziationen ermöglichten und dabei gleichzeitig in wissenschaftliche, politische und mo-

198 Zur historischen und soziologischen Vereinsforschung vgl. Otto Dann (Hrsg.): Vereinswesen und bürgerliche Gesellschaft in Deutschland (= Historische Zeitschrift, Beiheft, N.F. 9), München 1984; Joachim Raschke: Soziale Bewegungen. Ein historisch-systematischer Grundriß, Frankfurt a.M. u. New York 1987; Heinrich Best (Hrsg.): Vereine in Deutschland. Vom Geheimbund zur freien gesellschaftlichen Organisation, Bonn 1993; dort auch weiterführende Literatur.

ralische Diskurse der wilhelminischen Gesellschaft involviert waren. Die Vereine intendierten nicht nur öffentliche Wirkungen und diktierten für sich und andere Maßstäbe individueller Lebensführung, sondern partizipierten in konkreten Konflikten und avancierten dadurch zu Interessenverbänden. Da sie dabei Unterstützung seitens des Staates erhielten und mit staatlichen Hoheitsaufgaben betraut wurden, waren wiederum Kollisionen mit einem Staat, der prinzipiell Wirtschaftsinteressen Vorrang vor den Idealen der Naturbewahrung einzuräumen schien, vorprogrammiert. Allerdings verliefen die dabei sich ausbildenden Konfliktlinien keinesfalls regelmäßig zwischen staatlichem und privatem Naturschutz, sondern ebenso innerhalb der in Vereinen organisierten Naturschutzszene und auch staats- und verwaltungsintern.[199] Und die Arbeit der Naturschutzverbände dynamisierte und differenzierte wiederum das gesellschaftliche Leben, indem Gegenkräfte mobilisiert wurden, die sich in konkurrierenden Interessenverbänden organisierten.[200]

4.3 Wissenschaft, Kulturkritik, soziales Engagement: Programmatische Akzente und historische Traditionen bürgerlicher Vereinskultur

Die Szene der Naturschutzvereine gestaltete sich facettenreich und unübersichtlich. Diese Unübersichtlichkeit betrifft nicht nur die Zielsetzungen der Vereine, sondern auch ihre territoriale Reichweite, die inhaltlichen Akzente ihres Engagements wie auch ihre sozialen Trägergruppen. Während kulturelle Erneuerungsbewegungen wie der »Dürerbund« oder der »Bund Heimatschutz« den Schutz von Natur und Landschaft als partikulares Betätigungsfeld innerhalb einer ganzheitlichen Reform der Kultur erachteten, erhoben andere Verbände den Schutz der

---

199 Zu denken ist an konkurrierende Interessen in unterschiedlichen Ministerien, wenn es z.B. um die finanzielle Ausstattung oder Kompetenzen von Behörden wie der »Staatlichen Stelle für Naturdenkmalpflege« oder die finanzielle Unterstützung von Vereinsinitiativen wie dem »Verein Naturschutzpark« ging. Hier stand im Fall der preußischen Naturdenkmalpflege regelmäßig das Finanzministerium in Opposition zu anderen Ministerien.

200 So organisierten sich gegen die Vogelschutzvereine die Berufsgruppen der Federschmücker oder Vogelhändler, gegen die Bemühungen des Heimatschutzes das Baugewerbe, die Dachpappenfabrikanten oder die Reklameindustrie, gegen den »Verein Naturschutzpark« in der Lüneburger Heide örtliche Grundbesitzer.

Natur zum alleinigen Zweck ihrer Arbeit. Einzelne Vereine widmeten sich dem Schutz der Pflanzen, andere dem der Vögel oder der Schmetterlinge. Das Gros dieser oft lokal oder regional organisierten Verbände entwickelte ihr Engagement aus der weit ins 18. Jahrhundert reichenden Tradition der naturkundlichen Vereine. In den amateurwissenschaftlichen Verbänden und in professionellen Organisationen wie der »Gesellschaft Deutscher Naturforscher und Ärzte« erhielt die Vorstellung Gewicht, daß die Gegenstände des wissenschaftlichen Interesses bewahrende Zuwendung zu erfahren hätten.

Weiter lieferten auch die sich in ethischer Tradition verstehenden Tierschutzvereine wichtige Impulse. Sie engagierten sich in der Öffentlichkeit gemeinsam mit anderen Naturschutzorganisationen und beschäftigten sich beispielsweise nach dem Nürnberger Verbandstag von 1906 explizit in einer »Kommission zur Förderung des Vogelschutzes« mit dem Schutz freilebender Tiere. Fragen der Erziehung zu einem angemessenen Umgang mit Natur widmeten sich nicht nur Pädagogenverbände wie der »Deutsche Lehrerverein für Naturkunde«. Materielle Zielsetzungen standen im Vordergrund, wenn sich Fischereivereine für den Schutz der Gewässer engagierten, währenddessen die Aktivitäten der Forst- und Waldschutzvereine gerade darauf zielten, Wald nicht nur als ökonomisches Ressourcenreservoir zu verstehen. Ambivalent gestaltete sich das Engagement von Verschönerungsvereinen, sowie dasjenige der proletarischen und bürgerlichen Wander- und Touristenvereine für den Schutz der Natur, da sich hier Interessen an Freizeit und Geselligkeit mit ideellen und sozialen Zielen verbanden. Indem diese Vereine explizit Natur als sozialen Raum beanspruchten, schufen sie die Voraussetzungen, daß in der ästhetischen und sinnlichen Erfahrung von Natur die Idee ihrer Erhaltenswürdigkeit eine soziale Basis und eine gesellschaftliche Legitimation fand. Andererseits gerieten die Praxen des modernen Massentourismus wiederum selbst zum Symbol moderner Naturentfremdung, so daß die Touristenvereine Zielscheibe heftiger Naturschutzkritik wurden.

Durch die Frage nach lokaler, regionaler oder nationaler Reichweite der Organisationen ergab sich ein weiteres Differenzierungsmerkmal. Aufgrund der föderalen Konstruktion des Deutschen Reiches kam es zur Gründung von Vereinen, die ihr Engagement wie etwa der 1913 gegründete »Bund Naturschutz in Bayern« auf den einzelstaatlichen Horizont beschränkten. Andere Organisationen wie der 1902 gegründete »Isartalverein« in München oder der sich bereits in den 1880er Jahren formierende »Verein zur Rettung des Siebengebirges« verstanden sich als lokale oder regionale Interessenvertreter, entwickelten aber als Naturschutzorganisationen weit darüber hinaus Anziehungskraft und Vorbildfunktion. Die Erhaltung des Überlieferten bzw. die Transformation des Vorgefundenen in eine zu gestaltende ländliche Moderne waren auch Anliegen der Vereine der ländlichen Wohlfahrtspflege oder der Bodenreform, so daß Naturschutz kein präzise markiertes Handlungsfeld blieb, sondern Bestandteil übergreifender gesellschaftlicher Strömungen und Reformbemühungen werden konnte. Ähnliches gilt für Organisationen, die sich der Gartenkunst verschrieben hatten und, anknüpfend an Traditionen der Landesverschönerung, nach der Jahrhundertwende die Ausarbeitung verbindlicher Konzepte der Landes- und Landschaftspflege forcierten. Auch in vielen anderen Bewegungen wurde weithin die Vorstellung geteilt, eine ästhetisch und biologisch unversehrte Natur sowie eine »naturgemäße« Lebensführung bilde die Voraussetzung dafür, daß die moderne Zeit als sinnvoll erfahren werden könne. Die Idee, die Reformierung der Gesellschaft habe auszugehen vom individuellen Bewußtseinswandel und einer an Maßstäben der Natürlichkeit orientierten Lebensführung des Individuums strahlte weit in die Gesellschaft. Sie stimulierte die Jugendbewegung, vor allem aber die Strömungen der Lebensreform mit den Vegetariern, Naturheilkundlern, Naturisten oder Bodenreformern. Sind deren Organisationen zwar nicht unmittelbar der engeren Naturschutzszene zuzurechnen, so lieferte ihr Umfeld immer wieder programmatische Impulse und integrierte ihre Mitglieder in das weit gefächerte Netzwerk der für die Erhaltung der Natur engagierten Menschen und Vereine, die sich in ihrer Arbeit gegenseitig unterstützten und deren Mitglieder ihr Engagement nicht nur auf eine Organisation beschränkten.

4.4 Jenseits von Klasse und Geschlecht? Natur und Gesellschaft

Während trotz aller Unschärfe kursierender Naturvorstellungen präzise beschreibbar erscheint, was sich in den Vereinsgründungen um 1900 artikulierte, scheint die Frage, wer sich im Namen der Natur zu Wort meldete, ungleich schwerer zu fassen. Es waren in der Hauptsache gebildete bürgerliche Mittelschichten, die sich organisierten. Allerdings gab es auch proletarische Organisationen der Lebensreform, naturkundliche Bildungsvereine proletarischer Provenienz oder die »Naturfreunde«, wo die Vorstellung einer Schutzwürdigkeit der Natur geteilt wurde. So scheint es, daß mit der Naturfrage Parameter zur Verfügung gestellt wurden, um die moderne Gesellschaft in einer historisch neuen Weise zu klassifizieren und zu differenzieren. Hier formierten sich neue soziale Bewegungen, die quer zu den bestehenden gesellschaftlichen Gruppen und über die politischen Lager hinweg die Frage nach der Gestaltung moderner gesellschaftlicher Verhältnisse aus einer neuen Perspektive stellten. Hier formierten sich Gesellschaftsmitglieder, die bislang weder kulturell noch sozial miteinander verbunden schienen, und dabei ließen sie bislang verbindliche soziale, politische, kulturelle und konfessionelle Grenzen obsolet werden, wobei die gemeinsame Idee der Naturbewahrung auch die Möglichkeit eröffnete, die gängige Trennung von Geschlechtersphären zu überwinden. Die Naturschutzvereine schufen ein soziales Band, das jenseits bislang gültiger Zugehörigkeiten Formen sozialer Integration und Vergemeinschaftung ermöglichte. Der Rekurs auf Natur war möglich für Personen und Gruppen aus dem politischen Lager der Linken,[201] genauso wie für solche aus dem der politischen Rechten, wobei die Affinität zu völkischer Ideologisierung und die Neigung, organizistische Naturvorstellungen mit normativen Ansprüchen in die Sphäre des Gesellschaftlichen zu transferieren, beileibe kein Monopol der Rechten blieb, sondern genauso bei sozialistisch-anarchistischen Aussteigern wie Hans Paasche oder Paul Robien (1882-1945) zu beobachten war.[202] Vereine für Naturschutz brachten preußische Ministerialbeamte und bayerische Künstler zueinander, führten die im akademischen Betrieb gescheiterten und die arrivierten Wissenschaftler zusammen oder ermöglichten Kooperationen zwischen bürgerlichen und proletarischen Wandervereinen.[203] Zum Sinnbild für ein nicht-

---

201 Erinnert sei nur an das Engagement Karl Liebknechts, aber auch an die publizistische Arbeit sozialdemokratisch gesonnener Naturschriftsteller wie Wilhelm Bölsche oder Curt Grottewitz. Zu Naturvorstellungen in der Arbeiterbewegung vgl. Helmut Konrad u. Arne Andersen (Hrsg.): Ökologie, technischer Wandel und Arbeiterbewegung, Wien 1990; Ulrich Linse: Das Proletariat – Komplize der kapitalistischen Naturausbeutung?, in: Hermand 1993, S. 149-182; Günther Sandner: Die Natur und ihr Gegenteil. Politische Diskurse der sozialdemokratischen Kulturbewegung bis 1933/34, Frankfurt a.M. 1999.

202 Zu Robien vgl. Linse 1986. Zu seinem Projekt der »Naturwarten« und der Bewegung der »Naturrevolutionäre« vgl. die Korrespondenzen in GStAPK, I. HA, Rep. 87B/Landwirtschaftsministerium, Nr. 3135 u. 3136. Der Ornithologe und Naturschützer wähnte in der Einrichtung von hauptamtlich betreuten »Naturwarten« (Ensembles aus Schutzgebieten, Beobachtungsstationen und Inseln naturgemäßer Lebensführung) Ausgangsorte der Naturrevolution. Für diesen Ansatz zur gesellschaftlichen Erneuerung suchte er vergebens staatliche Unterstützung. Wie der Lebensreformer Paasche erfuhr Robien seine anarcho-syndikalistische Bekehrung als Soldat in den Kolonien und während des Ersten Weltkriegs. Als Tatmensch betreute Robien seine eigene Naturschutzstation auf der Mönne bei Stettin, wo er 1945 von plündernden russischen Soldaten erschlagen wurde.

203 So wurde etwa der 1910 vom »Verein Naturschutzpark« ergangene »Aufruf zur Gründung von Naturschutzparken« gleichzeitig von Ortsgruppen des »Alpenvereins« wie der »Naturfreunde« unterschrieben. Des weiteren fand die Initiative Unterstützung von weltanschaulich so verschiedenen Gruppen wie dem Alldeutschen Verband, Burschenschaften und Verbindungen, Volksbildungs- und Wohlfahrtsvereinen oder dem »Kepler-Bund«. Finanzielle Zu-

entfremdetes, harmonisches und mündiges Leben avancierte die »freie Natur« für Teile der Arbeiterschaft genauso wie für zivilisationsmüde Kulturpessimisten rechter Couleur.[204] Die Liebe zu Vögeln, Schmetterlingen oder Alpenpflanzen einte eine zartfühlende Aristokratie mit Tierfreunden aus dem protestantischen Kleinbürgertum. Und die Ekelgefühle und Affekte gegen den vordergründigen Materialismus der Moderne verbanden lokalpatriotische Heimatschützer mit internationalistischen Naturaposteln, gebildete Mittelschichten mit Teilen der Arbeiterbewegung, Antisemiten und Rassisten mit naturbeseelten Aristokraten und Konservative mit Sozialisten.

Das Selbstverständnis des organisierten Naturschutzes war das einer alle gesellschaftlichen Gruppen einenden »Volksbewegung«. So bilanzierte Curt Floericke für den »Verein Naturschutzpark«:

»Und bald zeigte es sich, (...) daß auch in unseren Tagen noch ein Gedanke zünden, weite Kreise entflammen und eine ungeahnte Stoßkraft entwickeln mußte, der gerade in einer Zeit unerbittlichen und rastlosen Daseinskampfes, harter und unvermittelter sozialer Gegensätze, konfessioneller Spaltung, weitgehender Verdrossenheit und gesellschaftlicher Zerklüftung jedem Deutschen ohne Unterschied des Alters oder Geschlechts, des Bekenntnisses oder der Parteizugehörigkeit, des Vermögens oder der gesellschaftlichen Stellung es ermöglichte, nach Kräften mitzuarbeiten an einem idealen Werke, das der ganzen großen Gesamtheit, dem gemeinsamen Vaterlande und nicht zum wenigsten unseren Nachkommen zugute kommen und diesen ein Denkmal unserer Generation hinterlassen würde, nicht weniger bedeutungsvoll und dauernder als unsere gewaltigen Kraftmaschinen und Riesenbauten.«[205]

Während Floericke in Analogie zum Kulturnationalismus des 19. Jahrhunderts die Idee des Naturschutzes als »Naturnationalismus« verstand, hatte Max Haushofer gleichfalls die nationalintegrativen Funktionen des Naturschutzes unterstrichen, diesen aber zumindest potentiell für einen kosmopolitischen Kontext geöffnet. Haushofer mahnte an, Naturschutz sei eine »vaterländische Pflicht, deren liebevolle Durchführung durch keinerlei Parteirücksicht und Klassengegen-

---

wendungen kamen zudem u.a. von den württembergischen und sächsischen Königshäusern. Vgl. den Abdruck des Aufrufs in Verein Naturschutzpark (Hrsg.): Naturschutzparke in Deutschland und Österreich. Ein Mahnwort an das deutsche und österreichische Volk, Stuttgart o.J.[1910].

204 Erhellend zur merkwürdigen Gleichzeitigkeit von euphorischer Fortschrittsgläubigkeit, bürgerlich-sentimentalischen Naturverklärungen und einer das gesellschaftliche Morgen verkörpernden Natursehnsucht in proletarischen Schichten ist nach wie vor die empirische Studie Levenstein 1912, S. 354 -382.

205 Curt Floericke: Mit Volldampf voraus!, in: Mitteilungen über die Vogelwelt, IV. Jg. (1914), S. 1f.

satz behindert wäre, an deren Erfüllung Bezirksamtmann und Pfarrer, Forstmeister und Lehrer, Bauamtmann und Bürgermeister mit der ganzen Bevölkerung zusammenarbeiten können. Denn da gilt es ja nur die Wahrung von stillen anspruchslosen Heiligtümern, die allen Konfessionen, allen Berufs- und Bildungsklassen gemeinsam sein sollen; von Heiligtümern, die nichts verlangen als einen Platz an jener Sonne, die das ganze Planetenreich durchwärmt.«[206]

Dem Selbstverständnis der Akteure nach fungierte die Praxis des Naturschutzes jenseits sozialer und kultureller Grenzen national integrierend, wie dies »Heidepastor« Wilhelm Bode (1860-1927) für den »Verein Naturschutzpark« in Anspruch nahm:

»Wodurch der Verein Naturschutzpark jedoch ganz einzigartig dasteht, ist die Zusammensetzung seiner Mitglieder. Der König von Württemberg und zahlreiche Prinzen aller regierenden Häuser gehören ihm an. Aber auch Tagelöhner und Häuslinge sind in seinen Listen vertreten. Neben dem Universitätsprofessor im weißen Haar steht der jugendliche Springinsfeld der Volksschule. Reichsdeutsche und Österreicher geben sich in ihm die Hand. Im Mutterland und in den Kolonien hat er seine Anhänger.«[207]

Dennoch korrespondiert ein solches sozial und kulturell integratives Ideal, nach dem das gemeinsame Bewußtsein von einer Kulturpflicht Naturschutz die Menschen unabhängig ihrer Herkunft und sozialen Zugehörigkeit, ihrer Konfession und ihrem Bildungsstand eine, natürlich nur bedingt mit der realen Sozialstruktur und dem sozialen Mobilisierungspotential der Naturschutzvereine. Das Beispiel des organisierten Vogelschutzes zeigt, daß die gemeinsame Bezugnahme auf verbindliche Normen und Werte im Umgang mit Natur soziale Differenzen und andere gesellschaftliche Klassifikationsmerkmale wie Geschlecht oder Bildung nur in Grenzen außer Kraft zu setzen vermochte. So entschied beim »Internationalen Frauenbund für Vogelschutz« nicht nur das Geschlecht, sondern mehr noch der soziale Status über die Zugänglichkeit zum Verein. Der »Deutsche Verein zum Schutze der Vogelwelt« verknüpfte wissenschaftliche Ornithologie und Vogelschutz miteinander, so daß er als soziale Institution fast ausschließlich für das gebildete Bürgertum attraktiv erschien. Am ehesten verstand es der »Bund für Vogelschutz« mit seinen niedrigen Mitgliedsbeiträgen, sich für nahezu alle sozialen Gruppen der wilhelminischen Gesellschaft zu öffnen.

Das Gros der in den Naturschutzvereinen engagierten Mitglieder entstammte den gebildeten Mittelschichten, die in der Regel auch die Führungseliten der Ver-

---

206 Haushofer 1906, S. 16.

207 Wilhelm Bode: Heimat- und Naturschutz. Die Heimatschutzbewegung, in: Otto u. Theodor Benecke (Hrsg.): Lüneburger Heimatbuch, 2. Bd., Lüneburg 1914, S. 848.

eine stellten.[208] Nur eingeschränkt waren Arbeiterschaft, bäuerliche Schichten und das Kleinbürgertum zu mobilisieren. Während in der Arbeiterschaft, wie das Beispiel der Naturfreunde zeigt, die Bereitschaft zur Ausbildung eigenständiger Vereinskulturen groß war, korrespondierte die Idee einer um ihrer selbst willen erhaltenswerten Natur nur bedingt mit der ökonomischen und kulturellen Logik der unmittelbar von der Natur abhängigen bäuerlichen Schichten. War ein utilitarisch begründeter Natur- oder Vogelschutz, der die »nützliche« Natur als materielle Ressource in den Mittelpunkt rückte, noch in der Lage, die Idee des Naturschutzes auch unter der Landbevölkerung zu popularisieren, fanden die durch Eigenrecht und Eigengewicht der Natur legitimierten Bewahrprogramme keinen Platz im Weltbild bäuerlicher Schichten, so daß auf dem Lande fast nur die Bildungseliten wie Pfarrer und Lehrer mobilisiert werden konnten.

Der gemeinsame Rekurs auf eine durch Übersteigerung der Kultur bedrohten Natur schuf ein gemeinsames Deutungsmuster, das die vielen Vereine einte. Diese gemeinsame Wahrnehmung stiftete in der heterogenen Vereinslandschaft Einheit, während sich jenseits dieses Deutungsmusters die Szene durch institutionelle und programmatische Vielfalt auszeichnete. Die Thematisierung bedrohter Natur eröffnete ein weites Feld für Differenzierung und Spezialisierung, in dem der Schutz von Natur und Landschaft ästhetisch, sozial, ethisch, ökologisch, wissenschaftlich oder außerwissenschaftlich begründet werden konnte.

Doppel- und Vielfachmitgliedschaften in unterschiedlichen Vereinen beförderten innerhalb dieses Netzwerks die Verdichtung der Kommunikation über Natur. So engagierten sich Führungspersönlichkeiten in der Regel nicht nur in einem Verband. Der Ornithologe Curt Floericke etwa, der einer alten Forstfamilie entstammte und zunächst das Studium der Naturwissenschaften absolvierte, brach vorübergehend aus seiner bürgerlichen Existenz aus. Er verdingte sich anfangs mit dem Handel von Vögeln und Vogelbälgen, später als freier Autor und bereiste etliche Kontinente. Nachdem er Kontakte zum »Österreichischen Reichsbund für Vogelkunde und Vogelschutz« knüpfte, wurde er als Naturschriftsteller 1907 Redakteur beim »Kosmos« und erreichte mit diesem Organ der populären Naturkunde große Öffentlichkeiten. Von dort wirkte er nicht nur für den Vogelschutz, sondern arbeitete maßgeblich mit am Aufbau des »Vereins Naturschutzpark«, später der »Süddeutschen Vogelwarte« und etlichen anderen Projekten. Auch Konrad

208 Zur Sozialstruktur einzelner Organisationen des Natur- und Heimatschutzes sowie von Vereinen aus deren Umfeld vgl. u.a. Kratzsch 1969, S. 337 (»Dürerbund«), Hartung 1991, S. 357-359 (»Heimatbund Niedersachsen« und »Verein für niedersächsisches Volkstum«), Knaut 1993, S. 197-203 (»Bund Heimatschutz«).

Guenther, um ein weiteres Beispiel anzuführen, brachte als Naturwissenschaftler, dem nie der Sprung in eine akademische Karriere so richtig gelingen mochte, die Sphären von Wissenschaft, Öffentlichkeit, Politik und privater Liebhaberei miteinander in Verbindung. Der Zoologe und Neffe des Afrikaforschers Georg von Schweinfurth engagierte sich als Privatdozent an der Universität Freiburg für die Exkursion als Lehr- und Lernform, fand über Lina Hähnle zum Vogelschutz, war Leiter der Abteilung Baden des »Bundes für Vogelschutz« und betrieb zwischen 1907 und 1920 eine staatlich finanzierte Vogelschutzstelle. Als Verfasser eines Buches, das 1910 unter dem Titel »Der Naturschutz« die zahlreichen Initiativen des Natur- und Heimatschutzes auf eine gemeinsame Grundlage stellte, wurde Guenther zu einer wichtigen Vermittlungsfigur im Netzwerk des Naturschutzes. Seine biologistisch aufgeladene »Deutsche Heimatlehre« eröffnete wiederum früh Verbindungslinien zur Rassenhygiene und völkischen Bewegungen – obgleich Guenther denn auch im Nationalsozialismus trotz unverhohlenem politischen Bekenntnis die erhoffte akademische Anerkennung versagt bleiben sollte. Über den Vogelschutz hinaus agierte er beim »Bund zur Erhaltung der Naturdenkmäler aus dem Tier- und Pflanzenreich«, liebäugelte zeitweise mit dem Posten des Geschäftsführers beim »Verein Naturschutzpark« und engagierte sich im badischen Heimatschutz.

Bei aller Heterogenität verbindet diese Vereine die gemeinsame Sicht, daß auch in der Moderne sich die menschlichen Verbindungen zur Natur nicht in nur in instrumentellen Beziehungen erschöpfen dürften. Hieraus resultiert gemeinsame Verpflichtung, Natur zu bewahren – ob ihres Eigenwertes wegen, als materielles oder ideologisches Ressourcenreservoir, für ästhetische oder soziale Bedürfnisse des Menschen, auf Grundlage wissenschaftlicher oder außerwissenschaftlicher Überlegungen. All diese Bewegungen lassen sich nur grob typologisieren. Im Kern handelte es sich um folgende Strömungen, die in die heterogene wilhelminische Naturschutzszene unterschiedliche Traditionen einbrachten:

- die lebens- und kulturreformatorischen Bewegungen, die unter dem Eindruck einer als umfassend erfahrenen Kulturkrise Natur als Gegenentwurf zur modernen Jetztzeit erfuhren; für sie gerieten Natur und Natürlichkeit zur maßgeblichen diesseitigen Sinninstanz, mit der technische und gesellschaftliche Modernisierung bewertet wurde;
- die primär wissenschaftlich orientierten naturkundlichen Vereine älteren Typs, in denen sich vorwiegend Laien auf der Grundlage wissenschaftlicher Erforschung an der Entwicklung von Strategien zum Schutz der Natur beteiligten;
- die zu Beginn des 19. Jahrhunderts selbst als Schwungrad von Modernisierung agierenden Vereine der Landesverbesserungs und Landesverschönerung,

sowie die Wander- und Touristenvereine, denen Natur vor allem in ihrer sozialen Dimension und Funktion zur bewahrenswerten Größe geriet;
- die vornehmlich ethisch motivierten Tierschutzvereine;
- auf Entspezialisierung drängende Organisationen, die das Auseinanderfallen in wissenschaftliche, ästhetische und ethische Begründungskonzepte zu überwinden suchten.

4.5 Zur gesellschaftlichen Bedeutung der Naturschutzverbände im Kaiserreich

Aussagen über die Anzahl der Naturschutzvereine oder ihre Mitgliederzahlen bleiben aufgrund der heterogenen Organisationsstrukturen vage. Hugo Conwentz listete über 250 Verbände auf.[209] Die tatsächliche Zahl ist allerdings um ein Vielfaches höher zu bemessen, da die Angaben von Conwentz nicht auf systematischer Erfassung beruhen. Neben Vereinen, die sich ausschließlich oder vorwiegend dem Schutz der Natur widmeten, gab es eine Reihe anderer Organisationen, denen neben ihrem originären Vereinszweck Naturschutz zu einem Anliegen erwuchs. Conwentz führte etwa einzelne Ortsgruppen von Tierschutz-, Jagdschutz-, Lehrer- oder Naturkundevereinen an, wenn er deren Naturschutzengagement dokumentieren konnte. Da er Organisationen immer dann in seine Auflistung aufnahm, wenn sich irgendein Engagement für den Naturschutz nachweisen ließ, ergab sich kein geschlossenes Bild des Mobilisierungspotentials. Einzelne Jagdschutzvereine verdienten schon deshalb Aufnahme in sein Inventar, weil sie auf Schußprämien für bestimmte Vogelarten verzichteten. Pädagogische Organisationen wie die »Vereinigung für biologischen, chemischen und erdkundlichen Unterricht« in Berlin oder der »Verein katholischer Lehrer« in Liegnitz wurden erwähnt, weil sie die Erziehung zum Naturschutz in ihren Satzungen festgeschrieben hatten. Immer wieder tauchen bei Conwentz eigenständige Jugendorganisationen wie etwa die »Jugendbünde für Schutz und Pflege von Tieren und Pflanzen« in Berlin und Breslau oder der »Schülerbund zum Schutz von Pflanzen und Tieren der Heimat« in Schleswig auf. In dem Inventar finden sich nicht nur naturwissenschaftliche Vereine, sondern auch Geschichtsvereine wie der aus Brandenburg oder die »Niederlausitzer Gesellschaft für Anthropologie und Altertums-

---

209 Conwentz 1918.

kunde«, weil sie den Schutz von Naturdenkmälern in ihren Aufgabenkatalog aufnahmen, auch wenn dieser in der Praxis der Vereine keine Rolle gespielt haben mag. Organisationen wie der »Buchheide-Verein« in Stettin wurden bei Conwentz zu Naturschutzverbänden, weil sie jährlich Flugblätter verbreiteten, »worin die Waldbesitzer ermahnt werden, die Heide sauber zu halten und die Pflanzenwelt zu schonen.«[210] Der »Schlesische Fischereiverein« fand Anerkennung, weil er die Prämien für den Abschuß des Eisvogels aufgehoben hatte. Während sich der »Verein für Naturkunde« im schlesischen Dittersbach erfolgreich um den Schutz des Apollofalters im heimatlichen Refugium mühte, widmete sich der »Eibenschutzverein« im hohenzollerischen Sigmaringen der Erhaltung der letzten Eibe im nahen Bingen. Laut Conwentz gab es Verschönerungsvereine, die Vogelschutzgehölze pflanzten oder sich, wie jener in Wernigerode, um die Rettung bemerkenswerter Farnvegetationen kümmerten. Der »Heimatbund der Männer vom Morgenstern« in Weddewarden kümmerte sich darum, »die Liebe zur Heimat zu wecken und zu pflegen, wertvolle Denkmäler und gefährdetes heimatliches Gut durch Schutz oder Erwerb für die Allgemeinheit zu erhalten.«[211] Während der »Humboldtverein« in Löbau durch Pacht den Erhalt eines Felsens sicherte, rettete der »Vogtländische Touristenverein« einen Bergahorn durch Kauf. Andere Verbände überschritten die Grenzen solch partikularer Bestrebungen. So verfolgte der »Badische Landesverein für Naturkunde und Naturschutz« laut Satzung allgemein »die Verbreitung des Sinns für vaterländische Naturkunde, die Erforschung der natürlichen Verhältnisse des Großherzogtums Baden und deren Schutz durch Schädigungen aller Art; insbesondere soll er den Sammelpunkt bilden für alle auf die Bestandsaufnahme und die Erhaltung der badischen Naturdenkmäler gerichteten Bestrebungen.«[212] Die Arbeitsschwerpunkte der Heimatbünde lagen nicht nur beim Schutz der Natur, sondern, wie etwa beim »Heimatbund Mecklenburg«, primär in dem Bestreben, »daß der heimische Charakter von Land und Volk, soweit er schutzbedürftig und schutzfähig ist, nach Möglichkeit geschützt und erhalten werde.«[213] Und das Anliegen von Organisationen wie »Cabomba«, dem »Verein für Aquarien-, Terrarienkunde und Naturdenkmalpflege« aus Hamburg, bestand ganz allgemein im Schutz von Flora und Fauna.

Natur und Natürlichkeit avancierten um 1900 zu vieldeutigen Leitbildern sowohl für die Gestaltung individuellen Lebens wie für die Gestaltung gesell-

---

210 Ebda., S. 44.
211 Ebda., S. 53.
212 Zit. n. ebda., S. 65.
213 Zit. n. ebda., S. 66.

schaftlicher Verhältnisse. Von der Zahl derjenigen Menschen, die sich in Vereinen organisierten, kann freilich nicht unmittelbar auf das gesellschaftliche Mobilisierungspotential des Naturschutzes geschlossen werden. Von den namhaften Vereinen erreichten populäre Verbände wie der »Bund für Vogelschutz« mit über 40000 Mitgliedern im Jahre 1914 die höchsten Zahlen. Gemessen an seiner öffentlichen Präsenz nimmt sich die Stärke des »Bundes Heimatschutz« mit 970 persönlichen Mitgliedern im Jahre 1916 eher gering aus, wurde die Mitgliederzahl doch von einem lokalen Verband wie dem Münchener »Isartalverein« mit 1612 Einzelmitgliedern und 77 angeschlossenen Vereinen und Institutionen im Jahre 1914 übertroffen.[214] Allerdings kamen beim «Bund Heimatschutz« 250 korporative Mitgliedschaften und 30 angeschlossene Landes- und Ortsvereine mit insgesamt 27000 Mitgliedern hinzu, so daß die gesellschaftliche Reichweite weit höher zu bemessen ist.[215] Ohnehin war meist durch die Möglichkeit korporativer Mitgliedschaften ein Multiplikatoreneffekt gewährleistet. Aufgrund der institutionellen Anbindung an den »Deutschen Alpenverein« vermochte etwa der »Verein zum Schutze und zur Pflege der Alpenpflanzen« im Jahre 1913 zwar lediglich 1284 Einzelmitglieder aufzubringen. Da er aber 155 Sektionen des Alpenvereins sowie zwanzig weitere Korporationen zu seinen Mitgliedern zählte, konnte er auf ein weit größeres Potential zurückgreifen. Auch der »Dürerbund« als wichtige Popularisierungsinstitution umfaßte zum Ende des Kaiserreichs lediglich 8000 Einzelmitglieder. Anfang 1914 gab es allerdings 11 angegliederte Zentralvereine und 339 Einzelvereine, so daß nach den Schätzungen des Dürerbund-Chronisten Wolfgang Schumann rund 300000 Personen, die mittelbar oder unmittelbar institutionell an den »Dürerbund« gebunden waren, erreicht werden konnten.[216]

214 Vgl. das gedruckte »Mitglieder-Verzeichnis des Vereins zur Erhaltung der landschaftlichen Schönheiten der Umgebung Münchens e.V.«, München 1914.

215 Vgl. das Manuskript »Die erweiterten Aufgaben und Ziele des Deutschen Bundes Heimatschutz für Gegenwart und Zukunft« von Werner Lindner aus dem Jahre 1916 im GStAPK, I. HA, Rep. 87B, Landwirtschaftsministerium, Nr, 3135, Bl. 32-56.

216 Wolfgang Schumann: Über den Dürerbund. Bemerkungen über Geschichte, Wesen und Aufgabe des Dürerbundes und seiner Unternehmungen, München 1919, S. 17.

4.6 Heimat, Region, Vaterland: Natur und Nationsbildung

Die Heterogenität der Szene wurde nicht zuletzt in der Frage deutlich, ob sich die Vereine lokal, regional oder national organisieren sollten. Diese Frage rührte nicht nur an strategische Überlegungen, sondern an den Kern ihres Selbstverständnisses, waren daran doch ihre zentralen Werte und Orientierungen geknüpft. Natur und Heimat dienten als Integrationsbegriffe und Werte von durchaus konkurrierenden Identitätspolitiken. Naturschutz avancierte einerseits zur kulturpolitischen Aufgabe der Nation, etwa im Sinne von Hermann Löns: »Die Heimatschutzbewegung, die man eine zielbewußte Vaterlandsliebe nennen kann, ist aus ihren Anfangsgründen herausgetreten. (...) Sie will die Umwelt bewahren, in der das deutsche Volkstum entstanden ist, sie will das Vaterland so erhalten, wie es ist, daß das Volk nicht Schaden erleide an Leib und Seele.«[217]

Gleichzeitig konnten Natur und Heimat genauso zu zentralen Leitbegriffen regionalistischer Gegenströmungen werden, die sich als Reflex auf die Nationalisierungsprozesse nach 1871 formierten. Heimat in ihrer natürlichen »Eigenart« konstituierte sich im Lokalen und Regionalen und wurde im gesamtnationalen Horizont eher zum Signum von Differenz und weniger von Identität. So erscheint die Gründungswelle von regionalen Heimatvereinen als Indiz für die Funktion der Heimatbewegung als entwicklungsgeschichtliche Bremse gegen den Zentralismus des Reiches.[218] Schließlich gab es noch eine dritte Alternative. Heimat und Natur erwuchsen zu einem Bindeglied zwischen einem sinnlich erfahrbaren Nahraum und einer imaginären Nation, deren Einheit sich in regionaler und lokaler Vielfalt konstituierte. Lokale oder regionale Heimaten stehen dabei nicht im Widerspruch zur Einheit der Nation, sondern erweisen sich im entwicklungsgeschichtlichen Sonderfall Deutschlands als deren konstituierende Größe.

Tendenziell allerdings ist zum Ende des wilhelminischen Kaiserreichs eine starke Nationalisierung auch des privaten Naturschutzes zu beobachten. Während die Reichweite von lokalen Organisationen wie dem Münchener »Isartalverein« schon durch ihren Vereinszweck begrenzt blieb, mobilisierten andere regionale Initiativen wie etwa die Bemühungen um den Seevogelschutz durch den »Verein Jordsand« weit über die Küstenregionen hinaus nationale Unterstützung. Naturschutzprojekte blieben gleichzeitig für lokale, regionale und nationale Inte-

---

217 Hermann Löns: Die Gefährdung unserer Tierwelt, in: Ders.: Nachgelassene Schriften, hrsg. von Wilhelm Deimann, 1. Bd., Leipzig u. Hannover 1928, S. 385.

218 So vor allem Ditt 1990 und Hartung 1991; zu den Streitigkeiten um Reichs- oder Regionalorientierung im »Bund Heimatschutz« vgl. Speitkamp 1996, S. 134-137.

grations- und Identitätsversuche offen, wie die Beispiele des »Vereins zur Rettung des Siebengebirges« seit den 1880er Jahren und des »Vereins Naturschutzpark« seit 1909 zeigen. Beide Male ging es um Projekte von nationalem Rang, galt das Engagement doch Landschaften, deren Erhaltung auch als nationalpolitische Aufgabe verstanden wurde. Im Falle des rechtsrheinisch zwischen Koblenz und Bonn gelegenen Siebengebirges, das durch Abbau der vulkanischen Berge bedroht war, waren es die Grenzlage des Rheinstroms und die nationalistisch aufgeladene Rheinromantik, welche die Rettungsaktionen in einen gesamtnationalen Zusammenhang brachten. Gleichzeitig galt die Rettung des Siebengebirges der Erhaltung regionalen Selbstbewußtseins, wie der »Verein zur Rettung des Siebengebirges« 1886 unterstrich: »In der That handelt es sich hier um ein eminent öffentliches Interesse, wie es gewichtiger wohl nicht zu finden ist: um den schönsten Schmuck unserer Heimath, um die Ehre der Provinz!«[219] Den städtischen Bürgern als Bewahrer ging es auch um ihr Selbstverständnis als Rheinländer:

»Was uns rheinischen Männern aber Kern der Sache ist, das ist der feste Wunsch und Wille, daß die schönste Zierde unserer theuren Heimath nicht unabwendbar der Vernichtung anheimgegeben werde. Wir Rheinländer verdienten nicht Anwohner dieses schönen Stromes zu sein, fühlten wir nicht tiefe Erbitterung darüber, daß seine schönen grünen Berge in öde Schutthaufen verwandelt werden. Ja, es ist die Ehre unserer Rheinlande, welche dort angegriffen wird, und ehrlos wären wir, sähen wir mit leichtem Sinn länger dem Zerstörungswerke zu.«[220]

Daß der Verein sowohl mit der regionalen wie auch der nationalen Bedeutung der Landschaft Siebengebirge argumentierte, erzeugte keinen Widerspruch. Im Gegenteil: Indem das regionale Rettungsprogramm in einen gesamtnationalen Kontext gestellt wurde, gewann es an Legitimität und Anziehungskraft:

»Wie der Rhein mit seinen Schönheiten für jeden Deutschen einen besonderen Zauber hat – ein heiliges Besitzthum unseres Vaterlandes, welches so oft mit dem Herzblut unseres Volkes vertheidigt werden mußte -, so ist besonders das Siebengebirge eins der heiligsten und theuersten Besitzthümer der Nation und es ist eine nationale Sache, es in seinem Waldzauber und in der ungeschmälerten Schönheit seiner Bergformen zu erhalten.«[221]

Der »Verein Naturschutzpark« konzentrierte seine Aktivitäten seit der Gründung 1909 auf die Errichtung eines Naturschutzparks in der Lüneburger Heide. Anders als das Siebengebirge und die Rheinlandschaft genoß die Lüneburger Heide zunächst sicher nicht den Rang einer »deutschen« Landschaft. Der Reiz ihrer Rück-

219 Verein zur Rettung des Siebengebirges (Hrsg.): Zur Rettung des Siebengebirges. Mit fünf lithographirten Tafeln in Tondruck, Bonn 1886, S. 15.

220 Ebda., S. 26.

221 Ebda., S. 5.

ständigkeit und die Schönheit der ertragsarmen Heidelandschaft war erst spät entdeckt worden, so daß sie um 1900 vor allem als regionaler Erholungsraum in den umgebenden Städten Hamburg, Hannover oder Bremen geschätzt wurde. Dennoch gelang dem »Verein Naturschutzpark« bei den Bemühungen, Teile der Heide gegen Spekulationsinteressen und landwirtschaftliche Intensivierungsabsichten als Naturschutzpark auszuweisen, eine nationale Mobilisierung. Die Netzwerke des Naturschutzes waren längst so organisiert, daß der Verein aus sämtlichen deutschen Einzelstaaten Unterstützung erhielt. Die Heidelandschaft wurde längst nicht mehr nur als regionale Landschaft identifiziert.

So ist die Szene der Naturschutzvereine zwischen 1900 und 1914 durch die Gleichzeitigkeit unterschiedlicher Organisationsformen und Vereinsprofile gekennzeichnet. Während einzelne Kräfte auf die reichsweite Organisation des Naturschutzes oder auch nur partikularer Interessen zielten, sahen andere gerade in Heterogenität und Vielfalt Stärken. Konrad Guenther warnte in seiner ersten systematischen Grundlegung des Naturschutzes vor dem Auseinanderfallen der Bewegung: »Größere Einigkeit unter den Naturfreunden und Naturschutzfreunden tut not! Zusammenfassung der Ziele und Wege brauchen wir, keine Zersplitterung!«[222] Er warnte vor Vereinsneugründungen, geißelte die ausgeprägte Konkurrenz und schlug die Gründung eines reichsweiten »Bundes für Naturschutz« vor, der dann auf eine enge Zusammenarbeit mit dem Heimatschutz zielen sollte.

> »Vereine sind um der Heimat willen da, nicht umgekehrt. Hoffen wir, daß dieser Partikularismus sich vermindere, Wie wir uns in erster Linie als Deutsche und erst in zweiter Linie als Angehörige irgend eines Bundesstaates fühlen sollen, so sollte auch das hohe Ziel, dem wir zustreben, ein Band um uns alle schlingen. Und wenn es ein Ideal gibt, über dem man alles Kleinliche und Persönliche vergessen kann, so ist es das unsere: Ein gesundes Volk in frischer Natur.«[223]

Zum Ende des Kaiserreichs hatte sich eine vielgestaltige Landschaft an Vereinen entwickelt, in der hinlänglich sichtbar wurde, daß es »den« Naturschutz nicht gab. Was als Ergebnis gesellschaftlicher Selbstorganisation existierte, war eine Reihe territorial oder thematisch partikularer Bestrebungen, denen allen allerdings ein übergreifendes Anliegen gemeinsam war: der Schutz der Natur.

222 Guenther 1910, S. 261.
223 Ebda., S. 263.

5. Profile und Portraits

Nachdem das institutionelle Kräftefeld des wilhelminischen Naturschutzes skizziert wurde, sollen nun einige Verbände mit repräsentativen Sichtweisen portraitiert werden. Vorgestellt werden also Einzelvereine, die in Praxis und Programmatik zeittypische Perspektiven eröffneten und für den Naturschutz des Kaiserreichs markante Akzente setzten.[224] Grundsätzlich zwei verschiedene Deutungs- und Orientierungsmuster waren es, zwischen denen sich die Sichtweisen des Naturschutzes ausbilden konnten. Aus der dichotomisierenden Gegenüberstellung von Natur und Kultur ergab sich zum einen die Fixierung auf einen in imaginärer Vergangenheit liegenden natürlichen Ursprung, von dem sich die Kultur im Verlauf ihrer Entwicklung entfernt hatte, so daß als Korrektiv dieser Niedergangsprozesse die Konservierung der von der Kultur noch nicht überformten Rest- und Reliktnaturen in den Vordergrund rückte. Demgegenüber konnte der Prozeß des Fortschritts als Weg heraus aus einem mangelhaften Naturzustand des Menschen und aus den Abhängigkeiten der Natur auch im Naturschutz grundsätzlich positiv konnotiert werden. Dann rückte die Transformation der vorhandenen Natur in eine offene Zukunft und damit das Gestalten der Umwelt in den Vordergrund.

224 Außen vor bleiben an dieser Stelle sowohl die Vereine des Vogelschutzes (sowie andere Spezialvereine) wie auch die Organisationen des Heimatschutzes. Sie werden in Zusammenhang mit den Aspekten Landschaft bzw. Mensch und Tier portraitiert.

5.1 Landschaft als sozialer und ästhetischer Raum: Der »Verschönerungsverein für das Siebengebirge« und der »Verein zur Rettung des Siebengebirges« 1869-1922

Die Rettung des durch Steinabbau in der zweiten Hälfte des 19. Jahrhunderts gefährdeten Siebengebirges zielte nicht auf den Erhalt faunistischer oder floristischer Vielfalt. Der vom Verschönerungsverein und während der 1880er Jahre vom »Verein zur Rettung des Siebengebirges« eingeforderte Schutz der markanten Vulkanlandschaft aus Trachyt-, Basalt- und Doleritkegeln diente der Bewahrung einer romantischen Landschaft in ihrer natürlichen und kulturellen »Eigenart« und damit primär einem ästhetischen Erfahrungsraum. Der materiellen Nutzung des Steingewinns, der in der zweiten Hälfte des 19. Jahrhunderts massiv zugenommen hatte, wurde nicht etwa die Erhaltung einer Natur um ihrer selbst willen gegenübergestellt. Den Schützern ging es um eine ästhetische Nutzung der Landschaft, hinter der sich materielle Interessen einer lokalen und regionalen Tourismusindustrie verbargen. Die identitätsstiftende Dimension dieses Bewahrengagements wurzelte vor allem in der sozialen Funktion des Siebengebirges als touristischer Erholungsraum der umgebenden Ballungszentren bis hin zum Ruhrgebiet. Unterstützung für die seit den 1880er Jahren intensiv vom »Verschönerungsverein für das Siebengebirge« betriebenen Flächenankäufe und den 1886 ins Leben gerufenen »Verein zur Rettung des Siebengebirges« kam nicht nur vom preußischen Staat, der die Gewinne zweier Lotterien zur Verfügung stellte und dem Verein das Enteignungsrecht überließ. Materielle und ideelle Unterstützung erhielt das Projekt auch von den benachbarten Städten Bonn und Köln sowie zahlreichen Kommunen der Umgegend, die – wie etwa Königswinter – im Fremdenverkehr der Siebengebirgslandschaft einen zentralen Lebensnerv der Region ausmachten:

»Die Naturschönheiten des Siebengebirges (...) ziehen alljährlich Tausende und Abertausende von Fremden hierher. Die immer brennender werdende Frage, ob diese landschaftlichen Schönheiten erhalten oder zerstört werden sollen, ist demnach geradezu eine Lebensfrage für die ganze Gegend. Aber nicht bloß die dem Siebengebirge zunächst gelegenen Ortschaften sind hierbei interessirt, sondern durch die ganze Rheinprovinz und weit über deren Grenzen hinaus wird die gerechte Forderung laut, daß der Verwüstung der Berge durch weitere Ausbeutung der Steinbrüche Einhalt gethan werde.«[225]

225 So der Wortlaut einer Zuschrift des Gemeindesrats Königswinter an den »Verein zur Rettung des Siebengebirges« vom 20. Oktober 1886. Zit. n. Verein zur Rettung des Siebengebirges (Hrsg.): Zur Rettung des Siebengebirges. II. Eine Rechtfertigungsschrift, Bonn 1887, S. 7.

Die Initiative zur Einstellung der Steinbruchbetriebe und damit zur Rettung des Siebengebirges reihte sich zunächst in die Tradition der Verschönerungsvereine, fand aber in den Bemühungen um den Schutz der Landschaft ein neues Selbstverständnis, das sich durch die Verschränkung von Bedürfnissen des Gemeinwohls sowie handfest-materiellen Interessen der Kommunen und des regionalen Fremdenverkehrs auszeichnet. Nach den seit den 1820er Jahren in Bayern konzipierten Ideen der »Landesverschönerung« sollten in Stadt und Land die rückständigen Verhältnisse nach den Maximen von Nützlichkeit und Schönheit neu geordnet werden. Die Bewegung der Landesverschönerung zielte auf eine Produktivitätssteigerung der Landwirtschaft und gleichzeitig auf eine Zivilisierung der ländlichen Verhältnisse, denn hinter dem Etikett der »Verschönerung« verbargen sich rigide Ordnungs- und Reinlichkeitsvorstellungen. Bei der Gründungswelle lokaler Verschönerungsvereine seit den 1840er Jahren verlagerten sich dann die Akzente etwas weg von der utilitarischen Zwecksetzung, der das Ideal einer Einheit von Nützlichkeit und Schönheit zugrunde lag.[226] Die Verschönerungsvereine übernahmen Aufgaben der Gestaltung lokaler Umwelten, die später in die Zuständigkeit kommunaler Verwaltungen wandern sollten: Sie planten und finanzierten die Anlage von Promenaden, öffentlichen Grünanlagen, Brunnen, Denkmalen oder Aussichtstürmen. Signifikant dabei ist die Verschränkung von Interessen, denn die kosmetische Gestaltung der lokalen Umwelt diente nicht nur sozialen und ästhetischen Bedürfnissen der örtlichen Bevölkerung, sondern vor allem der Verbesserung der touristischen Infrastruktur. Damit agierten die Verschönerungsvereine als lokale Modernisierungsagenturen und standen in Diensten der örtlichen Fremdenverkehrsförderung. Mit den Umwälzungsprozessen der Industrialisierung wurde auch Landschaft zur Ware und zum Kapital einer Region. Je schneller die Städte wuchsen und die Homogenisierung der Räume voranschritt, desto stärker lagerten sich die touristischen Bedürfnisse des städtischen Reisepublikums um Bilder einer ursprünglichen und traditional-rückständigen Landschaft, in der durch gewerbliche und industrielle Nutzung bedingte Eingriffe als Verlust ihrer Wesenheit erfahren wurden. In dieser Logik wurde nun auch die Erhaltung just solcher landschaftlicher Erscheinungsbilder zum Bestandteil regionaler Fremdenverkehrsförderung. Der Schutz der Natur galt also primär der Erhaltung einer ökonomischen Ressource.

Im Falle des Siebengebirges wurden die Impulse für die Erhaltung der Landschaft durch den massiver betriebenen Steinabbau seit den 1850er Jahren ausge-

---

226 Vgl. Jürgen Hagel: Zur Geschichte der Verschönerungsvereine in Südwestdeutschland, in: Zeitschrift für Württembergische Landesgeschichte, 46. Jg. (1987), S. 351-367.

löst. Der 1869 gegründete »Verschönerungsverein für das Siebengebirge«[227] stand zunächst ganz in der Tradition hergebrachter Verschönerungsvereine und beschränkte seine Aktivitäten auf die touristische Erschließung des Gebirges durch die Anlage von Fuß- und Fahrwegen und den Erwerb von Grundstücken. Just das Ziel der touristischen Erschließung war freilich in Frage gestellt, als der Abbau von Steinen auf den Gipfeln von Oelberg, Petersberg, Lohrberg und anderswo das vertraute landschaftliche Erscheinungsbild unwiederbringlich zu zerstören drohte. Nun, da die Möglichkeiten eines konventionellen Verschönerungsvereins zu begrenzt erschienen, kam es 1886 zur Gründung eines eigenständigen »Vereins zur Rettung des Siebengebirges«, der mit offensiven politischen Forderungen auftreten konnte. Aufgrund der Interessenkonflikte zahlreicher Mitglieder des Verschönerungsvereins, der sich aus der besitz- und bildungsbürgerlichen Elite der Region, aus zahlreichen hohen Beamten und kommunalen Funktionsträgern zusammensetzte, hatte sich der Verschönerungsverein in politischen Fragen Zurückhaltung auferlegt. Dem im Mai 1886 gegründeten und vom Verschönerungsverein unterstützten »Verein zur Rettung des Siebengebirges« ging es unter der Federführung des Bonner Justizrats Humbroich dagegen dezidiert um die Nutzung der politischen Möglichkeiten zur Rettung des Siebengebirges. Er verlangte die Einstellung der Steinbruchbetriebe, forcierte den Ankauf von Grundstücken und wollte die Übertragung des Enteignungsrechtes an den »Verschönerungsverein für das Siebengebirge«, um Flächen der gewerblichen Nutzung zu entziehen. Vor allem ging es zunächst um ein Verbot jener Steinbruchbetriebe am Petersberg und Oelberg, die vom preußischen Staat selbst betrieben wurden.

Nachdem dieses Ziel alsbald erreicht war und der preußische Staat seine Steinbruchbetriebe aufgab, stellte der »Verein zur Rettung des Siebengebirges« seine Aktivitäten ein und löste sich im Jahre 1892 auf. Die Rettung des Siebengebirges war ganz auf den Erfahrungsraum Landschaft abgestimmt, der aus mehrerlei Gründen erhalten werden sollte: als ästhetischer Erfahrungsraum, als Kapital des regionalen Fremdenverkehrswesens und als unverwechselbare geographische Einheit für die historische und natürliche Entwicklung der Region, sozusagen als Natur-Kultur-Denkmal. Dem Anspruch der lokalen Steinhauer auf materielle Nutzung wurde zunächst ein gleichfalls materielles Interesse entgegengesetzt. Während die Steinhauer argumentierten, sie würden Arbeitsplätze schaffen, verwies der »Verein zur Rettung des Siebengebirges« auf die höhere Anzahl von Stellen, die der Region durch den Fremdenverkehr beschert würden:

---

227 Vgl. Franz Brock: Naturschutzgebiet Siebengebirge. 120 Jahre Verschönerungs-Verein für das Siebengebirge (VVS), in: Rheinische Heimatpflege, NF, 26. Jg. (1989), S. 289-292.

»Man weißt auch darauf hin, daß im Siebengebirge mancher Arbeiter in den Steinbrüchen seinen Lebensunterhalt verdient. Gewiß ist dem so, aber wohl ist dem gegenüber die Frage mehr wie berechtigt, ob denn nicht auch die Interessen der zahlreichen blühenden Ortschaften ins Gewicht fallen, welche ihre größten Einnahmen aus dem Fremdenverkehr ziehen, die Interessen der Verkehrsanstalten, der Bahnen und Dampfer, deren großartige Anlagen zum Theil auf den Massenbesuch des Siebengebirges hin geschaffen wurden? Wahrlich, hier bedarf es keiner langen Ueberlegung, um zu erkennen, auf welcher Seite größere Landesinteressen auf dem Spiele stehen!«[228]

Neben den materiellen Interessen der Fremdenverkehrsanbieter lieferten auch die ästhetischen und sozialen Interessen der Tourismusnutzer Argumente für den Erhalt einer unversehrten Mittelgebirgslandschaft. Das Siebengebirge fungierte als Naherholungsraum und war als Teil der romantischen Rheinlandschaft Anziehungspunkt des internationalen Tourismus. Folgerichtig besaßen sowohl der »Verein zur Rettung des Siebengebirges« wie auch der »Verschönerungsverein für das Siebengebirge« eine starke soziale Basis im Bildungsbürgertum dieser Städte, die später konsequenterweise die Aktivitäten des Verschönerungsvereins beim Kauf von Flächen finanziell unterstützen sollten. Diese touristische Anziehungskraft verdankte das Siebengebirge offenkundig einem als symbiotische Einheit erfahrenen Zusammenspiel von natürlichen Voraussetzungen und historischer Gewordenheit, das in der organischen Ganzheit des Landschaftlichen zusammenkam. Der »Verein zur Rettung des Siebengebirges« begleitete deshalb seine Forderung nach Erhaltung des Siebengebirges mit dem Bedeutungstransfer des bislang auf Geschichte und Kultur weisenden Denkmalgedankens auf Natur und Landschaft:

»Ist in dieser Beziehung aber die hohe Staatsregierung anderer Meinung, so wird es nicht schwierig sein, zu einer die Erhaltung besonderer Naturschönheiten bezweckenden Novelle der gesetzgebenden Factoren zu erlangen, wie geschichtlich und kunstgeschichtlich wichtige Denkmäler auch bereits unter den Schutz des Staates gestellt sind. Ein Gebirge wie das Siebengebirge trägt gewiß auch einen geschichtlichen Charakter, indem es der Gegend ein bestimmtes Gepräge verleiht, eine landschaftliche Eigenart, die mit Sitte und Art der Bevölkerung von je in engsten Beziehungen steht. Solche nicht zu verwischen, sondern zu erhalten, scheint ebenso wichtig wie die Erhaltung alter Denkmale, welche doch der Staat mit Eifer zu schützen und zu erhalten bestrebt ist.«[229]

Diese drei Motive – das materielle Interesse der Fremdenverkehrsindustrie, die sozialen und ästhetischen Bedürfnisse der touristischen Nutzer und der Transfer der Denkmalidee auf Natur und Landschaft – lieferten eine argumentative Basis, die zu raschen Erfolgen führte. Während der »Verein zur Rettung des Siebenge-

228 Aufruf zur Rettung des Siebengebirges, Mai 1886, abgedruckt in: Verein zur Rettung des Siebengebirges 1886.

229 Ebda., S. 17f.

birges« nur vorübergehend auf dem Feld der Meinungsmobilisierung agierte, gewährleistete der Verschönerungsverein durch seine praktische Arbeit einen dauerhaften Schutz des Siebengebirges. Wie 1904 in dem Artikel »Deutschland. Für die sieben Berge« in der »Kölnischen Zeitung« rekapituliert wurde, gelang es dem Verein unter der von 1895 bis 1906 währenden Vorstandschaft des Bonner Oberbürgermeisters Wilhelm Spiritus nach und nach, Steinbrüche am Petersberg, Oelberg, Lohrberg und die Kuppen des Nonnenstrombergs, des Lohrbergs oder der Jungfernhardt aufzukaufen. Des weiteren gingen ganze Berge und einzelne Waldparzellen in Vereinsbesitz, so daß der Verschönerungsverein bis zum Jahre 1904 seinen Grundbesitz von 29,5 Hektar auf rund 550 Hektar erweitern und insgesamt 1605 Hektar Gelände dauerhaft vor Eingriffen schützen konnte. Die finanziellen Möglichkeiten hierzu hatte der Verschönerungsverein nach Verhandlungen mit der preußischen Regierung in den Jahren 1897 bis 1899 aufgrund der Genehmigung zur Durchführung von Geldlotterien mit einem Ertrag von 1,5 Millionen Mark erhalten. Außerdem wurde er vom Provinzialverband mit 200000 Mark, von der Stadt Köln mit 100000 Mark und von der Stadt Bonn mit 50000 Mark unterstützt. Im Januar 1899 erhielt er das Recht, die zur Erhaltung des Siebengebirges nötigen Grundstücke auf dem Wege der Enteignung zu erwerben. Im August 1899 erhielt der § 1 der Vereinssatzung den Zusatz: »Der Verschönerungs-Verein für das Siebengebirge bezweckt die dauernde Erhaltung und den Schutz des Siebengebirges gegen Zerstörung und Schädigung.«[230]

Nachdem die finanziellen Möglichkeiten des Vereins nach der Grundstücksexpansion erschöpft waren, erhielt er im Jahre 1904 nochmals die Genehmigung zur Durchführung einer Geldlotterie mit einem Ertrag von 900000 Mark sowie 120000 Mark Zuschüsse von der Rheinprovinz, 30000 Mark von der Stadt Bonn und 60000 Mark von der Stadt Köln.[231] Diese Lotterie wurde 1906 ausgespielt, so daß der Verein seinen Grundbesitz bis zum Jahre 1914 auf rund 800 Hektar erweitern konnte. Nach dem Ersten Weltkrieg, am 7. Juni 1922, wurde das gesamte Siebengebirge von der preußischen Staatsregierung zum Naturschutzgebiet erklärt. Damit war in einvernehmlichem Zusammenarbeiten von Vereinen, Körperschaften, Kommunen und der preußischen Staatsregierung der Primat des Bewahrens gegen jenen der Nutzung durchgesetzt und mit der Strategie des flächenhaften Grundstückserwerbs ein Modell praktischen Naturschutzes geschaffen worden.

230 Zit. n. Brock 1989, S. 291f.

231 Vgl. die Korrespondenzen zwischen Verein und preußischer Regierung in GStAPK, I. HA, Rep. 89H, Geheimes Zivilkabinett, Nr. 20785.

Das interesselose Bewahren der Landschaft aufgrund ihres Erinnerungswertes war freilich keinesfalls problemlos mit den Interessen der regionalen Tourismusindustrie zu vereinbaren. Die Verschönerungs- und Gebirgsvereine verwandelten Natur durch die Anlage von Bahnen, Wegen und Ausflugszielen in einen kultivierten sozialen Ort, der zur Befriedigung menschlicher Bedürfnisse diente und gefährdeten so das Unberührtheitsideal des Naturschutzes. Bereits die Bezeichnung »Verschönerungsverein« torpedierte das Leitbild unberührter Natur, suggerierte sie doch, daß diese veredelungswürdig sei. Deshalb wurden die Verschönerungs- und Tourismusvereine denn auch zur Zielscheibe aggressiver Naturschutzkritik:

»Endlich muß noch jener Leute Erwähnung geschehen, denen unser Herrgott die Natur nicht schön genug gestaltet hat und sie daher berufen fühlen, die Fehler des Schöpfers gut zu machen. Im ›Simplicissimus‹ war jüngst zu lesen: Sie sagt: ›Wie schön die Gegend ist!‹ Er darauf: ›Ja, trotzdem wir drei Verschönerungsvereine haben!‹ Leider ist die Zahl solcher Vereine, die nur im angeblichen Verschönern der Natur ihre Existenzberechtigung suchen, sehr groß. Wie viel Gutes könnten sie schaffen, wenn sie ihre oft recht beträchtlichen Mittel in der Hauptsache der Erhaltung der an sich schönen Natur zuwenden wollten.«[232]

Insofern erscheinen die Aktivitäten des »Verschönerungsvereins für das Siebengebirge«, die nicht primär auf die Vermarktung einer Landschaft zielten, sondern auf deren Erhaltung, als Ausnahme. In der Regel galt das Diktum von Theodor Heuß, der die Meinung vertrat, die Landschaft sei vor allem vor zwei Einflußfaktoren zu schützen: »vor den ›Landschaftsgärtnern‹ und den lokalen Verschönerungsvereinen.«[233] Seine Einschätzung:

»Ein ernster Fall sind auch die Verschönerungs- oder gar die Fremdenverkehrsvereine. Die Leute vom Heimatschutz sollen sich mit denen ja nicht einlassen. Denn jeder Einsichtige weiß, daß die tausend Aussichtstürme, die Tännchenalleen, die poetischen Teiche einschließlich künstlichem Wasserfall (Sonntags von 11 bis 12 Uhr mit Militärmusik), die Rindenhäuschen, die romantischen Prügelbrücken und die steifen Eisenstege in dem seltensten Fall der Verschönerung der Landschaft dienen.«[234]

Die Erschließung der Natur für Zwecke touristischer Zerstreuung erschien in der Tourismus-Kritik Ernst Rudorffs als Symptom entseelender Naturentfremdung und die touristischen Praxen gerieten zum Schreckbild veroberflächlichter Naturerfahrung, die sich nur mehr an den Stimulanzien einer zur Kulisse degradierten Landschaft orientierte:

---

232 Eigner 1908, S. 56.

233 Theodor Heuß: Heimatschutz, in: Die Hilfe, 11. Jg. (1905), Nr. 30, Beiblatt, S. 11.

234 Ebda.

»Der Begriff des ›Touristen‹ ist ein durchaus moderner. Aber, daß man einen solchen Begriff hat, daß man einen Sammelnamen erfindet für eine Gattung von Leuten, deren gemeinsames charakteristisches Merkmal in nichts Anderem besteht als darin, daß sie alle möglichen Schönheiten und Merkwürdigkeiten der Welt zu ihrem Amüsement aufsuchen und absuchen: dieser fatale Beigeschmack der Geschäftsmäßigkeit im Genießen, der dem Ausdruck anhaftet, deutet schon zur Genüge an, was von jener vermeintlichen größeren Verbreitung und Steigerung des ästhetischen Sinnes zu halten ist. (...) Man feiert die Natur, aber man feiert sie, indem man sie prostituirt. (...) Eine wahre Manie hat die Welt ergriffen, die Natur in ihrem eigensten Wesen zu zerstören unter dem Vorgeben, daß man sie dem Genuß zugänglich machen will: eine Manie, ähnlich der Thorheit der Kinder, die die rechte Freude an ihrem Spielwerk darin suchen, daß sie es zerbrechen.«[235]

5.2 Die Natur in der Stadt im Schnittfeld ökonomischer und öffentlicher Interessen: Der Münchner »Isartalverein« von 1902

Auch der am 2. Mai 1902 gegründete »Verein zur Erhaltung landschaftlicher Schönheiten der Umgebung Münchens, besonders des Isarthales« stand in der Tradition der bürgerlichen Verschönerungsvereine, überwand aber rasch deren politische Abstinenz. Der »Isartalverein« entwickelte in den Urbanisierungsprozessen um 1900 ein Problembewußtsein, durch das die Erhaltung und Gestaltung von Natur in der modernen Großstadt zur öffentlichen und bürgerschaftlichen Angelegenheit werden konnte. Ein Flugblatt thematisierte 1902 die durch das Wachsen der Metropole bedingten Natur- und Landschaftszerstörungen:

»Die Stadt München besitzt in unmittelbarer Nähe einen herrlichen Stadtgarten großartigsten Stils, wie ihn wohl keine zweite Stadt des Festlandes aufzuweisen hat: das Isarthal. Aus ihm weht uns der Athem des Hochgebirges entgegen. (...) Durch die mächtig emporstrebende industrielle Entwicklung, durch die gewaltige, ungeahnte Ausdehnung der Großstadt droht dieser Perle Münchens große Gefahr. Die herrlichen Waldungen und Auen, in denen bisher der Wanderer uneingeschränkt sich ergehen konnte, werden allmählich der Verbauung zugeführt, allenthalben wachsen Zäune aus dem Boden. Altgewohnte Fußwege sollen beseitigt oder vom Rand des Isarthales weg verlegt werden. Ferne liegt es uns, dem industriellen Aufschwung der Bauthätigkeit entgegenzutreten; wir wollen aber einen Ausgleich anbahnen zwischen ihren Interessen und jenen der erholungsbedürftigen Bewohner Münchens.«[236]

Natur sollte auch hier also als sozialer Raum, als eine Sphäre der physischen und psychischen Regeneration, geschützt werden. Dem »Isartalverein« ging es aller-

---

235 Rudorff 1880, S. 263f.

236 Flugblatt; zit. nach Barthelmeß 1988, S. 186; Original im Bayerischen Hauptstaatsarchiv, MK 14474.

dings nicht nur um die Gestaltung öffentlichen Grüns, also um kultivierte Natur, sondern um den Erhalt des Naturwüchsigen in der modernen Zivilisation, um die letzten Erinnerungen an Wildnis in einer modernen Großstadt – den »Athem des Hochgebirges«. Denn, so hieß es in einem Bericht zum zehnjährigen Bestehen des Vereins:

»Bisher war das Isartal in seiner wilden, urwüchsigen Pracht und Schönheit wie ein Allgemeingut den Naturfreunden offen gestanden. Kaum daß der Münchner ein Stündchen südwärts gewandert war, sah er sich so zu sagen hundert Meilen weit allem städtischen Getriebe entrückt, hatte er nur noch das wilde Wasser vor sich, und Feld und Wald und den zugleich schönsten und gewaltigsten Hintergrund, das Hochgebirge.«[237]

Das Engagement des »Isartalvereins« fällt in eine Zeit, da es gegenüber den Prozessen der Urbanisierung in der bayerischen Landeshauptstadt bürgerschaftlicher Korrektive bedurfte, die öffentliche Interessen an der Stadtnatur einforderten. Bemerkenswert erscheint beim »Isartalverein« angesichts des hohen Mitgliederanteils an Fabrikanten, Unternehmern, Privatiers und Freiberuflern, wie offensiv zumindest anfänglich die Sozialpflichtigkeit des Eigentums und die Durchsetzung öffentlicher Partizipationsansprüche gegenüber Privatinteressen der Eigentümer und der Industrie eingefordert wurde. Zudem war der Verein nicht nur ein Sammelbecken für das lokale Künstler- und Architektenmilieu (Gabriel von Seidl, Franz von Lenbach, Theodor Fischer etc.), sondern eröffnete auch ein Betätigungsfeld für hohe Beamte und Regierungsmitglieder. Unter den Gründungsmitgliedern befanden sich der Innenminister Maximilian von Feilitzsch (1834-1913) oder der erste Bürgermeister von Borscht, und in den Gremien übernahmen stets Beamte von Stadt und Staat Ämter. 1914 fielen von den 1689 Mitgliedschaften 77 auf Vereine wie einzelne Alpenvereinssektionen oder Verschönerungsvereine, den »Verein der Grund- und Anwesenheitsbesitzer der Villenkolonie Sölln«, den Fremdenverkehrsverein Tölz, Sportvereine, konfessionelle Handwerkervereine, die Ortsgruppe München der »Naturfreunde« oder den »Münchner Architekten- und Ingenieursverein«. Darunter waren aber auch Institutionen wie örtliche Reisebüros, Bankhäuser, Brauereien, Immobiliengesellschaften, Schulen und zahlreiche Firmen. Von den 1612 Einzelmitgliedern (darunter 1407 Männer und 205 Frauen) fielen 6,6 Prozent auf die Gruppe der Beamten, 8,5 Prozent waren Unternehmer oder Privatiers, 5,2 Prozent Professoren, 4,9 Prozent Rentiers, 4,6 Prozent Künstler, 6,6 Prozent Architekten und Ingenieure, 3,5 Prozent Juristen, 3,1 Prozent Lehrer, 9,4 Prozent Angestellte, 0,8 Prozent Arbeiter, 3,4 Prozent Ärzte und 1,9 Prozent Soldaten und Offiziere.

237 Zum 10jährigen Bestehen des Isartalvereins, München 1912, S. 3.

Aufgrund dieser Mitgliederstruktur war eine Verquickung von Interessen vorprogrammiert. Einerseits bestand die Möglichkeit, daß der »Isartalverein« potentiell zu einem quasi halbamtlichen Organ geraten konnte, mit dem sich städteplanerische und wirtschaftliche Entwicklungen steuern ließen. Andererseits drohten Loyalitätskonflikte, wenn Mitglieder als Beamte der Stadt andere Interessen zu vertreten hatten wie als Angehörige des »Isartalvereins«. Zumindest der Tonfall, mit dem ein öffentliches Interesse an Natur gegenüber gewerblichen Interessen angemeldet wurde, klang dabei zunächst vergleichsweise offensiv. Jedenfalls erwies sich hier die staatliche Beschränkung der Verfügungsgewalt über Privateigentum keinesfalls als Tabu:

»Der Verein ist ein Sammelpunkt für alle diejenigen Bestrebungen geworden, welche dahin gehen, daß auch in der Umgebung einer rasch wachsenden Großstadt die Erhaltung einzigartiger Naturschönheiten nicht nur möglich, sondern sogar vor allem notwendig ist, und daß sich momentane Beschränkungen der Industrie, der Privatspekulation etc. später für die Gesamtheit reichlich lohnen werden. Ist doch auch schon bei Gründung des Vereines vorhergesagte Bewegung im gleichen Sinne, die das ganze Reich umfaßt, im Gange, die sehr bedeutsam zu werden verspricht.«[238]

Bereits die ersten Konflikte, bei denen der »Isartalverein« Position bezog, zeigten allerdings, daß sich die Kritik an industriellen Entwicklungen in kalkulierbaren Bahnen bewegte. Nachdem der Verein in seiner Gründungsphase die Stadt bewogen hatte, landschaftlich reizvolle Grundstücke der industriellen Nutzung zu entziehen und selbst solche Flächen erworben hatte, zeigte sich beim ersten größeren Konflikt in der Vereinsgeschichte eine ausgeprägte Bereitschaft, die Erhaltungspolitik der städtebaulichen und industriellen Entwicklung unterzuordnen. Planungen, die Isar im Süden der Stadt für die Stromgewinnung zu kanalisieren, wurden zunächst mit kategorischer Ablehnung beantwortet. Der »Isartalverein« schlug im Juni 1904 die Alternative vor, Elektrizität aus Wasserkraft im Norden der Stadt und eben nicht aus den urtümlichen Flußpartien im Süden zu gewinnen. Unter öffentlichem Druck, der aufgrund von Vorwürfen fundamentalistischer Technikfeindlichkeit gewachsen war, sah er sich bald aber zu der Verlautbarung veranlaßt, sich der industriellen Nutzung der Wasserkraft nicht prinzipiell zu verweigern:

»Denn dies steht für uns außer jedem Zweifel, daß die Kanalisierung der Isar an dieser Stelle einen Abschied der schmerzlichsten Art für alle Zeiten bedeutet, – daß der Charakter der Umgebung Münchens, der gerade durch diese Partie noch einen Hauch von Gebirgsnatur in sich birgt, sehr

238 I. Jahresbericht des Vereins zur Erhaltung der landschaftlichen Schönheiten der Umgebung Münchens, insbesondere des Isartals für 1903, S. 7.

herabgestimmt und profaniert würde, und daß nicht nur ein großer Naturschatz, sondern auch ein unschätzbarer Kapitalwert bleibend dadurch zerstört würde.«[239]

Nachdem die Stadt im Sommer 1904 signalisierte, daß sie aus wirtschaftlichen Gründen nicht auf das Projekt verzichten wolle, versicherten die Kontrahenten im September 1904 öffentlich, daß der Verein nur auf Alternativplanungen habe hinweisen wollen, »bevor das letzte Stück des freien großartigen Isarbildes der industriellen Benützung zum Opfer fällt. (...) Trotzdem will der Verein (...) nicht den Standpunkt vertreten, daß von dem Projekt ein für allemal abgesehen werden soll. Wenn es sich zeigen sollte, daß die für die Stadt erforderlichen Elektrizitätskräfte ohne ganz unverhältnismäßige Opfer auf eine andere Weise nicht zu gewinnen sind, dann müßte wohl der wirtschaftlichen und finanziellen Entwicklung der Stadt München das Opfer der hervorragendsten Naturschönheit gebracht werden.«[240] Nachdem die Eingaben des »Isartalvereins« abgelehnt wurden, blieben nur noch landschaftskosmetische Korrekturen am Verlauf der Kanäle.

Im Zweifelsfall also gelang es auch in der bayerischen Metropole nicht, Ansprüche auf Erhaltung von Natur und Landschaft gegenüber industriellen Interessen durchzusetzen. Wesentlich erfolgreicher agierte der Verein, wenn es darum ging, das Recht auf öffentlichen Naturgenuß durch freie Zugänglichkeit exklusiver Landschaftspartien gegenüber Grundstücksbesitzern durchzusetzen. Er tätigte selbst Grundstückserwerbungen, um Spazierwege und Aussichtspunkte anzulegen oder Alleen zu erhalten. Das Engagement galt nicht nur den innerstädtischen Naturflächen, sondern auch dem Schutz der bayerischen Seen außerhalb Münchens. In einer Erklärung zum Schutz der Alpenseen ging es dem »Isartalverein« nicht nur um den Erhalt des landschaftlichen Erscheinungsbildes oder den Schutz der Ufer vor privater Verbauung, sondern auch um die Frage der Gewässerverunreinigung.[241] Der »Isartalverein« wandte sich gegen die nach wie vor in Wissenschaft und Technik dominierenden Theorien Max Pettenkofers von der Selbstreinigungskraft der Gewässer. Während früher die flüssigen Abfälle der Einzelgehöfte deren Verwertungskreisläufe nicht verlassen hätten, käme es nun aufgrund der Einführung von Schwemmkanalisationen, der baulichen Verdichtung und der hohen Fremdenverkehrsdichte zur massiven Einleitung von Abwässern und damit zur Verschmutzung der oberbayerischen Seen.

---

239 II. Jahresbericht des Vereins zur Erhaltung der landschaftlichen Schönheiten der Umgebung Münchens, insbesondere des Isartals für 1904 und 1905, S. 6.

240 Ebda., S. 9.

241 Abgedruckt im IV. Jahresbericht für 1906.

In den folgenden Jahren fungierte der »Isartalverein« als Beratungsinstanz bei Bebauungsplänen oder dem Bau neuer Straßen und Bahnlinien. Ebenfalls couragiert kämpfte er seit seiner Gründung gegen die Nutzung der Wasserkräfte in den oberbayerischen Seen.[242] In der Argumentation gegen solche technischen Großprojekte ging es längst nicht mehr nur um Affekte gegen Veränderungen des vertrauten Landschaftsbildes. Der »Isartalverein« attestierte Großprojekten vom Schlage des Walchenseekraftwerks, wo für eine Leistung von 20000 PS bei einer Gefällstufe von 200 Metern zwischen Walchen- und Kochelsee das Isarwasser durch einen drei Kilometer breiten Bergrücken geleitet werden sollte, grundsätzlich eine die Grenzen menschlicher Naturbeherrschung überschreitende Dimension: »Der Gedanke einer künstlichen Anstauung so großer Wassermassen in großen Höhen hätte etwas Unheimliches und Unnatürliches«, so Gabriel von Seidl, »die Ablenkung ganzer Flüsse kann auf die Bodenfeuchtigkeit und damit das Wachstum großer Gebiete einen unberechenbaren schädlichen Einfluß haben – eine der wertvollsten und beglückendsten Eigenschaften unseres Landes aber, seine Schönheit und Natürlichkeit, würden sicher eine erhebliche Einbuße erleiden.«[243] Thematisiert werden hier also auch ökologische Eingriffe wie die Veränderung der Vegetationsverhältnisse aufgrund von Grundwassersenkungen, aber auch Fragen nach der Kontrolle der Technik im Falle von Kriegen und Katastrophen.

Dem »Isartalverein« ging es wie dem kooperierenden bayerischen »Landesausschuß für Naturpflege« um eine grundsätzliche Klärung des Verhältnisses von technischer Naturnutzung und Allgemeinwohl. Dies wurde auch in der »Gutachterlichen Äusserung des Landesausschusses für Naturpflege über das staatliche Walchenseeprojekt vom 5. Mai 1910« festgehalten:

»Hier müsste auch die innere Sprache menschlichen Empfindens gehört werden, welche die Grenzen für wichtig hält, innerhalb deren so tiefe Eingriffe in die Natur und das Wohl der angesessenen Bevölkerung sich rechtfertigen lassen. Nicht ob man Eingriffe in solchem Umfange machen kann, ist hier die Frage, sondern ob man sie machen darf. Ein abmahnender Standpunkt ist keine Gegnerschaft gegen das Projekt selbst, er will vielmehr den Nutzen, den es bringen soll, rein und fleckenlos erhalten und einen allenfalls noch höheren Gewinn nicht durch Wunden erkaufen, welche der Natur, der einheimischen Bevölkerung und dem menschlichen Empfinden geschlagen werden.«[244]

---

242 Vgl. Reinhard Falter: Achtzig Jahre Wasserkrieg? Das Walchensee-Kraftwerk, in Ulrich Linse, Reinhard Falter, Dieter Rucht u. Winfried Kretschmer (Hrsg.): Von der Bittschrift zur Platzbesetzung. Konflikte um technische Großprojekte, Bonn 1988, S. 63-127.

243 IV. Jahresbericht des Isartalvereins für 1906, S. 5.

244 VIII. Jahresbericht des Isartalvereins für 1910, S. 7f.

Während sich konventionelle Verschönerungsvereine auf die Möblierung des öffentlichen Grüns und die Anlage von Promenaden und Aussichtspunkten kaprizierten, thematisierte der »Isartalverein« zumindest ansatzweise also die historisch neue Qualität von Natur- und Umweltproblemen in modernen Großstädten. Er agierte als Vermittler zwischen industriellen Ansprüchen und öffentlichen Interessen und wies auf die zweckfreien Funktionen der Natur im modernen Leben hin. Dabei allerdings bewegte er sich immer in kalkulierbaren Bahnen und tastete volkswirtschaftliche Interessen nicht an. Die Gründe, weswegen sich seine Arbeit dann doch in weiten Zügen in kosmetischen Korrekturen des Stadt- und Landschaftsbildes erschöpfte, sind sicherlich auch in der Mitgliederstruktur zu suchen. Während die Künstler interesselose Beziehungen zur Natur einfordern konnten, gab es bei den anderen Mitgliedergruppen (Architekten, Ingenieure, Unternehmer oder Beamte) unzweideutige Interessenkonflikte zwischen ihrem Engagement für die Natur und ökonomischen Interessen.

5.3 Kultivierung und Erhaltung der alpinen Natur: Der »Verein zum Schutze und Pflege der Alpenpflanzen« von 1900

Ein weiterer Verein, welcher sich »der Erhaltung und Katalogisierung vaterländischer Naturdenkmäler«[245] widmete, war der am 28. Juli 1900 in Straßburg gegründete »Verein zum Schutze und zur Pflege der Alpenpflanzen«. Damit zählte er zu den ersten bürgerlichen Vereinen, die sich explizit der Idee der Naturdenkmalpflege und des Naturschutzes verschrieben.[246] Institutionell angebunden an den 1873/74 aus dem »Österreichischen Alpenverein« von 1862 und dem »Deutschen Alpenverein« von 1869 hervorgegangenen »Deutsch-Oesterreichischen Alpenverein«, versuchte die Organisation naturwissenschaftliche und alpin-touristische Interessen zusammenzuführen und zwei Ideen eine soziale Basis zu geben: der Kultivierung alpiner Flora in Alpengärten und deren Erhaltung im Freiland. Der allgemeine Vereinszweck – »die Förderung der Kenntnisse, den Schutz und die Pflege der Alpenpflanzen«[247] – wurde in den Vereinsstatuten durch unterschiedliche Realisierungsmöglichkeiten präzisiert:

---

245 1. Bericht des Vereines zum Schutze und zur Pflege der Alpenpflanzen, Bamberg 1901, S. 15.

246 Zur Vereinsgeschichte und der bürgerlichen Liebe zu den Alpenblumen vgl. Bernhard Tschofen: Berg, Kultur, Moderne. Volkskundliches aus den Alpen, Wien 1999, S. 99-144.

247 Statuten des Vereins zum Schutze und zur Pflege der Alpenpflanzen, o.O. u. o.J. [Bamberg 1900], S. 3.

»a) durch Anlage und Unterstützung von Pflanzengärten im Alpengebiete, in denen unter Fachmännischer Leitung wissenschaftliche und praktische Kulturversuche gemacht werden können und den Freunden des Hochgebirges Anregung und Belehrung geboten werden soll.

b) Durch gemeinverständliche Schriften und Vorträge, welche einerseits das Gesammtpublikum mit den Pflanzen des Hochgebirges befreunden, andrerseits die Mitglieder des Vereins dazu erziehen sollen, durch Beispiel und Einfluss auf die Erhaltung und Pflege namentlich der bedrohten Pflanzen einzuwirken.

c.) Durch Anträge an Behörden und Vertretungskörper, die den Schutz der Pflanzen gegen muthwillige Zerstörung und gegen eine schädigende Art des Feilbietens bezwecken.

d) Durch Ehrungen und Belohnungen solcher Personen (Geistliche, Lehrer, Wirthe, Bergführer, Förster, Gärtner etc.), welche sich durch ihre erzieherische Thätigkeit, ihren Einfluss und durch die Pflege alpiner Pflanzen um die Ziele des Vereins wohlverdient gemacht haben.«[248]

Es ging beim Engagement dieses Vereins, der an die Vorbilder der 1883 in Genf gegründeten »Association pour la protection des plantes« und des 1895 aus dem »Club alpino italiano« herausgewachsenen Vereins »Pro montibus« anknüpfte, nicht primär um die Erhaltung urwüchsiger Alpennatur. Im Vordergrund der Aktivitäten stand die von wissenschaftlichen, ästhetischen und touristischen Interessen getragene Kultivierung der alpinen Flora in Alpengärten. Hier kreuzten sich Traditionen der Pflanzenliebhabergesellschaften, der touristischen Wandervereine sowie der neueren Bewegungen zum Schutz der Natur. Im Gegensatz zu den Verbänden des Natur- und Heimatschutzes war das Engagement getragen vom Ideal kultivierter Natur. Nicht die Unberührtheit der Natur stand im Mittelpunkt, sondern die Transformation der Naturbasis in eine durch Menschenhand vervollkommnete und veredelte Gartennatur. Es ging um die Kultivierung der Alpenflora, so daß die um 1800 in den Botanischen Gärten geborene Idee der Alpenpflanzenkulturen nun im letzten Drittel des 19. Jahrhunderts in die Gebirge getragen wurde, um von dort als Miniaturausschnitte bürgerlicher Alpinexotik in Form von Steingärten in die bürgerlichen und kleinbürgerlichen Gärten der Städte zurückzuwandern. Bereits bei der Einrichtung des ersten vom Verein getragenen Alpengartens auf dem »Schachen« im bayerischen Wettersteingebirge zeigte es sich, daß die maßgeblichen Kriterien nicht die Nachahmung der natürlichen Vegetation und die Kopie natürlicher Pflanzengesellschaften waren. Wichtigstes Kriterium schien statt dessen die gleichwie erzeugte Vielfalt an Pflanzenarten, die keinesfalls dem Anspruch auf ökologische Standortgerechtigkeit nachkommen mußte. Ziel der Alpengärten war die künstliche Erzeugung einer möglichst artenreichen Flora, die nicht nur typisch für die lokalen Verhältnisse sein sollte, sondern genauso Arten aus dem Himalaya, den Anden oder der Alpensüdseite

248 Ebda., S. 3f.

aufweisen konnte, so daß eine floristische Ideallandschaft für wissenschaftliche und touristische Zwecke entstand.

Demgegenüber nahm in den Vereinstätigkeiten anfänglich der aktive Schutz der natürlichen Alpenflora einen vergleichsweise geringen Stellenwert ein. Neben der Aufklärung der Alpintouristen war es dem Verein vor allem um die Zusammenarbeit mit Behörden angetan, damit gesetzliche Maßnahmen und behördliche Vorschriften zu Pflückverboten oder Handelsbeschränkungen vorangetrieben werden konnten. Der Verein sammelte im Alpengebiet alle einschlägigen Verordnungen und wandte sich im zweiten Jahr seines Bestehens mit einer Eingabe an die bayerische Regierung, die Überlegungen zu Maßnahmen gegen die Ausrottung seltener Pflanzenarten wie Edelweiß, Alpenrose, Enziane oder Frauenschuh beinhaltete. 1904 orderte er zur Anbringung an Schutzhütten und Gasthäusern 1 000 Plakate mit der Aufschrift: »Schutz dem Edelweiss und der übrigen Alpenflora! Der Verein zum Schutze und zur Pflege der Alpenpflanzen richtet an alle Alpenfreunde das dringende Ersuchen, dem unverständigen Abreissen grösserer Mengen Alpenblumen entgegenzutreten und namentlich das Ausgraben oder Herausnehmen mit der Wurzel zu verhindern.«[249] Nach und nach gewannen die Schutzbemühungen Profil. Dabei hatte der Verein vor allem den Widerspruch aufzulösen, Suborganisation eines Wander- und Tourismusvereins zu sein und gleichzeitig die alpine Flora auch gegen die Ausbeutung durch den Gebirgstourismus zu schützen. Als es um einen systematischen Schutz einzelner Pflanzenarten ging, machte der Vereinsvorsitzende Carl Schmolz (1859-1928) deshalb nicht etwa die Alpintouristen, sondern gewerbsmäßige Händler als Verantwortliche für den Rückgang einzelner Pflanzenarten aus:

»Die vom Verein erstrebten, gesetzlichen Schutzmassregeln zu Gunsten der Alpenflora sollen demgemäss nicht den Touristen treffen, der sich als Siegestrophäe ein Blümlein an den Hut steckt, oder den Mann der Wissenschaft, der eine seltene Pflanze von dem Berge holt, aber sie sollen die Personen treffen, die der Alpenflora gewaltsam auf den Leib rücken, ihr tiefe unheilbare Wunden schlagen und das sind die Händler mit Alpenpflanzen im Grossen und im Kleinen.«[250]

249 Vgl. 4. Bericht des Vereines zum Schutze und zur Pflege der Alpenpflanzen, Bamberg 1904, S. 6.

250 Carl Schmolz: Ueber den derzeitigen Stand der gesetzlichen Schutzbewegung zu Gunsten der Alpenflora unter besonderer Berücksichtigung der Tätigkeit des ›Vereins zum Schutze und zur Pflege der Alpenpflanzen‹, in: 7. Bericht des Vereines zum Schutze und zur Pflege der Alpenpflanzen, Bamberg 1907, S. 62.

So konnte hier nicht reflektiert werden, daß es erst die in der touristischen Erfahrung geformte Liebe zu den Alpenblumen war, die ästhetische Bedürfnisse geweckt und so popularisiert hatte, daß deren Stillung Ausmaße annahm, die Schmolz als den Massenausverkauf der natürlichen Alpinvegetation schilderte.

Dennoch systematisierte der Verein seine Bemühungen zum Schutz der Alpenpflanzen. Im Jahre 1908 wurde ein Netzwerk aus 47 Obmännern im Alpengebiet installiert.[251] Aufgabe dieser Obmänner war die Beobachtung und Bewachung der jeweiligen lokalen Verhältnisse sowie Öffentlichkeitsarbeit. Da sich alsbald erwiesen hatte, daß die Alpengärten kaum ein angemessenes Instrument zum Schutz der natürlichen Flora darstellten, engagierte sich der Verein intensiver für die Einrichtung von Reservationen:

»Die fortschreitende Kultur in den Alpenländern, die rationelle landwirtschaftliche Nutzung der Alpenwiesen, die Ausdehnung der Verkehrswege, insbesondere des Eisenbahnnetzes, der sich immer steigernde Touristenstrom, der ausgedehnte Grosshandel mit Alpenblumen, alle diese Faktoren bedingen den allmählichen Rückgang nicht nur einzelner Arten, sondern bedrohen die Alpenflora in ihrem Gesamtbestande. Da sich hiergegen schwer ankämpfen lässt und Polizeimassregeln immer wirkungslos werden und werden müssen, sobald kulturelle Fragen in Betracht kommen, so gibt es eigentlich nur einen Weg, um wenigstens einen Teil der Alpenflora zu schützen und der Nachwelt im Urzustande zu überliefern, und das ist die Bildung von Pflanzenreservationen in den Alpen nach dem Vorbilde der Reservationen in den Vereinigten Staaten von Nordamerika.«[252]

Konkreter wurden solche Überlegungen für ein Pflanzenschongebiet bald im Berchtesgadner Land. Auf der 8. Generalversammlung des Vereins in München erhielt der Vorsitzende Carl Schmolz den Auftrag, Planungen voranzutreiben. Der Vereinsausschuß trat mit Behörden in Verhandlungen und avisierte ein oder zwei Pflanzenschonbezirke am Königssee. Zur Errichtung eines Naturreservats, in dem sämtliche Tiere, Pflanzen und das Landschaftsbild den Status der Unantastbarkeit genießen, sah der Verein sich aus finanziellen Gründen nicht in der Lage. Gemäß der Verfügung des Bezirksamts Berchtesgaden vom 15. April 1910 konnte schließlich ein »Pflanzenschonbezirk« mit einer Größe von rund 8302 Hektar Realität werden. Nach dieser Verfügung waren das Pflücken, Ausreißen und Ausgraben wildlebender Pflanzen verboten. Ausgenommen blieb allerdings das Sammeln zu wissenschaftlichen Zwecken sowie das Sammeln von Enzian-

251 Vgl. Carl Schmolz: Ueber den derzeitigen Stand der gesetzlichen Schutzbewegung zu Gunsten der Alpenflora unter besonderer Berücksichtigung der Tätigkeit des ›Vereins zum Schutze und zur Pflege der Alpenpflanzen‹. Nachtrag I, in: 8. Bericht des Vereines zum Schutze und zur Pflege der Alpenpflanzen, Bamberg 1908, S. 76.

252 Ebda., S. 78f.

wurzeln mit Erlaubnisschein.[253] Freilich blieb man aufgrund der lockeren Bestimmungen weit entfernt vom Ideal der nordamerikanischen Nationalparks. Unmittelbar nach Ende des Ersten Weltkrieges mehrten sich deshalb Stimmen, die für eine Ausweisung des Areals als umfassendes Naturschutzgebiet plädierten. So votierte etwa Karl Freiherr von Tubeuf (1862-1941) als Vorsitzender des 1913 gegründeten »Bundes Naturschutz in Bayern«:

»Es war ein Fehler, daß man damals den Schutz auf die Pflanzenwelt beschränkt hatte. Den Fehler müssen wir gut machen. Der Schutz soll der gesamten Natur des Königssees und seiner Berge zugute kommen. Dieses einzigartige Gebiet soll vor dem Menschen geschützt werden für den Menschen, nicht nur den heutigen, sondern auch den künftigen, es soll erhalten bleiben in seiner Ursprünglichkeit und Kraft, in seiner Unberührtheit und majestätischen Schönheit auch für spätere Geschlechter.«[254]

5.4 Die Reservation unantastbarer Natur: Der »Verein Naturschutzpark« von 1909

Mit seinem Namen verweist der 1909 in München gegründete »Verein Naturschutzpark«[255] auf ein Instrument praktischer Naturschutzpolitik, das bereits 1898 von Wilhelm Wetekamp als Forderung nach »Staatsparks« in »natürlichem Zustande«[256] angeregt wurde und in den Vogelschutzvereinen zu einem probaten Schutzmittel avancierte: Durch Nutzungsabsichten bedrohte Naturflächen wurden durch privaten Ankauf geschützt und als Reservat ausgewiesen. Als der Verein der Öffentlichkeit seine Ziele präsentierte, deutete der »Kosmos«-Redakteur Curt Floericke unter dem Pseudonym K. Ribbeck Kritik an der staatlichen Naturdenkmalpflege an:

253 Vgl. Carl Schmolz: Ueber den derzeitigen Stand der gesetzlichen Schutzbewegung zu Gunsten der Alpenflora unter besonderer Berücksichtigung der Tätigkeit des ›Vereins zum Schutze und zur Pflege der Alpenpflanzen‹. Nachtrag III, in: 10. Bericht des Vereines zum Schutze und zur Pflege der Alpenpflanzen, Bamberg 1910, S. 92.

254 Karl Freiherr von Tubeuf: Denkschrift über die Errichtung eines Naturschutzgebietes am Königssee, in: Bund Naturschutz in Bayern (Hrsg.): Das Naturschutzgebiet am Königssee in den Berchtesgadener Alpen, München 1921, S. 2.

255 Vgl. Rolf Lüer: Geschichte des Naturschutzes in der Lüneburger Heide, Niederhaverbeck 1994.

256 Wetekamp 1914, S. 210.

»Und doch hat die Erfahrung bereits gezeigt, daß auch sie nicht ausreichen, wenn wir allen mit dem Untergang bedrohten Kindern der heimischen Natur wirklich gesicherte Zufluchtsplätze in letzter Stunde bieten wollen. Und dazu ist es die allerhöchste Zeit, denn es ist wahrlich eine grausame Ironie, daß gerade das vielgerühmte Zeitalter der Naturwissenschaften die heimische Natur in einer Weise entstellt und geschändet hat, wie kein anderes. (...) Der Schutz kleiner sogenannter Naturdenkmäler aber versagt schon bei allen freizügigen Geschöpfen, und er kann überhaupt nicht in Betracht kommen, wo es sich um die Rettung ganzer, besonders eigenartiger Landschaftsbilder mit all ihren Lebewesen handelt. Hier müssen wir noch radikaler und großzügiger vorgehen, und den richtigen Weg dazu haben uns bereits die praktischen Amerikaner gewiesen, als sie ihren riesigen Yellowstonepark schufen.«[257]

Während die Reservationspolitik in den Vogelschutzverbänden und in der staatlichen Naturdenkmalpflege eine unter vielen Strategien darstellte, erhob sie der 1909 gegründete »Verein Naturschutzpark« zum alleinigen Ziel, und er erweiterte den Maßstab auf groß dimensionierte Naturschutzparks nach US-amerikanischem Vorbild. Es waren prominente Namen der zeitgenössischen Naturschutzbewegung, aber auch viele Intellektuelle und Künstler, welche die fehlende Bereitschaft des Staates beim Kauf bedrohter Naturflächen mit privater Eigeninitiative beantworteten.[258] Das Projekt erfuhr Unterstützung vom »Österreichischen Reichsbund für Vogelkunde und Vogelschutz« und dem »Dürerbund«. Der »Kosmos« als »Gesellschaft der Naturfreunde« übernahm organisatorische Aufgaben beim Aufbau des Vereins und stellte den Verlag als Sitz der Geschäftsstelle zur Verfügung. Am 23. Oktober 1909 trafen sich 34 Personen im Münchener Lokal »Künstlerklause« zur Gründungsversammlung, wo die Idee präzisiert wurde, in Deutschland und Österreich-Ungarn mindestens drei Naturschutzparks größeren Umfangs auszuweisen, die charakteristisch für das landschaftliche Erscheinungsbild Deutschlands sein sollten: in den Alpen, einem Mittelgebirge und in der norddeutschen Tiefebene.

Im Verein existierten präzise Vorstellungen darüber, wie Natur in Reservaten geschützt werden sollte. Im Zentrum, so Curt Floericke, stand die Idee des Konservierens und das Ausschalten menschlicher Einflüsse auf die natürliche Um-

257 K. Ribbeck: Die Naturschutzparkbewegung, in: Heimat und Welt, 1. Jg. (1910/11), S. 124ff.

258 Den »Aufruf zur Gründung von Naturschutzparken« von 1910 unterzeichneten u.a. Paul Sarasin, Ludwig u. Cornelius Gurlitt, Engelbert Humperdinck, Wilhelm Kotzde, Max Liebermann, Friedrich Naumann, Ernst Rudorff, Paul Wallot, Ferdinand Zeppelin, Hermann Hesse, Richard Dehmel, Detlev von Liliencron, Hermann Löns, Eugen Diederichs, Georg Schweinfurth, Hans Thoma, Ludwig Ganghofer, Friedrich von Kaulbach, Thomas Mann, Lina Hähnle, Hermann Bahr u.v.a. Unterstützung fand das Anliegen quer durch alle gesellschaftlichen Lager und politischen Parteien; es wurde getragen von den »Naturfreunden«, Burschenschaften, naturkundlichen Vereinen, zahlreichen Sektionen des Alpenvereines, anderer touristischer Vereine u.v.a.; vgl. den Abdruck des Aufrufs in: Verein Naturschutzpark 1910.

welt, damit die Gesetzmäßigkeiten der Natur möglichst unbeeinflußt zur Entfaltung kommen könnten: »In unseren Parken soll womöglich kein Schuß fallen und kein Axthieb erschallen dürfen, sondern alles dem urwüchsigen Walten freier Natur überlassen werden. Das ist Grundsatz, aber ein Grundsatz, der selbstverständlich cum grano salis zu nehmen ist und gelegentlich auch Ausnahmen haben kann.«[259] Das Konzept eines Gebietsmanagements suchte einerseits die Interessen der Öffentlichkeit an Naturteilhabe zu integrieren und andererseits den Erfordernissen Rechnung zu tragen, menschliche Einflüsse zugunsten der Erhaltung von Tier- und Pflanzenarten auszuschalten. So wurde zwar einerseits argumentiert, »Überkultur«[260] zerstöre Natur und Landschaft; andererseits erachtete man eben in dieser »unberührten« Natur das Kapital für den florierenden Tourismus:

»Die Entwicklung des Fremdenverkehrs (für Deutschland und Österreich wären ja die geplanten drei Parke ganz einzig dastehende Anziehungspunkte in bisher vom Fremdenverkehr vernachlässigten Gegenden) käme mittelbar und unmittelbar jedem Berufs- und Erwerbszweige zugute, Gast- und Kurhäuser würden in der Nachbarschaft der Parke entstehen, deren gründliche Besichtigung ja immerhin mehrere Tage erfordern würde, und auch dem einfachsten Waldarbeiter brauchte um das gewohnte Brot nicht bang werden.«[261]

Man beklagte eine Zivilisation, die Natur unter das Diktat von Nützlichkeitsprinzipien stellte und wirkte nun selbst dabei mit, daß die Objekte der Naturliebe zur Ware werden konnten:

»Denn wenn auch in den von uns geplanten Parken die Natur selbst Alleinherrscherin sein soll, so muß es doch zugleich in unseren Bestrebungen liegen, den Zugang zu den Parken selbst für die naturdurstige Menschheit nach Möglichkeit zu erleichtern, damit unsere Schöpfung auch genügend Gelegenheit erhält, all das Gute zu wirken, was wir von ihr zu hoffen berechtigt sind.«[262]

In der Errichtung von Naturschutzparks wurde also eine Synthese aus unterschiedlichen Schutzmotiven – naturwissenschaftlich-konservatorischen, ökologischen, sozialhygienischen und ästhetischen – versucht. Im Zentrum stand auch hier das Ideal einer ursprünglichen Natur, an welcher der Mensch nicht gestaltend, sondern nur mehr ästhetisch erfahrend teilhaben konnte:

---

259 Curt Floericke: Entwicklung, Stand und Aussichten der Naturschutzparkbewegung, in: Verein Naturschutzpark 1910, S. 15.

260 Curt Floericke: Die Naturschutzparkbewegung und der Vogelschutz, in: Mitteilungen über die Vogelwelt, 11. Jg. (1911), S. 48.

261 Ebda., S. 17.

262 Curt Floericke: Die Aussichten für einen Naturschutzpark in Norddeutschland, in: Verein Naturschutzpark 1910, S. 29f.

»Unter Naturschutzparken versteht man Gebiete, die dazu bestimmt sind, die Gesamtheit oder Teile der Natur, der Landschaft, des Erdbodens, der Tierwelt oder der Pflanzenwelt vor jedem störenden Eingriffe der Menschenhand zu bewahren. Sie sollen als Beispiele und gewissermaßen als Dokumente unseren Nachkommen Bilder von dem einstigen Zustande gewisser Gebiete der Heimat in typischer Form erhalten, und Zufluchtsstätten für die durch die Kulturentwickelung in ihrem Dasein bedrohte Tier- und Pflanzenwelt bilden; unter gewissen Umständen auch unter Einschluß der nicht aus dem Rahmen der natürlichen Entwickelung herausgetretenen menschlichen Betätigung; denn strenggenommen gehört ja auch der Mensch zur Natur, und ein Bild ihrer Entwickelung auf bestimmter Stufe kann erst auf Vollständigkeit Anspruch erheben, wenn er selbst und seine Werke darin nicht fehlen. Nur müssen letztere eng und innig mit der Natur verknüpft sein und dürfen nicht durch sprunghafte Entwickelung und Einfügung fremdartiger Zutaten aus dem natürlichen Rahmen herausfallen.«[263]

Schutzkonzepte nach dem Vorbild amerikanischer Nationalparks waren unterdessen nicht neu. Gleichwohl »Amerika« im europäischen Heimat- und Naturschutz als Synonym für Materialismus und Dekadenz firmierte und mit dem Etikett der »Amerikanisierung« ein prägnantes Schlagwort für Modernität und Kulturverfall gefunden schien,[264] erfuhr das Exempel der Nationalparks europaweit breite Rezeption. Schon in den 1880er Jahren gab es Einzelstimmen wie jene des Schweden Adolf Erik Nordenskjöld (1832-1901), die den Schutz unberührter Natur in Reservationen einklagten.[265] Nur Episode war in Deutschland eine Initiative des Wuppertaler Tierschutzvereins geblieben. Wie 1910 erinnert wurde, hatte bereits 1883 Robert Simons vor dem 21. Verbandstag der rheinisch-westfälischen Tierschutzvereine angesichts der »erschreckenden Abnahme vieler Tier- und namentlich Vogelarten« die »Errichtung besonderer Schonreviere in Größe von mindestens 2 Quadratmeilen« angeregt.[266] Als dann allerdings auf dem dritten Verbandstag der deutschen Tierschutzvereine 1884 in Dresden ein Antrag zur Abstimmung kam, daß der Verband bei Reich und Einzelstaaten mit dem

---

263 Heicke: Die deutsche Naturschutzparkbewegung, in: Die Gartenkunst, 14. Jg. (1912), S. 65f.

264 Kaum ein zeitgenössischer Naturschutzautor verzichtete beim Hinweis auf das amerikanische Vorbild der Nationalparks auf das Paradoxon, daß ausgerechnet in einem Land, in welchem der Kapitalismus die reinste Ausbildung erfuhr, die Bereitschaft zum Schutz der Natur am ausgeprägtesten sei. Z.B.: »Den Amerikanern hat noch niemand Gefühlsduselei vorgeworfen. Sie aber haben erkannt, daß es außer dem rollenden Dollar noch Werte gibt, Werte, die höher stehen wie jene die Rost und Motten fressen. Ideale, an denen das Herz sich erfreut und aufrichtet. Die Schwungkraft verleihen in den Kämpfen des Lebens. Güter, die wertvoller sind, als die Konsumartikel des Augenblicks.« Max Kemmerich: Naturschutzparke, in: Verein Naturschutzpark 1910, S. 6.

265 Vgl. Schoenichen 1954, S. 96f.

266 A. Metzroth: Zur Geschichte der Naturschutzparke, in: Verein Naturschutzpark 1910, S. 18.

Vorhaben vorstellig werden sollte, je zwei Schutzgebiete in Nord-, Mittel- und Süddeutschland zu errichten, scheiterte diese Initiative an der utilitarischen Orientierung der damaligen Schutzbewegung. Angesichts des dort eingeforderten Schutzes der »Raubvögel« und anderer als »schädlich« klassifizierter Arten wurde befürchtet, daß sich eine unregulierte Natur in ungewünschte Richtungen entwickeln würde. Für die Vorstellung, daß Natur ohne ausgleichenden Eingriffe des Menschen eine bewahrende Zuwendung erfahren konnte, war zu diesem Zeitpunkt keine Mehrheit zu gewinnen. Dennoch erntete diese frühe Initiative Resonanz, wie Hugo Conwentz 1915 rekapitulierte. In den 1880er Jahren nämlich hätte A. von Werther in Budapest das Wuppertaler Ansinnen aufgegriffen und Überlegungen zur Errichtung von »Naturoasen« entwickelt. Die Kultur, so zitierte Conwentz von Werther, habe die Menschen von der Natur entfremdet. Um »aber zu höherem Menschentum zu gelangen, bedürfen sie der veredelnden Impulse der Natur, die in ihre heiligen Rechte wieder eingesetzt werden müsse.«[267] Werther war der Meinung, daß bei der »Abgrenzung von Naturoasen und Asylen, innerhalb welcher die Natur mit Einschluß der Pflanzenwelt ihre jungfräuliche Ursprünglichkeit bewahren darf, ein kultureller Faktor von nicht hoch genug anzuschlagender Bedeutung ist.«[268] Wildnis als nationales Identitätsreservoir: Im Projekt deutscher Naturschutzparks wurden Gemeinsamkeiten zweier Naturkulte sichtbar, deren nationale Träger sich gemeinhin als jeweilige Gegenentwürfe verstanden. Hie das Ideal des deutschen Kulturstaats; da die »entseelte« Zivilisation Amerikas. Die Vorbilder der US-amerikanischen Nationalparks waren in Ermangelung historischer Traditionen und einer gemeinsamen Geschichte zuvorderst nationale Identitätsfabriken, die der vergangenheitslosen Nation Ursprung und Anfang im Dickicht der Baumriesen und wildromantischen Bergtälern schenkte. In Deutschland transportierte der Rekurs auf Wildnis spätestens seit Wilhelm Heinrich Riehl Kulturpessimismus, Sozialromantik und organologisches Gesellschaftsdenken.

Bei der Gründung des Vereins hofften die Initiatoren, ihr Anliegen erwachse zu einer volkstümlichen Bewegung. Die Entwicklung der Mitgliederzahlen bis zum Ersten Weltkrieg entsprach der Erfüllung dieser Hoffnung kaum, verlief aber – nicht zuletzt dank professioneller Öffentlichkeitsarbeit sowie einem niedrigen Mitgliedsbeitrag von zwei Mark jährlich – rasant: 1910 wiesen die Mitgliederlisten bereits 2273 Einzelpersonen und Institutionen aus, 1911 war die Schwelle

267 Conwentz 1915b, S. 31.

268 Zit. n. ebda.

der ersten Zehntausend überschritten und 1913 gehörten rund 16000 Personen und über 600 korporative Mitglieder dem »Verein Naturschutzpark« an.[269]

Nachdem Pläne für einen Naturschutzpark in den Alpen ad hoc nicht umzusetzen waren, ergab sich im Jahr nach der Gründung ein Projekt in der Lüneburger Heide, mit dem der Verein seither identifiziert wird. Fritz Ecker, Landrat in Winsen, lokaler Promotor und Abgeordneter im preußischen Landtag, schlug im Juni 1910 im preußischen Abgeordnetenhaus die Einrichtung dieses Naturparks vor und nannte als möglichen Träger den »Verein Naturschutzpark«. In der Lüneburger Heide waren es unterschiedliche Faktoren, welche die charakteristischen Ökosysteme und Landschaften bedrohten: Grundstücksspekulationen im Zuge der touristischen Erschließung sowie die Intensivierung der Land- und Forstwirtschaft auf den kargen Heideböden. Die Konflikte entzündeten sich am Totengrund und am Wilseder Berg, wo die touristischen Interessen städtischer Bürger die Grundstückspreise in die Höhe trieben. Bereits in den Jahren 1905 und 1906 hatte der »Heidepastor« Wilhelm Bode am Totengrund als Vermittlungsfigur agiert und in dem Münsteraner Universitätsprofessor Andreas Thomsen (1863-1948) einen Mäzen gefunden, der durch Ankauf von Grundstücken das landschaftliche Kleinod vor Nutzungszugriffen bewahrte.[270]

Wenig später verschärfte sich auch die Situation am Wilseder Berg. Immer öfter wurden Heidehöfe von städtischen Bürgern aus den umliegenden Großstädten als Zweitwohnsitze erworben, und nun drohte auch für dieses Gebiet das Szenario einer Villenkolonie Hamburger Sommerfrischler. Weitere Gerüchte besagten, Hamburger Unternehmer wollten auf dem Berg einen Vergnügungspark einrichten. In dieser Situation hatte Wilhelm Bode vergebens nach Mäzenen gesucht, die durch den Kauf des anliegenden Hofes den Wilseder Berg hätten retten können. Auch bei der staatlichen Naturdenkmalpflege Preußens war der Pastor mit seinem Anliegen abgeschmettert worden. Unterdessen fand er im Winsener Landrat Fritz Ecker und im »Verein Naturschutzpark« Mitstreiter, die den Kauf des Wilseder Berges ermöglichten. Da die Hofbesitzerin den Preis in die Höhe trieb, zogen sich die Kaufverhandlungen im Herbst 1910 in die Länge. Schließlich erhielt der im Auftrag des Vereins handelnde Bode für 100000 Mark den Zuschlag. Nun war mit diesem Kauf nicht nur eine markante landschaftliche Partie der Lüneburger Heide durch Privatinitiative gerettet worden, sondern auch der Grundstock für den alsbald wachsenden Heidepark gelegt: Peu à peu vergrößerte

269 Vgl. Lüer 1994, S. 62f.

270 Eine zeitgenössische Sichtweise auf die Entstehungsgeschichte vermittelt Bode 1914, S. 849-866.

der »Verein Naturschutzpark« nun seinen Besitz in der Heide, der sich 1913 auf einen Umfang von 3026 Hektar erstreckte.

Mit dem Projekt eines Naturschutzparks in der Lüneburger Heide von später vier Quadratmeilen Umfang war eine Größenordnung erreicht, die kaum mehr von einem privaten Verein eigenständig getragen werden konnte. Zudem warfen Betreuung, Gestaltung und Finanzierung des Projektes Fragen auf, die neue Kooperationsformen von Staat und Verein erzwangen. Wiewohl der Verein zeitweilig aktionistisch agierte und so mitunter für Kalamitäten auf höchster ministerieller Ebene sorgte, kam es zu einer Zusammenarbeit von preußischem Staat, seinen Provinzialbehörden, den benachbarten Hansestädten und dem Verein, welche die Realisierung des Projektes ermöglichte und zur Lösung schwieriger naturschutzpolitischer Fragen führte.

Der Staat sicherte dabei finanzielle Rahmenbedingungen, übergab aber die Regie weitgehend an den Verein. Dieser vergrößerte nach und nach seinen Grundbesitz und suchte staatliche Forste in das Parkkonzept einzubeziehen. Hilfe kam durch Zuschüsse der benachbarten Hansestädte und vom preußischen Staat, der ertragreiche Lotterien zugunsten des Vereins bewilligte. Aufgrund des eigenwilligen Gebarens des Vereins kam es allerdings in der preußischen Verwaltung immer wieder zu Mißstimmigkeiten, die einzelne Minister auf Distanz zu dem Projekt brachten.[271] Nachdem der Verein sich nochmals am 21. März 1911 schriftlich mit einem Antrag auf Ausspielung einer Lotterie und einigen Gutachten (u.a. von Ernst Rudorff) an Kaiser Wilhelm II. gewandt hatte,[272] wurde die Durchführung der Lotterien mit einem Reinertrag von 460000 Mark und später weiteren 940000 Mark durch »Allerhöchsten Erlaß« Kaiser Wilhelms II. am 3. Juli 1911 genehmigt.[273] 1912 wurde dem Verein das Enteignungsrecht verliehen, das ihn in die Lage versetzte, die Ausübung der Jagd und unerwünschte Bebauung zu verhindern.

Die Errichtung des Naturschutzparks sollte gewährleisten, daß Teile der Lüneburger Heide in ihrer kulturellen und natürlichen »Eigenart« erhalten werden konnten. Zum Schutz der Natur kam deshalb auch die Erhaltung heidetypischer

---

271 Vgl. den Brief der preußischen Innen-, Kultus-, Finanz- und Landwirtschaftsminister an Kaiser Wilhelm II. vom 27.6.1911, in GStAPK, I. HA., Geheimes Zivilkabinett, Nr. 20785, Bl. 211-223; außerdem den Brief des Vereinsvorsitzenden Erwin Bubeck und Schriftführer Friedrich Regensberg (1845-1913), der eine ausführliche Schilderung der Vereinsziele sowie eine Konzeption des Naturschutzparks und seiner Finanzierung enthält in GStAPK, I. HA, Rep 87B, Landwirtschaftsministerium, Nr. 3144, Bl. 2-9.

272 GStAPK, I. HA, Rep 87B, Landwirtschaftsministerium, Nr. 3144, Bl. 225-234.

273 GStAPK, I. HA, Rep 87B, Landwirtschaftsministerium, Nr. 3144, Bl. 243ff.

Kultur, d.h. charakteristischer Bauten oder vormoderner Wirtschaftsformen, hinzu. Mit der Lüneburger Heide hatte sich der »Verein Naturschutzpark« eine Landschaft gewählt, die paradigmatische Sichtweisen des zeitgenössischen Naturschutzes bündelte. Gleichwohl die Heide ihr ästhetisches Erscheinungsbild und ihre ökologische Verfassung anthropogenen Faktoren bzw. dem Zusammenspiel ökologischer, ökonomischer und sozialer Kräfte verdankt, lagerten sich an ihre ästhetische Entdeckung um 1800 Vorstellungen von Urtümlichkeit, Ursprünglichkeit und Unberührtheit. Das Harmonie und Geschichtslosigkeit suggerierende Landschaftsbild der Heide mit ihren Sandflächen, dem kargen Bewuchs von Bäumen und Wacholdern und den weiten Flächen war durch raubbauähnliche Landnutzung und jahrhundertelange Waldverwüstung entstanden. Die Heide verdankte sich menschlicher Arbeit. Eine im Mittelalter einsetzende Übernutzung (Deckung des steigenden Holzbedarfs, raubbauartige Waldbeweidung, Waldstreunutzung u.a.) sorgte für die Transformation der natürlichen Waldlandschaft in eine steppenartige Heidelandschaft, welche ein Degradationsstadium erreicht hatte, das nun dauerhaft durch bestimmte Formen der Schafbeweidung stabilisiert wurde. So war über Jahrhunderte hinweg durch die Übernutzung knapper Ressourcen eine Kulturlandschaft geprägt worden, die seit ihrer Romantisierung nicht mehr als solche identifiziert werden konnte, sondern als von sich aus und ohne menschliche Einflüsse gewordene Wildnis wahrgenommen wurde. Solchermaßen verwandelte sich die bis um 1800 als menschenfeindliche Öde und Wüstenei wahrgenommene Heide in eine sentimentalische Traumlandschaft.[274] Sie eröffnete ein weites Feld für Bedeutungsbesetzungen:

- Ästhetisch repräsentierte die Heide aus dem Blickwinkel des Städters die fremde, archaische und den Einflüssen der Zivilisation entzogene Natur, die als Relikt bewahrt werden sollte, weil ihr Erleben moralisch läuternd wirkte.
- Für den Heimatschutz stand sie für eine in der Moderne verloren gegangene organisch-harmonische Symbiose von Mensch und Natur.
- Für die Landschaftspflege war sie eine Kulturlandschaft, welche die Botschaft vermittelte, die Geschichte hätte im Gegensatz zur Moderne der Natur angemessenere Formen der Naturnutzung gefunden, die auch dann erhalten werden sollten, wenn die sozialen und ökonomischen Bedingungen ihrer Entstehung nicht mehr existierten.

274 Vgl. Henning Eichberg: Stimmung über der Heide. Vom romantischen Blick zur Kolonisierung des Raumes, in: Götz Großklaus u. Ernst Oldemeyer (Hrsg.): Natur als Gegenwelt. Beiträge zur Kulturgeschichte der Natur, Karlsruhe 1983, S. 197-233.

- Die wissenschaftlich motivierte Naturdenkmalpflege hatte zwar einzugestehen, daß die Vielfalt an Tier- und Pflanzenarten in der Heide vergleichsweise bescheiden war, fand hier aber hochspezialisierte Arten, für die es keine alternativen Lebensräume gab.

Als Ideallandschaft repräsentierte die Heide Urtümlichkeit, ästhetisch zehrte sie von einer symbiotischen Einheit vormoderner bäuerlicher Kultur und einer Landschaft, der nicht angesehen werden wollte, daß sie eben gerade nicht natürlichen Ursprungs war, sondern als Kulturlandschaft ihre Entstehung anthropogenen Faktoren verdankte. Dennoch wurde die Heide auch von Naturwissenschaftlern mit dem Attribut des Urtümlichen verknüpft, wenn es um Gründe für ihre Erhaltung ging:

»Der wichtigste ist der, dass die Heide als Ganzes ein einzigartiges Naturdenkmal, und zwar wohl das ursprünglichste, das wir in Deutschland haben, darstellt, dass die Landschaft von einer wunderbaren Schönheit ist, dass jeder Naturfreund, ob aus ästhetischen oder wissenschaftlichen Beweggründen, ihre Vernichtung aufs tiefste bedauern, ihre Erhaltung aufs innigste wünschen muss.«[275]

Mit der Absicht, diesen historischen landschaftlichen Zustand dauerhaft zu konservieren, traten unterschiedliche Schutzinteressen in Konkurrenz. Da war zum einen ein auf die biologische Erhaltung von Tieren, Pflanzen und Lebensräumen zielender Artenschutz, und da waren auf der anderen Seite jene Interessen, die in der ästhetischen Anziehungskraft der Heidelandschaft das Kapital für den florierenden Heidetourismus erachteten. Hie die rigiden Maßstäbe eines Naturschutzes, der im ästhetisch genießenden Menschen einen Belastungsfaktor ausmachte; da die lokalen Tourismusaktivitäten: Der »Verein Naturschutzpark« sah sich mit der Realisierung des Heideparks auch vor die Aufgabe gestellt, Partizipationsansprüche an Natur und Landschaft und Maßstäbe eines von biologischen Notwendigkeiten ausgehenden Naturschutzes auszugleichen. Dabei entwickelte er ein differenziertes Konzept, in dem unterschiedliche Bedürfnisse und Erfordernisse versöhnt werden sollten. Pläne für das auf 200 Quadratkilometer avisierte Gelände sahen Überlegungen vor, weite Flächen ihrer eigendynamischen Entwicklung zu überlassen und menschliche Eingriffe auszuschalten. Da es auf der anderen Seite auch erklärtes Ziel des Vereins war, die Heide in ihrer kulturellen »Eigenart« und damit die traditionelle Kultur der Heidebauern zu schützen, mußte aber auch der »Faktor Mensch« integriert werden.

---

275 So ein im Auftrag des Vereins am 17.3. 1911 von Ludwig Reh (Naturhistorisches Museum Hamburg) erstelltes Gutachten, in: GStAPK, I. HA., Rep. 89H, Geheimes Zivilkabinett, Nr. 20 785, Bl. 233/234.

Auseinandersetzungen rankten sich zudem um die Frage, inwieweit das Gebiet des Naturschutzparks für den Tourismus erschlossen werden sollte. Wichtige Motive der Unterschutzstellung lagen in den regionalen Interessen der Tourismusförderung. Kompromisse wurden alsbald darin gefunden, Kerngebiete vollständig für die Öffentlichkeit zu sperren, andere unter Aufsicht zugänglich zu machen und wieder anderen lediglich leichtere Bestimmungen aufzuerlegen, wie dies Curt Floericke skizzierte:

»Aber unsere Parke werden groß genug sein (...), um beiden Forderungen Rechnung tragen zu können. Ein Teil des Geländes muß dem großen Publikum – freilich nur unter Führung und strenger Kontrolle der Aufsichtsbeamten – zugänglich gemacht werden, und ein ungemein raffiniert angelegtes Wegenetz müßte so ausgestaltet werden, daß man von ihm aus in bequemer Weise alle charakteristischen Lebensgemeinschaften, alle interessanten Tier- und Pflanzenformen aus möglichster Nähe zu sehen bekommt. (...) Ein anderer Teil des Parkes freilich, gewissermaßen das Allerheiligste, müßte wohl oder übel der großen Menge verschlossen bleiben, erhielte kein Wegenetz und wäre nur den Aufsichtsbeamten und Jüngern der Wissenschaft zugänglich, die sich aber auch durch schriftliches Ehrenwort zu verpflichten hätten, sich aller störenden Eingriffe zu enthalten.«[276]

Mit Zurückhaltung bis offener Ablehnung war das Engagement für diesen Naturschutzpark von Hugo Conwentz begleitet worden. Der Nestor der Naturdenkmalpflege hatte zwar in seinem eigenen Konzept längst das »Naturschutzgebiet« als effektives Instrument gewürdigt. In der Idee der Naturschutzparks allerdings sah er zu wenig das Ideal der Erhaltung urtümlicher Natur realisiert. Conwentz plädierte für eine rigorose Ausschaltung menschlicher Einflüsse, sowohl der land- und forstwirtschaftlichen Eingriffe wie auch der touristischen Nutzung von Naturschutzgebieten. Die Bezeichnung »Naturschutzpark« lehnte er zugunsten von »Naturschutzgebiet« ab, »da man in Deutschland unter Park eine künstliche Anlage versteht, wie z.B. Gutspark, Schloßpark, Stadtpark usw., während die sogenannten Naturschutzparke gerade der Erhaltung der freien Natur dienen sollen.«[277] In dem Vereinsziel, charakteristische deutsche Landschaften in drei großen Naturschutzparks zu erhalten, sah er seine Idee der Naturdenkmalpflege nicht aufgehoben.

»So erfreulich es ist, wenn in Deutschland und Österreich einige umfangreichere Naturschutzgebiete entstehen, bleibt es nach wie vor Hauptaufgabe der Naturdenkmalpflege, möglichst in allen Teilen des Landes zahlreiche, wenn auch weniger umfangreiche Reservate verschiedenartiger und

276 Curt Floericke: Entwicklung, Stand und Aussichten der Naturschutzparkbewegung, in: Verein Naturschutzpark 1910, S. 17.

277 Conwentz 1912b, S. 20.

tunlichst ursprünglicher Natur zu bilden, damit mannigfache Formen der Landschaft, charakteristische Bodengestaltungen, seltene Lebensgemeinschaften, Pflanzen und Tiere als Denkmäler der Natur soweit als möglich auch für die Zukunft bewahrt werden.«[278]

Für Rumoren in der Naturschutzszene hatten zudem Erwägungen zur Einbürgerung nicht standortgetreuer Tier- und Pflanzenarten geführt, die Konrad Guenther 1910 in der Werbeschrift des Vereins vorstellte. Dort bestimmte er Artenvielfalt als handlungsleitendes Kriterium des Naturschutzes, und wo einheimische Arten aufgrund der Verschlechterung der ökologischen Verhältnisse nicht mehr überleben könnten, müßten eben nichtheimische Arten mit höherer Anpassungsbereitschaft Ersatz schaffen. »Wenn aber die Natur Interesse und Freude wecken soll, dann muß sie bunt und reichhaltig sein. (…) Und wo unsere eigene Tierwelt versagt, soll die ausländische herhalten.«[279] Als bereichernd für die heimischen Gewässer schlug er die Brautente und als Ersatz für den aussterbenden Biber den südamerikanischen Nutria vor. Solches freilich sprengte gänzlich die Vorstellungen einer Natur, welche eben deshalb als schützenswert erschien, weil sie die unverwechselbare »Eigenart« eines abgrenzbaren Raumes repräsentierte. Fremde, also nicht standortgetreue Arten mußten in dieser Logik als Gefährdung, Verfälschung und Verunreinigung des Eigenen erachtet werden. Nicht standortgetreue Arten stellen die als schützenswert charakterisierte Natur in mehrfacher Hinsicht in Frage: Sie gefährden den Ursprungsgedanken, haben diese Arten doch nur mit menschlicher Hilfe ihren originären Standort verlassen und weisen keine Bindung an einen verpflichtenden Lebensraum auf. Sie sind nicht Teil einer organisch gewachsenen Ordnung, sondern künstlich implantiert, stören also die Vorstellung einer ausschließlich aus sich selbst wirkenden natürlichen Ordnung. Fremde Arten verkörpern somit die Prinzipien der Widernatürlichkeit, Unvertrautheit, Fremdheit – sie stehen quer zu Vorstellungen natürlicher »Eigenart«, nach denen alles seinen naturgemäßen Platz in einer natürlichen Ordnung besitzt und Merkmale von Natur und Kultur unverwechselbar räumlich zuzuordnen sind.[280] Fremde Arten in deutscher Natur symbolisierten genau das, wogegen das Gros der Naturschutzbewegungen anging: Nivellierung, Internationalität, Entwurzelung. Entsprechend laut waren die Reaktionen auf diese Einbürgerungsüberlegungen

---

278 Ebda., S. 21.

279 Konrad Guenther: Das Leben der deutschen Wasserlandschaft, sein Rückgang und die Abhilfe dagegen, in: Verein Naturschutzpark 1910, S. 27.

280 Sehr spannend aufgearbeitet wurde das Verhältnis von Eigen und Fremd im Naturschutz sowie der Transfer solcher Ordnungsvorstellungen aus der Ökologie in Gesellschaftsbilder von Uta Eser: Der Naturschutz und das Fremde. Ökologische und normative Grundlagen der Umweltethik, Frankfurt a.M. 1999.

in der Szene des Natur- und Heimatschutzes. Nach einiger Aufregung signalisierten Vertreter des Vereins Abstand zu solchen Ideen. Curt Floericke versicherte:

»Auch von irgendwelchem ›Sport‹ kann bei unserem Plane selbstverständlich keine Rede sein, sondern nur von der Einlösung einer dringlichen und längst fällig gewordenen Ehrenschuld, die die moderne Kultur der mißhandelten und zurückgedrängten Natur gegenüber übernommen hat. Als ›Sport‹ würde man höchstens vielleicht planlose und kostspielige Einbürgerungsversuche mit fremdem Wilde und Pflanzenarten in den Parken bezeichnen können. Aber solche liegen uns durchaus fern, denn wir wollen ja nicht eine bunte Arche Noah, sondern Stücke altgermanischer Urnatur wieder ins Leben rufen. Demgemäß kann es sich höchstens um Wiedereinbürgerung solcher Formen handeln, die ursprünglich als charakteristische Bewohner des betreffenden Geländes dort heimisch waren und erst durch die Kultur in neuerer Zeit verdrängt und ausgerottet wurden.«[281]

Noch vor Ausbruch des Ersten Weltkriegs konnte also der »Verein Naturschutzpark« weite Flächen der Heide der Spekulation entziehen und dauerhaft erhalten. Dabei wurden differenzierte Konzepte entwickelt, die einerseits ästhetische und soziale Ansprüche auf Teilhabe an Natur und Landschaft gewährleisteten und andererseits Nutzungsformen unterbanden, welche die Landschaft in ihrem damaligen Zustand gefährdet hätten. Nach dem Ersten Weltkrieg, im Januar 1922, konnte das Parkkonzept durch die Ausweisung als Naturschutzgebiet gesetzlich abgesichert werden. Die Zurückhaltung des Staates, sich in Konflikten zwischen Naturnutzung und Naturbewahrung zu engagieren, hatte also das Engagement privater Initiativen befördert. Dabei kam es zu einer Zusammenarbeit von Staat und Vereinen, die in der Geschichte des Naturschutzes längere Zeit Modellcharakter besitzen sollte. Durch finanzielle Unterstützung und der Überantwortung breiter Gestaltungsspielräume erhielt der »Verein Naturschutzpark« relative Autonomie. Andererseits eröffnete genau dies die Möglichkeit, daß Prioritäten und Interessen nicht immer zweifelsfrei zu identifizieren waren. Es kam zur Verflechtung von staatlichen und privaten Interessen, zu einem zuweilen diffusen Gemisch von partikularen Interessen und zur heterogenen Besetzung von Vereinsgremien mit Beamten, Privatleuten oder Wissenschaftlern. Hierfür steht die Person Fritz Eckers, der als Landrat, Vorstandsmitglied im »Verein Naturschutzpark« und als Abgeordneter des preußischen Landtags das Projekt eines Naturschutzparks zu seiner ureigenen Angelegenheit machte. Er sah in der Erhaltung der Heidelandschaft auch die Möglichkeit, die Rückständigkeit und infrastrukturelle Schwäche der Region zum Kapital eines aufstrebenden Tourismuswesens werden zu lassen. So förderte der »Verein Naturschutzpark« durch die Erhaltung der Heide

281 Curt Floericke: Entwicklung, Stand und Aussichten der Naturschutzparkbewegung, in: Verein Naturschutzpark 1910, S. 15.

den regionalen Tourismus und sah sich andererseits wiederum als Naturschutzagentur mit den Belastungen des Fremdenverkehrs konfrontiert. Neue Zwänge waren geschaffen worden. Wie sollten die Ansprüche einer modernen, immer mobiler werdenden Gesellschaft auf Partizipationsmöglichkeiten an Natur und Landschaft mit den Erfordernissen des Naturschutzes versöhnt werden? Oder konkreter: Wie war in dem Konflikt zwischen rigiden Betretungsverboten und drohendem Touristenrummel abzuwägen?

Das Konzept der Naturschutzparks ist bereits als Reaktion auf die Kritik an einer nur auf Einzelobjekte fixierten Naturdenkmalpflege zu verstehen. Explizit eröffnete es die Möglichkeit, ökologisch definierte Lebensräume und zusammenhängende Landschaftsensembles zu schützen. Die Naturdenkmalpflege sah sich dem Vorwurf ausgesetzt, eine Politik der Musealisierung von Natur zu betreiben. Auch die Strategie, Naturflächen als Reservate auszuweisen, entging dieser Kritik nicht. Auch das Konzept der Naturschutzparks folgte der Entzweiung der Naturbeziehungen in eine beliebig zu nutzende und damit ausbeutbare Natur einerseits und der Reservation scheinbar unberührter und damit unantastbar gemachter Natur andererseits. Dem modernen Menschen, so Werner Sombart 1938, bleibe offenbar die Bewahrung von Natur nur mehr als Kompensation, welche die Vergegenwärtigung eines verlorenen Naturganzen ermögliche: »Es ist wohl eine Art von Angstgefühl, das die Menschen unserer Zeit angesichts der raschen und anhaltenden Zerstörung und Verunstaltung der natürlichen Landschaft dazu bewogen hat, sogen. Naturschutzparks anzulegen, in denen man die Dinge beläßt, wie sie Gott geschaffen hat, und wie sie sich aus eigener Lebenskraft gestalten. Das dürfte das Zukunftsbild sein, das sich hier vor unseren Augen auftut: Natur nur noch als musealer Gegenstand.«[282]

5.5 Das Scheitern einer Sammlungsbewegung: Der »Bund zur Erhaltung der Naturdenkmäler« von 1909

Als Hermann Löns 1911 beim Bremer Lehrerverein über »Naturschutz und die Naturschutzphrase« referierte, da unterzog er nicht nur die staatliche Naturdenkmalpflege heftiger Kritik, sondern auch die Arbeit des »Bundes Heimatschutz«:

---

282 Werner Sombart: Vom Menschen. Versuch einer geisteswissenschaftlichen Anthropologie, Berlin 1938, S. 335.

»Das betrübendste Beispiel für den engen Geist, der hinter der bisherigen Naturschutzbewegung steht, bildet folgender Vorfall: Eine Gruppe von Männern tat sich zu einem Naturschutzbunde zusammen und erließ in der Tagespresse einen Aufruf. Was tat der Bund Heimatschutz? Begrüßte er den neuen Bund freudig als willkommenen Mithelfer? Fiel ihm garnicht ein; im Gegenteil, er erließ einen Gegenaufruf, zieh die Naturschutzmänner übler Konkurrenz und warnte vor Zersplitterung. Er hat ja auch recht; er hat das amtliche Monopol, hat die alleinige Ausnutzung des Patents auf Kultur- und Naturschutz, ist amtlich eingetragene Genossenschaft m.b.H., und wozu haben wir den Paragraphen gegen den unlauteren Wettbewerb? (...) Freilich folgen die neuen Verbände, wie es doch nach amtlicher Ansicht ihre Pflicht sein sollte, nicht den amtlicherseits gegebenen ›Intentionen‹ und ›Direktiven‹, gehen nicht zahm und lahm von einer Kleinwinzigkeit zur anderen, sondern lassen das große Ganze derb und fest an, beabsichtigen nicht den Schutz von Naturdenkmälerchen, sondern den Schutz der Natur.«[283]

Löns spielte auf einen Verband an, der 1909 als Reaktion auf latente Unzufriedenheit mit den politisch defensiven Naturschutzflügeln gegründet worden war und sich im Deutschen Reich sowie in Österreich-Ungarn engagieren wollte: der »Bund zur Erhaltung der Naturdenkmäler aus dem Tier- und Pflanzenreiche«. Etliche Persönlichkeiten, die bereits im Vogelschutz, in Jagdverbänden oder naturkundlichen Vereinen engagiert waren, hatten das verbreitete Unbehagen über mangelnde Effektivität bisheriger Naturschutzpraxis aufgegriffen. Sie stießen eine Initiative an, die den »Zusammenschluß aller Gleichgesinnten« zur »Erhaltung und dem Schutz der landschaftlichen Natur, sämtlicher seltenen Tier- und Pflanzenarten, unter Ausschuß aller Nützlichkeitsbestrebungen, sowie der geologischen Eigentümlichkeiten« betreiben wollte.[284] Diese Kritik am gängigen Naturschutz und die Konsequenz, Interessen in einer straff geführten Organisation zu bündeln, verfolgten Leute wie der österreichische Jagdschriftsteller Hans Sammereyer (1887-1927), der Kaufmann Walter Benecke, der Ornithologe Oskar Heinroth (1871-1945), der Vogelschützer Hans von Berlepsch, Hermann Löns, der Afrikareisende Carl G. Schillings, Friedrich Knauer, August Grote oder Konrad Guenther.

Indes sorgte der Versuch, dem Naturschutz eine alternative organisatorische Plattform zu geben, bereits im Vorfeld der Gründung für heftiges Rumoren in der Naturschutzszene. Insbesondere der »Bund Heimatschutz« witterte Konkurrenz und fürchtete angesichts der Prominenz, die sich dem neuen Bund angeschlossen hatte, um die eigene Basis. Im Juli 1909 preschte deshalb Fritz Koch als Geschäftsführer des »Bundes Heimatschutz« in die Öffentlichkeit und lancierte in der Pres-

283 Löns 1929, S. 5.

284 Flugblatt des »Bundes zur Erhaltung der Naturdenkmäler aus dem Tier- und Pflanzenreiche«, um 1910, in: GStAPK, I. HA., Rep. 87B, Landwirtschaftsministerium, Nr. 3133, Bl. 158.

se eine Stellungnahme seiner Organisation. Er warnte vor einer »Zersplitterung der Kräfte«, reklamierte den Naturschutz als Teilbereich der »grossen Kulturbewegung« Heimatschutz und bilanzierte: »Es könnte keinen grösseren Rückschritt geben, als wenn jetzt die einzelnen Gebiete des Heimatschutzes auseinandergerissen würden und der Blick auf die grossen Zusammenhänge verloren ginge.«[285] In einem Schreiben an das Gründungskomitee vom 20. Juli 1909 forderte Koch die Initiative zur Einstellung der Aktivitäten auf. Er protestierte, daß das Gründungskomitee in Pressemitteilungen zur »Gründung einer grossen Natur- und Heimatschutzvereinigung« aufgerufen hatte und reklamierte das Etikett des Heimatschutzes für seinen Bund.[286] Daraufhin erhielt er von Hans Sammereyer, dem Vorsitzenden der neuen Organisation, zur Antwort, daß die Monopolansprüche des »Bundes Heimatschutzes« jeglicher Grundlage entbehren: »Sie müssen uns, gesetzt den Fall, dass, wie unser Name es zum Ausdruck bringt, wir nur die Natur schützen wollen, erst beweisen, ob durch den Naturschutz nicht auch die Heimat geschützt werden kann, ob Naturschutz nicht auch Heimatschutz ist.«[287] Sammereyer hielt Koch im Gegenzug vor, daß der »Bund Heimatschutz« Natur- und Heimatschutz nicht in nötiger Großzügigkeit praktizieren würde. Wie aus einem internen Arbeitspapier des »Bundes Heimatschutz« hervorgeht, betrachteten die Heimatschützer die Neugründung als ernsthafte Gefahr ihres ganzheitlichen Anspruchs, Aktivitäten des Naturschutzes, der Denkmalpflege, des traditionellen Bauens und der angewandten Volkskunde zusammenzuführen.[288]

Fritz Koch empfahl den Zweigvereinen des »Bundes Heimatschutz« in dieser Krisenphase, ihre eigene Öffentlichkeitsarbeit zu intensivieren und gleichzeitig die örtlichen Zeitungen darauf zu verpflichten, keine Beiträge des konkurrierenden Bundes zu publizieren. Er selbst lancierte in der Presse Stellungnahmen des »Bundes Heimatschutz« zur Neugründung, in denen die Kompetenz seiner Organisation in Sachen Naturschutz herausgestrichen wurde. Dann allerdings unterzog Ernst Rudorff im August 1909 den bisherigen Kurs einer Revision. In einem Brief an Hermann Löns räumte Rudorff ein, daß Fritz Koch in dieser Angelegenheit offenbar den angemessenen Ton nicht getroffen habe. Gegenüber Löns be-

---

285 Kopie des Manuskripts »Schutz der Natur und Bund Heimatschutz« von Fritz Koch vom 10. Juli 1909, Staatsarchiv Detmold, D 107B, Karton Nr. 3.

286 Abschrift des Briefes von Fritz Koch »An das Komitee zur Gründung eines Bundes zur Erhaltung der Naturdenkmäler«, 20. Juli 1909, Staatsarchiv Detmold, D 107B, Karton Nr. 3.

287 Kopie des Briefs von Hans Sammereyer an den »Bund Heimatschutz« vom 2. August 1909, Staatsarchiv Detmold, D 107B, Karton Nr. 3.

288 Abschrift »Vertraulich! Betr. Bund z. Schutz der Naturdenkmäler«, Fritz Koch, 4. August 1909, Staatsarchiv Detmold, D 107B, Karton Nr. 3.

harrte er allerdings darauf, daß die Ziele der neuen Naturschutzorganisation mit jenen des »Bundes Heimatschutz« identisch seien. Rudorff gestand ein, daß die Heimatschutzbewegung das Feld des Naturschutzes vernachlässigt hatte: »Zugeben will und muß ich, daß eine Reihe von Umständen dazugeführt hat, Fernerstehenden den Eindruck zu geben, daß nach der Seite des Naturschutzes nur wenig gethan worden sei.«[289] Dennoch sei einiges erreicht worden, und mit Blick auf die Zukunft sei ein einheitliches Vorgehen unabdingbar. Das Bewahren der Natur schien nur dann in einem sinnvollen Begründungszusammenhang aufgehoben, wenn es um ein übergeordnetes Ganzes ging:

»Aber um der Sache willen halte ich eine Gemeinsamkeit des Vorgehens für im höchsten Grade wünschenswert. (...) Aber einen gemeinsamen Mittelpunkt muß es dennoch geben! Nicht nur, weil in der That alle jene einzelnen Gebiete ineinander greifen – denn sie bedeuten in ihrem Zusammenhang eine einzige große Kulturbewegung – sondern auch deshalb, weil nur durch Zusammenfassen der Kräfte eine mächtige Wirksamkeit ermöglicht wird.«[290]

Indes war am programmatischen Profil des neuen Bundes kaum zu erkennen, daß aus seiner Kritik ein konsistentes Programm erwuchs. Der neue Bund übernahm nominell das Konzept der Naturdenkmalpflege, ohne in den Überlegungen auch nur im Ansatz über das hinauszugehen, was Hugo Conwentz durch die Ausarbeitung naturwissenschaftlicher und ästhetischer Klassifikationsmerkmale schützenswerter Natur längst geleistet hatte. Statt dessen zerfiel das Programm in unzusammenhängende Teilbereiche, die im Kontrast zur pathetischen Rhetorik, mit welcher der Bund seine Anliegen vorgetragen hatte, marginal erscheinen mußten. Einerseits wurde im Tonfall eines diffus-idealistischen Antikapitalismus der Dominanz utilitaristischer Naturbilder entgegengesetzt, »daß die Natur nicht blos Mittel zum Zweck sein darf, sondern, daß sie in hohem Grade auch Selbstzweck ist« und »die hohe, sittliche Bedeutung, welche sie als Quelle der Erholung und aller Freuden in sich birgt« nicht vergessen werden dürfe.[291] Ja mehr noch, die Aufgabe, Natur zu schützen, erhielt hier zum Ende des wilhelminischen Kaiserreichs bereits einen unzweideutig völkischen Beiklang und wurde dem »Rassenschutz« untergeordnet. In einem Flugblatt des Bundes, das die Handschrift von Hermann Löns trägt, hieß es:

---

289 Abschrift eines Briefs von Ernst Rudorff an Hermann Löns, Bundesarchiv Koblenz, B 245/50.

290 Ebda.

291 Flugblatt des »Bundes zur Erhaltung der Naturdenkmäler aus dem Tier- und Pflanzenreiche«, um 1910, in: GStAPK, I. HA., Rep. 87B, Landwirtschaftsministerium, Nr. 3133, Bl. 158.

»Heute hat die Naturschutzbewegung, jener Erhaltungsfaktor, welcher unsere Landschaft schön und urwüchsig erhalten, unserer seltenen Tier- und Pflanzenarten mit kräftiger Hand vor der Ausrottung bewahren, ja selbst verschwundene Arten wieder einbürgern will, mit imposant steigender Bewegung seine Hebel eingesetzt und schafft und arbeitet unentwegt, um zu schützen und zu retten und insbesondere um die Kultur mit der Natur zu versöhnen und beide in schöne Bahnen zu lenken. Die Naturschutzbewegung wird vielfach noch als eine rein naturwissenschaftliche Bewegung betrachtet. Das ist sie aber nicht; im Gegenteil, sie ist ein Kampf für die Gesunderhaltung des gesamten Volkes, ein Kampf für die Kraft der Nation, für das Gedeihen der Rasse.«[292]

Sein Verhältnis zur modernen Industriegesellschaft definierte der Bund dabei differenziert, in jedem Fall nicht pauschal antimodernistisch:

»Eine Macht muß die Naturschutzbewegung werden, eine solche Macht, daß die Industrie, der Handel und der Verkehr, der Ackerbau und die Forstwirtschaft mit ihr rechnen müssen. Unsinnig wäre es, dem gesunden Fortschritte in die Speichen zu fallen; Ackerbau, Forstwirtschaft und ihre Nebenzweige, die Jagd und die Fischerei, und die Industrie, der Handel und der Verkehr können und dürfen nicht zurückgedämmt werden, und wo es nicht anders geht, müssen andere Bestrebungen vor ihnen zurückweichen. (...) Deshalb werden wir uns nicht scheuen, den Vorwurf auf uns zu laden, wir seien Schwärmer und Reaktionäre, Feinde des Fortschrittes und Leute ohne praktischen Blick. (...) Wir wollen verhindern, daß der große Volksgesundbrunnen verschüttet, das heilige Seelenbad verunreinigt werde, unsertwegen und unserer Nachkommen halber, weil wir wissen, daß Naturschutz gleichbedeutend ist mit Rassenschutz.«[293]

Soweit das programmatische Selbstverständnis des Bundes. Demgegenüber freilich legten die benannten Tätigkeitsfelder kaum nahe, daß damit die beschriebene Misere im zeitgenössischen Umgang mit Naturgütern behoben werden könnte:

»Der Bund bezweckt: Die Erhaltung und den Schutz der landschaftlichen Natur, sämtlicher seltenen Tier- und Pflanzenarten, unter Ausschuß aller Nützlichkeitsbestrebungen, sowie der geologischen Eigentümlichkeiten.
Der Bund bekämpft: Das Giftbrockenlegen und Fallenstellen-Unwesen, sowie den Vogelmassenmord zu kulinarischen und Modezwecken.
Der Bund verurteilt scharf das Robben- und Mövenschießen in den Badeorten, sowie die nutzlose Austilgung des Großwildes in Afrika, überhaupt das Schießertum in jeder Form, unter Ausschluß natürlich der weidgerechten Ausübung der Jagd.
Der Bund verwirft endlich das Möven- und Kiebitzeier-Sammeln.«[294]

292 Flugblatt des »Bundes zur Erhaltung der Naturdenkmäler aus dem Tier- und Pflanzenreiche«, ca. 1912, GStAPK, I. HA., Rep. 87B, Landwirtschaftsministerium, Nr. 3134, Bl 128.

293 Ebda.

294 Flugblatt des »Bundes zur Erhaltung der Naturdenkmäler aus dem Tier- und Pflanzenreiche«, um 1910, in: GStAPK, I. HA Rep. 87B, Landwirtschaftsministerium, Nr. 3133, Bl. 158.

Tatsächlich verschwand der »Bund zur Erhaltung der Naturdenkmäler«, der nie, wie etwa der »Bund Heimatschutz« oder der »Verein Naturschutzpark«, in den Genuß staatlicher Unterstützung gekommen war, nach furiosem Auftakt alsbald in der Bedeutungslosigkeit. Obgleich die Initiative prominente Unterstützung gefunden hatte, schlug der Versuch, bestehende Bewegungen in einer Dachorganisation zu bündeln, wohl auch aus Mangel an organisatorscher Professionalität fehl. Der Bund hatte nach eigenen Angaben 1913 ca. 2000 Mitglieder[295] und erreichte nie sein Ziel einer sozialen Bewegung mit gesellschaftlicher Breitenwirkung.

---

295 Flugblatt des »Bundes zur Erhaltung der Naturdenkmäler aus dem Tier- und Pflanzenreiche«, ca. 1912, GStAPK, I. HA., Rep. 87B, Landwirtschaftsministerium, Nr. 3134, Bl. 128.

6. Zusammenfassung

Innerhalb weniger Jahre war aus den vereinzelten Stimmen, die die ästhetischen und ökologischen Veränderungen in Natur und Umwelt thematisiert hatten, eine soziale Bewegung von Gewicht erwachsen. Wie schnell die Naturfrage in den Prozessen der gesellschaftlichen und ökonomischen Modernisierung als Frage des Allgemeinwohls Stellenwert erhielt, zeigt die rasche Ausbildung staatlicher Institutionen einerseits. Andererseits wird das gesellschaftliche Gewicht der Naturfrage in der Geschwindigkeit deutlich, in der ein Netzwerk aus unterschiedlichen Vereinen ausgebildet wurde, die allesamt das Anliegen der Naturbewahrung einte.

Die Bewegung des Naturschutzes bündelte unterschiedliche historische Traditionen, gesellschaftliche Strömungen und Interessen. Selten wurzelten die Motive in materiellen Interessen – wie bei Fischern, manchen Landwirten, Müllern oder anderen Handwerken, denen eine unversehrte und intakte Natur Lebensgrundlage war. In der Regel motivierten wissenschaftliche, ästhetische, soziale oder ethische Interessen das Engagement für die Natur. Das Konzept der Naturdenkmalpflege und der staatliche Naturschutz in anderen deutschen Einzelstaaten, aber auch die Organisationen des Heimatschutzes und die privaten Naturschutzvereine folgten einem kulturellen Deutungsmuster, das um 1900 an Plausibilität zu gewinnen schien. Einer vergangenheitslosen Moderne, die voraussetzungslos eine neue Welt zu entwerfen und zu realisieren schien und sich dabei rücksichtslos über alles Vorgefundene hinwegsetzte, wurden jene Relikte und Landschaften entgegensetzt, welche die lange Dauer der Einbindung der Menschheitsgeschichte in die Naturgeschichte bezeugten. Zu jenem historischen Zeitpunkt, da sich die moderne Gegenwart von einer als zeitlos erfahrenen Naturbasis abzulösen schien, wurde diese als Herkunftsbestand entdeckt und in Naturdenkmalen, Reservationen und anderen musealen Naturinseln in die Moderne transformiert. Wie die modernen Staaten die Geschichte der Nationen konstruierten, so entwarfen sie gegen Nivellierungs- und Homogenisierungsprozesse eine Natur, welcher deshalb der Status des Bewahrenswerten zuerkannt wurde, weil sie ihren Ursprung und ihre »Eigenart« beglaubigte. Insofern ist der Naturschutz in seiner Frühphase bis zum Ersten Weltkrieg – wie die Denkmalpflege – ein Sproß des Historismus. In der Idee des Naturschutzes wird der Begriff der Denkmalwürdigkeit auf Natur übertragen, und diese Analogisierung von Geschichte und Natur wird nicht nur im engeren Konzept der Naturdenkmalpflege, sondern auch in ästhetischen, naturwissenschaftlichen, ethischen und sozialhygienischen Begründungen des Naturschutzes fest- und fortgeschrieben. Wie die Denkmalpflege sich der Verwaltung der in Materie eingeschriebenen Vergangenheit widmet, wendet sich der Naturschutz in einer Zeit beschleunigten Erneuerns der Vergangenheit der Natur zu und betreibt deren Transformation ins kulturelle Gedächtnis.[296] Ursprung, Unberührtheit oder Wildnis wurden im Zeitalter der ins Unermeßliche steigenden Möglichkeiten der Naturbeherrschung zu Schlüsselwörtern für das, was die moderne Zivilisation selbst entbehrte. Natur, sinnfällig festgemacht im zum Naturdenkmal erhobenen Baumveteranen, dem Riesenfindling oder dem Moor, geriet zur Gegenwelt einer als befremdend erfahrenen Moderne und wurde als entschleunigendes Medium der Erinnerung und symbolisches Merkzeichen integriert in die Kultur. Wie die Volkskunde der Jahrhundertwende (und nicht nur diese) Relikte sammelte, sichtete und so dem Vergessen just in jenem Augenblick entzog, da die traditionale bäuerliche Welt hinabdämmerte, so inventarisierte die Naturdenkmalpflege alte Bäume, geologische Eigentümlichkeiten oder seltene Pflanzen und Tiere, bevor sie dem Nützlichkeitsdiktat der modernen Welt zum Opfer fielen.

Es ging weder im staatlichen Naturschutz noch in den Vereinen um die Frage, wie denn die Nutzung der Natur in modernen Gesellschaften organisiert werden sollte und in welches Verhältnis Natur und Ökonomie zu setzen wären, auf daß die natürlichen Lebensgrundlagen der Menschen dauerhaft erhalten werden können. Es ging vielmehr um den Schutz jener vormodernen Naturen und Landschaften, die nun der Zerstörung einer alles sich unterjochenden Zivilisation anheim fielen. Dabei allerdings intendierte der Naturschutz keinesfalls die umfassende Konservierung des Vorgefundenen und stemmte sich zumindest in seinen Hauptströmungen auch nicht kategorisch gegen die Industrialisierung. Wie der staatliche Naturschutz bejahte auch das Gros der privaten Naturschützer prinzipiell den technischen und ökonomischen Fortschritt. Allerdings erachteten sie in der Natur ein ideales Gut, für dessen Nutzung ökologische, ästhetische und moralische Grenzen gesetzt werden mußten.

---

296 Wie auch die UNESCO heute nicht nur Kulturstätten, Kulturlandschaften, Denkmale und andere kulturelle Gedächtnisorte in ihre Liste des Weltkulturerbes aufnimmt, sondern auch Naturphänomene.

Diese Einstellung avancierte alsbald zum in allen politischen und sozialen Gruppen geteilten Konsens. Die Frage, welche Zugeständnisse dafür von wem zu machen waren, erwies sich demgegenüber als konfliktträchtiger. Das Reich und die einzelnen Staaten akzeptierten zwar sehr schnell den Schutz der Natur als staatliche Aufgabe, weigerten sich aber, finanziell in die Pflicht genommen zu werden. Als psychologische Allzweckwaffe beim Schutz privater gewerblicher und industrieller Interessen vor dem Naturschutz erwies sich die Thematisierung der Eigentumsfrage. Versuche, Naturschutz auf eine umfassende gesetzliche Grundlage zu stellen, scheiterten während des Kaiserreichs in der Regel, weil es nicht gelang, ein öffentliches Interesse an Natur über die Verfügungsmöglichkeiten über privates Eigentum zu stellen. Auch die Verläufe konkreter Naturschutzkonflikte zeigen, daß in der Regel nicht der Schutz, sondern die ökonomische Nutzung der Natur mit einem allgemeinen Interesse identifiziert wurde. Am erfolgreichsten verliefen denn auch Initiativen zum Schutz der Natur immer dann, wenn es nicht nur um deren Erhaltung um ihrer selbst willen ging, sondern das Engagement von materiellen Interessen wie der ästhetischen und sozialen Nutzung durch den Tourismus begleitet wurde.

Zwei in die Dimensionen von Zeit und Raum weisende Bezugsgrößen waren es, die den Naturschutz der Jahrhundertwende bei seiner Verteidigung des Überkommenen trugen: Ursprung und »Eigenart«. Rieb sich der Rekurs auf Ursprünge an der Vergangenheitslosigkeit der Moderne, so war die Verteidigung einer als organisch gedeuteten »Eigenart« im Zeitalter der Nationsbildung und Globalisierung als Reflex auf Uniformierungs- und Nivellierungsprozesse zu verstehen. Bemühungen, den Schutz der Natur international zu organisieren, wurden hier vom deutschen Naturschutz deutliche Grenzen gesetzt. Die Kulturaufgabe Naturschutz erschien zuallererst als eine nationale Frage, bei der allenfalls international kooperiert werden konnte.

In der Organisation des staatlichen und in der Orientierung des privaten Naturschutzes spiegelte sich die Doppelstruktur moderner Naturbeziehungen, und die Praxis des Schützens verankerte und reproduzierte diese Strukturen. Das Sichten, Inventarisieren und Konservieren erwies sich auch als eine Praxis der Selektion, bei der Natur auseinanderfiel in Bereiche, die bedenkenlos industrieller Nutzung unterworfen werden konnten und in solche, die unberührbar wurden. Die Doppelstruktur von Ausbeutung und Anbetung wurde auch vom Naturschutz nicht zur Disposition gestellt, sondern bestätigt. Es blieb freilich zeitgenössisches Unbehagen an diesem Auseinanderfallen von Naturbeziehungen. Da war hie die bedenkenlos genutzte und unterworfene Natur und da die sakral überhöhte und mit dem Versprechen des Unberührten und Ursprünglichen versehene Museumsnatur des Naturschutzes. Durch diese Logik wurde eine wechselseitige Durchdringung von Natur und Kultur zugunsten der Musealisierung von Natur und Landschaft verunmöglicht. Hinter zeitgenössischer Kritik, wie sie etwa Raoul H. Francé formulierte, verbarg sich denn auch die Forderung nach einem Naturschutz, der nicht auf das Auseinanderfallen der Naturbeziehungen zielte, sondern auf einen Umgang, der die ökonomische Nutzung von Natur mit ökologischen, ethischen und ästhetischen Kriterien versöhnte:

»Die Begeisterung für ›echte Natur‹ ist in den letzten Jahren so hoch gestiegen, daß einem großen Teil der deutschen Landschaften etwas ähnliches droht, eine Industrie der Naturliebe (...). Mit anderen Worten: man will offenbar aus der heimischen Natur ein einziges ›Freilichtmuseum‹ machen. Es scheint sich ein riesiger Verschönerungsverein zu bilden, dessen Hand man bereits vielerorts merkt, mit seinem erbarmungslosen ›Führen‹, seiner nachbessernden Absichtlichkeit, die sich verkörpert in der Holzhand, die hinweist auf den Riesenbaum, das Naturdenkmal, die schöne Aussicht, den ›Urwald‹, den ich mir nach diesen Proben nicht anders vorstelle als einen wohlumhegten Park, an dessen Eingang die Ansichtskartenverkäuferin sitzt und `Führer‹ feilhält, denen die Besucher murmelnd nachsprechen: ›Man beachte die majestätische Stille und die überwältigende Stimmung der nie gestörten Natur‹... Damit in dieser ›Natur‹ nicht Butterbrotpapiere umherliegen wie am Gipfel des Brocken, sind die beliebten Zink-Sammelkörbe an manchem Waldesalten befestigt, so wie neuestens bereits in gewissen Teilen des bayrischen Hochgebirges. Und vor dem Naturdenkmal, außerhalb des ›Urwald-Gitters‹ erstreckt sich wohl die Straße der Gasthöfe mit Autogarage und Räderhalle. Sie hat schon heute ihr Vorbild in dem unvermeidlichen Restaurant vor jeder bekannten Höhle, jedem bestaunten Wasserfall, jeder besuchten Klamm. Was heute den Rheinfall ungenießbar macht und die Schönheiten der Alpenwelt und der deutschen Mittelgebirge so empfindlich stört, das soll wohl dann allgemein werden, wenn einst auch das letzte deutsche Naturdenkmal registriert und ›beschützt‹ ist: das Entreehäuschen, der Verleiher der Kautschukmäntel im Donnern und Tosen der entfesselten Naturkraft, das Holzgerüst mit der Tafel: Schönster Anblick und hundert Schritte weiter die Konkurrenz mit der Devise: Bei 50 Pf. Aufzahlung ein noch besserer Anblick! (...) Mir graust vor dieser zukünftigen ›Natur‹, in der so viel Naturschutzbücher da sind, Führer, Belehrung, Bildung in Hülle und Fülle – in der aber nur eines fehlen wird: die Natur selbst, ihr trauter Zauber, das Labende ihrer Einsamkeiten, das Erquickende ihrer kunstlosen Kunst.«[297]

297 Raoul H. Francé: Denkmäler der Natur, Leipzig 1910, S. 4 u. S. 10f.

Dritter Teil: Mensch und Tier

1. Zwischen Ausbeutung und Anbetung – Beziehungsgeschichten zwischen Mensch und Tier

Moderne Menschen behandeln Tiere nicht nach Gleichheitsgrundsätzen. Es gibt Tiere, die verachtet, und solche, die geliebt werden. Da sind die armen Schweine und Rinder, die in industrieller Massentierhaltung für menschliche Nahrungszwecke produziert und abseits der Wohnorte in entlegenen Schlachthöfen mechanisch verarbeitet werden.[1] Und da sind Heim- und Schoßtiere, die auch über den Tod hinaus von ihren Besitzern so innig geliebt werden, daß sie mit allen erdenklichen Riten, die ansonsten Menschen vorbehalten sind, auf Friedhöfen bestattet werden – wie seit 1899 in dem Pariser Vorort Asnières, wo wehmütige Grabsteininschriften und Blumenschmuck Treue über den Tod hinaus versichern.[2] Hie wird das Tier zur Ware; da erwächst es nicht nur zum Ersatz-, sondern gleich zum Übermenschen, weil es nach Meinung des von seiner eigenen Spezies enttäuschten Besitzers mit besseren menschlichen Eigenschaften ausgestattet erscheint als jeder Mitmensch. Während jegliches Nachdenken über die Herkunft des Hackfleischs im Hamburger abgewehrt wird, avanciert die Hauskatze zur besten Freundin und bindet alle verfügbaren Emotionen. Mit Hunden oder Pferden gehen manche Menschen freundschaftliche Beziehungen ein. Und dabei scheint es so, daß mit dem Maße, da mitmenschliche Bindungen als krisenhaft erfahren werden, Intensität und Intimität der Begegnungen mit Heim- und Haustieren wachsen. Der Verhätschelung und Vermenschlichung von Struppi, dem Pudel, oder Sergej, dem Kater, stehen Bedrohung und Angst entgegen, die in der Konfronta-

---

1 Sigfried Giedion: Die Herrschaft der Mechanisierung. Ein Beitrag zur anonymen Geschichte, Frankfurt a.M. 1987 [1948], S. 238-287; Ruth-E. Mohrmann: »Blutig wol ist Dein Amt, o Schlachter...«Zur Errichtung öffentlicher Schlachthäuser im 19. Jahrhundert, in: Siegfried Becker u. Andreas C. Bimmer (Hrsg.): Mensch und Tier. Kulturwissenschaftliche Aspekte einer Sozialbeziehung, Marburg 1991 (= Hessische Blätter für Volks- und Kulturforschung; Bd. 27), S. 101-118.

2 Rainer Wiedenmann: Neuer Totemismus. Überlegungen zur Genese und Semantik moderner Tierbestattungen, in: Soziale Welt, 44 (1993), S. 199-222.

tion mit Spinnen, Ungeziefer oder Mäusen unversehens Ekel und Abscheu abrufen, welche wiederum ausgeklügelte Kriegsführungssysteme aktivieren, die das Eindringen solchen Getiers in die Sphäre des Menschen verhindern sollen.[3] Vernichtungskriege gegen Ungeziefer folgen in Europa gängigen Distanzierungsbedürfnissen, während es genauso normal erscheint, sich von Hunden oder Katzen abschlecken zu lassen, mit ihnen das Bett zu teilen oder ihnen aufmunternd kommentierend beim Defäkationsgeschäft in der öffentlichen Grünanlage zuzuschauen. Die Gleichzeitigkeit von Nähe und Ferne kennzeichnet das Verhältnis von Mensch und Tier in der Moderne. Beim Verkauf von Lebensmitteln darf nichts mehr an die tierische Herkunft der Hamburger oder Fischstäbchen erinnern; gleichzeitig überwinden Heim- und Schoßtiere die ansonsten strikt gezogenen Grenzen zwischen Mensch und Tier und dringen in seine Behausungen vor. Während in Laboren Tiere für das Wachsen wissenschaftlicher Erkenntnisse und Umsatzsteigerungen in der Kosmetikindustrie geopfert werden, erinnern Tierschützer an die Mitgeschöpflichkeit der Tiere und klagen eine ihr Eigenrecht respektierende Ethik sowie einen Rechtsstatus für die geschundenen Kreaturen ein. Sie wollen den omnivoren Menschen in einen Vegetarier verwandeln und setzen beim Kampf für die leidenden Tiere Energien frei, die sie besagte Labore stürmen und die für Experimente vorgesehenen Tiere befreien lassen.

Tiere aktivieren das menschliche Gefühlsreservoir in allen erdenklichen Varianten. Der hie als moralische Grenzüberschreitung diagnostizierte und dort als hysterische Emotionalisierung pathologisierte Umgang mit ihnen gibt regelmäßig Anlaß, kulturelle und soziale Normen zu verhandeln. Tiere werden geliebt, gehätschelt, verachtet, bewundert, gehaßt, verehrt und verzehrt. Sie sind Götzen, Rohstoffe, Freunde, mechanische Apparaturen, Nahrungsmittel, Abfall, Nutzobjekt und Schutzobjekt – zwischen Verachtung und Verheiligung scheint alles möglich. Es ist die Gleichzeitigkeit gegenläufiger Prozesse und Einstellungen (Nähe und Ferne, Verdinglichung und Vermenschlichung, Entfremdung und Sentimentalisierung), die das Verhältnis moderner Menschen zu Tieren ausmacht, und dabei erscheint diese Beziehungsgeschichte so facettenreich wie widersprüchlich. Diese Ambivalenz muß zunächst einmal keinesfalls befremden, denn natürlich sind Tiere keine homogene Gruppe von Lebewesen mit einheitlichen Kennzeichen und Eigenschaften. Tiere sind in allen Kulturen Operatoren zur symbolischen Ordnung der Welt, und ihre Differenz ist Ausgangspunkt zur Kenntlichmachung symbolischer Tiefenstrukturen von Gesellschaften. Dennoch kenn-

3 Mary R. Berenbaum: Blutsauger, Staatsgründer, Seidenfabrikanten. Die zwiespältige Beziehung von Mensch und Insekt, Berlin 1997.

zeichnet diese Widersprüchlichkeit instrumenteller und nicht-instrumenteller Tierbeziehungen den Umgang der europäischen Moderne mit Natur präzise. Dieses Projekt Moderne weist gegenläufige, jedoch wechselseitig aufeinander bezogene Prozesse auf, die eine eigentümliche Doppelstruktur ausbilden: Mit fortschreitender Rationalisierung und Entzauberung von Natur wachsen auch die gegenläufigen Unterströmungen und wiederverzaubernden Gegenbewegungen, die den Zweckverhältnissen das ganz Andere der Natur entgegensetzen: ihren Zauber, ihre Schönheit, die Lust an ihrer ästhetischen Erfahrung. Mit dem Wachsen von Herrschaftswissen und den technischen Möglichkeiten der Naturbeherrschung wächst auch die Moralisierung der Natur und ihre sympathetische Besetzung sowie der Zweifel am Primat der Ökonomie.[4]

Der ambivalente Umgang der Moderne mit Tieren ist das Ergebnis historischer Prozesse, durch die eine klassifikatorische Ordnung der Tierwelt geschaffen wurde. In dieser Ordnung wird das Reich der Tiere geschieden in Wesen mit Objektcharakter, die problemlos industriell genutzt, getötet und weitgehend mechanisch behandelt werden dürfen, und in solche mit Subjektcharakter, zu denen sympathetische Beziehungen aufgebaut werden. Die Moderne drängt auf eine Polarisierung möglicher Mensch-Tier-Beziehungen zwischen Personalisierung des tierischen Gegenübers einerseits und seiner Reduzierung auf sachliche Nutzung andererseits.[5] Im Rahmen dieser symbolischen Ordnungsprozesse unternahmen manche Tierarten erstaunliche kulturelle Wanderungsbewegungen, so daß sie heute andere kulturelle Lebensräume bewohnen als in traditionalen Gesellschaften. Das Nutzvieh der traditionalen Landwirtschaft teilte Haus und Hof mit seinen Eigentümern, was durchaus heißen konnte, daß Menschen im Winter im wärmeren Stall schliefen, bzw. Hühner oder Schweine die Stuben besiedelten. Dagegen trennt die Moderne die Lebenswelten von Mensch und Tier strikt in Ställe für die Tiere und Wohnräume für den Menschen und errichtet neue, unüberwindbare kulturelle Grenzen.[6] Dafür erhalten andere Tiere wie Katzen oder Hunde Einlaß in Räume der Intimität, die ansonsten auch nahestehenden Mitmenschen verwehrt bleiben. Amphibien baut der Naturfreund künstliche Gewässer, um in der eigenen Wohnung ihr Leben hinter dem Glas des Aquariums studieren zu können. Wäh-

4 Vgl. ausführlich Eder 1988; Rainer Wiedenmann: Die Fremdheit der Tiere. Zum Wandel der Ambivalenz von Mensch-Tier-Beziehungen, in: Paul Münch (Hrsg.): Tiere und Menschen. Geschichte und Aktualität eines prekären Verhältnisses, Paderborn 1998, S. 351-382.

5 Vgl. Heinz Meyer: Der Mensch und das Tier. Anthropologische und kultursoziologische Aspekte, München 1975, S. 154.

6 Jutta Nowosadtko: Zwischen Ausbeutung und Tabu. Nutztiere in der Frühen Neuzeit, in: Münch 1998, S. 271.

rend etliche Großtierarten Afrikas, Asiens oder Südamerikas wahrscheinlicher irgendwelche »Roten Listen« bevölkern als ihre angestammten Biotope, werden ihre Artgenossen in Zoologischen Gärten als letzte Zeugen ihrer Art bestaunt. Während bestimmte rituelle Praktiken mit Tieren als Grausamkeiten geächtet und als volkskulturelle Relikte aus barbarischen Zeiten wegzivilisiert werden,[7] stellt der industrialisierte Massentod im Schlachthaus eine kulturelle Selbstverständlichkeit dar.

Bei all diesen Prozessen geht es um die präzise Ordnung klarer Weltbilder, um die Scheidung der Welt in Kultur und Natur, in Freunde und Feinde, reine und unreine Naturen, Bösewichter und Helden. Die europäische Zivilisationsgeschichte ist auch ein Prozeß, in dem permanent die Beziehungen von Menschen und Tieren neu ausgehandelt werden, ein Prozeß, in dem Tiere beständig neu klassifiziert werden. Ihre Kenntlichmachung in wissenschaftlicher Systematik korrespondiert mit einer gegenläufigen alltagsweltlichen Taxonomie, die naturwissenschaftlicher Sachlichkeit die Emotionen der Tierliebe entgegensetzt, dem Systematisierten das Unbenennbare und dem Wissen das Geheimnis. Die Arbeit des Klassifizierens dient der Ordnung und Systematisierung der Welt. Klassifizieren bedeutet einschließen und ausschließen; permanent entstehen auf der Grundlage von Klassifikationsmustern Grenzen, die Handlungsmöglichkeiten erlauben und andere ausschließen, Maßstäbe, die menschliches Handeln kalkulierbar machen sollen.[8]

In dieser Ordnung braucht alles seinen festen Platz, und so wird die Doppelstruktur moderner Naturverhältnisse kenntlich: Beherrschung und Ausbeutung einerseits, Verheiligung und Bewahrung andererseits. Dabei wird die natürliche Umwelt des Menschen geschieden in Naturen, die auch nach der Logik moderner Gesellschaften problemlos genutzt werden können und in solche, deren Nutzung tabuisiert werden muß. Nur mit wachsender gesellschaftlicher Bedeutung nichtinstrumenteller Naturbeziehungen scheinen die objektiven Antagonismen gesellschaftlicher Naturaneignung in der Moderne – die wachsende Dominanz von

7 Vgl. z.B. Robert Darnton: Das große Katzenmassaker. Streifzüge durch die französische Kultur vor der Revolution, München 1989; Robert W. Malcolmson: Volkskultur im Kreuzfeuer. Der Kampf um die Abschaffung des Bullenrennens in Stamford im 18. und 19. Jahrhundert, in Richard van Dülmen u. Norbert Schindler (Hrsg.): Volkskultur. Zur Wiederentdeckung des vergessenen Alltags, Frankfurt a.M. 1984, S. 282-298; David Warren Sabean: Die Sünden des Glaubens. Ein dörfliches Rezept gegen Viehseuchen, in Ders.: Das zweischneidige Schwert. Herrschaft und Widerspruch im Württemberg der frühen Neuzeit, Frankfurt a.M. 1990, S. 203-229.

8 Vgl. Zygmunt Bauman: Moderne und Ambivalenz. Das Ende der Eindeutigkeit, Frankfurt a.M. 1995.

Naturbeherrschung und Nutzungsideologien – kulturell aushaltbar. Insofern erscheinen denn auch Tierliebe und industriell organisierter Massentod der Tiere, Naturausbeutung und Naturanbetung, Nutzung und Schutz nicht als Widersprüche, sondern als Bestandteil ein- und desselben Prozesses.

Dieser Prozeß zielt auf Eindeutigkeit, so daß sich mögliche Tierbeziehungen tendenziell um die beiden Alternativen Nutzobjekt oder emphatisch besetztes Subjekt polarisieren. Zygmunt Bauman hat Modernisierungsprozesse allgemein durch ihre Tendenz zur Vereindeutigung und zur Eliminierung des Vieldeutigen beschrieben:

»Die typisch moderne Praxis, die Substanz moderner Politik, des modernen Intellekts, des modernen Lebens, ist die Anstrengung, Ambivalenzen auszulöschen: eine Anstrengung, genau zu definieren – und alles zu unterdrücken und zu eliminieren, was nicht genau definiert werden konnte oder wollte. (...) Das Andere des modernen Intellekts ist Polysemie, kognitive Dissonanz, polyvalente Definitionen, Kontingenz; einander überschneidende Bedeutungen in der Welt der sauberen Klassifikationen und Schubladen. Da die Souveränität des modernen Intellekts die Macht ist zu definieren und den Definitionen Wirksamkeit zu verschaffen – ist alles, was sich der unzweideutigen Ordnung entzieht, eine Anomalie und eine Herausforderung.«[9]

So erträgt die Moderne auch im Hinblick auf Mensch und Tier keine Ambivalenzen und Vieldeutigkeiten, keine offenen Beziehungsmuster und vagen Einstellungen. Nutzung, die in der Moderne auf eine Radikalisierung von Effizienz zielt, erträgt nichts, was diese Instrumentalität gefährden könnte, also keine Emotion, keine über den Zweck hinausweisende Bedeutung. Emotion zielt, umgekehrt, auf Zweckfreiheit und läßt nichts zu, was diese beeinträchtigen könnte. Um die Eindeutigkeit von Naturverhältnissen zu sichern und damit unzweideutige Handlungsmöglichkeiten zu gewährleisten, bedarf auch die Moderne der regulierenden Kraft der Tabus, die Orientierungshilfen liefern und verbindlich verankern, was möglich ist und was nicht. Vögel zu lieben und sie sich gleichzeitig als Nahrungsmittel einzuverleiben wäre in der Logik moderner Naturbeziehungen genauso ein Tabubruch wie ein Pferd zu verspeisen, das einen zwei Jahrzehnte treu begleitet hat. Schweine oder Hühner im Schlafzimmer zu halten würde europäische Ordnungsvorstellungen empfindlich stören, nicht aber die Bereitstellung der Bettstatt für Hunde oder Katzen. Insekten als »Ungeziefer« haben ihren angestammten Platz jenseits der Türschwelle. Auch die Ratte zählt zu den Feinden des Menschen, der todbringende Fallen ertüftelt, Industrien zu deren Herstellung ausbildet und einen eigenen Berufsstand zur Bekämpfung des Nagers hervorgebracht hat. Wird sie, wie bei den Punks, unversehens zum Schoßtier, so gehört dies zum

9 Bauman 1995, S. 20f.

wohlkalkulierten Tabubruch, durch den über die Fremdheit des Nagers in erster Linie auf das Anderssein des Rattenbesitzers aufmerksam gemacht werden soll. Kulturelle Modernisierungsprozesse haben die Tendenz zur Auslöschung vorhandener Ambivalenzen. Sie zielen in einem unendlichen Prozeß auf eine Radikalisierung der Alternativen Nutzung oder Bewahrung, wobei konkurrierende Naturbeziehungen voneinander geschieden und mehrdeutige bekämpft werden. Erst wenn beides sauber voneinander geschieden wird, ist beides problemlos möglich und erscheint nicht länger als Widerspruch: Verehrung und Ausbeutung, Liebe und Tod, Vivisektion und Tierfriedhof.

2. Bedroht, verfolgt, ausgestorben – die Tierwelt und der Naturschutz

Die angedeuteten Klassifizierungsprozesse werden in allen Bereichen des menschlichen Lebens vollzogen, und dabei sind eine Menge Akteure beteiligt: Massenmedien, Supermarktketten und Lebensmittelindustrien, Familienoberhäupter, Tierfreunde und Naturschützer, Ärzte und Wissenschaftler, Landwirte, Kammer- und Großwildjäger, Zoodirektoren, Kosmetikfirmen, Lehrer, Schriftsteller, Metzger, französische Schauspielerinnen, Angler, Käfersammler, Sonntagsausflügler, Veterinäre, Hundebesitzer und viele andere mehr. Auch der Naturschutz ist durch seine Praxis des Beobachtens, des Sammelns und Konservierens eine Transformationsagentur, die ihren Beitrag zur kulturellen Bedeutungsbesetzung von Tieren liefert. Er zweifelt im Umgang mit Tieren den Primat der Nutzung an. Er thematisiert die Konsequenzen zivilisatorischer Veränderungen für Tiere und Pflanzen, verweist auf den Rückgang bestimmter Arten und klagt deshalb eine Änderung des menschlichen Handelns gegenüber Natur ein. Es gibt unterschiedliche Gründe und Motive, Tiere – wie überhaupt Natur – zu bewahren, und sämtliche haben in der Geschichte das Handeln von Naturschützern beeinflußt. Tiere werden als unverzichtbarer Bestandteil einer wünschenswerten ästhetischen Wirklichkeit erachtet. Den Menschen einen angemessenen Zugang zu freilebenden Tieren – sei es zu Erholungs- oder Bildungszwecken – zu ermöglichen, verweist auf die sozialen und ästhetischen Dimensionen des Naturschutzes. Tiere als Elemente natürlicher Lebensgrundlagen zu bewahren, die möglichst intakt in die Zukunft weitergegeben werden sollen, kann zur ethischen Verpflichtung werden.

Tierarten, die selten werden oder vom Aussterben bedroht sind, werden zu Raritäten und Relikten, denen Denkmalwert zugesprochen wird, weil sie in der Jetztzeit keinen Platz mehr haben. Verfolgung und Vernichtung spezifischer Tierarten sind kein exklusives Kennzeichen moderner Gesellschaften. Insbesondere unmittelbaren Konkurrenten des Menschen – Raubtieren und »Schädlingen« – galten auch in traditionalen Gesellschaften Strategien des Ab- und Ausgrenzens. Technische Entwicklungen und deren Verbreitung rund um den Erdball ermöglichten allerdings eine Radikalisierung von Verfolgungs- und Vernichtungspraktiken. Dies betrifft vor allem große Tierarten, die auf ausgedehnte Lebensräume angewiesen sind und solche im dichtbesiedelten Europa nicht mehr vorfinden. Der Mangel an großräumigen Habitaten und die direkte Verfolgung als Feinde und Konkurrenten des Menschen ließ viele Tierarten seltener werden oder aussterben. Die Daten, da die letzten Vertreter von Großtierarten oder unnachgiebig verfolgten »Raubzeugs«, dessen Vernichtung in der Regel mit Schußprämien belohnt und vom Trophäenrausch begleitet wurde, vertilgt waren, wurden sorgfältig im kollektiven Gedächtnis einzelner Regionen aufbewahrt: Der letzte Bartgeier in den deutschen Alpen soll 1855 bei Berchtesgaden erlegt worden sein. Das letzte »deutsche« Wisent wurde 1755 in Ostpreußen geschossen. Nachdem der Wolf um 1800 in Mitteleuropa fast ausgerottet war, wurden aus dem Osten zugewanderte Exemplare noch 1872 im Harz oder 1904 in der Niederlausitz zur Strecke gebracht. Deutschlands letzter Braunbär fand 1835 bei Ruhpolding sein Ende. Vereinzelte Exemplare des im 19. Jahrhundert in Mitteleuropa weitgehend ausgerotteten Luchses kamen noch 1838 in Bayern, 1841 in Niederösterreich und 1873 in der Schweiz zu Tode. Der Steinbock, der über kaum ein Körperteil verfügt, dem nicht irgendwelche Heilwirkungen zugeschrieben worden waren, war in den Nordalpen bereits im 16. Jahrhundert ausgerottet; fast ein Jahrhundert nach dem letzten Abschuß 1809 im Wallis begannen um 1900 in der Schweiz Wiedereinbürgerungsversuche.[10]

Gegenüber der Vielzahl in vormenschlicher Zeit durch natürliche Faktoren ausgestorbener Tierarten nimmt sich die Anzahl der in historischer Zeit ausgelöschten Vogelarten marginal aus. Arten gab es seit der evolutiven Ausbildung der Vogelwelt vor rund 120 Millionen Jahren rund 150000. Davon existieren heute noch ca. 9000 und damit der geringste Teil der je auf der Erde heimisch gewesenen Spezies. Von den ausgestorbenen Arten wiederum verschwand mit rund 80 bis 110 nur ein winziger Bruchteil in historischer Zeit. Seit dem ausgehenden Mittelalter traf es in der Regel hochspezialisierte Spezies, die sich – oft in kleinen und damit vergleichsweise rasch existentiell gefährdeten Populationen – an extreme Lebensverhältnisse angepaßt oder das Potential evolutiver Entwicklung ausgeschöpft hatten. Vielfach waren es in Inselpopulationen lebende Tiere, für die in abgelegenen Arealen der erste Kontakt mit menschlicher Zivilisation das Ende ihrer Art bedeutete. Die flugunfähigen Dronten, zu denen Dodo und Solitär zähl-

10 Angaben nach Ilse Hoseder u. Gerhard Stinglwagner: Knaurs Großes Jagdlexikon, München 1996.

ten, lebten auf den Makarenen im Indischen Ozean, die erst 1505 von den Portugiesen entdeckt wurden. Für die Angehörigen der portugiesischen, französischen und englischen Kolonialmächte war das Fleisch der leicht zu fangenden Vögel eine Nahrungsquelle, die so intensiv genutzt wurde, daß sämtliche Arten zwischen 1680 und 1800 ausstarben. Im Falle der ebenfalls flugunfähigen Moas auf Neuseeland waren es nicht die europäischen Kolonialmächte, sondern die im 14. Jahrhundert eingewanderten Maoris, die den straußartigen Riesenvogel binnen kürzester Zeit ausrotteten. Unmittelbare Verfolgung, bei welcher die (Über-) Nutzung in keinem Verhältnis zu den Erholungsmöglichkeiten der Populationen stand, führte auch im Falle des im Nordatlantik heimischen Riesenalks im 19. Jahrhundert zum Aussterben. Vielfach waren die Ursachen aber komplexer. Die nordamerikanische Wandertaube kam im 19. Jahrhundert in solchen Massenpopulationen vor, daß nach damaligem Ermessen selbst die intensivste Bejagung dieser Art nichts würde anhaben können. Das Gegenteil war der Fall: Zu der Bejagung an den riesigen Schlafplätzen kam die Rodung von Eiche-Buche-Mischwäldern in den Brutgebieten, was dazu führte, daß die immer noch immens individuenreiche, aber auf Massenpopulationen angewiesene Art ihre kritische Bestandsgröße unterschritten hatte, so daß 1906 das letzte freilebende Exemplar geschossen wurde und die (vermutlich) letzte Wandertaube 1914 im Zoo von Cincinnati verstarb. Ein Großteil der ausgestorbenen Arten verschwand also, weil es für Nutzungsformen, die eine Balance von Nutzung und Regeneration der Populationen hätten gewährleisten können, keine Erfahrungen gab.

Der Vorgang des Aussterbens von Tierarten inspirierte seit dem 19. Jahrhundert eine Vielzahl von Deutungs- und Erklärungsmustern, welche sich in der Regel an der Kardinalfrage des menschlichen und zivilisatorischen Beitrags zur Eliminierung der Arten scheiden. Diese vielfach als »Schuld« verhandelte Frage erscheint geeignet, ökologische Folgen menschlichen Handelns auch in ihren ethischen und ästhetischen Dimensionen zu erörtern. Einerseits werden die Auswirkungen ökologischer Krisen relativiert, indem das Aussterben von Tier- und Pflanzenarten als integraler Bestandteil des Evolutionsprozesses gedeutet wird. Andererseits wird von den Kontrahenten unterstrichen, daß im Falle des zivilisationsbedingten Artensterbens kein schicksalhaftes Naturereignis vorliegt, sondern ein Resultat menschlicher Handlungen, für das Verantwortung zu tragen ist. In den Zahlenwerken dieser Interpreten nimmt sich das Artensterben drastischer aus. Demnach betrug die Aussterbegeschwindigkeit vor Herankunft des Menschen vor 2 Millionen Jahren rund eine Art pro Jahr. Diese hat sich bis heute, da rund 70 Tier- und Pflanzenarten pro Tag und rund 27000 pro Jahr aussterben, enorm vervielfältigt. Dieser durch Verfolgung, Lebensraumzerstörung, Nutzungsintensivierungen, Massentourismus und Klimaveränderungen verursachte Beschleunigungstrend soll weiter anhalten.[11]

Das Aussterben von Tieren wurde als in höchstem Maße ambivalent erfahren. Einerseits symbolisiert es – insbesondere im Falle der Raubtiere – die Befreiung von über lange Zeiträume tradierten Ängsten und den Triumph über niemals zuvor kalkulierbare Bedrohungen. Die andere Seite dieser Erfahrung markiert den Verlust, die Unwiederbringlichkeit von einzigartigen Naturschöpfungen, deren Entstehung und Entwicklung unendlich weit über die Menschheitsgeschichte hinausweisen und damit Anlaß geben müssen, über die Grenzen menschenmöglichen Umgangs mit Natur zu reflektieren. Mit dieser kulturell traumatischen Erfahrung rückten Tiere als Relikte untergegangener Geschichte ins Blickfeld. Sie erhielten den Rang von Zeugen, durch die im Zeitalter der ins Unermeßliche steigenden Möglichkeiten der Naturbeherrschung die andere Seite dieses Triumphs vergegenwärtigt wird. Mit jenem Moment, da die Bedrohung durch Tiere gebannt scheint, werden diese potentiell kulturell besetzbar als Objekte bewahrender Zuwendung, denen nicht mehr Vernichtungsbemühungen gelten, sondern Anstrengungen der Schonung. Der Schutz freilebender Tiere wird damit zur denkmalpflegerischen Aufgabe; die Bemühungen gelten dem »Schutz der Tierwelt als Naturdenkmäler«.[12] Damit sind (bestimmte) Tiere nicht mehr Angehörige einer bedrohlichen, sondern einer bedrohten Natur.

Der Schutz wildlebender Tiere wurde kaum als ökologisches Handeln verstanden. Es ging weniger um die Erhaltung biologischen Artenreichtums, sondern eher um Vielfalt für nationalkulturelle und sozialhygienische Erneuerungsbewegungen. Auf den »innige(n) Zusammenhang, der zwischen der gesunden Entwicklung der Volksseele und der Tierwelt besteht« verwies denn auch Hermann Löns:

»Ob dieser oder jener sogenannte nützliche Vogel seltener oder dieser oder jener sogenannte schädliche Vogel häufiger ist, das ist im Grunde Nebensache, denn die Natur regelt sich schon selbst. Aber bunt muß die Natur sein, reich an allerlei Gestalten, voll von verschiedenen Stimmen, damit der Mensch Gefallen an ihr finde, denn nur an der Natur kann sich das Gemüt des Volkes erholen, nur bei ihr neue Kraft schöpfen. Völker, deren Naturempfinden zugrunde ging, weil sie ihre Heimat verödeten, tragen den Todeskeim in sich, leben nur künstlich noch als Nationen. Völker mit stark ausgeprägtem Naturempfinden, wie die Germanen und Slawen, verwinden selbst die schlimm-

---

11 Zahlen nach Martin Gorke: Artensterben. Von der ökologischen Theorie zum Eigenwert der Natur, Stuttgart 1999.

12 So der Titel eines Beitrags von Ernst Schwalbe in: Naturwissenschaftliche Wochenschrift, N.F. X. Bd. (1911), S. 481-489. Vgl. auch Martin Bräss: Schutz der heimischen Tierwelt, in: Naturwissenschaftliche Wochenschrift, N.F. XI. Bd. (1912), S. 427-432.

sten Schläge und haben eine unbegrenzte Erneuerungskraft. Darum handelt eine Regierung, die dem Volke das Naturempfinden zu erhalten sucht, klug, und kein Opfer darf ihr dafür zu groß, kein Mittel zu klein dafür sein, und jeder, der ihr dabei hilft, nützt seinem Volke. Eins dieser Mittel ist aber die Erhaltung der einheimischen Tierwelt.«[13]

Zielte die Naturdenkmalpflege in ihren Anfängen vornehmlich auf reliktartige Objekte, so wurden alsbald durch die Erweiterung des Naturdenkmalbegriffs auch Tiere und Pflanzen in den Objektbereich bewahrenswerter Natur integriert. Allerdings zeigte sich, daß die musealisierende Logik des auf individuelle Relikte zielenden Bewahrens bei Tieren und Pflanzen nicht aufgehen konnte, da die Reproduktion einer bedrohten Art nur dann gewährleistet war, wenn die Bedingungen hierfür in adäquaten Lebensverhältnissen gesichert werden konnten. Bei Tieren und Pflanzen mußte der Schutz auch ihrem Lebensumfeld gelten, und so zielten die Erhaltungspolitiken bald auf größere Populationen wie bei den Bibern in den Altwassern der Elbe, den Trottellummen an ihren Brutfelsen auf Helgoland, Kormoranen in ihren Kolonien in Westpreußen oder Elchvorkommen in den Wäldern Ostpreußens.[14] Schließlich erfolgte eine Erweiterung des Naturdenkmalbegriffs auf ganze Tierarten und Tiergruppen: »Raubvögel als Naturdenkmäler«,[15] weitere Vogelarten, Kriechtiere und Lurche oder das Wisent.

Auch Tierarten, die aufgrund der von ihnen ausgehenden Gefährdung des Menschen oder aufgrund ihrer Schädlichkeit für Land- und Forstwirtschaft rigoros verfolgt worden waren, erfuhren im Stadium des Aussterbens eine Nobilitierung. Als Relikt und Überbleibsel symbolisierten sie nicht mehr Gefahr oder Konkurrenz, sondern Rarität und Zeugenschaft für vergangene historische Epochen. Freilich mußten solche Prozesse der Umbewertung gegen konkurrierende Interessen von Einzelgruppen durchgesetzt werden. Folglich ist die Kritik am Naturschutz so alt wie dieser selbst. Wenn – wie hier ausgerechnet vom Präsidenten der Deutschen Dendrologischen Gesellschaft vorgetragen – Naturschutzforderungen als »Übertreibungen« und falsche Romantik diskreditiert wurden, dann ging es auch um die Frage, welchen Naturen Schutz anzugedeihen sei: »Bei der Anführung der zu schonenden Naturdenkmäler aus der Tierwelt dürften vielfache Übertreibungen vorgekommen sein, der Standpunkt und das Interesse der Wissenschaft deckt sich nicht immer mit dem der Kultur.« So stelle sich bei »schädlichen« Tierarten wie Reiher, Kormoran oder Saatkrähe die Frage möglicher Schutzwürdigkeit von

13 Hermann Löns: Die Erhaltung unserer Tierwelt, München o.J. [1909] (= 45. Flugschrift des Dürerbundes), S. 1 u. S. 10f.

14 Hierzu vgl. z.B. Moewes 1926, S. 60-62.

15 Martin Bräss: Die Raubvögel als Naturdenkmäler, Berlin 1912.

vornherein nicht; das Bedauern eines Artenschwunds »vom naturwissenschaftlichen Standpunkt« habe gegenüber den materiellen Interessen der Menschen keinerlei Gewicht:

»Wollen diese Eiferer ganz logisch weitergehen, so müssen sie mit demselben Recht auch die Ausrottung derjenigen Tiere bedauern, welche nicht nur der Kultur der Menschen, sondern auch dem Leben der Menschen schädlich sind. Der Wolf und andere mühsam fast ausgerottete Raubtiere müßten Reservate erhalten. Die Giftschlangen Indiens wären, sobald ihre Ausrottung bis auf wenige Exemplare gelungen wäre, Naturdenkmäler, die man erhalten müßte, und wenn allen Ernstes in einem Blatte der Vorschlag gemacht worden ist, daß wegen einer aussterbenden kleinen Waldspinnenart eine Forstparzelle vom Staate aufgekauft werden solle, um diese Spinnenart lebendig den Spinneninteressenten unter den Gelehrten zu erhalten, wird es sicher eine Majorität geben, die ein Lächeln hierbei nicht unterdrücken kann. Wenn man schon bei Wolf und Spinnen angelangt ist, warum ist man dann so unkonsequent, nicht auch die Kreuzotter, den Bandwurm und bis herunter zu den mikroskopischen Parasiten auch Kleinlebewesen als Naturdenkmäler hinzustellen.«[16]

16 Fritz Graf von Schwerin: Übertreibungen und falsche Wege zum Schutze der Naturdenkmäler, in: Mitteilungen der Deutschen Dendrologischen Gesellschaft, 15. Jg. (1906), S.118.

3. Identifikation und Indikation: Die Vögel und die Vogelschutzbewegung

Moderne Gesellschaften organisieren ihre Naturverhältnisse an den Polen instrumenteller Nutzung und zweckfreier Beziehungen, und dabei wird im Falle mehrdeutiger Beziehungen in der Regel eine Radikalisierung zugunsten eines Poles erzwungen. Bei den meisten Tierarten gelingt dieser kulturelle Reinigungsprozeß problemlos. Ihre Beziehung zum Menschen ist in der Regel durch präzise Klassifikationskriterien – nützlich/schädlich, nah/fern, wild/domestiziert, zweckgebunden/zweckfrei – eindeutig definiert. Prekär wird es dagegen bei Arten, deren Verhältnis zum Menschen potentiell mehrdeutig ist, bei denen es zu Überlagerungen und konkurrierenden Beziehungsmöglichkeiten – etwa materielle Nutzung und Emotion – kommt. Wo ist in der modernen klassifikatorischen Ordnung der Tiere der kulturelle Ort der Vogelwelt? Inmitten der kaum überschaubaren Gruppe aus höheren und niederen Lebewesen, Nutz-, Haus-, Heim- und Schoßtieren, domestiziertem und wildem Getier, Ungeziefer und Raubtieren, Säugetieren, Amphibien, Fischen und Reptilien kommt Vögeln in Europa offenkundig ein kultureller Sonderstatus zu. Vögel wurden und werden einerseits zu unterschiedlichen Zwekken (Nahrung, Federhandwerk u.a.) getötet und genutzt. Sie haben als Federwild ihren festen Platz in über lange Zeiträume hinweg tradierten Jagdordnungen oder leben als domestiziertes Geflügel an der Seite des Menschen. Andererseits avancieren sie zu »gefiederten Freunden« des Bürgertums, das in ihnen all seine Ideale und Utopien erfüllt sieht. Vögel sind gleichzeitig wild und symbolisieren als Bewohner der Lüfte wie kaum eine andere Tierart Freiheit und Unabhängigkeit; gleichzeitig sind sie jedoch domestizierbar und bewohnen auch den Nahbereich der Menschen. Vögel eignen sich wie kaum andere Tiere zur Vermenschlichung; sie scheinen über all jene sozialen Attribute zu verfügen, die der Mensch gerne für sich selbst wünscht – und bleiben dabei doch Tiere und damit fremd. Vögel sind Tiere und entbehren doch all jener Eigenschaften – Fleischlichkeit und Schmutz etwa oder das unkontrollierte Ausleben von Affekten und natürlichen Regungen –, die diese gemeinhin animalisch, fremd, unzivilisierbar, mithin nicht der Sphäre des Kulturellen zugehörig erscheinen lassen. Sie sind genau auf der

Grenze zwischen Natur und Kultur beheimatet und dadurch mit menschlichen Augen besehen durch und durch ambivalent.

Ihr kultureller Sonderstatus wird daran kenntlich, daß Vögel früher als andere Tiere, Pflanzen oder Landschaften als bewahrenswerte Natur identifiziert wurden. Etliche Jahrzehnte vor der Naturdenkmalpflege oder dem Heimatschutz formierte sich die Bewegung des Vogelschutzes als Avantgarde des Naturschutzes, so daß zeitgenössische Ornithologen bilanzieren konnten:

»Keine andere Tierklasse hat es verstanden, sich in solchem Maße das Wohlgefallen und die Zuneigung des Menschen zu erwerben, wie diejenige der Vögel. Wohl sind Pferd und Katze körperlich schöner und vollendeter, wohl Hund und Elefant klüger und gelehriger, wohl Rind und Schaf für den menschlichen Haushalt nützlicher, Kamel und Renntier für gewisse Länder unentbehrlicher als irgendeine Vogelart, und doch wirken sie alle nicht so mächtig auf unser Herz und Gemüt wie die Nachtigall, wenn sie im blühenden Fliederbusch an einem wonnigen Maienabend ihr schluchzendes Lied in die lauen Lüfte hinausschmettert, wie der bunte Papagei, wenn er in menschlicher Sprache uns begrüßt und seine Wünsche äußert, wie der glänzende Kolibri, wenn er als ein fliegender Edelstein mit seiner schimmernden Farbenpracht unter der glühenden Sonne der Tropen unser Auge entzückt, wie der stolze Aar, wenn er sich auf gewaltigem Fittich über schneebedeckte Firnen zu dem blauen Äther emporschraubt. Die Schönheit, die Anmut, die Harmlosigkeit, der bewundernswerte Flug und vor allem der herrliche Gesang des Vogels ist es, was uns so sehr für ihn einnimmt. Unter diesen Umständen war es natürlich, daß sich der Mensch schon frühzeitig für das Wohl und Wehe seiner gefiederten Lieblinge einsetzte, daß er auf Vogelschutzgedanken geriet.«[17]

Die Popularität des Vogelschutzes – kenntlich an den teilweise hohen Mitgliederzahlen der Vereine – fußt wesentlich auf zwei Funktionen, die er zum einen im Seelenhaushalt der bürgerlichen Menschen und zum anderen bei der Beobachtung des Naturhaushalts ausübt: Identifikation und Indikation. Vögel üben einerseits eine hohe Identifikationskraft aus, und sie sind durch ihr Verhalten geradezu prädestiniert als Projektionsfläche für den Entwurf einer idealen bürgerlichen Wertewelt. Am Ende ökologischer Nahrungsketten stehend und sensibel auf Veränderungen der natürlichen Umwelt reagierend, dienen Vögel andererseits auch als beredte Bioindikatoren, an denen komplexe ökologische Veränderungen beobachtet werden können.

In der Geschichte des Vogelschutzes spielten unterschiedliche Begründungen, weshalb Vögel der Obhut des Menschen anheim gestellt werden sollen, eine Rolle. Es waren zunächst Gründe der materiellen Zukunftsvorsorge, da sie in aufklärerischer Tradition als Helfer der Menschen in Land- und Forstwirtschaft in

---

17 Curt Floericke: Vogelbuch. Gemeinverständliche Naturgeschichte der mitteleuropäischen Vogelwelt, 2. Aufl., Stuttgart 1922, S. 69.

Dienst genommen wurden. Aus Helfern wurden Freunde. Bald kamen ethische Gründe hinzu. Vögel wurden als Bereicherung der ästhetischen Wirklichkeit der Menschen ausgemacht. Schließlich ließ die Erfahrung eines zivilisatorisch bedingten Rückgangs und Aussterbens von Vögeln schon früh nach ökologischen Grenzen im Umgang mit natürlichen Lebensbedingungen von Tieren fragen. Diese komplexe Gemengelage aus ästhetischen, ethischen, utilitarischen und ökologischen Motiven des Vogelschutzes spiegelt sich in seiner Geschichte, die sich idealtypisch periodisieren läßt:

- In einer rationalistisch-wissenschaftlichen Phase von ca. 1800 bis ca. 1860 wurde ein ökonomisch motivierter Vogelschutz systematisiert, der Impulse vor allem aus der Forst- und Landwirtschaft erhielt und primär auf den Schutz der »nützlichen« Vögel zielte.
- Die sich seit den 1830er Jahren in Verbänden formierende ethische Bewegung des Tierschutzes zielte nicht nur auf die Behandlung domestizierter, sondern bald auch freilebender Tiere. Die Relevanz dieses Traditionsstrangs für den Vogelschutz wird darin sichtbar, daß sich in einer ersten Gründungswelle seit den 1860er Jahren lokale Vereine in der Regel gleichzeitig der Vogelliebhaberei wie dem Schutz der Vögel widmeten.
- Überlegungen zum Schutz der Vögel zirkulierten verstärkt seit den 1860er Jahren nicht mehr nur in naturkundlichen und ökonomischen Fachdiskursen, sondern wurden in der Popularisierungsphase des Vogelschutzes zwischen 1860 und 1900 zu einer Angelegenheit vieler Menschen, die sich mit der Gestaltung der sie umgebenden Wirklichkeit beschäftigten. Die Gründung reichsweiter Vogelschutzvereine signalisierte, daß jetzt die Vogelschutzfrage nicht mehr nur als Frage von Wissenschaftlern, sondern auch von Laien erachtet wurde.
- In dieser Phase um 1900 wurde der Vogelschutz zu einer ganzheitlichen sozialen Bewegung, die in den Mittelpunkt ihres Engagements nicht mehr nur einzelne Motive stellte, sondern Maßnahmen zum Schutz durch Eigenwert und Eigenrecht der Vögel legitimierte.

Nun sollen zunächst die Traditionsstränge des sich um 1900 zu einer sozialen Bewegung formierenden Vogelschutzes rekonstruiert werden.[18] Danach wird ge-

18 Diese Skizzen zur Geschichte des Vogelschutzes können keine umfassende historische Darstellung, die noch aussteht, ersetzen. Vgl. auch Alfred Barthelmeß: Vögel. Lebendige Umwelt. Probleme von Vogelschutz und Humanökologie geschichtlich dargestellt und dokumentiert, Freiburg u. München 1981.

fragt, wer sich in welchen Vereinen organisierte. Anhand der wichtigsten Konfliktfelder des Vogelschutzes werden Fragen nach dem gesellschaftlichen Selbstverständnis dieser Bewegung und nach ihrem Problembewußtsein gegenüber Veränderungen der natürlichen Umwelt gestellt. Die Praxis des Bewahrens und die Funktion von Tabus für soziale Gruppen stehen in engem Zusammenhang. Es geht dabei stets darum, Gegenstandsbereiche, die zentrale Dimensionen des Selbstverständnisses von Gesellschaften symbolisieren, unantastbar zu machen. Auch Vogel- und Naturschutz deklarieren Objekte der Natur als unantastbar. Sie belegen bestimmte Umgangsformen mit Natur mit Verboten und vertreten ein Reglement, wie der Natur angemessen gegenüberzutreten sei. »Naturschutzgebiet – nicht betreten«, »Schießen verboten«, »Ansehen ja, pflücken nein« – die auf Verbotsschildern plazierten Zeichen und Regeln, mit denen das Verhalten der Menschen in der Natur gesteuert wird, trennen rigide Mensch und Natur: Hie der allenfalls mit den Augensinnen genießende und bewundernde Mensch, da die als unantastbar und sakrosankt ausgewiesene Natur. Was für das Museum gilt oder für die Denkmalpflege, gilt auch für den Natur- und den Vogelschutz: Die Dinge sterben ab, das Leben wird ihnen entzogen, an dessen Stelle tritt das Interesse des Konservierens. Wie die Reliquie als Zeuge und Fragment eines verlorenen Lebenszusammenhanges, so stifteten nun auch die seltene Vogelart, das Naturdenkmal, ein herübergerettetes Landschaftsensemble oder ein unkultiviert belassenes Moor einen Kult, nämlich den der modernen Naturbewunderung. Er hält all jene Sinndimensionen, die mit dem unduldsamen Diktat purer Zweckrationalität verloren gingen, präsent. So gelingt es, den allmählichen Übergang von der traditionalen in die moderne Welt nicht als Trennung zu erfahren. Die aufbewahrten Objekte vermitteln den Menschen die Erfahrung, in beiden Welten – jener der Vergangenheit und jener von Gegenwart und Zukunft – verhaftet und aufgehoben zu sein. Der vor unzähligen Menschenaltern keimende und immer noch sich regelmäßig verjüngende Baum, das durch Zivilisation vom Aussterben bedrohte Tier, der von erhabenen Felsen herabstürzende Wasserfall, das uralt-urtümliche Moor – all das sind Symbole, welche die Übergänge in die moderne Welt erleichtern.

3.1 Traditionen und Legitimationen: Gefiederte Freunde und nützliche Helfer

Freundschaft: Zur Institutionalisierung des Tierschutzes

Eine Vorgeschichte hat die Bewegung des Vogelschutzes im etwas älteren Tierschutz, von dem vor allem ethische Argumente entlehnt wurden. Bereits in der ersten Hälfte des 19. Jahrhunderts war das Anliegen des Tierschutzes auch in deutschen Staaten in bürgerlichen Vereinen organisiert worden. In Opposition zu cartesianischen Auffassungen, nach denen Tieren allenfalls der Status maschinenähnlicher Apparaturen eingeräumt wurde, verwiesen Philosophen der Aufklärung, protestantische Theologen und Pädagogen sowohl auf die Kreatürlichkeit der Tiere, ihre Schmerzempfindlichkeit und Leidensfähigkeit wie auf die moralischen Folgen grausamen Umgangs mit Tieren, welcher die Menschen verrohe und entzivilisiere. Dies war die Basis für die Idee der Tierfreundschaft, die in England 1822 zu ersten juristischen Normen für den Umgang mit Tieren führte. In Deutschland formierte sich der Tierschutz zunächst in nonkonformistischen Milieus des Pietismus und der philanthropischen Pädagogik.[19] Nachdem der pietistische Prediger Christian Adam Dann (1758-1837), der sich in Tierschutz-Manifesten[20] mit Fragen der Vivisektion, der Grausamkeit gegen Nutztiere oder jugendlicher Roheit gegenüber Vögeln auseinandergesetzt hatte, bereits die Gründung von Vereinen gegen Tierquälerei plante, rief sein Schüler Albert Knapp (1798-1864) 1837 den ersten deutschen Tierschutzverein in Stuttgart ins Leben. In den 1830er Jahren folgten in einzelnen deutschen Staaten erste juristische Tierschutzbestimmungen und Gründungen weiterer Vereine, die sich 1884 in Dresden zum »Verband der Thierschutz-Vereine des Deutschen Reiches« zusammenschlos-

19 Vgl. Dieter und Roland Narr: Menschenfreund und Tierfreund im 18. Jahrhundert, in: Studium Generale, 20. Jg. (1967), S. 293-303; Martin Scharfe: Kollektaneen zur Geschichte der Tierschutzidee, in: Die Schulwarte, 21. Jg. (1968), S. 826-846; Rainer Wiedenmann: Protestantische Sekten, höfische Gesellschaft und Tierschutz. Eine vergleichende Untersuchung zu tierethischen Aspekten des Zivilisationsprozesses, in: Kölner Zeitschrift für Soziologie und Soziapsychologie, 48. Jg. (1996), S. 35-65.

20 Christian Adam Dann: Bitte der armen Thiere, der unvernünftigen Geschöpfe, an ihre vernünftigen Mitgeschöpfe und Herrn die Menschen, Tübingen 1822; Ders.: Notgedrungener Aufruf zur Linderung der unsäglichen Leiden der in unserer Umgebung lebenden Tiere, o.O. 1833.

sen.[21] Ihre Aufmerksamkeit galt vornehmlich domestizierten Tieren. Sie entrümpelten moralisch »Die Folterkammern der Wissenschaft«,[22] engagierten sich gegen Tierversuche oder fochten mit der Losung »Tödtet rasch und schmerzlos« für ein »humanes« Sterben des Nutzviehs in Schlachthäusern.

Der Tierschutz, wiewohl gleichfalls Resultat einer distanzierten Haltung zur Natur, kann freilich nur bedingt den umfassenderen Naturschutzbewegungen jüngeren Datums zugerechnet werden. Während diese die Auswirkungen moderner Zivilisation auf freilebende Tiere und Pflanzen, auf außermenschliche Natur im weitesten Sinne, problematisieren, fokussierte die Tierschutzbewegung unmittelbare Mensch-Tier-Beziehungen, in aller Regel Beziehungen zu Nutz- und Heimtieren. Sie problematisierten Praktiken, die mit zu etablierenden moralischen Normen unvereinbar schienen: Tötungsformen beim Schlachten, die Tötung von Tieren zur Gewinnung wissenschaftlichen Wissens, grausamen Umgang mit Pferden, Ochsen oder Hunden.[23] Diese moralischen Normen konnten nur etabliert werden, wenn die Lebewesen nicht nur als durch instrumentelle Zwecke definierte Funktionsträger erschienen, sondern als Subjekte, die sich durch Empfindungs- und Leidensfähigkeit auszeichneten. Indem der Tierschutz die ethischen Dimensionen von Mensch-Tier-Beziehungen problematisierte, entstanden Deutungs- und Bewertungsmuster, die dann auch auf freilebende Tiere übertragen werden konnten.

Darüber hinaus wurde der Schutz von Vögeln bereits früh ein eigenständiges Thema des Tierschutzes, das etwa auf den Tagesordnungen der seit 1861 abgehaltenen internationalen Tierschutzkongresse regelmäßig an prominenter Stelle Erörterung erfuhr. So widmete sich schon 1862 der Schweizer Pfarrer Wolff auf dem zweiten internationalen Tierschutz-Kongreß in Hamburg dem Vogelschutz als Element in jenem »großen Strome der Humanität und Humanisirung« der Tierschutzbewegung.[24] Dabei wurde ein differenziertes Programm skizziert. Wolff plädierte für eine internationale Regelung des Vogelschutzes durch verbindliche

---

21 Miriam Zerbel: Tierschutz im Kaiserreich. Ein Beitrag zur Geschichte des Vereinswesens, Frankfurt a.M. 1993.

22 Ernst von Weber: Die Folterkammern der Wissenschaft. Eine Sammlung von Thatsachen für das Laienpublikum. Sechste sehr vermehrte Auflage, Berlin u. Leipzig 1879.

23 Vgl. Heike Baranzke, Franz-Theo Gottwald u. Hans-Werner Ingensiep (Hrsg.): Leben – Töten – Essen. Anthropologische Dimensionen, Leipzig 2000.

24 Wolff: Schutz der Vögel, in: Amtlicher Bericht über den Zweiten internationalen Thierschutz-Congreß zu Hamburg am 30. und 31. Juli, 1. und 2. August 1862, Hamburg 1863, S. 63-72. Zum Stellenwert des Vogelschutzes innerhalb der Tierschutzbewegung vgl. die weiteren Berichte über die internationalen Kongresse.

Rechtsnormen. Daß Vögeln dieser exklusive Status des Bewahrenswerten zukomme, fand er kaum umfassender Begründung wert, »denn die Schönheit und Nützlichkeit der Thiere und die Güte Gottes, der sie für uns schuf, ist vielleicht im ganzen Gebiet der Thierwelt nirgends so in die Augen springend und schlagend nachzuweisen, als bei den lieblichen Bewohnern der Luft.«[25] Mit der »fortschreitenden Kultur des Landes« würden nun die Vogelbestände dezimiert, was mittelbar den Menschen treffe, da sie ihr nützliches Werk im Haushalt der Natur nicht mehr verrichten könnten. Die Konsequenzen würden in der Häufung von Insektenschäden sichtbar, was Wolff zu einem Plädoyer für den Schutz nützlicher Vögel veranlaßte.

Nützlichkeit: Vogelschutz als Schädlingsbekämpfung

Standen bei den Tierschutzvereinen emotionalisierte Partnerschaftsvorstellungen und moralische Einstellungen im Mittelpunkt, widmeten sich die im letzten Drittel des 19. Jahrhunderts gegründeten Vogelschutzvereine erstmals einer eingegrenzten Gruppe wildlebender Tiere in bewahrender Absicht. In den 1860er Jahren wuchs die Zahl der Literaturtitel mit Vogelschutzthemen sprunghaft an; Diagnosen des Rückgangs der Vögel und Forderungen nach ihrem Schutz wurden zu vieldiskutierten Themen in der wissenschaftlichen und außerwissenschaftlichen Öffentlichkeit.[26] Offenkundig artikulierte sich hier ein neues Problembewußtsein, das ein vormals intaktes Verhältnis von Mensch und Vögeln nun als krisenhaft wahrnahm. Wer waren die Träger solchen Problembewußtseins und was bewegte sie? Was beobachteten sie und welche Schlußfolgerungen zogen sie daraus?

Nachdem in Reaktion auf Insektenschäden in der rationalisierten Forstwirtschaft bereits um 1800 von Forstwissenschaftlern wie Johann Matthäus Bechstein (1757-1822) der systematische Schutz von nützlichen Insektenfressern gefordert worden war, mutmaßten naturkundliche Schriftsteller und Forstkundler wie Constantin Wilhelm Lambert Gloger (1803-1863),[27] Harald Othmar Lenz

---

25 Ebda., S. 65.

26 Vgl. Karl Ruß: Zum Vogelschutz. Eine Darstellung der Vogelschutzfrage in ihrer geschichtlichen Entwicklung bis zur Gegenwart nebst Besprechung aller bisherigen Maßnahmen sowie der Gesetz-Vorschläge, Leipzig 1882, S. 1-8; Carl R. Hennicke: Handbuch des Vogelschutzes, Magdeburg 1912.

27 Vgl. Bernhard Quantz: Dr. C.W.L. Gloger's wissenschaftlicher Vogelschutz, in: Naturschutz. Zeitschrift für das gesamte Gebiet des Naturschutzes, für Denkmalpflege und verwandte Bestrebungen, 7. Jg. (1926), S. 354-362.

(1798-1870)[28] oder Julius Theodor Ratzeburg (1801-1871), daß manche Vogelarten das Ziel höherer ökonomischer Erträge durch ihr Nahrungsverhalten unterstützen könnten. Zwar signalisierten die regional teilweise verheerenden Insektenschäden, daß mit dem Ziel ökonomischer Ertragssteigerung nicht willkürlich in ökologische Systeme wie Nutzwälder eingegriffen werden konnte. Diese Erfahrung mit einer rationalisierten Forstwirtschaft erzwang allerdings keine Änderung der Bewirtschaftungsformen. Gestützt wurde vielmehr die Vorstellung, daß der Mensch innerhalb der Gesamtmaschinerie Natur unerwünschten Tendenzen durch gezielte Maßnahmen problemlos entgegensteuern kann. Natur erscheint hier als System aus mechanischen Ursache-Wirkungsketten, das nahezu nach Belieben reguliert werden kann: Wenn die Intensivierung der Waldwirtschaft in monokulturellen Reinholzbeständen zu Überpopulationen von Insekten führt, dann kann eine Steigerung gewisser Vogelpopulationen eine harmonische Balance zwischen Insekten, Vögeln und Nutzpflanzen wiederherstellen. Natur, so die Vorstellung, tendiere von sich aus stets zu einem harmonischen Gleichgewicht, und diese Tendenz könne gezielt zu praktischen Zwecken genutzt werden. Diejenigen Vögel also werden hier bewahrenswert, die den Menschen bei der Verfolgung seiner ökonomischen Ziele unterstützen. Das Motiv des Schützens wurzelt im Ziel materieller Zukunftsvorsorge und gilt vornehmlich solchen Vogelarten, die das Kriterium der Nützlichkeit uneingeschränkt erfüllen.

Daneben gab es auch in der Tradition der praktischen Aufklärung ein Verständnis von Schonung, welches die Trennung von Zweckgebundenheit und Zweckfreiheit nicht kannte. Hier gesellte sich zum aufklärerischen Imperativ der Nützlichkeit der ästhetische Genuß der Vogelwelt. Als der Pfarrer Peter Hofinger in den 1820er Jahren Überlegungen systematisierte, wie Vögel mittels künstlicher Nistkästen in Nutzgärten angesiedelt und vermehrt werden könnten, da ging es ihm nicht nur um ihre Funktion als Schädlingsvertilger, sondern auch um die versittlichenden Wirkungen der Tierliebe:

> »Es ist sogar Hoffnung vorhanden, daß, wenn diese Geschöpfe des himmlischen Vaters einmal in größere Achtung kommen; wenn sie nicht mehr gezwungen sind, in abgelegenen Waldungen ihre Wohn-Pläze aufzuschlagen, und sich vor Nachstellungen der undankbaren und unvernünftigen Menschen zu sichern, sie sich dann unseren Wohnungen immer mehr nähern, und unsern zeitlichen Aufenthalt wesentlich verschönern und angenehmer machen. Und diese Schonung, wenn sie einmal allgemein seyn wird, muß dann wohlthätig auf die Veredlung des Menschengeschlechts einwirken.«[29]

---

28 Harald Othmar Lenz: Aufforderung zur Schonung und Pflege der nützlichen Vögel, Gotha 1851.

29 [Peter] Hofinger: Die Vögel, als die besten Raupen- und Insekten-Vertilger in unsern Obstgärten, in: Allgemeine deutsche Garten-Zeitung, 6. Jg. (1828), S. 97f.

Diagnosen des Niedergangs – das Zeitalter der Feldornithologie

Gleichzeitig vermeldeten Ornithologen und Vogelfänger wie Johann Friedrich Naumann (1780-1857) oder Christian Ludwig Brehm (1787-1864) die durch Feldforschungen und die aktive Ausübung des Vogelfangs gestützte Diagnose des Rückgangs vieler Vogelarten. Johann Friedrich Naumann faßte 1849 seine im Zeitraum eines halben Jahrhunderts gesammelten Erfahrungen zusammen, ergänzte sie um Beobachtungen seines Vaters Johann Andreas Naumann (1744-1826) und kam zum Fazit, daß etliche Arten in Abnahme begriffen waren. Als Ursache wurde nicht die unmittelbare Verfolgung durch den Menschen verantwortlich gemacht, sondern der Strukturwandel in der Land- und Forstwirtschaft, der Umbau von vielgestaltigen Kulturlandschaften in moderne, nach Nutzungsaspekten arrondierten Agrareinöden und damit das Verschwinden von Hecken, Sümpfen, Brachen und Feuchtgebieten:

> »Nur zu gewiß ist sie, als Folge der Vermehrung der Menschen und ihrer Bedürfnisse, in der gesteigerten Industrie und einer einträglichen Benutzung des Bodens zu suchen. Den Ackerbau zu fördern und seine Erzeugnisse zu vermehren, suchte man allerlei Mittel und Wege hervor, oft energische und künstliche sogar, und nur jene im Auge wurde selbst manches trügerische Projekt, nicht selten mit Vernachlässigung aller Sorge für die Existenz kommender Geschlechter, sowie zum Schaden der Vögel durchgeführt.«[30]

Naumann erwähnte diee Umwandlung abwechslungsreicher Fluren in »eintönige Ackerflächen«, das »fast zur Mode gewordene Ausroden wilder Gehölze, Feldhecken und abgesonderter Waldtheile, um für den Ackerbau Land zu gewinnen«, sowie die Trockenlegung von Sümpfen und Seen.[31]

Der Rückgang von Vögeln wurde also unmittelbar in Zusammenhang gebracht mit der Modernisierung von Land- und Forstwirtschaft und als Problem der Ökonomie und Landesverbesserung behandelt. Bezweifelt wurde dabei nicht die Berechtigung der Nutzungsintensivierungen; Ziel des »angewandten« Vogelschutzes war vielmehr die Eliminierung unerwünschter Nebenfolgen. In dieser Phase verstand sich der noch unorganisierte Vogelschutz als utilitarische Bewegung.

30 Johann Friedrich Naumann: Beleuchtung der Klage: Über Verminderung der Vögel in der Mitte von Deutschland, in: Rhea, 2. Jg. (1849), S. 140. Ähnlich argumentierte er bereits in: Johann Andreas Naumann's Naturgeschichte der Vögel Deutschlands, nach eigenen Erfahrungen entworfen. Erster Theil, Leipzig 1820, S. 127-129. Dort gibt er eine Abnahme von Drosseln, Finken, Ammern u.a. an, während er den Beständen von gleichfalls bejagten Arten wie Feldlerchen, Saatgänsen oder Wildenten Stabilität attestierte.

31 Ebda.

Diese wollte wissenschaftliche und ökonomische Impulse für den Schutz »nützlicher« Vogelarten geben, was denn auch umgekehrt die rigorose Verfolgung »schädlicher« Greifvögel oder Sperlinge implizieren konnte. Constantin Wilhelm Lambert Gloger fungierte als Popularisator dieser Ideen und trug sie in Schriften (auch vom preußischen Staat gefördert) aus den Kreisen der Forstkundler und Naturwissenschaftler in die Öffentlichkeit.[32] Wenn etwas verschwand, so die Logik der ökologisch-mechanistischen Naturbilder, dann mußte es wieder ersetzt werden. Die Anzahl der Vogelindividuen und -arten nahm ab, so die Beschreibungsmuster, weil in der kultivierten Natur die Nistgelegenheiten insbesondere für Höhlenbrüter geringer würden. Die Eliminierung alter Bäume und Totholz aus Wald und Flur sowie das Verschwinden von Hecken und Gehölzen führten bei Meisen, Fliegenschnäppern oder Staren zu akuter »Wohnungsnot«.[33] Also erschien als Konsequenz die Forderung nach Stützung und Stabilisierung solcher Populationen mit Hilfe von Nistkästen allemal plausibel. Wenn Spechte aufgrund des Mangels an geeigneten Bäumen ihre ökologische Funktion, nämlich Höhlen für sich und für andere Vogelarten zu zimmern, nicht mehr erfüllen konnten, dann mußte dieses »fast ununterbrochene und wahrhaft gemeinnützige, zimmermännisch-künstlerische Wirken der Spechte«, so Gloger, eben vom Menschen nachgeahmt werden: »Es handelt sich mithin abermals nur darum, ihr Beispiel nachzuahmen. Ja, offenbar stehen auch hierbei ihre Kunst und deren Anwendung meist ebenso weit über jeder, für diesen Zweck möglichen Kunstfertigkeit des Menschen, wie jeder Zug ihrer Weisheit über dem Scharfsinn des Letzteren steht.«[34]

Gloger wollte die als »nützlich« klassifizierten Vogelarten begünstigen, um menschlich verursachte Entwicklungen in der kultivierten Natur durch Hege zu kompensieren. Neben dem Schutz alter Bäume wies er auf eine systematische

32 Vgl. Constantin W. L. Gloger: Kleine Ermahnung zum Schutze nützlicher Thiere, 3. Aufl., Berlin 1858; Ders.: Die nützlichsten Freunde der Land- und Forstwirthschaft unter den Tieren, als die von der Natur bestellten Verhüter und Bekämpfer von Ungezieferschäden und Mäusefraß. Zur Belehrung für Landleute und Schullehrer, Berlin 1858; Ders.: Anleitung zur Hegung der Höhlenbrüter, Berlin 1865. Ein Teil von Glogers Schriften wurde als modernisierte Adaption publiziert von Karl Ruß u. Bruno Dürigen: Schutz den Vögeln! C.W.L. Glogers Schrift über Vogelschutz und den Schutz nützlicher Thiere überhaupt, Leipzig 1880.

33 Dieser aus den sozialen Folgen von Urbanisierungsprozessen vertraute Terminus wurde von Schriftstellern wie Gloger, Alfred E. Brehm u.a. aufgegriffen und wanderte als Schlagwort in die populären Vogelschutzverbände; vgl. z.B. Bund für Vogelschutz: Kalender für 1900. Herausgegeben im Auftrage des Bundes von Friedrich Arnold, Stuttgart o.J. [1900], S. 19.

34 Constantin W.L. Gloger: Zu der Frage über den land-, forst- und volkswirthschaftlich so wünschenswerthen Schutz der Höhlenbrüter, in: Journal für Ornithologie, 1. Jg. (1853), S. 118.

Bestückung der Flure mit Nist- und Schlafhöhlen hin und schlug die Anlage von Gebüschen und Hecken als Brutgelegenheiten vor. Es blieb allerdings nicht nur bei der funktionellen Allianz menschlicher Interessen und den Lebensgewohnheiten von Vogelarten. Sie stellte vielmehr nun das Fundament zur Idee einer weitergehenden Partnerschaft, in welcher Fleiß und Nützlichkeit der Vögel durch Schonung, Hege und Bewahrung belohnt wird. Aus Gehilfen, welche bei der Realisierung ökonomischer Ziele ihren Beitrag leisten, wurden »Freunde«, denen ein höherer Status einzuräumen war, wie der polnische Ornithologe Casimir Graf von Wodziki (1816-1889) unterstrich: »Die Aufgabe des Forst- und Landwirthes ist es mithin, diese freundlichen Verbündeten, welche die Natur ihnen zuführt, kennen zu lernen und sie dann als gute Freunde zu behandeln, sie möglichst heranzuziehen, zu schonen, zu hegen und zu pflegen: statt dass sie häufig als unwillkommene Gäste angesehen, daher wohl gar verfolgt und getödtet werden.«[35]

Der utilitarische Vogelschutz basierte auf der in Traditionen der Physikotheologie und der kameralistischen Forstwissenschaft entwickelten Theorie eines beständig zum Gleichgewicht tendierenden Naturhaushalts. Diese Gleichgewichtstheorie sollte freilich nicht lange unwidersprochen bleiben. 1873 konterkarierte Alfred Edmund Brehm (1829-1884) auf dem Internationalen Kongreß der Land- und Forstwirte in Wien das Glogersche Bild einer nach Funktionalität und Zweckmäßigkeit eingerichteten Natur, in der alles »mithin zur ungestörten Forterhaltung des Ganzen« diene:

»Ein Gleichgewicht der Natur, wie Gloger es ausmalt, hat es nie gegeben und giebt es nirgends; eine blinde Bewunderung der weisen Einrichtungen der Natur betreffs des Schutzes der Menschen und der im voraus berechneten und bestimmten Mittel zur Tilgung der durch den Menschen herbeigeführten Störungen besagten Gleichgewichtes mag den Anforderungen der Zweckmässigkeitslehrer genügen, entspricht aber durchaus nicht den Aufgaben der Naturforschung und erscheint demgemäss unwürdig des Naturforschers.«[36]

Für Brehm waren nicht materielle Überlegungen maßgeblich. Bereits das Faktum des Rückgangs selbst genügte, um über die Notwendigkeit des Schutzes nachzudenken. Nicht nur der für den Menschen nützliche Vogel, sondern das Lebewesen allgemein erscheint als schützenswertes Geschöpf, was Brehm allerdings nicht

35 Casimir Graf von Wodzicki: Ueber den Einfluss der Vögel auf die Feld- und Waldwirthschaft im Allgemeinen, wie insbesondere auf die waldschädlichen Insecten, in: Journal für Ornithologie, 1. Jg. (1853), S. 294.

36 Alfred E. Brehm: Unsre Bodenwirthschaft und die Vögel. Vortrag, gehalten am 19. September 1873 im internationalen Congresse der Land- und Forstwirthe zu Wien, in: Journal für Ornithologie, 22. Jg. (1874), S. 27.

daran hindert, die Klassifizierung in »nützliche« und »schädliche« Arten fortzuschreiben.

Der Vogelschutz zehrte von Bildern, in denen Zivilisation als Subjekt einer Unheils- und Verfallsgeschichte erscheint, die sich immer weiter von einem Ursprungszustand der »Natürlichkeit« entfernt. Impulse erhielt er von Beobachtungen über den Rückgang und das Aussterben von Vogelarten durch Einflüsse menschlicher Zivilisation. In solche Wahrnehmungsraster paßten Erkenntnisse über die dynamische Anpassungsfähigkeit einzelner Vogelarten nicht. Demgegenüber kontrastierten Ornithologen diese Niedergangserzählung schon früh auch mit Bestandsaufnahmen, die zumindest für bestimmte Arten Zuwächse registrierten, so daß der Transformation der traditionalen Kulturlandschaft auch positive Effekte hinsichtlich der Artenvielfalt zugeschrieben werden konnten. Karl Theodor Liebe (1828-1894) kam beispielsweise für Ostthüringen, wo er Populationsentwicklungen rund vier Jahrzehnte lang bis in die späten 1870er Jahre beobachtete, zu dem Fazit, daß zumindest unter den Klein- und Singvögeln etwas mehr als die Hälfte der Arten zu- und nicht etwa abnehme.[37] Die Gründe für die diagnostizierten positiven und negativen Populationsveränderungen machte er in modernen Nutzungsintensivierungen von Natur aus, demgegenüber Einflüsse durch unmittelbare Verfolgung nur gering zu veranschlagen seien:

»Weit tiefer einschneidend greift der Mensch indirekt und vielfach ohne oder sogar gegen seinen Willen wie in die gesammte Flora und Fauna überhaupt, so auch in die Vogelwelt ein: es sind dies die Änderungen, welche im Gefolge der Kulturentwicklung einhergehen. Nicht nur dass der Kulturmensch die gefährlichen Raubtiere oder überhaupt die seiner Habe schädlichen Tiere im Kampfe um seine Existenz vernichtet; – er leitet auch das Wasser von natürlichen Seen ab und schafft anderwärts durch aufgeworfene Dämme künstliche Seensysteme, pflanzt obsttragende Laubholzplantagen, wo vorher Nadelholz mit seinen düsteren Pyramiden gen Himmel strebte und rottet das Buschwerk zwischen den Feldern bis auf die Wurzel aus, beraubt die Gewässer ihrer breiten schilfigen und buschigen Uferstrecken und gebietet mit festem Mauerwerke der vorwärtsschreitenden Flusserpentine ein energisches Halt, er verwandelt hie und da einmal eine felsige dürre Lehde im Wald, weit öfter aber Sümpfe in künstliche Wiesenflächen und vor allem weite Waldgebiete in Getreidesteppen. Wo der Kulturmensch seinen Fuss hinsetzt, da vernichtet er mit seinem Tritte die Ursprünglichkeit der Natur mit ihrer erhabenen Wildheit und Ehrfurcht gebietenden Harmonie, und was aus den Ruinen neu hervorblüht, das ist nicht mehr die alte Natur, das

37 Karl Theodor Liebe: Die Brutvögel Ostthüringens und ihr Bestand, in: Journal für Ornithologie, 26. Jg. (1878), S. 88. Vgl. auch Karl Theodor Liebe: Die der Umgebung von Gera angehörigen Brutvögel, in: Liebe 1893, S. 393-429; Karl Theodor Liebe: Ornithologische Rundschau in Ostthüringen 1877-1879, in: Liebe 1893, S. 429-446.

ist nur ein durch geometrische Linien, durch Raine, Gräben und Wege zerstücktes und langweilendes Zerrbild der ursprünglichen grossartigen Naturschöpfung.«[38]

In seiner Arbeit über »Die Vögel der deutschen Kulturlandschaft« bilanzierte der Ornithologe Otto Schnurre (1894-1979) kurz nach dem Ersten Weltkrieg, daß durch menschliche Arbeit geprägte Kulturlandschaften aufgrund ihrer Vielfalt an Lebensräumen höheren Arten- und Individuenreichtum aufwiesen als die walddominierten und wenig abwechslungsreichen Ur-Landschaften, in denen nur ein geringes Spektrum spezialisierter Arten begünstigt werde:

»Es sind von Seiten des Natur- und Vogelschutzes in den letzten Jahrzehnten Klagen vielfältigster Art laut geworden über die Verödung der heimischen Natur durch die Kultur des Menschen. Niemand wird diesen Klagen ihre Berechtigung abstreiten. Die Melioration der Moore, die Regulierung der Flüsse, die Uniformierung des Waldes und dergleichen mehr haben einer sehr charakteristischen Fauna und Flora den Boden entzogen. Dieselbe vielgeschmähte Kultur hat aber einer ganzen Reihe von Tierarten auch wieder den Boden bereitet.«[39]

Schnurre, der seine Arbeit nach den Landschaftstypen »Kultursteppe«, »Garten- und Parkland« sowie »Bauten des Menschen« gliederte, rekonstruierte dann die historische Ausbreitung und Zunahme etlicher Vogelarten und kam zu dem Fazit: »In der Tat ist es gerade die vonseiten des Naturschutzes so viel geschmähte Kultur, der wir den Vogelreichtum unserer Gärten und Parks zu verdanken haben. (...) Nur da, wo der Mensch eindringt, Niederlassungen gründet, ein abwechslungsreiches Landschaftsbild schafft, stellt sich eine artenreiche Ornis ein.«[40]

Leckerei und Putzsucht: Die Verfolgung der Vögel durch den Menschen

Alfred E. Brehm[41] und Gloger hatten sich auch schon mit den Folgen der unmittelbaren Bejagung der Vögel zu Nahrungszwecken, zur Rohstoffgewinnung (Schmuckfederindustrie) und für die Stubenvogelhaltung als mögliche Ursachen für den Arten- und Individuenschwund auseinandergesetzt. Brehm forderte das Verbot des Vogelfangs zu Nahrungszwecken, wobei er weniger dessen Tradition in Mitteleuropa und umso nachdrücklicher dessen Dimensionen in Südeuropa

38 Karl Theodor Liebe: Ornithologische Rundschau in Ostthüringen 1877-1879, in: Liebe 1893, S. 430

39 Otto Schnurre. Die Vögel der deutschen Kulturlandschaft, Marburg 1921, S. 8.

40 Ebda., S. 44.

41 Vgl. auch den frühen Aufruf Alfred E. Brehm: Schutz den Vögeln! Eine Bitte an alle vernünftigen Menschen, in: Die Gartenlaube, 6. Jg. (1858), S. 615-617.

ins Blickfeld rückte: »Millionen der nützlichsten Vögel werden hauptsächlich in den italienischen Staaten jährlich gefangen, erbarmungslos getötet und verspeist.«[42] Wiewohl er die Chancen für ein vollständiges Verbot des Vogelfangs in Europa alles andere als optimistisch beurteilte, drängte Gloger auf internationale Vereinbarungen, die zumindest einen Schutz der nützlichen Arten garantieren sollten.

Nach der Anfang der 1870er Jahre formulierten Ansicht von Alfred E. Brehm waren die Verfolgungen der Vögel zweifelsohne nachteilig. Dennoch könne der Vogelfang nicht als Hauptfaktor des Rückgangs betrachtet werden. Mehr noch: In den grassierenden Diskussionen werde ihm ein viel zu starkes Gewicht beigemessen. Gegenüber Gloger differenzierte er allerdings den Vogelfang und wollte jenen für Nahrungszwecke anders behandelt wissen als jenen für die Stubenvogelhaltung:

»Die unsinnige Fangwuth der Italiener, Griechen, Südfranzosen und Spanier verdamme und brandmarke ich eben so gut, wie das abscheuliche Nestplündern unserer muthwilligen, oder unter dem Vorwande wissenschaftlicher Bestrebungen, Eier sammelnden Jugend, schreibe dem einen wie dem andern Frevel jedoch keineswegs in erster Reihe die jetzt in beklagenswerter Weise sich fühlbar machende Vogelarmuth zu.«[43]

Der Fang für die Stubenvogelhaltung dagegen legitimiere sich durch seinen Zweck, nämlich die emotionale Beziehung zwischen Mensch und Vogel zu intensivieren, wodurch wiederum eine wichtige Grundlage für die Popularisierung des Vogelschutzes gewährleistet sei. Wie der Fang für seriöse wissenschaftliche Zwecke, so Brehm, dürfe jener für die Vogelhaltung keinen gesetzlichen Beschränkungen unterliegen:

»Verderblich wird diesen nur die Begierde des Magens, nicht aber die Lust des Auges oder Ohres. Deshalb verbiete man unerbittlich Vogelherd und Meisenhütte, so glückliche Stunden so mancher Mensch beiden Anstalten auch danken mag, verbiete ebenso auch Dohnensteg und Lerchenstrich, und verbiete sie insgesamt nicht allein in Oesterreich und Deutschland, sondern auch in Süd-, Nord- und Westeuropa, oder strebe mindestens hier Vogelschutzgesetze an.«[44]

---

42 Constantin W.L. Gloger: Die Hegung der Höhlenbrüter, mit besonderer Rücksicht auf die Nachtheile des Vogelfanges für Land- und Forstwirthschaft. Aus dem Nachlasse des Dr. C.W.L. Gloger, Berlin 1865, S. 25.

43 Brehm 1873, S. 32.

44 Brehm 1873, S. 38.

3.2 Der bürgerliche Verein: Zur Institutionalisierung des Vogelschutzes

Mit der Verfolgung der Vögel zu Nutzungszwecken hatten Gloger und Brehm einen Faktor des Rückgangs von Vogelarten angesprochen, der in der Popularisierungs- und Institutionalisierungsphase des Vogelschutzes zwischen 1870 und 1914 vehement diskutiert werden sollte. War der Rückgang von Vögeln aufgrund von Nutzungsintensivierungen in der Landwirtschaft ein vergleichsweise abstrakter Vorgang, betraf der Vogelfang den unmittelbaren Umgang der Menschen mit Vögeln. Den Rückgang einzelner Arten konnten nur Spezialisten beurteilen. Die Fragen angemessener bzw. grausamer Umgangsformen oder der prinzipiellen moralischen Legitimität des Tötungsrechts konnten von jedermann beurteilt werden; hier war jeder Spezialist. So herrschte zwar sowohl in der Fachornithologie wie auch unter populären Naturschriftstellern Einmütigkeit darüber, daß die Ursachen für die Dezimierung von Vögeln hauptsächlich in der intensivierten Nutzung der Natur durch Forst- und Landwirtschaft zu suchen seien. Dennoch avancierten nun die erfahrungsnäheren Probleme des Vogelfangs zu emotional aufgeladenen Themen, deren öffentliche Erörterung stark zur Popularisierung des Vogelschutzes beitrug.

Mit den Traditionssträngen einer spätaufklärerischen Nützlichkeitsbewegung, des Tierschutzes, der amateurwissenschaftlichen Feldornithologie und der Vogelliebhaberei wird der Vogelschutz in den 1870er Jahren zunächst zögerlich, dann um 1900 aber umso vehementer zu einer sozialen Bewegung, die ihre prononciert wissenschaftliche und ökonomistische Orientierung überwindet und eine Brücke zwischen amateurwissenschaftlichen und ethischen wie ästhetischen Neigungen bildet. Der Vogelschutz als wertorientierte Bewegung organisierte sich in der bürgerlichen Gesellschaft in einer Vereinskultur, die auf politische Partizipationsmöglichkeiten hinarbeitete, moralische Haltungen gegenüber Vögeln etablieren wollte und ideale Ziele verfolgte. Die Frage nach dem Wohl der Vogelwelt wurde zu einer Frage des Allgemeinwohls.

Nach zahlreichen Gründungen von lokalen Vereinen, die entweder die Vogelliebhaberei auf Vogelschutz ausdehnten oder sich ausschließlich dem Schutz widmeten, wurde nach der Reichsgründung von 1871 die Institution des Vereins auch auf Reichsebene als adäquate Organisationsform entdeckt. »Mit dem Ende der sechziger und dem Beginn der siebziger Jahre«, bilanzierte Karl Ruß (1833-1899), »entwickelte sich also eine außerordentlich regsame Thätigkeit für die Verbreitung der Vogelschutzidee und zugleich für ihre thatkräftige Verwirklichung. (...) es entfaltete sich noch eine ganz besondre und ungleich wirksamere Regsamkeit, die nämlich von mehreren hundert Vereinen (für Vogelliebhaberei und =Zucht, Geflügelzucht, Vogelschutz und Thierschutz), welche sich nach und nach über unser ganzes deutsches Vaterland und ebenso über Oesterreich, die Schweiz u.a. verbreiteten, und die, gleichviel ob sie lediglich Vogelschutz oder zugleich einen, bzgl. mehrere Zweige praktischer Ornithologie auf ihre Fahnen geschrieben, sämmtlich mit großem Eifer die Vogelschutzfrage ihrer Lösung entgegenzuführen suchen.«[45] Ein Jahrzehnt zuvor hatte Ferdinand Baron von Droste-Hülshoff (1841-1874) in einem im Auftrag der Deutschen Ornithologen-Gesellschaft verfaßten Referat bereits diagnostiziert, daß längst nicht mehr die Nutzer, die z.B. als Vogelfänger mit für den Rückgang von Vögeln verantwortlich waren, sondern die Vogelschützer zumindest eine kulturelle Dominanz erreicht hätten:

»Jetzt ist es anders geworden. In Stadt und Land muss man die altväterlichen Vogelsteller mit der Diogeneslaterne suchen. Sie ziehen nicht mehr vor dem Morgengrauen dutzendweis mit Garnen und Lockvögeln beschwert zum Stadtthore hinaus, und wenn sie es thäten, sie würden doch nicht, wie ehedem, mit reicher Beute heimkehren. An ihrer Stelle versammeln sich allmonatlich allerlei gelehrte Herrn und joviale Stammgäste um einen langen Tisch und rathschlagen bei einem Glase Bier mit angemessenem Ernste, ob dieser oder jener Spatzenfamilie ein Haus gebaut werden müsse. Es sind die Herren des städtischen Vogelschutz-Vereines, die immerfort thätigen Pflegeväter aller Vögel. Ausser ihnen gibt es dann noch die Thierschutz- und Antithierquäler-Vereinler mit ihren wohlwollenden Gefühlen, welche ja eher einen Gassenbuben hängen, als einen Spatz hungern lassen würden. Auch die Regierungen nehmen sich der Vögel kräftigst an, indem sie von Zeit zu Zeit geharnischte Verfügungen in Erinnerung bringen, worin das Tödten, Fangen und Nesterausnehmen einer grossen Zahl von Vögeln untersagt wird. Die Zeiten haben sich eben geändert, sehr viel geändert.«[46]

Kenntnis, Liebe, Schutz: Der »Deutsche Verein zum Schutze der Vogelwelt« von 1875

Nachdem der Vogelschutz zunächst unter dem Dach der organisierten Vogelliebhaberei meist lokale Träger gefunden hatte, kam es Mitte der 1870er Jahre zur Gründung eines ersten Vereins, der sich reichsweit organisierte: der »Deutsche Verein zum Schutze der Vogelwelt«.[47] Am 6. Januar 1875 war unter dem Vorsitz

45 Ruß 1882, S. 12.

46 Ferdinand Baron von Droste-Hülshoff: Die Vogelschutzfrage. Ein Referat, Münster 1872, S. 37.

47 Der im Naturkundemuseum Gera aufbewahrte Nachlaß des Geraer Arztes und Ornithologen Carl R. Hennicke enthält umfangreiche Unterlagen aus der gesamten Vereinsgeschichte.

Eugen Dietrich Albert von Schlechtendals (1830-1881) in Halle der »Verein für Vogelkunde« gegründet worden, der bereits in seiner Sitzung am 2. Juni 1875 durch die Umbenennung in »Sächsisch-Thüringischer Verein für Vogelkunde und Vogelschutz« Anspruch auf überlokales Engagement signalisierte. Ende 1875 zählte der Verein 230, Ende 1876 bereits 457 Mitglieder. 1876 hatte er ein vielbeachtetes publizistisches Organ aufgelegt, das unter dem Titel »Ornithologische Monatsschrift« bis 1937 erscheinen sollte. Auf der Generalversammlung in Halle am 1. Februar 1878 erfolgte die Umbenennung in »Deutscher Verein zum Schutze der Vogelwelt«. Dabei formulierte der Verein, der in diesem Jahr 753 Mitglieder zählte, in einem öffentlichen Aufruf seine programmatischen Ziele:

»Von der Ansicht ausgehend, daß ein wirksamer Vogelschutz ohne Kenntnis der Vogelwelt nicht denkbar ist, wird der Verein bestrebt sein, vor allem die Vogelkunde und damit die Liebe zur Vogelwelt zu fördern. Ebenso wird der Verein nach wie vor der Vogelzucht und der Pflege gefangen gehaltener Vögel seine Aufmerksamkeit zuwenden. Die Bemühungen unseres Vereins um den Schutz der Vögel werden aber hauptsächlich darauf gerichtet sein, bei allen Maßregeln der Landeskultur, sowie bei jeder sich sonst darbietenden Gelegenheit eine Rücksichtnahme auf die Erhaltung der vorhandenen Vogelbestände, sowie auf Erhaltung und Gründung von Aufenthalts- und Brutstätten für unsere Vogelwelt anzustreben.«[48]

Diese Absichten wurden anläßlich des 25jährigen Bestehens im Jahre 1900 erneuert und systematisiert:

»Dem Deutschen Verein zum Schutze der Vogelwelt stehen drei Wege offen, die er auch, getreu dem in den ersten Jahren seines Bestehens aufgestellten Programm, alle beschritten hat und noch beschreitet. Einmal sucht er die Kenntnis der Vögel und ihres Lebens und damit die Liebe zu ihnen zu verbreiten, zweitens sucht er angemessene und praktische Ratschläge für die von den lokalen Vereinen und einzelnen Personen vorzunehmenden Vogelschutzmaßregeln zu geben und drittens sucht er auf den gesetzlichen Schutz der Vögel einzuwirken.«[49]

1881 verstarb der Vereinsvorsitzende Schlechtendal; seine Ämter als Vorsitzender und Redakteur der »Monatsschrift« gingen an Pfarrer August Wilhelm Thienemann (1830-1884). Nach dessen Tod 1884 übernahm der Lehrer, Geologe und Ornithologe Karl Theodor Liebe vorübergehend die Redaktion der »Monatsschrift« und die Geschäftsführung des Vereins. Das Amt des 1. Vorsitzenden wechselte mehrfach, ging dann 1886 an den Merseburger Forstmann und Regierungsbeamten Georg Jacobi von Wangelin (1836-1915), der es bis 1911 inne hielt. Ende 1892 zählte der Verein 1232 Mitglieder, darunter 28 Behörden und 108 Vereine. Nach

48 Zit. n. Der Deutsche Verein zum Schutze der Vogelwelt in den ersten 25 Jahren seines Bestehens, in: Ornithologische Monatsschrift, 25. Jg. (1900), S. 7.

49 Ebda., S. 12f.

dem Tod Liebes – wissenschaftlich wie menschlich bis dato die prägende Integrationsfigur des Vereins – übernahm der Geraer Arzt und Liebe-Schüler Carl Richard Hennicke (1865-1941) das Amt des 2. Vorsitzenden und die Redaktion der »Monatsschrift«, die er bis 1937 herausgab. In seiner Verantwortung lag die Geschäftsführung des Vereins. In der Zeit seines Bestehens versammelte der »Deutsche Verein zum Schutze der Vogelwelt« namhafte Repräsentanten der (amateur-) wissenschaftlichen Ornithologie. Es gelang jedoch nicht, den Verein durch eine differenzierte Organisation zu einem reichsweit effektiven Instrument des Vogelschutzes werden zu lassen. So rekrutierte er seine Mitglieder vorwiegend aus dem Raum Sachsen, Thüringen und Anhalt. Das rege Engagement des Vorstands, der reichsweite Initiativen und Gesetzeseingaben koordinierte, korrespondierte nicht mit einer gesamtdeutschen Verankerung, so daß die Mitgliederzahlen alsbald stagnierten.

Seevogelschutz: Der »Verein Jordsand zur Begründung von Vogelfreistätten an den deutschen Küsten« von 1907

Unter dem Dach des »Deutschen Vereins zum Schutze der Vogelwelt« formierte sich nach der Jahrhundertwende eine Organisation, deren Engagement inhaltlich und territorial begrenzt war: Der »Verein Jordsand zur Begründung von Vogelfreistätten an den deutschen Küsten« widmete sich nach seiner Gründung 1907 der Einrichtung und Betreuung von Schutzgebieten an Nord- und Ostsee.[50] Der Seevogelschutz umfaßte zunächst Kauf bzw. Pacht einzelner Schutzgebiete und deren Betreuung, das Engagement gegen Eiersammeln und Schießen in Vogelkolonien, die Auseinandersetzung mit dem wachsenden Tourismus, Öffentlichkeitsarbeit und spätestens seit den 1920er Jahren der Kampf gegen die »Ölpest«. Zunächst nur als Ableger konzipiert, emanzipierte sich der »Verein Jordsand« unter Vorsitz des in Hamburg ansässigen Lehrers und Ornithologen Franz Dietrich (1862-1944) bald zu einer eigenständigen Organisation. In der Gründungsphase standen mit Georg Jacobi von Wangelin und Carl R. Hennicke nicht nur Repräsentanten des »Deutschen Vereins zum Schutze des Vogelwelt« Pate. Lina Hähnle (1851-1941) als Vorsitzende des »Bundes für Vogelschutz« engagierte sich 1909 durch ein

50 Zur Geschichte vgl. Wilhelm Meise (Hrsg.): Fünfzig Jahre Seevogelschutz. Festschrift des Vereins Jordsand zur Begründung von Vogelfreistätten an den deutschen Küsten, Hamburg 1957. Ein ungeordnetes Archiv mit zahlreichen Dokumenten aus der Frühgeschichte, Kaufverträgen, umfangreichen Korrespondenzen, Mitgliederlisten, Tagebüchern von Vogelwärtern u.a. befindet sich in der Geschäftsstelle des Vereins.

Darlehen beim Kauf der Hallig Norderoog, und Curt Floericke (1869-1934) als Redakteur des »Kosmos« half bei der Koordination von Beziehungen zu anderen Organisationen. In Kontrast zur Effektivität der konkreten Schutzarbeit und zur öffentlichen Aufmerksamkeit, die der Verein genoß, stand in der Zeit des Kaiserreichs die zögerliche Entwicklung der Mitgliederzahlen: Sie beliefen sich 1908 auf 37, 1913 auf 155 und 1918 auf 136 Einzelpersonen und angeschlossene Vereine.

Popularisierung und gesellschaftliche Breitenwirkung: Der »Bund für Vogelschutz« von 1899

Waren die Mobilisierungsfähigkeiten anderer Vereine zunächst beschränkt, gelang dem »Bund für Vogelschutz« unter Vorsitz der schwäbischen Unternehmergattin Lina Hähnle die Popularisierung des Vogelschutzes und der Aufbau einer Organisation, die lokales Engagement und reichsweite Betätigung zu synchronisieren vermochte.[51] Aufgrund der geringen Mitgliedsbeiträge von anfangs 50 Pfennigen für Erwachsene, 10 Pfennigen für Kinder und 3 Mark für Vereine erfreute sich der am 15. Dezember 1898 in einer von Lina Hähnle initiierten Vorbereitungssitzung konzipierte und am 1. Februar 1899 in der Stuttgarter Liederhalle formell gegründete Bund regen Zulaufs. 1899 zählte er bereits 3500 Mitglieder, 1907 waren es 12500, 1910 bereits 21900, 1912 schon 33000 und 1914 war mit 41323 Mitgliedern ein vorläufiger Höchststand erreicht. Im Krieg und während der 1920er Jahre stagnierte die Mitgliederentwicklung. Anders als bereits existierende Vogelschutzvereine entwickelte der »Bund für Vogelschutz« breite soziale Integrationskraft.[52] Er aktivierte nicht nur aristokratische und bürgerliche, sondern auch kleinbürgerliche Schichten und öffnete sich explizit auch für Frauen.[53]

---

51 Zur Vereinsgeschichte vgl. Horst Hanemann u. Jürgen M. Simon: Deutscher Bund für Vogelschutz e.V. Die Chronik eines Naturschutzverbandes von 1899-1984, Wiesbaden 1987. Vorbild bei der Gründung war das Modell des »Österreichischen Reichsbundes für Vogelkunde und Vogelschutz«, der unter Vorsitz Rudolf Bergners aufgrund niedriger Mitgliedsbeiträge 50000 Mitglieder organisierte.

52 Vgl. auch den von Konrad Guenther initiierten und von Gerhard Hauptmann, Paul Wallot, Hugo Conwentz, Marie von Ebner-Eschenbach, Engelbert Humperdinck, Bertha von Suttner, Ernst Haeckel u.v.a. unterzeichneten Aufruf »An Alle und Jeden!« von 1906; abgedruckt in Hanemann/Simon 1987, S. 39-42.

53 Bemerkenswert dabei ist nicht nur die Person Lina Hähnles als Integrationsfigur des Vereins; auch die Besetzung von Leitungsfunktionen wurde in § 4 der Vereinssatzung durch »Personen beiderlei Geschlechts« festgeschrieben; vgl. Auszug aus der Satzung in: Bund für Vogel-

Von Anfang an war es erklärtes Ziel des neuen Vereins, die zahlreichen lokal und regional organisierten, vielfach konkurrierenden Vogelschutzvereine unter dem Dach einer effektiven Organisation zusammenzuführen: »Sein Hauptaugenmerk wird er u.a. darauf richten, die verschiedenen Vereine, die dasselbe Ziel verfolgen, mit sich zu vereinigen, da nur durch ein zielbewußtes, starkes Zusammenwirken Erfolge erzielt werden können.«[54] In den während der Gründungsperiode formulierten Arbeitsskizzen wurden die Betätigungsfelder umrissen, wobei stets Volkstümlichkeit, wissenschaftliche Grundlegung des Vogelschutzes und Pragmatismus als Maßstäbe der Arbeit vorgegeben wurden:

»Gegenüber dem schweren Daseinskampfe, welchen unsere Vogelwelt die Kultivierung unserer Wälder, Gärten, Felder, die Zunahme der Städte, die Stadt und Land durchziehenden Telephon- und Telegraphen-Drähte auferlegen, gegenüber auch der verhängnisvollen Vernichtung der Zugvögel durch die südlichen Völker Europas, sowie dem durch Modethorheiten hervorgerufenen Massenmorde, durchdringt die Gegenwart das Verlangen, das Bedürfnis zu Vereinigungen zum Schutze der Vogelwelt. Dieser Anforderung trägt insbesondere der 1898 von Frau Lina Hähnle in Stuttgart unter Mitwirkung vieler Damen und Herren begründete ›Bund für Vogelschutz‹ Rechnung, welcher, fußend auf der allgemeinen Liebe zu den gefiederten Luftbewohnern, in rechter Weise und sachgemäßer Auffassung einen ohne alle Uebertreibung ausgeübten Schutz der Vögel nach besten Kräften verwirklicht.«[55]

In der Satzung waren konkrete Aufgaben vorgegeben worden:

»§ 1. Der Zweck des Bundes ist, in umfassendster Weise zum Wohle unserer nützlichen Vögel zu wirken. § 2. Zur Erreichung dieses Zweckes sucht der Bund a) den Massenmord der Zugvögel, b) die thörichte Mode, Vogelbälge auf den Hüten zu tragen, energisch zu bekämpfen; c) durch Schaffung von Nistgelegenheiten und Fütterung im Winter zur Erhaltung und Vermehrung unserer einheimischen nützlichen Vögel beizutragen.«[56]

Bis zum Jahre 1918 entwickelte der »Bund für Vogelschutz« Engagement auf unterschiedlichen Tätigkeitsfeldern. Er organisierte auf lokaler Ebene die Win-

---

schutz (Hrsg.): Kalender für 1900, Stuttgart o.J. [1899]. Im 16köpfigen Vorstand 1905 waren z.B. fünf Frauen; vgl. Jahresbericht für 1904 des Bundes für Vogelschutz, 4. Jg. (1905), S. XVI. Große Integrationskraft erhoffte man sich von der Mobilisierung des Adels. Im Jahresbericht für 1912 wurde eigens eine Liste mit 45 adeligen Mitgliedern angeführt, darunter u.a. die Könige von Württemberg, Schweden, Sachsen, Rumänien und Bulgarien und – freilich nicht von Stand – der US-amerikanische Präsident Thomas Woodrow Wilson; vgl. Jahresbericht des Bund für Vogelschutz für die Zeit vom 1. Oktober 1911 bis 1. Oktober 1912, in: Ornithologische Monatsschrift, 38. Jg. (1913), S. 133f.

54 Bund für Vogelschutz (Hrsg.): Kalender für 1900, Stuttgart o.J. [1899], S. 7f.

55 Ebda., S. 1.

56 Ebda.

terfütterung, das Anbringen von Nistkästen und die Anlage von Vogelschutzgehölzen. Durch Erwerb bzw. Pacht wurden Schutzgebiete gesichert, wie z.B. 1908 die Nachtigallen-Insel im Neckar bei Lauffen. Seit 1910 wurden Grundstücke am Federsee erworben und auf Hiddensee oder der Mellumplatte wurden Vogelfreistätten betreut. Der »Bund für Vogelschutz« initiierte 1910, 1911 und 1913 nationale Vogelschutztage, er engagierte sich gegen den nationalen und internationalen Vogelfang, betrieb moderne Lobbypolitik und etliche Gesetzesinitiativen sowie eine breite Öffentlichkeitsarbeit, in der moderne Medien wie Postkartenserien, Lichtbildervorträge und Filme, Ausstellungen etc. zum Einsatz kamen.[57]

Die tierliebende Aristokratie: Der »Internationale Frauenbund für Vogelschutz« von 1904

In den zahlreichen »Schutz«-Bewegungen des Kaiserreichs, die auf Phänomene von Modernisierung und Industrialisierung reagierten und Probleme wie Jugendschutz, die Alkoholfrage, öffentliche Wohlfahrt, Ehe und Familie, Verbraucherfragen u.a. aufgriffen, waren im Gegensatz zur sonstigen bürgerlichen Vereinskultur auch Frauen in hohem Maße präsent. Allerdings: In den naturkundlichen, fachornithologischen und frühen Vogelschutzvereinen waren Frauen weder als einfache Mitglieder noch in führenden Positionen stark vertreten. Demgegenüber schienen mit der an die Idee der Tierfreundschaft geknüpften Vogelliebe Engagementpotentiale erschlossen, die mit Vorstellungen von Emotionalität und Innerlichkeit als Refugium der bürgerlichen und aristokratischen Frau korrespondierten.

Auf Initiative von Gräfin Günther von der Gröben konstituierte sich die deutsche Sektion des »Internationalen Frauenbundes« am 14. Februar 1904 im Hotel »Kaiserhof« in Berlin. Dem 26köpfigen Vorstand im Gründungsjahr gehörten zwölf Frauen und 14 Männer an. Darunter waren die Vorstände wichtiger Vogel- und Tierschutzvereine: Lina Hähnle (»Bund für Vogelschutz«), Rudolf Blasius (»Deutsche Ornithologische Gesellschaft«), Georg Jacobi von Wangelin (»Deutscher Verein zum Schutze der Vogelwelt«) und Otto Hartmann (»Verband Deutscher Tierschutzvereine«). Nachdem noch im Gründungsjahr fast 400 Personen beigetreten waren, wurden für das Jahr 1905 im Geschäftsbericht 578 Mitglieder angegeben. Der Bund verpflichtete sich einem Programm, das an Lebensführung und Lebensstil seiner großbürgerlich-aristokratischen Klientel ansetzte und akzentuiert auf Schutzvorstellungen zielte, welche aus hochemotionalisierten Beziehun-

57 Vgl. Jahresberichte des Bundes für Vogelschutz 1901-1918.

gen zu Vögeln resultierten. Wichtigstes Anliegen war der Kampf gegen die Verwendung von Vögeln in der Hutmode, was denn auch in der Vereinssatzung an prominenter Stelle in § 1 festgeschrieben wurde: »Jedes Mitglied verpflichtet sich, die zu Schmuckzwecken dienende Verwendung von Vogelbälgen im ganzen und in Teilen sowie von Federn – mit Ausnahme der Federn des Straußes und des Haus- und Jagdgeflügels – nicht nur selbst zu vermeiden, sondern auch in gleicher Richtung auf Angehörige und Untergebene einzuwirken.«[58] Des weiteren zielten die Aktivitäten vor allem auf Öffentlichkeitsarbeit, Gesetzesinitiativen und pädagogische Aufklärung. Später kam die Betreuung von Vogelfreistätten auf Norderney und Hiddensee hinzu. Wie sehr der »Internationale Frauenbund« in einer Tradition des Tierschutzes stand, der die Kultivierung der Tierliebe vor allem als Medium der Zivilisierung und Humanisierung begriff, signalisierte er durch das Gedicht »An die Frauen« von Kurt Landsteiner, welches dem ersten Jahresbericht in programmatischer Absicht vorangestellt wurde:

» (...)
Den rohen Menschen ist das Vöglein – Ware,
Ein fetter Bissen nur, ein Zeitvertreib.
Da ist für Schwalben, Nachtigallen, Stare
Auf ihrem Wanderzuge kein Verbleib.

Kein Vogelpärchen bleibt mehr ungeschoren,
Sie reißen aus dem Nest die zarte Brut –
Der Schmerzenschrei verklingt in ihren Ohren,
Mit toten Vögeln schmücken sie den Hut.

Da gilt es einen Kampf auf Tod und Leben!
Drum schließt Ihr edlen Seelen einen Bund:
›Nicht Barbarei soll mehr ihr Haupt erheben!
Dies schwören wir und tun der Welt es kund!‹

Dazu reicht Euch die Hände, edle Frauen,
Nehmt Euch der kleinen Sänger kräftig an,
Die Eurem Schutz sich hoffend anvertrauen,
Wenn Ihr nur wollt, dann ist das Werk getan.«[59]

---

58 Jahrbuch des Internationalen Frauenbundes für Vogelschutz für das Jahr 1904, Berlin 1905, S. 57.

59 Ebda., S. 6.

3.3 Konfliktfelder und Problembewußtsein – Strategien, Konzepte und Handlungsfelder des organisierten Vogelschutzes

Rapide sich beschleunigender technologischer, sozialer und kultureller Wandel wurden im 19. Jahrhundert nicht nur positiv, als Fortschritt, sondern auch negativ, als Verlust und Auflösung, erfahren. Die Tempi der Veränderung in allen Bereichen des Lebens evozierten Sehnsüchte nach jenen Elementen der menschlichen Umwelt, die – nun gefährdet – Herkunft und historische Eingebundenheit des Menschen bezeugten. Zu den Kräften des Modernisierungsprozesses wurden dabei nicht nur die Agenturen von Umbau und Veränderung, sondern eben auch jene des Erhaltens und Bewahrens. Gesellschaftliche Institutionen, die, wie die Denkmalpflege oder das Museum, die Transformation des kulturellen Erbes aus traditional verfaßten in moderne Gesellschaften leisten sollten, verfolgten die Sicherung und Sammlung von Relikten, welche nun aus ihrem lebensweltlichen Zusammenhang ausgeschieden wurden. Die solchermaßen zur Sicherung des kulturellen Gedächtnisses ausgebildeten Techniken des Bewahrens zielten indes nicht nur auf Zeugnisse des kulturellen Lebens, sondern auch auf Natur: auf Landschaft, Tiere und Pflanzen. Vögel eigneten sich besonders zum Bewahren. Sie waren und sind par excellence emotional-ästhetische, wissenschaftliche, idealistische und ökonomische Indikations- und Identifikationsobjekte einer Schutzbewegung, welche in der zweiten Hälfte des 19. Jahrhunderts eine breite Integrationskraft entwickelte, weil sie dem Reduktionismus instrumenteller Auseinandersetzung mit Natur eine Einheit von Wissenschaft, Ethik und Ästhetik entgegensetzte.

Die zunächst von Fachwissenschaftlern vorgenommenen und von der Vogelschutzbewegung übernommenen Diagnosen des Niedergangs der Vogelwelt lenkten die Aufmerksamkeit wesentlich auf zwei Ursachen: auf die durch Wissenschaft und Technik möglich gewordenen Nutzungsintensivierungen von Natur durch Land- und Forstwirtschaft sowie die unmittelbare Verfolgung der Vögel. Entsprechend konzentrierten sich die Bemühungen vor allem auf zwei Betätigungsfelder: Während praktischer Vogelschutz die Auswirkungen von technischer Modernisierung in Land- und Forstwirtschaft zu kompensieren suchte, zielten öffentliche Kampagnen gegen die Verfolgung von Vögeln darauf, ihren kulturellen Status selbstzwecklicher Geschöpfe zu etablieren und ihre Nutzung zu tabuisieren. Ursachendiagnose und Strategien des Vogelschutzes faßte Carl R. Hennicke 1915 zusammen:

»Die wenn auch nicht allgemeingültige Tatsache, daß in den letzten Jahrzehnten eine große Abnahme der Vögel festzustellen gewesen ist, hatte zu Abwehrmaßnahmen gegen diese Abnahme geführt, die wir unter dem Namen Vogelschutz zusammenfassen. Die Abnahme ist herbeigeführt in erster Linie durch die Veränderungen der Natur durch die Kultur (Veränderung der Bodengestaltung, Veränderung des Forst- und Ackerbetriebs u.s.w.), durch Vorrichtungen, die der kulturellen Weiterentwickelung dienen (Drahtleitungen für Telegraph, Telephon, elektrische Kraft und Licht, Leuchttürme) sowie durch direkte Verfolgung zu Nahrungs- und Putzzwecken. Mittel zur Vermeidung der Abnahme sind Schaffung von Brut- und Wohngelegenheiten, Fütterung, Tränken, Verfolgung der Feinde.«[60]

Welche Einflüsse des modernen Lebens als ursächlich für den Rückgang der Vogelwelt diagnostiziert wurden und mit welchen Maßnahmen dem entgegengehalten wurde, soll anhand der wichtigsten Konfliktfelder des Vogelschutzes im Kaiserreich dargestellt werden.

Hilfe für die hungernde Vogelwelt

Das Füttern wildlebender Vögel in den Wintermonaten konterkarierte die darwinistischen Vorstellungen der natürlichen Auslese, nach denen im Kampf ums Dasein nur die Starken überleben, mit einem quasi-wohlfahrtsstaatlichen Naturbild, in dem sich der Mensch als gütiger Patron den Schwachen annimmt und ihnen Gastfreundschaft und Fürsorge gewährt. Im Füttern ließ sich eine Du-Beziehung zu Vögeln aufbauen. Durch das Futterhäuschen, welches durch seine Gestaltung als menschliche Behausung Analogien zwischen Vogel- und Menschenwelt suggerierte, wurden die gefiederten Freunde in die häusliche Sphäre des Menschen gelockt – die Schwellen zwischen Natur und Kultur verschoben sich. Karl Theodor Liebe berichtete Mitte der 1880er Jahre, daß die Winterfütterung seit nunmehr zwei Jahrzehnten »mehr und mehr volkstümlich geworden« sei.[61] Dies wird eindrücklich durch die Nachfrage nach seiner Schrift zur Winterfütterung belegt, die zwischen 1886 und 1896 insgesamt 17 Auflagen mit 112000 Exemplaren erlebte. Für Vogelfreunde wurde die Winterfütterung zu einem privat wie institutionell organisierten Jahreszeitenritual, in welchem sich die Beziehung zwischen Mensch und Vogel als die einer zweckfreien Patronage manifestierte.[62] Vogelschützer wie Carl R. Hennicke räumten zwar ein, daß die Effektivität

---

60 Carl R. Hennicke: Vögel, in: Handwörterbuch der Naturwissenschaften, 10. Bd., Jena 1915, S. 329.

61 Karl Theodor Liebe: Futterplätze für Vögel im Winter. Im Auftrage der Sektion Tierschutz bearbeitet von K. Th. Liebe. Zweite, verbesserte und vermehrte Auflage, Gera und Leipzig 1887, S. 3.

62 Eingehender vgl. z.B. die Jahresberichte des Bundes für Vogelschutz.

dieser Hilfe begrenzt sei, »weil der Winter mit seiner Kälte und seinem Nahrungsmangel nicht eine Schädlichkeit für die Vogelwelt mit sich bringt, die durch den Menschen und seine Kultur erwachsen ist, sondern eine Naturnotwendigkeit darstellt«. Dennoch unterstützten sie die Winterfütterung ihrer pädagogischen Effekte wegen:

»Sie wirkt vor allen Dingen außerordentlich erzieherisch. Ein Mensch, der soviel Interesse für die Vögel hat, daß er sie im Winter füttert und dabei auch kleine pekuniäre Opfer nicht scheut, wird dies Interesse dann auch zeigen, wenn es sich um Anbringen von Nistgelegenheiten handelt. Und ebenso wie der Fang und das Quälen von Vögeln verrohend nicht nur auf das Gemüt des einzelnen, sondern schließlich auf die Gemütsrichtung eines ganzen Volkes wirkt, so wirkt die Barmherzigkeit gegen Vögel, die sich darin zeigt, daß der Mensch den Vögeln im harten Winter etwas von seinem Überfluß abgibt, daß er sie mit Fütterungseinrichtungen in die Nähe seiner Wohnung zieht und sich und seine Angehörigen an dem Besuche dieser Einrichtungen erfreut, veredelnd auf sein und seiner Familie Gemüt.«[63]

Kampf der Wohnungsnot: Nisthilfen, Hecken und Gehölze

Ähnliche Popularität entwickelte die Möblierung der Kulturlandschaft, öffentlichen Parks und privaten Gärten mit Nistkästen. Mit dem Programm, die »Wohnungsnot« der Vögel zu lindern, gaben Vogelschutzvereine Anleitungen zum Eigenbau von Nistkästen oder organisierten deren Vertrieb. Ähnlich wie die Winterfütterung war diese Betätigung geeignet, unmittelbare Beziehungen zu Vögeln in einem Verhältnis der Patronage zu festigen: Der selbstlose Vogelschützer offeriert Gastfreundschaft und Unterkunft, profitiert im Gegenzug vom nützlichen Werk der Singvögel im Garten und erhält obendrein Genuß und Freude beim Beobachten der Vögel und dem Hören ihres Gesangs. Allein der »Bund für Vogelschutz« versandte zwischen seinem Gründungsjahr 1899 und Ende 1913 laut Eigenwerbung 75387 Nistkästen.[64]

Karl Theodor Liebe hatte in der Nachfolge von Gloger den Nistkastenbau popularisiert. Schon zu seinen Lebzeiten wurden die von ihm entwickelten Nistgelegenheiten industriell hergestellt und vertrieben.[65] Auch Hans von Berlepsch

---

63 Carl R. Hennicke: Vogelschutzbuch, Stuttgart 1911, S. 81ff.

64 Vgl. den von Konrad Guenther, Lina Hähnle, Hugo Conwentz, Marie von Ebner-Eschenbach, Gerhard Hauptmann, Paul Heyse, Paul Wallot, Bertha von Suttner, Franz von Stuck, Engelbert Humperdinck, Hans Thoma u.a. unterzeichneten Aufruf »Bund für Vogelschutz« von 1914, abgedruckt in Hanemann/Simon 1987, S. 57-60.

65 Vgl. Karl Theodor Liebe: Winke, betreffend das Aufhängen der Nistkästen für Vögel, Gera 1883.

(1857-1933) hatte sich intensiv mit der Verbesserung künstlicher Nistgelegenheiten befaßt. Sein Schloßgut Seebach in Thüringen gestaltete er mit Hecken, Nisthöhlen und Nistquirlen gänzlich nach Kriterien eines praktischen Vogelschutzes um. Dort richtete er 1884 eine private Vogelschutzstation ein, die seit 1908 als offizielle Versuchs- und Musterstation von Preußen gefördert wurde, was eine hauptamtliche Betreuung und die Veranstaltung von Vogelschutzlehrgängen ermöglichte.[66] 1899 faßte er die gewonnenen Erfahrungen in »Der gesamte Vogelschutz« zusammen und legte damit eine Arbeit vor, die trotz ihrer utilitarischen Grundintention zum Standardwerk des Vogelschutzes avancieren sollte. Berlepsch respektierte zwar ethische Schutzmotive, diagnostizierte die Gründe für den Rückgang der Vögel aber vor allem in der Umgestaltung traditionaler Kultur- in moderne Agrarlandschaft und drang deshalb darauf, den Verlust an Nistmöglichkeiten zu kompensieren:

»So nützlich und erstrebenswert ein allgemeines Vogelschutzgesetz somit sein würde – schon allein vom humanen Standpunkte aus –, unsere Vögel endgültig erhalten und wieder vermehren werden wir aber doch nur dann können, wenn wir ihnen die nötigen Lebensbedingungen, vor allem die geraubten Nistgelegenheiten wiedergeben. Wir brauchen hierbei nicht der Zeiten gedenken, wo unsere jetzt kultivierten Länder noch mit Urwald bedeckt waren, sondern machen uns nur einmal klar, wie viele Aufenthaltsorte seit Anfang dieses Jahrhunderts den Vögeln entzogen wurden.«[67]

Als folgenschwere Modernisierungsphänomene nannte er die Verkoppelung, das Verschwinden von Feuchtgebieten, Hecken, alten Bäumen oder Brachen. Sein Verständnis von Natur basierte auf der Theorie des Gleichgewichts, nach der durch menschliche Eingriffe ausgelöste Defiziterscheinungen in der Natur mit geeigneten Gegenmaßnahmen auszugleichen seien:

»Wie ist jenem Übel aber abzuhelfen? Wir können doch unmöglich der Vögel halber die Erde rekonstruieren wollen? Nein, dies gewiss nicht. Aber wir können und müssen, wollen wir die Vögel erhalten und eventuell wieder vermehren, soweit es sich mit unsern sonstigen Interessen verträgt, Ersatz für das Geraubte schaffen (...). Die Erde braucht deshalb nicht wieder so zu werden, wie sie war, sie muss nur stellenweis den Lebensbedingungen der einzelnen Vogelarten wieder einigermaßen entsprechend hergerichtet werden. Als oberster Grundsatz ist hierbei allerdings festzuhalten, dass alle diesbezüglichen Maßnahmen nur streng der Natur entsprechen. (...)

66 Vgl. die Akten »Die Versuchs- und Musterstation für Vogelschutz in Seebach, sowie Lehrkurse für Vogelschutz bei dieser Station« (1911-1934) im GStAPK, I. HA., 87 B, Landwirtschaftsministerium, Nr. 19988-19993; sowie Nr. 19994 »Feier des 75. Geburtstages des Freiherrn von Berlepsch in Burg Seebach (1932)«.

67 Hans von Berlepsch: Der gesamte Vogelschutz, seine Begründung und Ausführung, Gera 1899, S. 11.

Wir Menschen können die Natur eben nur durch die Natur korrigieren, bezw. durch genaue Nachbildung derselben.«[68]

Berlepsch wetterte nicht nur gegen Nistkästen »gewissenloser oder thörichter Händler«, die mit bemalten Tonhäuschen, Filznistkästen oder zusammengeklebter Rinde von Korkulmen auf den Markt gegangen seien.[69] Er unterzog auch die von Gloger, Liebe oder Karl Ruß entwickelten Nistkästen der Kritik, weil diese durch ihre Künstlichkeit an den Bedürfnissen der Höhlenbrüter vorbeizielten und auf dem Irrtum basierten, daß die Vögel sich an künstliche Niststätten gewöhnen könnten:

»Deshalb bin ich bei der Anfertigung der Nistkästen gerade von der entgegengesetzten Ansicht ausgegangen und habe gemäss des vorher beim Vogelschutz im allgemeinen ausgesprochenen Grundsatzes: dass wir die Natur nur durch die Natur, bezw. genaue Nachbildung derselben korrigieren können, seit nunmehr zwanzig Jahren darnach gesucht, einen Kasten herzustellen, der den natürlichen Nisthöhlen in soweit ähnlich wäre und entspräche, dass sich die Vögel nicht erst an denselben zu gewöhnen brauchten, sondern ihn von vorn herein als etwas Natürliches ansähen und ohne Scheu bezögen, wie mir dies nach manchen Missgriffen und Enttäuschungen durch getreue Nachbildung der natürlichen Spechthöhle in dem sogenannten BERLEPSCHschen Nistkasten denn auch endlich gelungen ist.«[70]

Berlepsch lenkte die Aufmerksamkeit auch auf andere Arten und die Verbesserung ihrer Nistmöglichkeiten. Er tüftelte Hilfsmöglichkeiten wie den »Nistquirl« aus, der Brutgelegenheiten für Freibrüter schuf. Vor allem schlug er die systematische Pflanzung von Vogelschutzgehölzen vor und realisierte eine kleinräumige Biotopvernetzung auf seiner Seebacher Station.

Symbole technischen Fortschritts: Eisenbahn, Leuchttürme, Elektrizität

Der Vogelschutz beschäftigte sich zunächst mit den seit 1800 stärker sichtbaren Modernisierungsfolgen in der Land- und Forstwirtschaft. Mit wachsender Industrialisierung thematisierten die Verbände jedoch auch die Folgen technologischer Modernisierung für die Vogelwelt. Schwerer als der Vogeltod durch rasende Lokomotiven schienen die durch den Eisenbahnbau vorgenommenen Eingriffe in die Landschaft zu wiegen. Bereits Karl Theodor Liebe hatte sich in den 1880er Jahren den ökologischen Folgen des Schienenverkehrs gewidmet. Auf einer Strecke

68 Ebda., S. 12f.
69 Ebda., S. 35.
70 Ebda., S. 36f.

bei Gera untersuchte er, welche Auswirkungen der Eisenbahnbau auf die Vogelwelt hatte und experimentierte mit Gegenmaßnahmen.[71] Je sichtbarer Technik in Natur und Landschaft wurde, desto grundsätzlicher hatte der Vogelschutz Position zu beziehen:

»Dazu überspinnt die Kultur das Land mit den Drahtsystemen der Telegraphie und Telephonie, an denen Millionen von Vögeln bei Tag wie bei Nacht zerschellen. Und wiederum Millionen gehen geblendet an den Fenstern und Gittern der Leuchttürme zu Grunde. In der That: die Kultur des Menschengeschlechts ist ein mächtiger Faktor unter den zusammen wirkenden Ursachen, welche unsere Vogelwelt mit Vernichtung bedrohen. Diesem Faktor gegenüber überkommt auch den begeisterten Vogelfreund einmal ein bängliches Gefühl des Verzagens; der eine oder der andere, welcher ein wenig philosophisch angelegt ist und mit Recht in der Entwickelung der Kultur auch ein Stück des Kampfes um das Dasein erkennt, kommt wohl auf den Gedanken: hier liegt ein Naturgesetz vor; die Vogelstämme verschwinden vor der Kultur wie die Wilden, wie z.B. die Indianerstämme Nordamerikas vor ihr verschwanden und vollends verschwinden werden.«[72]

Wie alle Naturschutzbewegungen war auch der Vogelschutz regelmäßig mit Vorwürfen fundamentaler Fortschrittsverweigerung konfrontiert. Daß er allerdings weniger an grundsätzlicher Ablehnung von Technik interessiert war, sondern eher an der Mitgestaltung an einem »anderen« Fortschritt, wird an seiner Technikrezeption deutlich. Hier wurde die technische Ausstaffierung der Landschaft weniger als Symptom allgemeinen kulturellen Verfalls wahrgenommen. Statt dessen beschäftigten sich etliche Vogelschützer, wie etwa Hermann Hähnle (1879-1965), intensiv mit technischen Alternativentwicklungen, welche die Folgen von Verdrahtung, Starkstromleitungen oder Leuchttürmen schmälern sollten.[73]

Krieg den Vogelfeinden: Vernichtungsfeldzüge gegen Spatzen und Katzen

Zum Selbstverständnis eines utilitarischen Vogelschutzes gehörte die konsequente Verfolgung der Vogelfeinde, auch dann, wenn diese selbst Vögel waren. Noch nach 1900 nahm die Vorstellung der »Nützlichkeit« bzw. »Schädlichkeit«bei Hans von Berlepsch hohen Stellenwert ein. In seinem Vogelschutzbuch widmete er der »Vernichtung der verschiedenen Feinde der zu schützenden Vögel« ein ganzes

---

71 Vgl. Karl Theodor Liebe: Die Eisenbahnen und unsere Vogelwelt, in: Liebe 1893, S. 14-22 [1876] u. Ders.: Die Geraer-Eichichter Eisenbahn, in: Liebe 1893, S. 52-54 [1883].

72 Karl Theodor Liebe: Lernet erst das Leben der Vögel genau kennen, wenn Ihr sie mit rechtem Erfolge schützen wollt, in: Karl Theodor Liebe: Ergänzungsband zu Hofrat Prof. Dr. K. Th. Liebes Ornithologische Schriften. Gesammelt und hrsg. v. Carl R. Hennicke, Gera 1895, S. 5.

73 Vgl. z.B. Hermann Hähnle: Elektrizität und Vogelschutz, Stuttgart 1913.

Kapitel mit konkreten Anleitungen zur Verfolgung.[74] Er schied einerseits in »absolute Feinde« (neben der Katze, Wieseln und Mardern werden Elstern, Häher und Sperlinge erwähnt), denen »überall, wo es sich um Vogelschutz handelt, schonungslos der Krieg zu erklären«[75] sei, sowie andererseits in solche Tiere, welche lediglich mitunter lokale Schäden verursachten. Hierunter fielen Krähen, Stare, Würger, Schlangen oder Eichhörnchen. In der Katze erachtete von Berlepsch einen »Hauptfaktor in der Vogelschutzfrage«.[76] Seine Konsequenz: »Deshalb gegen alle ausserhalb der Gebäude herumlungernden Katzen der schonungsloseste Vernichtungskrieg!«[77] Berlepsch notierte das Beispiel der Stadt Hamburg als vorbildlich, wo mit 300 Fallen zwischen 1893 und 1896 insgesamt 6226 Katzen getötet worden seien. Und er ermunterte »schwach benervte Menschen«, sich vor dem notwendigen Ersäufen gefangener Katzen nicht zu scheuen.[78]

Neben der Katze erachtete von Berlepsch im Sperling einen Hauptfeind der Vögel, da dieser in der Konkurrenz um Nisthöhlen gegenüber anderen Arten in der Regel als Sieger hervorgehe. Berlepsch stellte sich in die Tradition der »Sperlingskriege« und prämierte auf seinen Ländereien getötete Sperlinge bzw. deren abgegebene Eier mit drei Pfennigen für ein adultes Exemplar, zwei Pfennigen für einen Jungsperling und einem Pfennig für ein Ei, so daß er pro Jahr die hierdurch getöteten Exemplare auf 2000 bis 3000 veranschlagen konnte. Neben diesen Kopfprämien präsentierte er ein Ausrottungsprogramm, dessen Ziel die totale Vernichtung von Sperlingspopulationen war. Von den drei Prämissen ausgehend, daß der Haussperling mit einem »besonders starken Geschlechtstrieb« ausgestattet sei, Männchen und Weibchen gut zu identifizieren wären und die Zahl der Männchen jene der Weibchen übertreffe, kam er zu der theoretischen Konsequenz:

> »Wenn wir nun durch Vernichten nur der weiblichen Sperlinge dieses ungesunde geschlechtliche Verhältnis noch weiter steigern, so bin ich überzeugt, dass dann ein Zeitpunkt eintreten wird, in welchem die wenigen überlebenden Weibchen noch vollends durch die Männchen zu grunde gerichtet werden. Solches würde aber gleichbedeutend mit dem Untergange der ganzen Species sein.«[79]

---

74 Vgl. Berlepsch 1899, S. 73-84.

75 Ebda., S. 73f.

76 Ebda., S. 74.

77 Ebda., S. 75.

78 Die Katzenfrage wurde in allen zeitgenössischen Vogelschutzzeitschriften und auf Vogelschutztagen lebhaft erörtert. Vgl. z.B. »Bericht der vom I. Deutschen Vogelschutztag in Charlottenburg erwählten Kommission zur Beratung der Katzenfrage«, Nachlaß Carl R. Hennicke, Naturkundemuseum Gera, 2176.

79 Berlepsch 1899, S. 80.

Erst als im Vogelschutz nach 1900 ethische und ästhetische Sichtweisen stärker wurden, verloren Theorie und Praxis dieser Politik des Schützens durch Vernichten an Bedeutung.

Reservate natürlicher Ursprünglichkeit: Die Errichtung von Vogelfreistätten

Nach der Jahrhundertwende orientierten sich Vogelschutzverbände stark an einer Reservationspolitik. Einerseits in Anlehnung an die US-amerikanischen Nationalparks und andererseits durch die Erweiterung des Naturdenkmalbegriffs auf komplexe Lebensräume oder Landschaftseinheiten gewannen Strategien an Bedeutung, größere Flächen durch Erwerb oder Pacht jedwelchen Nutzungsformen zu entziehen. Noch bevor sich ab 1909 der »Verein Naturschutzpark« in großem Stil diesem Instrument verschreiben sollte, war die Idee der Freistätten von den Vogelschutzverbänden aufgegriffen worden. Am stärksten konzentrierte zunächst der »Verein Jordsand« seine Arbeit auf Erwerb und Betreuung der Schutzgebiete mit Vogelwärtern: Seit 1907 betreute er die Hallig Jordsand bei Sylt, 1909 erwarb er für 12000 Mark die Hallig Norderoog und 1910 pachtete er den Ellenbogen auf der Nordspitze von Sylt.[80] Der »Bund für Vogelschutz« begann seine Reservatspolitik mit kleinen Schutzgebieten in Süddeutschland wie der Vogelinsel bei Giengen an der Brenz (1899), der Nachtigallen-Insel bei Lauffen (1908) oder dem Kauf größerer Flächen am Federsee (1911), wo ein Banngebiet eingerichtet wurde, in dem sich von Menschenhand unberührte Natur entfalten sollte. 1911 erhielt der Verein die südliche Hälfte von Hiddensee, und die Ortsgruppe Kiel nahm die Mellumplatte in Pacht. Bis Ende 1913 wurden sechs Schutzgebiete gekauft, sechs gepachtet, die Betreuung von 14 Reservaten übernommen, und in 24 Fällen wurde durch Geld, Pflanzungen oder die Lieferung von Nisthöhlen bei der Einrichtung von Vogelschutzgebieten geholfen.[81]

80 Vgl. im Archiv des »Verein Jordsand« die Tagebücher von Vogelwärtern wie Jens Wand, die seit 1910 Brutergebnisse sowie Störungen durch Eierräuber, Touristen oder Jäger in den Vogelfreistätten dokumentierten.

81 Vgl. den Aufruf »Bund für Vogelschutz« von 1914, abgedruckt in Hanemann/Simon 1987, S. 57-60.

Vogelfeinde, Vogelfreunde: Die unmittelbare Verfolgung der Vögel

Waren diese Konflikte nur bedingt dazu geeignet, emotionale Identifikation mit der bedrohten Vogelwelt zu erzeugen, gelang es in den öffentlichen Kampagnen gegen den Vogelfang zu Nahrungszwecken oder die Verwendung von Vögeln für die Modeindustrie, die Zeitgenossen vor die Entscheidung zu stellen, für oder gegen die Vögel zu sein. Bei diesen Konflikten ging es um direkte Auswirkungen menschlichen Handelns auf die Natur. Es ging um Gefahren der Übernutzung, vor allem aber um ethische Einstellungen gegenüber Vögeln: Konnten das Töten und Essen von Vögeln oder das Schmücken von Menschen mit toten Vögeln bzw. Vogelteilen – von Tieren also, die nicht nur dem Menschen nützlich schienen, sondern sich obendrein durch die Schönheit ihres Gesangs, durch Heimattreue und Kinderliebe auszeichneten – mit dem Selbstverständnis zivilisierter Nationen in Europa vereinbar sein?

Vogelleichen auf Frauenköpfen: Gegen den Vogelfang zu Modezwecken

In seinem Jahresbericht 1904 sah der »Internationale Frauenbund für Vogelschutz« allen Anlaß, sich im Kampf gegen die Verwendung von Vögeln in der Hutmode von einer radikalen Organisation zu distanzieren, die sich in Berlin unter dem Namen »Bund der tatkräftigen und energischen Tierschützer« formierte. Dieser Bund war mit einem Flugblatt an die Öffentlichkeit gegangen, in dem es hieß, daß »jedes Mitglied dieses Bundes verpflichtet ist, die Vogelleichen auf den Hüten der öffentlich sich zeigenden Damen einfach nicht zu dulden, sondern dieselben im Notfalle, wenn eine energische Verwarnung fruchtlos bleibt, herunterzureißen. Die etwa entstehenden Unkosten durch gerichtliche Verurteilungen wegen Sachbeschädigung usw. trägt mit Vergnügen die zu diesem Zwecke mit reichlichen Mitteln versehene Bundeskasse.«[82] Der »Internationale Frauenbund« ging empört von dieser im Namen der wehrlosen Vögel praktizierten Form der Selbstjustiz auf Distanz und gab im folgenden Jahrbuch ein Vorbild, wie Vogelschutz mit rechtem Augenmaß zu leisten sei. Dort wurde ein Wohltätigkeitsball, den die Vorsitzende Gräfin von der Gröben für die notleidenden Balten organisiert hatte, als nachahmenswert empfohlen. Die Einladungskarte nämlich trug den Vermerk: »Der Gebrauch von Vögeln als Hutschmuck ist ausgeschlossen.«[83]

82 Zit. n. Jahrbuch des Internationalen Frauenbundes für Vogelschutz 1904, S. 16f.

83 Jahrbuch des Internationalen Frauenbundes für Vogelschutz 1905, S. 14.

Der weltweite Fang von Vögeln zu Mode- und Putzzwecken entwickelte um 1900 in Europa und in den USA enormes Erregungspotential. Neben den Vogelschutzverbänden waren es der »Dürerbund«, der »Deutsche Käuferbund« oder der »Vortrupp« als Sprachrohr der Lebensreformbewegung, die sich gegen Fang und Tötung der Vögel engagierten. Forschungsreisende wie Carl Georg Schillings, der »Mit Blitzlicht und Büchse« einen Bestseller aus dem Innersten Afrikas geliefert hatte, geißelten Fang und Handel mit Vögeln als »Massenmord« und nannten sie nichts weniger als eine »Tragödie der Zivilisation«. Schillings brachte tote Kreaturen und geschmückte Frauen in der Formel »Vogelleichen auf Damenhüten« in Zusammenhang mit primitiver Wildenroheit, sah in ihnen »Begleiterscheinungen barbarischen Lebens« und in den Federn den »Schmuck des Urmenschen«, weshalb er denn auch entschlossen die Verweigerung des Frauenwahlrechts bis zu dem Zeitpunkt forderte, da die Vogelwelt aus der Frauenmode verschwunden war. Schillings: »So veröden unsre Frauen die Natur – und die vornehmste Pflicht des Weibes sollte es doch sein, mit schützenden Händen alles zarte und schöne Leben zu beschirmen.«[84] Auch Ludwigs Klages geriet der modische Gebrauch der Vögel zum Signum des Verfalls moderner Zivilisationen. In »Mensch und Erde« berichtete er von 300 Millionen Vögeln, die pro anno auf dem Erdball für die Frauenmode geopfert würden, von bei lebendigem Leibe gerupften Tieren und dem Aussterben von Arten wie dem Paradiesvogel auf Neu-Guinea, was ihn insgesamt zu der Diagnose veranlaßte: »Eine Verwüstungsorgie ohnegleichen hat die Menschheit ergriffen, die ›Zivilisation‹ trägt die Züge entfesselter Mordsucht, und die Fülle der Erde verdorrt vor ihrem giftigen Anhauch. So also sähen die Früchte des ›Fortschritts‹ aus!«[85] Und Ludwig Reinhardt zeigte sich gleichfalls fassungslos angesichts des Vogelmords »für die europäische Damenwelt«, »so daß das Herz jeden Naturfreundes sich in Bitterkeit zusammenkrampft, wenn man bedenkt, wie scheußlich gegen jene frohe, bunte Schaar im Laufe der letzten Jahrzehnte dank der infamen, launischen, von den herz- und gedankenlosen Halbweltdamen in Paris zum größten Teil diktierten Mode gewütet wurde. Und dank ihrer angeborenen Eitelkeit macht auch die bessere, anständige Frau jenen frivolen Hetären all diesen Blödsinn nach.«[86]

Natürlich ging es bei diesem Konflikt zwischen Nutzern und Schützern nicht nur um die Vögel, um die Gefahr ihres Aussterbens oder die moralischen Grenzen

84 Carl Georg Schillings: Vogelausrottung für Frauenputz, München o.J. [1911] (= 88. Flugschrift des Dürerbundes), S. 8ff.

85 Klages 1929, S. 20.

86 Ludwig Reinhardt: Kulturgeschichte der Nutztiere, München 1912, S. 696.

menschenmöglichen Umgangs mit tierischer Natur. Es ging auch um die deutsche Frau und Vorstellungen ihrer Natürlichkeit, ihrer Schlichtheit und ihrer Innerlichkeit. Es ging um antifranzösische Affekte, um den Materialismus und vordergründigen Chic romanischer Zivilisationen, die unvereinbar mit den Idealen einer Kulturnation sein sollten. Neben romanischer Barbarei wurde auch die Moral modernen Konsumtionsverhaltens verhandelt und dem Gewissen der Verbraucherin zugeraunt, sie solle nicht alles mitmachen, was im Kapitalismus möglich ist.

Bis ins 19. Jahrhundert war die Verwendung exotischer und heimischer Vögel zu Putzzwecken nicht nur kein Problem, sondern stellte eine über lange Zeiträume hin ausgebildete und tradierte Nutzungsform dar.[87] Die Verwendung von Straußenfedern als Kopfschmuck wird in Europa erstmals Anfang des 14. Jahrhunderts erwähnt. Sie prägen die exklusiven Erscheinungsbilder des Kopfputzes bis ins 20. Jahrhundert und wurden seit den 1850er Jahren zuerst in Algerien, dann vor allem in den Kapkolonien gezüchtet, so daß bereits um 1900 ein Großteil des Bedarfs aus Züchtungen bezogen werden konnte. Mindestens ebenso alt ist die Verwendung von Reiherfedern, die als Aigretten, d.h. als büschel- oder strahlenförmig hochstehender Schmuck, verarbeitet wurden. Sie erfreuten sich besonders im Art Déco nach der Jahrhundertwende großer Beliebtheit. Als vor dem Ersten Weltkrieg der Modetanz Tango in Europas Ballsälen Einzug gehalten hatte, ließen sie hier den markanten Rhythmus des Tanzes auf spielerische Weise sichtbar werden. Im 15. und 16. Jahrhundert legten Kleiderordnungen en détail fest, welche Federn welcher Vogelarten von welchen Ständen zum Schmuck gebraucht werden durften. Angehörigen niederer Stände waren vielerorts lediglich Elster- und Hahnenfedern erlaubt; soziale Unterschiede mußten in ständischen Gesellschaften in der Differenz und Exklusivität unterschiedlicher Vogelfedern sichtbar werden. In den 1770er Jahren starben die Vögel auf dem zivilen Hutschmuck von Männern – mit Ausnahme der Trachtenaccessoires – aus. Umso üppiger wuchsen im 19. Jahrhundert die Federbüschel auf Frauenköpfen, wo teure Exoten wie Paradiesvögel oder Kolibris als großbürgerliche und adelige Kopfbedeckungen dienten, während für bürgerliche Häupter als Surrogate nun auch minder kostbare Federn herhielten, die durch Färben veredelt wurden.

87 Ausführlicher zur Geschichte von Federhandwerk und Federindustrie Helmuth Weissenborn: Federschmuck im Wandel der Moden. Ein Beitrag zur Kulturgeschichte der Schmuckfeder, Leipzig 1937; Johanna Felmayer-Brunswick/Antje Middeldorf-Kosegarten/Eugen von Phi-liüüovich: Feder, in: Reallexikon zur Deutschen Kunstgeschichte, Bd. 7, München 1981, S. 915-967; Friedemann Schmoll: Vogelleichen auf Frauenköpfen. Ein Streitfall aus der Geschichte des Vogelschutzes, in: Rheinisch-westfälische Zeitschrift für Volkskunde, Bd. XLIV (1999), S. 155-169.

Ende des 19. Jahrhunderts verzeichnete die Federindustrie in den europäischen Metropolen massive Zunahmen. Die handwerkliche Organisation des Federgewerbes war bald Vergangenheit. Moderne Verkehrswege ermöglichten weltweiten Handel und industrielle Verarbeitung der Federn. In Paris wurden 1914 mit 60000 Arbeitern und Arbeiterinnen Umsätze von 200 Millionen Franc erzielt; Berlin brachte es immerhin auf einen Jahresumsatz von 35 Millionen Mark.[88] In seinem »Vogelschutzbuch« gibt Carl R. Hennicke 1911 an, daß im Jahre 1898 allein in Venezuela 1538738 Schmuckreiher zu Modezwecken getötet wurden. 1902 betrug nach Paris die Gesamteinfuhr von (bekanntlich federleichten) Federn 703300 Kilo, 1911 sogar 1039300 Kilo, davon allein 245400 Kilo sogenannter »edler« Federn von Straußen, Reihern oder Paradiesvögeln.[89] Nicht nur die quantitativen Dimensionen dieser Vogelnutzung gaben Anlaß zur Diskussion, auch die Praktiken des Vogelfangs nährten die Phantasie. Spekulationen, daß das Federkleid der Kolibris bei lebendigem Leibe abgezogen wurde, weil es bei dieser Tötungsart länger die natürlichen Farben behalte, trat die Federindustrie entgegen. Berichte des Afrikareisenden Schillings, daß Reiher massenweise in Kolonien mitten im Brutgeschäft geschossen wurden und Jungvögel zwangsläufig verhungerten, blieben unwidersprochen.

Und schließlich gab die Ästhetik der Hutmode – das Erscheinungsbild der Vögel als vollständige Wesen – Anlaß zur Kritik. Franz Petter, Obmann der Wiener Federschmücker, legte Wert darauf, daß es sich um eine Mär handle, wenn von Vogelschützern behauptet würde, daß ausgestopfte Schwalben auf Damenhüten drapiert würden. Statt dessen handle es sich um künstliche Nachbildungen.[90] Demgegenüber brachten die Naturschützer den Anhauch des Todes in die Nähe der Schmuckträgerin als lebendiges Wesen, und hier schienen Verwesung und Tod einerseits sowie Vitalität und Leben der Frauen andererseits kulturell nicht aushaltbar. Hans Paasche – Lebensreformer, Pazifist und Opfer eines Freikorps-Attentats – beschrieb, was in der Formel »Vogelleichen auf Frauenköpfen« semantisch zusammengebracht und an den kreatürlichen Attributen der Tiere festgemacht wurde:

---

88 Weissenborn 1937, S. 62.

89 Vgl. Hennicke 1911, S. 6-9.

90 Vgl. Franz Petter: Die Vogelfeder im Dienste der Industrie, in: Mittheilungen des Österr. Reichsbundes für Vogelkunde und Vogelschutz, 1. Jg. (1901), S. 17. Die Wiener Federindustrie suchte immer wieder Arrangements mit dem Österreichischen Reichsbund und verarbeitete vorwiegend Federn aus Zucht- und Jagdgeflügel, aus denen »künstliche Vögel« hergestellt wurden. Vgl. hierzu auch Friedrich Knauer: Vogelschutz und Federindustrie. Eine Streitfrage der Zeit, Wien und Leipzig 1914.

»Jetzt tragen sie Köpfe von Eulen und Möwen mit Schnäbeln, Glasaugen, Vogelbeinen, Marder mit Köpfen und Beinen, Maulwürfe. Ja, gilt es Naturkunde zur Schau zu bringen, warum werden nicht auch Hammelfüße und Affenhände ausgestopft und aufgebunden. (...) Alles, was nicht menschliche Sprache spricht, darf getötet, erwürgt, erstickt, vergiftet werden. Hängt's nur den Frauen an, damit sie es über die Straße tragen und die Schande des Okzidents ruchbar machen.«[91]

Gänzlich durch agitatorische Absicht verzerrt konnte die Wahrnehmung von Paasche nicht gewesen sein, wurde sie doch im Kriegsjahr 1916 durch einen Bericht im »Konfektionär« bestätigt:

»Vogelbälge und Fantasiegebilde sind die Note des Tages. Die eleganten Hüte zeigen mehr denn je ganze Paradiesvögel in den verschiedensten Einfärbungen als Garnitur. (....) wie denn überhaupt besonders kleine Vogelbälge ein modernes Garnierungsmaterial bilden. Man sah an kleinen Hüten einen bis zwei dieser Vogelleiber, an großen Rundhüten häufig vier bis sechs um den Kopf gesteckt. (...) Eigenartig wirkt ferner eine Bandrosette, aus deren Mitte ein Vogelköpfchen mit schillerndem Gefieder hervorlugt.«[92]

In der Auseinandersetzung zwischen Federindustrie und Vogelschutz wurden grundsätzliche Fragen des Verhältnisses von moderner Zivilisation und außermenschlicher Natur verhandelt. Der Streit erwuchs zu einem zentralen Thema des Vogelschutzes um die Jahrhundertwende, der von öffentlichen Kampagnen mit modernen Medien wie Film, Photographie und Presse begleitet wurde. Die Frage der Vögel als Kopfputz wurde auf den nationalen und internationalen Vogelschutztagen verhandelt und eignete sich offenbar bestens, eine Radikalisierung des Verhältnisses zu Vögeln als bewahrenswerte Geschöpfe, mithin die Tabuisierung ihrer Nutzung zu befördern. Die Frage der Tötung von Vögeln zu Schmuckzwecken verlangte eine eindeutige Position der Menschen. Es handelte sich um eine Frage, die von modernen Konsumenten ein unzweideutiges Bekenntnis zu Vogelliebe oder Vogelmord abverlangte, was denn auch von den Vereinen gezielt eingesetzt wurde. Immer wieder wurde nach Vorträgen im Sinne eines Bekehrungserlebnisses berichtet, daß Zuhörerinnen sich »spontan« bekannten, künftig gänzlich darauf verzichten zu wollen, sich mit fremden Federn zu schmücken: »Es gibt ja eine Menge Frauen, die, nachdem sie über die Art und Weise, wie die Federn gewonnen werden, und über die Folgen dieser schonungslosen Federjagd aufgeklärt sind, mit Abscheu erklären, daß sie künftighin nie wieder Federschmuck

91 Hans Paasche: Die Federmode, in: Ders.: »Ändert Euren Sinn!« Schriften eines Revolutionärs. Hrsg. von Helmut Donat u. Helga Paasche, Bremen 1992, S.113. Zuerst erschienen in: Der Vortrupp, 3. Jg. (1914), S. 129-142; erschien eigenständig auch als Vortrupp-Flugschrift, Nr. 28, Leipzig 1914.

92 Zit. n. Der Vortrupp, 5. Jg. (1916), S. 670.

tragen werden.«[93] Der »Bund für Vogelschutz« verteilte und die »Süddeutschen Monatshefte« veröffentlichten »Federnverzichtslisten«, in denen Frauen, die Federschmuck mieden, sich eintragen sollten – die Resonanz, so die Berichte, sei enorm gewesen.[94] Die Vogelschützer lasen Aufforderungen, im Bekanntenkreis zu agitieren und sich von Personen mit Federputz zu distanzieren. In den Zeitschriften wurden Beispiele adeliger Personen angeführt, die zum Verzicht des Federschmucks aufriefen, was stets öffentlich angezeigt und als vorbildlich gelobt wurde. Die Königin-Witwe Alexandra von Großbritannien etwa habe allen Damen verboten, sich ihr mit einem »Reiherhute« zu nähern.[95] Der »Deutsche Vortrupp-Bund« gab in der Absicht, »den mächtig aufflammenden Haß gegen alles Fremdländische für den Kampf gegen eine abscheuliche Unsitte dienstbar zu machen«, eine Briefverschlußmarke heraus, mit der Briefeschreiber ihre persönliche Einstellung signalisieren konnten: »Weg mit der Pariser Unsitte, Vogelleichen auf Hüte zu binden«.[96] Allesamt waren dies Aktionen, die auf eine Bewußtseinsreform zielten und unmittelbar bei der Lebensführung der Menschen ansetzten.

Die Nutzung von Vögeln für das Federhandwerk war bis in die zweite Hälfte des 19. Jahrhunderts völlig unproblematisch, weil diese eindeutig einer Natur zuzuordnen waren, deren Nutzung selbstverständliches Recht des Menschen war. Nunmehr hatten einerseits Dezimierung und die Gefahr des Aussterbens einzelner Arten und andererseits die moralischen Diskurse um das Tötungs- und Nutzungsrecht ihre Verwendung problematisch werden lassen. Der Kampf gegen die Federmode zeitigte Erfolge, wie etwa die 1913 für eineinhalb Jahre erlassenen Verbote, in der deutschen Kolonie Papua-Neuguinea Paradiesvögel zu jagen. Schwerer jedoch schienen die moralischen Dimensionen des Diskurses zu wiegen, der von den Menschen eine eindeutige Stellungnahme abverlangte. Vögel wurden dabei verwandelt von einem potentiellen Rohstoff in »gefiederte Freunde«, deren Tötung problematisch erscheinen mußte, wenn es nur darum ging, sich mit fremden Federn zu schmücken. So war der Kampf gegen die Federmode ein Thema, bei dem es um die prinzipielle symbolische Ordnung der Naturbeziehungen ging. Diese Frage erzwang eine eindeutige Stellungnahme für Naturnutzung oder Naturbewahrung, Vogelmord oder Vogelliebe, und so erschien die Praxis des Federschmückens auch als Beleg dafür, daß kulturelle Evolutionspro-

93 Hennicke 1912, S. 57.

94 Z.B. Jahresbericht 1911 des Bundes für Vogelschutz, S. 132.

95 Vgl. z.B. Schillings 1911, S. 12.

96 Der Vortrupp, 4. Jg. (1915), S. 429.

zesse mit zivilisatorisch-technischen Entwicklungen nicht mithalten konnten und innerer und äußerer Fortschritt auseinanderdrifteten:

»Eine Frau, ein Mädchen von feinem, edlem Empfinden kann, einmal über die Sachlage unterrichtet, unmöglich mit einem auf dem Kopf befestigten, toten, verrenkten Vogel, einer Vogelleiche sich zeigen. Auf einen naturliebenden, vornehm und anständig empfindenden Menschen wirken eine große Anzahl der heutigen Vogelhüte im wahren Sinne des Wortes schmerzhaft, und die Tatsache, daß Damen Hüten mit Vogelleichen oder Flügeln tragen, kann gewissermaßen als ein schlagender Beweis dafür aufgefaßt werden, daß unsere Zeit, die wissenschaftlich, insbesondere technisch, so hoch steht, in kultureller Beziehung dieses Lob nicht für sich in Anspruch nehmen darf.«[97]

Gefangenschaft oder Freiheit – Vogelschutz und Stubenvogelhaltung

Waren im Falle des Vogelfangs zu Nahrungs- und Modezwecken eindeutige moralische Haltungen problemlos möglich, erwies sich der Fang für die Stubenvogelhaltung[98] als komplexeres Problem. Einerseits scheint die Käfigung von Wesen, deren Lebensraum der Himmel ist und die als Symbole von Freiheit und Ungebundenheit gelten, diese substantiell zu gefährden. Andererseits brachten die langen, in die Antike reichenden Traditionen der Stubenvogelhaltung Vögel schon früh in die unmittelbare Nachbarschaft der Menschen und bildeten die Voraussetzung emotional-intimer Bindungen. Der Zweck des Fangs ging nicht in der Eitelkeit schmucktragender Frauen oder der Bedürfnisbefriedigung von Feinschmekkern, sondern in der Liebe zu den Tieren auf. Seit dem späten Mittelalter bekannte lokale Schutzvorschriften oder die in Preußen vom Großen Kurfürsten Friedrich Wilhelm (1686) und von Friedrich III. (1698) erlassenen Verbote des Nachtigallenfangs verweisen darauf, daß schon früh Zusammenhänge zwischen dem Vogelfang zur Stubenhaltung und der Dezimierung einzelner Arten gesehen wurden. Als im 19. Jahrhundert in mehreren deutschen Staaten die Besteuerung von Stubenvögeln als Instrument zur Schonung von Vögeln erörtert wurde, gab es seitens einiger Ornithologen wie Christian Ludwig Brehm oder Alfred E. Brehm heftige Proteste. Alfred Brehm bestritt einen Zusammenhang des Vogelrückgangs und der Stubenvogelhaltung rigoros und erkor, umgekehrt, die Vogelhalter zu den eigentlichen Vogelschützern:

»Dem denkenden Menschen muß es einleuchten, daß die mehr als jemals gepflegte Liebhaberei für Stubenvögel etwas ganz anderes ist als ein plumper Eingriff in die Natur. Der Liebhaber wird, ohne daß er es werden will, zum Beobachter, der Beobachter zum Freunde und Beschützer dieser

97 Schillings 1911, S. 9.

98 Vgl. hierzu auch Barthelmeß 1981, S. 63-71, sowie Otto Lauffer: Singvögel als Hausgenossen im deutschen Glauben und Brauch, Berlin 1939.

Vögel, dieser endlich zum Forscher (...). Schutz den Vögeln! so viel und so umfassend er immer sein möge, Schutz den Vögeln gegenüber dem freßwütigen Meisensteller, dem eierraubenden Buben, dem Raubvogel, der Wohnungsnot: aber Schutz oder doch Frieden auch einer Liebhaberei, welche, wenn sie denn die wahre, niemals schadet, vielmehr jenen Schutz mit Eifer und Verständnis predigen und ausführen hilft.«[99]

Sein Vater Christian Ludwig Brehm verwies in der Frage der Besteuerung auf die zeitgenössische Diskussion um die Sklaverei: »Mit Recht verbietet man den Sklavenhandel, denn die Sklaverei ist eine Entwürdigung der Menschheit, weil sie freie vernünftige Wesen nicht nur zu einer dauernden Knechtschaft verdammt, sondern sogar zu einer Ware herabwürdigt.«[100] Auch das Los der Stubenvögel werde von Kritikern der Vogelhaltung als hart empfunden. Allerdings zu Unrecht, denn Nachtigallen und Grasmücken würden im Vergleich dazu geliebt, gefüttert und umsorgt. Daß ihnen die Gefangenschaft nicht schade, bezeugten sie durch rege Gesangsaktivitäten und ein hohes Lebensalter, dem sie im Käfig entgegensehen könnten. Ohnehin kämen die gefangenen Sänger nicht nur in den Genuß menschlicher Zuneigung, sondern auch in jenen von Licht und Sonne, während Nutztiere oft genug brutaler menschlicher Gewalt ausgesetzt seien.

»Die nicht eßbaren Tiere, die Pferde und Esel, belastet man mit Bürden, welche sie kaum fortzubewegen im Stande sind; man treibt die Pferde vor Kutschen, Schnell- und Extraposten so an, daß sie nicht selten tot niederfallen, – das Alles findet man in der Ordnung, und den im gutgehaltenen freien Käfige heiter herumspringenden und fröhlich singenden Stubenvogel beklagt man? Woher kommt das? 1. Daher, daß man von Jugend auf an dergleichen Dinge gewöhnt ist, und 2. Den Magen auf eine Art in Ehren hält, über welche man staunen muß. Diesem Götzen alles ohne Barmherzigkeit zu opfern, trägt man kein Bedenken.«[101]

Überdies, so Brehm, sei ein Rückgang der zur Haltung bejagten Vogelarten nicht nachweisbar, so daß die Gesetzgeber besser daran getan hätten, den unteren sozialen Gruppen ihre Stubenvögel zu lassen: »O Ihr Väter des Vaterlandes, hättet Ihr an diese Bedauernswerten gedacht, Ihr hättet gewiß das obenerwähnte Gesetz nicht gegeben, Ihr hättet den Armen die Freude ihrer Einsamkeit nicht geraubt

99 Alfred E. Brehm: Gefangene Vögel, I. Teil, 1. Bd., Leipzig und Heidelberg 1872, S. 5ff.

100 Zit. n. (Otto) Koepert: Christian Ludwig Brehm und der Vogelschutz, in: Ornithologische Monatsschrift, 21. Jg. (1896), S. 7. Original in Christian Ludwig Brehm: Die Frage: »Ist eine Besteuerung der Singvögel nothwendig und rathsam?«, in: Mittheilungen aus dem Osterlande, 1. Bd. (1837), S. 210-220; Ders.: Brehm's letztes Wort über die Besteuerung einiger Singvögel zur Verständigung mit einem landschaftlichen Abgeordneten, ein Wort des Friedens, in: Mittheilungen aus dem Osterlande, 2. Bd. (1838), S. 40-47.

101 Ebda., S. 8.

und ihnen die singende Grasmücke, den flötenden Mönch und die schlagende Nachtigall gelassen.«[102]

Der Stubenvogel als ästhetischer und emotionaler Trost der Armen – auf dieses Motiv griff auch Alfred Brehm zurück, als er sich resolut gegen Fangverbote zum Zweck der Stubenvogelhaltung engagierte: »Aber was hat denn der arme Arbeiter im Zimmer? Nichts, als seinen Stubenvogel! Der tröstet ihn, heitert ihn auf, hilft ihm arbeiten.«[103] Brehm wechselte in der Frage des Vogelfangs öfter seine Positionen. Er bejahte den Fang für die Stubenvogelhaltung, verurteilte rigoros den Massenfang für Nahrungszwecke in Südeuropa, verteidigte jedoch mitunter die in derselben Absicht unternommene Verfolgung von Singvögeln in Deutschland, insbesondere, wenn es sich um »schädliche« Arten handelte:

»Ihnen gegenüber rechtfertigt sich thatkräftige Abwehr umso mehr, als ihr Fleisch mit Recht als leckeres Gericht betrachtet werden kann. Aber auch der Fang einzelner, in großer Zahl auftretender, nicht schädlicher Arten, beispielsweise der Drosseln, ist kein so unsühnbares Verbrechen, als man neuerdings zu sagen pflegt; in keinem Falle wenigstens tragen die Vogelsteller allein die Schuld an der Abnahme dieser Vögel, soweit eine überhaupt erwiesen werden konnte.«[104]

Überhaupt resultiere die Stimmungsmache gegen den Vogelfang von »Klageweibern« und vom Unverstand, der in »Thierschutzvereinen herrscht, ja gerade hier förmlich regelrecht groß gezogen wird.«[105]

Die durch Brehm formulierte und später oft tradierte Verteidigung des Vogelfangs mit sozialen Argumenten sollte spätestens mit der Novellierung des Reichsvogelschutzgesetzes 1908 allerdings auch von der Sozialdemokratie hinterfragt werden. Der Abgeordnete Geck machte im Bild der Zweisamkeit des gefangenen Käfigvogels und des armen Heimarbeiters ein Sinnbild der Lage der arbeitenden Klasse im Kapitalismus aus. Diese innige Zweisamkeit in geteilter Gefangenschaft zementiere eher die gesellschaftliche Situation des Proletariats und verhindere seine Befreiung:

»Es wird sehr häufig gesagt (…), dass insbesondere die Arbeiter ein eigenstes Interesse hätten, dem Vogelschutz entgegenzutreten. Ich muss das im Namen der Arbeiterschaft wohl zurückweisen. Es ist richtig, dass namentlich in Mitteldeutschland, in Thüringen, der im Käfig eingeschlossene Vogel vielfach ein Gesellschafter, ein Freund des Arbeiters, des Heimarbeiters ist. Dieser

102 Ebda., S. 10.

103 Brehm 1861, S. 390.

104 Alfred E. Brehm: Die Vögel, 1. Bd., Leipzig 1885, S. 118.

105 Ebda. Vgl. auch seine Polemiken gegen »weichherzige Frauen und Männer, namentlich solche, welche Tierschutzvereinen beigetreten sind« und deren »Gefühlsschwangerheit« in Alfred E. Brehm: Gefangene Vögel, Leipzig und Heidelberg 1872, S. 5-7.

arme Vogel hat das Schicksal zu erfüllen, die trostlose Lage eines solchen Proletariers zu teilen und etwas zu erleichtern. Wenn Sie aber dem Arbeiter eine andere Stellung in der Menschheit, die verdiente gesellschaftliche Würde anweisen, so wird er gern darauf verzichten, noch so einen unglücklichen Gesellen neben sich in der Gefangenschaft zu haben! Es wird auch vom Arbeiterstandpunkt aus nicht verteidigt, dass ein solcher Vogel gefangen sitzt in einem engen Raum, in schlechter Luft, oft bei ungenügender Kost und gequält von den Kindern. Auch die Arbeiter gönnen dem Vogel seine Freiheit, in der er ja am besten gedeiht und der beste Freund des Arbeiters sein kann. Er begeistert uns, der kleine gefiederte Sänger, wenn er sich in seinem natürlichen Element bewegt, selbst für die Freiheit, für dieses herrliche Gut. (...) Ich meine, wir haben es nicht nötig, uns auf die Arbeiterschaft zu berufen und diese vor den Wagen derer zu spannen, die gegen den Vogelschutz eingenommen sind. Wir wollen dem Arbeitssklaven eine bessere Stellung in der menschlichen Gesellschaft geben, wir wollen ihm den Achtstundentag verleihen, die Sonntagsruhe, auch genügend Zeit verschaffen, sich in den Wäldern zu erholen – die Gelegenheit dazu wollen wir fördern durch billige Fahrt, statt sie zu verteuern: wir wollen, dass die Massen des Volkes hinauskommen in die Wälder, in die Natur, dass sie ihre dumpfen Wohnungen verlassen, dass sie so verzichten lernen, die Sänger einzusperren, dass sie sie draussen in der Freiheit der Natur aufsuchen.«[106]

Vogelschützer aus der Tradition der Vogelliebhaberei wie Karl Ruß oder Karl Theodor Liebe bekämpften zwar den kommerziellen Handel (vor allem mit einheimischen Arten), informierten mit drastischen Schilderungen über die Situation auf den Vogelmärkten oder drängten auf artgerechte Haltung der Käfigvögel. Gerade jedoch der »Deutsche Verein zum Schutze der Vogelwelt« hatte sich mit seiner Gründung das Ziel gesteckt, wissenschaftliche Ornithologie, praktischen Vogelschutz und Vogelliebhaberei zu verknüpfen, so daß er sich noch gegen Ende des Kaiserreichs gegen Erweiterungen von Vogelschutzbestimmungen wandte, wenn diese auf Einschränkungen von Vogelhaltung und Vogelhandel zielten:

»Die Liebhaberkreise sind aber für die Vogelschutzbestrebungen die allerwichtigsten. Ihr Interesse für die Vogelwelt wach zu halten, sollte alles getan werden. Die erste Anregung zum Vogelschutz ging von den Vogelliebhabern aus. Mit der Unterdrückung der Vogelliebhaberei würde unbedingt auch das Interesse für die Vögel und damit auch den Vogelschutz unterdrückt werden.«[107]

Neben diesen konkreten Konfliktfeldern gab es eine Reihe weiterer wichtiger Themen für den Vogelschutz des Kaiserreichs. Dieser verstand sich insbesondere nach 1900 dezidiert als Sittlichkeitsbewegung. Entsprechend kam große Aufmerksamkeit der Aufklärung und Belehrung durch Öffentlichkeitsarbeit zu. Daneben

---

106 Zit. n.: Das Vogelschutzgesetz im Reichstage. Sitzung vom 10. Januar, in: Ornithologische Monatsschrift, 33. Jg. (1908), S. 167f.

107 Abschrift eines Briefs von Carl R. Hennicke an den Kgl. Regierungspräsidenten von Gersdorff in Merseburg vom 5. August 1911; Nachlaß Carl R. Hennicke, Naturkundemuseum Gera, 1170.

spiegeln auch Einzelaktionen das Selbstverständnis des zeitgenössischen Vogelschutzes. So besaß die Schwalbenrettungsaktion des damaligen »Deutschen Bundes für Vogelschutz« von 1974 bereits Vorläufer. Im naßkalten Herbst 1905 hatte zunächst die »Ornithologische Gesellschaft« Luzern Hunderte entkräfteter und hungernder Schwalben, deren Zug gen Süden nicht mehr möglich war, per Eisenbahn durch den Gotthardtunnel nach Chiasso verfrachtet. Diese Schwalbentransporte fanden Nachahmung in der Schweiz und in Deutschland, wobei die Transportkosten von den jeweiligen Bundesbahnen übernommen wurden.

3.4 Utilitarismus oder Selbstzwecklichkeit – Standpunkte der Vogelschutzbewegung

In der Geschichte des Vogelschutzes spielten unterschiedliche Begründungen, weshalb Vögel bewahrenswerte Wesen sein sollten, eine Rolle. Ging es den Forstwirten um die biologischen Funktionen mancher Arten im Naturhaushalt und damit um materielle Zwecke, betrachteten die bürgerlichen Vogelliebhaber ihre gefiederten Freunde als unverzichtbaren Bestandteil der sie umgebenden Natur. Diese unterschiedlichen Traditionsstränge des Vogelschutzes prägten die Bewegung auch in der Phase ihrer Institutionalisierung. Um die Etablierung verbindlicher Sichtweisen wurde in ornithologischen Fachdisputen genauso gerungen wie in populären Vereinen. Bereits in den 1870er Jahren portraitierte Karl Theodor Liebe die Vogelschutzbewegung in ihrem spezifischen Spannungsfeld zwischen fachwissenschaftlicher Herkunft, utilitarischen Orientierungen und zweckfrei-emotionalen Neigungen. Liebe bemerkte, »daß die Frage des Vogelschutzes immer weitere Kreise beschäftigte und zuletzt von Laien noch weit mehr diskutiert wurde als von Ornithologen vom Fach. Da man bald vom idealen, bald vom Nützlichkeitsstandpunkte aus über die zu schützenden oder der Vertilgung anheimzugebenden Vögel sprach und schrieb, wurden in kurzer Frist die Debatten recht animos und persönlich. Storch und Bussard, Sperling und Rabenkrähe bekamen ihre feindlichen und freundlichen Parteien, und zuletzt kam es sogar dahin, daß viele aus Kummer über die Not der ihrem gänzlichen Verschwinden entgegengehenden Vögel nicht blos das Fangen, sondern auch das Halten von Stubenvögeln bei hoher Strafe verboten wissen wollten. Solchen extremen Meinungen liegt keineswegs nur durch die Debatten gesteigerte Rechthaberei zugrunde: es sind meist die Meinungen wohlgesinnter Leute, die ein Herz für die Natur und für die gefiederten Erdenbürger haben. Zu Grunde liegen die beiden jetzt zum Dogma gewordenen falschen Voraussetzungen: ›Alle Vögel vermindern sich‹ und ›Der Mensch, der sie fängt oder schießt, ist vorzugsweise schuld daran.‹«[108]

Zwar war die Bewegung des Vogelschutzes teils noch der utilitarischen Landesverbesserung verhaftet, jedoch dominierten längst ideelle Motive die Fachdiskurse. Wie sehr der Vogelschutz während des Kaiserreichs im Spannungsfeld zwischen materiellen und immateriellen Argumentationen gefangen war, zeigten die seit Beginn der 1870er Jahre schwelenden Diskussionen um ein vereinheitlichendes Reichsvogelschutzgesetz. Als dieses 1888 nach fast zwanzigjährigen Diskussionen im Reichstag verabschiedet wurde, erschien noch immer ihre materielle Nützlichkeit als das ausschlaggebende Motiv, die Gruppe der Vögel unter besondere juristische Obhut zu nehmen. Das Gesetz signalisierte zwar einerseits, daß der Schutz der Vögel als Frage des Allgemeinwohls erachtet wurde; andererseits war dieser Schutz ohne materielle Motive offenbar nicht zu legitimieren.[109]

Karl Theodor Liebes Losung »Lernet das Leben der Vögel genau kennen, wenn Ihr sie mit rechtem Erfolge schützen wollt«[110] gerann indes für sämtliche Vogelschutzvereine des Kaiserreichs zum programmatischen Schlagwort, das ihren Anspruch auf Einheit von wissenschaftlicher Grundlegung und ethischer Fundamentierung ihres Handelns adäquat zu formulieren schien. Derweil wurden unterhalb dieses gemeinsamen Nenners bis weit ins 20. Jahrhundert Gefechte um konkurrierende Akzentuierungen ausgetragen. Mit Hans von Berlepsch war ausgerechnet ein Repräsentant eines rigorosen Utilitarismus Stichwortgeber des Vogelschutzes geworden. Er befand:

»Vogelschutz ist nicht nur eine Liebhaberei, eine aus ethischen und ästhetischen Motiven hervorgegangene Passion – also nicht nur aus der Bewunderung für der Vögel Gesang, aus dem Bestreben nach Verschönerung und Belebung der Natur hervorgegangen – sondern Vogelschutz ist in erster Linie lediglich eine nationalökonomische Frage, und zwar eine Frage von eminentester Bedeutung. Vogelschutz ist eine Maßnahme, aus der uns Menschen ein materieller, ein großer pekuniärer Nutzen erwächst. Vogelschutz will die dem Menschen nützlichen, ja direkt notwendigen Vögel schützen und vermehren.«[111]

---

108 Karl Theodor Liebe: Die Brutvögel Ostthüringens, in: Journal für Ornithologie, 26. Jg. (1878), S. 1f.

109 Vgl. »Entwurf eines Gesetzes, betreffend den Schutz von Vögel«, in: Sammlung sämmtlicher Drucksachen des Reichstages, 7. Legislatur-Periode, II. Session 1887/88, II. Bd., Berlin 1888.

110 Titel eines Beitrags in der Ornithologischen Monatsschrift 1894, abgedruckt in Liebe 1895, S. 1-7.

111 Berlepsch 1899, S. 1f.

Kritik an diesem utilitaristischen Selbstverständnis wurde allerdings wegen der ethischen und ästhetischen Defizite geübt:

»Fragen wir auch nicht immer kleinlich und habsüchtig: Was nützt uns dieser oder jener Vogel, sondern erfreuen uns des Vogels in der schönen, freien Natur, des Raubvogels seines herrlichen Fluges, seiner stolzen Erscheinung wegen, des Singvogels wegen seines herzerfrischenden Gesanges, seines bunten Kleides, kurz, schonen wir den Vogel um seiner selbst willen!«[112]

Obgleich Berlepschs Arbeit nicht nur in den Vereinen rezipiert wurde, sondern auch gesetzgeberische Initiativen prägte und dem staatlich geförderten praktischen Vogelschutz Legitimationen lieferte, stand diese utilitaristische Stoßrichtung längst im Widerspruch zu einem Schutzverständnis, welches in den Vögeln nicht nur Erfüllungsgehilfen materieller Interessen erachtete. Schon frühe Popularisatoren wie Karl Ruß, Karl Theodor Liebe oder später Carl R. Hennicke, die auf eine Überwindung von Spezialinteressen zugunsten eines ganzheitlichen Vogelschutzes drängten, übten Kritik an der Klassifizierung in »nützliche« und »schädliche« Arten. Hier nämlich würden keinerlei Begründungen für den Schutz seltener und bedrohter Arten geliefert; das Selbstverständnis des Vogelschutzes als eine ethische Bewegung bliebe ausgeblendet. Vor allem aber ignoriere diese Argumentation Gesamtzusammenhänge des Naturgeschehens. Die Bedeutung der Natur, so Liebe, gehe eben nicht nur in ihrem Nutzen für den Menschen auf, und Vogelschutz müsse deshalb auf das Gesamt der Natur zielen, inklusive den Menschen als Teil derselben:

»Aber er gehört selbst mit zur Natur und seine Eingriffe in die ausser ihm befindliche Welt sind nur bis zu einem gewissen Grade möglich und wirksam, – bis zu einer Linie, jenseits derer die Natur wieder Siegerin bleibt und sein Wohlsein oder gar seine Existenz ›rächend‹ vernichtet. Bei aller Kultur bleibt daher in uns das Gefühl lebendig, dass wir von der Natur abhängig, und immerhin selbst ein Bestandteil der Natur sind. Wir nennen die Natur unsere Mutter und zollen ihr unsere Verehrung und Liebe. Daraus leitet sich für uns die Pflicht ab, dass wir die uns umgebende Natur in ihrer Integrität, in möglichst vollkommener Unberührtheit erhalten, soweit dies bei dem beständigen Kampfe um unser Dasein, um unsere Kultur möglich ist. Wir sollen nicht mutwillig zerstörend und vernichtend in die Natur eingreifen: wir haben nicht nur kein Recht dazu, sondern wir verletzen auch eine Pflicht, die Pflicht der Erhaltung der Natur in ihrer Unversehrtheit. Die Natur ist in ihrer Gesammterscheinung der Inbegriff des Schönen, wie das die alten Griechen mit dem Worte ›Kosmos‹ so trefflich bezeichneten. Wir dürfen das Schöne nicht mutwillig verstümmeln. Wer es thut, vergreift sich an dem, was uns der Schöpfer aufgebaut hat zu unserer Erhebung und Erziehung, zu unserer Erquickung und Erbauung. Wenn die Natur aber unser aller Mutter ist, wenn sie uns erquickt und erbaut, dann vergeht sich der Einzelne, der an ihr frevelt, zugleich auch

---

112 Eberhard v. Riesenthal: Über Vogelschutzbestrebungen, in: Mitteilungen über die Vogelwelt, 12. Jg. (1912), S. 144.

an seinem Nebenmenschen, den er dadurch in seinen heiligen Rechten beeinträchtigt. Daher kann jeder Einzelne ebenso wie jedes Gemeinwesen von Menschen erwarten, dass ein anderer Mensch oder dass eine andere grössere Gesellschaft nicht durch mutwillige, störende Eingriffe in die Natur jene Rechte schädige. Ebenso wie wir die Pflicht gegen unsere Mitmenschen haben, überall, wo es uns möglich ist, die Natur in ihrer zweckmässigen Ordnung und Schönheit unverletzt zu erhalten, haben wir auch das Recht, unberechtigte Eingriffe in die Natur bei andern zu hindern. Wir haben (in unserem speziellen Falle) das Recht und die Pflicht, bei uns selbst wie bei unserem Nachbar, die verschiedenen Vögel, die zu der harmonischen Einwirkung der Natur durch ihr Leben und Weben so unendlich viel beitragen, vor dem Untergange zu bewahren, wenn dieselben nicht geradezu um der Kultur willen weichen müssen. Auch nach einer andern Seite hin dürfen wir nicht vergessen, dass wir mit unserer Kultur nicht nur der Natur gegenüberstehen, sondern dass wir uns innerhalb derselben bewegen und ein Teil derselben sind. Daher sind die Tiere wie die Pflanzen unsere Mitgeschöpfe und haben wir dieselben als solche zu respektieren. Wir haben infolge dessen sittliche Verpflichtungen gegen die Tiere (in gewisser Weise sogar gegen die Pflanzen), und daraus folgt, dass jeder Mensch ein Tierschützer sein muss. Nützlich sowohl wie schädlich ist von Haus aus kein Tier, ein jedes hat im grossen Haushalte der Natur seinen Platz angewiesen erhalten, auf dem es sich seines Daseins freut und zur Erhaltung des grossen, schönen Ganzen das Seine beiträgt. Nützlich wie schädlich werden die Tiere erst, indem sie mit dem Menschen und seiner Kultur in liebsame oder unliebsame Berührung treten.«[113]

Theorien vom Gleichgewicht und von einer harmonischen Anordnung der Natur wurden indes als Argumente für einen utilitarischen wie auch einen ökologisch argumentierenden Vogelschutz ins Feld geführt: »Die Hauptaufgabe des Vogelschutzes, der sich nicht an das Utilitaritätsprinzip binden darf«, so etwa Werner Sunkel, »muß es daher sein, für die Erhaltung des Gleichgewichtes in der gesamten Natur zu sorgen.«[114] Vogelschutz, so dagegen der anti-utilitarische Standpunkt Ernst Harterts (1859-1933), dürfe nicht durch biologische Funktionen der Vögel, sondern müsse durch ethische Wertsetzungen begründet werden:

»Überhaupt ist die Frage, warum wir eigentlich den Vögeln Schutz gewähren wollen, nicht so leicht zu erledigen, wie es meist geschieht. Jeder Ornithologe, jeder Vogelschützer, wird dem Eisvogel, dem ›fliegenden Juwel‹ unserer Bäche und Ströme Schutz angedeihen lassen wollen, und auch ich habe ihn verteidigt in Wort und Schrift. Können wir ihm aber wirklichen Nutzen zuschreiben? Das ist unmöglich, wenn wir bei der Wahrheit bleiben wollen. (…) Haben wir doch den Mut zu sagen, daß wir die Vögel selbst wollen, daß wir sie schützen wollen um ihrer selbst willen, daß wir nicht wollen, daß die ganze Natur um unseres Geldbeutels und unserer ›Entwickelung‹ wegen einseitig werde. Gestehen wir nur ein, daß wir die Vögel aus ›ethischen‹ Gründen schützen wollen, und daß wir selbst solche, die ›schädlich‹ sind, nicht ganz missen wollen.«[115]

---

113 Karl Theodor Liebe: Zum Vogelschutz, in: Liebe 1893, S. 72f. Erstabdruck in: Ornithologische Monatsschrift, 16. Jg. (1891), S. 124-128.

114 Werner Sunkel: Die biologische Ornithologie als Grundlage des praktischen Vogelschutzes, in: Mitteilungen über die Vogelwelt, 10. Jg. (1910), S. 73.

115 Ernst Hartert: Einige Worte der Wahrheit über den Vogelschutz, Neudamm 1900, S. 20f.

4. Vom Verzehr zum Verzicht – Geschichte des Vogelfangs und eines modernen Nahrungstabus

In den vorangegangenen Kapiteln wurde die Geschichte des Vogelschutzes andeutungsweise rekonstruiert. Dabei sollten Traditionsstränge und mögliche Legitimationsgrundlagen deutlich werden. Die Vogelschutzbewegung erschien dabei als eine Transformationsagentur, die Natur(en) zivilisierte und in bewahrenswertes Güter verwandelte. Sie lieferte Begründungshilfen zur Klassifizierung schützenswerter Natur, problematisierte bestimmte Nutzungsformen und befragte Modernisierungsprozesse auf ihre Folgen für die natürliche Umwelt. Der Vogelschutz drang dabei auf moralische Einstellungen gegenüber Natur.

Die Moderne, so lautete eine These, auf welcher diese Arbeit basiert, ordnet ihre Naturbeziehungen, indem sie sich an den Polen radikaler Ausbeutung bzw. kaum weniger radikaler Anbetung orientiert. Bestimmte Vögel wandern dabei aus Nutzungsverhältnissen in die Sphäre einer Natur, welche mit Tabus belegt wird und erlangen einen kulturellen Status, der sie zu unantastbaren Geschöpfen macht. Wurde dieser Prozeß bislang nur in seiner Gesamttendenz angedeutet, so soll dies nun anhand eines im 19. und frühen 20. Jahrhundert hochemotional diskutierten Konflikts – dem Vogelfang zu Nahrungszwecken – en détail rekonstruiert werden. Warum schmecken uns heute weder gebratene Lerchen mit Äpfeln und Korinthen, noch eine deftige Suppe aus Meisen oder Krammetsvogelpasteten à la Rasauvienne, sondern rufen in der Regel Ekel und Abscheu vor einem unangemessenen Umgang mit Vögeln hervor? Warum verliert eine jahrhundertelang tradierte Praxis des Erwerbs, der Zubereitung und Einverleibung von Nahrung ihre Selbstverständlichkeit? Warum und wie kam jeglicher Geschmackssinn zumindest nördlich der Alpen für Lerchen in Aspik oder gebratene Buchfinken abhanden, ja jeglicher kulturelle Code, Singvögel überhaupt als Nahrungsmittel zu identifizieren? Mehr noch als die mittlerweile durch Natur- und Umweltschutzgesetze ausgeübten Fremdzwänge scheinen es die Selbstzwänge zu sein, welche Singvögel zu einem unmöglichen Essen machen. Sie indizieren, wie tief und fest die Vorstellung von Singvögeln als bewahrenswerten Geschöpfen kulturell verankert ist. Singvögel sind tabu, unantastbar. Tabus weisen in einer Kultur sakrale Sphären aus und trennen das Heilige vom Profanen. Sie sind internalisierte Wegweiser der sozialen Orientierung, verankern religiöse, soziale oder kulturelle Normen, sie erlauben und begrenzen Handlungsmöglichkeiten. Hiervon ausgehend soll im Folgenden gefragt werden, was dieser Verzicht auf eine traditionelle Speise für diese Kultur und ihre Beziehungen zur Natur bedeutet. Was sagt dieses Aussterben der Singvögel in der Kultur, ihre Wanderung aus dem Kochtopf mitten in die Herzen der Menschen, aus über die Beziehungen der Menschen zur Natur in der Moderne? Bewahren, dies soll diese Fallstudie aufzeigen, wurde in der Moderne nicht nur zu einer Option, welche das Handeln einzelner Gruppen und Institutionen diktiert oder als gesellschaftliche Aufgabe Bewahragenturen wie der Denkmalpflege, dem Naturschutz, der Volkskunde oder dem Museum überantwortet wird. Bewahren wird im Verhältnis von Mensch und Tier (Natur) zu einem kulturellen Deutungsmuster, das Alltagshandeln reguliert und moralische Einstellungen genauso wie kulinarische Sinneseindrücke diktiert. Psychogenetisch tief verankert im Affekthaushalt moderner Menschen wird es zur quasinatürlichen Einstellung.

4.1 Naturnutzung versus Naturbewahrung – die Etablierung eines modernen Nahrungstabus

Im Anschluß an die zweite Tagung deutscher Ornithologen im Herbst 1846 in Dresden, auf welcher der bereits zu Lebzeiten als Meister der deutschen Vogelkunde verehrte Johann Friedrich Naumann »Über den Rückgang der Vögel in der Mitte von Deutschland«[116] gesprochen hatte, besuchten Naumann und Eugen Ferdinand von Homeyer (1809-1889) den Vogelsammler Alexander Robert Baron von Loebenstein (1811-1855) auf dessen Gut in der Oberlausitz. 37 Jahre später verklärte Homeyer das Treffen des Trios und den Besuch eines Vogelherds als in intimer Gesellschaft erlebtes Finale einer hinabdämmernden Epoche, in welcher der Vogelfang ein weitgehend unkompliziertes und intaktes Verhältnis von nutzenden Menschen – in diesem Falle Wissenschaftler und Feinschmecker gleichermaßen – und genutzter Natur repräsentierte. Naumann und Homeyer hatten sich gewünscht, noch einmal einen Vogelherd aufzusuchen. Gastgeber von Loebenstein organisierte die Visite zu einer der letzten, von einem alten Mann betriebe-

116 Vgl. Naumann 1849.

nen Fanganlagen der Gegend. Versunken in Jugenderinnerungen, so erzählte Homeyer, sprach Naumann in »wenig Worten seine Freude aus, daß es ihm vergönnt sein solle, noch einmal in seinem Leben einen Vogelherd zu sehen.« Freilich, die Vogelstellerei schien damals schon einem vergangenen Zeitalter anzugehören, was den Vogelliebhabern spätestens sinnfällig werden sollte, als sie sich der Fanganlage näherten: »aber – in demselben Momente – war die Zugleine gerissen, und der Vogelsteller war schmerzlich berührt, daß dies geschah im Augenblicke, als der berühmte Naumann seine Hütte betreten sollte. Es war gleichsam ein Zeichen der verschwindenden Zeit. Ein hochbetagter Vogelsteller, ein noch älterer Gast, der letzte Vogelherd und das letzte Zeug.«[117]

Beobachtungen über den Rückgang der Vogeljagd waren Mitte des 19. Jahrhunderts nicht neu. Schon Johann Andreas Naumann, Vater des anhaltischen Ornithologen und Autor eines Handbuchs zur Vogelstellerei,[118] klagte 1818:

> »Die Zeiten haben sich zwar binnen meiner Laufbahn sehr verändert, die Menschen haben sich vermehret, die Vögel vermindert; (...). Wie dieses zugehet, lässet sich schwerlich erklären, da sie doch in unserer Gegend weit weniger nachgestellt werden. Denn vor 80 Jahren zählete man hier in einem Umkreise von 3/4 Stunden an die 20 gangbare Vogelherde, jetzt ist der meinige noch der einzige, der gestellt wird.«[119]

Ein unmittelbarer Zusammenhang zwischen der Vogelstellerei und dem Rückgang der Avifauna wurde allerdings meist abgestritten. Statt dessen machte etwa Johann Friedrich Naumann 1849 Modernisierung und Strukturwandel der Landwirtschaft verantwortlich für den Rückgang bestimmter Vogelarten und damit auch für den Rückgang der Vogelfängerei.

Demgegenüber bezeugen bereits im Mittelalter und in der Frühen Neuzeit in lokalen und regionalen Herrschaftsgebieten übliche Bemühungen, Vögel mit dem Instrument des Jagdrechts (Schonzeiten, Verbote einzelner Jagdtechniken u.a.) Schutz angedeihen zu lassen bzw. »nützliche« und seltene Vogelarten wie Meisen oder Nachtigallen menschlichem Zugriff zu entziehen, daß die Praxis des Vogel-

---

117 Eugen F. von Homeyer: Auch ein letzter Vogelherd. Eine Erinnerung aus alter Zeit, in: Ornithologische Monatsschrift, 8. Jg. (1883), S. 327.

118 Johann Andreas Naumann: Der Vogelsteller oder die Kunst allerley Arten von Vögeln sowohl ohne als auch auf dem Vogelheerd bequem und in Menge zu fangen, Leipzig 1789.

119 Johann Andreas Naumanns meistens selbst erfundene Fallen und Fänge zum Vogelstellen. Vom Verfasser des Vogelstellers und der Naturgeschichte der Land- und Wasser-Vögel des nördlichen Deutschlands als Ergänzung zu diesen Werken am Lebensabend niedergeschrieben. Nach einem Originalmanuskript von 1818 erstmals herausgegeben von Ludwig Baege und Johannes Neumann, Köthen 1989, S. 11f.

fangs und der Rückgang einzelner Vogelarten in Zusammenhang gebracht wurden.[120] Der Rotenburger Rentschreiber Johann Conrad Aitinger (1577-1637) etwa plädierte für Nachhaltigkeit bei der Bejagung von Vögeln, so daß die Populationen sich regenerieren und auf lange Sicht hin stabil bleiben konnten. Deshalb inkriminierte er den Frühjahrsfang zur Brutzeit:

»Aber daß Frühlingszeiten die Herrschafft im Widerflug das Gefieder zu rechter Zeit hegen/ damit es sich wiederumb erjungen und vermehren kan/ solches ist sehr hochnöthig/ sonderlich daß der böse Gebrauch/ so sich fast allenthalben in diesen Landen ereygnet, mit Zerstörung der Nester/ Eyer/ und doch kaum halbwachsenden und gantz federlosen Vögelein Aushebung/ ja manchmal Ergreiffung der alten Vögel ober den Eyern und Nestern/ welches doch Gott der Allmächtige hiebevor im Alten Testament Deuteron. 22.cap.v.6. hart verbotten/ fleissig abgeschafft und bestrafet würde/ welches müssige Leute und Knaben/ oder auch wol die Hirten umb eines geringen Gewinsts wegen/ an die Hand nehmen/ und Herbstzeit die Striche damit sehr verderben.«[121]

Auch der Pfarrer Johann Heinrich Zorn (1698-1748), einer der führenden Ornithologen des 18. Jahrhunderts, ächtete in seiner »Petino-Theologie« den Fang während der Brutzeit. In der frühaufklärerischen Tradition der Physikotheologie, nach der die natürliche Welt ein Werk des Weltenbaumeisters ist und ihre Bewohner seine Geschöpfe sind, ging der Geistliche mit seinen Restriktionsvorschlägen noch weiter. Zorn plädierte für ein Verbot des Eiersammelns und Nesterausnehmens und erachtete den Vogel als schmerzempfindendes Wesen, dem Mißhandlungen und Quälereien zu ersparen seien.[122]

---

120 Zahlreiche Beispiele solcher Rechtsbestimmungen aus Mittelalter und Früher Neuzeit finden sich in der von Rudolf Hermann bearbeiteten Darstellung der Vogelschutzgeschichte in Hennicke 1912, S. 321-368. Vgl. auch Barthelmeß 1981, S. 63-77.

121 Johann Conrad Aitinger: Kurzer und einfältiger Bericht vom Vogelstellen. Jetzo auffs new mit Fleiß übersehen und vermehret, Cassel 1653, Vorrede. Zu Aitinger vgl. Kurt Lindner: Deutsche Jagdschriftsteller. Biographische und Bibliographische Studien. Teil 1, Berlin 1964, S. 15-58. Aitingers vielfach aufgelegtes Buch genoß bis Mitte des 18. Jahrhunderts den Rang des deutschsprachigen Vogelfang-Klassikers und wurde z.B. von Caspar Schröder, Ferdinand Adam Freiherr von Pernau oder Hans Friedrich von Fleming abgeschrieben oder als Grundlage modernisierter Adaptionen herangezogen.

122 Johann Heinrich Zorn: Petino-Theologie oder Versuch, Die Menschen durch nähere Betrachtung der Vögel Zur Bewunderung, Liebe und Verehrung ihres mächtigsten, weisest- und gütigsten Schöpfers zu ermuntern, Zweyter Theil, Schwabach 1743, S. 646-679. Weitere Vorschläge für Jagdrestriktionen finden sich im III. Teil, 17. Capitel von Heinrich Wilhelm Döbel: Neueröffnete Jäger-Practica. Oder der wohlgeübte und Erfahrne Jäger, Leipzig 1754, S. 120f: »Wahre Ursachen, warum die Wild-Bahnen an vielen Orten, da doch gute Gelegenheit sich dazu findet, nicht so starck vermehret werden, und warum vom Feder-Wildprete und der Vögel fast an allen Orten ietzo weniger, als wie sonst, nur noch vor 30 Jahren, zu finden«.

Homeyers wehmütiger Abgesang auf die Vogeljagd betraf allerdings einen grundsätzlichen Vorgang im Verhältnis mitteleuropäischer Menschen zu den Vögeln. Innerhalb weniger Generationen wurde der Vogelfang im 19. Jahrhundert nicht nur so gut wie bedeutungslos. Singvögel wurden als menschliche Nahrung tabuisiert; der Primat des Bewahrens triumphierte über jenen des Nützens. Wie überall in den protestantisch geprägten Nationen Europas starben gebratene Krammetsvögel, Steinschmätzer, zur Verarbeitung in Pastetenform vorgesehene Finken oder für Suppen zubereitete Meisen in deutschen Küchen aus. Aus potentiellen Fleischgerichten wurden gefiederte Freunde. Jetzt wurden Tötung und Einverleibung dieser gleichermaßen nützlichen und schönen Tiere mit Ekel und Abscheu belegt. Ja, mehr noch: Das Essen von Lerchen oder Finken konnte bereits um 1900 problemlos zur Diskursivierung kultureller Differenzen herangezogen werden. Ludwig Reinhardt maß 1912 in seiner »Kulturgeschichte der Nutztiere« das kulturelle Evolutionspotential eines Volkes an seinem Umgang mit Vögeln. Die Deutschen als »feinfühlig gewordene Kulturmenschen«, so Reinhardt, würden die Vögel aus Liebe und aus Respekt am Leben lassen.

»Anders die gefühlsrohen, noch von der römischen Kaiserzeit an Blutvergießen und Tierquälerei nicht nur keinen Anstoß nehmenden, sondern sich vielmehr noch daran erfreuenden Romanen, die diese kleinen Leichname gerupft, an dünnen Weidenruten aufgezogen, auf den Markt bringen und ihren Volksgenossen gegen geringes Entgelt zum Braten und Verspeisen mit einer Reis- oder Maisspeise verkaufen. (...) Es ist eigentlich eine Schande, daß solche Leckerei in einem sonst so hochstehenden Kulturstaate heute noch geduldet wird.«[123]

Auch andere, wie Friedrich Arnold, befanden um 1900, daß Fang und Verspeisung von Singvögeln wohl definitiv ausgestorben seien: »Die verwerflichste, vernichtendste Art des Singvogelfanges, der Massenfang für die Küche, ist in Deutschland ausgerottet, steht aber ringsherum in der scheußlichsten Vollendung.«[124] Noch freilich war zu diesem Zeitpunkt der Ausscheidungsprozeß aus dem Kanon der Nahrungsgewohnheiten nicht vollständig abgeschlossen, wie denn auch Ludwig Reinhardt konstatieren mußte. Daß ausgerechnet sein Staatsoberhaupt ein schlechtes Beispiel in Sachen Tierliebe abgab und sich gerne an »›Lerchen in Aspik‹ als eine Glanznummer des Frühstücksprogramms unserer Schlemmer« labte, mißfiel Reinhardt:

»Der deutsche Kaiser Wilhelm II. ist ein besonderer Verehrer dieser feinen Bissen und die dazu nötigen Lerchen fangen und liefern ihm als besonderes Privileg die Halloren in die kaiserliche

123 Ludwig Reinhardt: Kulturgeschichte der Nutztiere, München 1912, S. 656.

124 Friedrich Arnold: Die Vögel Europas, Stuttgart 1897, S. LXIV.

Küche. Wenn solches auch bei uns an tonangebender Stelle geschieht, so haben wir keine Ursache, den Romanen ihre Grausamkeit und Herzlosigkeit vorzuwerfen, daß sie solch edle Sänger einem solch schändlichen Lose opfern. Auch die Tatsache, daß die Lerchen gut schmecken, entschuldigt nicht die Brutalität, die in ihrem Verspeisen liegt.«[125]

Ein renommiertes Jagdlexikon wies dem Vogelfang bereits während des Kaiserreichs fast keine Bedeutung mehr zu, was allerdings auch einem zentralistischen Blick geschuldet war, der regionale Sonderentwicklungen ausblendete:

»Einerseits veränderte Geschmacksrichtung, andrerseits Abnahme des zu fangenden Federwildes, endlich veränderte Anschauungen über den Wert der kleineren Vögel im Naturhaushalte haben ihn in Deutschland ganz verschwinden lassen, während er in Italien noch heute ausgeübt wird. (…) Gegenwärtig ist bei uns der V. nur noch im kleinen und im geheimen bei Vogelstellern zum Zwecke des unbefugten Einfangens von Singvögeln im Gebrauch und für den Jäger ohne Bedeutung.«[126]

Erst diese Ausscheidung der Singvögel aus dem Repertoire tradierter Nutzungsformen machte nun die Diskursivierung kultureller, konfessioneller und nationaler Differenzen über die Frage, wie Vögel zu behandeln seien, möglich. Die Identität einer Nation und die Differenz zu anderen Nationen konnten nun über den Verzehr bzw. Nicht-Verzehr verhandelt werden; das sich im Umgang mit Singvögeln manifestierende Verhältnis zwischen Mensch und Tier geriet zum Signum des erreichten Standes kultureller Evolution und untrüglichen, gleichsam naturhaften Kennzeichen des Nationalcharakters. Es fehle, so der Reichstagsabgeordnete Fuhrmann in der Debatte um das Reichsvogelschutzgesetz am 10. Januar 1908, »dem italienischen Volke, das doch so viele uns sympathische Charakterzüge hat, völlig das Gefühl des Mitleids und des Erbarmens mit dem Tiere.« Fuhrmann weiter:

»Auch in diesem hohen Hause von dieser Stelle aus sollten wir es der befreundeten Nation einmal in der Offenheit sagen, dass wir es gerade bei dem italienischen Volke, dem die Worte Humanität und Zivilisation doch immer so leicht auf die Lippen kommen, und das manchmal die Alpen als eine Grenze zwischen südlicher Kultur und nördlicher Halbbarbarei ansieht – dass wir es gerade bei dem Volke Dantes doppelt bedauern, dass es eine so eingewurzelte alte Volksunsitte nicht abschütteln kann. (…) So wie die Dinge aber heute in Italien liegen, möchte ich meinen, dass einzig und allein vielleicht die niedere Geistlichkeit in Italien imstande wäre, hier einen gewissen Einfluss auszuüben, und da möchte es eine schöne Aufgabe der Herren vom Zentrum sein, wenn

125 Reinhardt 1912, S. 657. Halloren, die Arbeiter der Salzsiedereien in Halle, waren in einer Brüderschaft organisiert und genossen nach einem Privileg von 1716 Sonderrechte beim Fischen und Vogelstellen. Vgl. Anmerkungsapparat zu Naumann 1989, S. 74 u. 76.

126 Art. Vogelherd, in: Hermann Fürst (Hrsg.): Illustriertes Forst- und Jagdlexikon, Berlin 1888, S. 737.

sie ihre Beziehungen in dieser Richtung nutzbringend verwerten möchten. Ich möchte wünschen, dass die Herren auf einem ihrer vielen Romzüge doch ein gutes Wort etwa im Vatikan einlegen möchten. (Heiterkeit)«[127]

Hier allerdings soll das Singvogelessen als symbolischer Operator für kulturelles Andersmachen nur von sekundärem Interesse sein.[128] Die Aufmerksamkeit gilt primär der Entstehung und Etablierung dieses modernen Speisetabus. Es soll der Frage nachgegangen werden, unter welchen Bedingungen sich dieses Nahrungstabu etablieren konnte. Rekonstruiert werden dabei jene Faktoren, die es ermöglichten, Singvögel einer Natur zuzuweisen, die gesellschaftlichen Nutzungsverhältnissen entzogen werden konnte, und damit geht es auch um die übergeordnete Frage, welche Naturen sich denn eigentlich in modernen Gesellschaften zum Bewahren eignen. Die Rede ist also gleichermaßen von Grausamkeit und Mordlust, bürgerlichen Gefühlen, von Ernährung, Geschmackslandschaften und der Ordnung des Eßbaren, von den aufklärerischen Verdikten der Nützlichkeit und Schädlichkeit und nicht zuletzt von kulinarischer Moral.

Klaus Eder weist Nahrungstabus sowohl in »primitiven« wie in komplexen Gesellschaften die Funktion zu, tragende Strukturen der Gesellschaft sichtbar zu machen. »Eßtabus sind nicht irgendein beliebiger Fall für die symbolische Ordnung der Gesellschaft. Sie gehören vielmehr zu jenen Symbolisierungen, die das Problem des materiellen Überlebens dazu benutzen, um das Nichtmaterielle denkbar zu machen.«[129] Eder reduziert jedoch in seinen Studien zur Vergesellschaftung der Natur die Funktion von Eßtabus auf eine kulinarische Moral und bettet die Tabuisierung tierischer Nahrung in eine Theorie der moralischen Evolution: »Eßtabus sind kulturell tiefsitzende und zugleich emotional hochbesetzte Eßverbote. Sie drücken ein kollektives moralisches Gefühl oder moralisches Empfinden aus, das vor allem moralischem Bewußtsein bereits besteht. Als Eßtabus bezeichnen wir eine kollektiv geteilte Abscheu, das Fleisch bestimmter Tiere zu essen.«[130] Mit Moral alleine scheint das Phänomen eines Prozesses, in dessen Verlauf die Tötung und Einverleibung bestimmter Tierarten fragwürdig, endlich nicht nur aus rationalen Gründen abgelehnt, sondern zudem mit Ekel, Abscheu und Emotionen besetzt wurde, nicht hinlänglich beschreibbar. Warum sind ausgerechnet

---

127 Zit. n.: Das Vogelschutzgesetz im Reichstage. Sitzung vom 10. Januar, in: Ornithologische Monatsschrift, 33. Jg. (1908), S. 156.

128 Vgl. Reinhard Johler: Vogelmord und Vogelliebe. Zur Ethnographie konträrer Leidenschaften, in: Historische Anthropologie, 5. Jg. (1997), Heft 1, S. 1-35.

129 Eder 1988, S. 111.

130 Ebda., S. 104.

Singvögel von diesem Tabuisierungsprozeß betroffen und nicht irgendwelche andere jagdbaren Tierarten wie Schnepfen oder Entenvögel, warum nicht Nutztiere, Hasen, Rehe, Hirsche oder Wildschweine?

Wenn unter Eßtabus »kulturell tiefsitzende und zugleich emotional hochbesetzte Eßverbote« verstanden werden, so ist im Fall der zu Speisezwecken genutzten Singvögel zu fragen, was diese denn dazu prädestiniert, innerhalb kürzester Zeit mit einem solchen Verbot belegt zu werden. Ihr Fleisch war dasselbe geblieben, aber Lerchen und Krammetsvögel schmeckten nun offenbar anders. Was hatte sich in einer Gesellschaft verändert, in der Drosseln, Finken und Grasmücken geschont und nicht mehr verspeist wurden? Wie gelang es, ein Speiseverbot, das auf keinerlei religiösen Traditionen fußte, zu einer allgemeinen Verhaltenskonvention zu machen, deren Verletzung mit Mißbilligung und Sanktion beantwortet wurde? Welches sind die Kollektive, die diese Abscheu empfinden? Sind es, wie Eder suggeriert, homogene Kulturen oder vielmehr einzelne soziale Gruppen mit kulturellen Hegemonieansprüchen? Wer macht das Fleisch von Vögeln wem madig, und mit welchen Argumenten treten die Agenten des Speiseverbots auf – als Anwälte der Natur und der Vogelwelt, als Sprecher der Menschlichkeit oder der Wissenschaft? Vor allem aber: Warum konnte dieses Speisetabu in mittel- und nordeuropäischen, vor allem protestantisch geprägten Kulturen etabliert werden, nicht aber in südeuropäischen Nationen? Sind es allein Gründe der Moral, oder ist es nicht statt dessen ein komplexes Geflecht aus unterschiedlichen Impulsen, die innerhalb kurzer Zeit ein kulturelles Verbot wirksam werden lassen? Es soll also rekonstruiert werden, wann ein Problembewußtsein über das Töten und Essen entsteht und mit welchen Argumenten für die Etablierung neuer Normen gestritten wird. Dabei soll nicht nach vermeintlichen Kausalitäten gefragt werden, sondern nach Faktoren, die innerhalb eines historischen Prozesses die Möglichkeit entstehen ließen, den Primat des ökonomischen Nutzens von Vogelfang und Vogelverzehr zu erschüttern und ihn durch den Primat des Bewahrens, wie auch immer dieser begründet wurde, zu ersetzen. Heute jedenfalls zählen Fang und Verzehr zu ausgestorbenen Aneignungsformen, Kulturtechniken und Ernährungsgewohnheiten, an die nur mehr vereinzelte Redewendungen (wie etwa »auf den Leim gehen«) oder Flurnamen (»Vogelherd«, »Meisenhütte« oder »Finkenherd«) erinnern.

4.2 Skizzen zur Geschichte des Vogelfangs in Deutschland

Vogelleim und Dohnenstieg – Das kleine Weidwerk und seine Fangtechniken

Der kulturelle Stellenwert des Vogelfangs[131] im vormodernen Leben wird in seinem jagdrechtlichen Sonderstatus deutlich: Als »kleines Weidwerck«[132] stand er im Gegensatz zu anderen Jagdarten seit dem Mittelalter auch außeradeligen Bevölkerungsgruppen offen. Während die Ausübung der allgemeinen Jagd im Zuge der Territorialstaatsbildung bis zur Neuordnung der Jagdrechte 1848 als »Herrenjagd« zum Privileg des Adels geworden war, konnte der Vogelfang als Bestandteil der »Niederen Jagd« auf eigenem Grundbesitz bzw. mit Einwilligung von Grundbesitzern zumindest potentiell von jedermann betrieben werden.[133] Diese jagdrechtliche Sonderstellung ließ den Vogelfang zur Angelegenheit von zwei sozialen Gruppen werden und sorgte tendenziell für die Ausbildung zweier unterschiedlicher Jagdkulturen: Der von ökonomischen Kriterien diktierte bäuerliche Massenfang hatte wenig gemein mit dem ostentativ nicht-nützlichen Vogelfang des Adels. »Mancher armer Tagelöhner sucht damit sein Brod zu verdienen, und mancher Reiche verschafft sich dadurch die schönste Gemüthsergötzung«, beschrieb Johann Andreas Naumann die sozio-kulturelle Dichotomisierung des Vogelfangs.[134] Er wurde einerseits zumeist vom niederen Adel ausgeübt, verlor aber seit dem Mittelalter als Jagdkunst kontinuierlich an Attraktivität, denn der bäuerliche Zugang zur Vogeljagd bedeutete für den Adel eine permanente Gefährdung seiner sozialen Exklusivität. So profitierten andererseits bäuerliche Schichten von der Jagdmöglichkeit, die nicht nur in den Knappheitsökonomien zur Selbstversorgung beitrug, sondern in einzelnen Regionen auch nennenswerten Handel – z.B. mit den noch nach 1900 weithin gerühmten »Leipziger Lerchen«, die vor allem nach Berlin und bis Paris versandt wurden – entstehen ließ.

Das Aufkommen der Jagd mit Schußwaffen im 18. Jahrhundert ließ zwar einerseits den mit Netzen, Fallen und an Vogelherden betriebenen Vogelfang an Bedeutung einbüßen, ermöglichte aber andererseits die Bejagung von Singvögeln mit

---

131 Einen Überblick liefert Friedrich Ludwig Walther: Grundlinien der teutschen Forstgeschichte und der Geschichte der Jagd, des Vogelfangs, der wilden Fischerei und der Waldbienenzucht, Gießen 1816, S. 131-140.

132 So z.B. bei Aitinger 1653, Vorrede oder Döbel 1754, Vorbericht.

133 Zum Vogelfang in den Jagdordnungen zwischen Mittelalter und Neuzeit vgl. Dietrich Stahl: Wild. Lebendige Umwelt, Freiburg u. München 1979, S. 20-27. Die rechtlichen Regelungen sind lokal und regional zu heterogen, als daß sie hier eingehender referiert werden könnten.

134 Naumann 1789, S. 3.

der Flinte, deren Weidgerechtigkeit und Effektivität allerdings in der Etablierungsphase der Jagdwaffen immer wieder angezweifelt wurde.[135] Das Repertoire praktizierter Fangmethoden reichte von subtilen Techniken, die auf den Fang von Einzelvögeln zielten, bis hin zum Massenfang mit Fallen, Netzen und Garnen.[136] Insbesondere Fangtechniken, bei denen der Tod der Vögel nicht sofort eintrat oder die keine konkrete Verfolgung spezifischer Arten zuließen, gerieten im 19. Jahrhundert ins Visier von Vogel- und Tierschützern. Umstritten war früh der Fang mit Leimruten[137] oder der Dohnenstieg. Bei dieser Fangart mit Schlingen aus Pferdehaar, die vor allem auf Krammetsvögel[138] zielte, erhängten sich die gefangenen Tiere oder sie brachen sich Flügel bzw. Beine, so daß sich der Prozeß des Sterbens über längere Zeiträume hinzog. Auch andere Fangtechniken wurden bereits vor 1800 zuweilen als grausam geächtet, wie etwa die Jagd mit Sprenkeln, die aus elastischen Ruten mit Schlingen bestanden oder der Fang mit geblendeten Lockvögeln. Der klassische Ort des Vogelfangs freilich war der Vogelherd, eine stationäre Fanganlage mit Netzen, gepflanztem Buschwerk und einer Hütte, deren Standort meist nach dem Zugverhalten von Vögeln gewählt wurde. Weniger gängig war der Fang mit Ködern.[139]

---

135 Z.B. Hans Friedrich von Fleming: Der Vollkommene Teutsche Jäger, Leipzig 1719, S. 341: »Ob wohl das Lauff- oder Flug-Schiessen dem Feder-Wildpräth schädlich, und mehr für eine Lust, als Menage zu halten; Weil öffters viel Vögel getroffen, so nicht gleich fallen, und dennoch unnütz verderben müssen, (...) so ist es dennoch an sich selbst eine schöne, und herrliche Wissenschaft, darinnen absonderlich die Franzosen trefflich geübt den Ruhm haben, und vor diesem allhier zu Lande gantz unbekant gewesen.«

136 Das nach Jagdobjekten und lokalen Jagdgewohnheiten differenzierte System an Fangtechniken kann hier nur angedeutet werden. Grundlegend zur jagdtechnischen Systematik Werner Sunkel: Der Vogelfang in Wissenschaft und Vogelpflege, Hannover 1929. Die Arbeit enthält auch Angaben zur wichtigsten Vogelfang-Literatur sowie einen Überblick über die gesetzlichen Bestimmungen zur Vogeljagd im ersten Drittel des 20. Jahrhunderts. Vgl. auch Sigrid Schwenk: Zur Terminologie des Vogelfangs im Deutschen. Eine sprachliche Untersuchung auf Grund der didaktischen Literatur des 14. bis 19. Jahrhunderts, Diss., Marburg 1967 sowie Dies.: Vogelfang, in: Lexikon des Mittelalters, Bd. 8, München 1997, Sp. 1810.

137 Der Leim, durch den die Vögel kleben blieben, wurde aus dem Saft der Mistel gewonnen.

138 Die Bezeichnung Krammetsvogel diente oft als Sammelbegriff für mehrere Drosselarten, zielte meist jedoch auf die Wacholderdrossel (Turdus pilaris), die erst im 19. Jahrhundert ihre Brutgebiete von Nord- und Osteuropa auf Mitteleuropa ausdehnte, wo sie bis dahin nur auf dem Zug vorgekommen war. Ihr Fleisch wurde geschätzt, weil es das Aroma der Wacholderbeeren als herbstliches Hauptnahrungsmittel aufwies.

139 Vgl. etwa Hohberg, Wolf Helmhard von: Georgica Curiosa Aucta. Oder: Des auf alle in Teutschland übliche Land= und Haus=Wirthschafften gerichteten hin und wieder mit vielen untermengten raren Erfindungen und Experimenten versehenen auch einer mercklichen An-

Die Profession der Vogelstellerei gewährleistete kaum die ökonomische Basis zu einer eigenständigen Existenz. Sie wurde in der Regel von bäuerlichen Schichten als saisonaler Nebenerwerb vor allem während der herbstlichen Zugzeit betrieben, wobei der materielle Ertrag des Vogelfangs regional unterschiedlich ausfiel. Er schien dort am höchsten, wo die anderen agrarischen Ressourcen knapp waren, so etwa im Harz, in Ostpreußen, Thüringen oder auf einigen Nordseeinseln, wo sich differenzierte Techniken, regionale kulinarische Kulturen und nennenswerte Handelsmärkte ausbildeten. Für die Fleischversorgung hatte die Vogeljagd im 19. Jahrhundert nur noch regionale Bedeutung, obgleich dies noch 1855 von Christian Ludwig Brehm im letzten großen Werk der deutschsprachigen Vogeljagdliteratur unterstrichen wurde:

»Ueberdieß ist der Vogelfang auch vorteilhaft; er liefert uns eine sehr gesunde, nahrhafte und wohlschmeckende Speise, welche auf dem Lande um so höher anzuschlagen ist, je weniger man daselbst an vielen Orten Gelegenheit hat, frisches Fleisch ohne große Kosten zu erlangen. Auch aus diesem Grunde ist der Vogelfang für den Landwirth von Wichtigkeit, und in vielen Gegenden ein nicht unbedeutender Erwerbszweig.«[140]

Romantisierung und Barbarisierung – ambivalente Bilder vom Vogelsteller

Das Verzehren von Singvogelfleisch verlor im 19. Jahrhundert an Selbstverständlichkeit und wurde kulturell ambivalent codiert: Entweder genossen Lerchen, Drosseln und Finken den Rang exklusiver Delikatessen oder aber sie waren als Arme-Leute-Mahlzeiten stigmatisiert. Dieselbe ambivalente Prägung wies auch das öffentliche Bild des Vogelstellers auf. Nachdem dessen Handwerk als zünftig geachtet war, erfuhr sein Bild nun einerseits, ähnlich wie jenes des Wilderers, eine Romantisierung. Andererseits galt der Vogelsteller als diebisch, unzivilisiert, instinktgeleitet und brutal; seiner Profession haftete aus bürgerlichem Blickwinkel der Ruch des Illegitimen an:

---

zahl Kupffer weiter vermehrt und gezierten Adelichen Land= und Feld=Lebens Anderer Theil, Nürnberg 1716. Capitel CLVIII, S. 851: »Wie die Vögel mit truncken-machenden Gästen gefangen werden«; Hohberg warnte allerdings davor, mit Giftködern gefangene Vögel zu essen. Demgegenüber bejahte Abraham Friedrich Kraft in seinem Tractat über das Ungeziefer die Nutzung von vergifteten Vögeln zu Nahrungszwecken, weil zunächst durch den Tod des Vogels und dann durch seine Zubereitung das Gift seine Wirkung verliere.

140 Christian Ludwig Brehm: Vollständiger Vogelfang, Weimar 1855, S. 1.

»Der Vogelfang bildet, als Ganzes betrachtet, eine eigene zünftige Kunst und zwar in frühern Zeiten, bei der geringen Rücksicht auf Wald- und Holzzucht, in manchen Gegenden von nicht geringer Bedeutung, mitunter auch zum Verderben der niedern Jagd, wenn der Jäger nicht überall seine Augen hat, und nebenbei ein Deckmantel für allerlei Gaunerei. Haben andere Verhältnisse heutzutage den Vogelfang minder bedeutend gemacht, so wußte auch die überall geordnete Staats-, Forst- und Jagdpolizei den größten Theil seiner Schädlichkeit ihm zu entziehen, überhaupt ihn mannichfach zu beschränken, und es giebt jetzt ganze Länder, wo er nur einzeln und lediglich zum Vergnügen geübt wird.«[141]

Einerseits symbolisierte der Vogelfang als leicht zugängliche Jagdform die einst uneingeschränkten Nutzungsrechte an Natur und damit jene scheinbar uralte bäuerliche Freiheit, die durch die Herrschaft des Adels beendet worden war. Er konservierte also Tradition und erinnerte an eine Rechtskultur, der aus bäuerlicher Perspektive getrost mehr Gerechtigkeit und Freiheit zugesprochen werden konnte. Der Lebensraum des Vogelstellers war der Wald als einstmals herrschaftsfreies Terrain und symbolischer Ort bäuerlicher Selbstbestimmung und bäuerlichen Gemeinschaftsgefühls. Die Versenkung in das Naturgeschehen durch Beobachten und die Einübung von Fertigkeiten schienen im Sinne einer in Gottes freier Natur geschulten Persönlichkeitsbildung vorbildlich, denn all dies erforderte ein hohes Maß an Selbstkontrolle.

Lange bevor der Vogelfang selbst moralisch problematisch werden sollte, wurde dem Vogelsteller jedoch aus eben diesen Gründen auch Zwielichtigkeit zugeschrieben. Daß er seine Profession unkontrolliert im Wald ausübte, verlieh seinem Handwerk zumindest potentiell den Ruch des Illegitimen. Der einsame Gang in die Natur verhieß auch Selbsthingabe und eine Bedrohung rationaler und moralischer Lebensführung. Folgerichtig betrafen frühe Verbote von Jagd und Vogelfang im Mittelalter die Geistlichkeit, deren Selbstverständnis von Heiligkeit nicht mit der Praxis der Vogelstellerei vereinbar schien, auch wenn Kritiker wie Johann Heinrich Zorn gegen Verbote[142] angingen:

141 Vogelfang, in: Meyer's Conversations-Lexicon, 14. Bd., Hildburghausen 1852, S. 240f.

142 Zu den in den kanonischen Gesetzen erlassenen Jagdverboten vgl. Kurt Lindner: Die Jagd im frühen Mittelalter, Berlin 1940, S. 411-425. Demnach wurden solche erstmals auf der Synode zu Agde im Jahre 506 ausgesprochen. Sie sind bis ins 12. Jahrhundert häufig, später seltener Gegenstand von Synodal- und Konziliumsbeschlüssen. Sie stehen in Zusammenhang mit Vorstellungen, die affektbesetzte Jagd gefährde eine dem Klerus angemessene Lebensführung, durch die Reinheit verkörpert werden soll. Die Häufigkeit, mit der diese Verbote erneuert wurden, läßt darauf schließen, daß sie regelmäßig übertreten wurden. Die kirchliche Jagdkritik argumentierte zudem mit dem Hinweis auf den hohen materiellen Aufwand für die Jagd, wodurch materielle Zuwendungen für Arme verunmöglicht würden. Für Laien galt die Jagd zu Ernährungszwecken als unproblematisch, nicht aber jene Techniken, die sportliche,

»Es ist aber ganz ein anders, wenn ein Prediger, mit Erlaubnus seines Landes-Herrn, ohne Versäumnus in seinem Amte; ohne Aergernus seiner Gemeinde, und zum Behuff seiner Gesundheit, ia auch zu seiner Gemüths-Ergötzung, überhaupt aber den Schöpfer in diesen angenehmen Geschöpfen, nach seiner Weisheit, Macht und Güte zu erkennen, und andern anzupreissen, manchmal ein ruhiges Stündlein der Lust des Vogelfanges geniesset, da die Sache selbst, in seiner Mass und Ordnung, unschuldig, und denen Reinen, rein; das aber was dabey ärgerlich und sündlich seyn kan, von desselben Missbrauch herrühret.«[143]

Die Profession der Vogelstellerei setzte die Ausübenden permanent potentiellen Gefährdungen durch ihre Triebnatur aus. In der Literatur des 18. Jahrhunderts wurde dieses Spannungsfeld zwischen rationaler Lebensführung und den dieses bürgerliche Ideal bedrohenden Leidenschaften thematisiert. Lust am Töten und Quälen der Kreaturen, Sich-Verlieren oder der Vogelfang als Sucht, welche bei exzessiver Praxis die materielle Lebensgrundlage bedroht, sind Gefährdungen, die nur durch ein außergewöhnliches Maß an Selbstkontrolle gebannt werden können:

»Da auch manche sich von einem eingebildeten Vergnügen dahin reisen lassen, der Vogel-Jagd, oder dem Vogelfang allzusehr obzuliegen, so geschieht es mehrmals, daß darüber die edle Zeit verdorben, und andere nöthigen und nützlichen Geschäfften entzogen wird. Mir kommt nicht zu von den Hohen in der Welt zu reden, die von GOtt zur Beherrschung ihrer Länder und Unterthanen verordnet sind, daß manche derselben ihre höchst wichtige Regierungs Geschäffte, bey einer übermäßigen Begierde der Vogel-Jagd, öffters beyseits setzen, wodurch ihren Landen und Unterthanen mancher Nachtheil zuwächset, wie von dem Kayser Heinrich, dem Finkler, vorgegeben wird (...). Wir reden überhaupt von allen, die dieser Lust, oder vielmehr ihrer selbst dabey mißbrauchen. Was insonderheit von den Schülern, von Alters her, Sprich-Worts-weise gesagt wird: Fischfangen und Vogelstellen, verderben manchen guten Gesellen: das erstrecket sich weiter, als nur auf diese, nemlich auf alle, die der Lust des Vogelfangs mißbrauchen, ihren ordentlichen Beruff darüber an den Nagel hängen, und gleichsam Tag und Nacht auf solch ihr vermeintes Vergnügen verwenden.«[144]

---

affektive und zerstreuende Motive offenbarten. Später wurde das Weidwerk in die venatio clamorosa, die laute Jagd, und in die venatio placida, die stille Jagd, unterschieden, wobei die Beizjagd mit Greifvögeln sowie der Vogelfang zu venatio placida zählten, die für die Geistlichkeit erlaubt war. Zur Jagdkritik als Hofkritik vgl. Klaus Schreiner: Hof (curia) und höfische Lebensführung (vita curialis) als Herausforderung an christliche Theologie und Frömmigkeit, in: Gert Kaiser u. Jan-Dirk Müller (Hg.): Höfische Literatur, Hofgesellschaft, höfische Lebensformen um 1200, Bielefeld 1986, S. 67-139. Allgemein zur Jagdkritik vgl. Thomas Szabó: Die Kritik der Jagd. Von der Antike zum Mittelalter, in: Werner Rösener (Hrsg.): Jagd und höfische Kultur im Mittelalter, Göttingen 1997, S. 167-230. Als Beispiel für eine Auseinandersetzung aus dem 17. Jahrhundert vgl. das in mehreren Auflagen erschienene Werk Felice Spitzio: Tractatio Juris Canonici de Clerico venatore, Vom Rechte Der Geistlichen zu Jagen, Halle 1735 [1687].

143 Zorn 1743, S. 671.

144 Zorn 1743, S. 666f.

Der Vogelfänger erscheint so in hohem Maße ambivalent, denn die Grenze zwischen notwendiger Selbstkontrolle und möglichem Kontrollverlust erscheint in diesem Zeitraum nicht als stabil, sondern als permanent gefährdet. Beide Bilder des Vogelstellers sind möglich: Hie der vorbildliche Vogelfänger, der Beobachtungsgabe, List, Klugheit, Geduld und Wissen im Umgang mit der Natur schult und selbstverantwortlich mehrt – da der selbstverlorene, brutale und seinen Leidenschaften hingegebene Rohling.

Als besonders gefährdet müssen Gruppen erscheinen, von denen die Internalisierung einer rationalen Lebensführung und damit die Fähigkeit zur Affektkontrolle nicht per se erwartet wurde. Tatsächlich war die Vogelstellerei eine populäre Beschäftigung männlicher Jugendlicher, die aus dem Blickwinkel der Pädagogik um 1800 ambivalent erscheinen mußte. Zum einen konnte sie durchaus in einer Erziehung, die auf Körperschulung und anschaulichen naturwissenschaftlichen Unterricht vor Ort setzte, zum geeigneten pädagogischen Instrumentarium geraten. So hieß es 1798 im Vorwort von »Der kleine Vogelfänger« über die Knaben:

»Es ist besser, sie lauschen schon vor Tage im kalten Vogelherde, als die Mittagssonne belauscht sie wachend in den warmen Federbetten. In allen diesen Fällen wird es keinern besondern gymnastischen Übungen und Stunden, welche nicht Jedermanns Sache, und auch die meinige nicht sein können, bedürfen. Es wird dann Gelegenheit genug geben, zu allen Tageszeiten und Stunden, auf die ungezwungendste, ungesuchteste und natürlichste Weise von der Welt die Leibeskräfte zu üben, den Körper abzuhärten und ihm vielerlei Geschicklichkeiten und Stärke zu verschaffen.«[145]

Andererseits zielte genau diese Pädagogik im Umfeld der Philantropie auf Zivilisierung und Ausbildung bürgerlicher Tugenden, weshalb denn auch der verrohende Vogelfang jenen Umgangsformen mit Tieren zugeordnet wurde, die als Quälerei geächtet wurden.

Im 19. Jahrhundert verkörperte der Vogelsteller mehr und mehr den Typus des ungeschlachten und unzivilisierten Rohlings. So schienen, wie der Ornithologe Friedrich Arnold Ausgang des Jahrhunderts unterstrich, das Ethos des weidgerechten Jägers und die Praxis der Vogelstellerei unvereinbar:

»Betrachten wir uns den gewerbsmäßigen Vogelfänger (N.B. nicht den ehrenwerten Händler) in seinem Thun und Treiben, so müssen wir den Worten v. Riesenthals beistimmen: Zunächst ist er ein Individuum, das überhaupt zu nichts weiter zu gebrauchen ist, als zum Lauern und Lungern,

---

145 Vgl. Anonymus: Der kleine Vogelfänger. Ein Buch zunächst für Knaben, welche Jäger, oder Oekonomen werden und ihre Leibeskräfte auf eine nützliche Art üben wollen; auch für diejenigen brauchbar, welche Vogelliebhaber sind, 5 Hefte, Leipzig 1798-1801; hier zit. n. Sunkel 1929, S. 245.

gerade wie der gewerbsmäßige Wilddieb. – Nun kann man ja auch die Lichtseiten hervorholen und sagen, was thut denn der Mann so Übles? – Er fängt eben Vögel und verkauft sie; denken wir dabei an manche rührende Geschichte aus dem Rahmen der ›Kinderfreunde‹ von alten Vogelstellern, meinethalben auch Thüringischen, wie sie die Vögel kennen und pflegen, und wie sie sich dadurch ein bescheidenes Dasein schaffen, so klingt das schon wie das Lied vom ›braven Mann‹ und man könnte solchem Alten beinahe gut sein! Es giebt gewiß auch hier und da ein solches vereinzeltes Muster von Vogelfänger, ich selbst habe einen gekannt und mit ihm verkehrt, im allgemeinen aber steht es mit diesen Leuten ganz anders. – Da sieht man von dem liebevollen Blick auf die Vögel nichts; der Vogelfänger mustert sie wie der Fleischer das zu kaufende Kalb, der dasselbe ja auch streichelt, aber nicht, um es zu lieben, sondern für seine Zwecke gefügiger zu machen.«[146]

Was den Vogelsteller in ein Objekt moralischer Denunziation verwandelt, ist die erwerbsmäßige Ausführung seines Handwerks. Mit dem Fang und der Tötung von Vögeln Geld zu verdienen, schien zunehmend als unmoralisch. Für die Brüder Karl (1825-1905) und Adolf Müller (1821-1910) als Protagonisten der um 1900 florierenden Tierpsychologie wurden genau jene Eigenschaften, die einst am Vogelsteller Bewunderung hervorriefen – sein durch Beobachtung und Fang geschultes Wissen über die Natur – durch den Zweck der Erwerbsmäßigkeit zu verwerflichen Eigenschaften:

»Sie kennen keine Rücksicht, keine Schonung. Sie lauern ihren Opfern wie durchtriebene Gauner auf, merken ihnen die Neigungen, die schwachen und starken Seiten ab, sie benutzen die Gunst der Jahreszeit, der Witterung, die bethörende Gewalt des Köders; sie bedienen sich der Jungen, deren Hungergeschrei die Eltern zum Erbarmen rührt und ihre eigene Sicherheit vielfach vergessen und die angeborene Scheu und Wildheit überwinden läßt. Kurz, diese handwerksmäßigen Vogelsteller sind listige, durch die Schulung der Erfahrung gewitzigte, mit praktischen Vortheilen zur Ueberlistung der Vögel und zu ihrer Sicherstellung ausgerüstete, mit leidenschaftlicher Hingebung an ihr Handwerk gefesselte Menschen, welche von der Polizei weit schärfer in das Auge gefaßt werden müßten.«[147]

---

146 Arnold 1897, S. LXIV.

147 Adolf und Karl Müller: Die einheimischen Säugethiere und Vögel nach ihrem Nutzen und Schaden in der Land- und Forstwirthschaft, Leipzig 1873, S. 18. Auch hier erscheint die stereotype Geschichte des vormals rechtschaffenen Familienvaters (in diesem Fall ein Bäcker aus der Wetterau), der sich gänzlich dem Vogelfang hingibt und dabei sein Leben verpfuscht. Über seiner Passion für den Nachtigallenfang kommt er vom rechten Lebensweg ab, vernachlässigt Familie und Beruf und stirbt völlig verarmt und sozial geächtet; vgl. ebda., S. 20f.

Ortolane, Krammetsvögel, Lerchen in Aspik – aussterbende Vogelarten in mitteleuropäischen Küchen

Konnte der Vogelfang Bestandteil bäuerlicher Subsistenzwirtschaft sein, so war die andere Welt, in der Singvögel auf den Tisch kamen, jene der Hofküchen, adeligen Landhäuser und Schlösser des niederen und hohen Adels, wo sie den Rang von Delikatessen genossen. Etliche Höfe bestallten eigens Ortolanenjäger, wie der Archivar, Hausforscher und Jagdhistoriker Gustav Landau (1807-1865) aus Hessen-Kassel berichtete: Im ehemals hessischen Uchte seien Ortolane von einem eigens hierfür bezahlten Vogelfänger geliefert worden – im Jahre 1712 waren dies 250 und 1744 waren es 272 Exemplare. Dieser Ortolanenjäger habe die Vögel anfänglich lebend nach Kassel verfrachtet, später selbst gemästet und tot verschickt. Neben einem Jahressold von 50 Talern erhielt er für jedes erbeutete Tier ein Fanggeld und zudem die Mästungskosten. 1789 stellte Hessen-Kassel den Ortolanenfang ein.[148] Auch der sonstige Vogelfang für die Hofküche, so Landau, habe im 18. Jahrhundert kontinuierlich abgenommen: »Der Lerchenfang war ehemals viel bedeutender als noch jetzt, wo er nur noch wenig geübt wird. Noch 1712 kamen 2190 Dutzend und 1744 2213 D. zur kass. Hofküche, wogegen die darmst. 1749 nur 1325 St. aufführt. Aber schon gegen Ende des vor. Jahrh. hatte dieses abgenommen.«[149]

Die Vielfalt der Singvogelrezepte, die in der Kochbuchsystematik stets beim Wild angesiedelt waren, können hier nur angedeutet werden. Sein rares Vorkommen, der Wohlgeschmack seines Fleisches und sein Fettgehalt ließen überall in Europa den Ortolan (Emberiza hortulana) zum begehrtesten Vogelwildpret werden.[150] Die Geschmacksklassifizierung, die der Ornithologe und Jagdautor Ferdinand Adam Freiherr von Pernau (1660-1731) vornahm, besaß seit der Antike Gültigkeit: »Es ist dieser Vogel ein Italianer, und bey uns anderst nicht als bey

148 Vgl. Gustav Landau: Beiträge zur Geschichte der Jagd und der Falknerei in Deutschland. Die Geschichte der Jagd und der Falknerei in beiden Hessen, Kassel 1849, S. 318f.

149 Landau 1849, S. 319.

150 Eine rätselhafte lokale Ausnahme stellte allerdings die Insel Helgoland dar, wo diese Delikatesse nie in kulinarischen Gebrauch kam: »Der Ruf, welchen der Ortolan sich als Leckerbissen von den alten Römern her durch alle Zeiten erhalten, ist nie bis Helgoland gedrungen: er geht hier im Frühjahr wie im Herbst vollständig unbeachtet vorüber, obgleich er nächst der Schneeammer die am zahlreichsten vorkommende Gattung ist. Es besteht keine Fangmethode für denselben, und den Schuß lohnt weder der kleine Körper noch dessen angeblicher Wohlgeschmack.« Heinrich Gätke: Die Vogelwarte Helgoland. Hrsg. von Rudolf Blasius. Zweite vermehrte Auflage, Braunschweig 1900, S. 397.

etlichen grossen Herren, die ihn zur Delicatesse bringen lassen, Fürstlichen Tafeln und Gastereyen bekannt.«[151] Ein oberflächlicher Blick in die Kochbuch- und Ökonomieliteratur der Frühen Neuzeit liefert darüber hinaus reichhaltige Rezepturen für die Zubereitung von Lerchen, Krammetsvögeln und anderen Drosseln sowie etliche Finken- und anderen Kleinvogelarten in gesottener oder gedämpfter Konsistenz, als Pasteten, in der warmen oder kalten Suppe, als Poupeton, mit Zwiebeln gefüllt, mariniert, à la Rassauvienne oder schlicht gebraten und auf unterschiedlichste Weise serviert. Im »Hannöverischen Kochbuch« wurde empfohlen, bei mit Farce aus Krammetsvögeln gefüllten Zwiebeln »auf jede Zwiebel einen rein gemachten Krammtsvogelkopf« zu plazieren.[152] Als Spezialität Helgolands galt die »Troosel-Supp«, über die der Seemaler und Ornithologe Heinrich Gätke (1814-1897) berichtete:

»Es befremdet vielleicht das Wort ›Drosselsuppe‹, aber hierorts kommt fast alles in den Suppentopf, nicht nur sämmtliche Drosselarten, sondern auch vornehmlich Lerchen, en passant eine wilde Taube, Goldregenpfeifer, Kiebitz, Wachtelkönig und dergleichen, gebraten wird fast nichts. Ich kann nur jedem, der Vögel in genügender Zahl fängt, rathen, einmal seine T. musicus, Krammetsvögel, nicht zu braten, sondern versuchsweise vierzig bis fünfzig derselben, je nach Bedarf, dem Suppentopf zu überantworten – die feistesten aber um's Himmelswillen nicht ausweiden! und wenn Betti eine wahre Künstlerin ist, woran ich nicht zweifle, so wird sie eine Suppe auf den Tisch schicken, gefolgt von Drossel au naturel, der sicherlich ein da Capo nicht mangeln dürfte.«[153]

Zubereitung und Verzehr von Singvögeln wären ein eigenes Kapitel einer ausgestorbenen kulturellen Praxis in Mitteleuropa, die hier lediglich angedeutet werden kann. Die Vielfalt läßt sich durch einen Blick in die Ökonomie- und Kochbuch-

---

151 Ferdinand Adam von Pernau: Gründliche Anweisung alle Arten Vögel zu fangen, einzustellen, abzurichten, zahm zu machen, ihre Eigenschaften zu erkennen, Pastarden zu ziehen, ihnen fremden Gesang zu lernen, und sie zum aus- und einfliegen zu gewöhnen. Nebst Anmerkungen über Hervieux von Canarien Vögeln und Joseph Mitelli Jagdlust, Nürnberg 1754, S. 334. Vgl. z.B. auch Döbel 1754, S. 57, Hartig 1811, S. 369. Mit der Uniformierung der Nahrungsgewohnheiten heute mehren sich die wehmütigen Stimmen, welche eine Rückkehr der in Kochbüchern ausgestorbenen Tiere auf den Speisezettel herbeisehnen. So bekannte Wolfram Siebeck im Zeit-Magazin seine Freude darüber, daß der ehemalige französische Ministerpräsident François Mitterand wenige Tage vor seinem Tod zum letzten Sylvestermenü zwei vordem gemästete und in Armagnac gegarte Ortolane in regelrecht ritueller Manier (den Kopf unter einer Serviette verborgen und den Vogel ganz verschlingend) verspeiste, was nach französischem Recht verboten ist; vgl. Wolfram Siebeck: Ganz ohne Hemmungen, in: Zeit-Magazin, Nr. 8, 14. Februar 1997.

152 Neues Hannöverisches Kochbuch. In zwey Theilen. Verbessert und vermehret von einem praktischen Koche, Hannover 1800, S. 82.

153 Gätke 1900, S. 252.

Literatur der Frühen Neuzeit erahnen, wo jede Menge Rezepturen bezeugen, daß die Liebe zu Vögeln in der vormodernen Welt vor allem gebratenen Vögeln galt.[154] Ein Vergleich dieser regionalen Haushaltsliteratur um 1800 mit den bürgerlichen Kochbuch-Klassikern der folgenden Jahrhundertwende zeigt sowohl Rückgang und Aussterben eßbarer Singvogelarten in deutschen Küchen wie auch die Verarmung einstiger Zubereitungsvielfalt. Wenn Anfang des 20. Jahrhunderts überhaupt noch Singvogelrezepte in Kochbüchern auftauchen, so mit den »Klassikern« Krammetsvögel oder Lerchen. Nur zur willkürlich ausgewählten Kostprobe sei hier eines von mehreren Rezepten für Krammetsvögel aufgeführt, das noch 1919 in der 17. Auflage von Marie Susanne Kübers »Hauswesen« erschien:

> »Man zieht mit einem Häkchen oder der Spicknadel den Magen und die Eingeweide heraus, salzt die Krammetsvögel ein wenig und, wenn die Gelegenheit fehlt, so schneidet man sich dünne Hölzchen, brüht sie in heißem Wasser und steckt die Krammetsvögel zu fünf bis sechs daran; zwischen je zwei Stück ein dünnes Scheibchen Speck und an jedes Ende eins, so daß zwischen den Seiten der Vögel eine Scheibe liegt. Man streut Salz darauf, Pfeffer kann wegbleiben. Nun brät man die Vögel an den Hölzchen in Butter, und zwar legt man sie zuerst auf die Brüste, auf die beim Wenden geriebene Semmel gestreut wird. Einige Wacholderbeeren sind gut dazu. Bratezeit 20 Minuten.«[155]

Adelige Lust und bäuerlicher Nutzen – die zwei Kulturen des Vogelfangs

Die permanente Gefährdung der distinktuellen Exklusivität der Vogelstellerei durch ihre Zugänglichkeit für untere soziale Gruppen ließ sie für den Adel seit dem Mittelalter kontinuierlich unattraktiver werden und zwang die Autoren von Vogeljagdbüchern immer wieder neu, diese Jagdpraxis als prestigeträchtig zu legitimieren. Etliche Jagdschriftsteller folgten in der Statusbestimmung dem Diktum von Johann Conrad Aitinger: »Sonst ist der Vogelfang eine feine Übung/ darbey nicht allerdings so große Mühe und Arbeit/ als bey den vierfüssigen Thieren/ anzuwenden/ und liegt nichts daran/ ob schon Plato den Vogelfang mehr vor eine schlechte Dienstbarkeit/ als Adeliche Kurtzweil gehalten hat (...).«[156] Auch

---

154 Vgl. z.B. Marcus Loosst: Nieder-Sächsisches Kochbuch oder Sieben hundert und zehn Anweisungs-Regeln, Lübeck 1778; J. Chr. Förster, J.D. Knopf: Braunschweigisches Kochbuch für angehende Köche, Köchinnen, Haushälterinnen und Hausmütter, Braunschweig 1789.

155 Marie Susanne Küber: Das Hauswesen, 17. Aufl., Stuttgart o.J. [1919], S. 283. Küber führt auch an, wie man Krammetsvögel in Butterfässern und Lerchen in Dosen haltbar machen kann.

156 Aitinger 1653, Vorrede.

Hans Friedrich von Fleming konnte kaum die positiven Aspekte vogeljagdlicher Körpererfahrungen akzentuieren, ohne zugleich den relativ geringen Prestigewert der Vogeljagd einzugestehen:

»Ob wohl ein Vogelsteller nicht also beherzt, starck und mühsam, als ein Weydemann oder Jäger auf vierfüssige Thier seyn darff, so muß er doch auch unverdrossen, und eine solche Person seyn, so Hunger, Durst, Wachen, Frost und Hitze, Mühe und Arbeit, so wohl als ein Weydemann auff vierfüssige Thier erdulden kann, sonderlich ein Hühner- und Krammet-Vogel-Steller, so auch vielmahl große Berge, Thal und Landes-Arten durchlauffen muß; Und ist dieses auch eine feine und löbliche Übung der Gesundheit.«[157]

Um die Attraktivität für den Adel zu erhalten, mußte das Verhältnis von Jägern und Bejagten immer wieder neu bestimmt werden. Je schwieriger sich die Bejagung eines Tieres aufgrund seiner natürlichen Eigenschaften darstellt, desto größer ist der Prestigewert der Jagd. Ist die Überlegenheit des jagenden Menschen gegenüber dem bejagten Tier zu groß, bleibt dem Jäger außer dem materiellen Ertrag keinerlei Gewinn an immateriellen Werten. Je gleichwertiger sich dagegen das Verhältnis beider darstellt, je ausgeglichener die Verteilung an natürlichen Kräften und Instinkten, desto überzeugender fällt im Falle der gelungenen Jagd die Auszeichnung des jagenden Individuums aus. Folgerichtig mußten die natürlichen Eigenschaften der Vögel aufgewertet werden, um die gesellschaftliche Statusfunktion der Vogeljägerei auf Dauer zu erhalten:

»Gleichwie aber kein Thier flüchtiger und behender ist als das Vogel-Wildpret, und über dieses noch dazu einen solchen Vortheil hat, nemlich durch das dünneste und subtileste Element der Lufft fortzukommen, allwo keine Verfolgung, wie bey anderm Wildpret, Statt und Platz haben kann; ja auch ohne das viele Vögel sehr schlau und gar behutsam seynd (...) auch über ihren Fürwitz gefangen werden: So viel schwerer ist die Kunst denselben beyzukommen und sie zu erhaschen.«[158]

Solcherlei Ethos kontrastierte freilich mit den vom Adel real praktizierten Techniken. Um die Attraktivität der Vogeljagd für den Adel zu erhalten, mußte das Repertoire der Jagdtechniken so differenziert werden, daß exklusive adelige

---

157 Fleming 1719, S. 343.

158 Caspar Schröder: Neue Lustige und Vollständige Jagd-Kunst, so wohl von denen Vögeln als auch andern Thieren, Franckfurt und Leipzig 1728, Vorrede. Dieses Motiv auch in Brehm 1855, S.1: »Allein der Vogelfang hat auch um deswillen etwas sehr Angenehmes und Anziehendes, weil er einen schönen Sieg der menschlichen Klugheit über die Natur darstellt. Nichts kann die menschliche Ueberlegenheit über die Thiere deutlicher zeigen, als der Vogelfang. Die Vögel, die scheusten und flüchtigsten von allen Geschöpfen, festnehmen zu können, ist gewiß ein deutlicher Beweis, daß der Mensch zum Herrn der Erde gesetzt ist.«

Fangmethoden deutlich von der ökonomisch motivierten bäuerlichen Jagdpraxis unterscheidbar blieben. Die Jagdbücher des 17. und 18. Jahrhunderts schieden deshalb stets in Praktiken, die entweder dem Vergnügen oder aber dem materiellen Nutzen verpflichtet waren. Ertragsorientierte Methoden wurden ausdrücklich bäuerlichen Bevölkerungsgruppen anempfohlen, während der Adel seine Verfügungsgewalt über freibestimmte Zeit in einem arbeitsfreien Leben durch lust- und spielbesetzte Techniken demonstrierte. Hier war der Vogelfang nicht vom Ziel diktiert, innerhalb möglichst kurzer Zeit möglichst viele Vögel zu fangen; die Jagd wurde als mit dramatischen Effekten durchsetztes Schauspiel inszeniert. Der Ertrag durfte bei der adeligen Vogeljagd offenbar geradezu keine Rolle spielen, denn eine auf materiellen Nutzen zielende Jagd hätte die Ausübenden allzu sehr in die Nachbarschaft der Bauern gebracht.

Je kleiner die Vögel, so scheint es, desto größer die Jagdlust des Adels. Heinrich Wilhelm Döbel (1699-1759): »Ist unter dem Vogel-Fange wohl was kurtzweiliges zu sehen, so ist es gewiß mit diesen kleinen Vögeln, denen Meisen; wie ich denn von einigen Fürsten, Grafen und Herren selbst gesehen, daß dieselben mit besonderm Vergnügen diesen Fang exerciret.«[159] Ausgerechnet die Jagd auf Meisenarten schien die Ansprüche an einen »lustigen Vogel-Fange«[160] am besten zu erfüllen: Der Fleischertrag bei den winzigen Meisen, von denen vor allem die Kohlmeise (Parus major) aufgrund ihrer Häufigkeit gefangen wurde, ist derart gering, daß hier durch den Adel die Demonstration materieller Nutzlosigkeit am überzeugendsten exerziert werden konnte. Es kamen Jagdtechniken zur Anwendung, die das Bedürfnis nach Effekten, nach der Bestätigung der Überlegenheit von menschlicher List über tierischen Instinkt und ein dramatisiertes Sterben bestens erfüllten. Als Beispiel sei nur der Fang mit leimbestrichenen Stangen angeführt, auf welche das bejagte Wild mit Ruhrvögeln[161] gelockt werden sollte. Sobald Vögel sich auf dieser Stange niederließen, blieben sie zunächst mit den Beinen kleben, woraufhin heftiges Flattern einsetzte, welches schließlich dazu führte, daß sie am ganzen Gefieder kleben blieben und abgenommen werden konnten. Fleming sah in seinem »Teutschen Jäger« den Gebrauch von Vogelleim auch bei

159 Döbel 1754, II. Theil, S. 256.

160 Ebda., S. 260.

161 In Käfige gesperrte Lockvögel sollten durch ihren Gesang Artgenossen anziehen. Auf dem Vogelherd kamen auch angeleinte Vögel zur Verwendung. Mit Ruhrvögeln waren solche Lockvögel gemeint, die an einer Gerte oder einem Stab befestigt waren. Beim Herannahen von Vögeln wurden diese durch Ziehen der Schnur in Aktivität versetzt und sollten so Aufmerksamkeit auf sich ziehen. Vgl. Schwenk 1967, S. 277ff.

der Jagd auf andere Kleinvogelarten als geeignet an, um Zerstreung und Belustigung zu finden: »Es ist dieses eine recht lustige Übung, so mit den größten Vergnügen vorgenommen wird.«[162]

Das Bedürfnis nach Belustigung schien allerdings nur dann befriedigt, wenn die List des adeligen Jägers auf ein Individuum und nicht auf Masse zielte. Schließlich wurde mit dem Vogelfang ein dezidiert anti-utilitarisches Weltverhältnis zur Schau gestellt. So wurde dem Adel abgeraten, Finkenarten mit dem Leim-Gestell zu fangen, das in der Regel hohe Fangzahlen versprach. Hier trat denn noch ein anderes Moment hinzu, das diese Technik für adeliges Jagderleben unattraktiv werden ließ: Das Bedürfnis, räumliche Distanz zu dem bejagten Tier zu gewinnen und den Kontakt zu Blut, Fleisch und schmierigen Essenzen wie Vogelleim zu meiden, ließ den adeligen Vogeljäger zunehmend zum distanzierten Beobachter werden, der den unmittelbaren Kontakt mit verklebten, womöglich blutenden Vögeln mied. Döbel über das Leimgestell: »Jedennoch ist es nicht für jedem grossen Herrn plaisirlich, selbst die Vögel anzugreiffen, dieweil es ziemlich schmutzige Hände giebt. Für einen Vogel-Steller aber, welcher seine Nahrung und Brod hiermit suchet, ist es ein recht profitabler Vogel-Fang, (...).«[163]

Nicht immer lassen sich die Doppelstrukturen von Lust und Nutzen auf die praktizierten Jagdtechniken übertragen. Eine Fangmethode, die auf Quantität zielte und dennoch dem Adel anempfohlen wurde, war der »Schreck-Heerd«, bei dem sich die Lust an der Dramatik von Todesangst und der Massenfang verbanden: »Es kann mit dieser Methoden des Schreck-Heerdes ein sonderlich Plaisir gemacht werden, wenn man schauet, wie die Vögel, so bald sie den Sperber sehen, erschrecken, und so schnelle sich in den Strauch oder Heerd zu salvieren suchen, da denn der Heerd zugezogen, und die Vögel mit Stecken oder Spieß-Ruthen aus dem Strauche in die Garne gejaget werden.«[164]

Das Spiel mit der List schien seinen Höhepunkt zu finden, wenn das Spiel mit der Moral hinzutrat. So war es beim Finkenfang mit einem auf einem Stecken fixierten männlichen Lockvogel das Motiv der »Buhlschaft« und »Eifersucht«, das den freien Vogel »in den Kercker und die Gefangenschaft« stürzte. Die Geschichte, die bei dieser Fangart zur Aufführung kam, war die der unberechtigten Eifersucht. Der im Revier des Konkurrenten drapierte Lockvogel sollte die Eifersucht des Jagdobjekts kitzeln und ihn zu jenen Attacken auf den vermeintlichen Nebenbuhler motivieren, die dann mit Gefangenschaft oder Tod bestraft

162 Fleming 1719, S. 349.

163 Döbel 1754, II. Theil, S. 244.

164 Ebda., S. 247.

wurden, wie Wilhelm Heinrich Döbel im Kapitel »Fincken auf Stecken zu fangen« erläuterte: »Anerwogen daß die Fincken-Hähne, da sie sich mit ihren Weiblein gepaaret, um ihrer Eifersucht willen, weil sie ihren Neben-Buhler abzutreiben und abzuschlagen suchen, welcher doch unschuldig ist, wie aus dem Fange zu ersehen, sich darüber selbst in den Kercker und die Gefangenschaft stürtzen, und gleichen also fasst den alten Männern, die junge Weiber haben.«[165] Dem männlichen Lockvogel wurden dabei die Flügel auf dem Rücken zusammengebunden; in die dazwischen gesteckte Federspule kam eine Leimrute, auf welcher der »eifersüchtige« Revierinhaber kleben blieb.

Ostentativ wurde dem Adel dagegen von Fangmethoden abgeraten, die wenig dramatische Effekte aufwiesen und dafür körperliche Anstrengung abverlangten, wie etwa der Lerchenfang mit Nachtnetzen, welcher laut Döbel besonders in der Gegend um Leipzig praktiziert wurde, wo »fast kein Dorff ist, wo nicht theils Jäger, theils Bauern, diesen Fang exerciren«. Die Lerchen wurden dabei zur Nachtzeit in Netze getrieben, wo man ihnen den Kopf eindrückte und sie in mitgetragenen Säcken verschwinden ließ: »Dieser Fang ist für große Herren nicht, weil wenig Plaisir dabey, hingegen aber derselbe gewiß recht mühsam, sauer und beschwerlich ist.«[166]

Die Doppelstruktur von Nutzen und Lust diktierte also die Praktiken des Vogelfangs. Die Vogeljagd des Adels konnte ihre gesellschaftliche Statusfunktion nur in permanenter Gefährdung erfüllen, weil sie kein ständisches Privileg darstellte, sondern auch für andere gesellschaftliche Gruppen offen blieb. Der Adel mußte demonstrieren, daß er die Jagd nicht aus ökonomischen Gründen verfolgte, sondern allein um der Zerstreuung und der Belustigung willen. Trotz steter Aufwertungsversuche nahm die Bedeutung der Vogeljagd beim Adel kontinuierlich ab. Als im Zuge der bürgerlichen Revolution von 1848 die Entprivilegierung des Adels auch auf die Jagdrechte als letzte Überbleibsel einstiger Souveränität übergriff, spielte die adelige Vogeljagd so gut wie keine Rolle mehr.[167]

Langeweile zählte zur Lebensform adeliger Schichten, deren Existenz an Sinn und Funktion sukzessive Einbußen erlitt. Umso mehr wuchs das Bedürfnis, diesen Zustand mittels Zerstreuung – Jagd, Tanz, Spiel, Theater – zu verscheuchen. Das Schauspiel des Todes der bejagten Tiere mußte dieser Funktion folgen und

---

165 Ebda., S. 243.

166 Ebda., S. 209.

167 Vgl. Hans Wilhelm Eckardt: Herrschaftliche Jagd, bäuerliche Not und bürgerliche Kritik. Zur Geschichte der fürstlichen und adligen Jagdprivilegen vornehmlich im südwestdeutschen Raum, Göttingen 1976.

deshalb als möglichst komplexe Interaktion von Mensch und Tier ausgestaltet werden. Nur durchsetzt mit theatralischen Effekten, nur durch eine möglichst lange und effektenreiche Inszenierung des Todes, die spielerische Motive wie Bewegung, Zappeln und Widerstand des betroffenen Tieres aufwies, konnte die Jagd des Adels noch ihre Funktion als »Ergötzung«[168], »Adeliche Kurzweil«[169] und »Plaisir«[170] erfüllen und »zum Vergnügen, zur Verscheuchung der langen Weile« beitragen.[171]

Leipziger Lerchen, Thüringer Meisen und Helgoländer Drosselsuppe – regionale Geschmackskulturen und lokale Tötungspraktiken

Die Vogelschutzdiskussionen um 1900 teilten Europa in Nationen, die Singvögel töten und verzehren, und in solche, die Singvögel lieben und bewahren. Eine solche Typologisierung scheidet in »Vogelmörder« und »Vogelliebhaber«, in Barbaren und Zivilisierte, und gleichzeitig wurden kulturelle Grenzen zwischen Nord und Süd, protestantisch und katholisch sichtbar. Diese Typologisierung blendete freilich für die Deutschen regionale Sonderentwicklungen vollständig aus und behauptete statt dessen ein in allen deutschen Staaten und allen sozialen Gruppen ähnliches Verhältnis der Menschen zu den Vögeln. Tatsächlich allerdings sind im Prozeß der Tabuisierung von Singvögeln zu Nahrungszwecken deutliche Nord-Süd-Differenzen zu beobachten. Auffällig bleibt, daß in süddeutschen Staaten einzelne Fangtechniken wie der Dohnenstieg oder der Sprenkelfang sehr viel früher problematisiert[172] und Gesetze zum Vogelschutz früher als in norddeutschen

168 Pernau 1754, Vorrede.

169 Aitinger 1653, Vorrede.

170 So etwa Döbel 1754, II. Theil, S. 247.

171 Johann Beckmann: Grundsätze der teutschen Landwirthschaft, 4. verb. u. verm. Aufl., Göttingen 1790, S. 539.

172 Regionale Unterschiede bei den Fangtechniken und Verzehrgewohnheiten wurden in der Literatur kaum thematisiert. Die Beobachtung von Nord-Süd-Differenzen beim Dohnenstieg ist durchaus eine Ausnahme: »Sogar zu gleichen Zeiten sind die Anschauungen über zulässige Jagdmethoden in verschiedenen Ländern, ja selbst innerhalb desselben Landes ungleich. Man erinnere sich hierbei nur an die Jagd auf kleine Vögel in Südeuropa und Frankreich, die wir streng verurteilen. Der Fang der Drosseln im Dohnenstieg gilt in Norddeutschland durchaus weidmännisch, in Süddeutschland ist er verpönt!« Adam Schwappach: Die Entwickelung der Jagd, in: Hans Kraemer (Hrsg.): Die Tiere als Freunde und Feinde des Menschen, 1. Bd., Berlin 1918, S. 331.

Staaten erlassen wurden. Ob hierbei konfessionskulturelle Prägungen ausschlaggebend waren, erscheint fraglich. Ursachen liegen möglicherweise eher darin, daß rechtliche Richtlinien zur Schonung der Natur in kleineren Staaten eher etabliert werden konnten als im zentralistisch organisierten Preußen.

Es gab unterschiedliche Ursachen für die regionale Ausbildung von Vogelfangkulturen. Lokale und regionale Rechtsverhältnisse begünstigten oder behinderten die Ausübung der Vogeljagd. In Knappheitsregionen wie dem Harz oder dem Thüringer Wald wurzelte der hohe Stellenwert des Vogelfangs in seiner materiellen Bedeutung. Die Gründe konnten aber auch in der Natur selbst liegen: So begünstigte der Verlauf von Vogelzugstraßen einzelne Regionen aufgrund der topographischen Verhältnisse oder aber aufgrund der dortigen Vegetation. Die Spekulationen über das reiche Vorkommen und den legendären Geschmack der Lerchen zwischen Leipzig, Halle und Dessau beriefen sich zumeist auf die dortigen Nahrungsvorkommen. So nennt der Jagdschriftsteller Otto Leopold von Krieger (1810-1880) die von ihm allerdings abgelehnte Vermutung, daß die »dort gefangenen Lerchen deshalb am schmackhaftesten und feistesten sein sollen, weil in den dortigen Feldern sehr viel wilder Knoblauch wächst, der (...) dem Wildpret einen gewürzhafteren Geschmack geben soll.«[173] Heinrich Wilhelm Döbel machte andere Gründe aus: »Deren Fettigkeit kommt daher, dieweil in dasiger Landschafft die Winter-Früchte, als Rübe-Saamen, Weitzen und Rocken, gar zeitig gesäet werden, und bei dem Lerchen-Zuge vollkommen grün sind.«[174] In Winckells Jagd-Handbuch wurde das reiche Vorkommen Wilder Hirse als Ursache für den Wohlgeschmack vermutet. Außerdem wurden umsichtige Handelsstrategien, die gewährleisteten, daß nur die besten und fettesten Vögel in den Versand gelangten, für den guten Ruf der Leipziger Lerchen verantwortlich gemacht.[175] Der zunächst als Lehrer in Schnepfenthal wirkende und später als Fortwissenschaftler tätige Johann Matthäus Bechstein favorisierte die Knoblauchtheorie, wies jedoch darauf hin, daß der typische Geschmack »aber auch durch längeres, doch nicht bis zum Grad der Fäulnis dauerndes, Liegen einigermaßen bewirkt werden kann.«[176] Die zum Versand bestimmten Vögel, so Bechstein, würden »bis zum Kopfe gerupft, unausgenommen in feines Maculatur-Papier gewickelt und

---

173 Otto von Krieger: Über Lerchenjagd und Lerchenfang, in: Journal für Ornithologie, XXIV. Jg. (1876), S. 68.

174 Döbel 1754, S.209.

175 Winckell's Handbuch für Jäger und Jagdfreunde. Hrsg. von J.J.V. Tschudi. 5. umgearb. Aufl., Leipzig 1878, Bd. 1, S. 644f.

176 Johann Matthäus Bechstein: Die Jagdwissenschaft nach allen ihren Theilen für Jäger und Jagdfreunde. Vierter Band. Wildjagd und Wildbenutzung, Gotha 1822, S. 185.

so in Schachteln gepackt, oder auch wohl, wenn sie über 24 Meilen weit transportiert werden sollen, mit abgeschnittenen Köpfen nackt und schichtweise in ein Kistchen gelegt und mit zerlassener, aber nicht heißer, Butter übergossen.«[177]

Die Wälder Thüringens und der Harz verdankten ihren Ruf als Vogelfangregionen der Stubenvogelhaltung, die sich mit der Heimindustrie und dem Bergbau entwickelt hatte. Schwierige infrastrukturelle Verhältnisse begünstigten ökonomische Strategien, die den Vogelfang als vergleichsweise (zeit-)aufwendige Wirtschaftsform integrierten. Besondere Berufsgruppen wie die Bergleute im Harz erhielten zudem Privilegien und besondere Nutzungsrechte an der Natur, welche die Ausbildung besonderer Vogelfang-Kulturen prädestinierten.[178]

Auf Helgoland waren es die exponierte Lage der Insel für den Vogelzug sowie die uneingeschränkte Jagdfreiheit, die erst nach der Novellierung des Vogelschutzgesetzes von 1908 aufgehoben wurde, welche eine außergewöhnliche Vogeljagdkultur ausbilden ließen. Deren Stellenwert manifestierte sich in Brauchtumsformen, die die Jagd für die Insulaner rituell regelten. Nachdem die Insel 1714 zu Dänemark kam, war es üblich, den dänischen Landvögten und ab 1814 den englischen Gouverneuren zur Eröffnung der Schnepfenjagd jeweils im Frühjahr und Herbst das erste geschossene Exemplar der Saison zu übereignen, für das der Schütze mit Geld belohnt wurde.[179] Die Techniken, mit denen die Insulaner den See- und Singvögeln nachstellten und das Prestige, welches Vögel in der lokalen Küche genossen, gerieten zur Legende, als die Zahl auswärtiger Besucher im 19. Jahrhundert wuchs.[180]

Was Vögel auf ihrem Zug nach Süden oder zurück in die heimischen Brutgebiete erwartete, wenn sie auf Helgoland Rast suchten, beschrieb Carl August Bolle (1821-1909) als kollektive Jagdekstase:

---

177 Bechstein 1822, S. 184.

178 Vgl. F.L. Hausmann: Der Oberharzer Bergmann als Vogelsteller, in: Ornithologisches Centralblatt, 3. Jg. (1878), S. 54ff. Zu weiteren regionalen Formen vgl. z.B. Heinrich Schauerte: Krammetsvögelfang im Sauerlande, in: Rheinisch-westfälische Zeitschrift für Volkskunde, 4. Jg. (1957), S. 260-262; Hans-Wolfgang Steffek: Der Vogelfang in den Sudetengebieten, in: Jahrbuch für ostdeutsche Volkskunde, 19. Jg. (1976), S. 274-295; Ulrich Tolksdorf: Der Vogelfang in Ost- und Westpreußen, in: Jahrbuch für ostdeutsche Volkskunde, 19. Jg. (1976), S. 299-305.

179 Vgl. Gätke 1900, S. 524.

180 Einen Überblick über den Vogelfang auf Helgoland lieferte Gätke 1900. Er mischte ornithologisches Datenmaterial mit Informationen zu Fangmethoden und Nahrungsgewohnheiten der Insulaner. Gätke, der als Seemaler, Ornithologe, Vogeljäger und Sammler zur Insellegende wurde, kam 1837 nach Helgoland, verliebte sich dort in eine Insulanerin und blieb nach seiner Heirat trotz vorübergehender Umzugspläne für immer.

»Alle diese Thierchen (...) werden mit dem altdeutschen Collectivnamen ›Finken‹ belegt und bilden stehende und höchst schmackhafte Schüsseln auf den Mittagstafeln. Ich habe Hegel'sche Philosophen und gefeierte Schriftstellerinnen nicht allein für die Goldregenpfeifer, (...) sondern auch für gewisse Finkenpasteten, welche Payens in der Bindfadenallee vorzugsweise gut zubereiten versteht, in hohem Grade schwärmen sehen. Jeder Helgoländer Junge, der vom ›Falm‹ die große Treppe hinuntersteigt, muss seinen Bund Steinschmätzer in der Hand haben (...). – Alle Singvögel werden hier auf's Schonungsloseste verfolgt und durchaus nicht so gut aufgenommen, wie die gleichfalls periodisch hier erscheinenden Badegäste. Sie bringen ja kein Geld in der Tasche mit und müssen daher mit ihrer Person zahlen!«[181]

Die insulare Vogeljagd wanderte nach der Eröffnung der Schiffahrtslinie von Hamburg nach Helgoland in den 1820er Jahren rasch aus ihrem ökonomischen und sozialen Kontext eines traditionalen Nahrungserwerbs und Handelszweigs in die moderne Erlebniswelt bürgerlicher Freizeitkultur. Wie schon Heinrich Heine in seiner Beschreibung von Norderney Mitte der 1820er Jahre die unkontrollierte touristische Jagdlust beschrieben hatte (die er allerdings im Selbstexperiment eher als befremdlich empfand), so interpretierte auch die Erfolgsautorin Fanny Lewald (1811-1889) das bürgerliche Jagdfieber rund zwei Jahrzehnte später auf Helgoland als Reflex auf touristische Langeweile, die sich in einer Umgebung einstellte, welche aus fast nichts anderem als Natur bestand:

»Die Helgoländer sind leidenschaftliche Jäger, und die Tradition der Seehunds- und Vogeljagden ist zu den Badegästen gedrungen, um sich bei ihnen als gefährliche Epidemie fortzupflanzen. Jeder Fremde, der sich hier nicht zu beschäftigen weiß, und es unerträglich findet, still in das Meer und den Himmel zu blicken, hängt sich ein Gewehr über die Schulter. (...) Wo man sich wendet, ein Feuerrohr.«[182]

Die Insel mit Meer, Strand und Dünen und ihrer reichhaltigen Vogelwelt wurde nun offenbar zu einem touristischen Erlebnisraum, in dem sich bürgerliche Touristen traditionale Fang- und Tötungsmethoden zum Zeitvertreib aneigneten. Die Jagd zielte nicht mehr auf Nahrungserwerb, sondern geriet zum Selbstzweck, zum Mittel, eine Frei-Zeit, die subjektiv noch nicht sinnvoll erfahren werden konnte, zu verscheuchen und auszufüllen. Die Logik der Jagd folgte bei den neuen Akteuren nur mehr bedingt den traditionellen Wirtschaftsstrategien, sondern zielte auch auf die Bindung von Badegästen, die offenbar freier Zeit in einer ungewohnt urtümlichen Natur nicht ausgesetzt sein konnten, ohne diese durch die Animation aus Schießen und Töten zu verkürzen. Ein interesseloses Gefallen an der Natur, ein ästhetischer Genuß also, schien (noch) nicht möglich. Dabei war

---

181 Bolle, Carl: Bruchstücke eines Briefes über Helgoland, in: Journal für Ornithologie, 3. Jg. (1855). S. 430.

182 Fanny Lewald: Erinnerungen aus dem Jahre 1848, Braunschweig 1850, S. 348f.

der Reichtum an Zugvögeln offenkundig so immens, daß die professionellen Vogeljäger Helgolands keine Konkurrenz zu fürchten hatten, wenn sie sich durch das Verleihen von Gewehren an Badegäste noch ein weiteres Zubrot sicherten.[183]

Die Jagdfreiheit hatte Helgoland alsbald den Ruf eines Mekka für Vogeljäger eingehandelt, von dem Geschichten über unvorstellbare Fangzahlen kursierten. Protagonisten der Vogeljagd wie Heinrich Gätke fühlten sich denn auch genötigt, den kursierenden Berichten entgegenzutreten, wobei er allerdings wiederholt enorme Fangzahlen – z.B. »in einem weit zurückliegenden Jahre während einer Herbstnacht etwa 15000 Lerchen« oder bei starkem Drosselzug »nicht selten ein paar hundert Drosseln«[184] an einem Morgen im Netz – dokumentierte. Nichtsdestotrotz, so Gätke: »Einem solch widerwärtigen Massenmorden der kleinsten Sänger, wie er in Italien stattzufinden scheint, soll hiermit aber in keiner Weise das Wort geredet werden.«[185] Überhaupt fand er es ungerecht, Helgoland zur Zielscheibe der Tierschutz-Kritik werden zu lassen:

> »Ich bin so ausführlich auf diesen Gegenstand eingegangen, weil man seit ein paar Jahren von thierschützlerischer Seite Helgoland als die große Vertilgungsstätte der Vögel darzustellen beliebt, und von solcher Quelle auch die Angabe ihren Weg in öffentliche Blätter gefunden hat, dass hier in einem Monat an 60 bis 70000 Vögel gemordet würden!«[186]

Ein anderer indes hatte bereits Jahrzehnte zuvor Zusammenhänge zwischen der Jagd und dem Rückgang von Vogelpopulationen auf Helgoland ausgemacht. So hieß es in den 1850er Jahren in einer Helgolandbeschreibung von Friedrich Oetker über die legendären Helgoländer Vogelmassen: »Doch scheinen sie sich mehr und mehr zu verringern, woran besonders die zunehmende Verfolgung schuld sein mag. Denn Jagd und Vogelfang steht Jedermann völlig frei, und Einheimische wie Fremde machen von dieser Freiheit den ausgedehntesten Gebrauch.«[187]

Reine und unreine Arten – von der Ordnung des Eßbaren und zwielichtigen Vögeln

Die Offerte von Vogelsuppe, gebratenen Lerchen, Buchfinken oder Drosselpasteten in einem Restaurant würde heutzutage, wenn diese mit dem gängigen kulinarischen Wissen überhaupt identifiziert würden, als derart anstößig empfunden,

183 Vgl. Bolle 1855, S. 429.
184 Gätke 1900, S. 247 u. 378.
185 Ebda., S. 379.
186 Ebda., S. 523.
187 Friedrich Oetker: Helgoland. Schilderungen und Erörterungen, Berlin 1855, S. 472.

daß Lokal-Unruhen nicht ausbleiben würden. Wahrscheinlich wären nicht nur die moralische Inkriminierung, sondern auch juristische Unliebsamkeiten die Folge, weil Fang, Tötung und Handel von Singvögeln in Deutschland verboten sind. Ganz anders die Situation rund zwei Jahrhunderte zuvor, als all jene Arten im deutschsprachigen Raum zu den selbstverständlichen Speisen zählten. Johann Friedrich Naumann sprach nur wenigen Vogelarten den Nutzen als Nahrungsmittel ab:

»Das Fleisch der allermeisten ist eine wohlschmeckende und nahrhafte Speise. In manchen Ländern verbieten zwar Vorurtheile, Aberglauben und andere Umstände diesen oder jenen Vogel nicht zur Speise zu gebrauchen; auch bei uns haben wir mehrere dergleichen, z.B. die Raubvögel, die meisten Krähenarten und einige andere; indessen finden wir unter denen die wir zu essen pflegen, in Hinsicht der Güte und des Wohlgeschmacks ihres Fleisches, auch einen gar großen Unterschied, und einige hält man so hoch, daß man sie, wie die Schnepfen, sogar sammt den Eingeweiden ißt, und diese ganz besonders wohlschmeckend findet (...). Die delikatesten Gerichte geben die Waldschnepfe, der Mornell=Regenpfeifer, die (sogenannten) Bekassinen, die kleinen Strandläufer, die Wachtel, Feld- und Haidelerche, Drosseln, Ammern, Zeisige, Meisen u.a.m.«[188]

Heute verhindern Regelungen des Jagd- und Naturschutzrechts, stärker als die Fremdzwänge jedoch die Selbstzwänge, die sich als Abscheu und Mitleid artikulieren, eine bedenkenlose Einnahme. Der kulturelle Code, der Vogelfleisch als Nahrung verfügbar machte, ist im Gedächtnis der meisten mitteleuropäischen Länder gänzlich vergessen; um Hunger mit Singvögeln zu stillen, gibt es (momentan) keine als zivilisiert ausgewiesene Technik. Daß die Tabuisierung von Singvögeln seine Ursachen nicht in diesen selbst, in Fleisch, Bekömmlichkeit oder mangelndem Nährwert hat, sondern in kulturellen oder sozialen Codierungen, zählt wie bei den meisten Nahrungstabus zur nahrungsethnologischen Binsenweisheit. Dennoch schied und hierarchisierte auch vor der fast vollständigen Tabuisierung von Singvögeln eine Ordnung des Geschmacks in eßbare und genießbare Arten, in Sänger, die als Delikatesse bevorzugt wurden und in solche, die nur auf den Speisetisch der Armen kamen. Warum wurden Lerchen oder Krammetsvögel überall, Schwalben oder Sperlinge aber nur mancherorts gegessen? Warum wurden Kuckucke (Cuculus canorus) in der Regel gemieden, während sie hie und da als Delikatesse Wertschätzung erfuhren? Warum wurden Rabenvögel fast ausnahmslos verabscheut, während sich um ihren Verzehr in einzelnen Regionen eine regelrechte Jagd- und Eßtradition ausbildete?

---

188 Naumann: Naturgeschichte. Erster Theil, Leipzig 1820, S. 140.

In Zedlers Universal-Lexikon wurde in der ersten Hälfte des 18. Jahrhunderts Vogelfleisch hoher Stellenwert beigemessen.

»Aller Vögel Fleisch giebt weniger Nahrung, denn das Fleisch der vierfüßigen Thiere: Angesehen ihre Natur feuchte und warm ist; es wird aber leichter und besser, als anderes Fleisch verdauet; daher man dann etlicher Vögel Fleisch schwachen Personen in der Speise zu genießen erlaubet (...) als da wären Rephüner, Haselhüner, wilde und zahme Tauben, Amseln, Schnepffen, Drosseln, Krammetsvögel, Lerchen, Fincken, zumahl, wenn sie gebraten, oder mit Weine gekocht, und mit Zitronen, kleinen Rosinen, Zimmet und Wacholdern zu Tische gebracht würden.«[189]

Im allgemeinen Beitrag zu den Vögeln werden Zusammenhänge hergestellt zwischen Verhaltensweisen und Geschmack verschiedener Arten. So seien jene am »zartesten und gesundesten«, die »auf Bergen und in freyer Luft in steter Bewegung leben«. Vögel, die am Wasser oder in Sümpfen leben, »haben viele böse Feuchtigkeit bey sich, und also kann ihr Fleisch keine gute Nahrung geben.« Außerdem wird auf Vorzüge und Nachteile aller möglicher Innereien eingegangen: Während dem Hirn gesundheitsförderliche Eigenschaften zugewiesen werden, wird dem Herz Schwerverdaulichkeit attestiert, während die Lunge leichtverdaulich sei, dafür aber kaum über Nährwert verfüge. Für Gedärme gebe es in der Regel keine Verwendung, »außer an Lerchen, Schnepfen und Krammetsvögeln, da sie zwar eine Bitterkeit bey sich haben, welche aber nicht schädlich, sondern vielmehr seine abspülende gesunde Kraft mit sich führet.« Während die »Hödlein der Hahnen« den Schwindsüchtigen gut tue, sei das Knochenmark von Vögeln lieblich, »machet aber einen Eckel, wenn es zu viel genossen wird.«[190]

Hinter der Praxis, Singvogelfleisch zu essen, verbarg sich ein differenziertes Klassifikationssystem eßbarer, nichteßbarer bzw. zu bestimmten Zwecken eßbarer Arten.[191] Dabei erscheint die deutschsprachige Geschmackslandschaft heterogen

---

189 Vogel-Fleisch, in Johann Heinrich Zedler: Grosses Vollständiges Universal-Lexikon, 50. Bd., Leipzig u. Halle 1746, Sp.202f.

190 Ebda., Sp. 162-178. Unter dem Stichwort »Vogel, (reiner)» wird in Sp. 192/93 auch auf die Vögel betreffenden Speisevorschriften nach dem 3. und 5. Buch Mose eingegangen, wonach den Juden verboten seien »1.) Die Fleischfreßige oder Raub-Vögel, damit die Juden vom Raube abgehalten würden 2.) Die Nacht-Vögel, damit sie die Wercke der Finsterniß ablegen 3.) Die Wasser-Vögel, welche gar unreine Nahrung im Schlamm des Wassers suchen 4.) Der Strauß, welcher niemals von der Erde kommt, damit sie das Irdische verlassen, und nach dem, was droben ist, trachten sollten.«

191 Hinweise zu den kulinarischen Verwendungsmöglichkeiten von Singvögeln finden sich außer in der Jagd- und Ökonomieliteratur in Kochbüchern bzw. diätetischer Literatur wie z.B. Johann Friedrich Zückert: Von den Speisen aus dem Thierreich, Berlin 1777. Von der systematischen Ornithologie des 19. Jahrhunderts verdrängt wurde eine lebensweltlich-erfahrungs-

und geprägt von regionalen Gewohnheiten, denen jedoch auch Gemeinsamkeiten gegenüberstehen. Allerorten war etwa der Verzehr von Drosseln, Lerchen oder Finken üblich. In der Hierarchie folgten Insektenfresser bzw. Mischfresser wie Meisen, Grasmücken oder Rotkehlchen (Erithacus rubecula), die später zuerst von den Speisekarten verschwinden sollten. Schließlich waren da Arten, die in der Regel gemieden wurden: der Kuckuck, Schwalben, Sperlinge oder Krähenvögel. Warum nun wurden manche Vögel gegessen und andere nicht? Warum sind manche Vögel in der Ordnung eßbarer Arten eindeutig kategorisierbar, während andere einen mehrdeutigen Status einnehmen?

Mary Douglas hat, an Claude Lévi-Strauss anknüpfend, in ihrer Studie über »Reinheit und Gefährdung« versucht, eine klassifikatorische Ordnung über die Eßbarkeit und Tabuisierung von Tieren zu schaffen.[192] Ausgehend von der Annahme, daß das Materielle herangezogen wird, um das Immaterielle denkbar zu machen, sieht Douglas in der Differenz von Tieren ein geeignetes Medium, kognitive Ordnungsmodelle zu entwerfen. Als »rein« oder »unrein« werde dabei nie ein Tier für sich besetzt; diesen Status erhalte es erst im Kontext einer übergreifenden symbolischen Ordnung, die in einer klassifikatorischen Logik manifest wird. Hierbei zeigte sie auf, daß sich Tierarten zur Tabuisierung besonders eignen, wenn sie kognitiv anomal bzw. zweideutig sind und nicht den in einer Kultur gängigen Klassifikationskriterien entsprechen.

Wie werden nun Vorstellungen von Normalität bzw. Anomalität hergestellt? In jeder Kultur existieren Normvorstellungen über das Verhalten von wildlebenden Vögeln. Sie weisen etwa gegenüber dem Menschen Scheu und Distanzierungsbedürfnisse auf. Als Bewohner des Himmels leben sie in einer anderen Sphäre als der Mensch, erfüllen den Menschheitstraum vom Fliegen und sind durch unzweideutiges Anderssein gekennzeichnet. Gleichzeitig jedoch kann die Beset-

---

orientierte Tradition der Naturgeschichtsschreibung, in welcher die Trennung von naturkundlicher Systematik und praktischer Nutzung der beschriebenen Natur unbekannt war. So erscheinen bei Christian Ludwig Brehm oder den Naumanns Angaben zu Qualität und Konsistenz des Fleisches einzelner Vogelarten, mitunter Zubereitungsmethoden sowie Jagd- und Fangtechniken und Informationen zur Nützlichkeit bzw. Schädlichkeit einzelner Arten völlig gleichberichtigt neben Bemerkungen zu Anatomie, Nahrungsgewohnheiten oder Verhalten. Vgl. Christian Ludwig Brehm: Beiträge zur Vögelkunde in vollständigen Beschreibungen mehrerer neu entdeckter und vieler seltener, oder nicht gehörig beobachteter Vögel, 3 Bde., Neustadt an der Orla 1820-1822; Johann Friedrich Naumann: Johann Andreas Naumann's Naturgeschichte der Vögel Deutschlands, nach eigenen Erfahrungen entworfen, 13 Bde., Leipzig 1820-1860.

192 Mary Douglas: Reinheit und Gefährdung. Eine Studie zu Vorstellungen von Verunreinigung und Tabu, Frankfurt a.M. 1988.

zung der Vogelwelt mit kulturellen Werten und Bedeutungen Nähe zum Menschen schaffen. Zu den Normvorstellungen über Vögel zählt aber auch, daß die Ordnung der Vögel insgesamt durch klar identifizierbare Verwandtschaftsverhältnisse gekennzeichnet ist. Singvögel weisen die Fähigkeit zum Gesang auf, was mit der besonderen anatomischen Ausbildung der Syrinx (Stimmuskulatur) erklärt wird. Greifvögel ernähren sich von anderen Tieren. Wasservögel leben am Wasser. Arten, die diese Normalitätskriterien nicht erfüllen, bieten sich dazu an, als anomal klassifiziert zu werden. Nun allerdings sind solche Vorstellungen nicht statisch, sondern historischem Wandel unterworfen. Sind etwa Nähe bzw. Distanz zum Menschen maßgebliche Kriterien, so bleibt zu konstatieren, daß Umbewertungsprozesse und Neucodierungen von Natur Tiere dem Menschen näher bringen bzw. fremd machen können.[193] Der Nützlichkeitsdiskurs der Aufklärung etwa bringt dem Menschen solche Vögel näher, die Insekten vertilgen, dafür aber andere, die dies nicht tun, auf umso größere Distanz. Die Romantisierung der Natur im 19. Jahrhundert bringt Vögel dem Menschen näher, weil sie mit bestimmten menschlichen Werten besetzt werden.

Zudem ist natürlich auch die außermenschliche Natur eine historische Kategorie, die dynamisch ist und sich verändert. So gibt es nicht nur Vogelarten, wie Schwalben oder Weißstörche, die bereits in frühgeschichtlichen Zeiten kohabitative Lebensverhältnisse mit Menschen eingingen. Viele Vogelarten paßten ihre Lebensgewohnheiten der modernen Zivilisation an und kamen so dem Menschen näher. Neben dem Mauersegler war es vor allem die Amsel (Turdus merula), die dem Menschen im 19. Jahrhundert in die urbanen Zentren folgte, so daß sich eine Wald- in eine Stadtbewohnerin verwandelte. Ihre Anpassung als Kulturfolgerin, die sich in der Zivilisation einzurichten wußte, ermöglichte nun eine ambivalente Wahrnehmung der Drosselart. War einerseits so die Voraussetzung für eine Intimisierung der Vogel-Mensch-Beziehung möglich,[194] verschlechterte sie gleichzeitig ihr Image. Die Anpassung an veränderte Verhältnisse wurde nicht etwa als

---

193 Die Nähe-Distanz-Formel stammt von Edmund Leach, der die Eßbarkeit von Tieren und die Heiratbarkeit von Menschen untersuchte und dabei mit der Opposition »nah – fern« Strukturgleichheiten feststellte. Vgl. Edmund Leach: Anthropologische Aspekte der Sprache. Tierkategorien und Schimpfwörter, in: Eric H. Lenneberg (Hrsg.): Neue Perspektiven in der Erforschung der Sprache, Frankfurt a.M. 1972, S. 32-73. Vgl. auch S.J. Tambiah: Animals are good to think and good to prohibit, in: Ethnology, 8. Jg. (1969), S. 423-459.

194 Vgl. Anonymus: Das Vordringen der Schwarzamsel in den Städten, in: Die Gartenlaube, Jg. 1900, S. 136; Sebastian Killermann: Amsel und Drossel in den Städten, in: Naturwissenschaftliche Wochenschrift, N.F. V. Bd. (1906), S. 321-325; R. Heyder: Hundert Jahre Gartenamsel, in: Beiträge zur Vogelkunde, 4. Jg. (1955), S. 64-81.

Leistung interpretiert, sondern als widernatürliche Unterordnung. Bei den Änderungen ihrer Lebensweisen handelte es sich um »Entartungserscheinungen«. Als Belege hierfür wurden Beobachtungen über ihre »Dreistigkeit« und Nähe zum Menschen, ihre Wandlung vom Zug- zum Standvogel, Nesträuberei und ihre »Schädlichkeit« herangezogen – damit schien sie ihrer »Natürlichkeit« beraubt.[195] Vor allem die Anpassungsfähigkeit des Haussperlings wurde als Degenerationsphänomen interpretiert, von Curt Floericke etwa als »Proletarisierung«:

»›Gefiederte Proletarier‹ nennt man sie, ›Gassenbuben‹ und ›Lumpenpack‹, die etwas plump aussehenden und doch so pfiffig dreinschauenden Vögel im schlicht braungrauen Federkleide, denen die liebliche Gabe des Gesangs versagt geblieben ist, deren mißtöniges Geschilpe so oft unser Ohr beleidigt, deren ungenierte Liebesabenteuer uns oft lächeln machen, die auf allen Gassen im Gewühle der volksreichen Großstadt so sicher, protzig und selbstbewußt herumhüpfen, die sich ganz dem Menschen angepaßt haben und aus ihm und seiner Kultur so unverschämt Vorteil zu ziehen verstehen wie kein anderer Vogel.«[196]

Solche Verhaltensweisen korrespondierten auffällig mit der Landflucht bäuerlicher und unterbäuerlicher Bevölkerungsschichten, die auf der Suche nach Arbeit vom Lande in die Elendsquartiere der modernen Städte gezogen waren.

Im Folgenden soll anhand einiger zwielichtiger Vogelarten nach Erklärungsversuchen gesucht werden, warum diese nicht zum Kanon eßbarer Singvogelarten zählen. Schwalben[197] wurden bereits in den alttestamentarischen Speisevorschriften mit einem Eßverbot belegt, und diese Regel scheint auch in Mitteleuropa bis ins 19. Jahrhundert Gültigkeit zu besitzen. Allerdings finden sich in der Jagdliteratur immer wieder Hinweise auf regionale Ausnahmen. Hohberg schränkt in seinem »Adelichen Landleben« ein, daß die Nutzung von Schwalben als Nahrungsmittel gesundheitlichen Zwecken diene, nämlich »für das viertägliche Fieber, das Hinfallende, und das blöde Gesicht«.[198] Der Kameralist Christoph Wilhelm Gatterer (1759-1838) erwähnte ihre Verwendung zu Ernährungszwecken in »verschiedenen Gegenden, z.B. auf dem Harze«.[199] Und Johann Friedrich Naumann führte

195 Z.B. Die wirtschaftliche Bedeutung der Amsel (Forstmeister Schinzinger im Württ. Wochenblatt f. Landwirtschaft), in: Süddeutsche Thier-Börse, 24. Jg. (1915), S. 194-195.

196 Floericke 1922, S. 170.

197 Mit der Bezeichnung Schwalben sind hier Mehlschwalben (Hirundo urbica) oder Rauchschwalben (Hirundo rustica) gemeint.

198 Hohberg 1716. S. 796; vgl. auch Aitinger 1653, S. 156. Die hier im Zusammenhang mit »Gesicht« angeführten Krankheitsbilder beziehen sich auf Beeinträchtigungen des Sehsinns.

199 Christoph Wilhelm Gatterer: Abhandlung vom Nutzen und Schaden der Thiere, nebst den vornehmsten Arten dieselben zu fangen und die schädlichen zu vermindern. Zweyter Band. Von den Vögeln, Leipzig 1782, S. 436.

neben dem Harz noch die Gegend um Halle, vor allem aber die Mittelmeerländer Spanien und Italien an.[200] Caspar Schröder glaubte die Gründe, weshalb die Schwalben als Nahrung gemieden wurden, zu wissen: »Bey uns werden die Schwalben selten in der Küche gebrauchet, weil sie ein sehr hitzig und schädliches Fleisch haben sollen; Jedoch werden sie an manchen Orten von armen und andern Leuten zur Speise zubereitet.«[201] Auch er führte jedoch einen vielfältigen Nutzen als Arznei an und nannte etwa ein Salbenrezept, bei dem Schwalbenjunge zunächst gedörrt wurden. Daraus wurde ein Pulver gestoßen, welches mit Wolfsmilch und dem Schaum von Schnecken versehen eine Salbe ergab, welche die Haare ausfallen ließ und garantierte, daß sie nie wieder nachwuchsen.[202]

Auch dem Forsttheoretiker Georg Ludwig Hartig (1764-1834) war geläufig, daß Schwalben hie und da gegessen wurden. Allerdings befand er, daß der Wert ihres Nahrungsverhaltens höher einzuschätzen sei als der Wert ihres Fleisches: »Diese und alle Schwalbenarten nützen vorzüglich durch das Wegfangen unzähliger Insekten, und sollten daher aufs sorgfältigste geschont werden. – Doch giebt es Länder und Gegenden wo man ihr Fleisch ißt, und gut findet.«[203] Christian Ludwig Brehm benannte diese Regionen und ächtete den Schwalbenfang. Erstaunlich erscheint dabei, wie Brehm, der sonst wenig gegen grausame Fangmethoden und Jagdtechniken einzuwenden wußte, hier in den Jargon des Moralisierens fiel. Im selben Maße, wie die Schwalbe Vermenschlichung erfährt, wird ihr Jäger barbarisiert – was wiederum jene, die sich in Verzicht üben, moralisch aufwertet:

»In unserm Vaterlande sind glücklicherweise die Schwalben ihres Nutzens und ihrer Zutraulichkeit wegen, – sie vertilgen sehr viele schädliche Insecten, – unverletzbare Vögel, welche man auf alle Weise schont. Ebenso bei den Muhamedanern, bei denen sie Vögel des Paradieses heißen und, wie schon dieser Name zeigt, sehr hoch gehalten werden. Allein schon in Wien und noch mehr in Ungarn hört diese Rücksicht auf. (...) In Italien, wo ein wahrer, nicht zu verantwortender Vernichtungskrieg gegen die armen Vögel geführt wird, (...) vertilgt man die lieblichen und nützlichen Schwalben in Masse auf folgende Weise: Wenn die Spießschwalben, diese harmlosen Thierchen, sich im Spätsommer und Herbste heerdenweise in das Rohr der Teiche setzen, um in ihm zu übernachten, spannen die unersättlichen Vogelsteller ein Netz von festem Hasenzwirne über denselben aus, drücken es nieder und treten, indem sie auf demselben hin und hergehen, die darunter

200 Naumann: Naturgeschichte, Sechster Theil, Leipzig 1833, S. 72.

201 Schröder 1728, S. 159. Hinter dem Pseudonym Caspar Schröder verbirgt sich der Thüringer Arzt Christoph von Helwig. Bei seiner »Jagd-Kunst« handelte es sich um eine Neubearbeitung von Aitingers Werk.

202 Rezepturen mit etlichen Vogelarten finden sich in Siegfried Seligmann: Die magischen Heil- und Schutzmittel aus der belebten Natur. Aus dem Nachlaß bearb. und hrsg. von Jürgen Zwernemann, Berlin 1999.

203 Hartig 1811, S. 425.

befindlichen Schwalben in das Wasser und in den Schlamm. (...) Auf diese unbarmherzige Weise werden Hunderte der lieben Schwalben von den habsüchtigen Italienern an einem einzigen Abende gefangen.«[204]

Was nun könnten jene Anomalitäten sein, die Schwalben wenn nicht für eine vollständige Tabuisierung, so doch für eine Problematisierung prädestinierten? Schwalben – zumindest Rauch- und Mehlschwalben – sind als Kulturfolger dem Menschen offenbar zu nahe, als daß sie ohne weiteres gegessen werden können. Sie übertreten mit ihrer eigenartigen Kunstfertigkeit, Nester an bzw. in Häusern bauen zu können, die klare Zuordnung von Natur und Zivilisation. Obendrein: Sie vertilgen Insekten, halten auf diese Weise Haus und Viehställe sauber und sind nützliche Vögel, zu denen ein symbiotisches Verhältnis besteht. Ihre Rückkehr im Frühjahr und die Besiedlung der alten Nester zur Brutzeit suggeriert etwas, das nach menschlichen Verhaltensmaßstäben mit Seßhaftigkeit, Treue zur häuslichen Umgebung und Heimatliebe besetzt wird. So konnte Caspar Schröder bereits Anfang des 18. Jahrhunderts von Beringungsversuchen berichten, die quasimenschliche Verhaltensweisen der Schwalben zu belegen schienen. Mit an den Beine festgebundenen roten Fäden habe man den Nachweis führen können, daß sie zu ihren alten Nestern zurückkehren. Für Schröder stellte dies nichts weniger dar als »ein schönes Vorbild väterlicher und mütterlicher Treue gegen ihre Kinder« und einen Beleg für ein ordentliches Familienleben.[205] Essen kann man das Fleisch »normaler« Tiere. Einer Vogelfamilie die treusorgenden Eltern zu rauben und diese zu verzehren, bringt die Esser jedoch untrüglich in die Nähe von Kannibalen. Schwalben sind also zwielichtig und überschreiten mehrere Grenzlinien zwischen Natur und Kultur: Es sind wildlebende Tiere, die doch mit den Menschen unter einem Dach eine Lebensgemeinschaft eingehen. An ihnen lassen sich scheinbar allerlei menschliche Verhaltensweisen – Reinlichkeit, soziales Verhalten, Ortsbezüge – beobachten, und doch bleiben sie als Tiere fremd.

Auch Sperlinge[206] stehen in einem engen Verhältnis zum Menschen, wenn auch in einem parasitären. Wie bei den Schwalben stellte auch ihr Verzehr die Ausnahme und nicht die Regel dar, so das »Handwörterbuch des deutschen Aberglaubens«: »Im allgemeinen wird er nicht für eßbar gehalten; Spatzenfleisch stopft den Bauch, weil es zu hitzig ist, aber schon das Sprichwort vom Sp. in der Hand und der Taube auf dem Dach, mit der Abwandlung ›besser ein Spatz im Hafen als

---

204 Brehm 1855, S. 48f. Mit Spießschwalbe ist die Rauchschwalbe (Hirundo rustica) gemeint.

205 Schröder 1728, S. 157.

206 In der Regel ist hier vom Haussperling (Passer domesticus) die Rede. Demgegenüber galt der Feldsperling (Passer petrosus) als weniger schädlich.

gar kein Fleisch‹ läßt den Gedanken nicht als unmöglich erscheinen. In der Antike ist er gegessen worden, und in Rußland gilt er als eßbar.«[207] Caspar Schröder brachte Spatzen gegenüber wenig kulinarischen Respekt auf:

»Ihren Nutzen und Artzney-Gebrauch betreffend, so werden solche zwar von vielen gespeiset, sie sind aber in der That weder für delicat noch gar gesund zu halten, weil ihr Fleisch als wärmer und trockner Temperatur im dritten Grad, den Menschen, der es zu viel zu essen gewohnt ist, sehr erhitzet und austrocknet, doch möchten die jungen und fetten Sperlinge noch eher als die Alten zur Speise passiren.«[208]

Genoß die Schwalbe ihrer Häuslichkeit, ihrer Nützlichkeit und ihrer »sozialen« Eigenschaften wegen Achtung, so war es um das Image des Sperlings miserabel bestellt. »Sperling (...) ist ein gantz bekannter aber auch verachteter, schädlicher, geiler und listiger Vogel.«[209] Nichtsdestotrotz scheint die Meidung zu Nahrungszwecken erst in der Frühen Neuzeit einzusetzen. Zumindest suggeriert Zedlers Universal-Lexikon noch: »Das Sperlingsfleisch ist nicht unangenehm, daher sie bey den Alten, und noch heut zu Tage nicht nur gegessen, sondern auch von einigen vor ein Leckerbißlein gehalten werden: Wiewohl sie andere, als ungesund verachten, weil sie unverdaulich und zur Geilheit reitzen sollen, dergleichen auch dem Hirn und den Eyern zugeschrieben wird.«[210] Döbel erwähnte den Sperling nicht seiner Eßbarkeit wegen, sondern als Objekt der Schädlingsbekämpfung, um sodann mitzuteilen, es gebe in etlichen Ländern »hohe Landes-Herrschaftl. Befehle, daß dieselben, als ein den Haus-Wirthen, und dessen erbaueten Feld- und Garten-Früchten schädlichen Vogel nach Möglichkeit tilget, auch zu dessen mehrerm Beweise eine gewisse Anzahl Sperlings-Köpffe geliefert werden müssen.«[211] Ein Autor, der Spatzenfleisch uneingeschränkt empfahl, war Johann Matthäus Bechstein, der ihm den Rang von Finkenfleisch zusprach und versicherte, es handle sich um »ein bloßes Vortheil, wenn sie einige Personen für übelschmeckend und eckel ausgeben.«[212] Der Spatz erschien nicht nur der Schädlichkeit wegen als be-

207 Peuckert: Sperling, in: Handwörterbuch des deutschen Aberglaubens, Bd. 8, Berlin u. Leipzig 1937, Sp. 237.

208 Schröder 1728, S. 165.

209 Sperling, Spatz, Spar, in Johann Heinrich Zedler: Grosses Vollständiges Universal-Lexikon, Bd. 38, Leipzig u. Halle 1743, Sp. 1509.

210 Ebda., Sp. 1514.

211 Döbel 1754, S. 262. Vgl. Christoph Gasser: Vogelschutz zwischen Ökonomie und Ökologie. Das Beispiel der Sperlingsverfolgungen (17.-20. Jhrd.), in: Becker/Bimmer 1991, S. 41-60.

212 Johann Matthäus Bechstein: Kurze aber gründliche Musterung aller bisher mit Recht oder Unrecht von dem Jäger als schädlich geachteten und getödeten Thiere nebst Aufzählung einiger wirklich schädlichen, die er, seinem Berufe nach, nicht dafür erkennt, Gotha 1792, S. 137.

drohlich, sondern auch durch sein Sexualverhalten. Döbel beobachtete: »Es ist auch so ein geiler Vogel, daß er wohl in einem Ritte 20 bis 30 mal auf die Sieke springt, und sie betritt; die Sieke aber bleibet indessen stetig sitzen, und ruft: Meh, Meh!«[213]

Johann Philipp Breidenstein (1729-1785), Organist, Komponist und seit 1777 Professor für Landwirtschaft und Kameralrechnungswesen in Gießen, widmete dem Spatz 1779 mit seiner »Naturgeschichte des Sperlings teutscher Nation« ein ganzes Buch. Dieses erscheint zunächst als ein aufklärerisches Werk, beseelt vom Willen, den abergläubischen Vorstellungen vom geilen und selbstsüchtigen Parasiten nüchternes naturwissenschaftliches Wissen entgegenzusetzen. Tatsächlich aber gehen Entzauberung und Wiederverzauberung der Spatzen hier Hand in Hand. Da ist einerseits zwar ein zweckrationaler Umgang, der bei der Bekämpfung auf jegliche Grausamkeiten verzichtet. Das Postulat eines raschen und schmerzlosen Todes der Jagdbeute signalisiert die Zurückdrängung und Kontrolle aller Affekte, die sich um das Töten lagerten. Breidenstein ächtete explizit Fangarten, die das Sterben der Vögel hinauszögerten, wie etwa die »Spatzenkrüge«, in welche die Vögel durch enge Öffnungen gelockt wurden, um sodann im Inneren des Kruges langsam zu verenden. Kaum dem Postulat der Vernunft verpflichtet erscheinen allerdings die anempfohlenen Bekämpfungsmethoden: das Ausstreuen von Pulver auf Feldern, welches aus jungen, noch blinden Spatzenjungen gewonnen wurde, das nächtliche Tragen von Kröten über die Felder oder Einschmieren der Hände mit Hasenfett beim Säen.[214]

Die Absicht von Breidensteins Spatzen-Mongraphie mochte eine aufklärerische gewesen sein; tatsächlich allerdings klassifiziert und bewertet er ihn beständig nach menschlichen Interessen: »Der Sperling (…) nutzet nichts, weder in seinem Leben, noch in seinem Tode. Seine Stimme beleidigt das Ohr; seine Vertraulichkeit ist beschwerlich; und sein großer Muthwille belästiget. (…) Seine Eyer sind klein, und dörfen, um unsere Natur nicht zu verderben, denn sie reitzen allzusehr zur Wohllust, gar nicht genossen werden.«[215] Im Unterschied zu den meisten Jagdautoren klassifizierte Breidenstein den Sperling als prinzipiell nicht eßbar, »denn einmal frißt er nicht nur Raupen, Würmer, Papilons, sondern auch wirkliches Aas, und wird daher eckelhaft. Sein Fleisch ist auch warmer und trockner Natur; es erhitzet also und trocknet aus, daher diejenigen, so es zu genießen

213 Döbel 1754, S. 66.

214 Johann Philipp Breidenstein: Naturgeschichte des Sperlings teutscher Nation, Gießen 1779, S. 115.

215 Ebda., S. 62f.

belieben, ein verdorbenes Geblüt, Verstopfungen des Leibes, und endlich die Dörrsucht bekommen.«[216]

Breidenstein suchte zwar Vorurteile über das Sozialverhalten des Sperlings mit aufgeklärten Einsichten abzubauen. Der Habitus, den er dabei konstruierte, war freilich ähnlichen anthropogenen Kategorien verpflichtet wie jene seiner Kontrahenten. Dem Ruch der Polygamie, der dem Sperling anhaftete, setzte er familiäre Treue entgegen: »Solche mögen denn doch, den wegen seiner Geilheit so schwarz beschriebenen Sperling hübsch in Frieden lassen, wenn sie dieser nicht injuriarum belangen soll.«[217] Breidenstein glaubte übrigens, die Ursachen für das weitverbreitete Vorurteil der übermäßigen Sperlingslibido in einem folgenschweren philologischen Irrtum gefunden zu haben. Die sprichwörtliche Geilheit der Spatzen ginge nämlich auf Cicero zurück, bei dem dann allerdings die Wendung »Passeribus« fälschlicherweise allein mit Sperling übersetzt worden sei, wo doch Vögel insgesamt gemeint gewesen wären: »Passeribus innata es a natura voluptas, alle Sperlinge haben einen von der Natur eingepflanzten Hang zur Wohllust, so verstehet er hierunter ganz gewiß alle Vögele, denn alle Vögele sind von Natur wohllustig, und ihr Geschlecht fortzupflanzen begierig.«[218] Schmarotzertum und Streitsucht des Sperlings wollte Breidenstein nicht abstreiten. Er räumte ihm denn allerdings ein Sozialprofil ein, das sich bei aller Aggressivität nach außen durch tiefe Solidarität nach innen auszeichnete: »Der Sperling ist zwar ein Betrüger, nur aber gegen seines Gleichen nicht, als gegen welche er eine bewundernswürdige Treue und Aufrichtigkeit ausübet.«[219]

Einen Rehabilitationsversuch unternahm Johann Andreas Naumann 1789 in seinem »Vogelsteller«, den er mit einem fiktiven Dialog zwischen einem Haussperling und einem Rohrsperling[220] ausklingen ließ. In diesem literarisierten Disput über Schädlichkeit und Eßbarkeit wurde das Lebensrecht des Sperlings anfangs biblisch legitimiert. Wie alle Tiere sei auch er nicht für den Menschen geschaffen, sondern habe im Haushalt der Natur eine Existenzberechtigung. Vom Rohrsperling befragt, warum denn dann seine Verfolgung vielerorts staatlich verordnet werde, antwortete der Haussperling: »Dieses ist noch ein alter Gebrauch,

216 Ebda., S. 63.

217 Ebda., S. 16.

218 Ebda., S. 18. Tatsächlich bringen es Haussperlinge pro Brutsaison auf bis zu drei Gelege. Die hohe Kopulationsfrequenz wird auch in Zusammenhang gebracht mit der für einen Reproduktionserfolg ungünstigen Anlage der Geschlechtsapparaturen.

219 Ebda., S. 48.

220 Mit dem Rohrsperling ist die Rohrammer (Emberiza schoeniclus) gemeint, die lange Zeit fälschlicherweise den Sperlingen zugeordnet wurde.

welcher bey den Neuern ist zur Gewohnheit geworden, weil man vor Alters her geglaubt hat, daß der Schöpfer einige Kreaturen nur zu des Menschen Plage erschaffen hätte, heutiges Tages aber sehen wir wohl ein, das Gott alles und also auch mich, zu des Menschen Nutzen erschaffen hat.«[221]

Konfrontiert mit dem Vorwurf der Schädlichkeit kontert der Haussperling, daß sein Nachwuchs wider alle Vorurteile sehr wohl eßbar sei, und für solchen eßbaren Nachwuchs sorge er wahrlich zur Genüge: »An Fruchtbarkeit haben wir unseres gleichen nicht, denn ich kann meine Sie wohl 15 bis 20 mal hinter einander treten, welches mir kein Vogel nachthun soll, und ich könnte mich eher rühmen, als der falsche Prophet Mahomet, daß mir der Schöpfer dazu 40 Männerkraft gegeben hat.«[222] Naumann ließ sein Sperlingsmännchen freilich nicht verschweigen, daß der Verzehr von Vertretern seiner Art menschlichem Sozialprestige nicht eben förderlich war und erzählte hierzu die Anekdote eines sächsischen Bauern, der »fast alle Sonntage eine Schüssel voll Sperlinge auftragen und sich mit seinem Gesinde satt essen konnte; er kehrte sich nicht daran, ob ihn gleich seine närrischen Nachbarn Sperlingsstoffel hießen.«[223]

So verbietet sich auch der Sperling aufgrund seiner Nähe zum Menschen für Nahrungszwecke. Erscheinen Schwalben positiven Selbstbildern von Menschen zu ähnlich, um einzuverleibt werden, so ist es beim Sperling das Schreckbild des asozialen, wollüstigen und allesfressenden Parasiten, das seinen Verzehr erschwert und bedrohlich werden läßt. Schwalben sind zu rein, Sperlinge zu unrein, um in den menschlichen Körper aufgenommen zu werden.

Auch der Kuckuck erhielt in der Vogelfang-Literatur der Frühen Neuzeit nur ausnahmsweise das Attribut der Eßbarkeit. Wenn sein Verzehr als üblich notiert wurde, avancierte er, wie bei Döbel, gleich in den Rang einer Delikatesse: »Er bläset den Hals ziemlich auf, ist auch recht starck Fett daran, wie er denn überdem fett ist, und wird von einigen zur Delicatesse gespeiset.«[224] Hartig erachtete ihn zwar nicht als eßbar, schätzte ihn aber aus anderen Gründen: »Da der Kukkuck viele Raupen und schädliche Insekten verzehrt, so ist er ein sehr nützlicher Vogel, obgleich sein Fleisch gewöhnlich nicht gegessen wird.«[225] In dieser Frage urteilte Johann Matthäus Bechstein anders: »Ohngeachtet der Kuckuk (...) gut schmeckt, so schießt man ihn doch selten deshalb, weil es ein rarer und wegen

221 Naumann 1789, S. 202.

222 Ebda., S. 203.

223 Ebda., S. 204.

224 Döbel 1754, S. 61.

225 Hartig 1811, S. 350.

seines Insektenfraßes für Waldungen und Gärten nützlicher Vogel ist.«[226] Auch der Kuckuck paßt aus vielerlei Gründen nicht in gängige Klassifikationssysteme wildlebender Vögel. Sein sperberähnliches Gefieder läßt ihn aussehen wie ein Greifvogel, und er ist dennoch keiner.[227] Vor allem aber setzt sein außergewöhnliches Reproduktionsverhalten alle Regeln, die von Singvögeln mit ihrem Sinn für familiäre Fürsorge erwartet werden, außer Kraft: Der Kuckuck legt seine Eier in fremde Nester und läßt seinen Nachwuchs von Adoptiveltern großziehen. Obendrein geriert sich dieser Nachwuchs bei den Gasteltern so, daß deren eigene Nachkommen seine Gefräßigkeit mit dem Tod bezahlen müssen.

Weitere Arten, die bereits in den alttestamentarischen Speisevorschriften mit einem Eßverbot belegt waren und auch im Gros der Jagdliteratur als nicht eßbar ausgewiesen wurden, sind die Krähenvögel.[228] Sie zählen zu jenen Vögeln, deren Fleisch nur so stark tabuisiert war, daß es zu bestimmten Zeiten – z.B. noch während der Hungerkrisen in den Weltkriegen des 20. Jahrhunderts – und für bestimmte soziale Gruppen als Nahrungsmittel verfügbar werden konnte. Im »Handwörterbuch des deutschen Aberglaubens« erscheinen die Krähen als probate symbolische Operatoren, um kulturelle Differenzen manifest zu machen:

»K.n zu essen, war den Juden verboten und wird auch in den ma.lichen Bußbüchern untersagt. In Deutschland gilt K.fleisch als unmögliches Essen; in slavischen Gegenden scheut man sich nicht vor ihr; ebenso ist die K. bei Zigeunern beliebt. Nach indischem Glauben verlängert es das Leben. Wir haben als Kinder die Jungen aus den Nestern geholt und gebraten und behaupteten, sie schmeckten wie junge Tauben. Im Kriege 1914/18 hat man Versuche gemacht, das K.nfleisch als Nahrung einzuführen, was von den Bauern sehr begrüßt ward, weil dadurch die K.nplage etwas eingeschränkt wurde.«[229]

Auch Krähen sind in vielerlei Hinsicht zwielichtige Kreaturen. Anatomisch weisen sie zwar die für Singvögel kennzeichnende Ausbildung der Syrinx auf und gehören deshalb zur wissenschaftlichen Ordnung der Singvögel. Allerdings verleiht ihnen die bloße Existenz dieses Muskelapparats alles andere als eine hörens-

226 Bechstein 1822, S. 623.

227 Johann Matthäus Bechstein verweist auf Fabeln, in denen sich der Kuckuck im Winterhalbjahr in einen Raubvogel (meist Sperber) verwandelt; vgl. Bechstein 1792, S. 107f.

228 Die Bezeichnung Krähenvögel wird in der Jagdliteratur höchst unterschiedlich gebraucht. Sie zielt bisweilen auf die gesamte Familie der Rabenvögel. Meist jedoch sind nur die Rabenkrähe (Corvus corone corone), Nebelkrähe (Corvus corone cornix) oder Saatkrähe (Corvus frugilegus) gemeint.

229 Peuckert: Krähe, in: Handwörterbuch des deutschen Aberglaubens, Bd. 5, Berlin u. Leipzig 1933, Sp. 370.

werte Gesangsfähigkeit. Krähen halten sich auch sonst keinesfalls an gängige Maxime, die in der Lebensführung von Singvögeln gemeinhin erwartet werden: Sie machen als Allesfresser ähnliches wie die gleichfalls omnivoren Menschen, wenn sie andere Tiere vertilgen, deren Nester ausrauben und, mehr noch, sogar deren Aas verzehren. Krähen passen also überhaupt nicht in die Verwandtschaft von Nachtigallen, Rotkehlchen oder Mönchsgrasmücken. Jenseits der wissenschaftlichen Taxonomie wären also Klassifikationssysteme denkbar, in denen Krähenvögel eine größere Nähe zu Greifvögeln aufweisen. Tatsächlich erscheinen sie in vormodernen Ordnungen, in denen stärker nach Verhaltensweisen oder Lebensräumen klassifiziert wurde, als Raubvögel. Die Krähe, heißt es etwa in Zedlers Universal-Lexikon, »ist ein Raub-Vogel, so unter die Geschlechte derer Raben gezählet wird.«[230] Raubtiere zählen für die strukturalistische Nahrungsforschung zu den universell für Nahrungszwecke tabuisierten Tieren, weil sie nicht in geeignete Klassifikationsraster passen. Sie sind einerseits dem Menschen zu nahe, weil sie dasselbe tun wie er, nämlich Tiere töten und essen; sie sind ihm gleichzeitig aber zu ferne, weil sie das Bestialische und Animalische, mithin das Andere des Menschlichen, repräsentieren.[231]

Das Verzehrverbot für Krähen während der Christianisierung Mitteleuropas legt nahe, daß sie zuvor einen relativ selbstverständlichen Bestandteil der Küche darstellten. In einem Brief an den heiligen Bonifatius forderte Papst Zacharias am 4. November 751 die Eliminierung einiger Tierarten vom Speisezettel: »Zunächst fragst du wegen der Vögel, der Dohlen, Krähen und Störche. Von deren Genuß sollen sich Christen vollständig enthalten; noch viel mehr gilt dies aber von Bibern, Hasen und wilden Pferden.«[232] Die Tabuisierung von Krähenfleisch erfuhr allerdings keine Verankerung in kulturellen Tiefenschichten. Immer wieder sind temporale und regionale Lockerungen des Tabus zu beobachten. Ist in der Jagdliteratur zumeist allgemein von »Krähen« die Rede, so unterschied Christoph Wilhelm Gatterer in seiner »Abhandlung vom Nutzen und Schaden der Thiere« zwischen Raben- und Nebelkrähen sowie der Saatkrähe. Während Gatterer für die Rabenkrähe lediglich notierte, daß deren Jungvögel zuweilen zum Verzehr kommen, vermerkte er für die Nebelkrähe gleichfalls, daß sie wenig geges-

230 Krähe, in Johann Heinrich Zedler: Grosses Vollständiges Universal-Lexikon, Bd. 15, Halle und Leipzig 1737, Sp. 1629.

231 Vgl. neben Leach 1972 auch Eder 1988, S. 146f. Einzig Gatterer 1782 gibt Hinweise auf außerhalb Mitteleuropas hie und da üblichen Verzehr von Greifvögeln.

232 Zit. n. Michael Tangl: Die Briefe des heiligen Bonifatius. Nach der Ausgabe in den Monumenta Germaniae Historia, Leipzig 1912, S. 193.

sen werde, »es sey denn von ganz gemeinen Leuten.«[233] Ganz anders jedoch sah offenbar der kulinarische Umgang mit der von ihrem Erscheinungsbild ähnlichen Saatkrähe aus, wofür Gatterer auch eine Erklärung lieferte: »Das Fleisch der Jungen soll sehr gut zu essen seyn, und selbst die Alten, wenn sie fett sind, welches sie aber selten werden, schmecken nicht übel. Die Landleute in Frankreich, Pommern und Sachsen haben gar keinen Widerwillen gegen das Fleisch derselben, da sie sehr gut wissen, daß sie nicht, so wie die Krähe und der Rabe, vom Aase leben.«[234]

Zumeist waren es bei den regionalen Sonderfällen Jungvögel, die verspeist wurden. Ihre Verwendung war laut Zedlers Universal-Lexikon eine medizinische, denn »kleine oder junge Krähen führen viel flüchtig Saltz und Oel. Sie dienen, die verlohrnen Kräffte wieder zu ersetzen, und das Gehirn zu stärcken, wenn sie gegessen oder als eine Krafft-Suppe zugerichtet, gebrauchet werden.«[235] Die Geschmackslandschaft Mitteleuropas wies etliche Regionen auf, in denen das Krähentabu außer Kraft gesetzt war. Schon Aitinger benannte die Meidung als Regel und den kulinarischen Gebrauch als Ausnahme: »Dann ob wolsonsten die bundten Krähen umb den Reinstrom an vielen Orten gefangen und zur Speise gebrauchet/ und ein Ackermantäubelein genant werden/ ist es doch hier zu Land nicht bräuchlich.«[236] Schröder lieferte zudem Rezepturen, die das anderswo geächtete Krähenfleisch schmackhaft machten:

»Die Bauers-Leute in Schlesien wie auch im Franckenlande essen ihre Jungen, denn sie haben schön weisses Fleisch, sonderlich um die Beine. Sie schinden sie und ziehen ihnen das Fell mitsamt den Federn ab, den Kopff werfen sie weg, nehmen sie aus und kochen sie gantz in einem Topff, darnach werden sie wie junge Hüner zerschnitten, und in einem Tiegel mit Butter und Zwiebeln gebraten.«[237]

Auch dem gebürtigen Franken und physikotheologisch beeinflußten Johann Christoph Heppe (1745-1806) war der Verzehr von Krähen selbstverständlich: »Die jungen Rabenkrähen, wenn sie sauer gebraten werden, sind so gut als wilde Tauben, und die Flügelfedern der Alten werden wie die Rabenkiele gebraucht.«[238]

233 Gatterer 1782, S. 346.

234 Ebda., S. 343.

235 Krähe, in Johann Heinrich Zedler: Grosses Vollständiges Universallexikon, Bd. 15, Halle und Leipzig 1737, Sp. 1630.

236 Aitinger 1653, S. 111.

237 Schröder 1728, S. 186.

238 Johann Christoph Heppe: Der Vogelfang nach seinen verschiedenen Arten praktisch nach der Erfahrung beschrieben nebst Anleitung zur Jagd des Federwildprets, Bd. 1, Nürnberg 1798, S. 212.

Unter den Regionen, in denen kein Tabu für Krähenfleisch existierte, fiel besonders die Kurische Nehrung auf. Hier waren bis weit ins 20. Jahrhundert hinein bäuerliche Fang- und Tötungstechniken üblich, die in bürgerlichen Landesbeschreibungen ein archaisch-primitives Kolorit erhielten.[239] Oscar Schlicht beschrieb in seinem Portrait der Nehrung die Nebelkrähe als Winternahrung der Fischer, die auch unter den Namen »Nehrunsgtaube« oder »Sarkauer Gans« firmierte. Er verriet, daß die ins Restaurationsgewerbe gelieferten Krähen zuweilen »auf der Speisekarte der Großstadt sogar die Verwandlung zum Rebhuhn durchmachen« müssen.[240] Und Albert Zweck kannte sie ebenfalls als Ersatzstoff: »Junge Krähen werden in den Gasthäusern hie und da wohl auch genossen, wenn der Speisezettel Tauben ankündigt.«[241]

Die befremdende Tötungsart, so Schlicht, habe den Bewohnern der Kurischen Nehrung den Spottnamen »Kreihebieters» (Krähenbeißer) eingetragen. Von Oktober bis Dezember beginnt nach der Überlieferung Schlichts die Jagd noch im Morgengrauen, wenn der Fänger mit seiner Ausrüstung und gestutzten Lockkrähen zum Fangplatz aufbricht. Dort ist ein Versteck aus Fichtenzweigen vorbereitet. In rund 40 Metern Entfernung wird dann ein 2 × 5 Meter großes, umklappbares Netz ausgespannt. In dessen Umgebung werden die mitgebrachten Lockkrähen angepflockt und unter das Netz selbst wird Köderfisch gelegt. Die ersten erbeuteten Krähen werden als zusätzliche Lockvögel angepflockt, bevor dann der eigentliche Fang einsetzt. Den Tagesertrag bezifferte Schlicht mit bis zu 100 Exemplaren.

Bemerkenswert erscheint die Art und Weise, wie die Jäger ihre Beute zu Tode brachten:

»Die gefangenen Krähen werden gleich an Ort und Stelle getötet, zu welchem Zweck sie der Fänger mit der rechten Hand bei den Flügeln, mit der linken beim Schnabel faßt; ein leichter Knack mit den Zähnen auf den Kopf bringt der Krähe den sofortigen Tod. Diese durchaus humane Art des Tötens, des Krähenbeißens, ist natürlich nicht jedermanns Sache und so bedienet man sich hierzu auch des Hammers und der Zange. Daheim werden die Krähen nun gerupft und zumeist

---

239 Beschreibungen von Fang- und Tötungspraktiken u.a. in: Preußische Provinzialblätter, Bd. 5 (1831), S. 455-464 und Bd 16. (1836), S. 98-101; Oscar Schlicht: Die Kurische Nehrung in Wort und Bild, Königsberg 1924, S. 98-100; Friedrich Lindner: Die Preußische Wüste einst und jetzt, Osterwieck 1898; Louis Passarge: Aus baltischen Landen, Glogau 1878; Albert Zweck: Litauen. Eine Landes- und Volkskunde, Stuttgart 1898, S. 429; Johannes Thienemann: Krähenzug und Fang auf der Kurischen Nehrung, in: Der Wanderer durch Ost- und Westpreußen, 2. Jg. (1905), S. 54-56.

240 Schlicht 1924, S. 99.

241 Zweck 1898, S. 429f.

eingepökelt, sie werden hierdurch von gewisser wirtschaftlicher Bedeutung und es ist verständlich, daß der Nehrunger sich bemüht, während des Zuges möglichst viel von ihnen für den Winter zu fangen. Daß auch so mancher anderer Vogel den Krähenfängern ins Netz fällt, ist naheliegend, ihnen aber auch den Genuß des widerwärtigen Fleisches der Raubvögel nachzusagen, ist ein Unrecht, das man dem besonders während des Krieges zu Ansehen gekommenen Gewerbe der Krähenbeißer nicht antun sollte.«[242]

Eine Variante dieser Praxis schilderte Johannes Thienemann (1863-1938) in seinen Erinnerungen an die Arbeit als Leiter der 1901 gegründeten Vogelwarte Rossitten. Thienemann skizzierte die Chronik eines Fangtages, der mit dem Anpflocken der Lockvögel einsetzte und zum Abend in einem tödlichen Finale endete:

»Der Abend naht heran, der Zug hat aufgehört, und nun tritt der Fänger unter seine gebändigte Schar, nachdem er die kurze Pfeife aus dem Munde genommen hat, ein Anblick, der mich immer an das Bild vom Riesen unter den Liliputanern erinnert. Eine Krähe nach der anderen wird hochgenommen, wobei die Rechte die Flügelspitzen, den Schwanz und die Fänge umfaßt, während die Linke den Schnabel festhält; der Kopf wird zwischen die Zähne geschoben, ein leises Knirschen, und schon ist die Krähe blitzartig verendet, um einem neuen Kopfe zwischen den Zähnen Platz zu machen. Nun gebe ich ohne weiteres zu, daß es ästhetischere Anblicke gibt als ein Krähen beißender Nehrungsmensch, aber diese eigenartige Sitte der Eingeborenen ist doch ein Stück Urwüchsigkeit, die der modernen Zeit leider immer mehr verloren geht und die so recht zu unserer rauhen Kurischen Nehrung paßt. Die Hauptsache ist aber, daß sich diese Tötungsart als im höchsten Grade human erweist. Wenn ein Tier für uns sterben muß, dann ist es unsere Pflicht, den Tod möglichst schnell herbeizuführen. Nun, ich muß sagen, daß ich selten ein Tier so schnell habe verenden sehen, wie eine solche gebissene Krähe. Kein Zucken geht mehr durch den Körper, es ist wirklich ein blitzschnelles Sterben. In kürzester Zeit tötet der Fänger auf diese sonderbare Weise mehrere Schock Krähen. Das sollte er einmal mit dem Messer versuchen! Was wäre das für eine Quälerei! Wenn es nach mir ginge, dann müßten unsere Dienstmädchen alle Gänse, Enten und Hühner totbeißen, anstatt mit dem stumpfen Messer loszusäbeln. Ich bitte auch zu bedenken, daß beim Beißen weder Blut fließt noch etwa Gehirn umherspritzt. Nur leicht eingedrückt wird die Hirnschale. Schlimm sieht es allerdings aus, wenn ein alter Nehrunger nur noch zwei Zähne sein eigen nennt, einen im Oberkiefer und einen im Unterkiefer; da heißt es gut abpassen, aber es geht auch. Daß hier der Glaube herrscht, gebissene Krähen schmeckten besser als geschossene, soll nur nebenher erwähnt werden.«[243]

Diese Fang- und Tötungspraktiken befremden nicht nur den bürgerlichen Chronisten; sie sind in jedem Falle im Repertoire gebräuchlicher Tötungsmethoden außergewöhnlich. Es ist die physische Unmittelbarkeit, mit welcher der Fänger

---

242 Schlicht 1924, S. 99f. Daß man auf der Kurischen Nehrung Raubvögel »in früherer Zeit aufgegessen hat«, berichtet auch der ehemalige Leiter der Vogelwarte Rossitten; vgl. Johannes Thienemann: Rossitten. Drei Jahrzehnte auf der Kurischen Nehrung, Neudamm 1927, S. 210.

243 Thienemann 1927, S. 211f.

das Leben der Beute beendet, die das Krähenbeißen zu einem exotischen Element einer inmitten der Moderne noch lebendigen traditionalen Volkskultur werden läßt. Der Mund erlebte im Zivilisationsprozeß eine Defunktionalisierung: Zum einen dient er der Einverleibung der Nahrung, wobei zwischen diese und den Mund Gabel, Messer oder Löffel treten und eine Distanz schaffen, welche einen unmittelbaren sinnlichen Kontakt zwischen Esser und einverleibender Nahrung verhindert. Durch die Verwendung solcher Eßwerkzeuge signalisiert der Mensch auch eine Differenz zum Tier. Der Mund wurde außerdem zum Symbol der Sprache, die gleichfalls den Menschen vom Tier unterscheidet. Wenn Lebendiges durch die Öffnung des Mundes ins Körperinnere des Menschen dringt, so sind diese Vorgänge einer intimisierten Sexualität vorbehalten; beim Akt der Tötung aber vermittelt dies ein höchstes Maß an Primitivität. Gegenüber der Intimität von Liebeshandlungen haftet einem solchen Tötungsakt der Ruch des Obszönen an, schafft er doch größtmögliche Unmittelbarkeit zwischen Lebendigem und Totem. Der Akt des Tötens erscheint fast animalisch, denn ansonsten sind es nur Tiere, die beim Töten keinerlei Werkzeug bedürfen. Nicht von ungefähr knüpfte Thienemann in einer weiteren Publikation – wenn auch ironisierend – assoziative Bezüge zum Kannibalismus:

»Und nun, verehrter Leser, der du bis jetzt interessiert zugeschaut hast, wende dich ab oder sieh recht genau hin, je nachdem du blutdürstig bist oder nicht, denn jetzt wird sich unser biederer Freund als wahrer ›Menschenfresser‹ produzieren. In aller Seelenruhe tritt er unter seine gebändigte schwarze Schar, nimmt die kurze Pfeife aus dem Mundwinkel heraus, langt auf den Boden hinunter, zieht Krähe und Pflock zu sich herauf, schiebt den Kopf seines Opfers zwischen die Zähne, ein leises Knirschen der Hirnschale, und im Nu ist der Vogel getötet, um auf den Boden geworfen zu werden, damit der nächste Genosse ihm sofort folgen kann. Uns erinnert ein solcher Anblick immer an ein Bild aus ›Gullivers Reisen‹, wie der Riese breitspurig unter den Zwergen steht und sich ein Bürschchen nach dem andern herausholt, um es zu ängstigen.«[244]

Die Nutzung einer ansonsten in Mitteleuropa zu Speisezwecken gemiedenen Vogelart sowie jene exotische Tötungspraxis lassen die Nehrung im Blick des bürgerlichen Beobachters zu einer urwüchsigen Region mit primitiv-naturwüchsigen Einwohnern werden. »Hoffen wir, daß dieses Stückchen Urwüchsigkeit, das der Poesie sicher nicht entbehrt, und das außerdem für die Eingeborenen in wirtschaftlicher Beziehung große Bedeutung besitzt, von der jetzt auf der Nehrung immer mehr um sich greifenden Kultur nicht so bald weggefegt wird.«[245]

---

244 Thienemann 1905, S. 55.

245 Ebda., S. 55f.

Es wurden verschiedene Möglichkeiten angedeutet, weshalb bestimmte Sinvogelarten tabuisiert werden konnten. Es waren dies immer wieder ähnliche Gründe: Neben der räumlichen Nähe bei Zivilisationsfolgern läßt die Nähe zu positiven oder negativen Selbstbildern des Menschen eine Einnahme von Vögeln problematisch werden. Sämtliche der tabuisierten Vögel erschienen unabhängig ihres Fleisches zutiefst ambivalent. Vor allem abweichendes Nahrungs- oder Reproduktionsverhalten begünstigt die Möglichkeit der Tabuisierung. In allen Fällen jedenfalls erscheint es unmöglich, die betreffenden Vogelarten mit den ansonsten gültigen Wahrnehmungsrastern eindeutig zu klassifizieren.

4.3 Nutzen, Schönheit, Moral – Bedingungen des Tabuisierungsprozesses und klassifikatorische Kriterien der Naturbewahrung

Nachdem mit der Geschichte des Vogelfangs und der Ordnung eßbarer Arten die historischen Voraussetzungen menschlicher Nutzung von Vögeln sondiert wurden, soll nun der Frage nachgegangen werden, welche Faktoren die Auslagerung von Vögeln aus kulinarischen Nutzungsverhältnissen und damit ihr Bewahren begünstigten. Vogelschützer sollten die Tabuisierung von Singvogelfang und -verzehr als Ergebnis einer kulturellen und moralischen Evolution darstellen. Indes basiert die Ausbildung dieser moralischen Einstellung natürlich selbst auf spezifischen Voraussetzungen. Damit Töten und Essen von Singvögeln zu einem moralischen Problem werden konnten, mußten geeignete Klassifikationsraster entstehen: Sie mußten emotional aufgewertet werden, so daß ihre Tötung und ihr Verzehr moralisch anstößig schien. Bestimmten Vogelarten wurden andere materielle Funktionen zugewiesen, die ihre Bedeutung als Nahrungslieferanten abschwächte. Und nicht zuletzt mußte die Nahrungsversorgung der Menschen so stabil sein, daß auf das Essen von Meisen oder Drosseln verzichtet werden konnte.

Entzauberung des Vogeltods und Verzauberung des Vogels – Grausamkeit und bürgerliche Gefühlskultur

»Doch ein Vernünftiger martert sie nicht durch einen langsamen Tod, weil das allemal ein grausames Herz anzeiget.«[246]
Johann Philipp Breidenstein, 1779

Keith Thomas hat für England die Konstituierung frühmoderner Mensch-Tier-Beziehungen als Dichotomisierung von wissenschaftlichen und alltagsweltlichen Beziehungen rekonstruiert.[247] Naturliebe und Naturausbeutung erscheinen hier nicht als Widerspruch, sondern als gegenläufige Tendenzen eines Prozesses: In dem Maße, wie technisch-instrumentelle Zugriffe Dominanz erlangten, gewannen hierzu kompensatorische Naturverhältnisse, die Selbstzweck und Eigenwert der Natur in den Mittelpunkt stellten, an Bedeutung. Zum Selbstbild des Bürgertums als derjenigen Klasse, die um 1800 kulturelle Leitbildfunktion übernahm, gehörte auch ein gefühlvoller, »humaner« Umgang mit Tieren, der nur noch solche Emotionen zuließ, die man auch im Verkehr der Menschen untereinander kultivierte. Wenn Mensch und Tier miteinander zu tun hatten, wurden dagegen solche Affekte aus dem bürgerlichen Gefühlshaushalt geschieden, die an den Vorgang des Tötens Lust und Begierden banden. Wer Tiere schlecht behandelt, so das Credo der humanistisch-aufklärerischen Tierethik, ist auch grausam zu Menschen. Der Gartentheoretiker Christian Hirschfeld (1742-1792) formulierte in seinem »Landleben« das Ethos der zivilisierten Welt: »Es gibt in der Welt viele Dinge, die nur durch ihren Untergang den Menschen volkommen nützlich werden können; und darunter gehören die Thiere. Weil Ihr Tod nöthig ist; so ist es auch der Menschlichkeit gemäs, ihn auf eine leichte und plözliche Weise zu befördern, und ihn weder lange vorhersehen, noch lange empfinden zu lassen.«[248]

Das Töten der Tiere sollte von Affekten und Leidenschaften befreit und dem Diktat der Nützlichkeit unterworfen werden. Kritik am Vogelfang kam von derjenigen sozialen Gruppe, die weder symbolische noch materielle Teilhabe an der

---

246 Breidenstein 1779, S. 121.

247 Thomas 1983. Vgl. auch Orvar Löfgren: Our Friends in Nature. Class and Animal Symbolism, in: Ethnos. Vol. 50 III-IV 1985, S. 184-213 sowie Ders.: Natur, Tiere, Moral. Zur Entwicklung der bürgerlichen Naturauffassung, in Utz Jeggle, Gottfried Korff, Martin Scharfe u. Bernd Jürgen Warneken (Hrsg.): Volkskultur in der Moderne. Probleme und Perspektiven empirischer Kulturforschung, Reinbek bei Hamburg 1986, S. 122-144.

248 Christian Hirschfeld: Das Landleben. Dritte verbesserte Auflage, Frankfurt und Leipzig 1776, S. 200f.

Vogelstellerei hatte: dem Bürgertum. Im Sterben des Tieres Lust zu erfahren – bislang der immaterielle Ertrag vor allem der adeligen Jagd – schien mit der Vorstellung menschlicher Zivilisierung nicht länger vereinbar. So empfand Johann Heinrich Eichholz genau jene Signale des sterbenden Vogels, die aus der Jagd ein Spiel gemacht hatten, als unangemessen: »Wie konnte es doch zugehn, daß die Schmerzen, die der Mensch einem Thiere verursacht, indem er es erlegt, daß das Erlegen der Thiere selbst, ohne Noth und vernünftige Absicht, der Anblick seiner Todesqualen, sein Zappeln u.s.w. je ein angenehmes, unterhaltendes Spiel für ihn seyn konnte?«[249] Und für Johann Friedrich Ludwig Volckmann (1757-1815) verwandelte sich das Spiel des Tötens deshalb in nutzlosen Selbstzweck, weil er den Objekten des Tötungsaktes nunmehr den Status leidensfähiger Subjekte einräumte:

»Denn wer achtet auf den Muthwillen der Knaben und Erwachsenen, die brütenden Vögeln die Eyer rauben, und die Alten in dem zärtlichen Geschäfte, Futter für ihre Jungen zu suchen, blos aus Muthwillen todtschießen? – Wer wehrt ihnen, Sprenkel zu stellen, in welchen die unglücklichen Thiere ihre Füßchen zerschmettern, an Haut und Flechsen hängen bleiben, und sich so unter unsäglichen Martern todtquälen müssen?«[250]

Martin Scharfe sowie Dieter und Roland Narr haben auf die Formierung des deutschen Tierschutzes in pietistischen und philanthropischen Milieus aufmerksam gemacht.[251] Kritiker, die einen »humanen« Umgang mit tierischer Natur einklagten, kamen vorwiegend aus Milieus, die gegenüber dem kulturell dominanten Adel non-konformistische Haltungen einnahmen. Neue Verhaltensstandards wurden also nicht immer, wie von Norbert Elias in seiner Geschichte des Zivilisationsprozesses beschrieben, durch komplexer werdende Handlungsketten erzwungen, sondern auch durch ethische Haltungen religiöser Randgruppen.[252] Primär freilich ging es hier nicht um Tiere; diese erschienen vielmehr als Medien zur moralischen Läuterung des Menschen. »Wird denn auch (...)«, so brachte der württembergische Pfarrer Christian Adam Dann die populäre Denkfigur auf eine eingängige Formel, »ein muthwilliger Thierquäler zugleich ein wahrer Menschenfreund seyn können?« Denn, so Dann: »Es ist nicht ohne Beispiel, daß Menschen, die sich an die Quaalen der Thiere gewöhnten, Mörder wurden.«[253]

249 Johann Heinrich Eichholz: Winke über Aufklärung und Humanität, nebst einer Abhandlung über die Bestimmung und über die Pflichten der Thiere, Mannheim 1805, S. 106.

250 Johann Friedrich Ludwig Volckmann: Menschenstolz und Thierqualen. Eine Vertheidigung der seufzenden Creatur vor dem Richterstuhle der Menschlichkeit, Helmstädt 1799, S. 35.

251 Narr u. Narr 1967, Scharfe 1968.

252 Vgl. Wiedenmann 1996.

253 Dann 1822, S. 31f. Vgl. ausführlicher auch Meyer 1975, S. 118-126.

Tiere brauchten bestimmte Eigenschaften, die bestimmte Verhaltensformen des Menschen erst als grausam erscheinen ließen:

- Sie benötigten einen Subjektstatus: Kennzeichen subjektiven Erlebens wie Leiden, Angst, Schmerzempfinden oder Trauer wurden Tieren eingeräumt. Dies ermöglichte ihre Aufwertung als Mitgeschöpfe und damit die Analogiebildung von Tier- und Menschenquälerei.[254]
- Der Umgang mit Tieren mußte zweckgerichtet und vernunftgeleitet sein: Die Tiertötung durfte lediglich durch die Notwendigkeit des Nahrungserwerbs diktiert werden, nicht aber von zweckfreien Affekten, die sich an das Quälen der Tiere lagerten.

Auch der Gartentheoretiker Hirschfeld vertrat die Ansicht, daß das Quälen von Tieren lediglich ein Experimentierfeld der Grausamkeit sei, die sich später unkontrolliert gegen Menschen wende:

»O! lassen Sie, Bewohner der Landsitze, die Hoffnung Ihres Hauses, Ihre zur Ehre der menschlichen Geselschaft gebohrnen Jünglinge nicht in beständigen Verfolgungen der Thiere ihr zartes Gefühl verjagen, damit sie nicht einst das, was sie im Walde waren, unter ihrem Geschlechte werden. Wie leicht ist es nicht den Gegenstand der Leidenschaften zu verwechseln, und gegen Menschen grausam zu werden, wenn man von seinem ersten Alter sich gewöhnt hat, es gegen Thiere zu sein?«[255]

Die Jagd, so Hirschfeld, entferne den Menschen von seinem Menschsein und bringe ihn in die Nachbarschaft der Tiere. Der vernünftige Mensch dagegen sei auf solche Affektstimulation nicht angewiesen: »Welche Nahrung kan wohl ein vernünftiger Geist aus den unaufhörlichen Verfolgungen der Thiere empfangen? (...) Elend ist der, dem keine andere Ergötzung gefält, als zu hetzen, und zu tödten.«[256]

Die Kritik an grausamen Praktiken anderer barg auch das Potential sozialer Kritik. Der Adel erschien als hyperkultiviert, degeneriert und grausam-dekadent, das Bürgertum als natürlich-gefühlvoll, untere soziale Gruppen waren triebgesteuert und grausam. Wie die Inszenierung grausamer Tötungstechniken beim Vogelfang des Adels auch als symbolische Kritik am bürgerlichen Protestantismus und bäuerlichen Utilitarismus zu verstehen ist, so impliziert umgekehrt die

---

254 Diese Transformation von Natur in Kultur funktioniert bei vielen Autoren der frühen Tierschutzliteratur im 18. und frühen 19. Jahrhundert, so auch bei Volckmann, u.a. über die Analogisierung von Tierquälerei und Sklavenhandel. Umgekehrt ermöglicht diese Analogiebildung freilich auch das Gegenteil: die Wahrnehmung des Sklaven als Natur.

255 Hirschfeld 1776, S. 202.

256 Ebda., S. 204.

Problematisierung grausamer Tötungspraktiken seitens des Bürgertums unverhohlene Kritik am Adel. Daß Kritik an Grausamkeit nicht nur nach oben operationalisiert wurde, sondern auch gegenüber einem unzivilisierten Unten, haben Robert Darnton oder Maurice Agulhon in ihren Studien über ein Katzenmassaker in Paris und über die französische Tierschutzbewegung des 19. Jahrhunderts gezeigt, wo Tiere als Medium zur Austragung sozialer Konflikte bzw. zur moralischen Erziehung unterer sozialer Gruppen fungierten.[257]

Die protestantisch-bürgerliche Gefühlskultur des 18. Jahrhunderts nahm adelige Jagdpraxis kritisch ins Visier und überprüfte die Frage der »Menschlichkeit« am moralischen Problem des Tötens.[258] Christian Hirschfeld veranschaulichte dies anhand einer Vogeljagd. Dabei attestierte er den Opfern all jene Leidenschaften und Affekte, die der Mensch gemeinhin für sich in Anspruch nimmt:

»So schützt denn nichts die wilden Geschlechter der Thiere gegen die Gewalt der Menschen (...). Indem ein zerstreuter Haufe von Vögeln auf den nackten Ästen in einsamer Betrübniß sitzt, bald in matten Wirbelungen Klagen über die Unfreundlichkeit des Jahres ausschüttet, und in den erstorbenen Bäumen seinen Kummer vorseufzet, bald wieder zu einem tiefen Schweigen verstummet; so blitzt das Feuerrohr aus verborgenem Hinterhalt auf die kleine blöde Schaar, und getroffen sinkt sie unter davon stäubenden Federn todt zur Erde herab, vielleicht eine flüchtige Familie, die schon anderswo vom tödlichen Knallen weggeschreckt ward, und hier eine Freistadt zu finden glaubte. Da liegt nun das Mänchen bei seinem Weibchen, durch einen blutigen Tod vereint; sie, die wenn sie einander von belaubten Zweigen ihre Liebe entgegensangen, oft den Dichter zu frohem Gefühle reitzten, oft eine junge Phantasie belebten oder dem stilhorchenden Mädchen einen zärtlichen Seufzer entlockten; da liegen sie nun, ein Opfer des menschlichen Zeitvertreibs oder der Habsucht, und kein Frühling wird ihre verliebten Melodien wieder hören. Oft, wenn das Paar getrennt wird, und indem eins todt auf den Boden fält, das andere dem Schusse entfliegt; in welcher ängstlicher Verwirrung flattert es denn nicht von Baum zu Baum, sinlos und betäubt vom überraschenden Knal, suchet umsonst den geraubten Gatten, und zwitschert den ganzen Winter hindurch in lauter Trauertönen, länger und ernstlicher als unsere Witwen? Warum verfolgen wir oft mit so vielem Bemühen, und mit so vieler Wuth diese Völkerchen, die uns niemals geschadet, und die ein so unerheblicher Gewinn für uns sind? Ist der Tod ein Lohn für ihre holden Lieder und für die angenehmen Empfindungen, die sie uns dadurch erweckten? Wie wenig befürchteten sie von uns, da sie sich oft über die Nähe des Menschen freuen schienen, und desto fröhlicher sangen? Und wie wenig solten sie auch den scheuen, dem sie einen Theil des Jahres verschönern? Bringen wir uns nicht selbst um unser Vergnügen, wenn wir dem Walde seine Sänger rauben? Wenn wir da, wo sie uns oft in Menge entzückten, bei der Zurückkunft des Frühlings nur wenige Stimmen

---

257 Vgl. Maurice Agulhon: Das Blut der Tiere. Das Problem des Tierschutzes im Frankreich des 19. Jahrhunderts, in Ders.: Der vagabundierende Blick. Für ein neues Verständnis politischer Geschichtsschreibung, Frankfurt a.M. 1995, S. 114-153 u. Darnton 1989.

258 Zur Jagdkritik seit dem Humanismus vgl. auch Matt Cartmill: Tod im Morgengrauen. Das Verhältnis des Menschen zu Natur und Jagd, Zürich 1993, S. 98-116.

hören, müssen wir uns alsdenn nicht selbst unsre Raubsucht vorwerfen, und den Geist der Verwüstung, mit dem wir in den Wäldern umherstrichen?«[259]

Seine Erörterung gipfelt in der Kardinalfrage: »Und kan das Tödten der Thiere eine des Menschen würdige Ergötzung sein?«[260]

Das Procedere des Tötens sollte von Leidenschaften befreit und zu einem gänzlich dem Zwecke verpflichteten Vorgang werden. In diesem Sinne verstand auch Johann Heinrich Zorn seine Kritik an bestimmten Fangpraktiken keinesfalls als grundsätzliche Kritik am Vogelfang, und er stellte überhaupt nicht das Nutzungsrecht der Menschen an wildlebenden Vögeln in Frage. Aber:

»Es bestehet die Herrschafft, welche GOtt dem Menschen über die wilden Thiere und folglich über die Vögel gegeben, nicht darinnen, daß man dieselben todtschlage, würge und ausrotte, wo man sie findet, um seine verderbte Lust und Begierden damit zu sättigen; dieses ist wieder die Absicht des gütigen Schöpffers. Warum hätte er sie geschaffen, wann Er sie wollte ausgerottet wissen? Sie besteht aber darinnen, daß man sonderlich die unschädlichen, zu gewissen Zeiten fange, und mit Dancksagung gegen den Geber nutze und geniesse. Thiere und Vögel sind zum Genuß des Menschen geschaffen, und wo ihnen in solcher Absicht, doch in seiner Ordnung und zu seiner Zeit.«[261]

Die Verkürzung des Sterbens bedeutet einerseits eine Mechanisierung des Tötens und gleichzeitig eine emotionale Neubesetzung der Tiere; hier handelt es sich um einen Vorgang gleichzeitiger Entzauberung und Wiederverzauberung. Es ist ein Vorgang der Ent-Sinnlichung, der zwar einer rationalen Zwecksetzung folgt, keinesfalls allerdings frei von affektiver Neubesetzung bleibt. Während nämlich all jene Lüste, die ein langsames Verenden der Vögel bereiteten, in den angestrebten Verhaltensstandards unzulässig werden, erfolgt eine gleichzeitige Aufwertung des Vogels als empfindende Kreatur. An die Stelle des Lustgewinns beim Töten tritt ein anderer Lustgewinn, der in der Begegnung mit Vögeln erfahren wird. Die Schönheit ihres Gesangs, ihre familiäre Fürsorge und die Unabhängigkeit in der Luft lassen sie keinesfalls als mechanische Apparatur aus Fleisch, Knochen und Federn erscheinen, sondern als Wesen, denen mit quasi-menschlichen Normen zu begegnen ist. Das Problem des Tötens ist ein Konflikt zwischen notwendiger Naturnutzung einerseits und einer Tötungshemmung andererseits, die als anthropologische Konstante Bedeutungsumformung erfährt, weil in dem Vogel nicht mehr ein Nahrungsmittel, sondern ein fast menschenähnliches Lebewesen wahrgenommen wird.

---

259 Christian Hirschfeld: Der Winter, Leipzig 1763, S. 98.

260 Ebda., S. 105.

261 Zorn, Petino-Theologie, Erster Theil, Pappenheim 1742, S. 589.

In seiner Arbeit über »Kultur und Jagd« prangerte Ulrich Wendt zu Anfang des 20. Jahrhunderts den Vogelfang mit den Klassifikationskriterien der zeitgenössischen Weidgerechtigkeit an, also mit Ehrbarkeitsvorstellungen und Emotionen, die einem historischen Wandel unterlagen. Er veranschaulichte die Kritik durch Jagdpraktiken, die in seinem Wertehorizont als besonders grausam erschienen. Aus der Retrospektive erachtete er etwa den Lerchenfang als »eine Hauptbelustigung des Volkes« und nahm insbesondere den Fang mit Nachtgarnen ins Visier, der »in ein kaltes Morden« mündete, das im »Massentod der Mitgeschöpfe« endete.[262] Als kaum zu überbietende Gefühllosigkeit erachtete Wendt den Fang mit Lockvögeln, wobei er auf Aitingers Behandlung der Ruhrlerchen verwies. Diese mechanistische Behandlung des Lebewesens war mit dem moralischen Kodex der Weidgerechtigkeit um 1900 nicht mehr in Einklang zu bringen:

»So aber Wilde/ die eben gefangen/ angemacht werden/ dieselbige gestertzet. Dieses geschieht nun/ daß man mit dem Daumen und Zeigfinger den Stertz fasset/ und ein jegliche Feder des Schwantzes besondern vornimpt/ und so tieff ins fleisch stecke/ jedoch gemächlich/ daß in den trucken die federlein nur geknicket und nit ingehen/ davon schwellet ihn der sterz/ und stehen due federn so steiff/ daß sie nicht auszuziehen/ und der gestertzte Lerch entflihn kan.«[263]

Wendt kritisierte den Vogelfang natürlich mit den Maßstäben einer Zeit, die ihn teilweise bereits juristisch eingeschränkt, vor allem aber moralisch diskreditiert hatte. Wesentlich interessanter als der Blick zurück ist deshalb die Frage, welche Praktiken zu welchen Zeiten selbst problematisch wurden, da hier Aussagen zu der Differenz von Praxis und angestrebten moralischen Normen getroffen werden können. Wie erörtert, zielte die bürgerliche Kritik sowohl nach oben wie nach unten. Tatsächlich ist um 1800 zu beobachten, daß es diejenigen Tötungstechniken sind, die einen langsamen und meist qualvollen Tod der Tiere verursachten, welche zuerst ins Visier der Kritik gerieten. In der Regel waren dies Fangmethoden, die vom Adel ihrer dramatischen Effekte wegen ausgeübt wurden, und diese eigneten sich umso besser zur Problematisierung, als sie sich nicht einmal durch einen ökonomischen Nutzen legitimieren ließen. Mit dem Ruch des Grausamen besetzt wurde früh das Blenden von Lockvögeln. Dahinter verbarg sich der Glaube, daß etwa blinde Finken besser und mehr singen würden. Mit dem Absterben des dominanten Sehsinns, so die Vorstellung, werde der Vogel gezwungen, seine Vitalität ganz auf die Ausbildung seines Gesanges zu konzen-

262 Ulrich Wendt: Kultur und Jagd, 2. Bd., Berlin 1908, S. 125.
263 Aitinger 1653, S. 133.

trieren.[264] Aitinger schilderte zu Beginn des 17. Jahrhunderts den Vorgang des Blendens noch gänzlich als mechanisches Procedere, das durch keine Emotionen besetzt schien. Geblendet würden Finken »umb ihres grossen flatterns und wildigkeit wegen«. Man mache hierfür »ein eysern Dradt glüent, und helt inen denselbigen in oder uffs äuglein, biß es wässert, so wächst mit der zeit ein dickes häutlein darüber.«[265]

Döbel begriff das Blenden gleichfalls als einen Vorgang, der an einem mechanischen Gebilde vorgenommen wird, auch wenn er dazu überging, Reaktionen der Vögel wie Schmerz zu schildern:

»Ich mache einen Draht glüend, brenne ihn das eine Auge, bis das Wasser heraus dringet, nicht aber das Auge ausgebrannt, und lasse solchen ein Paar Tage sitzen. Wenn ich aber sehe, daß es zu sehr schwillet oder gar mater ist; so schmiere ich solches mit weissem Lilien-Oel, in 10 bis 12 Tagen muß es heil werden, und ein Fell oder die Augen-Lieder erstarret drauf gewachsen seyn. Nach diesem verfahre ich auch mit dem andern Auge auf die beschriebene Weise. Finde ich nun, daß sie sehr trauren, und weder an das Futter noch sauffen wollen; so tauche ich ein Federlein in frisches Wasser, und streiche es ihnen an den Schnabel, daß sie Erfrischung bekommen, oder auch zu ihrer Stärckung ein Paar Tropfen weissen Wein, schmiere sie fleißig, daß sie heil werden, da denn diejenigen, die davon kommen wollen, ihr Futter bald wieder suchen. (...) Es möchte zwar mancher Unwissende dencken, wozu das Blenden der Fincken nöthig sey. Es dienet aber hierauf zur Nachricht, daß das Blenden diesen grossen Nutzen habe, damit, weil der Fincke sonderlich den Gesang sehr achtet und liebet, solcher geblendeter Fincke, es sey trübe, neblicht oder naß Wetter, jederzeit fein singet. (...) Die sehenden Fincken aber sitzen stumm und traurig.«[266]

Auch der alte Naumann hatte keinerlei Bedenken beim Blenden und sah das Mittel in jedem Fall durch den Zweck gerechtfertigt: »Es singen aber die geblendeten Finken weit besser als die sehenden, weil sie weder Menschen noch Raubvögel

264 Neben dem Blenden wurden in der Vogelfangliteratur auch andere Behandlungsmethoden tradiert, die auf eine Optimierung des Gesangs der Lockvögel zielten. So war es üblich, Lockvögel längere Zeit im Dunkeln unterzubringen oder die Mauser künstlich durch Rupfen der Schwanz- und Schwungfedern einzuleiten. Vgl. Johann Kaspar Götz: Der Vogelheerd oder vollständiger Unterricht in der Kunst, verschiedene Arten von Vögeln auf dem Heerde zu fangen. Zweite Auflage, Nördlingen 1827, S. 59: »Man hat mehr als einmal dieses Verfahren grausam genannt; ich aber finde dieses nicht. Die Menschen sind in solchen Fällen gewöhnlich inkonsequent. Man klagt über das Rupfen der Vögel; aber englische Haasen zu rupfen, daraus macht sich niemand ein Gewissen, weil man die Wolle brauchen kann, wiewohl auch die Federn aller auf dem Heerde gefangener Vögel zu Gesindebetten gar wohl zu gebrauchen sind.« Vgl. auch das Gedicht von Nikolaus Lenau: Das Lied vom armen Finken, in Ders.: Werke und Briefe. Bd. 2. Neuere Gedichte und lyrische Nachlese. Hrsg. v. Antal Madl, Wien 1995, S. 140-142.

265 Aitinger 1653, S. 164.

266 Döbel 1754, S. 240f.

sehen können, und sich also durch nichts stören lassen.«[267] Als probate Technik schwor er allerdings weniger auf glühende Drähte, sondern auf spitze Nadeln, mittels derer die Augenhäutchen zunächst angehoben und dann mit einer kleinen Schere entzweigeschnitten wurden.

Im 18. Jahrhundert häuften sich die Stellungnahmen gegen das Blenden. Die Blendgegner erhoben zwei Einwände. Während einerseits der behauptete Effekt der Verbesserung des Gesangs als Aberglaube stigmatisiert wurde, erfuhr der Vogel als empfindende Kreatur eine Verwandlung vom Objekt zum Subjekt. Den Rang des moralisch Skandalösen erhielt das Blenden dadurch, daß sein ökonomischer Nutzen als einzig mögliche rationale Legitimation abgestritten wurde, wie etwa von Johann Heinrich Zorn:

»Die Vogelfänger mißhandeln die Vögel in so ferne, daß einige ihre Sang-Vögel, oder die, welche sie zur Locke und Gesang einstellen, blind machen, oder um ihr Gesicht bringen, welches absonderlich mit den Sang-Finken vorgenommen wird. (...) Wie nun aber die gewaltsame Beraubung des Gesichtes mit der Billigkeit, welche man, nach dem Willen des Schöpfers, den Geschöpfen muß wiederfahren lassen, nicht überein kommt; da es ihnen große Qual und viele Schmerzen machet, daß viele darüber umkommen; also hat es auch den Nutzen nicht, den man sich davon verspricht.«[268]

Für Johann Christoph Heppe avancierte schließlich der Entzug des Augenlichts zum Symbol für den umfassenden Entzug des Subjektseins des Vogels: »Denn was kann schrecklicheres gedacht werden, als einem Geschöpf das Gesicht zu berauben, zumal wenn man nicht einmal einen Nutzen davon hat.«[269]

Auch ganze Fangtechniken konnten zum Problem werden, wenn das Ideal des affektfreien Jagens angestrebt wurde. Beim Sprenkel etwa verfingen sich die Vögel mit den Beinen in Schlingen, was oftmals zu Frakturen führte oder die Tiere qualvoll verenden ließ. Für Heppe hatte diese Fangmethode längst die Unschuld einer Selbstverständlichkeit verloren:

»Diese Art, die Vögel bey den Füßen zu fangen, ist wohl gut, wenn man bey den Fangen gleich bey der Hand seyn, solche gleich loßmachen, und sie also lebendig bekommen kann. Wenn aber dieses nicht geschehen kann, so ist es eine etwas grausame Art sie zu fangen, weil sie sich öfter die Beine ausreissen, und hernach elendiglich umkommen müssen. Und wenn auch dies nicht geschieht, so müssen sie doch sehr lange leiden, bis sie ersticken.«

Heppe zog deshalb den Tod durch Erhängen vor: »Es ist also weit besser, wenn sie an dem Hals gefangen werden, daher wir den Dohnen den Vorzug geben.«[270]

267 Naumann 1789, S. 62.
268 Zorn 1743, S. 662f.
269 Heppe 1798, S. 76.
270 Ebda., S. 65.

Teilamputationen von Vogelgliedmaßen oder das Brechen von Beinen oder Flügeln beim Einsatz von Lockvögeln waren bis ins 18. Jahrhundert selbstverständliche Behandlungsformen. Jetzt aber wurde problematisiert, ob denn der Nutzen der Optimierungsmethoden und die Qualen der Vögel überhaupt so miteinander korrespondierten, daß sie als angemessen erachtet werden konnten:

»Gleicher Gestalt gehen auch manche Vogelfänger sehr unbarmherzig um mit denen Vögeln, die sie an das so genannte Stangen-Ruder, oder Gerege, wodurch die hoch in der Lufft streichende, sonderlich Roth-Droscheln, und Krammets-Vögel, herbey gezogen werden, an machen. Diese blenden sie nicht allein besagtermassen, sondern brechen ihnen auch beyde Beine, damit sie nicht hüpffen und flattern, und die angefallene fremde Vögel verderben mögen.«[271]

Das Bild vom Gleichgewicht – die nützlichen und schädlichen Vögel im Haushalt der Natur

»Sie helfen zur Erhaltung eines gewissen Gleichgewichts in der Natur beitragen, indem sie sich von Geschöpfen nähren, deren allzugroße Vermehrung andern lästig und schädlich werden würde (...). Es wird uns freilich schwer zu entscheiden, ob der Schöpfer darum die unendlich große Vermehrung vieler Insekten anordnete, um die Vögel damit füttern zu können, oder ob diese darum geschaffen sind, der übergroßen Vermehrung der Insekten Schranken zu setzen.«[272]

Johann Friedrich Naumann, 1820

Vorstellungen von einem zivilisierten Umgang mit Natur wurden im 18. Jahrhundert zu Maßstäben bürgerlicher Lebensführung, durch die das Problem des Tötens und Essens von Tieren neu geregelt werden mußte. Dabei gerieten unterschiedliche Klassifizierungsmöglichkeiten von Natur miteinander in Konflikt: Der materielle Nutzen der Fleischquelle Singvogel konnte dem immateriellen moralischen Ertrag, der durch den Verzicht gewonnen wurde, untergeordnet werden. Gleichzeitig allerdings traten im Zeitalter der Aufklärung auch zwei Aspekte materieller Nützlichkeit miteinander in Konkurrenz: der Wert des eßbaren Vogelfleischs einerseits und die »Nützlichkeit« mancher Vogelarten für Forst- und Landwirtschaft andererseits. Kameralistische Forstwissenschaftler bewegte die Frage, ob lebende Singvögel, die beständig Insekten und damit Schädlinge vertilgen, weniger Forstschäden und damit höhere Holzerträge zu garantieren vermochten. Und diese Optimierung sei eben höher zu bewerten als der Nutzen gebratener

271 Zorn 1743, S. 664.

272 Naumann: Naturgeschichte. Erster Theil, Leipzig 1820, S. 138f.

Vogelleichen. Wenn nunmehr ein Konsens darüber erzielt werden konnte, daß bestimmte Vogelarten dem Menschen lebend mehr nützen als in Pastetenform oder gebraten, waren ihre Tötung und ihr Essen schwieriger zu legitimieren.

Holzknappheit, Staatsverschuldungen und die einsetzende industrielle Revolution beflügelten im 18. Jahrhundert Forstreformen, die auf einen ökonomischeren Umgang mit der Ressource Holz zielten. Traditionale Waldformen, die auf zurückhaltender Holznutzung basierten (Nieder- oder Plenterwälder), wichen intensiv bewirtschafteten Waldformationen wie Nadelholz-Reinbeständen, die sich allerdings zusehends als ökologisch instabil erwiesen. Folge der rationalisierten Holzproduktion: Wälder wurden anfällig für großflächige Schäden durch Insektenfraß.[273] Eine Lösung dieses Problems sah die kameralistische Forstwissenschaft im Schutze »nützlicher«, weil insektenfressender Vögel. So häuften sich im 18. Jahrhundert Gesetze und Verordnungen wie die »Verordnung des Fürstlich-Hessischen Oberforstamts« vom Mai 1798. Hier wurde »in Rücksicht des Schadens, welcher den Waldungen, der Obstbaumzucht und Landwirthschaft aus dem Wegfangen oder Tödten der von Raupen und Insekten sich nährenden Vögel erwächst, gnädigst gutgefunden, das Wegfangen, Ausheben der Nester oder Tödten solcher Vögel, worunter vorzüglich alle Kuckuck-, Specht-, Drehhals-, Baumläufer-, Schwalben- und Meisenarten gehören, weniger nicht der Fledermäuse zu verbieten.«[274] Auch Johann Matthäus Bechstein empfahl bestimmte Arten als biologische Schädlingsbekämpfer:

»Die Schonung der insectenfressenden Vögel ist ein Haupt-Verhütungsmittel. Diese sind von der Natur selbst bestimmt, der größern Vermehrungsgabe der Kerbthiere Einhalt zu tun. (...) Welch eine ungeheure Menge von schädlichen Wald- und Holzinsecten werden nicht in einem Jahre von den Buchfinken, den Meisen, den Mistel-, Schwarz- und Singdrosseln, Rothkehlchen, Rothschwänzchen und Grasmücken vernichtet? (...) Es sind daher die strengsten Verbote gegen das Vogelstellen, besonders im Frühjahr zur Fortpflanzungszeit, zu erlassen, und im Herbste dürften eigentlich vor Michaelstag weder Dohnen noch Vogelheerde auf Drosseln und andere Schneußvögel gestellt werden, da man vor der Zeit bloß die nützlichen Heckvögel und nicht die zum Nutzen der Menschen mitwandernden Zugvögel, die aus entfernten Ländern kommen, fängt.«[275]

---

273 Eine »Chronik der Waldverheerungen durch Raupenfraß« findet sich für den Zeitraum bis um 1800 in: Der besorgte Forstmann. Eine Zeitschrift über Verderbniß der Wälder durch Thiere, und vorzüglich Insecten überhaupt, besonders aber durch die jetzt in Deutschland herrschenden Kiefer= Fichten= Tannen= und Birken=Raupen, Vol. I, Weimar 1798, S. 19-24.

274 Zit. n. Barthelmeß 1981, S. 111.

275 Johann Matthäus Bechstein: Forstinsectologie oder Naturgeschichte der für den Wald schädlichen und nützlichen Insecten nebst Einleitung in die Insectenkunde überhaupt, für angehende und ausübende Forstmänner und Cameralisten, Gotha 1818, S. 51f.

Hier erscheint der Schutz von Vögeln im Zusammenhang von Überlegungen, wie Waldschäden abgewendet und damit die Holzproduktion optimiert werden könnte. Anregungen aus Sachsen-Weimar zielten bereits vor 1800 auf eine gesetzliche Verankerung der Schonung: »Ueberhaupt sollten alle Vogelarten, die sich vorzüglich von Raupen nähren, geschonet werden. Sie sind Freunde und Beschützer unsrer Waldungen (...). Es ist daher ein weises Gesetz unsres Landes, welches die genannten Vögel in seinen Schutz nimmt und sie zu schonen befiehlt.«[276] Die juristische Verankerung des Vogelschutzes wurde auch in anderen Regionen anempfohlen:

»Bemerkenswerth ist es auch, daß in den Reußischen Landen, in welchen die Fichtenraupen so große Verwüstungen angerichtet haben, schon seit vielen Jahren durch die sogenannten Meisenhütten diese kleinen Insectenvertilger zu Millionen weggefangen worden sind. Man hat gesehen, daß in einer einzigen solchen Meisenhütte in einem Tage ein Achtel Meisen gefangen und getödtet worden sind. Billig hat also jeder Forstverwaltung, der Raupenfraß mag in den Wäldern existiren oder nicht, das Schießen aller von Insecten sich nährenden Vögel, vorzüglich das Wegfangen der Meisen, auf das schärfste zu verbieten, und die Forstbediente deshalben mit gemessener Instruction zu versehen.«[277]

Mit der Vorstellung, der Mensch könne in durch Intensivierungsmaßnahmen aus der Balance geratenen Natursystemen durch die Begünstigung einzelner Vogelarten gezielt unerwünschten Tendenzen entgegensteuern, gerieten auch tradierte Klassifikationsschemata von »nützlichen« und »schädlichen« Tieren durcheinander und mußten neu überdacht werden. Es sind keinesfalls nur auf instrumentellem Interesse basierende Naturbilder, welche die Vorstellung einer regulierbaren Natur beförderten. Autoren der physiko-theologischen Tradition sahen in der Natur eine harmonische Ordnung, in welcher der Mensch als Haushalter wirkt, und in der die Beziehungen von Mensch, Tieren und Pflanzen stets auf ein stabiles Gleichgewicht zielen. Das von Gott gestiftete Gleichgewicht ist hier das Regulationsprinzip des stets zur Harmonie tendierenden Naturhaushalts. Mit den romantischen Naturwissenschaften des 19. Jahrhunderts wurde die Denkform harmonischer Ordnung zum Operator, die in dieses System eingreifende Zivilisation des Menschen zu kritisieren.[278] Was in Darwins Evolutionstheorie später als

---

276 Schröter: Gedanken über die jetzt herrschenden Waldraupen, über die Mittel, sie zu vertilgen, und über andre damit verbundene Gegenstände, in: Der besorgte Forstmann 1798, Vol. I. S. 93f.

277 Etwas über die Fichtenraupe in einigen Gegenden des Voigtlandes, und den Mitteln zu ihrer Verminderung, in: Der besorgte Forstmann 1798, Vol. III, S. 361f.

278 Zu den Verknüpfungspunkten von Naturhaushaltslehren, Darwinismus und modernen Debatten der wissenschaftlichen und politischen Ökologie vgl. Engelbert Schramm: Ökologie –

»natürliche Selektion« Subjektcharakter erhalten sollte, wird hier auf den Menschen und sein Amt als Patriarch im Naturhaushalt übertragen. Johann Matthäus Bechstein etwa stemmte sich gegen rein instrumentelle Naturinteressen und klagte ein, jeden Naturgegenstand als »Symbol der Macht und Weisheit des Schöpfers« zu erkennen. Dann werde einsichtig, »daß eigentlich nichts in der Natur schlechthin unnütz und schädlich«, sondern alle Tiere, inklusive Raubtieren und Ungeziefer, »Räder in der großen Weltuhr« seien.[279] Allerdings habe der Schöpfer die Natur auch dem Menschen zur Behausung gegeben, und im Gegensatz zu den Tieren müsse dieser sich mit den Mitteln der Kultur behaupten: »Der kultivierte Mensch aber hat mit den Fortschritten seiner Kultur seine Herrschaft über die Erde unabsehlich erweitert, und erlaubt sich in Hinsicht seines eigenen Interesses jenes Gleichgewicht zu stöhren.«[280] Deshalb habe er als schädlich zu erachten, was in der Natur gegen seine Interessen stehe und als nützlich, was diese befördere. Wenn der Mensch sich selbst als »vernünftigen Herrscher und wohlbestallten Haushalter in der sichtbaren Natur« verstehe, habe er sich bei der Regulierung des Naturhaushalts stets eine »Gewissensfrage« zu stellen: »In wie fern habe ich, um am wenigsten und ohne Frevel, in den Naturgang zu Gunsten meines Interesses einzugreifen, an jener Uhr zu drehen und zu stellen.«[281]

Autoren wie der populäre Forstwissenschaftler und Naturschriftsteller Emil August Roßmäßler (1806-1867) räumten auch den vielgehaßten Sperlingen, Krähen oder Raubvögeln »nützliche« Verhaltensweisen ein. In seiner Arbeit über »Forstinsekten« postulierte er unter »den allgemeinen gegen die schädlichen Insekten zu ergreifenden Maaßregeln«: »Man hege und schone alle diejenigen Thiere, welche sich durch die Erfahrung als Insektenfeinde kund gegeben haben.«[282] Mit Blick auf einzelne Vogelarten führte er näher aus:

»Die Unbekanntschaft mit der Naturgeschichte der uns umgebenden oder zu uns in näherer Beziehung stehenden Thiere und Pflanzen rächt sich auf mannigfaltige Weise und z.B. auch dadurch, daß wir gewisse Vögelarten, wenn nicht gar für unsre Feinde, doch für uns für höchst gleichgültig

---

die Geschichte einer wissenschaftlichen Theorie und ihre Folgen, in: Ökologie und Politik. Hrsg. v. d. Fachschaft Biologie Tübingen, Tübingen 1988, S. 11-20.Vgl. auch Ders.: Gleichgewicht, in: Archiv der Geschichte der Naturwissenschaften, 7 (1983), S. 355-358 sowie Ders.: Naturhaushalt, in: Ebda., 12 (1985), S. 649-652.

279 Bechstein 1792, S. 2.

280 Ebda., S. 4.

281 Ebda., S. 5.

282 Emil August Roßmäßler: Forstinsekten. Naturgeschichte derjenigen Insekten, welche den bei uns angebauten Holzarten am meisten schädlich werden, Leipzig 1834, S. 53.

halten, und daher entweder mit blindem Hasse oder aus zweckloser Mordlust verfolgen, während wir sie als unsre Wohlthäter hegen und schonen sollten. (...) Selbst der gemeine, mit unverständiger Erbitterung verfolgte, für unsern Erzfeind gehaltene Haussperling gehört in dieser Beziehung zu den nützlichen Thieren, wenn er auch auf der andern Seite dem Garten- und Feldbau schädlich wird. Man hat genau berechnet, daß ein einziges Sperlingspärchen während der Aetzzeit wöchentlich an 3 000 Insektenlarven vertilgt. Es ist daher weit vernünftiger und sogar lohnender, diesen ungebetenen Gast durch zweckmäßige Vorkehrungen von unsern Gärten und Feldern abzuhalten, als ihn mit ungleich mehr Aufwand von Zeit, Mühe und Kosten vertilgen zu wollen.«[283]

Indes konnte im zeitgenössischen Vorstellungshorizont der Forstwissenschaft der Vorstellung einer aus der ökologischen Balance geratenen Waldnatur auch die Möglichkeit der gegenteiligen Konsequenz – nämlich die der gezielten Dezimierung von Vogelpopulationen – innewohnen: Vögel konnten hier auch als destabilisierender Faktor im Ökosystem Wald, mithin als Feind des Nutzers Mensch erscheinen. Georg Gottfried Zinke wies, wie andere, darauf hin, daß sie schließlich auch »nützliche« Insekten vertilgen würden, und unterstrich nachdrücklich die Grenzen biologischer Schädlingsbekämpfung:

»Man verläßt sich bey dieser Raupennoth zu sehr auf Hülfe der Vögel, gebietet allenthalben Schonung derselben, und vernachlässiget dabey alle anderen Vertilgungsmittel, in der Meynung, daß die Vögel die einzigen Vertilger dieser schädlichen Geschöpfe sind. Ich will gar nicht leugnen, daß von den Vögeln manche Raupe verzehrt, mancher Waldschmetterling weggefangen und manches Schmetterlingsey verdorben wird, aber darum werden diese Thiere nie ein so furchtbares Heer Raupen vertilgen.«[284]

Umso vehementer stritt Zinke jegliche Einflüsse des Vogefangs auf die Waldschäden durch Insekten ab:

»Wir müssen ferner bekennen, daß seit Jahrtausenden alle Jahre bald mehr bald weniger Vögel gefangen worden, aber nicht alle Jahre hatten wir solche Raupennoth. Warum brechen solche Raupenerscheinungen nur immer zuerst in kleinen Districten aus? Sind etwa in diesen die Vögel weggefangen worden, und in dem daran stoßenden nicht? Kein Mensch wird dies glauben, da man aller Orten Vögel fängt.«[285]

Der Vogelschutz des 19. Jahrhunderts verdankte den spätaufklärerischen Diskussionen um die Nützlichkeit der Vögel wesentliche Impulse und Legitimation.[286]

---

283 Roßmäßler 1834, S. 55f.

284 Georg Gottfried Zinke: Kriecht die Waldraupe im Herbste oder Frühjahre aus? und was ist in Absicht ihrer Vertilgung von Vögeln zu erwarten?, in: Der besorgte Forstmann 1798, Vol. IV, S. 450.

285 Zinke 1798, S. 452.

286 Eine radikale Zuspitzung eines utililitarischen Vogelschutzes stellte noch um 1900 die Arbeit des Zoologen Georg Rörig (1864-1941) dar. Der Leiter des landwirtschaftlich-physiolo-

Natur, die gut für den Menschen schien und dies obendrein auch noch materiell, eignete sich besser zum Bewahren als eine Natur, deren Schonung ökonomischen Verzicht abverlangt hätte. Die Deutung mancher Vogelarten als »nützliche« Tiere und Erfüllungsgehilfen menschlicher Interessen ließ nun den Vogelfang zu einer zweideutigen Angelegenheit werden: Es mußte also darum gehen, zwei konkurrierende Nutzfunktionen von Vögeln – tot als Nahrungsmittel und lebendig als Schädlingsbekämpfer – abzuwägen. Das Nützlichkeitsprinzip der Aufklärung hatte aus anthropozentrischer Perspektive die Vogelwelt geschieden in nützliche (= bewahrenswerte) und schädliche (= zu verfolgende) Arten. Dadurch konnte der Vogelfang keine selbstverständliche Nutzungsform von Natur mehr darstellen, sondern mußte neu legitimiert werden. Eine Arbeit, in der ein solches Problembewußtsein manifest wurde, war »Der Vogelheerd« des bayerischen Pfarrers Johann Kaspar Götz. In der Vorrede griff er Bedenken gegen die Vogeljagd auf und räumte ein:

»Ich lasse es gelten, wenn man manche Arten von Vögeln zu fangen verbietet, z.B. Meisen, Spechte u.s.w. denn diese mögen allerdings den Feldern und Bäumen einigen Nutzen bringen. Ob uns aber z.B. die Krammetsvögel, Rothdrosseln, Seidenschwänze, Bergfinken u.s.w. etwas nützen können, wenn wir sie ungefangen lassen, ist eine ganz andere Frage. Alle hier genannte Vögel und noch mehrere andere, die auf dem Heerde gefangen werden, sind nämlich bei uns gar nicht zu Hause, und entfernen sich gerade zu einer Zeit von uns, wo sie uns vielleicht einigen Nutzen schaffen könnten, nämlich gerade im Frühling und Sommer.«[287]

Während Götz für einen Verzicht des Fangs fraglos nützlicher Arten plädierte, erachtete er keinerlei Einschränkungen bei Samenfressern wie Finken oder Drosseln für nötig. Immerhin jedoch: Der Vogelfang mußte sich jetzt auch an Maßstäben des öffentlichen Nutzens messen lassen. Damit wurde ein neuer Klassifizierungsprozeß der Vogelwelt eingeleitet.

Problematisch wurde jetzt etwa der Meisenfang, der mit Kloben, auf der Meisenhütte oder mit Leimspindeln praktiziert wurde. Johann Andreas Naumann erläuterte mit der Meisenhütte und dem »Meisentanz« populäre Fangmethoden, die »eine angenehme Lust, und jedem erlaubt« sind.[288] Den Namen »Meisentanz«

---

gischen Institutes in Königsberg, der 1898 zur Biologischen Abteilung des Kaiserlichen Gesundheitsamts nach Berlin wechselte, beschäftigte sich mit der Ökologie von landwirtschaftlichen Schädlingen und Vögeln und führte Untersuchungen durch zum Nahrungsverhalten von Greifvögeln und Insektenfressern mit systematischen Reihen von Magenuntersuchungen, Fütterungsversuchen in der Voliere und Gewölluntersuchungen. Vgl. u.a. Georg Rörig: Die wirtschaftliche Bedeutung der Vogelwelt als Grundlage des Vogelschutzes, Berlin 1910.

287 Götz 1827, S. IIIf.

288 Naumann 1789, S. 140.

erhielt diese Jagdtechnik mit Sprenkeln wegen des Gebrauchs von Ruhrvögeln. Entweder man benutzte hierzu tote Meisen, die an der Spitze einer Rute befestigt und zum Locken heftig bewegt wurden, oder aber lebende Vögel. Johann Andreas Naumann gab lebenden Lockvögeln den Vorzug. Diese rudle man auf, »wozu man denn noch eine Rudelruthe stehen hat, an welcher man einen Schuhes langen Faden mit einem Haken von einer Stecknadel befestiget hat, diesen haket man der Meise in die Nasenlöcher und zerbricht ihr die Beine, daß sie sich nicht anhalten kann, sondern beständig flattern muß.«[289]

Wie rasch sich das neue Klassifikationskriterium der »Nützlichkeit« etablierte, signalisiert die veränderte Einstellung zum Meisenfang in der von Johann Friedrich Naumann bearbeiteten »Naturgeschichte der Vögel Deutschlands« in den 1820er Jahren: »Ihr Fleisch ist äußerst wohlschmeckend und der Meisenfang macht viel Vergnügen; allein es wäre doch besser, man schränkte diese Liebhaberei von Obrigkeitswegen etwas ein, weil uns diese Vögel auf andere Weise viel mehr nützen und sehr wohlthätig werden.«[290] Und im Falle der Blaumeise erfolgte eine explizite Moralisierung des Nützlichkeitsprinzips, so daß aus dem Verzicht des Fangs die moralische Einstellung, im Sinne des allgemeinen Interesses zu handeln, erwachsen konnte: »Ihr Fleisch ist eine angenehme Speise; allein sie werden uns durch Vertilgung einer ungeheuren Menge von schädlichen Insekten so außerordentlich wohlthätig, daß es sündlich ist, um eines so kleinen wohlschmekkenden Bissens willen, ein so nützliches Vogelleben zu tödten.«[291]

Auch Christian Ludwig Brehm empfahl 1855 im »Vollständigen Vogelfang« wegen der Nützlichkeit der Meisen Zurückhaltung beim Fang und wandte sich aus humanitären Gründen gegen den Gebrauch von lebenden Ruhrvögeln. Sein Sohn Alfred E. Brehm ging im Falle der Meisenhütte noch einen Schritt weiter und versah sie mit dem Etikett des Unweidmännischen:

> »Demnach erscheint mir die Meisenhütte nicht als die Werkstätte eines edlen Waidmannes, sondern vielmehr als der Tummelplatz blutdürstiger Barbaren oder erbarmungslos- und vernunftloser Buben. Denn die Meisen, die nützlichsten aller Vögel unserer Wälder, sind zu klein, als daß selbst eine größere Anzahl von ihnen eine ergiebige Ausbeute für die Küche gewähren könnte, und sie sollten von allen verständigen Menschen nach Kräften geschont werden. Wollen sich nun gebildete Deutsche blutdürstigen ungebildeten Italienern gleichstellen? Sie thun es, wenn sie einen Ver-

289 Naumann 1789, S. 141f.

290 Naumann: Naturgeschichte. Vierter Theil, Leipzig 1824, S. 32.

291 Ebda., S. 74. Dieses Tötungsverbot klagt Naumann immer dann ein, wenn es sich um kleine Arten mit wenig Fleisch handelt, die zugleich Insektenfresser sind; z.B. Meisen, Rohrsänger, Goldhähnchen, Laubsänger u.a.

heerungskrieg gegen harmlose und segensbringende Geschöpfe beginnen, wie er auf der Meisenhütte geübt wird.«[292]

Die Problematisierung des Meisenfangs weist unterschiedliche regionale Ausprägungen auf. Im Thüringischen wurden zwar Mitte des 19. Jahrhunderts Verbote erlassen. Nach den Beobachtungen Karl Theodor Liebes zeitigten diese aber keine Erholung der Populationen, was den Ornithologen mutmaßen ließ, daß ein komplexes Ursachenbündel für den Rückgang der Meisen verantwortlich sein müsse:

»Der Massenfang für die Küche hat sehr viel dazu beigetragen, ist aber nicht der alleinige, ja nicht einmal der in erster Reihe wirkende Schädiger, wie ich ausführlich schon anderwärts nachgewiesen habe (Monatsschr. des S. Thür. V. f. Vogelk. und Vogelschutz 1877,15). In der Zeit von 1850 bis 1863 ist fast allenthalben in Ostthüringen und den benachbarten Ländern der Massenfang der Meisen im Allgemeinen und insbesondere die Errichtung von Meisenhütten, worin vorzugsweise Finkmeisen gefangen wurden, nicht blos gesetzlich verboten worden, sondern es wurden diese Verordnungen auch praktisch streng durchgeführt. Und dennoch in der langen Zeit nachher keine Zunahme, sondern nur Abnahme! Ausserdem in dem ersten Drittheil dieses Jahrhunderts und früher, wo der Fang auf der Hütte sehr eifrig betrieben wurde, keine merkliche Abnahme! Daraus geht hervor, dass der abscheuliche Massenfang auf der Hütte erst im Verein mit anderen veränderten Verhältnissen so schädlich wirken konnte. Dies sind aber die modernen Culturverhältnisse: Der Landwirth verarbeitet die im freien Feld stehenden alten Apfel- und Birnbäume zu Brennholz und rodet die Hecken aus, die den Meisen beim Flug über das freie Feld eine schützende Remise boten; der Forstwirth duldet keine alten überständigen Bäume und uniformirt die Wälder nach seiner Schlagwirthschaft; die Spechte, die ehedem den Meisen Wohnungen zurechtzimmerten, sind guten Theils ausgewandert und kommen nur noch spärlich vor. Wo finden da die Meisen sichere Wohnungen und passende Höhlungen für ihre Nester?!«[293]

Trotz aller Diskussionen, ob die Verfolgung der Meisen die Populationen mindere, etablierte sich der Verzicht auf Meisenfang und -verzehr in der zweiten Hälfte des 19. Jahrhunderts erstaunlich schnell. Um 1880 konstatierte Karl Ruß:

»Der scheußliche Meisenfang zum verspeisen dieser nützlichen und gleicherweise anmuthigen Vögel, welcher bis vor etwa einem Jahrzehnt in Thüringen u.a. noch recht schwungvoll betrieben wurde, hat aufgehört; anderweitig werden Vögel für die Küche nur in geringem Maße gefangen und somit würden wir über diese scheußlichste aller Vogelvertilgungen bereits völlig hinweg sein, wenn wir nicht den leidigen Lerchenfang (sog. Leipziger Lerchen) und Drosselfang (Krammetsvögel) noch in großartigstem Maßstabe bei uns ausgeübt sehen müßten.«[294]

---

292 Alfred E. Brehm: Das Leben der Vögel, dargestellt für Haus und Familie, Glogau 1861, S. 419.

293 Liebe 1878, S. 24f.

294 Ruß 1882, S. 21.

In Schwarzburg-Rudolfstadt war 1867 ein Gesetz zum Verbot der Meisenhütten und Tränkherde erlassen worden, nachdem ein solches bereits geraume Zeit im Großherzogtum Weimar existierte und auch in Sachsen der Fang insektenfressender Vögel nicht mehr erlaubt war. 1863 wurde der Fang im Regierungsbezirk Merseburg untersagt. Im Fürstentum Reuss ältere Linie reichten Fangverbote bis in die Jahre 1809, 1828 und 1842 zurück. Im Fürstentum Reuss jüngere Linie wurde der Vogelfang 1855 gänzlich verboten, und im Herzogtum Altenburg bezog sich das Verbot seit 1828 und 1838 auf insektenfressende Vögel.[295]

Meisen eigneten sich aus mehreren Gründen zur Meidung. Der Fleischertrag fiel gering aus, so daß nur Massenfäge eine ökonomisch einträgliche Jagd ermöglichten. Dieser erwerbsmäßige Fang geriet allerdings lange vor den vergleichbaren Massenjagden auf Lerchen und Krammetsvögel in die Kritik, weil es Tiere traf, deren Lebensweise als dem Menschen nützlich erachtet wurde. Außerdem wurden sie mit Techniken gefangen wurden, bei denen die Tiere eine Behandlung erfuhren, welche längst als unverhältnismäßig grausam inkriminiert war.

Die Ethik der Magensäfte – quantitative Dimensionen des Vogelfangs und die Fleischversorgung im 19. Jahrhundert

Wenn mit dem Maßstab der Nützlichkeit ein Konsens darüber erzielt werden konnte, daß lebende Singvögel nützlicher sind als tote, mußte die Vogeljagd neu legitimiert werden. Der Rang einer nach wie vor legitimen Praxis könnte ihr etwa aufgrund ihrer Bedeutung für die Ernährung bestimmter sozialer Gruppen zugesprochen werden. Es erscheint unmöglich, die Bedeutung des Vogelfangs für die Fleischversorgung exakt zu bestimmen. In jedem Falle jedoch stellte er – wie überhaupt die Jagd auf freilebende Tiere – eine Form des Nahrungserwerbs dar, die bei relativ hohem Aufwand wenig Ertrag versprach. Ausnahmen waren lediglich Lerchen, Krammetsvögel und Meisen, bei denen Massenfänge möglich waren. Größere ökonomische Bedeutung war allenfalls in regionalem Horizont – wie etwa auf Helgoland, in Thüringen oder im Anhaltischen – zu erkennen. Insgesamt kam dem Vogelfang nur die Rolle einer saisonal praktizierten Zusatzversorgung im Rahmen von Subsistenzwirtschaften zu. Insofern haben die Zahlen, die durch Jagdstatistiken und durch Vogelschützer im 19. Jahrhundert in Umlauf gebracht wurden, eher assoziative Aussagekraft, können aber

295 Angaben aus Karl Theodor Liebe: Die Häufigkeit der Meisen in Ostthüringen, in: Liebe 1893, S. 23f.

kaum verläßliche Informationen zum ökonomischen Gewicht der Vogeljagd liefern.

Für die Zeit zwischen 1. April 1885 und 31. März 1886 weisen preußische Jagdstatistiken die Zahl von 1295702 erlegten Drosseln aus, von denen sich 1060367 Exemplare auf nichtforstfiskalisches und 235335 auf forstfiskalisches Terrain verteilen. Der Gesamtwert der erfaßten Drosseln belief sich laut Schätzungen auf 194355 Mark. Um diese Menge mit anderen jagdbaren Arten in Vergleich zu bringen: Die Erhebung ergab für Preußen in diesem Zeitraum 270071 geschossene Wildenten, 41299 Waldschnepfen, 52011 Bekassinen, 102839 Wachteln, 120103 Raubvögel und 139628 Fasane. Übertroffen wurden die erlegten Drosseln beim Federwild nur von 2521868 Rebhühnern.[296] Diese Statistiken erfaßten freilich nur einen Teil der erlegten Vögel, da die Mehrzahl zur Selbstversorgung diente oder zumindest nicht in den offiziellen Handel gelangte.

Auf dem internationalen Ornithologenkongreß in Paris im Jahre 1900 führte Hans von Berlepsch Zahlen an, die das preußische Ministerium des Innern 1899 per Umfrage erhoben hatte.[297] In 35 Regierungsbezirken (im Regierungsbezirk Sigmaringen war der Krammetsvogelfang gänzlich verboten, im Regierungsbezirk Kassel seit 1853 der Dohnenstieg) waren danach 1159796 Krammetsvögel gefangen worden. Berlepsch ging dabei davon aus, daß es sich bei über der Hälfte um Singdrosseln und nicht etwa um Wacholderdrosseln handelte.[298] Für Feldlerchen gab Ludwig Reinhardt – leider ohne Quellenangabe – 1912 eine kontinuierliche Abnahme des Verbrauchs an: »Sie wird heute auch bei uns in Menge gegessen, wenn auch ihr Konsum seit 1850 auf etwa den vierten Teil zurückging.

---

296 Preussische Statistik. Herausgegeben in zwanglosen Heften vom Königlichen Statistischen Bureau in Berlin. XCIII. Der Wildabschuss im preussischen Staate während der Zeit vom 1. April 1885 bis zum 31. März 1886, Berlin 1887. Zit. n. Sigrid Schwenk (Hrsg.): Preußische Jagdstatistiken von 1865 bis 1892, Bonn 1982 (= Homo venator. Schriften zur Geschichte und Soziologie der Jagd, Bd. 7/8), S. 66ff.

297 Vgl. Auswertung der Umfrage über »Umfang und Werth des Krammetsvogelfangs in Preußen«, in GStAPK, I. HA., Rep. 87 B, Landwirtschaftsministerium, Nr. 19980, Bl. 56ff sowie die Akte »Die infolge des Erlasses vom 11. August 1899 – I B 5933 – eingegangenen Berichte der königlichen Regierungen, betr. den Krammetsvogelfang, 1899«, in GStAPK, I. HA., Rep. 87B, Landwirtschaftsministerium, Nr. 19986. In den Fragebögen, von denen rund 300-400 zurückkamen, wurde u.a. nach der Anzahl erlegter Arten und Exemplare, üblichen Jagdtechniken wie Dohnenstieg oder Netze oder der Partizipation unterschiedlicher sozialer Gruppen an Jagd und Handel gefragt.

298 Hans v. Berlepsch: Der Krammetsvogelfang, in: Comptes rendues des Séances du IIIe Congrès ornithologique internationale, Paris 26.-30.6. 1900. Ed. E. Oustalet et J. De Claybrooke, Paris 1901, S. 339-341.

Immerhin verbraucht Berlin deren noch 30000, Wien 36000 und Paris gar 1500000 jährlich.«[299] Noch wenige Jahrzehnte zuvor fielen die Offerten der Händler auf den Berliner Vogelmärkten weitaus opulenter aus. So wurde 1888 in den »Forstlichen Blättern« der Jagdgegner Hilmar Gräf mit einer Einschätzung aus dem Jahre 1885 zitiert:

»Der Massenfang des Krammetsvogels ist in diesem Herbste ein so colossaler gewesen, daß derselbe in der That eine besondere Beachtung verdient. Wir glauben die Zahl der allein in Berlin auf die Märkte gebrachten Krammetsvögel mit einer halben Million nicht zu hoch veranschlagt haben, eine Menge, wie sie kaum in einem anderen Jahre nur vorgekommen ist. Und wie viele sind außerdem direct bezogen, die sich der Zählung entziehen, kündigte doch ein Geschäft an einem Tage den Eingang von 10000 Krammetsvögeln an!«[300]

Auch bei »nützlichen« Arten wurden hie und da noch Ende des 19. Jahrhunderts Massenfänge dokumentiert. So verwies Karl Gottlob Lutz (1855-1919), Vorsitzender des »Deutschen Lehrervereins für Naturkunde«, auf die Verhältnisse im Thüringischen: »Der Abgeordnete Kiesewetter versicherte im Landtag zu Sondershausen, daß im Großbreitenbacher Forst im Jahre ca. 200000 Meisen gefangen und großenteils verspeist werden.«[301] In der Reichstagsdebatte um das Vogelschutzgesetz von 1908 gab der Abgeordnete Feldmann an, er »habe neulich eine Zusammenstellung gefunden«, nach welcher der Jagdertrag in Deutschland sich insgesamt auf 20 Millionen erlegter Tiere beliefe. Unter denen würden die Drosseln mit zwei Millionen Exemplaren den dritten Rang einnehmen, woraus ein Geldwert von rund 500000 Mark zu errechnen sei, durch welchen »500 Familien ein bescheidenes Dasein« gewährt werden könne.[302]

Auch der Lerchenfang war ein überregionales Phänomen, das jedoch regionale Sonderentwicklungen aufwies. Über die legendären »Leipziger Lerchen« hieß es in Naumanns »Naturgeschichte der Vögel Deutschlands« 1824:

»Wegen ihrer Größe, Güte und ihres Wohlgeschmacks sind vorzüglich die sogenannten Leipziger Lerchen berühmt, wovon aber die wenigsten bei Leipzig selbst, sondern im Anhaltischen, bei Halle, Merseburg und in anderen Gegenden Sachsens gefangen und dorthin blos zum Verkauf gebracht werden, so daß es Jahre giebt, wo in jener Stadt, blos nach den Acciselisten, im Monat Oktober über eine halbe Million Lerchen eingebracht wurden. Die Menge der nach Berlin verkauften ist vielleicht noch größer; aus hiesiger Gegend werden wenigstens dahin, wie auch nach

---

299 Reinhardt 1912, S. 657.

300 Zit. n. Eberts: Vogelfang und Vogelschutz, in: Forstliche Blätter. Zeitschrift für Jagd- und Forstwesen, Dritte Folge, 7. Jg. (1888), S. 16.

301 Karl Gottlob Lutz: Die Raubvögel Deutschlands. Nebst einem Anhang über Vogelschutz, Stuttgart 1887, S. 136.

302 Zit. n. Ornithologische Monatsschrift, 33. Jg. (1908), S. 144.

Hamburg u.s.w. noch mehr verschickt als nach Leipzig; und welch eine ungeheure Zahl wird hier im Lande selbst verspeist, oder nach Halle, Dessau, Köthen und andere nahe Städte zum Verkauf gebracht.«[303]

Die Aussagekraft von offiziellen Fangstatistiken ist beschränkt, da das Gros erlegter Singvögel nicht erfaßt, sondern für den eigenen Lebensunterhalt verwendet wurde. Zu Beginn des 19. Jahrhunderts wies Johann Friedrich Naumann den Krammetsvögeln den Rang der begehrtesten Speisevögel zu: »Man verspeiset sie alljährlich zu vielen Tausenden, und die Märkte in großen Städten sind voll von ihnen. Es giebt Gegenden, wo man sie deswegen in ungeheurer Zahl fängt. Ostpreußen soll allein jährlich an 600.000 Paar verspeisen und verschicken, und Danzig mit seinen Umgebungen in manchem Jahr allein gegen 60.000 Paar consumieren.«[304] Ähnliche Angaben, die Gatterer für Danzig um die Mitte des 18. Jahrhunderts machte, basierten offenbar auf Steuerlisten: »Im Herbste 1746 wurden in Danzig nur allein dreysigtausend Paar Krammetsvögel beym Zoll angegeben, und wohl eben so viele sind ausser der Stadt in den Gärten und auf den Landgütern um Danzig verspeiset worden.«[305]

Die Vogelstellerei auf dem Vogelherd, so berichteten die Jagdchronisten, war freilich lange schon rückläufig, so daß in der zweiten Hälfte des 19. Jahrhunderts die Attacken des Vogelschutzes hauptsächlich auf die Eliminierung des Drosselfangs auf dem Dohnenstieg[306] und den Lerchenfang zielten. Johann Friedrich Naumann berichtete rückblickend über die Situation um 1800 in seiner Heimat bei Köthen:

---

303 Naumann: Naturgeschichte. Vierter Theil, Leipzig 1824, S. 185.

304 Naumann: Naturgeschichte. Zweiter Theil, Leipzig 1822, S. 309.

305 Gatterer 1782, S. 391.

306 Zu den insbesondere im letzten Drittel des 19. Jahrhunderts hochemotionalisierten Diskussionen um den Dohnenstieg vgl. z.B. Burckhardt: Ueber Krammetsvogelfang, in: Kritische Blätter für Forst- und Jagdwissenschaft, 44. Bd. (1861), Heft 1, S. 222-224; H. Schacht: Die Dohnenstiege, in: Der Zoologische Garten, 23. Jg. (1882), S. 33-39; Carl Benjamin Klunzinger: Der Krammetsvogelfang oder der deutsche Vogelmassenmord, in: Süddeutsche Thier-Börse (Unsere Vögel), 14. Jg. (1905), S. 7-8, 19-20, 31-32, 42-43; Ders.: Über das Ergänzungsgesetz (Novelle) zum deutschen Vogelschutzgesetz von 1888, insbesondere über die Krammetsvogelfangfrage, in: Jahreshefte des Vereins für vaterländische Naturkunde in Württemberg, 65. Jg. (1909), S. XXXV-XL; Hugo Otto: Die Kramtsvogelherde an der rheinisch-westfälischen Grenze, in: Zoologischer Beobachter, 48. Jg. (1907), S. 75-81; Ders.: Auf dem Kramtsvogelherde an der rheinisch-westfälischen Grenze, in: Zoologischer Beobachter, 49. Jg. (1908), S. 44-51; Ders.: Der Krammetsvogel. Seine Jagd mit besonderer Berücksichtigung des Vogelherds, Neudamm 1910; Ders.: Wie fingen die Alten die Drosseln?, in: Zoologischer Beobachter, 54. Jg. (1913), S. 253-256.

»Allein schon vor 50 Jahren war die Klage über Abnahme der Vögel unter diesen Leuten allgemein, und ungeachtet sie alle Fanganstalten noch verbessert zu haben glaubten, sahen und fingen sie doch lange nicht mehr so viele Vögel, als ihre Vorfahren effectiv gesehen und gefangen hatten. Mit den Besitzern starb daher ein Vogelherd nach dem andern ab, kein Nachfolger fand sich mehr zum Fortsetzen geneigt, und einige Wenige, die es versuchten, fanden die Klagen der Väter nur zu begründet, um die Sache ebenfalls bald aufzugeben. (...) Bald lohnte das Vogelstellen in der That die Mühe nicht mehr, ungeachtet mein Vater im Besitze aller nöthigen Apparate war (...), und sich nie glücklicher (ich möchte sagen seliger) fühlte, als in den Stunden der herbstlichen Vormittage, welche er, zurückgezogen vom Geräusche der Menschenwelt, in stillen Betrachtungen der ihn umgebenden Natur und mit seinen Lieblingen beschäftigt, im Wäldchen in seinem Vogelhäuschen zubringen konnte. Gesund und rüstig für sein Alter, stellte er seinen Vogelherd noch, als er schon in den Siebenzigern war, und immer war ich um ihn, soviel es meine Zeit mir erlaubte; aber immer unmuthiger machte ihn der zunehmend spärlicher werdende Fang, bis endlich ein unglücklicher Zufall das ihm so lieb gewordene Häuschen zerstörte und für ihn zum Zeichen ward, den nicht mehr lohnenden Vogelherd unwiderruflich für immer aufzugeben, für sich selbst aber eine Grabstelle an demselben Platze zu bereiten, die kindliche Lieben ihm auch bald gewähren konnte.«[307]

Selbst die höchsten Angaben gefangener Lerchen oder Drosseln signalisieren für das 19. Jahrhundert deutlich, daß die Vogeljagd niemals einen nennenswerten Beitrag zur Ernährung leistete. Allenfalls regional war sie für bestimmte soziale Gruppen unverzichtbarer Bestandteil der Nahrungsversorgung. Noch bevor die Vogelstellerei jedoch im 19. Jahrhundert zum moralischen Problem werden konnte, hatte sie auch in den klassischen Vogelfanggebieten gravierend an ökonomischer Bedeutung eingebüßt. Dieser Niedergang korrespondiert auch mit strukturellen Veränderungen der Fleischversorgung in Deutschland, die sich mit der Industrialisierung deutlich verbesserte, wodurch der ökonomisch kaum erhebliche Vogelfang zusätzlich an Bedeutung einbüßte.[308] Nach einem fleischreichen Mittelalter und einer ebensolchen Frühneuzeit zogen die Fleischpreise aufgrund demographischer Entwicklungen und stärkerem Getreideanbau seit dem 16. Jahrhundert stark an. Der Konsum von Fleisch nahm kontinuierlich ab; die Kost selbst wurde von einer Volksspeise zum exklusiven Privileg oberer sozialer Schichten. Die Verbesserung der landwirtschaftlichen Produktionsverhältnisse sowie der Transport- und Konservierungsmöglichkeiten ließen Fleisch nun im 19. Jahrhundert zu einem billigeren und damit auch für breite Bevölkerungsschichten verfügbaren Nahrungsmittel werden. Der Konsum von Fleisch pro Kopf und Jahr in Deutsch-

---

307 Naumann 1849, S. 132ff.

308 Vgl. Hans Jürgen Teuteberg: Der Fleischverzehr in Deutschland und seine strukturellen Veränderungen, in Hans Jürgen Teuteberg u. Günter Wiegelmann: Unser tägliche Kost. Geschichte und regionale Prägung, 2. Aufl., Münster 1986, S. 63-73.

land, so die Berechnungen Hans Jürgen Teutebergs, verdreifachte sich im 19. Jahrhundert von ca. 16,4 Kilogramm im Jahre 1816 bis auf ca. 51,1 Kilogramm im Jahre 1907.[309] Das Gros davon stellten Rind- und Schweinefleisch; die Wildarten spielten eine derart unerhebliche Rolle, daß sie im Zahlenwerk der Statistiken erst gar nicht sichtbar wurden.

Wie angedeutet, wurde die Vogelstellerei immer wieder als ökonomisch kontraproduktive Handlung problematisiert, weil sie etwa mit den Maximen rationaler Lebensführung konkurrierte. Wer Vögeln exzessiv nachstelle, so etwa das Lamento Johann Heinrich Zorns, versäume seine wirtschaftlichen Pflichten. Über solche Disziplinierungsversuche hinaus erscheint der Vogelfang insgesamt zu Zeiten industrialisierter landwirtschaftlicher Produktion ökonomisch nicht mehr sinnvoll. Einerseits ließ der Rückgang der Populationen den Vogelfang unrentabel werden. Gleichzeitig wuchs das Angebot an erschwinglichem Fleisch. Die Vogelstellerei zählte nun zu jenen materiell wenig gewichtigen Praxen des Nahrungserwerbs, die für eine Moralisierung und Tabuisierung sehr viel besser prädestiniert schienen als ökonomisch effektivere Formen der Nahrungsproduktion. Singvögel waren als Nahrungsmittel zu entbehren. Sie eigneten sich deshalb besser für immaterielle Bedeutungsbesetzungen als unabdingbare Speisen.

Zum Ende des Kaiserreichs waren Singvogelfang und Singvogelverzehr jedenfalls nahezu bedeutungslos geworden. In den Jahren 1910 und 1911 kursierten in Preußen Gerüchte, nach denen einerseits in Deutschland der Handel mit toten Vögeln aus Italien sprunghaft zunehme und andererseits in verschiedenen Regionen »Massenmorde« an Singvögeln vorgenommen würden. Wie eine Umfrage verschiedener preußischer Ministerien daraufhin ergab, konnte davon keine Rede sein. Nur vereinzelt, so die Berichte unisono, seien in den Auslagen von Delikatessengeschäften oder auf den Speisekarten von Hotels Ammern in Konserven, Krammetsvögel oder Lerchen anzutreffen.[310] Insgesamt war der Verzehr von Singvögeln mittlerweile aus dem Kernbereich der kulinarischen Gewohnheiten eliminiert. Bevor die schlechte Ernährungslage während des Ersten Weltkrieges eine erneute Lockerung des Tabus befördern sollte, waren Singvögel einerseits zur exklusiven Delikatesse geworden; andererseits hatten sie für die Ernährung bäuerlicher Gruppen allenfalls noch hie und da lokale Bedeutung.

309 Ebda., S. 71f.

310 Vgl. die Berichte in GStAPK, I. HA., Rep. 87 B, Landwirtschaftsministerium, Nr. 19982, Bl. 210ff.

Kulinarische Moral – die Einheit von Wissenschaft und Leben im Vogelschutz

Naturschutzautoren des späten 19. und frühen 20. Jahrhunderts interpretierten die rasche Etablierung des Singvogelspeisetabus in Deutschland gerne als Ergebnis einer moralischen und kulturellen Evolution, deren Träger der Vogel- und Naturschutz gewesen sei. Auf das Verspeisen von Vögeln zu verzichten, zeuge von einem hohen Ethos der deutschen Kulturnation, dem die Gefühlskälte romanischer Zivilisationen gegenüberstehe, insbesondere der »italienischen Vogelmörder«, bei denen die deutschen Sänger in tückischen »Mördergruben jener Halbinsulaner« enden.[311] Die Tabuisierung von Singvogelfleisch in Mitteleuropa kann freilich kaum ausschließlich als Konsequenz einer veränderten kollektiven moralischen Einstellung verstanden werden. Diese scheint, umgekehrt, erst möglich geworden, nachdem unterschiedliche Faktoren die Ausscheidung der Singvögel aus kulinarischen Nutzungsverhältnissen ermöglichte. Gesetze zum Schutz der Vögel sowie die Besetzung ihres Verzehrs mit psychischer Abwehr wurden erst möglich, nachdem der Vogelfang in mehrfacher Hinsicht an Bedeutung verloren hatte: Erst als die Fleischversorgung im Zeitalter mechanisierter und chemisierter Landwirtschaft anderweitig befriedigend zu gewährleisten war und Singvögeln andere materielle und immaterielle Aufgaben und Bedeutungen zugewiesen worden waren, geriet der Vogelfang ins kulturelle Abseits und konnte moralisch und sozial geächtet werden.

Die Stellungnahmen zum Singvogelfang waren in der Problematisierungsphase des 19. Jahrhunderts denn zunächst auch alles andere als einstimmig. Die großen Ornithologen des 19. Jahrhunderts waren allesamt selbst Vogelfänger: Johann Matthäus Bechstein, Johann Andreas und Johann Friedrich Naumann oder Christian Ludwig Brehm[312] verdankten ihr überragendes ornithologisches Wissen dem Vogelfang, bei dessen Ausübung sie ihr wissenschaftliches Wissen systematisier-

311 Müller und Müller 1873, S. 22 u. 23.

312 Christian Ludwig Brehm handelte sich mit der Veröffentlichung seines Vogelfangbuchs 1855 allerdings auch Schwierigkeiten im Ornithologenmilieu ein. In einem Brief an Eugen von Homeyer vom 22. Juli 1858 klagt er, daß Constantin Gloger an Eduard Baldamus und Bernard Altum einen »Brief voll von Grobheiten« über ihn gesandt habe: »Unter andern hat er gemeint, ich solle mir nicht einfallen lassen, etwas über die Schonung der Vögel bekannt zu machen, weil ich den Vogelfang geschrieben habe.« Im selben Brief klagt er, daß er als Geistlicher keinen Jagdschein mehr lösen könne und nun bereits seit März des Jahres keinen Schuß mehr getan habe; zit. n. Eugen Ferdinand von Homeyer: Ornithologische Briefe. Blätter der Erinnerung, Berlin 1881, S. 89f.

ten. Die Naumanns als Landwirte und Brehm als Pfarrer waren Autodidakten, deren fachliche Profilierung nicht auf Stubengelehrsamkeit, sondern auf dem bei der Jagd gewonnenen Erfahrungswissen basierte. Es gab in der Ornithologie während der ersten Hälfte des 19. Jahrhunderts wohl keinen namhaften Repräsentanten, der sich nur auf das Beobachten der Vögel beschränkt hätte. Sämtliche Ornithologen waren auch Jäger, und die Ausübung der Jagd war keinesfalls nur rationalem Zweck – insofern wissenschaftliches Sammeln dies überhaupt sein kann – verpflichtet, sondern überaus affekt- und emotionsbesetzt.[313]

Johann Friedrich Naumann hatte in seiner »Naturgeschichte der Vögel Mitteleuropas« das Postulat der Feldforschung ausgegeben: »Man gehe hinaus in die freie Natur, man sehe die Thiere in ihrem Leben und Wirken; wie ganz anders wird man dann urtheilen, wenn man so manches anders als im Cabinete gefunden haben wird.- Es kann nicht schwer sein, auf dem Studierzimmer Systeme auszuarbeiten; ob sie aber in der lebenden Natur wirklich begründet sind, das wird der praktische Forscher bald finden.«[314] Beobachtung als Selbstzweck war zu diesem Zeitpunkt nicht möglich, sondern immer auch dem Ziel des Fanges unterworfen. Eine Kritik am Vogelfang hätte damit die Grundlagen der ornithologischen Wissenschaft erschüttert und konnte nicht zugelassen werden. Zudem wurde die Vogelstellerei von den Akteuren nicht mit einem Bewußtsein ausgeübt, daß diese Bestandsschwankungen evozieren könnte. Über lange Zeiträume war der Vogelfang in vormodernen Gesellschaften praktiziert worden, ohne daß ein Rückgang der Avifauna festgestellt werden konnte. Die im 19. Jahrhundert offenbar neue Erfahrung, daß die Natur sich keinesfalls in einer immergleichen Balance befindet, konnte aus einer historischen Perspektive heraus (= früher gab es mehr Vögel und mehr Vogelfang) also vorerst nicht in Zusammenhang mit der Vogelstellerei gebracht werden. Hierfür mußten andere Ursachen verantwortlich sein.

Eben aus diesem Milieu, das Ornithologen und Vogelfänger in Personalunion vereinte, erhielt der Vogelschutz aber auch wesentliche Impulse. Kontinuierliche Beobachtungsreihen über lange Zeiträume hinweg deuteten auf einen Rückgang zahlreicher Vogelarten. Die wissenschaftlichen Ornithologen dachten deshalb zuerst über Ursachen und schließlich auch über Gegenstrategien und Schutzmaßnahmen nach. Da der Vogelfang jedoch zu den Voraussetzungen dieser Wissen-

313 Eindrücke davon vermitteln die von Homeyer 1881 veröffentlichten ornithologischen Korrespondenzen, die größtenteils Sammlungsfragen und damit auch Fragen des Vogelfangs zum Gegenstand haben.

314 Zit. n. Johann Friedrich Naumann: Naturgeschichte der Vögel Mitteleuropas. Neubearb. von namhaften Ornithologen. Hrsg. von Carl R. Hennicke, 2. Bd., Vorwort, Gera 1905, S. XI.

schaft gehörte, wären mit seiner Kritik auch deren Fundamente in Frage gestellt worden, so daß es nahe liegt, daß solcherlei Privilegien verteidigt wurden. Als Fundament der wissenschaftlichen Ornithologie machte Ernst Stresemann zwei Traditionsstränge aus: »Die ornithologische Forschung ist bei uns in ihrem Beginn vornehmlich aus zwei Quellen gespeist worden: aus der Freude an Jagd und Vogelstellen auf der einen Seite, aus der Vogelliebhaberei auf der anderen.«[315] Wobei beides, Töten und Lieben, keinen Widerspruch bedeutete, ja die Liebe zum Vogel gerade durch den Tötungsakt und die dadurch mögliche Inbesitznahme Erfüllung zu finden schien. In § 5 des Reichsvogelschutzgesetzes von 1888 jedenfalls sollte als Privileg der ornithologischen Forschung die Möglichkeit, den Vogelfang für wissenschaftliche oder pädagogische Zwecke freizugeben, festgeschrieben werden.[316]

Es gab jedoch auch andere Gründe, weshalb sich Ornithologen und Vogelschützer in der zweiten Hälfte des 19. Jahrhunderts nicht unisono gegen den Vogelfang wandten. Bernard Borggreve (1836-1914) – Schüler des Forsttheoretikers Ratzeburg, als umstrittener Forstwissenschaftler Gegner der Bodenreinertragslehre und Anhänger naturgemäßen Waldbaus – sah keinerlei Gründe, den Vogelfang zu reglementieren. Zum einen stand für ihn gänzlich die Notwendigkeit eines gesetzlichen Vogelschutzes in Frage, da eine Abnahme der Avifauna empirisch schlicht nicht nachprüfbar war. Ohnehin verwies er auf »die Unerheblichkeit der Wirkung directer menschlicher Nachstellungen auf die Verminderung der Vögel.«[317] Andere, wie der österreichische Priester, Ornithologe und Vogelschutz-Gegner Giovanni Salvadori (1836-1900), plädierten auf der Grundlage von Naturhaushaltslehren für den Vogelfang. Würde dieser nicht mehr praktiziert, so die Argumentation, würde es zu einseitiger Vermehrung bestimmter Vogelarten kommen und damit zu ernsthaften Schieflagen im Ökosystem.[318]

---

315 Erwin Stresemann: Beiträge zu einer Geschichte der deutschen Vogelkunde, in: Journal für Ornithologie, 73. Jg. (1925), S. 596. Vgl. auch Johann Friedrich Naumann: Reminiscenzen über stufenweise Entwickelung der vaterländischen Ornithologie in der ersten Hälfte unseres Jahrhunderts, in: Naumannia, 4. Jg. (1854), S. 149-160.

316 Sammlung sämmtlicher Drucksachen des Reichstages. 7. Legislatur-Periode, II. Session 1887/88, II. Bd., Nr. 154, S. 2.

317 Bernard Robert Borggreve: Die Vogelschutzfrage, nach ihrer bisherigen Entwickelung und wahren Bedeutung, mit besonderer Rücksicht auf die Versuche zu ihrer Lösung durch Reichsgesetzgebung und internationaler Vereinbarungen. Zweite vermehrte und verbesserte Ausgabe, Leipzig 1888, S. 8.

318 Vgl. Giovanni Salvadori: Schützet die Insecten und gebt den Vogelfang frei! Wien 1884.

Eine Rationalisierungsmöglichkeit des Konflikts schien sich in der Frage zu eröffnen, ob objektive Zusammenhänge zwischen dem Rückgang bestimmter Arten und ihrer unmittelbaren Verfolgung empirisch nachweisbar waren. Etliche Ornithologen bestritten solche und behaupteten, wie etwa Bernard Borggreve, daß gerade bei den intensiv bejagten Drosseln und Lerchen kein Rückgang zu verzeichnen sei. Borggreve berief sich dabei auf forstkundliche Literatur.[319] Im Forstrevier Rosengarten bei Harburg, wo in einem Waldgebiet von rund 800 Hektar Größe Vogelstellerei betrieben wurde, waren die Fangzahlen zwischen 1803 und 1860 kontinuierlich notiert worden. Bei der Jagd kamen zwischen 1803 und 1820 jährlich rund 7000 bis 8000 Dohnen, zwischen 1820 und 1847 rund 9000 und 10000 Dohnen und zwischen 1848 und 1860 rund 8000 bis 9000 Dohnen zum Einsatz. Der Gesamtertrag in 58 Jahren belief sich auf 153280 Krammetsvögel; die durchschnittliche Strecke pro Jahr betrug 2643 Exemplare. Nimmt man die einzelnen Dezennien, so ist über sechs Jahrzehnte hinweg eine kontinuierliche Steigerung der Fangerträge zu beobachten. Sie beliefen sich zwischen 1803 und 1812 auf 22316, zwischen 1813 und 1822 auf 28909, zwischen 1823 und 1832 auf 21759, zwischen 1833 und 1842 auf 18611, zwischen 1843 und 1852 auf 32189 und zwischen 1853 und 1860 auf 34480 Vögel. Allerdings: Konstituierende Faktoren wie etwa die klimatischen Bedingungen, die zu stärkerem Zuzug nordischer Drosselarten im Winterhalbjahr führen könnten, wurden hierbei nicht berücksichtigt. Statt dessen wird der Schluß gezogen: »Es hat somit vom Anfange dieses Jahrhunderts bis zum Jahre 1860 eher eine Zunahme als eine Abnahme der Krammetsvögel stattgefunden.«[320] Von einer Zunahme der Jagdstrecke auf eine Zunahme der Drosselpopulationen zu schließen, wäre jedoch fatal. Auffällig sind vielmehr die hohen Jagdstrecken in den Hungerjahren der späten 1810er Jahre sowie nach 1848, die möglicherweise auf eine Intensivierung des Vogelfangs durch ökonomischen Druck bzw. durch freiere Jagdmöglichkeiten nach 1848 schließen lassen.

Noch ein weiterer Traditionsstrang des Vogelschutzes verhinderte, daß die Forderung nach dem Primat des Bewahrens aller Singvögel einstimmig erhoben wurde. Der Vogelschutz erhielt wesentliche Impulse aus dem Nachleben des aufklärerischen Nützlichkeitsdiskurses. Die nachhaltige Präsenz des Klassifikationskriteriums der »Nützlichkeit« wird darin deutlich, daß der Fang von eindeutig »nützlichen« Meisen relativ leicht problematisierbar war, jener von weniger ein-

---

319 Z.B. Burckhardt 1861, S. 222-224. Eberts 1888, S. 15-18.

320 Eberts 1888, S. 16.

deutig klassifizierbaren Arten wie Lerchen oder Drosseln jedoch weniger. Wie präsent diese Kriterien der Nützlichkeit und Schädlichkeit waren, wenn die Schutzwürdigkeit von Natur verhandelt wurde, bezeugen in der Etablierungsphase des Vogelschutzes während der zweiten Hälfte des 19. Jahrhunderts dessen eigene Theorie und Praxis. Die ökonomistisch-ökologische Logik des utilitarischen Vogelschutzes diktierte nicht nur Schonung und Schutz »nützlicher« Arten, sondern auch die Verfolgung »schädlicher« Spezies. In kaum einem Werk der seit den 1860er Jahren publizierten Vogelschutzliteratur fehlen Kapitel mit der »Schilderung der Feinde der Vögel« bzw. »Prämien für die Vertilgung des Raubzeugs«[321], über die »Feinde der Vögel«[322] oder Vorschläge zur »Verfolgung der Feinde«[323] »nützlicher« Arten.

Indes blieb diese utilitarische Haltung, die auch die Bekämpfung »schädlicher« Arten erzwang, nicht nur Programm, sondern geriet durchaus zur Praxis von Vogelschutzvereinen. Zu wichtigen Betätigungsfeldern der »Vereine der Vogelfreunde«, die sich 1879 in Württemberg zu einem »Landesverband der Vogelvereine« zusammenschlossen, zählte die Dezimierung »schädlicher« Vogelarten durch Prämierung eingereichter Sperlingsköpfe oder der Leichen von Greifvögeln oder Eulen.[324] Karl Gottlob Lutz erwähnte 1887 in seinem »Anhang über Vogelschutz« eine diesbezügliche Zeitungsnotiz: »Der Verein für Geflügelzucht und Vogelschutz zu Siegen hat 1881/82 für Tötung schädlicher Vögel an Schußprämien 550,50 Mk. bezahlt; es wurden erlegt: 17 Weihen, 43 Sperber, 98 Elstern, 312 Häher, 402 Rabenkrähen und 504 Neuntöter.«[325] Und der württembergische Arzt, Ornithologe und Zoo-Ethnologe Ludwig Hopf (1838-1924) strich die Aktivitäten des »Vereins der Vogelfreunde« in Schwäbisch Gmünd heraus, der in einem Sommer rund 350 Mark an Schußgeldern aufgeboten habe, »für die eingeliefert wurden: 1268 rothrückige Würger, 19 graue Würger, 173 Häher, 28 Elstern, 74 größere Raubvögel.«[326]

Erst mit der Gründung populärer Verbände wie dem »Bund für Vogelschutz« war eine Zusammenführung der wissenschaftlichen Ornithologie, der ethischen Traditionen des Tierschutzes, der Utilitaristen, der Amateurwissenschaftler und

321 Ruß 1882, S. 24-26.
322 Hartert 1900, S.31-33.
323 Hennicke 1911, S. 94-98.
324 Ruß 1882, S. 25.
325 Lutz 1887, S. 156.
326 Ludwig Hopf: Die Vögel und die Landwirthschaft. Eine kurze Belehrung über des Landmanns Freunde und Feinde unter den Vögeln, Stuttgart 1880, S. 11.

der Liebhaber möglich. Erst in der Verschmelzung wissenschaftlicher, ästhetischer und ethischer Motive konnte der scheinbar interesselose Schutz aller Vögel zum handlungsleitenden Primat avancieren. Mit dem Zeitpunkt also, da ethische und ästhetische Begründungen des Vogelschutzes Dominanz gewannen, waren nicht mehr nur »nützliche« Arten schützenswert, sondern alle, so daß der Fang von Vögeln und ihr Verspeisen zum moralischen Skandal erwuchs. Was aber entscheidet darüber, ob in der Moderne ein Tier als Rohstoff verachtet oder als Mitgeschöpf verehrt wird? Im Falle der Vögel gibt es etliche Gründe, welche die Intimisierung des Mensch-Natur-Verhältnisses beförderten:

- Vögel eignen sich auch für Laien zum Erforschen und zur wissenschaftlichen Auseinandersetzung. Sie sind gut beobachtbar, so daß wissenschaftliche Beschäftigung mit Natur – Beobachten, Dokumentieren, Sammeln – auch für ein amateurwissenschaftliches Publikum möglich ist. Die führenden Feldornithologen des 19. Jahrhunderts waren Autodidakten, denen sich in der Erforschung der Vogelwelt ein probates Instrument zum Erwerb sozialer Anerkennung eröffnete. Auch die im letzten Jahrhundertdrittel folgende Ornithologengeneration (Hans von Berlepsch, Curt Floericke, Carl R. Hennicke, Karl Ruß u.a) , deren Wirken vom Aufstieg und der Professionalisierung der Naturwissenschaften begleitet war, betätigte sich nicht im universitären Wissenschaftsbetrieb, sondern im sozialen Milieu der freien Wissenschaftspopularisierer. Hier formierte sich eine Öffentlichkeit, die der Trennung von Wissenschaft und Leben die Einheit eines Naturganzen entgegensetzte.[327] Vogelschutz ermöglichte neben analytischer Auseinandersetzung auch emotionale Nähe zum Tier und bildet so eine Brücke zwischen wissenschaftlicher und emotionaler bzw. ästhetischer Beschäftigung.
- Am Ende ökologischer Nahrungsketten stehend, sind Vögel geeignete Bioindikatoren, an denen komplexe ökologische Veränderungen beobachtet werden können. Wer sich mit Vögeln beschäftigt, sammelt Wissen über Gesamtzusammenhänge der Natur, das nicht nur alltagsweltlich, sondern auch wissenschaftlich kommunizierbar wird.
- Wiewohl in traditionalen Gesellschaften als Nahrungsmittel genutzt, werden in der ökonomischen Logik moderner Gesellschaften wildlebende Singvögel nicht zur Ernährung gebraucht. Gleichzeitig sind die immateriellen Bedeutungsüberschüsse des Vogelfangs im Vergleich zum Symbolisierungspotential ande-

327 Vgl. Andreas W. Daum: Wissenschaftspopularisierung im 19. Jahrhundert. Bürgerliche Kultur, naturwissenschaftliche Bildung und die deutsche Öffentlichkeit, 1848-1914, München 1998.

rer Jagdformen relativ gering. Beides zusammen läßt Singvögel besser als andere Tierarten für eine emotionale Besetzung verfügbar werden.

- Vögel sind aufgrund ihrer Fertigkeiten und Eigenschaften prädestiniert dafür, daß ihr Objektstatus als »Naturrohstoff« umgewandelt wird in den eigenständiger Subjekte. Sie eignen sich wie kaum eine andere Tiergruppe als Projektionsfeld für kulturelle Werte und Bedeutungen, die ihnen den Status des Schutzwürdigen verleihen.[328] Im Fernglas-Blick des Ornithologen verkörpern sie das Ideal der bürgerlichen Gesellschaft schlechthin. Sie sind reinlich und sauber. Ihr Sexualleben spielt sich in der Regel schnell und diskret ab, ist jedoch äußert effektiv, was den Erfolg der Reproduktionsbemühungen betrifft. Während die biologische Seite der Fortpflanzung flugs und unauffällig vollzogen wird, eröffnet sich eine Analogie zur emotionalisierten romantischen Idealliebe in der hingebungsvollen Ausgestaltung der Liebesbeziehung durch affektbesetzte Balz und gefühlvollen Gesang, wobei den singenden Männchen die Rolle des extrovertierten Aktivums und den Weibchen jene des empfangenden Teils zukommt. Nur wenige Spezies, wie der als »Prolet« berüchtigte und nimmermüder Geilheit bezichtigte Sperling, geben sich ohne den Zweck der Fortpflanzung der Wollust hin. Statt dessen führen die »guten« Vögel eine von harmonischem Familiensinn und aufopferungsbereiter Kinderliebe erfüllte soziale Existenz. Vögel sind dem Bürgertum so, wie es sich selbst gerne sieht, sehr ähnlich. Sie sind weltoffen und erweisen sich als Kosmopoliten, wenn sie im Winterhalbjahr in den Süden ziehen, aber sie sind noch heimatliebender, kehren sie doch regelmäßig im Frühjahr in ihre angestammten Brutreviere zurück. Das Geheimnis des Vogelzugs korrespondiert mit der Neugier des Bürgertums auf Welt, die im 19. Jahrhundert das hektische Zeitalter des Massentourismus und fieberhafter bürgerlicher Reiseaktivitäten einläutet. Vögel bauen kunstfertiger ihre Nester als Architekten Häuser und singen schöner als mancher Operntenor – und müssen dafür nicht mal üben.[329]

---

328 Vgl. Löfgren 1986, S. 137-140.

329 Während die Schönheit des Vogelgesangs regelmäßig zur ästhetischen Legitimation des Vogelschutzes herangezogen wurde, zitierte Carl R. Hennicke in seinem Vogelschutz-Handbuch empört den Brief eines Geisteswissenschaftlers an den Ornithologen Placzek: »So sehr ich übrigens den Vogelgesang im Walde liebe, so unerträglich ist mir und wohl auch vielen geistigen Arbeitern das störende Gezwitscher im Garten in der Nähe menschlicher Wohnungen. Ich halte es geradezu für Unkultur, diese Tiere da zu dulden, aber es ist mit ein Grund, warum ich so gerne in Italien bin, weil man dort von dem ewigen Spatzengezwitscher bei geistigen Arbeiten nicht gestört wird.« Zit. n. Hennicke 1912, S.103.

Und: Sie scheinen im Verhältnis von Individualität und Gruppenzugehörigkeit, von Privatheit und Öffentlichkeit ein bürgerliches Idealmaß zu erfüllen. Der Kernbereich ihres Lebens macht die familiäre Sphäre aus, die geschützt und verteidigt wird, während in außerfamiliären Angelegenheiten, in Krisenperioden des Vogelzugs und im nahrungsarmen Winterhalbjahr Gruppenbindung und Solidarität mit Artgenossen reibungslos funktionieren.

- Vögel sind also einerseits wild und als Bewohner des Himmels unabhängig; gleichzeitig eignen sie sich wie kaum andere Tiere zur Vermenschlichung und werden mit quasimenschlichen Eigenschaften ausgestattet. Ihnen scheint all das zu fehlen, was aus bürgerlicher Perspektive gemeinhin das Animalische ausmacht: das unregulierte, öffentliche und instinkthafte Ausleben von Trieben. Statt dessen erscheinen ihre Verhaltensweisen als zivilisiert und in hohem Maße durch Selbstkontrolle gesteuert. Sie sind – und dies scheint die Tabuisierung ihrer Nutzung zu befördern – genau auf der Grenze zwischen »wild« und domestiziert beheimatet, in jedem Falle in ihrem Verhältnis zum Menschen ambivalent, einerseits nah und ähnlich und andererseits doch nicht greifbar.

Diese und andere Voraussetzungen führten dazu, daß kein Gegenstand des Naturschutzes wissenschaftlich besser erforscht ist und gleichzeitig höhere ästhetische, ethische und emotionale Identifikationsmöglichkeiten besitzt als der Vogelschutz. Dieser fand erst dann eine eindeutig ablehnende Position zum Töten und Essen von Singvögeln, nachdem er seine »wissenschaftliche« und »utilitarische« Phase um 1900 überwunden hatte. Erst als er aus seiner Verankerung in einer Fachwissenschaft herausgelöst wurde und nicht mehr nur als Instrument materieller Zukunftsvorsorge fungierte, wurde die unzweideutige Moralisierung des Problems des Tötens und Essens von Singvögeln möglich. Die Naturvorstellungen des Vogelschutzes überwanden jetzt die Grenzen zwischen szientifischer Auseinandersetzung und ästhetischer Naturbewunderung und versöhnten Wissenschaft und Leben in der Praxis neuer Vereinstypen, die dem Utilitarismus der Moderne das Bild einer Versöhnung von Mensch und Natur entgegenhielten. Solche Auffassungen eines Naturganzen drängten in den Beziehungen zwischen Mensch und Tieren auf Eindeutigkeit, und im Falle der Vögel war eine solche Eindeutigkeit auch kulturell durchsetzbar. Jetzt erschienen Fragen, ob etwa ein negativer Einfluß der Jagd auf Vogelpopulationen empirisch überprüfbar sei, als zweitrangig. Maßgeblich war nun die Beziehung zwischen Mensch und Vogel, die bestimmte moralische Einstellungen erzwang. Beides, die Nutzung zu Speisezwecken sowie gleichzeitig die intime Liebe zu den gefiederten Freunden, erscheint in einer

Moderne, die auf eindeutige Scheidung von instrumentellen und nicht-instrumentellen Naturverhältnissen angewiesen ist, nicht möglich. Im Falle der Vögel triumphierte so der Primat des Schützens über jenen des Nützens. Sie erwiesen sich als geeignete Medien, das Verhältnis von Natur und Zivilisation symbolisch zu organisieren und in der Moderne die Vorstellung präsent zu halten, daß jenseits funktionaler und wissenschaftlicher Naturbeziehungen eine harmonische Einheit von Mensch und Natur möglich sein konnte.

Vogelschutz als Rechtsnorm – zur juristischen Sanktionierung des Vogelfangs

In den Jahren 1879 und 1880 sorgte ein Prozeß vor dem Schöffengericht in Würzburg für reichsweite Aufregung. Auf der Anklagebank saß Carl Semper (1832-1893), Professor für Zoologie und vergleichende Anatomie an der örtlichen Universität und obendrein Mitglied eines ornithologischen Vereins und des örtlichen Tierschutzvereins. Warum? Im Garten seines Nachbarn hatten sich zwei Amselfamilien eingenistet, die sich an den jungen Setzlingen in Sempers frisch angelegtem Alpen- und Farngarten gütlich hielten. Mit Hilfe seines Gärtners und einigen Netzen hatte Semper Amseln gefangen, woraufhin der Nachbar ihm die Netze entwendete und ihn mit Berufung auf die Königlich Bayerische Verordnung zum Vogelschutz vom 4. Juni 1866 anzeigte. In der Verhandlung am 30. Dezember 1879 wurde Semper wegen der ungeklärten Rechtslage vom Vorwurf des »Vergehens des strafbaren Eigennutzes, begangen durch Jagdfrevel« freigesprochen. Dies wiederum empörte das Heer der Tier- und Vogelschützer und führte in deutschen Zeitungen zu einem monatelang ausgefochtenen Federkrieg.[330] Die Staatsanwaltschaft legte Revision ein, so daß eine Hauptverhandlung auf den 23. Februar 1880 anberaumt wurde, welche starkes Publikumsinteresse fand.

Gestritten wurde im Gerichtssaal darüber, ob die Amsel als jagdbares Wild anzusehen sei, was Hofrat Rindfleisch als Jagdgutachter der Verteidigung abstritt. Verhandelt wurden Schädlichkeit oder Nützlichkeit der Amsel, wobei Semper in Pfarrer Eduard Baldamus (1812-1893) einen namhaften Ornithologen als Gutachter gewinnen konnte. Dieser befand, daß die Amsel, nachdem sie aus den Wäldern in die Städte gewandert war, zu einem »Schädling« geworden sei, der nicht nur Beeren und Obst fresse, sondern auch anderen Vögeln die Nistgelegen-

330 Zahlreiche Zeitungsartikel sind abgedruckt in Carl Semper: Mein Amsel-Prozeß, die Amsel-Fanatiker und der Vogelschutz, Würzburg 1880.

heit raube.[331] Dieser Einschätzung wurde die Frage entgegen gehalten, ob die Amsel nicht durch die im Volke weit verbreiteten Sympathien Schutz verdient hätte. Semper wiederum beanspruchte in seiner weit ausholenden Schlußrede das Recht, sich und sein Eigentum vor den Übergriffen der Amsel angemessen zu schützen, wurde dann aber vom Gerichtspräsidenten angewiesen, sich kurz zu fassen, so daß er allgemeine Erörterungen zur Nützlichkeit und Schädlichkeit der Vogelwelt zu diesem Zeitpunkt noch für sich behalten mußte. Eigentlich wollte er dafür plädieren, ethische und ästhetische Gründe nicht zur Grundlage von Vogelschutzgesetzen zu machen, sondern ausschließlich Aspekte der Nützlichkeit. Semper prognostizierte in der schriftlichen Nachreichung seines Schlußplädoyers, »daß das Volk binnen kurzer Frist selbst an seinem Geldbeutel merken wird, welche Ruthe es sich gebunden hat durch die übertriebene Liebhaberei an einem Vogel, welcher für die Land- und Forstwirthschaft als Waldvogel großen Nutzen, für die in der nächsten Umgebung der Städte betriebene Gartenwirthschaft und Beerenobstbau als Gartenvogel durch Zerstören von Obsterndten und Verjagen der gerade für diese so nützlichen kleineren Vögel (Meisen, Finken, Rothschwänzchen) ebenso großen Schaden anzurichten vermag.«[332]

Der »Amsel-Prozeß« von Würzburg machte deutlich, daß mögliche Klassifikationskriterien und Bewertungssysteme für den Umgang mit Vögeln Ende des 19. Jahrhunderts offenbar in eine Konkurrenz zueinander getreten waren, die nicht nur Rechtsunsicherheit evozierten, sondern auch kulturelle Orientierungslosigkeit. Offenbar waren verbindliche Definitionskriterien für die Beziehung zwischen Mensch und Vogel abhanden gekommen: War die Amsel nun »vogelfrei« oder oblag ihre Behandlung dem Jagdrecht? Konnte eine wie auch immer nachgewiesene »Schädlichkeit« der Drosselart das Tötungsrecht legitimieren? Gehörte die Amsel der Allgemeinheit oder jenem Menschen, auf dessen Grund und Boden sie sich aufhielt? Durften Gefühle und Leidenschaften die Beziehung der Menschen zur Amsel regulieren oder ausschließlich nüchterner Verstand? War Sempers Liebe zu seinen Pflanzen oder aber die des Nachbarn zu den Amseln höher zu veranschlagen, und welche Rolle konnte bei der Entscheidung dieser Frage eine durch einen Gartenzaun markierte Eigentumsgrenze spielen?

Nicht nur in zahllosen Zeitungsartikeln erfuhren diese Fragen erregte Erörterung. Semper erhielt Schmähbriefe, in denen er als »herzloser Bösewicht«,

331 Vgl. August Karl Eduard Baldamus: Der Würzburger Amselprozeß und die Amsel, Frankfurt a.M. 1880.

332 Semper 1880, S. 14f.

»Hyäne«, »Massenmörder« oder »Aasgeier« tituliert wurde.[333] In den Zeitungen und Korrespondenzen erfuhr die Diskussion eine Polarisierung, die auf ein Ziel hinauslief: die Beteiligten unterscheidbar zu machen als »Vogelfreunde« und als »Vogelfeinde«. Semper selbst bestritt, daß ein gesetzlich verbriefter Schutz der Vögel mit ästhetischen oder emotionalen Gründen zu legitimieren sei, da beide individuell ausfielen, aber keinesfalls zur kulturellen Norm erhoben werden könnten. Da nicht alle Menschen gleich seien und jeder Mensch andere Interessen verfolge, sei dem einen der Anblick eines fischfressenden Eisvogels eine Freude, dem anderen eine Plage; während der eine sich an den Flugkünsten der Greifvögel erfreue, gräme sich der Bauer, weil ihm der Habicht ein Huhn raubt. Semper:

»Wessen Genuß verdient da den Vorzug? Kann die Majorität allein da entscheiden? Darf die Masse des Volkes verlangen, daß der Einzelne sein Vergnügen dem ihren opfere, daß er sich gänzlich seiner Individualität entkleide und sich nur so freue, wie sie es ihm vorschreibt? Wahrlich, es müßte unser Volk bereits stark vom Gifte des Sozialismus durchfressen sein, wenn es diese Fragen mit Ja beantworten wollte; und es würde zugleich einen Beweis größter Beschränktheit dabei ablegen, da es nicht einsehen könnte oder wollte, daß die dem Einzelnen zu gewährende Freiheit, irgendeine Liebhaberei zu der seinigen zu machen, der übrigen Masse des Volkes in keiner Weise die Freude an einer anderen rauben könnte. Denn die Gesetze über Eigenthumsbeschädigung reichen vollständig dazu aus, Jedem ohne Ausnahme das Eingreifen in die fremde Machtsphäre zu wehren; und ohne ein solches Uebergreifen in diese hinein wird der Einzelne nie mehr thun können, als von dem Gegenstand seiner Neigung und sorgfältigen Pflege – mag es nun ein Vogel, Fisch oder Kirschbaum sein – die Angriffe von Seiten der Feinde abzuwehren.«[334]

Demgegenüber verdienten unzweideutig nützliche Vögel den Schutz durch den Gesetzgeber, und dieser habe deshalb festzulegen, welche als solche zu behandeln sind und welche nicht.

Der Würzburger »Amsel-Prozeß« hatte elementare Fragen einer gesetzlichen Regelung des Vogelschutzes aufgeworfen. Er zeigte, wie eng der Schutz von Vögeln mit Fragen des Eigentums- und Jagdrechts verquickt war, wie Einzelinteressen miteinander konkurrierten und wie schwer eindeutige Kriterien für die Schutzwürdigkeit benannt werden konnten. Machte also ein reichsweit verbindliches Vogelschutzgesetz überhaupt Sinn? Schon die seit den frühen 1870er Jahren unternommenen Anstrengungen für ein solches zeigten, daß die Frage des Zustands natürlicher Verhältnisse und die Lage der Vogelwelt immer stärker als eine Frage der Allgemeinheit erachtet wurde. Daß dieses allgemeine Interesse am Wohl der Vogelwelt nun sukzessive kulturelle Dominanz über Nutzungsansprüche erhielt, belegen die Diskussionen um das Reichsvogelschutzgesetz von 1888 und dessen

333 Ebda.

Novellierung im Jahre 1908, als es um Einschränkungen und schließlich um Verbote des Vogelfangs ging.

In den Debatten um die Novellierung des Vogelschutzgesetzes 1908 wurden im Deutschen Reichstag die letzten großen rhetorischen Gefechte um den Vogelfang ausgefochten. In den Diskussionen um die Vogelschutzgesetze von 1888 und 1908 wurde die Vielschichtigkeit des Tabuisierungsprozesses deutlich, wenn auch in der Rechtsprechung wesentlich utilitarische Argumente die Gesetzestexte diktieren sollten.[335] Noch einmal tauschten die Parlamentsredner 1908 im Reichstag Für und Wider aus. Respekt vor der Tradition, der materielle Nutzen für die ländliche Bevölkerung (»Jagd des kleinen Mannes«) und die staatlichen Forstbeamten wie überhaupt ein allgemeines Nutzungsrecht des Menschen an der Natur und die Souveränität der Einzelstaaten in der Jagdgesetzgebung, die nicht durch Reichsrecht gebrochen werden dürfe, wurden als Argumente für den Vogelfang ins Feld geführt. Die Gegner hielten mit Argumenten der Nützlichkeit der Vögel, der Grausamkeit der Jagdmethoden,[336] des Selbstverständnisses der deutschen (Kultur-)Nation oder der pädagogischen Verpflichtung zur Tierliebe dagegen.[337] Die Tradition, verkörpert in den Befürwortern des Vogelfangs, stand gegen eine kulturelle Moderne, die Tierliebe und Respekt vor der Natur predigte.

Lange vor 1871 hatte es in einzelnen deutschen Staaten und Herrschaftsgebieten nicht nur lokale Fangverbote, Verbote einzelner Jagdmethoden oder Schonzeiten, sondern auch Gesetze zum Schutze einzelner Vogelarten gegeben: in Lippe-Detmold seit 1777, in Sachsen-Coburg-Gotha seit 1809, Hessen 1837, Hamburg 1840 oder in Bremen seit 1848.[338] Nach der Reichsgründung von 1871 mußte es nun um eine Vereinheitlichung der Rechtsprechung gehen. Nachdem Gesetzesentwürfe 1876, 1879 und 1883 bereits im Vorfeld gescheitert waren, kam das Reichsvogelschutzgesetz 1888 im Reichstag zur Verabschiedung. Vorherige Ge-

---

334 Ebda., S. 59.

335 Vgl. Günter W. Zwanzig: Das »Reichsvogelschutzgesetz« 1888/1908, in: Natur und Landschaft, 63. Jg. (1988), S. 99-105.

336 Der Abgeordnete Varenhorst hatte zur Demonstration einige in Dohnen erhängte Krammetsvögel in den Parlamentssaal mitgebracht und veranschaulichte an diesen Exemplaren, wie den Vögeln dort die Beine bzw. Flügel gebrochen wurden, so daß sie schließlich an Erschöpfung in der Schlinge verendeten.

337 Vgl. Das Vogelschutzgesetz im Reichstage, in: Ornithologische Monatsschrift. Herausgegeben vom Deutschen Vereine zum Schutze der Vogelwelt, 33. Jg. (1908), S. 129-186 u. S. 317-355.

338 Eine Vielzahl von Beispielen findet sich in der Darstellung der Vogelschutzgeschichte in Hennicke 1912, S. 349-366. Eine Übersicht »Regelung des Vogelschutzes in den deutschen Bundesstaaten mit Ausnahme Preußens« ist abgedruckt in: Sammlung sämmtlicher Drucksachen des Reichstages. Nr. 90, Anlage 2, 7. Legislatur-Periode, II. Session 1887/88, S. 15-25.

setzesinitiativen[339] scheiterten wiederholt mit dem Verweis, das Instrument des Reichsgesetzes eigne sich nicht dafür, den Rückgang von Vögeln zu bremsen. Angezweifelt wurde, ob die »Nützlichkeit« bzw. »Schädlichkeit« zu schützender Arten hinlänglich nachweisbar sei. Angezweifelt wurde außerdem, ob es überhaupt einen Zusammenhang zwischen dem Vogelfang und dem Rückgang einzelner Arten gebe. Verantwortlich für deren Dezimierung wurde statt dessen die Veränderung der Landschaft durch die Intensivierung der Landwirtschaft gemacht, die allerdings durch Reichsgesetze nicht zu steuern sei. Überhaupt wurde immer wieder eine nationale Regelung des Vogelschutzes in Frage gestellt, da die Vögel ohnehin keine nationalen Grenzen respektierten, so daß die heimische Avifauna dann eben außerhalb der Reichsgrenzen verfolgt und verspeist würde. Aufgrund der föderalen Konstruktion war eine einheitliche Rechtsprechung im Deutschen Reich nur schwer zu erzielen. Zwar sollten sich die einzelnen Landesgesetze prinzipiell am Vogelschutzgesetz von 1888 orientieren. Da bestimmte Vögel als jagdbares Wild jedoch den einzelstaatlichen und überaus heterogenen Jagdgesetzen unterlagen, blieb die Situation auch nach der Verabschiedung des Reichsvogelschutzgesetzes 1888 äußerst unübersichtlich.

Dennoch ist es bemerkenswert, daß über die teilweise seit den späten 1830er Jahren gültigen Bestimmungen des Tierschutzes hinaus nun en Gros eine nach biologischen Kriterien definierte Gruppe freilebender Tiere Gegenstand reichsweiter juristischer Regelungen wurde. Wenn auch die einzelnen Spezies vor dem Gesetz keine gleichberechtigte Behandlung erfuhren, sondern am Maßstab der Schädlichkeit klassifizierte Arten wie Würger, Sperlinge, Rabenvögel, Eisvögel, Reiher oder Kormorane vom Schutz ausgenommen wurden, erhielten Vögel prinzipiell einen anderen Stellenwert als andere freilebende Tiere. 1894 konstatierte Ignaz Bregenzer:

»In Deutschland und den übrigen Kulturstaaten (...) hat die Agitation der Thierschutzvereine demgemäß die Gesetzgebung von den freilebenden Thieren bis jetzt fast ausschließlich die Vögel unter ihren Schutz genommen. Daneben kommt jagdbaren Thieren und Fischen ein beschränkter Schutz im Interesse der Jagd- und Fischereiberechtigten zu. Die Vögel haben gewiß hervorragende Bedeutung, wie für den Naturhaushalt, so auch für mannigfaltige wirtschaftliche, gemüthliche, ästhetische und sittliche Menscheninteressen sowie für die Grundgüter mancher anderen Thiere.«[340]

---

339 Vgl. die Aktenbände im GStAPK, I. HA., Rep. 87 B, Landwirtschaftsministerium »Das Vogelschutzgesetz vom 22. März 1888 und 30. Mai 1908 und die hierzu gestellten Änderungsanträge«, Nr. 19978-19985; enthält Petitionen, Initiativen, Korrespondenzen, Publikationen und Beratungsunterlagen von 1855-1934.

340 Ignaz Bregenzer: Thier-Ethik. Darstellung der sittlichen und rechtlichen Beziehungen zwischen Mensch und Thier, Bamberg 1894, S. 370.

Freilich folgte das Reichsvogelschutzgesetz von 1888 weitestgehend Klassifikationsmustern der Nützlichkeit und Schädlichkeit, wiewohl diese durchaus problematisiert wurden. In der amtlichen Begründung des Entwurfs wurde eingeräumt, daß die »reichsgesetzliche Regelung des Schutzes der für den Feld- und Gartenbau, die Weinkultur und die Forstwirthschaft durch Insektenvertilgung nützlichen Vögel«[341] seit längerem Gegenstand parlamentarischer Überlegungen gewesen sei. Durch »den veränderten Betrieb der Landwirtschaft, durch die in großem Umfange vorgenommene Beseitigung der Brutstätten (Hecken, Bäume etc.)« habe die Vogelwelt gelitten, weshalb »um so mehr darauf Bedacht genommen werden muß, die Eingriffe durch Tödten und Fangen nach Kräften zu mindern, um wenigstens den gegenwärtigen Bestand zu wahren.«[342] Dabei wurde attestiert: »Neben den hierfür in erster Linie in Betracht kommenden Nützlichkeitsgründen verdienen gewiß auch Berücksichtigung die ästhetischen und moralischen Erwägungen, auf denen die im Volksbewußtsein begründeten Bestrebungen nach einer wirksameren Gestaltung zum erheblichen Theile mitberuhen.«[343] Hauptgegenstand der Reglementierungen sollte, so die amtliche Begründung, »der Massenfang der Vögel« sein, weshalb sich die Verbote denn auch hauptsächlich auf entsprechende Fangtechniken bezogen. Aufgrund seiner regional teilweise gewichtigen Bedeutung sowie der Interessen einzelner Gruppierungen wurde jedoch »der in der bisher üblichen Weise betriebene Krammetsvogelfang«[344] und damit der umstrittene Dohnenstieg von den Schutzbestimmungen ausgenommen.

Es wurde eingestanden, daß »die Trennung in nützliche und schädliche Vogelarten bei dem gegenwärtigen Stande der Erfahrungen unüberwindliche Schwierigkeiten« bereiten würde. Dennoch seien »diejenigen Vogelarten, welche sich als überwiegend schädlich oder jedenfalls als nicht wesentlich nützlich darstellen, von dem Schutze des vorliegenden Gesetzes auszunehmen.«[345] Das Problem, wer die Definitionsmacht über »Nützlichkeit« und »Schädlichkeit« ausüben sollte, war unzweideutig erkannt. »Schädlichkeit« hatte sich längst als Merkmal herausgestellt, das allzu vieldeutig und komplex wirksam war, als daß es zu einem operationalisierbaren Bewahrkriterium getaugt hätte. Die Kategorie der Schäd-

341 Begründung zu dem »Entwurf eines Gesetzes, betreffend den Schutz von Vögeln«, in: Sammlung sämmtlicher Drucksachen des Reichstages, 7. Legislatur-Periode, II. Session 1887/88, Nr. 90, Berlin 1888, S. 6.

342 Ebda.

343 Ebda.

344 Ebda., S. 10.

345 Ebda.

lichkeit schien schlechterdings nicht meßbar und zudem nicht aus allgemeinmenschlicher Perspektive, sondern allenfalls aus dem Interesse einzelner sozialer Gruppen wie Land- oder Forstwirte zu definieren.

Ziel des Reichsvogelschutzgesetzes von 1888 war es, reichsweit verbindliche Richtlinien als Grundlage späterer internationaler Vereinbarungen zu erstellen. Dabei wurde ein Verbot des Massenfangs erreicht; der Fang zur Nachtzeit mit Leim, Schlingen oder Netzen, der Fang bei schneebedecktem Boden, die Verwendung von Giftködern, von geblendeten Lockvögeln, Fallkäfigen oder von Schlag- und Zugnetzen wurden untersagt. Vollständig verboten wurde der Vogelfang zwischen 1. März und 15. September. Außen vor blieben allerdings die jagdbaren Vogelarten, deren Fang weiterhin durch die Jagdgesetze geregelt wurde. Außen vor blieben die vermeintlich schädlichen Vogelarten, die nicht unter das neue Gesetz fielen, so daß das »Brockhaus' Konversations-Lexikon« bilanzierte:

»In Deutschland kam ein ›Gesetz betreffend dem Schutz von Vögeln‹ 22. März 1888 zu stande, doch entspricht es den Bedürfnissen des V. nicht vollständig, da es den Schutz einer Anzahl wichtiger Vögel (Schwalben, Spechte, Baum- und Mauerläufer u.a.) außer acht läßt und harmlose und sogar wirtschaftlich-nutzbare Vögel (Wildtauben, Dohle, kleine Wasserhühner, Feldsperling, kleiner grauer Würger und die Bussarde) auf die Liste der unnachsichtlich zu vertilgenden Vögel setzt.«[346]

Nachdem das Deutsche Reich 1902 die internationale »Übereinkunft zum Schutze der für die Landwirtschaft nützlichen Vögel« unterzeichnet und der Reichstag diese 1906 ratifizierte, mußte das Reichsvogelschutzgesetz an diese Konvention angepaßt werden. In den 1908 geführten Debatten um die Novellierung des Reichsvogelschutzgesetzes waren es wiederum die Intensivierung der Landwirtschaft sowie die unmittelbare Verfolgung, welche für den Rückgang der Avifauna verantwortlich gemacht wurden. Es ging nun um Handelsbeschränkungen, um das Verbot des Dohnenstiegs sowie um Verbesserungen für bislang ungeschützte Vogelarten. Zudem wurde das allgemeine Jagdverbot vom 15. September auf den 1. Oktober verlängert und für Meisen, Baumläufer und Kleiber auf das ganze Jahr ausgedehnt. Verboten blieb das Zerstören und Ausnehmen von Nestern; allerdings war es den Eigentümern vorbehalten, an ihren Häusern errichtete Nester zu tilgen. Von dem allgemeinen Eiersammelverbot ausgenommen blieben Möwen und Kiebitze, insofern deren Eier nicht durch Landesgesetze geschützt waren.

Aus der Perspektive unterschiedlicher Singvogelarten nahm sich deren rechtliche Situation im Jahre 1908 überaus kompliziert aus. Das jeweilige Landesgesetz entschied zunächst darüber, ob etwa eine Singdrossel jagdbar war und ihr Schicksal damit am einzelstaatlichen Jagdgesetz oder am Reichsvogelschutzgesetz

346 Vogelschutz, in: Brockhaus' Konversations-Lexikon, 16. Bd., Leipzig 1903, S. 370.

hing. In ersterem Falle sah das jeweilige Jagdgesetz Bestimmungen wie Schonzeiten vor, welche sich auch über das ganze Jahr ausdehnen konnten. Zudem wurden Massenfänge und einzelne Tötungsmethoden untersagt. Hielt sich also eine Singdrossel in Preußen auf, so entschied das Jagdgesetz über ihr Leben. Streifte sie jedoch auf dem Zug den deutschen Südwesten, so waren für ihr Wohlergehen seit dem 16. August 1878 (Württemberg) bzw. seit dem 1. Oktober 1864 (Baden) gültige Verordnungen der Einzelstaaten zum Vogelschutz maßgeblich, die hier eine ganzjährige Schonung vorsahen. Fiel eine Singvogelart nicht unter das Raster der einzelstaatlichen Jagdgesetze, so entschied in der Regel das Reichsvogelschutzgesetz über ihr Leben. Etlichen Arten wurde jedoch der Status des »gefiederten Freundes« verweigert. Vermeintlich schädliche Spezies wie das Gros der Greifvogelarten, der Eulen, Sperlinge oder Rabenvögel galten als vogelfrei. Ihre Verfolgung war nach wie vor erlaubt. Allerdings: Auch hier genossen einige Arten, die nach dem Reichsgesetz vogelfrei waren, den Schutz bestimmter Landesgesetze. So konnte ein Eisvogel in Bayern, wo er seit der Vogelschutzverordnung von 1866 ganzjährige Schonung genoß, getrost einer höheren Lebenserwartung entgegen sehen als in Preußen.

Spätestens mit seiner Verabschiedung wurde das Reichsvogelschutzgesetz von 1908 zum Gegenstand der von Verbänden vorgetragenen Kritik, da es nach deren Meinung noch immer viel zu zurückhaltend ausfiel. Dennoch indizieren die beiden Gesetze von 1888 und 1908 historisch neue Bewertungskriterien von Tieren. Wenn auch in den Debatten eingeräumt worden war, daß einem Hauptfaktor für den Rückgang der Avifauna – die Transformation von der traditionellen zur modernen Agrarlandschaft – mit den Mitteln der zeitgenössischen Jurisprudenz nicht beizukommen sei, so belegte das Vorgehen gegen den Massenfang doch die allmähliche Infragestellung von nur utilitarischen Perspektiven auf Tiere. Der Wert von Vögeln, so lautet das Ethos der Schutzregelungen, ist nicht nur durch materielle Aspekte zu bemessen.

Mit dem Dohnenstieg wurde 1908 eine Fangtechnik verboten, die nicht nur deshalb seit Jahrzehnten in der Kritik gestanden hatte, weil hierbei die bejagten Vögel nicht selten einem grausamen Sterben ausgesetzt waren, sondern auch, weil keine gezielte Bejagung konkreter Arten möglich war. Dem Dohnenstieg fielen nicht nur Wacholderdrosseln zum Opfer, sondern in der Regel auch andere Singvogelarten. Wenige Jahre, nachdem mit dem Dohnenstieg ein emotional hochbrisantes Vogelschutz-Thema geregelt schien, kam es im Ersten Weltkrieg allerdings zu einer vorübergehenden Revision der strikten Verbote. Aufgrund der prekären Versorgungssituation wurde das Essen von Vögeln wieder zum Thema, womit erneut zur Disposition stand, was von den Vogelschutzverbänden als anzustrebendes Ziel kultureller Evolution beschrieben worden war. 1915 heißt es in den »Mitteilungen über die Vogelwelt«, daß zur Verbesserung der Fleischversorgung der Dohnenstieg wieder eingeführt werden solle, was strikt zurückgewiesen werden müsse, da die Krammetsvögel ohnehin nur wohlhabenden Essern zugute kommen. Schwerer allerdings schien hier die Befürchtung eines kulturellen Rückschritts zu wiegen:

»Überlassen wir den abscheulichen Vogelmord unseren treulosen, ehemaligen Bundesgenossen jenseits der Alpen, überlassen wir ihn den Galliern und Engländern, deren Roheit gegen die Natur und ihre Geschöpfe gleiche Schritte hält mit der Roheit ihrer Kriegführung. Wir deutschen Barbaren wollen uns einer anderen Kulturstufe bewußt sein und bleiben und auf das ›Zeitalter des Dohnenstiegs‹ als ein überlebtes zurückblicken, das niemals wiederkehren möchte.«[347]

Für den Vogelschutz fielen die Weltkriegsjahre schon deshalb miserabel aus, weil die Futtermittel für die Winterfütterung streng rationiert wurden. Schwerer jedoch wog die Lockerung der Vogelfangverbote:

»Es hat natürlich auch nicht gefehlt an Vorschlägen, unsere Vögel zu essen. Möwen, Krähen, Sperlinge, Amseln, Stare wurden in erster Linie genannt. (...) Die gleiche Gedankenrichtung hat leider zur Erlaubnis des Dohnenstiegs geführt. Es war einer der größten Erfolge des deutschen Vogelschutzes, durch Reichsgesetz seine Abschaffung erzwungen zu haben. Nun müssen wieder eine Menge nützlicher Vögel daran zugrunde gehen, damit Kreise Leckerbissen erhalten, die ohnehin in der Fleischversorgung keineswegs schlecht gestellt sind. Wir werden ein scharfes Auge darauf haben müssen, daß der Unfug des Dohnenstiegs den Krieg nicht überdauert.«[348]

Angesichts der Lebensmittelknappheit in den Kriegsjahren sollten auch traditionell gemiedene Vogelarten wie Sperlinge oder Krähen dem Kochtopf zugeführt werden. Mit den Intensivierungsbemühungen der deutschen Landwirtschaft im Weltkrieg waren diese »Schädlinge« wieder stärker ins Visier utilitarischer Kritik geraten. Wenn ihre Populationen schon dezimiert werden sollten, so plädierten auch Ornithologen, solle das Fleisch doch sinnvoll genutzt werden. »Sie stellen aber einen ganz respektablen Küchenwert dar, was leider den meisten Menschen nicht bekannt ist, oder vielmehr: man ist zu bequem, Gebrauch davon zu machen«, befand etwa Wilhelm Schuster (1880-1942) in der Sperlingsfrage. Und im Falle der »Raben« (womit Krähenvögel gemeint waren) verwies er auf Livland, Kurland, Ostpreußen und Polen, wo man aus ihnen allemal einen »schmackhaften Braten« zuzubereiten wisse.[349]

---

347 K. Eckart: Zur Dohnenstiegsfrage, in: Mitteilungen über die Vogelwelt, 15. Jg. (1915), S. 116.

348 Jahres-Bericht 1916 des Bundes für Vogelschutz e.V., S. 3.

349 Wilhelm Schuster: Kein Vernichtungskrieg den Sperlingen und Raben. Mit Vorschlägen zu einer Verwertung des Fleisches dieser Vögel, in Süddeutsche Thier-Börse, 24. Jg. (1915), S. 139-141. Anonymus: Der Sperling, in: Ebda., S. 91.

Krisenperioden wie Kriege oder Hungersnöte befördern bei kollektiven Speisemeidungen stets eine Lockerung des Tabuisierungsgrades, wie auch bei den Verzehrgewohnheiten von Pferden und Hunden während und nach den beiden Weltkriegen festzustellen ist. Ähnlich wie im Falle dieser Vierbeiner kann auch bei Singvögeln beobachtet werden, daß sich mit der Normalisierung der Lebensverhältnisse die kulturelle Norm des Tabus rasch wieder etablierte. Die Identifizierung von Singvogelfleisch als Nahrungsmittel erfolgte im 20. Jahrhundert nur mehr in Krisensituationen.[350] Ansonsten schien die Tabuisierung der Meisen, Finken, Drosseln und Lerchen kulturell längst so tief verankert, daß umgekehrt eine Romantisierung des vormals als unmoralisch denunzierten Geschäfts des Vogelstellers möglich war. Wenn die Singvögel real keiner Gefährdung durch Verfolgung mehr ausgesetzt waren, konnte das eben noch mißbilligte und mit dem Etikett des Unzivilisierten versehene Handwerk des Vogelstellers in einem anderen Licht erscheinen, gehörte es doch endgültig einer abgeschlossenen Vergangenheit an. Jetzt konnte der Vogelfänger eine traditionale Gesellschaft repräsentieren, die weder kultivierte Tierliebe noch verachtende Naturausbeutung kannte. Statt dessen repräsentiert die Vogelfängerei hier eine selbstverständliche und folgenlose Nutzung von Natur. Eine solche romantische Modellierung des Vogelfangs betrieb auch der Arzt und Vogelschützer Ludwig Hopf in seinem Gedicht »Sonst und Jetzt – Eine Epistel«, das er 1895 einem Brief an den Ornithologen Richard Freiherr von König-Warthausen (1830-1911) beifügte. Dort verklärte er die Begegnung, die der gebürtige Esslinger als Knabe in den 1840er Jahren mit einem Vogelfänger im Neckartal hatte. Er berichtete von dem freundlichen Alten und dessen rauchgeschwärzter Stube, in der es wimmelte von gefangenen Wachteln, Rotkehlchen, Amseln, Lerchen und Zeisigen, welche mit dem Mann die Wohnung teilten. Dem stellte er die Gegenwart des ausgehenden Jahrhunderts entgegen, in welcher der Mensch die Vögel jeglicher Lebensgrundlage beraubte:

---

350 So wies die Thüringische Beratungsstelle für Heimatschutz und Denkmalpflege 1924 »auf die in letzter Zeit immer häufiger auftretende Vogelstellerei« und forderte stärkere polizeiliche Verfolgung des Delikts; vgl. Abschrift eines Briefes der Thüringischen Beratungsstelle für Heimatschutz und Denkmalpflege an Erwin Liebmann, Jena vom 13. Mai 1924, in: Nachlaß Carl R. Hennicke, Naturkundemuseum Gera, 1918. Wohl eher vom Motiv kultureller Bedrohung inspiriert als von realer Gefährdung einheimischer Vogelarten war eine Aktion des »Deutschen Bundes für Vogelschutz« im Jahre 1959. Er ließ für italienische Gastarbeiter ein Merkblatt drucken, das den Lohnabrechnungen beigefügt werden sollte und darüber aufklärte, daß der Vogelfang in der Bundesrepublik Deutschland im Gegensatz zu Italien verboten sei; vgl. Hanemann/Simon 1987, S. 97.

»Jahre sind seitdem verflossen; längst gestorben ist der alte
Freundlich biedre Vogelsteller, und verwehrt vor dem Gesetze
Ist die Zunft der Vogelfänger. Aber, ach, die edlen Sänger,
Die zu unsren Knabenzeiten trotz der Kunst des schlauen Alten
Feld und Wald und Wiese füllten, sag, wo bleiben sie, die lieben?
Nimmer trägt die Schuld der Fänger, der
zum trauten Stubenfreunde
Wählet den gefangnen Vogel. Aber Fluch den kalten Mördern,
Den italischen Banditen, die der heimatfrohen Vögel
Wanderzüge meuchlings morden! Fluch auch jenen feigen Henkern
In dem grünen deutschen Walde, die des ganzen Vogelheeres
Beute schnöden Todes weihen! Um des Gaumens kurzen Kitzel
Opfern sie die holden Kleinen, die in langen Sommertagen
Unser Aug und Ohr entzückten!
Ist's ein Wunder da, wenn jährlich seltener die Sommergäste
Sich zu unseren Fluren wenden? Und die wenigen, wo sollen
Sie sich Nest und Wohnstatt gründen, wenn der Mensch,
der Allverderber,
Busch und Hecken niedersäbelt, wenn er jede Asteshöhlung
Mit der Säge Zahn ausmerzet und die altehrwürd'gen Eichen,
Vieler Generationen traute Vogelwiegen,
Unbarmherzig lässet fällen? Pfui, wie ist mir dieser Seelen
Hungrig Wesen doch zuwider!
Bunte Gäste fremder Zonen, die im warmgeheizten Zimmer
Leise nur ihr Liedchen zirpen, sollen treten in die Lücken?
Ach, nicht sind's die vollen Lieder unserer eignen deutschen Sänger;
Nimmer lassen sie vergessen unsere schöne Knabenzeiten,
Da die Schaar der heim'schen Vögel trotz der Kunst des Vogelfängers
Feld und Wald und Wiese füllte.«[351]

351 Zit. n. Ernst Schüz: Vogelfang-Poesie vor 120 Jahren, in: Gefiederte Welt, 93. Jg. (1969), S. 59.

5. Zusammenfassung

Nicht nur die Eliminierung der Singvögel aus dem Repertoire der Nahrungsgewohnheiten, sondern ganz allgemein der Schutz und die Inobhutnahme von Vögeln erweist sich als spezifisch moderne Form der Tabuisierung, welcher eine neue klassifikatorische Ordnung von Natur zugrunde liegt. Im Verlauf mehrerer Jahrhunderte war dabei der kulturelle Status von Singvögeln neu definiert worden. Nachdem ihr Fang und ihr Gebrauch in der Küche eine selbstverständliche Praxis dargestellt hatten, wurden sie zu unantastbaren Tieren, deren materieller Gebrauch zunächst vom Bürgertum und spätestens um 1900 in nahezu allen sozialen Gruppen mit Scheu und Abwehr besetzt wurde. War der Verzicht, Vögel zu essen, anfangs rational – nämlich mit Hinweis auf deren Nützlichkeit – begründet, so wird die Meidung bald moralisch besetzt und erhält schließlich aufgrund des hohen Grades der Verinnerlichung den Rang des Selbstverständlichen. Vögel schmecken ganz einfach nicht mehr.

In der nahrungsethnologischen Forschung haben sich zur Erklärung von Speisetabus wesentlich drei unterschiedliche Theorietraditionen ausgebildet.[352]

- Kulturmaterialistisch-ökologistische Ansätze gehen bei der Erläuterung menschlichen Nahrungsverhaltens von einer »Theorie der optimalen Futtersuche« aus,[353] interpretieren also den Verzicht einzelner Speisen als ökonomisch sinnvolle Handlung und verstehen deren Tabuisierung als Ausdruck ökonomischer und ökologischer Rationalität. Demnach werden in Gesellschaften solche Speisen gemieden, bei denen das Verhältnis von Energieaufwand und Energieertrag in einem ungünstigen Verhältnis stehen. Kultur wird in dieser Argumentation reduziert auf ihre Funktion, die ökonomischen Ziele von Gruppen und Gesellschaften zu stützen und stellt nicht mehr dar als eine An-

352 Vgl. Monika Setzwein: Zur Soziologie des Essens. Tabu. Verbot. Meidung, Opladen 1997.
353 Vgl. Marvin Harris: Wohlgeschmack und Widerwillen. Die Rätsel der Nahrungstabus, Stuttgart 1988.

passungsleistung an vorgefundene Verhältnisse. Mit Blick auf den Vogelfang in Mitteleuropa wäre zu konstatieren, daß es zuerst »nützliche« Singvögel sind, die geschont werden. Weiter bleibt festzuhalten, daß die wachsende Fleischversorgung im 19. Jahrhundert den bei relativ hohem Aufwand ertragsarmen Vogelfangpraxen den ökonomischen Sinn entzog. Überhaupt lenkt der affektbesetzte Vogelfang von einer rationalen Lebensführung ab, so daß sein Verbot prinzipiell ökonomisch sinnvollere Handlungsmöglichkeiten befördert.

- Funktionalistische Ansätze stellen das Nahrungstabu als Medium der sozialen Integration in den Mittelpunkt und betonen seine Eignung zur Herstellung und Stabilisierung sozialer Ordnung und kultureller Identität. Bei einer wachsenden Differenzierung sozialer Gruppen dient die Tabuisierung von Speisen zur Kenzeichnung von kollektiver Identität und Differenz. Im materiellen Verzicht auf das Federwildpret liegt ein moralischer Gewinn, der die Verzichter von den Nutzern unterscheidbar macht; die Tabuisierung von Singvogelfleisch erweist sich als Instrument normativer Regelung. Im gemeinsamen Verzicht bzw. im gemeinsamen Gebrauch der Speise entstehen symbolische Verwandtschaften. In dieser Argumentation würde die Entstehung des Singvogeleßtabus in den Zusammenhang mit nationaler Identitätsbildung im Europa des 19. und frühen 20. Jahrhunderts gebracht. Es dient der Stabilisierung kultureller Grenzen, die Europa teilen in in hedonistische Länder, in denen katholische Begehrlichkeiten und Leidenschaften regieren, sowie in solche, in denen protestantische Enthaltsamkeit und Moral andere Wege kultureller Evolution eröffnen.
- In strukturalistischen Erklärungsansätzen wird konstatiert, daß Tiere nicht nur gut zum Essen, sondern auch gut zum Denken sind. Das Materielle, so Tenor dieser Argumentation, wird herangezogen, um das Immaterielle denkbar zu machen. Die Tiere werden zu Medien der symbolischen Organisation von Gesellschaft; ihre Differenz dient dazu, kognitive Ordnungsmodelle zu entwerfen. Dabei dienen klassifikatorische Merkmale der Tiere zur Ordnung der Welt und zur Organisation des Verhältnisses von Mensch und Natur. Mary Douglas und Edmund Leach haben gezeigt, daß es in klassifikatorischen Systemen der Tiere solche Arten sind, die sich zur Tabuisierung eignen, welche anomal, zwielichtig und nicht eindeutigen Klassen zuzuordnen sind. Mit Blick auf den Vogelfang bleibt festzuhalten, daß es in der Ordnung eßbarer und nichteßbarer Singvögel tatsächlich zwielichtige und kognitiv anomale Arten wie Krähenvögel, Schwalben oder Sperlinge sind, die bevorzugt tabuisiert werden. Versteht man die Beziehung zwischen Mensch und Vogel nun auch noch als eine historisch wandelbare, so zeigt sich, daß die Moderne ein neues System von

Mensch-Tier-Beziehungen schafft, in dem die Singvögel den potentiell nutzbaren Tieren nicht mehr eindeutig zuzuordnen sind – sie sind in der bürgerlichen Gesellschaft fast menschengleich geworden, jedenfalls den Menschen zu nahe gekommen, als daß sie bedenkenlos einverleibt werden könnten. Sie weisen innerhalb einer neuen symbolischen Ordnung nicht mehr die Merkmale potentieller Fleischlieferanten auf.

Der Versuch, die Tabuisierung des Singvogelfleisches historisch zu rekonstruieren, hat gezeigt, daß derlei Deutungsangebote der Nahrungsethnologie, insofern sie Monopolanspruch erheben, nur bedingt die Dynamiken dieses Prozesses zu erläutern vermögen. Im Vorgang der Tabuisierung gibt es keinerlei deterministische Kausalfaktoren. Umgekehrt jedoch stellen die theoretischen Erwägungen der Nahrungsethnologie Erklärungshilfen zur Verfügung, um die Ausscheidung des Vogelessens aus dem Repertoire kultureller Praxen zu verstehen.

- Die kulturmaterialistische Logik der Magensäfte vermag nicht zu erläutern, warum traditionelle Nahrungstabus in einer Situation umfassender Lebensmittelversorgung, wie sie nach dem Zweiten Weltkrieg in etlichen Industriestaaten entstand, weiterexistieren. Sie kann jedoch verständlicher machen, warum ausgerechnet Vögel kulinarischen Nutzungsverhältnissen entzogen wurden. Diese zählen nicht in den Kernbereich der Nahrungsgewohnheiten in Mitteleuropa und sind für die Ernährung keinesfalls unabdingbar, so daß der Verzicht auf sie ökonomisch vergleichsweise folgenlos bleibt. Vögel, deren materieller Ertrag zu vernachlässigen ist, eignen sich in der materialistischen Logik moderner Naturnutzung besser zum Bewahren als die gewichtigeren Fleischlieferanten unter den Tieren.
- Funktionalistische Erklärungsansätze vermögen kaum zu erläutern, warum es ausgerechnet die Vögel sind, die verboten werden. Mit ihnen können keine Aussagen über die Entstehung von Nahrungstabus und ihre historische Genese getroffen werden. Warum sind ausgerechnet die Vögel im Diskurs um kulturelle Identität und Differenz so wichtig? Kann die funktionale Analyse also nicht erläutern, warum nicht irgendwelche Tiere, sondern die Vögel als Medien der Integration und Segregation fungieren, so kann sie sehr wohl den sozialen Sinn der Vogelliebe innerhalb einer Gesellschaft (wie gesehen: Adel – Bauern – Bürgertum) und in Auseinandersetzung zwischen Gesellschaften und Kulturen (wie gesehen: Italien versus Deutschland, romanisch versus germanisch) verständlich machen. Die funktionale Analyse informiert über die Mechanik, nicht aber über die Gründe von Nahrungstabus im sozialen Leben.

- Strukturalistische Erklärungsansätze scheinen bei der Frage nach der kulturellen Bedeutung der Vogelwelt hilfreicher und liefern mit der Nähe-Distanz-Formel und dem Klassifikationsmodell von Normalität und Anomalität wichtige Hinweise zum Verhältnis von Nutzung und Bewahren von Natur. Indes haben wir gesehen, daß die Mensch-Vogel-Beziehungen keine statischen, sondern historisch wandelbare sind. Töten und Essen von Singvögel paßt sehr wohl in die symbolische Ordnung von Mensch-Natur-Beziehungen in traditionalen Gesellschaften Mitteleuropas, nicht aber in jene der Moderne. Bei der Frage, warum Vögel in der bürgerlichen Gesellschaft zu bewahrenswerten Mitgeschöpfen avancieren, genügt es also nicht, eine klassifikatorische Sonderstellung als Ursache zu befinden. Vielmehr muß ergründet werden, unter welchen Verhältnissen diese Anomalität entsteht und Vögel als symbolische Operatoren für die Ordnung von Mensch-Natur-Beziehungen wirksam werden können.

Das Verhältnis der Menschen zu Natur war in den spätestens seit dem 18. Jahrhundert virulenten Auseinandersetzungen um den Vogelfang ständig neu bewertet und klassifiziert worden. Dabei gab es unterschiedliche Akteure, die die Bühne betraten, um sie alsbald wieder zu verlassen. Die theatralische Vogeljagd des Adels hatte sich selbst abgeschafft, weil sie, nachdem der Adel politisch und sozial immer mehr an Bedeutung verlor, aufgrund mangelnder Exklusivität auch zur kulturellen Distinktion wenig hergab. Dem Bürgertum ging es nicht nur um die Vögel, sondern auch um die Zivilisierung der menschlichen Affekte und Leidenschaften, wenn es die Vogelstellerei moralisch diskreditierte. Wissenschaftler der Aufklärung überprüften das materielle Einzelinteresse des Vogeljägers vor dem Hintergrund eines allgemeinen Interesses und lieferten mit dem Kriterium der Nützlichkeit eines, das den Schutz von Vögeln rational zu legitimieren schien. Der Vogelschutz des späten 19. Jahrhunderts schließlich drängte auf Überwindung der Einteilung in »nützliche« und »schädliche« Arten und legitimierte die Forderung nach ihrer Schonung mit ethischen und ästhetischen Motiven. Er verstand sich selbst als Träger eines moralischen Evolutionsprozesses und erachtete den Schutz der Vogelwelt als kulturelle Leistung.

Längst also war der Verzehr der »gefiederten Freunde« anstößig geworden. Erstaunlich bleibt die Geschwindigkeit, mit der sich die Tabuisierung durchsetzte. Grundlage der Etablierung dieses Nahrungstabus war auch das Auslöschen dieser Jagd- und Nahrungspraxis aus dem eigenen kulturellen Gedächtnis. Erst das Vergessen des eigenen, über lange Zeiträume hinweg tradierten Umgangs mit Vögeln, ließen Fang und Verzehr der Lerchen, Drosseln und Finken bei anderen

Völkern barbarisch erscheinen. Stimmen, wie jene, welche um die Jahrhundertwende daran erinnerten, daß der Vogelfang auch in Mitteleuropa eine gebräuchliche Form der Naturnutzung darstellte, waren jedenfalls rar: »Wieviel Tinte, wieviel Druckerschwärze, wieviel Worte verschwendet man alljährlich in Deutschland zu Gunsten des Vogelschutzes. Wie entrüstet man sich über den grausamen Italiener, nein, über den Romanen überhaupt. Denn das steht fest, dass Grausamkeit gegen Tiere Charakterzug des katholischen Romanen ist. Und wir? Nun, wir schimpfen – und morden lustig weiter.«[354]

Bald darauf jedoch hatten Singvögel die kulturelle Wanderung aus den Kochtöpfen in jene als bewahrenswert klassifizierte Natur beendet. Ihre Schonung wurde nicht mehr nur in programmatischen Schriften der Vogelschützer und Tierethiker, wissenschaftlichen Untersuchungen oder Gesetzestexten eingeklagt. Jetzt diktierten auch die von der Psyche regulierten Magensäfte mitteleuropäischer Menschen, daß Singvögel keine Mahlzeiten, sondern »gefiederte Freunde«, nützliche Helfer in Feld und Garten, das menschliche Leben bereichernde Gesangsinterpreten und unverzichtbare Mitgeschöpfe der menschlichen Umwelt darstellen. Sie schmecken einfach nicht mehr.

354 A. Hammer: Zur Vogelschutzfrage, in: Aus der Heimat. Organ des Deutschen Lehrer-Vereins für Naturkunde, 14. Jg. (1901), S. 1.

Vierter Teil: Heimat und Landschaft

1. Ästhetische Kritik und Landschaftsveränderung

Viele derer, die um 1900 den Schutz von Natur und Landschaft einforderten, waren nicht etwa als professionelle Naturkundler oder Amateurforscher mit Natur vertraut. Oftmals schlossen sich Künstler, Architekten oder Literaten dem Naturschutz an, weil sie die rasante Veränderung der sie umgebenden Wirklichkeit befremdete. Sie waren weniger durch ökologische Veränderungen verunsichert, als vielmehr durch den Verlust einer bislang als vertraut erfahrenen ästhetischen Umwelt. Die modernen Agrarlandschaften, Städte und Industriereviere erschienen ihnen als eine fremde Wirklichkeit, mit der sie sich nicht in Übereinstimmung erfahren konnten. In das Bild der Landschaft, so die Lesart der Fortschrittskritik, hatte sich der Sieg nüchterner Zweckrationalität in Form geometrischer Geraden, schnurgerader Verkehrswege und ebensolcher Wasserwege irreversibel eingeschrieben und dabei eine über Jahrhunderte im Wechselspiel von Natur und Kultur geprägte Einheit, wie es schien, brutal zerrissen. Der Künstlichkeit moderner Landschaft stand die verlorene Idylle organisch gewachsener Landschaft unvereinbar gegenüber: »Wie Gottverlassene verwüsten und veröden wir mit dem Lineal und dem kahlen Nützlichkeitsprinzip unser Land. Schätze werden vergeudet, die darum nicht weniger köstlich und nicht weniger wertvoll für die Zukunft, weil die blinden Augen der Allesgleichmacher sie nicht sehen.«[1]

Die Bewegung des Naturschutzes, so soll nun gezeigt werden, verdankte ihre gesellschaftliche Breitenwirkung weithin ihrer ästhetischen Kritik.[2] Landschaft

1 Richard Nordhausen: Die Begradigung der Natur, in: Mitteilungen der Deutschen Dendrologischen Gesellschaft, 22. Jg. (1913), S. 320.

2 Anders als bei den vorangegangenen Kapiteln wurden für diesen Teil der Arbeit aufgrund der gesättigten Forschungslage zum Themenbereich Heimat und Landschaft um 1900 nur wenige neue Quellen herangezogen. Der Themenbereich bildet trotzdem einen eigenständigen Teil, weil damit die Eigenständigkeit ästhetischer Kritik als Begründung für Naturschutzhandeln unterstrichen werden soll. Da aufgrund inhaltlicher Überschneidungen etliche Aspekte des Heimatschutzes bereits an anderer Stelle erörtert wurden, kann er nicht als in sich geschlossener Teil, sondern nur in Korrespondenz mit den Erörterungen zur Naturdenkmalpflege ge-

und Heimat wurden dabei vor allem vom Heimatschutz in die Diskussionen um die Naturfrage eingebracht, weil sie geeignet waren, den Verlust räumlicher Gebundenheiten zu thematisieren. Sie vermittelten in Kontrast zu modernen Homogenisierungs- und Nivellierungsphänomenen die Erfahrung lokaler und regionaler Bezüge. Die Unterwerfung der Natur unter das Diktat der Ökonomie, die Rücksichtslosigkeit gegenüber dem Vorgefundenen, überhaupt das gesamte »Verhältniß des modernen Lebens zur Natur«[3] avancierten zum Symbol für allgemeine gesellschaftliche Entwicklungen. Das Heimatliche als Gegenentwurf zu den als bedrohlich erfahrenen Veränderungen des modernen Lebens diente als Klammer, natürliche und kulturelle Dimensionen, menschliche und außermenschliche Einflußgrößen der Umwelt als Einheit zu umfassen. »Heimat« suggerierte die menschliche Umwelt als natürliche Ordnung und deklarierte das ländliche Leben zum natürlichen Leben. Die bislang aufgezeigten Spielarten des klassischen Naturschutzes waren kompensierende und korrigierende Versuche, der Selbstentfaltung der Zivilisation mit Blick auf die natürliche Umwelt Grenzen zu setzen und das Vorgefundene zu sichern. Über diese Politik der Konservierung hinaus trat der Heimatschutz mit dem Programm ganzheitlicher Erneuerung an, die auf Verteidigung und Pflege kultureller wie natürlicher »Eigenart« zielte.[4] Nachdem die Bewegung durch die Gründung des »Bundes Heimatschutz« 1904 eine institutionelle Form gefunden hatte, war der Schutz von Natur und Landschaft neben der Denkmalpflege, dem traditionalen Bauen oder der Brauchtumspflege eines von mehreren Tätigkeitsfeldern, die im ganzheitlichen Programm des Heimatschutzes zusammengefaßt wurden: »Er will das ganze Bild der Heimat schützen als Vorbedingung für eine wahre eigenartige Kultur. Von dieser Kulturbedeutung ist wenig zu spüren, wenn unzusammenhängende Bemühungen hier ein altes Gemäuer, dort eine wissenschaftliche Rarität erhalten wollen.«[5] Aus der kulturreformatorischen Perspektive der Heimatschutzakteure konnten einzelne Bewahrpraxen wie Denkmalpflege, Brauchtumspflege und Naturschutz nicht isoliert ihren über-

---

lesen werden. Die Darstellung des Heimatschutzes beschränkt sich hier wesentlich auf dessen Beiträge zum Natur- und Landschaftsschutz und läßt Aspekte der Bau-, Denkmal- oder Volkstumpflege außen vor.

3 So der Titel von Rudorff 1880.

4 Zur Geschichte des Heimatschutzes im Kaiserreich vgl. u.a. Knaut 1993 u. Rollins 1997; Einzelaspekte bei Andersen 1987, Ditt 1990, Fischer 1994, Hartung 1991, Hermand 1991, Klueting 1991, Klueting 1998, Sieferle 1984 u. Speitkamp 1988.

5 Fritz Koch: Von der Heimatschutzarbeit und vom Organisieren, in: Heimatschutz, 5. Jg. (1909), Heft ½, S. 3.

geordneten Sinn erfüllen.[6] Sie mußten als unzertrennlicher Zusammenhang, der die natürlichen und kulturellen Dimensionen des Lebens umfaßte, verstanden werden:

»Es ist weiter auch zu beachten, daß die einzelnen Sachgebiete des Heimatschutzes ineinandergreifen und sich nicht reinlich scheiden lassen. So handelt es sich z.B. bei der Erhaltung der Pflanzenwelt nicht nur um die Wahrung botanischer, sondern ebenso ästhetischer Interessen, um Erhaltung der Vegetation, soweit sie für das Bild der Landschaft charakteristisch ist. Es genügen daher zum Schutz der Pflanzenwelt nicht allein naturwissenschaftliche Kenntnisse, sondern es ist ein hohes Maß ästhetischen Gefühls notwendig, und das finden wir bei vielen Naturwissenschaftlern wenig.«[7]

Indem der zwischen Reform- und Beharrungswillen agierende Heimatschutz natürliche und kulturelle Objektivationen in einen übergeordneten Zusammenhang stellte, verknüpfte er die ohnehin schwer abgrenzbaren Felder der Denkmalpflege, der Volkskunde und des Naturschutzes. Bald nach der Gründung des »Bundes Heimatschutz« sollten zwar in der praktischen Verbandsarbeit sowohl der konservierende Naturschutz als auch die gestaltende Landschaftspflege an Stellenwert einbüßen. Zuvor allerdings hatte sich die Bewegung vorwiegend an Veränderungen und Zerstörungen der natürlichen Umwelt entzündet. Die Bewegung des Heimatschutzes löste den Naturschutz aus dem engeren Interessengebiet von Naturliebhabern und Naturwissenschaftlern heraus und verknüpfte ihn mit dem diskursiven und institutionellen Netzwerk der Reformbewegungen im wilhelminischen Kaiserreich. Sein originärer Beitrag für den Naturschutz bestand in erster Linie in der Präzisierung ästhetischer Argumentationen für den Schutz der Natur, die sich zu einem Programm des Landschaftsschutzes verdichteten. Wiewohl der Gefühls- und Gemütswert »Heimat« einen lokalen, regionalen oder nationalen Bezug beansprucht und weder die deutschen Wörter »Heimat« noch »Heimatschutz« semantische Analogien zu anderen Sprachen aufweisen, handelt es sich um ein internationales, mindestens europäisches Phänomen, das allerdings aufgrund der spezifischen deutschen Nationalstaatsbildung eine spezifisch deutsche Ausprägung erfuhr. Überall in Europa – der Schweiz, in Frankreich, Italien, Norwegen, Schweden, Großbritannien oder Dänemark – formierten sich um 1900 als Reflex auf die Moderne soziale Bewegungen zur Verteidigung und

6 Zur Trias aus Volkskunde, Denkmalpflege und Naturschutz vgl. Wolfgang Brückner: »Angewandte Volkskunde« zwischen Heimatschutz und Moderne, in: Salzburger Landesinstitut für Volkskunde (Hrsg.): Volkskunde und Brauchtumspflege im Nationalsozialismus in Salzburg, Salzburg 1996, S. 35-50.

7 Koch 1909, S. 4f.

Pflege des vermeintlich Charakteristischen und Eigenartigen in Natur und Kultur. Wiewohl der Bezugsrahmen jeweils ein nationaler war und die Intentionen auf eine Sicherung des jeweils nationalen Erbes sowie die Stabilisierung nationaler Identitäten zielten, strebten die Bewegungen vor dem Ersten Weltkrieg eine internationale Vernetzung und Koordinierung an.[8]

8 Vgl. etwa die internationalen Heimatschutz-Kongresse in Paris (1909) und Stuttgart (1912).

2. Ideen und Ideologien: Heimat als Einheit natürlicher und kultureller »Eigenart«

Der Musiker Ernst Rudorff war als Initiator und Integrationsfigur des Heimatschutzes tief im Geist der deutschen Romantik verwurzelt.[9] Wie der Berliner Klavierprofessor nahm ein großer Teil der deutschen Bildungselite die durch die Industrialisierung verursachten Veränderungen traditionaler Kulturlandschaft, die Verstädterung und den Umbau früherer Agrarlandschaften zu Industrierevieren als untrügliche Indizien für den Niedergang deutscher Kultur. Das Unbehagen Rudorffs, der den Kontrast zwischen ländlichem und städtischem Dasein als Berliner Musikprofessor (seit 1869) und Besitzer eines ländlichen Familienanwesens bei Hannover intensiv erlebte, rieb sich nicht am Neuen des modernen Lebens, am Dasein in den großen Städten mit seinen neuartigen Lebensformen etwa, der institutionalisierten Verwaltung des Lebens oder an den sozialen Folgen der Industrialisierung. Seine Kritik entzündete sich an den Veränderungen in der Provinz und der Erosion des dort Vorgefundenen, nämlich der Auflösung der vormodernen Kulturlandschaft. Rudorffs Ansatzpunkt ist die Landschaft, bzw. deren Umwandlung von einer scheinbar organisch gewachsenen Ganzheit zu einem Erscheinungsbild nüchtern und zweckrational geplanter Ordnung, in dem sich Geist und Gesinnung der Moderne artikulieren. Die Einheit der Landschaft, die Rudorff vordem noch als Zusammenhang von innerer Gesittung und äußerer Wirklichkeit erfuhr, zerfiel in der Moderne in nach funktionalen Rastern gegliederte Einzelheiten. Von seinem Landsitz, der Knabenburg bei Lauenstein im Ithgebirge, verfolgte Rudorff die mit den Instrumenten der Flurbereinigung und Maschinisierung betriebene Transformation der vormodernen Kulturlandschaft in einen modernen Nutzungsraum. Diese Veränderungen erwuchsen ihm nicht nur

9 Zu Rudorff vgl. Hans Klose: Ernst Rudorff und der deutsche Naturschutz, in: Heimatleben. Monatszeitschrift für Heimatschutz und Heimatpflege, 3.Jg. (1940), S. 7-19; Andreas Knaut: Der Landschafts- und Naturschutzgedanke bei Ernst Rudorff, in: Natur und Landschaft 65 Jg. (1990), S. 114-118; Andreas Knaut: Ernst Rudorff und die Anfänge der deutschen Heimatbewegung, in: Klueting 1991, S. 20-49.

zur Bedrohung seines individuellen ländlichen Zufluchtsorts, sondern zur Gefährdung der kulturellen Grundlagen der Gesellschaft überhaupt.

Zur realen und symbolischen Praxis, die den Sieg des neuen Materialismus über den alten Idealismus vorantrieb, wurde Rudorff die Verkoppelung:

»Das Malerische und Poetische der Landschaft entsteht, wo ihre Elemente zu zwangloser Mischung verbunden sind, wie die Natur und das langsame Walten der Geschichte sie hat werden lassen. Je plötzlicher und gewaltsamer eine abstracte Theorie diesem Gewordenen aufgezwängt wird, je mathematischer sie verfährt, je radicaler sie die Scheidung jener Elemente in einzelne Kategorien vollzieht, die einem bestimmten praktischen Zweck dienen, um so sicherer vernichtet sie auch alle Physiognomie, allen Reiz individuellen Lebens. In Nord- und Mitteldeutschland ist man in diesem Sinn bemüht, gelegentlich der Verkoppelungen und Gemeinheitstheilungen das bunte, anmuthige Land zu einem möglichst kahlen, glatt geschorenen, regelmäßig geviertheilten Landkartenschema umzuarbeiten. Jede vorspringende Waldspitze wird dem Gedanken der bequemen geraden Linie zu Liebe rasirt, jede Wiese, die sich in das Gehölz hineinzieht, vollgepflanzt, auch im Inneren der Forsten keine Lichtung, keine Waldwiese, auf die das Wild hinaustreten könnte, geduldet (...). In dem Allen offenbart sich ein schonungsloser Realismus, der da, wo das Aufopfern der ästhetischen Rücksicht mit nur einigem Verständniß und ebenso viel gutem Willen zu vermeiden gewesen wäre, Barbarei genannt zu werden verdient, dessen Berechtigung aber in vielen anderen Fällen, wo eine dringende praktische Forderung dem Anspruch des Gemüths gegenüber steht, kaum wird angezweifelt werden können.«[10]

Ernst Rudorff verstand seine Kritik und sein Engagement explizit als Naturschutz. Ihm wird denn auch die Urheberschaft, wenn nicht der Idee, so doch der Wortschöpfung »Naturschutz« zugeschrieben. Dieses Anliegen, so kann aus seinen Tagebüchern nachgezeichnet werden, ergab sich unmittelbar aus der Auseinandersetzung mit den Veränderungen seiner vertrauten Umgebung auf der Knabenburg bei Lauenstein. Hier monierte er unentwegt den Vandalismus von Touristen und Ausflüglern, die nur auf Gewinn spekulierende Nutzung der Wälder, Verkoppelungen und Meliorationen. Am 11. September 1886 notierte er, viel »über Gründung eines Vereins zum Schutz der Natur, des Charakteristischen, Ursprünglichen, Schönen auch in der Bauart usw. nachgedacht«[11] zu haben. In den folgenden Septembertagen präzisierte er das Vorhaben eines »Schutzvereins« und arbeitete an einem Gründungsaufruf. 1887 berichtete er über seine Vorbereitungen und Kontaktaufnahmen wegen eines »Vereins zum Schutz der Schönheit und Ursprünglichkeit in Natur und Architektur, Sitten usw.«[12] 1888 schließlich sollten seine

10 Rudorff 1880, S. 262f.

11 Zit. n. Hans Klose: Ernst Rudorffs Heimatland unter Landschaftsschutz. Mit Auszügen aus seinen Tagebüchern, in: Naturschutz, 20. Jg. (1939), Nr. 6, S. 119. Vgl. auch Klose 1940.

12 Zit. n. Klose 1939, S. 120.

Bemühungen, den Schutz von Natur und Landschaft als Aufgabenfeld des »Gesamtvereins der deutschen Geschichts- und Altertumsvereine« zu integrieren, weitgehend scheitern.[13] Am 5. Oktober 1888 sprach er explizit von »Naturschutzideen« und erneut am 9. November 1888 von »Naturschutz«.[14]

Welche Begründungen zum Schutz der Natur lieferte Rudorff als einer der maßgeblichen programmatischen Köpfe der Heimatschutzbewegung? Zunächst schrieb er, Stichworte Wilhelm Heinrich Riehls aufgreifend, den Zusammenhang von Natur und Volkstum fort:

»In dem innigen und tiefen Gefühl für die Natur liegen recht eigentlich die Wurzeln des germanischen Wesens. Was unsere Urväter in Wodans heilige Eichenhaine bannte, was in den Sagen des Mittelalters, in den Gestalten der Melusine, des Dornröschens lebt, was in den Liedern Walters von der Vogelweide anklingt, um dann in neuer ungeahnter Fülle in Goethes oder Eichendorffs Lyrik, endlich in der eigenartigen Offenbarung des deutschen Genius, in unserer herrlichen Musik wieder hervorzubrechen: immer ist es derselbe Grundton, derselbe tiefe Zug der Seele zu den wundervollen und unergründlichen Geheimnissen der Natur, die aus diesen Aeußerungen des Volksgemüths spricht. (…) Wer mag von national-ökonomischen Vortheilen hören, der weiß, daß sie um solchen Preis erkauft sind, daß um ihretwillen die Keime zerstört werden, aus denen frisches geistiges Leben erblühen kann!«[15]

In seinem Essay »Ueber das Verhältniß des modernen Lebens zur Natur« diagnostizierte er bereits 1880 zwei gegenläufige Prozesse, welche die Entzweiung menschlicher Naturbeziehungen belegten. Einerseits wetterte er gegen die materialistische Ausbeutung natürlicher Ressourcen; andererseits beobachtete er einen neuen »Naturkultus«,[16] ein wachsendes Interesse an touristischem Naturgenuß und landschaftlichen Schönheiten. Bei diesem eigentümlichen »Doppelspiel«,[17] so Rudorff, handle es sich nur auf den ersten Blick um einen Widerspruch. Die touristischen Aneignungsformen von Natur folgten den Maximen moderner Massenkultur und setzten an die Stelle sakral überhöhter Naturandacht und gemüthafter Innerlichkeit oberflächliche Stimulanz, Amüsement, Geschäftsmäßigkeit des Genießens und Abstumpfung des ästhetischen Sinnes.

»Es ist offenbar: die beiden scheinbar entgegengesetzten Tendenzen der Zeit, hier das völlig gleichgültige Hinopfern der Schönheit im Drange praktischer Bestrebungen, dort das Ausbeutungs- und Abnutzungssystem des Touristenwesens berühren sich ebenso sehr im Resultat, als sie der näm-

13 Vgl. Rudorff 1888.
14 Zit. n. Klose 1939, S. 121.
15 Rudorff 1880, S. 276.
16 Ebda., S. 264.
17 Ebda., S. 261.

lichen Wurzel entstammen, einer mehr und mehr ausschließlichen Herrschaft realistischer Lebensauffassung, deren natürliches Gegenbild zunehmende Grobsinnigkeit und Stumpfsinnigkeit auf idealem Gebiet sein muß.«[18]

Stärkere Signalwirkung als seine ersten Initiativen hatten Rudorffs Veröffentlichungen »Heimatschutz« und »Abermals Heimatschutz«, die 1897 im »Grenzboten« erschienen. Jetzt lieferten seine Szenarien offenbar hinlänglich Wiedererkennungswert, so daß wenige Jahre später, 1904, mit dem »Bund Heimatschutz« ein Verband gegründet werden konnte, dem es um öffentliche Einflußnahme ging.[19] In seinem aufrüttelnden Aufsatz, in dem er sein Anliegen nicht mehr nur als Schutz von Natur und Landschaft, sondern unter dem umfassenderen Programm »Heimatschutz« vortrug, wiederholte er seine Diagnose scheinbar paradoxer Prozesse:

»Auf der einen Seite Ausbeutung aller Schätze und Kräfte der Natur durch industrielle Anlagen aller Art, Vergewaltigung der Landschaft durch Stromregulirungen, Eisenbahnen, Abholzungen und andre schonungslose, lediglich auf Erzielung materieller Vorteile gerichtete Verwaltungsmaßregeln, mag dabei an Schönheit und Poesie zu Grunde gehen, was da will; auf der andern Seite Spekulationen auf Fremdenbesuch, widerwärtige Anpreißung landschaftlicher Reize, und zu gleicher Zeit Zerstörung jeder Ursprünglichkeit, also gerade dessen, was die Natur zur Natur macht.«[20]

Ernst Rudorff ging es, wie Wilhelm Heinrich Riehl, um die Wiederherstellung einer verloren gegangenen Verbundenheit von Mensch und Natur. Wie für Riehl war auch für Rudorff die innere Bindung an eine unberührte, unverfälschte Natur Voraussetzung für die sittliche Entwicklung des Volkes: »Soll aber die Natur moralisch, d.h. reinigend und erhebend wirken, so muß sie vor Allem selbst unentweihte, unverfälschte Natur geblieben sein.«[21] Damit liegt auch für ihn das Ideal an Werteordnungen in der Vergangenheit, der gegenüber die Jetztzeit von Niedergang und Verfall geprägt war. Rudorff zielte auf beides, auf die Dimensionen des natürlichen Lebens wie auf die historisch durch den Menschen gewordenen Sphären des Lebens, und beides vereinte er im umfassenden Begriff der Heimat. Sein Leitbild ist dasjenige unverfälschter Urnatur, zu der aus Gründen der nationalen Rekreation wieder Beziehungen aufgenommen werden müßten:

»Das Erwachen einer ächten, lebendigen Pietät für die Natur, eine volle Würdigung alles dessen, was an erhaltenden, reinigenden Mächten in ihr beschlossen ist, könnte von einer so segensreichen Einwirkung auf die Entwickelung aller unserer Lebensverhältnisse sein, wie kaum etwas Ande-

18 Ebda., S. 264f.

19 Zu Gründung und Organisation des »Bundes Heimatschutz« vgl. Knaut 1993 u. Rollins 1997.

20 Rudorff 1897, S. 401f.

21 Rudorff 1880, S. 269.

res. Wenn man sich entschließen wollte, die gesunden, ursprünglichen Beziehungen des Menschen zur Natur, statt sie fortgesetzt zu zerstören, umgekehrt zu kräftigen, wo sie noch bestehen, sie wiederherzustellen und neu anzuregen, wo sie vernichtet sind oder überhaupt fehlen – es würde nicht nur dem Schwammgewächs des Touristenwesens dadurch ein gutes Theil Nahrung entzogen: nein, geradezu eine Menge socialen Giftstoffs würde nach und nach in der sich neu bildenden Atmosphäre resorbirt werden.«[22]

Wie Riehl, bemühte auch Rudorff eine Rhetorik der Virginität und Reinheit, die den modernen Umgang mit Natur zu einem Sündenfall werden ließ, und obendrein betrieb er mit dem Wortschatz des »Gesunden« und »Kranken« eine Naturalisierung des Kulturellen.[23] In seinen programmatischen Positionierungen wimmelt es von Beschreibungskriterien, die in einer sexualisierten Rhetorik darauf zielen, Natur als eine sakrale Größe und bestimmte Umgangsformen mit ihr als Schuld auszuweisen. Er redete davon, daß man die Natur »prostituirt«,[24] brandmarkt die »Mißhandlung der Natur«[25] und die »Vergewaltigung der Landschaft«[26], fordert »Pietät für die Natur«[27], er redet von »Verstümmelung«[28], bemüht die »unverletzlichsten Heiligthümer«[29] und beklagt »Grausamkeiten gegen die Natur«[30], die »entehrt«[31] werde. Der Umgang der Moderne mit Natur gerät so zu einem Vergehen an einem geliebten und geheiligten Subjekt.

Rudorffs publizistischer Vorstoß aus dem Jahre 1897 stieß mittlerweile auf öffentlichen Widerhall. Im Milieu der Gebildeten fand sein Projekt einer Heimatschutz-Organisation nach der Jahrhundertwende Sympathisanten. Es war ihm um nichts weniger gegangen als um »eine Zusammenscharung aller Gleichgesinnten, denen es darum zu thun ist, deutsches Volkstum ungeschwächt und unverdorben zu erhalten, und was davon unzertrennlich ist, die deutsche Heimat mit ihren Denkmälern und der Poesie ihrer Natur vor weiterer Verunglimpfung zu schützen. Denn hier und nirgends anders liegen die Wurzeln unserer Kraft.«[32] Nach der

---

22 Ebda., S. 272.

23 Vgl. Friedemann Schmoll: La Nature blessé. La métaphore corporelle dans l'histoire des mouvement écologistes allemands, in: Revue des Sciences Sociales, 30 (2003), S. 124-130.

24 Rudorff 1880, S. 263.

25 Ebda., S. 270f.

26 Rudorff 1897, S. 401.

27 Rudorff 1880, S. 272.

28 Rudorff 1897, S. 402.

29 Ebda., S. 406.

30 Ebda., S. 409.

31 Aufruf zur Gründung eines Bundes Heimatschutz, 1903/04.

32 Rudorff 1897, S. 466.

Veröffentlichung von Rudorffs Heimatschutz-Aufsätzen kam es bald zu Kontakten mit dem Volkskundler Robert Mielke (1863-1934), dem Geheimen Baurat Oskar Hoßfeld (1848-1915), Heinrich Sohnrey (1859-1948), Eduard Heyck (1862-1941), Paul Schultze-Naumburg, Hugo Conwentz, Carl Johannes Fuchs und anderen, so daß die Vorbereitungen zur Gründung eines »Bundes Heimatschutz« vorangetrieben werden konnten.[33] Bald, so erinnerte Robert Mielke an die Gründungsphase, sei Einigkeit darüber erzielt worden, daß der Heimatschutz mehr sein sollte als nur ein Interessenverband für separierte Angelegenheiten der Denkmalpflege, des Naturschutzes und der Pflege der Volkskultur:

»Wir waren uns von vornherein darüber klar, daß der Heimatschutz, wenn er überhaupt eine dauernde Wirkung ausüben sollte, sich zu einer Kulturbewegung auswachsen müßte, die alle Gebiete unseres öffentlichen und privaten Geistes- und Wirtschaftslebens erfassen, alle Stände durchdringen und den Lebenswillen unseres Volkes auf eine menschliche und deutsche Gesinnung einstellen sollte. Als höchstes und letztes Ziel galt uns nicht die Erhaltung eines geschichtlichen Werkes oder eines bedrängten Naturwesens, sondern der deutsche Mensch und die Stärkung der inneren Kräfte, die ihn in seiner Wesenheit geschaffen haben. Auf eine Durchdringung und Beseelung aller Lebensformen sollte er arbeiten und nicht am wenigsten die geistige Kultur durchdringen und neue künstlerische Werte schaffen. Verzichtete er darauf, dann würde er nur Episode bleiben, dann beschiede er sich mit der untergeordneten Stellung einer Schutztruppe für Natur- und Denkmalpflege. Ohne eine zielbewußte Erziehung zu einer tiefen Gefühls- und Denkweise, ohne Förderung der körperlichen und seelischen Anlagen würde der Heimatschutz seinen Inhalt, seine Kraft zum Aufbau einer wahren deutschen Kultur verlieren; er würde auf einen Nebenweg abgedrängt, der Gutes erreichen, das Beste verlieren würde.«[34]

Der Ende 1903 erstmals ergangene »Aufruf zur Gründung eines Bundes Heimatschutz« trug weitgehend die Handschrift Rudorffs, und auch hier fand sich das Anliegen des Schutzes von Natur und Landschaft noch einmal an exponierter Stelle. Der Utilitarismus der Moderne, so heißt es im Aufruf, hätte das »Erbe der Vergangenheit« gründlich vernichtet. »Hier handelt es sich nicht mehr allein um die Zerstörung von Menschenwerk, sondern ebenso sehr um die brutalsten Eingriffe in das Leben und die Gebilde der Natur. Heide und Anger, Moor und Wiese, Busch und Hecke verschwinden, wo irgend ihr Vorhandensein mit einem sogenannten rationellen Nutzungsprinzip in Widerstreit gerät. Und mit ihnen verschwindet eine ebenso eigenartige wie poetische Tier- und niedere Pflanzenwelt.«[35] Als Agenten der modernen Wirtschaftsgesinnung wurden die Forstwirt-

33 Zu den Details vgl. Robert Mielke: Meine Beziehungen zu Ernst Rudorff und die Gründung des Bundes Heimatschutz, in: Brandenburgia, 38. Jg. (1929), S. 1-16.

34 Mielke 1929, S. 8.

35 Aufruf zur Gründung eines Bundes Heimatschutz, 1903/04.

schaft mit ihrem Ökonomismus, Steinbruchbetriebe, eine sich rücksichtslos über die vorgefundene Landschaft hinwegsetzende Architektur und Ingenieurbaukunst, das moderne Verkehrswesen, Kanalisierungsprojekte und der auf oberflächliches Amüsement bedachte Massentourismus kritisiert: »Wo wir auch hinblicken, nichts als Verunstaltungen, nichts von dem natürlichen Takte, durch den sich unter den Händen unserer Altvordern das Nützliche ganz von selber schön gestaltete.[36]

Nach mehrjähriger Vorarbeit wurde der »Bund Heimatschutz« am 30. März 1904 im Dresdner Belvedere in Anwesenheit von 150 Gründungsmitgliedern, die sich vorwiegend aus dem gebildeten Bürgertum, aus den Verwaltungen und freien Berufen rekrutierten, ins Leben gerufen. Der erste Vorsitzende Paul Schultze-Naumburg übte sein Amt bis 1914 aus. Die Geschäftsführung übernahm Robert Mielke, der 1907 von Fritz Koch abgelöst werden sollte. Zu Gruppenleitern der einzelnen Sachgebiete wurden Theodor Fischer (Denkmalpflege), Paul Schultze-Naumburg (Ländliche Bauweise), Carl Johannes Fuchs (Landschaftsbild), Hugo Conwentz (Tier- und Pflanzenwelt), Justus Brinckmann (Volkskunst) und Kurat Christian Frank (Sitten und Gebräuche) bestimmt.

36 Ebda.

3. Potentiale ästhetischer Kritik: Natur- und Landschaftsschutz im »Bund Heimatschutz«

Die Bewegung des Heimatschutzes war aus der Kritik am Umgang mit Natur hervorgegangen. Rudorffs Sicht auf das ländliche Leben als natürliches Leben und die traditionale Welt als eine naturhafte Ordnung hatte ein Zusammenführen von Natur und Kultur ermöglicht. Mit seinen anfänglichen Initiativen, Landschaftsformationen und Objekte der Natur gleichberechtigt zu Denkwürdigkeiten der Kultur als »Erbe« zu behandeln, lieferte er Analogien zu dem Konzept der Naturdenkmalpflege. Während es Hugo Conwentz allerdings dabei um eine Aufwertung der natürlichen Relikte und Objekte gegangen war und er die Naturdenkmalpflege als eigenständige öffentliche Aufgabe erachtete, drängte Rudorff auf eine das Ganze des Lebens umfassende Bewegung. Im Programm des Heimatschutzes bildeten ein ästhetisch begründeter Landschaftsschutz und ein an biologischen Klassifikationskriterien orientierter Naturschutz deshalb nur zwei von insgesamt sechs Arbeitsfeldern. Das Hauptanliegen der Organisation war laut § 1 der Satzung: »Der Zweck des Bundes ist, die deutsche Heimat in ihrer natürlichen und geschichtlich gewordenen Eigenart vor Verunglimpfung zu schützen.«[37]

Fragen des Natur- und Landschaftsschutzes gingen nach diesem Konzept auf in der übergeordneten Idee des Heimatschutzes. Über dem Pathos der kulturellen Reinigung und Erneuerung wurde allerdings die Ausarbeitung konkreter und effektiver Strategien weitgehend versäumt. Sowohl die staatliche Naturdenkmalpflege, Vereine des Vogelschutzes oder Organisationen wie der »Verein Naturschutzpark« konnten demgegenüber Erfolgsbilanzen und originäre Konzepte vorlegen. Tatsächlich gelang im Heimatschutz denn auch nicht die Entwicklung konsistenter Strategien und Konzepte. Wiewohl mit diesem Anspruch angetreten und bei Gelegenheit immer wieder gegen andere Vereine Monopolansprüche ver-

37 Satzungen des Bundes Heimatschutz, festgestellt auf der begründenden Versammlung am 30. März 1904 in Dresden, in GStAPK, I. HA., Rep. 87B, Landwirtschaftsministerium, Nr. 3132, Bl. 25.

teidigend, konnte der »Bund Heimatschutz« nur bedingt als Naturschutzverband identifiziert werden. Er verstand sich zwar als Sammlungsbewegung und als Sprecher aller aufs Kulturelle und Natürliche zielenden Bewahr-Bewegungen Deutschlands. Auch aufgrund der Professionalisierungs- und Verwissenschaftlichungstendenzen einzelner Arbeitsfelder wie der Denkmalpflege oder des Naturschutzes gelang es der Heimatschutzbewegung allerdings nicht, wie angestrebt, für das Gesamt aller Bewahr-Bewegungen zur maßgeblichen Institution zwischen Staat und Gesellschaft zu werden – obgleich man auf einzelnen Tätigkeitsfeldern, wie der Baupflege, durchaus reüssierte und in einzelnen Staaten, wie Sachsen, intensiv in die Behördenarbeit eingebunden wurde.[38]

Maßgebliche Bezugsgröße und Reibungsfläche des Heimatschutz-Engagements war nicht etwa eine ökologisch oder biologisch beschreibbare Natur, sondern die Landschaft als ästhetische Größe. Aus dieser Logik ästhetischer Auseinandersetzung mit Natur resultierten konsequenterweise die Beiträge des Heimatschutzes zum Naturschutz. Diese hatten in der Regel kein biologisches Wissen um Lebens- und Existenzvoraussetzungen von Tieren, Pflanzen oder Lebensräumen zur Basis, sondern zielten auf die Erhaltung und Pflege des ästhetischen Erscheinungsbildes der Umwelt. Ernst Rudorff selbst forderte zwar immer wieder eine radikalere Naturschutzpolitik. Wenn er auch in der Öffentlichkeit mit seiner Kritik gegenüber einer nur wissenschaftlichen Naturdenkmalpflege zurückhaltend blieb, so artikulierte er doch stets seine Forderung an den Naturschutz, daß »das rein wissenschaftliche Interesse eben nicht das einzige ist, das in Frage kommt. Auch eine weitergreifende, die tieferen Bedürfnisse der Menschenseele, ihr ethisches und ihr ästhetisches Wesen berührende Auffassung verlangt berücksichtigt zu werden.«[39] Diplomatisch geschickt versteckte er seine Kritik an der Naturdenkmalpflege hinter den Worten, die ein »namhafter Schriftsteller« (es handelte sich um Hermann Löns) geäußert habe. Dessen Anliegen hielt er zwar im Duktus für überzogen, dennoch transportiere seine Kritik eine »unbestreitbare Wahrheit«, wenn er monierte, daß »unsre Enkel nichts von der Natur übrig behalten, als eine über das Vaterland verstreute Sammlung von allerlei, womöglich verstacheldrahteten und bewarnungstafelten Naturdenkmälern, hier ein Bäumlein, da ein Büschlein, dort ein Felschen, da ein Tümpelchen, alle hübsch sauber registriert und katalogisiert usw. Damit ist uns aber den Kuckuck gedient. Natur brauchen wir, keine Naturrestchen, Naturschutz, nicht Naturdenkmälerschutz.«[40]

38 Zum Verhältnis von Heimatschutz und Denkmalpflege vgl. Speitkamp 1996.

39 Ernst Rudorff: Naturschutzgebiete, in: Der Kunstwart, 24,4 (1911), S. 233.

40 Rudorff 1911, S. 234.

Das Gros der Heimatschutzaktivisten besaß kaum die sachliche und wissenschaftliche Kompetenz, sich in Naturschutzfragen Autorität zu verschaffen. Rudorffs Reinheitsgesinnung lenkte seine Aufmerksamkeit oftmals eher auf herrenlose Butterbrotpapiere an Ausflugsorten denn auf übergeordnete Problemlagen. Auch der Anspruch, auf Reichsebene zum Sprecher in Sachen Heimatschutz und zu einer integrativen deutschen Kulturbewegung zu avancieren, wurde zunächst enttäuscht. Für die zahlreichen regionalen und lokalen Heimatvereine war Heimatschutz eine Angelegenheit, die ihren Sinn nur im lokalen oder regionalen Kontext erfüllte, nicht aber auf Reichsebene. Vielfach geradezu als kompensierender Reflex auf die Nationalisierungspolitiken nach der Reichsgründung ins Leben gerufen, ging es hier um einen kulturellen Auftrag, die regionale »Eigenart« auch gegen nationale Homogenisierung zu verteidigen.[41] Anstatt zum geistigen und organisatorischen Zentrum einer umfassenden Kulturbewegung zu werden, mußte der »Bund Heimatschutz« sich mit dem Rang eines Dachverbands begnügen, dem es allerdings durch moderne Lobby- und Öffentlichkeitsarbeit gelang, für Angelegenheiten des Heimatschutzes nationale Öffentlichkeiten zu bilden.

Der Anspruch einer umfassend erneuernden Kulturbewegung zielte auf die kulturellen und natürlichen Dimensionen des Lebens, brachte die Erhaltung und Wiederbelebung einer traditionalen Volkskultur, die Rettung eines kulturellen und die Bewahrung des natürlichen Erbes zusammen. »Im weitern Sinne genommen«, so Clemens Wagener, »schließt der Begriff Heimatpflege den des Naturschutzes mit ein, denn die Denkmäler der Natur auf vaterländischem Boden sind eben auch Objekte, die in den Kreis unserer Bestrebungen fallen, eine Scheidung beider Begriffe aus dem Sammelbegriffe heraus findet ihre Berechtigung einzig in der verschiedenen Ursprungsart der schutz- und pflegebedürftigen Gegenstände. Dort ist die Natur, hier der Mensch Erzeuger gewesen. Übrigens ist die Verbindung von Natur- und Menschenwerk mitunter eine derart intime, daß wir dem Empfinden nach eine Einheit vor uns haben, die ein Sondern der verschieden gearteten Teile praktisch ohne weiteres verbietet.«[42]

In der Praxis der Verbandsarbeit zerfiel freilich diese programmatische Einheit in einzelne Interessengebiete. Innerhalb des »Bundes Heimatschutz« gab es immer wieder Auseinandersetzungen um die Gewichtung einzelner Handlungsfelder wie Denkmalpflege, Architekturberatung, Brauchtumspflege oder Natur-

41 Vgl. Ditt 1990 u. Hartung 1991. Zu den internen Auseinandersetzungen im »Bund Heimatschutz« zwischen den auf Dezentralisierung setzenden »Partikularisten« und den Zentralisten vgl. Knaut 1993, S. 77-94.

42 Wagener 1913, S. 9f.

schutz.[43] Vor allem nach dem Ersten Weltkrieg waren diese Handlungsfelder starken Tendenzen der Professionalisierung und Verwissenschaftlichung ausgesetzt, so daß sie sich teilweise verselbständigten. Das Terrain des Naturschutzes im »Bund Heimatschutz« war aufgeteilt in zwei unabhängig von Carl Johannes Fuchs und Hugo Conwentz geleitete Arbeitsfelder, die unter § 1 der Verbandssatzung gemeinsam mit den anderen Tätigkeitsbereichen aufgeführt wurden:

»Das Arbeitsfeld des Bundes teilt sich in folgende Gruppen:
a) Denkmalpflege;
b) Pflege der überlieferten ländlichen und bürgerlichen Bauweise; Erhaltung des vorhandenen Bestandes.
c) Schutz der landschaftlichen Natur einschließlich der Ruinen.
d) Rettung der einheimischen Tier- und Pflanzenwelt sowie der geologischen Eigentümlichkeiten.
e) Volkskunst auf dem Gebiete der beweglichen Gegenstände.
f) Sitten, Gebräuche, Feste und Trachten.«[44]

Damit wurde innerhalb der Heimatschutzbewegung der Naturschutz in einen ästhetisch begründeten Landschaftsschutz einerseits und einen naturwissenschaftlich definierten Naturschutz andererseits separiert. Skepsis gegenüber der Naturdenkmalpflege als ungenügendes Einzelinteresse und persönliches Mißtrauen gegen Hugo Conwentz führten so, wie Robert Mielke später erinnern sollte, innerhalb des »Bundes Heimatschutz« zu der institutionellen Isolation von Landschafts- und Naturschutz. Während Conwentz, so Mielke, im Heimatschutz offenbar Konkurrenz gegenüber seiner Naturdenkmalpflege witterte, hielten umgekehrt Heimatschutz-Sympathisanten um Rudorff »die ursprünglich rein wissenschaftlich orientierten Pläne Conwentz' für den Schutz des Landschaftsbildes nicht für ausreichend«.[45] Um Ruf, Verbindungen und Kompetenzen von Conwentz einerseits zu nutzen, andererseits aber seinen konservatorischen Ansatz um die Dimensionen des Ästhetischen zu ergänzen, wurden zwei unabhängige Arbeitsfelder unter der Leitung von Carl Johannes Fuchs (Landschaftsbild)

43 So sah sich etwa der erste Geschäftsführer Robert Mielke mit dem Vorwurf konfrontiert, der Volkskunde einen allzu großen Stellenwert einzuräumen, was beim Vorstand Paul Schultze-Naumburg die Sorge nährte, der »Bund Heimatschutz« handele sich »den Ruf von Kleinigkeitskrämern« ein; vgl. die Briefe von Paul Schultze-Naumburg an Robert Mielke vom 30. Juli 1905 und 14. August 1905 im Nachlaß Robert Mielke, Staatsbibliothek Preußischer Kulturbesitz Berlin.

44 Satzungen des Bundes Heimatschutz, festgestelllt auf der begründenden Versammlung am 30. März 1904 in Dresden, in GStAPK, I. HA., Rep. 87B, Landwirtschaftsministerium, Nr. 3132, Bl. 25.

45 Mielke 1929, S. 11.

und Hugo Conwentz (Schutz von Tieren, Pflanzen und geologischen Eigentümlichkeiten) ausgewiesen. Aus der Perspektive der Heimatschutzprotagonisten nahm sich die Naturdenkmalpflege allenfalls als wissenschaftlicher Selbstzweck aus und war weit entfernt vom Geist der Kulturreform: »Die Trennung des Naturschutzes in zwei Gruppen (3 und 4) war die Folge des Mißtrauens gegen die anscheinend einseitig-wissenschaftlichen Bestrebungen von Conwentz.«[46]

46 Ebda., S. 14.

4. Tradition und Transformation: Kommentierungen der Moderne im »Bund Heimatschutz«

Daß der Naturschutz im »Bund Heimatschutz« zu einem untergeordneten Anliegen degradiert wurde, lag auch an der Dominanz von Künstlern und Architekten in den Führungszirkeln des Verbandes. Wiewohl Rudorff mit seinem Ästhetizismus und seinem rigorosen Konservatismus für die Klientel des Bildungsbürgertums nach wie vor die maßgebliche Integrationsfigur darstellte, wurde die Verbandspolitik bald stärker von den »Realisten« diktiert. Männern wie dem Nationalökonomen Carl Johannes Fuchs oder Paul Schultze-Naumburg ging es weniger um eine fundamentale Ablehnung des modernen Lebens, als vielmehr um eine Vermittlung von Tradition und Moderne, von Nützlichkeit und Schönheit. Der »Bund Heimatschutz« agierte in einem Spannungsfeld zwischen antimodernistischen Radikalverweigerern wie Rudorff und Vermittlern wie Fuchs, Schultze-Naumburg oder später dem seit 1914 amtierenden Geschäftsführer Werner Lindner, die sich gegenüber der Moderne und neuen Technologien (in moderater Form) nicht nur aus pragmatischer Einsicht durchaus aufgeschlossen zeigten.[47] Aufgrund dieser Profilierung entging die Bewegung des Heimatschutzes dem Vorwurf einer romantischen Fluchtbewegung und erreichte auch eine Klientel aus der neuen technischen Intelligenz und dem Besitzbürgertum.

4.1 Der Nationalökonom: Carl Johannes Fuchs

Nicht zufällig widmete sich die erste Flugschrift des »Bundes Heimatschutz« unter dem Titel »Heimatschutz und Volkswirtschaft« der Frage, wie Ansprüche der Ökonomie einerseits und der Bewahrung von Natur und Tradition andererseits in Einklang gebracht werden könnten.[48] Der Autor Carl Johannes Fuchs – Nationalöko-

---

47 Zu dem Spannungsfeld von Reform und Restauration vgl. auch Linse 1986, S. 14-41.

48 Fuchs 1905.

nom in Freiburg und Tübingen und der Schmoller-Schule nahestehend – suchte die Entgegensetzung von ästhetischen Bedürfnissen sowie der Verantwortung gegenüber dem historischen Erbe und dem rücksichtslosen Zweckrationalismus der Moderne zu überwinden. Wenn deshalb der Heimatschutz als bewahrende Kraft im Prozeß des Wandels agiere, so Fuchs, gehe es nicht um eine Verhinderung des Fortschritts, sondern um seine Gestaltung:

»Und darum ist, was wir anstreben, auch keineswegs rückschrittlich, reaktionär oder romantisch, wie man es vielleicht schelten wird: wir denken nicht daran, dem Rad der Entwicklung, auch der wirtschaftlichen, in die Speichen zu fallen, um es aufzuhalten oder gar zurückzudrehen, was wir doch nicht vermöchten – aber wir wollen und können es lenken, daß es nicht unnötig die Schönheiten unserer Heimat zermalmt und uns nicht hinabführt in den Abgrund rohen Protzentums und verlogenen Prunks, sondern hinauf auf die Höhen wahrer Kultur. Daß diese Höhen, die früher nur von einer privilegierten Minderheit beschritten werden konnten, jetzt allen zugänglich gemacht werden – das ist der einzige wahre Sinn des modernen technischen Fortschritts.«[49]

Stand bei Rudorff oder Conwentz die Konservierung des Vorgefundenen an erster Stelle, ging es bei Fuchs um einen moderaten Wandel, der so vollzogen werden müsse, daß unwiederbringliche Objekte der kulturellen und natürlichen Vergangenheit erhalten blieben und sich andererseits das moderne Leben angemessen ausbilden könne.

»Wir müssen beim Heimatschutz nämlich eine doppelte Aufgabe wohl unterscheiden: einmal die wirkliche Erhaltung ganz großer einzigartiger Schönheitswerte der Natur oder der früheren Kultur, die in ihrer Art unersetzlich sind, und dann die Fürsorge dafür, daß anstelle der Hunderte und Tausende von Schönheiten unserer deutschen Heimat, die nicht so groß sind, um ihre Erhaltung mit wirtschaftlichen Opfern zu rechtfertigen, die – man mag es noch so sehr bedauern – der unaufhaltsam fortschreitenden Entwicklung zum Opfer fallen müssen, neue Schönheiten im alten Geiste treten, eine neue Kultur, die anknüpft an die vollständig preisgegebene alte Tradition, ein neuer eigen- nicht fremdartiger heimatlicher Stil, der die alten Formen neuen Bedürfnissen anpaßt – statt der fürchterlichen geist- und charakterlosen, alles nivellierenden Häßlichkeit unserer jüngsten Vergangenheit und Gegenwart.«[50] Seine Maxime knüpfte dabei an die Einheit von Schönheit und Nutzen an: »Denn schön und praktisch sind durchaus keine Gegensätze, sondern die wahre Schönheit besteht bei allen Gegenständen des Gebrauchs in der vollendeten Zweckmäßigkeit, und da praktisch und wirtschaftlich tatsächlich dasselbe sind, so fällt auch der angenommene Gegensatz zwischen schön und wirtschaftlich in sich zusammen.«[51]

Für den Pragmatiker Fuchs war klar, daß der Widerspruch zwischen Ökonomie und Ästhetik theoretisch zwar problemlos aufzulösen war, in der Wirklichkeit einer liberalen Wirtschaftsordnung ökonomische Interessen und Belange der

49 Ebda., S. 22f.
50 Ebda., S. 6f.
51 Ebda., S. 9.

Natur- und Landschaftserhaltung aber unversöhnlich als vielbeschworener Konflikt zwischen »Materialismus« und »Idealismus« aufeinandertrafen. Seine Überlegungen zielten auf den Kern des liberalen Wirtschaftsverständnisses: die kapitalistische Organisation der Ökonomie. »Hier handelt es sich nämlich um nicht mehr und nicht weniger als um die Einschränkung der Gewerbe- oder richtiger Erwerbsfreiheit, des modernen Kapitalismus, des Strebens nach dem höchstmöglichen Gewinn.«[52] Heimatschutz wurde ihm zum »Kampf gegen den Kapitalismus im Wirtschaftsleben.«[53] Im Gegensatz zum diffus-romantischen Antikapitalismus zeitgenössischer Zivilisationskritik argumentierte Fuchs aus dem Blickwinkel des Volkswirtschaftlers, der nüchtern darauf aufmerksam machte, daß sich die Entfaltung des kapitalistischen Wirtschaftssystems nach gesellschaftlich zu vereinbarenden Regeln zu vollziehen habe. Genauso wie der Arbeiterschutz dem gesellschaftlichen Konsens folge, daß die menschliche Arbeitskraft nicht uneingeschränkt als ökonomischer Rohstoff behandelt werden dürfe, vertrete der Heimatschutz öffentliche Interessen, gegenüber denen jene der privaten Ökonomie einzuschränken seien: »Das Neue, was wir fordern, ist, daß sie auch aus ästhetischen und kulturellen Gründen erfolgen sollen.«[54]

Wenn der Heimatschutz Fragen nach dem Zustand von Natur und Landschaft aufwarf, so wurden dabei keinesfalls sentimentbefrachtete Einzelinteressen, sondern Probleme verhandelt, die grundsätzlich das Selbstverständnis moderner Gesellschaften betrafen. Ein Anspruch auf Schutz und Erhaltung von Natur und Landschaft sei schon deshalb gegeben, weil diese Gemeinbesitz der Öffentlichkeit, mithin Nationaleigentum oder, in den Worten Ernst Rudorffs, »idealer Gemeinbesitz des Volks«[55] darstellten. Das Privateigentum, befand Carl Johannes Fuchs, habe sich dem Gemeinwohl unterzuordnen. Er ließ keinen Zweifel, daß dort, wo der Gemeinbesitz von Natur und Landschaft industriell genutzt wurde, private Interessen durch das Instrument der Verstaatlichung zu beschneiden wären, etwa im Fall der Nutzung der Wasserkräfte:

»Wir wollen also zugeben, daß eine so große Vermehrung der deutschen Industrie unter den heutigen Verhältnissen wegen der billigen Wasserkraft einen nationalen Fortschritt bedeutet, auch wenn sie vielleicht nur andere schon vorhandene Unternehmungen, welche weniger billig arbeiten, ruinieren wird, aber sie kann ein solcher Fortschritt und Vorteil doch jedenfalls nur dann sein, wenn der Ertrag dieser Ausnützung der Naturkräfte auch der Allgemeinheit zufällt, nicht einer

52 Ebda., S. 10.
53 Ebda., S. 15.
54 Ebda., S. 10.
55 Rudorff 1897, S. 406.

Minderheit von Privatpersonen, von Aktionären. Und so begründet eine jede solche Vernichtung eines idealen Schönheitsgutes, das der Gesamtheit zur Verfügung gestanden hatte, jedenfalls gebieterisch die bodenreformerische Forderung, daß diese Naturkräfte verstaatlicht werden müssen, wo sie es nicht schon sind, und keinesfalls in Privateigentum gegeben werden dürfen.«[56]

4.2 Paul Schultze-Naumburg: Die Kulturlandschaft als historische Wirklichkeit

Paul Schultze-Naumburg[57] – Landschaftsmaler, Architekt, erster Vorsitzender des »Bundes Heimatschutz«, später rassistischer Kunsttheoretiker und Parteigänger der NSDAP – war wohl derjenige Programmatiker des Heimatschutzes, der mit Blick auf Natur und Landschaft den Ursprünglichkeitskult des Heimatschutzes am konsequentesten hinterfragte und Landschaft zunächst entschieden als Ergebnis menschlicher Geschichte rekonstruierte.[58] Drei Bände seiner voluminösen, in der Absicht ästhetischer Erziehung veröffentlichten »Kulturarbeiten« widmete der frühere Kunstwart-Redakteur der »Gestaltung der Landschaft durch den Menschen«.[59] Explizit verneinte er dort die vermeintliche Beziehungslosigkeit zwischen einer als menschenunabhängig wahrgenommenen Natur und der kultivierenden Praxis der »Gestaltung« und sah, im Gegenteil, zwischen Natur und Kultur einen konstitutiven Zusammenhang. Damit wolle er, so Schultze-Naumburg, »die Verantwortung (...) betonen, die wir alle für das Angesicht unseres Landes tragen. Denn der Mensch ist es, der ihm den Ausdruck verleiht, sobald er es ganz seinen Zwecken unterworfen hat, wie es bei unserem Vaterlande der Fall ist.«[60] Während das Gros der Natur- und Heimatschützer das Wunschbild unberührter Natur beschwor, verwies Schultze-Naumburg nüchtern darauf, daß Reste unbe-

56 Fuchs 1905, S. 20f.

57 Vgl. Norbert Borrmann: Paul Schultze-Naumburg. Maler – Publizist – Architekt 1869-1949, Essen 1989.

58 Vgl. Dorothea Hokema: Ökologische Bewußtheit und künstlerische Gestaltung. Über die Funktionsweise von Planungsbewußtsein anhand von drei historischen Beispielen: Willy Lange, Paul Schultze-Naumburg, Hermann Mattern, Berlin 1996. (= Beiträge zur Kulturgeschichte der Natur, Bd. 5)

59 Paul Schultze-Naumburg: Kulturarbeiten. Bd. VII-IX. Die Gestaltung der Landschaft durch den Menschen. Herausgegeben vom Kunstwart, München 1915-1917.

60 Paul Schultze-Naumburg: Kulturarbeiten. Bd. VII. Die Gestaltung der Landschaft durch den Menschen. Teil I, München 1915, S. 10.

lassener Urlandschaften in Deutschland allenfalls noch in den Alpen und einigen Küstenregionen existierten.

»Das sind aber auch wohl die einzigen Orte, die unverändert durch Menschenhand geblieben sind. Im übrigen dürfte nicht ein Stück Erdoberfläche in Deutschland mehr so aussehen, wie es vor der Kultivierung durch Menschenhand der Fall war, denn alles, was wir sonst um uns sehen, vom Forst bis zum Feld, von der Wiese bis zum Mühlenwehr, ist Menschenwerk oder doch Natur, von Menschenhand gebändigt und verändert.«[61]

Dies freilich sollte nun nicht heißen, daß der Heimatschutz sich nicht der Erhaltung solcher wildnisartigen Urnaturen verpflichtet fühlte, im Gegenteil: »Der Mensch braucht neben seiner bewohnten Erde auch noch Stellen, auf denen er sich klein fühlt, die ihm die Gewalt der kosmischen Mächte klarer zum Bewußtsein bringen, als es auf Asphalt und in Kaffeehäusern geschehen kann.«[62] Genauso wichtig wie deren Schutz müsse dem Heimatschutz allerdings die Gestaltung der anthropogen geprägten Landschaft sein.

In einer Rekonstruktion der historischen Genese der Kulturlandschaft diagnostizierte Schultze-Naumburg von den Jäger- und Sammlergesellschaften bis ins 19. Jahrhundert eine stets harmonisch gebliebene Verbindung zwischen den natürlich vorgefundenen Verhältnissen und ihrer kulturellen Überformung. Die Prägung der Landschaft durch Kultur habe bis zum industriellen Zeitalter auf der harmonischen Anpassung der Kultur an die Natur basiert. Erst nach 1871 sei das Bewußtsein für das historisch Gewachsene und die natürlichen Verhältnisse abgetötet worden und das Landschaftsbild habe sich radikal verändert. »Die anfangs unbeabsichtigte Verheerungsmethode steigerte sich allmählich zu einer allgemeinen Manie, die alles Überkommene hasste, bloss weil es nicht neu war, gleich, was für unwiederbringliche Werte es bergen mochte.«[63] Aufgekündigt war damit ein Prinzip, das zwischen Natur und Kultur eine organische Einheit geschaffen hatte: die nach den Gesetzen der Harmonie betriebene ästhetische Gestaltung der materiellen Wirklichkeit. Schultze-Naumburg: »Es kommt nur auf das richtige Zusammengehen der gesamten toten und lebendigen Natur mit Menschenwerk an, damit die höchsten Güter unseres Landes nicht Schaden leiden. Wir müssen versuchen, die notwendige Harmonie begreifen zu lernen, die zwischen (…) menschlichen Zwecken und einem uns verborgenen allwaltenden Gotteswillen bestehen muss.«[64]

61 Ebda., S. 10f.

62 Paul Schultze-Naumburg: Aufgaben des Heimatschutzes, in: Der Kunstwart, 21,2 (1908), S. 225.

63 Schultze-Naumburg: Kulturarbeiten 1915, S. 21.

64 Ebda., S. 15.

Wiewohl er also Landschaft nicht als Erzeugnis außermenschlichen Wirkens begriff, sondern als Ergebnis menschlicher Geschichte, waren die Gesetzesmäßigkeiten und Wirkungskräfte, die Landschaft geformt hatten, auch bei Schultze-Naumburg naturhaft-organische Prinzipien. Maßgebliche Bezugsgröße für die Nutzung der Natur und die Gestaltung der Landschaft war ihm auch im industriellen Zeitalter die harmonische Anpassung an den vorgefundenen Traditionsbestand und die natürlichen Verhältnisse, ganz konkret die organische Einbindung des Menschenwerks (Straßen, Wasserläufe, technische Bauten etc.) in die Landschaft. Um den Heimatschutz vom Ruch des romantischen Schwärmertums zu befreien, unterstrich Schultze-Naumburg immer wieder, daß er sich nicht gegen den industriellen Fortschritt stemme, wohl aber gegen die unregulierte Entfaltung von Industrie und Technik: »Denn wenn der Mensch alles gewonnen hätte, was sich mit seiner Technik gewinnen läßt, dann würde er zu der Erkenntnis kommen, daß das so maßlos erleichterte und einfach gemachte Leben auf der entstellten Erde eigentlich nicht mehr lebenswert ist, daß wir zwar alles an uns gerissen, was unser Planet herzugeben hatte, daß wir aber bei dieser Wühlarbeit ihn und damit uns selbst zerstört haben.«[65] Ansonsten allerdings sei das Anliegen des Heimatschutzes – und hierbei formulierte er fast eine Kampfansage an die konservatorisch-konservativen Flügel der Bewegung – dasjenige einer ästhetischen Versöhnung zwischen Alt und Neu, Tradition und Moderne, Industrie und Natur:

»Statt zu klagen sollte man daher lieber alle Kräfte dafür einsetzen, dass alles Neue sich dem Bilde der Umgebung einfügt und anpasst, vor allem aber, dass die für die Natur und ihre Benutzung durch den Menschen nun einmal unentbehrlichen Requisiten, wie Busch, Baum, Wiese, klares Wasser, Fels und die uns lieb gewordenen Reste älterer Zeiten nicht unnötig geopfert werden, sondern dass sich auch die Industrie allmählich der Rücksicht und jener anständigen Haltung befleissigt, die gute Erziehung verleiht.«[66]

Damit versuchte Schultze-Naumburg den Heimatschutz vom Verdacht einer Musealisierungsagentur zu befreien:

»Es mag Fälle geben, in denen man ausnahmsweise einmal den Wunsch hegt, ein grösseres Stück Landschaft in vollkommener Ursprünglichkeit zu erhalten, indem man eingehegte Reservate schafft. (...) Hier soll die vorhandene Flora und Fauna in ihren Beständen rein erhalten und jeder Einfluss der menschlichen Kultur ferngehalten werden. Es handelt sich hier also um museale Bestrebungen, die von ausserordentlichem Werte sein können, und die lebhaft Unterstützung verdienen. Man darf sie nur nicht verwechseln mit den Zielen, die sich der Heimatschutz gesetzt hat. Denn

65 Paul Schultze-Naumburg: Heimatschutz, in: Der Kunstwart, 18,1 (1904/05), S. 22.

66 Paul Schultze-Naumburg: Kulturarbeiten. Bd. IX. Die Gestaltung der Landschaft durch den Menschen. III. Teil, München 1917, S. 47.

der will nicht Schutz vor der Kultur, sondern eine allseitig harmonische Kultur, die Nutzbarmachung der Erde und die Ehrfurcht vor ihr vereint.«[67]

4.3 Eugen Gradmann: Wider die Musealisierung dynamischer Kulturlandschaften

Auch Eugen Gradmann legte 1910 mit »Heimatschutz und Landschaftspflege« eine Schrift vor, in welcher er der Konservierungspolitik der Natur- und Heimatschutzorthodoxie ein Programm der Neuschöpfung, Gestaltung und Verschönerung der Kulturlandschaft entgegensetzte. Die Imagination vermeintlicher Ur- und Ursprungsnatur konterkarierte der württembergische Landeskonservator mit dem an klassische Ideale anknüpfenden Bekenntnis, daß die vorgefundene Natur mit Hilfe der Kultur verbessert, veredelt, verschönert werde. Kulturkritik artikulierte sich hier als unerschütterlicher Kulturoptimismus. Mit dem Programm einer »Landschaftspflege« plädierte Gradmann für ein Landschaftsverständnis, das nicht nur die Konservierung von Vergangenheitszuständen implizierte. Landschaft verstand Gradmann in ihrer dynamischen Prozeßhaftigkeit, so daß er die ethische Verpflichtung einer reflektierten Sicherung der historisch gewordenen Landschaft um eine prospektive Dimension ergänzte:

»Landschaftspflege ist Erhaltung der landschaftlichen Schönheit, der natürlichen und künstlichen. Aber da die Landschaft nicht nur etwas Historisches ist, sondern ein Stück lebender Natur und Kultur, so muß die Landschaftspflege im Unterschiede von der Denkmalpflege mehr sein als Erhaltung. Sie muß auch die Verschönerung des Landes im Sinne der Natur und Kunst erfassen.«[68]

Gradmanns Anliegen war die Auflösung der verbreiteten Entgegensetzung von außermenschlicher und in den Stand des Sakrosankten erhobener Natur, in die nicht eingegriffen werden dürfe, und menschlicher Kultur, die tendenziell einen harmonischen Naturzustand zerstöre. Statt dessen nahm er deren harmonische Verknüpfung in den Blick. Nicht ohne elegischen Unterton begriff er die »natürliche und freie« Landschaft zwar auch »als eine Art von Denkmal, etwas Bedeutsames, das wir sehnsüchtig und wehmütig lieben und das in gewissem Sinne der Vergangenheit angehört, das sich so nicht wieder erzeugt.«[69] Und er plädierte aus Verantwortung für das geschichtlich Gewordene für die Erhaltung der Landschaft.

---

67 Ebda., S. 329f.

68 Gradmann 1910, S. 29.

69 Ebda.

Wichtiger aber war dem Bruder des Geographen und Pflanzensoziologen Robert Gradmann, der sehr früh auf die anthropogene Prägung vermeintlich »natürlicher« Pflanzengesellschaften aufmerksam gemacht hatte, die Transformation des Vorgefundenen nach den Erfordernissen von Gegenwart und Zukunft. Dabei wandte er sich gegen das im Heimatschutz dominante Leitbild, daß die Natur keine Ergänzung durch menschliche Bearbeitung erfahren dürfe: »Bei der Verschönerung des heimischen Landes handelt es sich um Kulturlandschaft. Diese kann, weil sie von der Kultur im Vergleich zum naturgemäßen Zustand entstellt ist, in zweierlei Weise verschönert werden, entweder im Sinne der Natur, das ist dann eine Art von Wiederherstellung, oder im Sinne der Kunst, durch eine höhere Art von Anbau, einen künstlerischen Ausbau.«[70]

Während der Heimatschutz das urbane Leben ausblendete, bezog Gradmann in sein Konzept der Kulturlandschaft erklärtermaßen auch das Städtische ein, dem er sogar in gewisser Hinsicht eine Bereicherung der ästhetischen Wirklichkeit abgewinnen konnte. Indem er Stadt und Industrie nicht als Menetekel der Moderne außen vor ließ, gelang ihm – zumindest potentiell – die sonst so vernachlässigte Verknüpfung von klassischem Natur- und Heimatschutz mit modernem Umweltschutz. Indem er die Beziehungslosigkeit zwischen Stadt und Land aufhob, nahm er zu einem frühen Zeitpunkt Wirkungszusammenhänge und Umweltprobleme wahr, die erst sehr viel später auf die Tagesordnung von Denkmalpflege und Umweltschutz kommen sollten:

»Der Steinkohlerauch zerstört durch die schwefligen Säuren, die er niederschlägt, die Oberfläche der Werksteine, namentlich der steinbearbeiteten, an unseren Baudenkmälern, also gerade das künstlerisch Wertvollste an ihrem Körper. Der Ruß und die Abgase verhindern die Bildung des Edelrostes an Kupferbelägen und Erzgußwerken. Die Gase und die Säuren schädigen den Pflanzenwuchs, besonders die Koniferen, und erschweren sogar den Anflug der Flechten und Moose an Mauern und auf Dächern, womit die Natur so gerne die Bauwerke patiniert und malerisch mit der Landschaft zusammenstimmt. Die Verminderung des Kohlenrauchs ist also eine Art von Denkmalpflege und Naturschutz und insofern ein Stück Landschaftspflege.«[71]

Mit seinem Kulturoptimismus witterte der württembergische Landeskonservator nicht per se Verfall, wo in natürliche Zusammenhänge eingegriffen wurde, sondern erachtete grundsätzlich die Möglichkeit einer ästhetischen Steigerung der Natur. Abwägend zwischen dem Postulat, die unersetzlichen Gebilde der Natur zu erhalten, und der Verpflichtung zur Weiterentwicklung, nahm Gradmann auch das ahistorische Landschaftsverständnis des Heimatschutzes und dessen Ursprünglichkeitskult ins Visier:

70 Ebda.

71 Ebda., S. 32ff.

»Daß uns die Sentimentalität verleite zu kulturwidrigen Wünschen und Forderungen, ist eine Gefahr, deren auch die Vertreter des Heimatschutzes sich wohl bewußt halten dürfen. Wir können nicht die ganze Natur als Denkmal einfriedigen, das Land zu einem Museum oder einer Schonung machen, und wir dürfen nicht das Leben der Gegenwart verbannen oder hemmen. Naturschutz ist nötig. Aber Gewerbe und Verkehr, Bautätigkeit und Kunst sind nötiger. Die Landschaftspflege soll nicht nur Naturschutz, Erhaltung des bestehenden ursprünglichen sein, sondern mehr noch Landschaftskunst, schöpferische Kunst in ähnlichem Sinne wie die Gartenkunst und die Baukunst. Ihr Ziel: die Landschaft zu verschönern – jawohl, zu verschönern! – und die Bautechnik zu veredeln. Das Gebiet der so verstandenen Landschaftspflege beginnt da, wo der Mensch etwas baut im weitesten Sinne des Wortes.«[72]

Und: »Was verschönert werden soll, ist nicht die Natur als solche, sondern die Landschaft als Wohnung des Menschen, ein Erzeugnis der Kultur oder Mißkultur zusammen mit der Natur, in seinen Extremen ein Paradies oder eine Wüste.«[73] Konsequent verstand er deshalb Heimatschutz als »das künstlerische Neuschaffen der Gegenwart«:[74] »Die Forderung nach Heimatschutz ist eine allgemeine Kulturbewegung, zusammenhängend mit dem Verlangen nach einer neuen Kultur, einer neuen Lebensregel, namentlich einer neuen künstlerischen Gestaltung des Lebens.«[75]

4.4 Robert Mielke: Renaissance der Landesverschönerung in der Landespflege

Ähnliche Überlegungen erschienen bei dem Volkskundler Robert Mielke unter dem Titel der »Landesverschönerung«, unter der er eine gestaltende und deshalb die natürlichen und kulturellen Verhältnisse verbessernde »Landespflege« verstand. Von der Diagnose eines Werte- und Kulturverfalls ausgehend, schied der später rassistische Siedlungstheoretiker Umwelt in die Sphäre einer unberührten, außermenschlichen Natur, die in ihrer Schönheit zu erhalten sei. Demgegenüber stünden Aufgaben an, das Neue des modernen Lebens so zu gestalten, daß es sich organisch an das traditionell Gewachsene anfüge:

»Die Aufgaben einer bewußten Landespflege beginnen da, wo die Natur in ihrer Entwickelung durch Kulturanlagen gehemmt ist, die sich außerhalb der bewohnten Ansiedelungen erheben, und die durch die Macht ihrer plötzlichen Erscheinung dem Landschaftsbilde eine gewaltsame Verände-

72 Ebda., S. 46f.
73 Ebda., S. 52.
74 Ebda., S. 20.
75 Ebda., S. 9.

rung zufügen. Das ist zumeist der Fall, wo sich die Einflüsse unseres modernen Wirtschaftslebens unmittelbar bemerkbar machen und nicht sich in dem Maße verstärken, in dem sich solche Veranstaltungen von den alten bewohnten Siedelungen entfernen: bei Eisenbahnen, Kanälen, Talsperren, Meliorationen, Abholzungen, Fabrikbauten, aber auch bei Sommerfrischen, Kurorten, Landsitzen und Villenanlagen, die nicht in langsamer Weise dem Lande entwachsen sind, und dadurch die Übergänge von einer bedürfnislosen Zweckmäßigkeit zu einem künstlerisch Gewordenen vermissen lassen.«[76]

Auch hier also stand nicht die Verhinderung des modernen Lebens, sondern seine Anbindung an die Tradition im Mittelpunkt. Dieser Konservatismus zielte weniger auf die Konservierung des Alten als vielmehr auf die bruchlose Verknüpfung von Vergangenheit und Gegenwart. Aus diesem Programm ergaben sich für eine von Mielke solchermaßen ausgewiesene »Landschaftskunst« vier Aufgabenfelder: in den Großstädten die Anlage von Parks und Grünflächen, die künstlerische Verbindung von Siedlung, Verkehr und Landschaft, die Erhaltung von Tieren und Pflanzen sowie ihre Lebensbedingungen und nicht zuletzt die rekultivierende Gestaltung des Landschaftsbildes nach Nutzungseingriffen.

4.5 Paul Weber: Soziale Frage und Kulturreform

Für eine Verknüpfung von Bodenreform, Denkmalpflege und Heimatschutz stand der Jenaer Kunsthistoriker Paul Weber. Weber suchte Anliegen der sozialen Reform mit den Konservierungsprogrammen von Denkmalpflege und Heimatschutz zu versöhnen. Dabei kam er freilich nicht umhin, Widersprüche zwischen deren strikt retrospektiv orientierten Zielen und den prospektiven Bestrebungen der Bodenreform zu konstatieren.

»Machen wir uns doch einmal klar: die Denkmalpflege möchte von den kostbaren Zeugen der Vergangenheit den Strom des modernen Lebens möglichst fern halten. (...) Aehnlich beim Heimatschutz: Sein Ideal wäre eine Landschaft, deren historische und natürliche Seltenheiten möglichst wenig, – sagen wir: lieber garnicht –, von der industriellen Entwicklung angetastet werden, wo Feld und Wald, Busch und Hain, Berg und Schlucht dem Wanderer unverfälscht von dem Zauber deutscher Heimatnatur zu erzählen vermögen.«[77]

Demgegenüber setze die Bodenreform bei ihren Bestrebungen, die Massen am Wohlstand teilhaben zu lassen, auf das Gegenteil, nämlich auf die Vervollkomm-

76 Robert Mielke: Heimatschutz und Landesverschönerung, in: Die Gartenkunst, 10. Jg. (1908), S. 158.

77 Paul Weber: Heimatschutz, Denkmalpflege und Bodenreform, Berlin 1906, S. 11f.

nung der Naturbeherrschung zum Nutzen der Menschen, auf die Überwindung des Überkommenen und den technischen Fortschritt zum Wohle aller. Paul Weber:

»Scheidet sie das nicht aufs Schärfste von jenen reaktionären Strömungen, die sorgsam die Denkmäler der Vergangenheit und die heimische Natur vor eben dieser Entwicklung schützen möchten? Liegt da nicht ein tiefer Zwiespalt vor, ein Zwiespalt der so vielen denkenden Zeitgenossen schmerzvoll zur Empfindung kommt, so oft sie vor die praktische Frage gestellt werden: Entweder das Eine, – Erhaltung des geschichtlich und landschaftlich Schönen und Ehrwürdigen –, oder das Andere – Zerstörung desselben um eines großen technischen Fortschrittes willen?«[78]

Den Schlüssel zur Lösung beider Anliegen erachtete Weber in der Eigentumsfrage:

»Denkmalpflege, Heimatschutz und Bodenreform haben einen gemeinsamen Feind, und dieser gemeinsame Feind wird sie zur Einigung führen. Das ist der Egoismus des Einzelnen oder des Konsortiums. Nicht die moderne Entwicklung an sich ist zu bekämpfen, sondern nur ihre Auswüchse, die sich bilden infolge der Profitgier, Spekulation und Geschmacklosigkeit des Einzelnen oder des Konsortiums. Wären diese Auswüchse durch die Gesetzgebung unmöglich gemacht, so wäre allen drei Bewegungen, der Denkmalpflege, dem Heimatschutz und der Bodenreform, der größte Teil der Arbeit abgenommen.«[79]

Wenn Bodenschätze und Naturressourcen, so Weber, in Allgemeinbesitz überführt würden, so würde dies nicht nur die effektivste Maßnahme gegen »die Verwüstungen der Heimat«[80] bilden, sondern auch die gerechteste Teilhabe aller am Fortschritt garantieren. Weber:

»In der Bodenfrage liegt die Lösung. In welcher Form die Allgemeinheit dann von den zu schützenden Gebieten Besitz ergreift, ob auf dem Wege der Verstadtlichung oder Verstaatlichung oder durch einen sozial denkenden Landesherren, darauf kommt in der Praxis weit weniger an, als darauf daß diese Gebiete überhaupt der Privatspekulation entzogen werden. Freuen wir uns, daß es verschiedene Schutzdämme gegen die Privatspekulation gibt. Alle diese Dämme, soweit sie sozial wohltätig wirken, zu festigen und zu vermehren, ist eine gemeinsame Aufgabe der Bodenreform und des Heimatschutzes.«[81]

Damit artikulierte Weber Ansprüche des »Allgemeinwohles«, »wo es sich um Schutz der heimischen Natur gegen die Auswüchse der industriellen Entwicklung, gegen die empörende Geschmacklosigkeit oder Gewinnsucht des Einzelnen oder einer Gesellschaft handelt.«[82] Der Schutz von Natur und Landschaft, wie auch jener des kulturellen Erbes, wurde hier also mit der Sozialpflichtigkeit

---

78 Ebda., S. 12.
79 Ebda., S. 13.
80 Ebda., S. 15.
81 Ebda., S. 16.
82 Ebda., S. 10.

des Eigentums und mit einem öffentlichen Recht auf Teilhabe der Allgemeinheit an dem Erbe der Vergangenheit und natürlichen Gütern begründet.

Innerhalb der Heimatschutzbewegung bildeten sich also keinesfalls einheitliche, geschweige denn ausschließlich verweigernde Positionen gegenüber industriellem Fortschritt aus. Konzepte wie die von Carl Johannes Fuchs setzten auf staatliche Instrumente als Regulative eines moderaten ökonomischen und gesellschaflichen Wandels. Der »Fortschrittsverweigerer« Rudorff zielte dagegen mit der Konservierung des vorgefundenen Landschaftsbildes auch auf die Konservierung einer althergebrachten sozialen und moralischen Ordnung. Wieder anderen, wie Arthur Glogau, ging es um eine ästhetisch und kulturell nachvollziehbare Anbindung des Neuen an das Vorgefundene:

»Es wäre törichtes Mißverständnis, wenn damit verlangt wird, daß alles beim Alten bliebe. Unmodern soll die lebende Generation nicht sein und in Uebertreibung einer guten Idee dem Fortschritt und der Kulturentwicklung hinderlich werden! Aber das kann und muß man verlangen, daß die Erweiterungen und Vergrößerungen der Städte, die Veränderungen, die durch Ausnutzung der Naturkräfte, durch Handel und Verkehr an dem Landschaftsbilde herbeigeführt werden, den Charakter der Städte und der Landschaft nicht umgestalten.«[83]

Offensiv vertraten manche Heimatschützer, wie z.B. der Redakteur der »Heimat« Eduard Heyck, den Primat des Fortschritts: »Es soll hier nun nicht der ›Industrialismus‹ einseitig angeklagt oder die Erhaltung des einmal vorhandenen Landschaftsbildes um jeden Preis das Wort geredet werden. Wo das arbeitsam Lebendige, Tätige, Vorwärts führende freie Bahn braucht, muß weichen, was ihm von Überlebtem im Wege steht.«[84] Theoretisch und programmatisch gab sich der Heimatschutz sehr viel aufgeschlossener als in seiner praktischen Arbeit, in der es primär um die Verteidigung des Hergebrachten gehen sollte. Ob die Akzente nun eher der Konservierung des Alten oder der Gestaltung des Neuen galten, von allen Flügeln der Heimatschutzbewegung wurde die kulturreformatorische Idee geteilt, daß die Veränderung der Gesellschaft nur über den Weg der ästhetischen Erziehung zu erreichen sei: »Was nun aber der ›Heimatschutz‹ anstrebt oder schützen will, ist keineswegs Romantik, Gefühlsdusel, unterscheidungslose Deutschtümelei, sondern es ist Geschmack und gutes, richtiges Empfinden. Aus solchem heraus verlangt er das Unterlassen von groben Geschmacklosigkeiten und sucht ein allgemeines Gefühl für Stil zu erziehen, ohne das ja jede Kultur und Bildung ein peinliches Stückwerk bleibt.«[85]

---

83 Arthur Glogau: Schutz des natürlichen Landschaftsbildes, in: Georg Friedrich Konrich: Hannoverland. Ein Buch der Heimatpflege, Hannover 1910, S. 26.

84 Eduard Heyck: Heimatschutz, in: Die Gartenlaube, Jg. 1908, S. 188.

85 Ebda.

5. Bewahren und Gestalten als gesellschaftliche Praxis: Konfliktfelder des Heimatschutzes

Die innerhalb der Heimatschutzbewegung gegenüber der Moderne eingenommenen Positionen finden sich denn auch in konkreten Konflikten wieder, in denen sich der »Bund Heimatschutz« engagierte. Er widmete sich als Dachverband zunächst der Popularisierung seiner Ideen und wirkte auf gesetzgeberischem Wege daraufhin, daß deren Umsetzung rechtliche Grundlagen erhielten. Neben Aktivitäten der Architektur- und Bauberatung, der Denkmalpflege und der Heimatpflege waren es im Landschafts- und Naturschutz vor allem die Landesorganisationen, die angeschlossenen Verbände und halbstaatlichen Heimatschutzinstitutionen, die sich mit regional unterschiedlichem Erfolg engagierten. Das klassische Aufgabenfeld des Naturschutzes – die Naturdenkmalpflege, Reservatspolitik oder Artenschutz – war zwar institutionell durch das von Hugo Conwentz geleitete Sachgebiet im »Bund Heimatschutz« verankert. Allerdings spielte es nur eine untergeordnete Rolle; als Träger des Naturschutzes wurden in der Öffentlichkeit eher die staatlichen Institutionen der Naturdenkmalpflege, Verbände des Vogelschutzes oder Organisationen wie der »Verein Naturschutzpark« identifiziert. Demgegenüber agierte der »Bund Heimatschutz« effektiver auf dem Terrain des Landschaftsschutzes, korrespondierte dieses Anliegen doch unmittelbar mit der kulturreformatorischen Idee der ästhetischen Erziehung.

Der »Bund Heimatschutz« trug unterschiedliche Anliegen in die Öffentlichkeit: die Frage der touristischen Beanspruchung von Natur, deren Verunstaltung durch Reklame, ihre Erschließung mit modernen Technologien (Eisenbahn, Elektrifizierung, Telegraphie, Bergbahnen etc.), Nutzungsformen wie Steinbrüche, Braunkohletagebau, Talsperren und Wasserkraftwerke, die Rationalisierung der Landwirtschaft und ihre Folgen (Flurbereinigung, Meliorationen, Erhaltung und Pflanzung von Bäumen, Alleen und Hecken etc.), Straßen- und Wegebau, Gewässerverschmutzung sowie klassische Themen der Naturdenkmalpflege. Weil im Verlauf dieser Auseinandersetzungen prägnant das Selbstverständnis des Heimatschutzes deutlich wird, sollen stellvertretend zwei Konflikte – der Kampf gegen die Zerstörung der Rhein-Stromschnellen bei Laufenburg und das Engagement gegen die Reklame – vorgestellt und analysiert werden.

5.1 Von der Bewahrung urtümlicher Landschaft zu ihrer Aufbewahrung im Kunstwerk: Der Kampf des Heimatschutzes gegen das Wasserkraftwerk Laufenburg

Deutlich wird das Spannungsfeld zwischen konservierenden und gestaltenden Akzenten in der Heimatschutzbewegung in einer ersten »Bürgerinitiative« gegen ein technologisches Großprojekt, bei welcher der »Bund Heimatschutz« die Öffentlichkeit mobilisierte.[86] In Laufenburg am Hochrhein sollte nach der Jahrhundertwende das bis dato in Europa leistungsfähigste Wasserkraftwerk mit 50000 PS gebaut werden. Für diese technische Anlage, von der sich die rückständige Region an der Grenze zwischen Deutschland und der Schweiz wirtschaftlichen Aufschwung versprach, mußten allerdings urtümliche Stromschnellen in der Kleinstadt Laufenburg zerstört werden. Für den Heimatschutz handelte es sich hierbei um »eines der schönsten Landschaftsbilder Deutschlands, ja der Welt, das vernichtet werden soll« und dies lediglich für »wirtschaftliche Interessen«.[87] Das Projekt schien den Heimatschützern ein Beleg dafür, daß »Geldgier« den Umgang mit einem einzigartigen »Wunderwerk der Natur« diktiere, der »kapitalistische Geist« nunmehr in den »zurückgebliebenen« Städten Groß-Laufenburg und Klein-Laufenburg Einzug gehalten habe, wo man offenkundig lieber durch »Bodenspekulation reich werden« wolle als durch »fleißige Arbeit«.[88]

Zur Disposition stand ein Ensemble aus mittelalterlicher Stadt und einer Rheinpassage, in welcher der Strom sich zu einem Felsenloch verengte und die Wasser zwischen Granitblöcken und Gletschermühlen unmittelbar zu Füßen der Häuser hinabstürzten, bevor sie nach einigen Engen und Krümmungen ein Stück abwärts

86 Vgl. die hier zugrunde gelegten Darstellungen in Ulrich Linse: »Der Raub des Rheingoldes«. Das Wasserkraftwerk Laufenburg, in: Linse/Falter/Rucht/Kretschmer 1988, S. 11-62; Ders.: Die Vernichtung der Laufenburger Stromschnellen. Ein »klassischer« historischer Konflikt zwischen »Volkswirtschaft« und »Heimatschutz«, in: Geschichte in Wissenschaft und Unterricht, 48. Jg. (1997), S. 399-412.

87 Carl Johannes Fuchs u. Paul Schultze-Naumburg: Die Stromschnellen des Rheins bei Laufenburg und ihre Erhaltung, Halle a.d.S. 1906, S. 5. (= 3. Flugschrift des Bundes Heimatschutz)

88 Ebda., S. 16.

wieder von einem ruhigen Flußbett aufgenommen wurden. Der zwischen Bodensee und Basel ansonsten bereits behäbig fließende und gezähmte Rhein verwandelte sich hier vorübergehend wieder in einen reißenden, nicht bändigbaren Strom. Inmitten sonst sanfter Kulturlandschaft erinnerten die Stromschnellen an Urgewalt und Wildnis. Die Menschen, so die Botschaft des Ensembles aus Stadt und Fluß, hatten sich den vorgefundenen Naturgegebenheiten unterzuordnen, nicht umgekehrt. Genau dies aber sollte nun mittels Technik ins Gegenteil verkehrt werden. Die Planungen sahen Sprengungen der Felsblöcke vor. Eine Staumauer würde die gesamte Passage in einen ruhigen See verwandeln. In einem letzten Reservat der Wildnis hatte sich nun auch die Natur den menschlichen Bedürfnissen anzupassen.

Die Interessen der Kontrahenten standen in diesem Konflikt unvereinbar gegenüber. Der Bau eines Wasserkraftwerks bedrohte die örtliche Lachsfischerei in ihrer Existenz. Vor Ort gehörten zu den Gegnern des Projekts einzelne Fabrikanten und Landwirte. Den größten Widerstand organisierte freilich für die »ganze gebildete Welt«[89] jenseits von Laufenburg der »Bund Heimatschutz«. Auf der anderen Seite standen als Konzessionäre die Aktiengesellschaften aus der Schweiz und Baden, das Gros der lokalen Industrie, die badische Regierung, die lokalen Behörden und die Mehrheit der örtlichen Bevölkerung. Das Projekt wurde vom Heimatschutz zunächst als »Verbrechen an der Menschheit«[90] eingestuft, weswegen das Kraftwerk rundweg abzulehnen sei. In einer vor allem von Carl Johannes Fuchs koordinierten Kampagne signalisierten prominente Mitstreiter wie Max Weber, Werner Sombart, Friedrich Naumann (1860-1919), Georg Dehio (1850-1932) und viele andere ihre Unterstützung. Alsbald jedoch, als sich abzeichnete, daß ein gänzlicher Verzicht auf die Nutzung der Wasserkraft nicht zu erreichen sein würde, wich die rigorose Ablehnung einer Kompromißhaltung, die zumindest eine Versöhnung von technischer Nutzung und landschaftlichem Erscheinungsbildes einklagte.

Der »Bund Heimatschutz« wandte sich mit einer Eingabe an die Regierungen Badens und der Schweiz und schlug die Ausarbeitung von Alternativplanungen vor:

»Der ›Bund Heimatschutz‹ bittet: vor der Erteilung der jetzt schwebenden Konzession Gutachten der ersten Autoritäten in Deutschland und der Schweiz einholen oder ein Preisausschreiben unter den Ingenieuren aller Länder veranstalten zu lassen, um eine Ausnützung der Laufenburger Wasser-

89 Ebda., S. 17.

90 Rudorff 1897, S. 412.

kräfte unter tunlichster Erhaltung der Naturschönheit zu ermöglichen, und erbietet sich, nötigenfalls, wenn die beteiligten Regierungen dazu keine Mittel zur Verfügung stellen können, diese seinerseits aufzubringen.«[91]

Nun forderte der Heimatschutz für »eines der schönsten Landschaftsbilder Deutschlands« zwar »nicht die gänzliche Unterlassung (...) aus Rücksicht auf die Naturschönheit, wohl aber meinen wir, daß es unrichtig ist, etwas zu zerstören, was keine Menschenkunst je wieder bereiten kann (...) und daß darum ein Weg gefunden oder jedoch ernstlich gesucht werden muß, die hier einander widerstrebenden wirtschaftlichen und ästhetischen Interessen miteinander zu versöhnen.«[92] Der Bund holte Gutachten ein, nach denen eine Erhaltung der Stromschnellen und der Bau eines Wasserkraftwerks sehr wohl vereinbar schienen. Nachdem die politischen Entscheidungen sich dann jedoch ausschließlich an den ökonomischen Interessen der Region orientierten, ging es dem Heimatschutz schließlich nur noch darum, daß die Gestaltung des Wasserkraftwerks »doch in möglichst schöner Form geschieht.«[93]

Diese scheinbare Auflösung von Widersprüchen zwischen industrieller Nutzung und der Erhaltung der Natur in einer allenfalls noch dekorativen Ästhetik gipfelte schließlich in einem Tauschhandel, der das lediglich auf erinnernde Ästhetik reduzierte Naturschutz-Motiv auf einen paradoxen Nenner bringt. Nachdem die öffentlichen Diskussionen um das Für und Wider des Projekts nicht abbrachen, forderte die badische Landesregierung 1906 die Kraftwerkskonzessionäre auf, einen Künstler damit zu beauftragen, die Stromschnellen und das Städtchen Laufen im vormaligen, wild-urtümlichen Zustand festzuhalten. »Vielleicht würde einige Beruhigung eintreten«, so hieß es in einem Brief an den Hauptkonzessionär Emil Guilleaume, »wenn es möglich sei, die landschaftliche Schönheit von Laufenburg und des ›Laufen‹ wenigstens durch ein künstlerisch ausgeführtes Bild für die Zukunft zu erhalten«.[94] Für ein Honorar von 10000 Mark wurde der Landschaftsmaler Gustav Schönleber, der zuvor noch den Protestaufruf des »Bundes Heimatschutz« unterzeichnet hatte, mit der Erstellung des Werkes beauftragt. Dieser fertigte eine Ansicht von Stadt und Fluß, wie er brieflich 1906 signalisierte, »trotz meinem Schmerz über die Zerstörung des Laufen«, da ein solches Bild versöhnend wirken werde, »soweit man in diesen Fragen von Versöhnung spre-

91 Zit. n. Fuchs/Schultze-Naumburg 1906, S. 14.

92 Mitteilungen des Bundes Heimatschutz, 1. Jg. (1904/05), S. 69f.

93 Mitteilungen des Bundes Heimatschutz, 1. Jg. (1904/05), S. 150.

94 Brief des Badischen Ministeriums des Innern an Kommerzienrat Guilleaume vom 16.7.1906, Generallandesarchiv Karlsruhe 237/30716; hier zit. n. Linse 1988, S. 33f.

chen kann.«[95] Übrig geblieben von dem urtümlich-wildromantischen Flußlauf war also die in einem Kunstwerk aufbewahrte Erinnerung an eine verlorene Symbiose von natürlicher Lebensgrundlage, dem Fluß, und der dadurch vorgegebenen Kultur und Lebensweise der Menschen Laufenburgs.

Der Verlauf dieses Konfliktes um einen Fluß, der das Leben der Menschen über lange Zeiträume hinweg diktiert hatte, unterstreicht symptomatisch die Positionierung des Heimatschutzes gegenüber Großindustrie und Fortschritt, sowie seine Strategie, Widersprüche zwischen Erhaltung der Natur und ihrer Nutzung aufzulösen. Zunächst wurde die Zerstörung eines Naturphänomens kategorisch abgelehnt. Dieses landschaftliche Erscheinungsbild von Fluß und Stadt hatte als historisch gewachsene Einheit von Natur und Gemeinschaft den Raum Heimat symbolisiert, durchdrungen von organisch gewachsenen sozialen Beziehungen und Tradition, frei von Widersprüchen zwischen natürlichen und sozialen Gegebenheiten. Dann, als die kategorische Ablehnung des Projekts sich als politisch nicht durchsetzbar erwies, erschien als Lösung die Versöhnung von Technik und Natur in der ästhetischen Gestaltung des Kraftwerks. Schließlich, als sich auch Alternativkonzepte als nicht realisierbar erwiesen, war es das Surrogat des künstlerischen Abbildes, das eine letzte Möglichkeit eröffnete, die moderner Rationalität geopferte Natur in Erinnerung zu halten.

5.2 Kampf dem Reklameunfug: Ästhetische Kritik und antikapitalistische Ressentiments

Reklame als Landschaftsschändung

Als gewichtigen Feind einer harmonischen Landschaftsordnung und eines ausgebildeten Geschmacksempfindens machte der »Bund Heimatschutz« die Reklameindustrie[96] mit ihren Versuchen, optisch auffällig und damit ökonomisch effektiv

---

95 Brief von Gustav Schönleber an das Badische Ministerium des Innern vom 3.8.1906, Generalbundesarchiv Karlsruhe 237/30716.

96 Vgl. Christiane Lamberty: Reklame in Deutschland 1890-1914. Wahrnehmung, Professionalisierung und Kritik der Wirtschaftswerbung, Berlin 2000; zum Heimatschutz insbesondere S. 456-490; zu den Auseinandersetzungen um Reklame allgemein und speziell im Werkbund vgl. Frederic J. Schwartz: Der Werkbund. Ware und Zeichen 1900-1914, Amsterdam u. Dresden 1999, S. 129-144 u. S.187-217; zu den Konflikten zwischen Heimatschutz und Reklame-

zwischen Produzenten, Waren und Verbrauchern zu vermitteln, aus: »In den letzten Jahrzehnten ist ein neuer Schädling in der Landschaft aufgetreten: riesengrosse Reklametafeln, die in die freie Natur gestellt sind und nicht allein formal einen hässlichen Kontrast zu Feld, Wiese und Baum bilden, sondern auch in ihrer zuwideren Aufdringlichkeit, in der sie uns für ihre Waren interessieren wollen, jedes feinere Gefühl verletzen.«[97] Hier standen sich offenkundig landschaftsästhetische Bedürfnisse und die neue Bildsprache des kapitalistischen Zeitalters unvereinbar gegenüber. Die Reklame als bislang unbekannte Kommunikationsform industrieller Gesellschaften drang mit ihren Bildern und Slogans – ob diese wollten oder nicht – in den Gesichtskreis der Menschen. Von ihren Kritikern wahrgenommen als Indiz einer nur mehr veräußerten Zivilisation, repräsentierte sie mit ihrem Zweck der ökonomischen Profitmaximierung die Lebensstile der neuen Zeit, die nun von der Stadt auf das Land übergriffen. Lediglich getragen von materiellen Interessen, okkupierte die Reklame als Vorreiterin des Kapitalismus aus dem Blickwinkel des Heimatschutzes die ländlichen Lebenswelten und zerstörte mit der traditionellen Landschaftsphysiognomie auch die sozialen, moralischen und natürlichen Ordnungen. Öffentlichkeitswirksam verwahrten sich die Protagonisten des Heimatschutzes dagegen, dem Anblick aufgemalter Werbeslogans auf Felsblöcken, bunten Emailschildern an Aussichtspunkten oder Reklametafeln entlang der Eisenbahnlinien ausgesetzt zu sein. Sie zettelten moralische Debatten um die »Landschaftsschändung für Reklamezwecke«[98] an und betrieben gesetzgeberische Initiativen gegen die Kolonisierung der Landschaft durch die Insignien des Kapitalismus.

Mit der Ausbildung und Ausbreitung neuer Verkehrssysteme blieb das Reklamewesen nicht mehr nur Bestandteil der öffentlichen Bildwelten in den Städten, sondern breitete sich im Zuge der Markterweiterungen und neuer Absatzstrategien für Warenangebote auch auf das Land aus. Vor allem die »Strecken-Reklame« griff in die vorgefundenen Landschaftsbilder ein.

---

industrie vgl. Dirk Reinhardt: Von der Reklame zum Marketing. Geschichte der Wirtschaftswerbung in Deutschland, Berlin 1993, S. 378-386; Uwe Spiekermann: Elitenkampf um die Werbung. Staat, Heimatschutz und Reklameindustrie im frühen 20. Jahrhundert, in Peter Borscheid, Clemes Wischermann (Hrsg.): Bilderwelt des Alltags. Werbung in der Konsumgesellschaft des 19. und 20. Jahrhunderts. Festschrift für Hans Jürgen Teuteberg, Stuttgart 1995, S. 126-149.

97 Schultze-Naumburg: Kulturarbeiten 1917, S. 315.

98 Ebda.

»Das schönste Landschaftsbild kann mit einem Schlage durch ein einziges auffallendes Plakat total verdorben werden, und es ist kein Grund dafür aufzufinden, der die Mitwelt bestimmen könnte, diese Beeinträchtigung der Natur und Heimat, die doch allen gemeinsam, schweigend hinzunehmen. Wie oft findet man nicht, auf der Bahn fahrend, den Blick auf ein wogendes Feld oder einen farbenbunten Wald ärgerlich beeinflußt durch ein Holzgerüst mit bemaltem Bretterwerk, das der Profithunger irgendeines Mode- oder Gebrauchsartikelfabrikanten zur Erbauung des reisenden Publikums an der Bahnlinie aufstellte.«[99]

Optische Provokationen. Materialismus versus Idealismus

Warum versetzten Reklameschilder für Knorr-Suppenmehl, Schmerztabletten, Continental-Fahrradreifen, Schmierseifen, Manoli-Zigaretten oder Cusenier-Cognac gebildete Menschen derart in Rage? Die Ausstattung der Stadt-, Dorf- und Landschaftsbilder mit Reklame rührte unmittelbar am Kern des Selbstverständnisses der Heimatschützer, wurde hier doch die Dominanz der Ökonomie unübersehbar. Der Heimatschutz sah hier eine »Rücksichtslosigkeit, die ihre stärkste Wurzel in dem wachsenden Materialismus hat, der nicht nur in Deutschland sich vielgestaltig äußert, sondern noch stärker und in noch viel deutlicherem Maße in anderen Ländern, die, wie Amerika und England, einen schnellen wirtschaftlichen Aufschwung zu verzeichnen haben, und die, dem Wesen des Volkes entsprechend, in stärkerem Maße dem Materialismus zuneigen als das deutsche Volk, das sich noch einen großen Schatz Idealismus bewahrt hat.«[100] So mußte die Ausstaffierung der Landschaft mit Reklame als optische Provokation und symbolische Kampfansage verstanden werden. Der Handel als Vermittlungsinstanz zwischen Produzenten und Konsumenten symbolisierte im Gegensatz zur Produktion einen »parasitären« Sektor der Wirtschaft und wurde nicht nur von antisemitischen Kritikern mit dem Etikett einer »spezifisch jüdischen Wirtschaftsgesinnung«[101] (Werner Sombart) versehen. Weit stärker als die Produktion – Sombart unterschied hier zwischen dem Geist der »Unternehmer« und jenem der »Händler«[102] – wurde der nur auf Gewinn zielende Handel für den Verfall der idealen

99 Wagener 1913, S. 21.

100 Werner Hellweg: Die Außenreklame in Stadt und Land. Ein Beitrag zur Beseitigung und Verhütung der Verunstaltungen des deutschen Landes durch die Auswüchse der Außenreklame unter besonderer Berücksichtigung der Verhältnisse im Verwaltungsgebiet der freien und Hansestadt Hamburg, Hamburg 1919, S. 30.

101 Vgl. Werner Sombart: Die Juden und das Wirtschaftsleben, Leipzig 1911, S. 179.

102 Ebda., S. 186-197.

Werte im Kapitalismus und für die Dominanz des Materialismus verantwortlich gemacht. Genau hier trafen sich Kapitalismuskritik und Heimatschutz, denn: »Die Denkmalpflege und der Heimatschutz sind ein Teil jener großen Kulturbewegung, die unsere Gegenwart herausführen will aus dem Zustande der Unkultur und des Mangels an wahren Lebenswerten, welche eine Folge des immer gesteigerten Materialismus waren.«[103]

Heimatschutz-Engagement wie der Kampf gegen den »Reklameunfug« wird von der umwelthistorischen Forschung gerne als Beleg für den Mangel ökologischer Perspektiven und für ein unangemessenes Problembewußtsein herangezogen. Indes weisen solche Auseinandersetzungen weit hinaus über das vermeintlich vorpolitische Wirken des Heimatschutzes als Geschmackspolizei und Anwalt landschaftlicher Oberflächenkosmetik. Statt dessen werfen sie grundlegende Fragen an den Umgang moderner Gesellschaften mit Natur und Landschaft auf. Der angezettelte Konflikt zwang zur Verständigung über die Frage, wessen Vorstellungen über das Erscheinungsbild der Landschaft maßgeblich sein sollten, inwieweit der Staat über die ästhetische Verfassung des öffentlichen Raums in Stadt und Land wachen sollte und ob hierbei gegebenenfalls Ansprüche von Industrie und Handel, die bislang in der Regel als Träger des Gemeinwohls identifiziert wurden, reglementiert werden dürften. Es ging, so Werner Hellweg, um die Frage, ob »den Kreisen wie bisher freie Hand gelassen wird, die glauben ihre Sonderinteressen auf Kosten der Interessen der Allgemeinheit erkaufen zu dürfen, und nicht davor zurückschrecken, dem Geld zu Liebe die herrlichsten äußeren Zeichen deutscher Kultur unserer Städte, Dörfer, Baudenkmäler und Naturdenkmäler zu opfern.«[104]

Von der Denkmalpflege, dem »Kunstwart«, der Naturdenkmalpflege und anderen Strömungen der Lebens- und Kulturreform aufgegriffen, schien die Frage der Reklame als ein allgegenwärtiges Phänomen des modernen Lebens dazu geeignet, anhand einer alle betreffenden Einzelfrage grundsätzliche Kommentare zum gesellschaftlichen und industriellen Fortschritt zu formulieren. Deutlich wurden die Positionen des Heimatschutzes etwa in der Behandlung der Reklamefrage auf der zweiten gemeinsamen Tagung für Denkmalpflege und Heimatschutz 1913 in Dresden. Bereits auf der Salzburger Tagung war 1911 beschlossen worden, die »Auswüchse des Reklamewesens« mit einer Eingabe an die Handelskammern und kaufmännischen Vereine anzugehen. Anläßlich der zweiten gemeinsamen Tagung für Denkmalpflege und Heimatschutz referierte der Karlsruher

103 Heyer 1912, S. 1.
104 Hellweg 1919, S. 30f.

Kunsthistoriker Adolf von Oechelhaeuser (1852-1923) dann über die seitherigen Aktivitäten.[105] In seiner Eingabe hatte der Ausschuß der gemeinsamen Tagung für Denkmalpflege und Heimatschutz die Organisationen von Industrie und Handel darum gebeten, auf Unterbindung »derjenigen Übertreibungen, die man als Reklameunfug bezeichnen kann«,[106] zu drängen. Gemeint war damit zunächst ganz allgemein die »Schädigung des Straßen-, Orts- und Landschaftsbildes« und die Beeinträchtigung der »ästhetischen Kultur unserer Zeit«.[107] In Reaktion darauf war wiederum der »Verband der Reklame-Interessenten« aktiv geworden. Er verwahrte sich gleichfalls über Eingaben an die Handelskammern und kaufmännischen Organisationen entschieden gegen die Beschneidung seiner Interessen durch den Heimatschutz. Im Jahre 1910 gegründet, verfolgte diese Organisation laut Satzung »den Schutz und die Wahrnehmung der berechtigten Reklame-Interessen besonders gegenüber übermäßigen Beschränkungen bei Anbringung von Plakaten, Schildern, Schaukästen und sonstigen Reklamen.«[108] In den Reihen der Reklameindustrie verstand man die Freiheit der Werbung als »Handlungsfreiheit des Staatsbürgers« und der »allgemeinen Menschenrechte«.[109] Der Heimatschutz witterte in diesem Interessenverband wiederum eine »Kampforganisation gegen uns« und stellte unmißverständlich klar, wer hier legitime Interessen vertrete und wer nicht:

»Wir befinden uns im Zustande der Notwehr. Unser Heimatsbild, d.h. unser Ortsbild, Straßenbild, Landschaftsbild, ist älter als alle Reklame, ist das primäre, das natürlich gewordene, ursprüngliche, das Reklamewesen dagegen ist das sekundäre, ist erst von bestimmten Interessengruppen in unser Heimatbild allmählich eingeschmuggelt worden, meinetwegen als eine durch unsere moderne Entwicklung gezüchtete, notwendige Erscheinung im Kampfe ums wirtschaftliche Dasein, aber schließlich doch vom Standpunkte des Heimatschutzes aus, höchstens als ein notwendiges Übel, das schließlich auch nur soweit zu dulden ist, als es die Interessen der Allgemeinheit zulassen. (…) Sie sind die Angreifer mit ihren Attentaten auf die ursprüngliche Schönheit unserer Orts- und Landschaftsbilder, wir befinden uns im Zustande der Notwehr, und gerade unser Kampf gegen die Übergriffe der Reklame-Interessenten hat nicht zuletzt dazu beigetragen, die Heimatschutzbewegung in weiten Kreisen des deutschen Volkes populär zu machen.«[110]

105 Adolf von Oechelhaeuser: Die Auswüchse des Reklamewesens, in: Zweite gemeinsame Tagung für Denkmalpflege und Heimatschutz. Dresden 25. und 26. September 1913. Stenographischer Bericht, Berlin 1913, S.55-80.

106 Oechelhaeuser 1913, S. 56.

107 Ebda.

108 Zit. n. ebda., S. 57.

109 Zit. n. ebda., S. 58.

110 Ebda., S 57f.

Auch die gleichfalls 1910 erfolgte Gründung des »Verbandes der Plakat-Industriellen« war eine Reaktion auf die Öffentlichkeitsarbeit des Heimatschutzes, wie das »Handbuch wirtschaftlicher Vereine und Verbände des Deutschen Reiches« unterstrich:

»Diesem unberechtigten Streben entgegenzutreten und durch praktische Arbeit und erzieherische Wirkung auf die Fabrikanten dem Plakatwesen mehr als bisher eine ästhetische Note zu geben, fanden sich die Fabrikanten zusammen. Sie haben durch ihren Zusammenschluß erreicht, daß in den Kreisen des Heimatschutzes der Gedanke Wurzel faßte, daß es nicht nur ästhetische, sondern auch wirtschaftliche Interessen zu wahren gilt, daß beide sehr wohl in der Lage sind, zum Wohle des Volksganzen annehmbare Kompromisse einzugehen.«[111]

Landschaft als Ordnungsmodell

Die Position des Heimatschutzes gegenüber den ästhetischen Veränderungen der Umwelt durch Reklame war keinesfalls geprägt von einer fundamentalistischen Verweigerung der visuellen Stimulanzien, mit denen die Reklameindustrie in einer freien Marktwirtschaft das Konsumverhalten zu beeinflussen suchte. Als offenkundig unabänderliche Begleiterscheinung des modernen Lebens sollte die Reklame vielmehr in den Städten ein quasinatürliches Lebensrecht genießen. Dort allerdings sollte nach den Maximen der ästhetischen Erziehung das künstlerische Niveau der Werbebildwelten gehoben werden. Man bekämpfte nicht das Prinzip, sondern lediglich die »Auswüchse« und »Übertreibungen«. Man war nicht gegen Reklame, sondern gegen »die maßlose Reklame«. Man wollte auch hier die Maßlosigkeiten durch das richtige Maß zu ersetzen und verstand sich als Korrektiv für Fehlentwicklungen: »Keineswegs soll es sich um eine völlige Ausschaltung der Reklame handeln. Doch müssen in Zukunft der Allgemeinheit Mittel zur Zurückweisung unnötiger, geschmack- und maßloser Reklame zur Verfügung stehen.«[112] Als unannehmbarer Fremdkörper wurde die Reklame dagegen im ländlichen Raum empfunden, wo rigorose Verbote die Konservierung des vertrauten Landschaftsbildes gewährleisten sollten. Es ging dem Heimatschutz also um die Aufrechterhaltung einer symbolischen Ordnung, in der die Werbung für industrielle Güter in einer ländlichen Welt keinen Platz hatte und in städtischen Lebenswelten bestimmten ästhetischen Regeln folgen sollte:

---

111 Zit. n. Lamberty 2000, S. 470.

112 Friedrich Lübbecke: Gegen die maßlose Reklame, in: Schwäbisches Heimatbuch 1918, S. 40.

»Wir verstehen sehr wohl die Bedeutung und Notwendigkeit einer wirksamen Reklame und erkennen gern an, daß an manchen Orten bereits der Anfang gemacht worden ist, ästhetischen und künstlerischen Ansprüchen dabei gerecht zu werden; im großen und ganzen bestehen aber die leidigen Zustände, die schon manches herrliche Häuser-, Straßen- und Landschaftsbild aufs empfindlichste beeinträchtigt oder zerstört haben, allenthalben noch fort und verlangen dringend nach Besserung und Abhilfe.«[113]

Der enorme Reizwert, den die Reklamediskussion entfaltete, wurzelte darin, daß hier an einem scheinbar einfachen Konflikt wichtige Probleme industrieller Vergesellschaftung diskutiert werden konnten. Zunächst symbolisierte die Eroberung und Inbesitznahme der offenen Landschaft durch Werbung für industrielle Massenware schlicht den Triumph des urbanen Lebens über das ländliche Dasein. Die für Odol und Maggi werbenden Plakatwände entlang der neuen Eisenbahnlinien, die Emailschilder für Kaffeersatz und Landmaschinen erschienen als Vorboten der Industrialisierung eines ländlichen Raums, dem damit die »Überfremdung« mit städtischen Lebensformen drohte. Die grellbunten Bildwelten der Reklame wurden als Gefährdung der traditionellen bildlichen Ordnung des ländlichen Raums gelesen, so daß hier plausibel die Erosion der äußeren Wirklichkeit mit der Diagnose inneren Verfalls – der Verlust von Werten und die Dominanz des grassierenden Materialismus – in Zusammenhang gebracht werden konnte. Nun regierten »Durchschnittsart und Dutzendware« (Ernst Rudorff)[114] auch auf dem Land. Solange es gelang, den ländlichen Raum als ästhetisches Reservat von modernen Einflüssen freizuhalten, schien das Weltbild des Heimatschutzes stabil. Die Entzweiung in ein »Wunschbild Land« und ein »Schreckbild Stadt« funktionierte, konnten doch die Auswirkungen des modernen Lebens klar der Großstadt und das Leitbild der Tradition dem ländlichen Raum zugeordnet werden. Nun aber kamen diese beiden Welten über die Reklame miteinander in Berührung und die bildungsbürgerliche Fluchtwelt »Land« galt als gefährdet.

Zum anderen verbarg sich hinter der Kritik am Reklamewesen auch eine Kritik an der industriellen Warenwelt, an den industriell produzierten Massengütern, die anstelle einer regional differenzierten materiellen Kultur universelle Homogenität – im Blickwinkel des Heimatschutzes: stoffliche Nivellierung und ästhetische Uniformität seelenloser Waren – setzten. An die Stelle des »echten«, handwerklich solide und aus lokalen Materialien gearbeiteten Einzelprodukts traten austauschbare, qualitativ minderwertige und stilistisch standardisierte Massengüter aus industrieller Produktion, was nichts anderes symbolisierte als den Triumph

113 Oechelhaeuser 1913, S. 56.

114 Rudorff 1897, S. 461.

der Moderne über die Tradition.[115] In der Auseinandersetzung um Reklame gelang es weiterhin, die diffusen antikapitalistischen Ressentiments der Zivilisationskritik an ein konkretes und erfahrbares Handlungsfeld zu binden, ohne daß die Kritik allzu weitreichende Konsequenzen erfordert hätte. Man konnte an den Symptomen kurieren und mußte an den Ursachen nicht rütteln. Im Kampf gegen die Reklame kamen unterschiedliche Aspekte kulturkonservativer Kapitalismuskritik ineins. Anhand der Problematisierung des öffentlichen Werbens konnte offenbar plausibel die Frage erörtert werden, wer denn darüber befinden sollte, wie Landschaft aussehen sollte: die Allgemeinheit oder die privaten Eigentümer von Grund und Boden?

Konfliktlösungen zwischen Konsumentenbewußtsein und Konsenssuche

Wie stellte sich der Heimatschutz die Regulierung des Reklame-Problems vor? Auf der Suche nach Lösungen wurde deutlich, daß es dabei um die zentrale Frage ging, wie die allen zugängliche Wirklichkeit der Landschaft auszusehen habe und wie angesichts unterschiedlicher Interessen ein ästhetischer Konsens unterschiedlicher Landschaftsnutzer gefunden werden könnte. Die Antwort Paul Schultze-Naumburgs war unmißverständlich. Er empfahl im Geiste der Lebensreform die individuell praktizierbare Rezeptur ästhetisch korrekten Konsumverhaltens, die allerdings gesellschaftlicher Reichweite entbehrte und die Lösung des Konflikts der Mündigkeit moderner Konsumenten übertrug: »Das beste Mittel gegen die Belästigung durch Reklame wäre das, die Schädlinge in ihrem eigensten Interesse zu treffen. Ein jeder anständig empfindende Mensch sollte es sich zur Pflicht machen, bei den Firmen, die sich dieser Art von Reklame bedienen, nichts mehr zu kaufen. Eine entsprechende Organisation hierfür könnte Wunder wirken.«[116]

Eine Möglichkeit, die ökonomischen Interessen der Reklameindustrie mit den ästhetischen Bedürfnissen des Heimatschutzes zu vermitteln, eröffnete sich in den »Reklame-Ausschüssen«, wie sie etwa von der Bayerischen Staatsregierung einberufen wurden. Besetzt mit Vertretern des Heimatschutzes und der Wirtschaft, sollte hier unter der Regie der Behörden ein Konsens darüber gefunden werden, wie das ästhetische Niveau der Reklame gehoben werden könnte und an welchen landschaftlichen Örtlichkeiten Reklame zulässig sei. Die Industrie reagierte auf die öffentliche Kritik auch präventiv mit freiwilligen Selbstbeschränkungen. So

115 Vgl. vor allem Schwartz 1999.

116 Schultze-Naumburg: Kulturarbeiten 1917, S. 325.

verzichteten etliche große und in der Werbung für Markenartikel innovative Firmen – wie Odol oder Maggi – auf die Streckenreklame entlang der Eisenbahnlinien. Für diese Haltung führte Oechelhaeuser den Dresdner Industriellen Karl August Lingner (1861-1916) – Produzent des Odol-Mundwassers – als Kronzeuge an. Lingner, dessen Firma wegen aggressiver Werbestrategien aus Heimatschutzkreisen attackiert wurde, hatte den preußischen Naturdenkmalpfleger Hugo Conwentz brieflich wissen lassen: »Mein Auge empfindet ein großes Reklameschild in freier Natur, besonders in einem schönen Landschaftsbilde, als eine direkte Beleidigung und ich würde es niemals dulden, daß eines meiner Unternehmen sich einer derartigen Propaganda bedient.«[117] Außerdem reagierte der »Verband der Reklame-Interessenten« mit Richtlinien für Reklame an historisch und ästhetisch sensiblen Örtlichkeiten. Insgesamt also stellen sich die Kämpfe zwischen dem Heimatschutz, der gegen die »Auswüchse« des Reklamewesens focht, und der Industrie, die gegen die »Auswüchse« der Heimatschutzbestrebungen stritt, als gemeinsame Suchbewegung nach einem ästhetischen Konsens dar.

Privateigentum versus Allgemeinbesitz: »Verunstaltungsgesetze« als Landschaftsschutz

Als einzig effektives Instrument aber erschien dem Heimatschutz bei der Lösung des Reklamekonflikts die Gesetzgebung. Ähnlich wie Hugo Conwentz für die Forderungen der Naturdenkmalpflege früh eine gesetzliche Grundlage einforderte, hatte auch Ernst Rudorff bereits 1888 in seinem »Antrag auf Schutz der landschaftlichen Natur« darauf hingewiesen, daß nur Instrumente der »Gesetzgebung die Wichtigkeit des ästhetischen Moments«[118] angemessen verankern könnten. Seither herrschte ein weitgehender Konsens darüber, daß die Interessenkonflikte um Nutzung und Bewahrung von Natur und Landschaft vom Staat eine unmißverständliche Position abverlangten, Belange der Naturnutzung und Landschaftsgestaltung als Fragen der Allgemeinheit zu verstehen und gegebenenfalls die Verfügungsmöglichkeiten Einzelner über ihr Eigentum einzuschränken. Folge der optischen Kolonisierung der Landschaft durch Reklame waren in etlichen deutschen Staaten sogenannte »Verunstaltungsgesetze«.[119] Sie zielten neben der Er-

117 Zit. n. Oechelhaeuser 1913, S. 66.

118 Rudorff 1888, S. 86.

119 Zur Beziehung zwischen Heimatschutz und Gesetzgebung vgl. Felix Hammer: Die geschichtliche Entwicklung des Denkmalrechts in Deutschland, Tübingen 1995, S. 124-137; zu den Verunstaltungsgesetzen vgl. Speitkamp 1996, S. 287-313.

haltung von Orts- und Stadtbildern vor allem auf den Schutz des bestehenden Landschaftsbildes, wie etwa im preußischen »Gesetz gegen die Verunstaltung landschaftlich hervorragender Gegenden« vom 2. Juni 1902 festgeschrieben wurde:

»Die Landespolizeibehörden sind befugt, zur Verhinderung der Verunstaltung landschaftlich hervorragender Gegenden solche Reklameschilder und sonstige Aufschriften und Abbildungen, welche das Landschaftsbild verunzieren, außerhalb der geschlossenen Ortschaften durch Polizeiverordnung auf Grund des Gesetzes über die allgemeine Landesverwaltung vom 30. Juli 1883 zu verbieten und zwar auch für einzelne Kreise oder Teile derselben.«[120]

Das preußische Verunstaltungsgesetz und ähnliche juristische Maßnahmen, die bis zum Ersten Weltkrieg in anderen Einzelstaaten eingeleitet wurden,[121] waren Ausdruck einer grundsätzlichen Bereitschaft des Staates, das Erscheinungsbild der Landschaft als eine Frage des Allgemeinwohls zu erachten und seine Ordnungs- und Regulierungsfunktion wahrzunehmen. Das Datum des ersten preußischen Verunstaltungsgesetzes von 1902 verweist darauf, daß diese Bereitschaft auch schon vor Gründung des »Bundes Heimatschutz« vorhanden war. Während sich in den Überlegungen der Naturdenkmalpflege und anderer Naturschutzkonzepte biologische, soziale, ethische und ästhetische Argumentationen mengten, waren diese Verunstaltungsgesetze von der ästhetischen Kritik am Umgang mit Landschaft inspiriert. Wiewohl sowohl die Naturdenkmalpflege ästhetische Bewertungskriterien aufgriff und umgekehrt der Heimatschutz auch biologische Beschreibungskriterien berücksichtigte, markieren die Verunstaltungsgesetze auch die Trennung in einen ästhetischen Landschaftsschutz und in einen Naturschutz, der eher den biologisch beschreibbaren Zustand der Natur ins Blickfeld rückte.

Der Heimatschutz begrüßte prinzipiell die Verunstaltungsgesetze, erachtete sie aber als ungenügend. Damit identifizierte zwar der Staat grundsätzlich Fragen der Landschaftsgestaltung als öffentliche Interessen. Allerdings waren in Preußen und den meisten anderen Einzelstaaten die staatlichen Eingriffe in die Aktivitäten der Reklameindustrie solchen Territorien vorbehalten, die das Etikett »landschaftlich hervorragender Gegenden« trugen. Damit fehlte es an einer verbindlichen Handlungsanleitung, wo welche Veränderungen des Landschaftsbildes

120 Zit. n. Conwentz 1918, S. 87. Zu den preußischen Verunstaltungsgesetzen vgl. die Aktenbestände im GStAPK Berlin, I. HA., Rep. 84a/10746-10748, General-Akten des Justizministeriums betreffend den Schutz der Denkmäler, sowie der Straßen und Plätze in geschlossenen Ortschaften gegen Verunstaltungen.

121 Eine Übersicht findet sich in Bredt 1912 u. Conwentz 1908, S. 87-97. Anliegen des Landschaftsschutzes wurden in einzelnen Staaten, wie z.B. Hessen, auch über Denkmalschutzgesetze oder Bauordnungen geregelt. Ausführlicher hierzu vgl. Knaut 1993, S. 241-269.

als zulässig erachtet werden konnten und wer zu einer Bewertung seiner ästhetischen Qualität legitimiert sein sollte. Dem Heimatschutz ging es um die Erhaltung historischer und natürlicher »Eigenart«. Bei der Kategorie der »Eigenart« handelte es sich freilich um eine relativistische Größe, so daß sich innerhalb dieser Logik eine Hierarchisierung unterschiedlicher Landschaften verbat und eine Klassifizierung von Landschaften nach ästhetischen Kriterien unmöglich war. Eine jede Landschaft war eigenartig und deshalb einzigartig. Kriterien über das, was eine »landschaftlich hervorragende Gegend« sein sollte, schienen ohnehin unmöglich. Definitionen wie jene aus der Anweisung zur Ausführung des Verunstaltungsgesetzes von 1907, in dem das Kriterium der ästhetischen Außergewöhnlichkeit beibehalten wurde, lieferten keine verläßliche Handlungsorientierung:

»Nur für landschaftlich hervorragende Gegenden also können solche Vorschriften erlassen werden. Maßgebend für die Definition des Begriffes der landschaftlich hervorragenden Gegend kann nicht das Heimatgefühl der Bewohner der betreffenden Landschaft allein sein – denn dieses ist wohl überall vorhanden –, vielmehr vorwiegend die Bewertung der Landschaft durch die öffentliche Meinung, den Zustrom von Besuchern usw.«[122]

Aus der Perspektive des Heimatschutzes war eine ästhetische Hierarchisierung lokal und regional differenter Landschaften nicht hinnehmbar:

»Offenbar handelt es sich hierbei um eine Konzession an die Reklame-Interessenten, die diesen die dargereichte bittere Pille etwas verzuckern und den Widerstand der Industriellen innerhalb der gesetzgeberischen Körperschaften brechen sollte. Denn abgesehen davon, daß mit diesem vagen Begriff verwaltungstechnisch eigentlich gar nichts anzufangen und der Willkür Tür und Tor geöffnet ist, geht diese Unterscheidung von der grundsätzlich falschen Vorstellung aus, als ob es überhaupt im Sinne des Heimatschutzes Abstufungen im Werte der Landschaft gäbe. Wir erkennen diese Unterscheidungen nicht an. Für uns bedeutet jede Schädigung eines Orts- und Landschaftsbildes die Beeinträchtigung eines Heimatwertes. (...), wir kennen kein Heimatbild erster und zweiter Güte.«[123]

Weil das preußische Verunstaltungsgesetz von 1902 zunächst nur die Sicherung »landschaftlich hervorragender Gegenden« vorsah, drängte der »Bund Heimatschutz« massiv auf eine Gesetzesreform, die auch andere Einflußgrößen wie bauliche Eingriffe in das Landschaftsbild regulieren sollte. Das preußische »Gesetz gegen die Verunstaltung von Ortschaften und landschaftlich hervorragenden Ge-

---

122 »Anweisung zur Ausführung des Gesetzes gegen die Verunstaltung von Ortschaften und landschaftlich hervorragenden Gegenden vom 15. Juli 1907« (vom 4. August 1907); zit. n. Hermann Lezius: Das Recht der Denkmalpflege in Preußen. Begriff, Geschichte und Organisation der Denkmalpflege, Berlin 1908, S. 176.

123 Oechelhaeuser 1913, S. 62f.

genden« vom 15. Juli 1907 hielt zwar als Bewahrkriterium die außergewöhnliche ästhetische Qualität eines zu schützenden Landschaftsbildes aufrecht, so daß sich die Kritik des Heimat- und Naturschutzes in diesem Punkt fortsetzte. Allerdings wurde der Schutz des Landschaftsbildes von Maßnahmen gegen das Reklamewesen erweitert auf bauliche Veränderungen außerhalb geschlossener Ortschaften. Außerdem erhielten jetzt die Kommunen die Möglichkeit, eigene Ortsbildsatzungen zu erlassen. Nun konnten also zum einen Baugenehmigungen versagt werden, wenn die Veränderungen gröbliche Verunstaltungen des Orts- oder Stadtbilds befürchten ließen, das Charakteristische der Siedlungen verändern oder bauliche und künstlerische Denkmale beeinträchtigten. Das Anbringen von Reklameschildern und anderer Werbemedien bedurfte der behördlichen Genehmigung. Und schließlich konnten auch bauliche Veränderungen in landschaftlich hervorragenden Gegenden unterbunden oder beeinflußt werden. Diesbezüglich sah der § 8 des Verunstaltungsgesetzes vor:

»Der Regierungspräsident ist befugt, mit Zustimmung des Bezirksausschusses für landschaftlich hervorragende Teile des Regierungsbezirks vorzuschreiben, daß die baupolizeiliche Genehmigung zur Ausführung von Bauten und baulichen Änderungen außerhalb der Ortschaften versagt werden kann, wenn dadurch das Landschaftsbild gröblich verunstaltet werden würde und dies durch die Wahl eines anderen Bauplatzes oder eine andere Baugestaltung oder die Verwendung anderen Baumaterials vermieden werden kann. Vor Versagung der Genehmigung sind Sachverständige und der Gemeindevorstand zu hören.«[124]

Auf diesem Wege eröffneten sich rechtliche Möglichkeiten, nicht nur die Konservierung des Vorgefundenen zu sichern, sondern auch die Gestaltung von Orts- und Landschaftsbildern zu beeinflussen. Grundsätzlich wurden die Verunstaltungsgesetze nicht nur vom Heimatschutz, sondern auch vom halbamtlichen Naturschutz begrüßt, wie etwa von Wilhelm Bock, dem zeitweiligen Mitarbeiter der »Staatlichen Stelle für Naturdenkmalpflege« in Preußen: »Das Vorgehen Preußens in der Naturdenkmalpflege kann vorbildlich genannt werden.«[125] Bock lobte das Verunstaltungsgesetz von 1902 als ersten Schritt und dasjenige von 1907 als wirkungsvolles Instrument des Landschaftsschutzes. Zu den Ortsbildsatzungen referierte er für das Jahr 1910: »Über 100 Ortsstatute und 20 Polizeiverordnungen sind danach bereits erlassen worden, von denen ein Teil Denkmäler der Kunst, wie Ruinen und ihre Umgebung sichert, andere aber Waldteile, Ufer, Seen und Aussichtspunkte gegen Verunstaltungen schützen und somit auch bei Fragen der

124 Zit. n. Conwentz 1918, S. 87.
125 Bock 1910, S. 74.

Naturdenkmalpflege in Anwendung gebracht werden können.«[126] Die Praxis kommunaler Regulierung im Interesse des Heimatschutzes sollte sich freilich bald als unbefriedigend erweisen. Für Werner Hellweg hatte sich mit Blick auf alle deutschen Verunstaltungsgesetze gezeigt, »daß die Gemeindevertretungen von den ihnen durch die Verunstaltungsgesetze verliehenen Machtbefugnissen gar keinen oder nur ganz ungenügenden Gebrauch gemacht haben, und es oft nicht einmal der Mühe wert gehalten haben, den Anregungen zu folgen, die in den zu den Gesetzen gegebenen Ausführungsanweisungen und dergl. enthalten sind.«[127] So existierte zwar mit der Möglichkeit der Ortsstatute theoretisch ein taugliches Instrument. Von dieser Möglichkeit kommunaler Selbstbestimmung sei aber kaum Gebrauch gemacht worden, weil, so Hellweg, »für die erfolgreiche Durchführung der Bestimmungen der Ortsstatute und dergl. das Fehlen genauer Richtlinien, die das Zulässige umgrenzen und Anhalte für die Behandlung des einzelnen Falles geben, sehr nachteilig ist, da es die notwendige und gleichmäßige Behandlung der Fälle erschwert, oft zu ungleichmäßigen und ungerecht erscheinenden Ergebnissen führt und dadurch ein erfolgreiches Arbeiten vieler Behörden in Frage stellt.«[128]

Schärfer als in Preußen ging man 1909 mit dem Verunstaltungsgesetz in Sachsen vor.[129] Hier, wo eine besonders enge Liaison zwischen staatlichen Verwaltungen und dem »Landesverein Sächsischer Heimatschutz« bestand, entfiel im »Gesetz gegen Verunstaltung von Stadt und Land« die Exklusivität des Reklameschutzes für ästhetisch »hervorragende« Landschaften; die Schutzregelung gegen die Verunstaltung von Orts- und Landschaftsbildern durch bauliche Veränderungen oder Reklame galt für das gesamte Staatsgebiet, so daß hier eine zentrale Forderung des Heimatschutzes erfüllt werden konnte: »Nach der sächsischen Auffassung entspricht es dem Grundgedanken des Heimatschutzes besser, wenn jedes, auch das schlichte und einfache Landschaftsbild geschützt wird und damit dem Volke ein Ansporn gegeben wird, die Wertung der Heimat nicht nur davon abhängig zu machen, daß sie etwa lockende, in die Augen fallende Reize besitzt.«[130] Außerdem waren Verbote nicht nur, wie andernorts, gegen »grobe« oder »gröbliche« Verunstaltungen vorbehalten, sondern es genügte das Kriterium der allgemeinen »Verunstaltung«.

---

126 Ebda.

127 Hellweg 1919, S. 35.

128 Ebda.

129 Vgl. Bredt 1912, S. 33-42.

130 Ebda., S. 37.

Früh wies der Naturschutz darauf hin, daß die pure Erhaltung des Landschaftsbildes den Ansprüchen eines effektiven Naturschutzes nicht Rechnung tragen könne und das Kriterium »landschaftlich hervorragender Gegenden« zwangsläufig unverbindlich bleiben müsse. Der Naturschutz drängte deshalb immer wieder – wenn auch erfolglos – auf eine eigenständige Gesetzgebung seiner Belange. Die Kritik verwies vor allem auf die geringe Reichweite der Verunstaltungsgesetze, da diese sich lediglich gegen Reklameaktivitäten und bauliche Eingriffe in das Landschaftsbild wenden ließen, nicht aber gegen andere Formen der Landschaftsnutzung. Die Dominanz ästhetischer Kriterien könnten zudem Erfordernissen eines auf Flora und Fauna zielenden Naturschutzes nur bedingt Rechnung tragen. Hierzu bilanzierte Karl Keller:

»Das Gesetz gibt nur Schutz gegen Beeinträchtigung durch Bauten. Das Landschaftsbild kann aber auch durch viele andere Arbeiten geschädigt werden, z.B. Anlegung von Steinbrüchen, Trockenlegung von Seen, Urbarmachung von Mooren, Ausrottung der eigenartigen Flora und Fauna usw. Ferner ist nicht jede Störung des Landschaftsbildes, jede Vernichtung von Naturdenkmälern auch eine Verunstaltung. Das Verunstaltungsgesetz bedarf daher einer Ergänzung im Sinne des hessischen oder des französischen Gesetzes zum Schutze der Naturdenkmäler und Landschaften. Außerdem müssen die Flora und Fauna durch geeignete Vorschriften vor dem Untergange bewahrt werden. Der Schutz der Landschaft steckt bei uns noch ganz in den Anfängen. Sein weiterer Ausbau ist eine der dringendsten Aufgaben für ein Volk, das auf den Namen eines Kulturvolkes einen berechtigten Anspruch haben will.«[131]

Auch Richard Hempel lenkte in seiner Defizitdiagnose der Verunstaltungsgesetze die Aufmerksamkeit auf Landschaftsveränderungen, die einst Ausgangspunkt der Heimatschutzkritik gewesen waren und nun von der Gesetzgebung weitgehend vernachlässigt wurden. Wie Hempel attestierte, stellten die Verunstaltungsgesetze zwar Instrumente gegen bauliche Eingriffe durch Fabrikanlagen oder technische Bauten dar. Die Erhaltung des Landschaftsbildes ländlicher Regionen sei damit allerdings keinesfalls gewährleistet. Die Veränderungen dort – ästhetische und ökologische Verarmung – rührten nämlich in erster Linie von Flurbereinigungen und Meliorationen, auf die durch die Verunstaltungsgesetze keinen Einfluß ausgeübt werden konnte. Deshalb, so Hempel, bedürfe es Reformen:

»Entweder durch Anhängung entsprechender Zusätze an die für die Teilung und Umlegung der Grundstücke in den einzelnen Staaten bestehenden gesetzlichen Bestimmungen, oder durch Schaffung eines allgemeinen Gesetzes zur Wahrung einer angemessenen landschaftlichen Schönheit,

131 Karl Keller: Die Bedeutung des preußischen Verunstaltungsgesetzes für den Schutz des Landschaftsbilds, in: Heimatschutz in Brandenburg, 2. Jg. (1910), S. 181.

das auch die Teilungen und Verkoppelungen, Zusammenlegungen, Konsolidationen und Flurbereinigungen sowie alle Meliorationen mitumfaßt.«[132]

Die Verunstaltungsgesetze folgten der ästhetischen Argumentation von Heimatschutz und Kulturreform und offenbarten dabei die Schwierigkeit, ästhetische Wirklichkeitsbeschreibung normativ festzulegen. Weder konnte definiert werden, in welchem Fall die Kriterien einer »landschaftlich hervorragenden Gegend« erfüllt sind, noch wie eine »grobe« oder »gröbliche« Verunstaltung bewertet werden sollte. In den Fragen, ob Laien, Verwaltungsvertreter oder professionelle Sachverständige Beeinträchtigungen der Orts- und Landschaftsbilder beurteilen sollten und nach welchen Kriterien bei der Feststellung einer »Verunstaltung« vorgegangen werden sollte, blieb der Gesetzgeber denkbar offen: »Wann eine solche vorliegen würde, kann im einzelnen Falle zweifelhaft sein. Im allgemeinen wird jede Schaffung eines positiv häßlichen und daher jedes für ästhetische Gestaltung offene Auge verletzenden Zustandes als grobe Verunstaltung anzusehen sein.«[133] Ähnlich, wie sich bei den Diskussionen um die Naturdenkmalpflege die Schwierigkeit ergab, welche Objekte und Gebilde der Natur nun denkmalwürdig und damit bewahrenswert sein sollten, blieben in den Verunstaltungsgesetzen die Kriterien außergewöhnlicher und deshalb erhaltenswerter Landschaften vage. Wurden die Kriterien in den Bereich des Ästhetischen verlegt, so schien es in einem konkreten Interessenkonflikt unmöglich, zwischen den Kontrahenten eine gemeinsame Ansicht darüber zu erzielen, was als »landschaftlich hervorragend« oder als Beeinträchtigung ästhetischer Integrität zu bewerten ist.

Die Schwierigkeiten, anhand einer normativen Landschaftsästhetik zu beurteilen, was bewahrenswert sein sollte und was nicht, waren für den Natur- und Heimatschutz gewichtige Argumente, sich für die Verschärfung der bestehenden Verunstaltungsgesetze zu engagieren. Wie bei den Diskussionen um ein Gesetz für die Naturdenkmalpflege entfaltete auch bei den Verunstaltungsgesetzen die Eigentumsfrage das größte Reizpotential. Hier entschied sich, wie weit sich aus dem Interesse an Natur und Landschaft ein politischer Anspruch auf deren Erhaltung und ein Verständnis als Gemeinbesitz ableiten ließen. Der Staat mußte entweder als Hüter individueller Selbstentfaltung oder Repräsentant des Gemeinwohls agieren. Er hatte mit den Verunstaltungsgesetzen zwar grundsätzlich seine

---

132 R. Hempel: Heimatschönheit und Bodenkultur. Ein Mahnwort, Cassel 1914, S. 39.

133 »Anweisung zur Ausführung des Gesetzes gegen die Verunstaltung von Ortschaften und landschaftlich hervorragenden Gegenden vom 15. Juli 1907« (vom 4. August 1907); zit. n. Lezius 1908, S. 164.

Bereitschaft signalisiert, die Eigentumsrechte Privater zugunsten des Schutzes von idealem Gemeinbesitz einzuschränken. In der Praxis allerdings war damit das Vorrecht wirtschaftlicher Interessen noch lange nicht durch den Primat des Bewahrens ersetzt. Gerade an diesem neuralgischen Punkt der Beschneidung von Eigentumsrechten blieb man vorläufig zurückhaltend:

»Da es sich um eine immerhin einschneidende Maßnahme handelt, die eine nicht unerhebliche Beschränkung der Ausnutzung des Grundeigentums bedeutet, wird mit großer Vorsicht zu Werke zu gehen sein. Es ist in jedem Falle zu prüfen, ob nicht wirtschaftliche Interessen von schwerwiegender Bedeutung gefährdet werden, denen gegenüber die auf ästhetischem Gebiete liegenden Wünsche zurücktreten müssen. Wo bereits eine zukunftsreiche industrielle Entwicklung eingesetzt hat oder mit ziemlicher Sicherheit auf eine solche zu rechnen ist, wo es sich um Bergwerksbetriebe handelt usw., kann von Maßnahmen der fraglichen Art Abstand genommen werden. Bestehen Zweifel in dieser Hinsicht, so kann die Anhörung berufener Interessentenvertretungen, der Landwirtschaftskammern, der Handelskammern u.a. in Frage kommen.«[134]

134 »Anweisung zur Ausführung des Gesetzes gegen die Verunstaltung von Ortschaften und landschaftlich hervorragenden Gegenden vom 15. Juli 1907« (vom 4. August 1907); zit. n. Lezius 1908, S. 176.

6. Anti-Internationalismus I: Kapitalismuskritik und Kulturdiskurs[135]

Wie die Denkmalpflege oder die Naturdenkmalpflege rührte auch der Heimatschutz mit seiner ästhetischen Kritik am Selbstverständnis der bürgerlichen Gesellschaft. Die Frage, wie das Bild der Landschaft auszusehen habe, drängte auf eine prinzipielle Klärung des Verhältnisses von Individuum und Gesellschaft und auf eine Entscheidung, ob der Staat die Freiheiten der Individuen im Umgang mit ihrem Eigentum reglementieren darf. Wer besaß die Verfügungsgewalt über die ästhetische Gestaltung des öffentlichen Raums und der freien Landschaft? Waren Natur und Landschaft öffentliches Allgemeingut oder privates Eigentum? Auf dem Wege ästhetischer Auseinandersetzung gelang es dem Heimatschutz, die Naturfrage zu einem kommunizierbaren gesellschaftlichen Thema zu machen. Über die Frage nach der »schönen« Natur wurden Diskurse über Nutzungsrechte, Bodenverteilung, die menschliche Arbeitskraft oder über das Verhältnis von Privateigentum und gesellschaftlichen Interessen an Natur und Landschaft geführt. Insofern muß die ästhetische Kritik des Heimatschutzes nicht als bildungsbürgerliche Flucht in das Reich von Nebenschauplätzen und die fragwürdige Kunst landschaftlicher Oberflächenkosmetik gelesen werden. Die ästhetische Kritik ist zunächst schlicht eine den bildungsbürgerlichen Schichten angemessene Form, den Primat der Nützlichkeit anzuzweifeln und allgemeine Interessen an Natur gegenüber privatwirtschaftlichen anzumelden. Damit werden Eigentumsrechte hinterfragt: Natur und Landschaft, so der durchaus »moderne« Einwand des Heimatschutzes, dürften nicht zu Wirklichkeitssphären werden, die uneingeschränkt den individuellen Interessen zur Verfügung stehen. Im Konflikt um die technische Kolonisierung der Natur durch Bergbahnen formulierte der Schweizer Heimatschützer und Romanist Ernest Bovet (1870-1941) diese Sichtweise so:

»Der Heimatschutz verdankt seine Existenz einem neuen Begriff, der sich allmählich ausgebildet hat und sich noch viel mehr ausbilden wird, bis er (wie andere neue Rechtsbegriffe) ein integrie-

135 Ausführlich hierzu Schwartz 1999.

render Teil unseres Innenlebens geworden ist. Es ist dies ein sozialer Begriff: das Gesamtbild einer Stadt oder einer Landschaft, so wie es durch die Natur und die Arbeit vieler Generationen geschaffen wurde, ist ein Gut, das allen zugleich und wiederum keinem einzelnen gehört, denn kein einzelner hat dafür mehr getan als die Gesamtheit.«[136]

Das in Heimatschutzkreisen verbreitete Unbehagen am Kapitalismus drang freilich trotz aller Bekenntnisse gegen »Materialismus«, »Mammonismus« und »Eigennutz« nicht auf Überwindung der kapitalistischen Verhältnisse, wiewohl doch als Ursachen von Naturausbeutung und Landschaftszerstörungen die industriellen Nützlichkeitsideologien ausgemacht waren. Der Heimatschutz diskutierte einen allgemeinen Werteverfall, der Unternehmer in verantwortungslose Akteure verwandle. Die Verantwortung für den despektierlichen Umgang mit Natur, so die Deutung, lag in einer pathogenen Kultur, welche die niedrigsten Triebe und Strategien des materiellen Überlebens zur Entfaltung brachte. Die Rede war nicht von marktwirtschaftlicher Konkurrenz oder Produktionsverhältnissen, sondern von – um nur einige Schlagworte abzurufen – »Begehrlichkeit«, »Entartung des natürlichen ästhetischen Empfindens«, »Tiefstand der inneren Kultur«, »Wirkungen des zersetzenden Zeitgeistes« oder »Ausartung unserer Zeit«.[137] Gerade dadurch aber, daß die Ursache der industriell bedingten Natur- und Landschaftszerstörungen in das Reich der niederen Instinkte verlagert wurde, konnten die Fragen nach den kapitalistischen Produktionsverhältnissen und die Frage der Dynamik der industriellen Entwicklung entkoppelt werden. Beides stand nicht in einem ursächlichen Zusammenhang, sondern wurde an die Frage der Einheit der Kultur gebunden. Das kapitalistische Industriesystem war Symptom, nicht Ursache. Der Kapitalismus konnte nur dann zu einem zerstörerischen Wirtschaftssystem werden, wenn seine Bindung an eine idealistische Kultur nicht garantiert war. Die Gründe dafür, daß Natur nur mehr dem instrumentellen Zweck unterworfen wurde, lagen nicht in der marktwirtschaftlichen Konkurrenz selbst oder im Prinzip der Arbeitsteilung. Die Gewinnorientierung der industriellen Unternehmungen, die Natur zur Ware werden ließen, wurde gebunden an eine Psyche des Unternehmers, dem die Werte einer idealistischen Kultur abhanden gekommen waren. »Materialismus« und »Eigennutz« standen damit nicht als spezifische psychische Anpassungsleistungen an kapitalistische Produktionsverhältnisse zur Diskussion, sondern konnten als Symptome des allgemeinen kulturellen Niedergangs und als Ursachen der Naturzerstörungen gelesen werden. Die Antwort, die der Heimat- und Naturschutz

136 Ernest Bovet: Heimatschutz und Bergbahnen, in: Heimatschutz, 9. Jg. (1913), Heft 1, S. 8.
137 Sämtliche Formulierungen aus Mielke 1908.

wie alle Kulturbewegungen des wilhelminischen Kaiserreichs auf die Misere der Zeit lieferte, war die Beschwörung von »Kultur« und »Geist«.

Thematisiert wurde also, daß der industrielle Fortschritt sich nicht mehr als Diener der Kultur unterordne, sondern zum Selbstzweck geworden war. Damit schien es unnötig, Besitz- und Produktionsverhältnisse zu befragen. Maßgeblich erschien nicht die Verfügungsgewalt über Produktionsmittel, sondern die Einbettung der Ökonomie in den Kontext einer idealistischen Kultur. Als symptomatisch für die Haltung des Heimatschutzes erweisen sich dabei die Auseinandersetzungen um Reklame. Es ging darum, einen Umgang mit industriell produzierten Gütern einzuüben, der solchen ästhetischen Regeln folgen sollte, die einer Kulturnation als angemessen erachtet wurden. Wie der Heimatschutz nicht die Entfaltung des industriellen Systems in Frage stellte, so stellte er auch nicht die Werbung für marktwirtschaftlich produzierte Güter prinzipiell in Frage. Reklame wurde als ein Phänomen des modernen Lebens und als Notwendigkeit kapitalistischer Produktion und Distribution hingenommen – aber nur am richtigen Ort und in einer bestimmten Ästhetik. Am falschen Ort – etwa als Streckenreklame im ländlichen Raum – gefährdete sie die Reinheit und Unberührtheit der traditionalen Kulturlandschaft und wurde engagiert bekämpft. Diese Positionierung wird auch bei anderen Konflikten deutlich, wo es den Mehrheiten im Heimatschutz beständig darum ging, nicht die historischen Prozesse selbst zu hinterfragen, sondern lediglich »Auswüchse«, »Maßlosigkeiten« oder »Übertreibungen« zu korrigieren. Bei Fabrikbauten, Verkehrssystemen oder der industriellen Nutzung der Natur wurde nicht die Legitimität der ökonomischen Interessen thematisiert. Eingefordert wurde lediglich eine Anpassung der Industriearchitektur oder der Streckenführung von Straßen und Bahnlinien in das vorgefundene Landschaftsbild.

Wenn als Schuldiger des Raubbaus an der Natur der vielgegeißelte »Materialismus« benannt werden konnte, dann war eine Auseinandersetzung mit der kapitalistischen Organisation der Wirtschaft nicht mehr notwendig. Dann war das Problem zu einer Frage der Kultur deklariert, die sich durch sittliche Läuterungen im Zuge der kulturellen Erneuerung von selbst ergeben würde. Die Kulturkritik registrierte zwar sensibel alle möglichen destruktiven Potentiale der Industrialisierung, degradierte die Ökonomie allerdings zu einer allenfalls zweitrangigen Frage. Sie wurde der Kultur untergeordnet, so daß sich die Kapitalismuskritik stets als Ressentiment, kaum aber als Analyse kapitalistischer Logik artikulierte. Solchermaßen handelte es sich bei der Kapitalismuskritik der Kulturreform in der Regel um jenen von Georg Lukács so klassifizierten »romantischen Antikapitalismus«, der ursprünglich zwar im Namen der Kultur »eine wirkliche Kritik der

Greuel und der Kulturfeindlichkeit des entstehenden Kapitalismus«[138] geleistet habe. In seiner deutschen Variante allerdings habe er sich alsbald in »eine Form der Apologetik für die politisch-soziale Rückständigkeit des Hohenzollernreiches«[139] verwandelt, so daß er in einer puren Idealisierung der vorkapitalistischen Vergangenheit als vermeintliche Epoche nichtentfremdeter Existenz mündete.

Die Probleme wurden selten konkret mit einer kapitalistischen Organisation der Ökonomie verknüpft, sondern eher vage mit »amerikanischen« Verhältnissen umschrieben. Mit diesem Drohbild einer geschichtslosen und entäußerten Zivilisation war ein spezifischer Kapitalismus gemeint, der in seiner Rücksichtslosigkeit das Wesen der Kultur zu untergraben schien. Es war eine Zivilisation der Äußerlichkeit, die gegen eine deutsche Kultur der Innerlichkeit stand. Die Semantik des Kranken zielte auf das Bild einer organischen Kultur, deren Integrität durch das Eindringen des Fremden gefährdet wurde. Das Einströmen fremdartiger Einflüsse wie der amerikanischen Zivilisation, so die Interpreten der Kulturkritik, zersetze den Organismus der Kultur und beschädige so auch Natur und Landschaft.

Von hier war die Brücke zu einem offen antisemitischen Antikapitalismus geschlagen. Für das vorindustrielle Zeitalter war der jüdische Händler zum Gegenspieler des deutsche Bauern stilisiert worden; jetzt avancierte der jüdische Kapitalist als »Eindringling« zum Repräsentanten einer urban-industriellen Zivilisation. Waren es im Heimat- und Naturschutz des Kaiserreiches – etwa im Vergleich zur Lautstärke antisemitischer Warenhauskritik – nur wenige und dann auch kaum gewichtige Einzelstimmen,[140] die den jüdischen Kapitalisten zum »Schädling« von Volk und Landschaft stigmatisierten, verstärkte sich diese organologisch-pathologisierende Deutung nach dem Ersten Weltkrieg radikal, bevor sie im Naturschutz unter nationalsozialistischer Herrschaft in unverhohlene Vernichtungswut

---

138 Georg Lukács: Die Theorie des Romans. Ein geschichtsphilosophischer Versuch über die Formen der großen Epik, Darmstadt 1962, S. 14. [Der Text stammt aus dem Jahre 1914, das zitierte Vorwort von 1962.]

139 Ebda., S. 15.

140 Zur antisemitischen Reklame-Kritik im Kaiserreich vgl. Lamberty 2000, S. 431-443. Bei der Beziehung unterschiedlicher Kritikmotive kommt sie zu dem Befund: »Erstaunlicherweise nahmen die Reklamekritiker aus dem Lager der Antisemiten, der Antiamerikanisten und der Heimatschützer so gut wie nie eine Verknüpfung aller drei Positionen vor.« (S. 430) Dies ändert freilich nichts an deren gemeinsamer Grundlage, der Xenophobie. Vgl. Friedemann Schmoll: Bewahrung und Vernichtung. Über Beziehungen zwischen Naturschutz und Antisemitismus in Deutschland, in: Freddy Raphaël (Hrsg.): »...das Flüstern eines leisen Wehens...« Beiträge zu Kultur und Lebenswelt europäischer Juden, Konstanz 2001, S.345-368.

umschlagen konnte. So regte der im Kaiserreich arrivierte, in der Weimarer Republik mit dem Amt des Leiters der »Staatlichen Stelle für Naturdenkmalpflege« in Preußen bedachte und 1935 zum Leiter der »Reichsstelle für Naturschutz« ernannte Walther Schoenichen 1939 in der Reklame-Frage an:

»Die eigentliche Ursache der gesundheitlichen Störung liegt in gewissen seelischen Defekten einer bestimmten Menschengruppe, deren Angehörige in der Regel nur zum kleinsten Teile zu dem betroffenen Bezirk in einem organischen Verhältnis stehen, zumeist irgendwo in fernen Städten, vielleicht sogar im Auslande ihrem Gewerbe nachgehen. Sie alle leiden in stärkerem oder geringerem Grade an einer monomanischen Entartung und materialistischen Übersteigerung des Geschäftssinnes. Es wäre eine lohnende Untersuchung, festzustellen, wieweit diese sozialpsychische Erkrankung auf eine Infektion mit jüdischem Giftstoff zurückzuführen ist.«[141]

Gerade weil die kulturelle Kapitalismuskritik so unverbindlich in ihren Konsequenzen und so vage in ihrer Diagnostik blieb, lieferte sie ein Deutungsmuster, in dem sich ganz unterschiedliche politische und gesellschaftliche Gruppen wiederfanden. Was sie vereinte, war die Sehnsucht nach einem neuen, nicht-entfremdeten Menschen. Der kulturelle Antikapitalismus lieferte einen Konsens, den sehr viele und ganz unterschiedliche Modernisierungsverlierer teilen konnten: Boden- und Sozialreformer, völkische und antisemitische Naturschützer,[142] alternative Naturapostel und naturrevolutionäre Aussteiger, Teile der Sozialdemokratie, der konservative Agraradel, Nationalökonomen, Werkbundler und viele andere mehr.

---

141 Walther Schoenichen: Biologie der Landschaft, Neudamm u. Berlin 1939, S. 76.

142 Zu den Verknüpfungen zwischen Antikapitalismus und Antisemitismus in der Heimatpflege vgl. auch Hermann Bausinger: Zwischen Grün und Braun. Volkstumsideologie und Heimatpflege nach dem Ersten Weltkrieg, in Hubert Cancik (Hrsg.): Religions- und Geistesgeschichte der Weimarer Republik, Düsseldorf 1982, S. 215-229.

7. Anti-Internationalismus II: Sozialismus und Gleichmacherei

Der Heimatschutz war deshalb antikapitalistisch, weil der Kapitalismus international war und so Natur und Kultur in ihrer »Eigenart« zu gefährden schien. Wenn die Arbeit des Heimatschutzes auf die Rettung, Bewahrung und Erneuerung regionaler und nationaler »Eigenarten« zielte, mußte er sich zwangsläufig gegen diejenigen Tendenzen stellen, die anstelle von Differenz Nivellierung setzten: »Allüberall spricht man von Heimatschutz, der im Grunde nichts anderes ist, als das Aufbäumen der Volksseele gegen das immer weitere Vorwärtsschreiten der Gleichmacherei, gegen die immer raschere Vernichtung bodenständiger Eigenart auf allen Gebieten, in Wald und Flur, in Tier- und Pflanzenwelt, in Brauch und Sitte.«[143]

Für die Heimatschutzbewegung war die Voraussetzung stabiler nationaler Identität die »Heimatliebe«, also das Aufgehobensein in einer lokal erfahrbaren natürlichen und kulturellen Umwelt. Dies schien einzig durch die Bindung der Menschen an heimischen Boden gewährleistet, so daß der verwurzelte Bauer das Gegenbild zu den degenerierten Städtern und entwurzelten Proletariern abgab. In dieser konservativen Logik, für welche die Heimat »Nährboden aller Gesittung«[144] darstellte, mußte neben der kapitalistischen Wirtschaft deshalb noch ein weiteres Feindbild hinzukommen, das die universalistischen Prinzipien der Moderne repräsentierte, die politische Linke:

»Aber ein zweiter, weit gefährlicherer Feind erwächst der heimischen Eigenart, dem wirtschaftlichen Kosmopolitismus den politischen zugesellend, in der Sozialdemokratie. Was ist ihr das Vaterland? Was gilt ihr Brauch und Sitte? Auf Trümmern will sie, die den Materialismus zum Vater hatte, ein neues glückdurchflutetes Traumreich erbauen, ein Reich, in dem nur Zahl und Zirkelschlag gilt, und das die im Barrikadenkampf gekürte Theatergöttin ›Vernunft‹ als Königin und Richterin über Geist und Gemüt setzt. Im Bruch mit allem Althergebrachten verhöhnt und

143 Georg Friedrich Konrich: Heimat und Heimatschutz, in: Konrich 1910, S. 5.
144 Aufruf zur Gründung eines Bundes Heimatschutz, 1903/04.

verwirft sie alle Ideale, denen wir seit Jahrtausenden nachgelebt. Indem sie Gott entthronte, nahm sie ihren Gläubigen die Freude an seinen Werken, die Freude und das Interesse an der heimischen Natur, denn wer in ihrer Schönheit nicht mehr den Hauch der allschaffenden Güte spürt, dem wird die Umwelt zum poesielosen Mechanismus, und indem die Volksbeglückerin im Staat den gewinnbeteiligten Schutzherrn einer Ausbeuterklasse, im Vaterlande nichts als ein fremdes, beziehungsloses Erdflächenstück zu sehen lehrte, untergrub sie die Anhänglichkeit am Höchsten, was ein Volk hier hegen sollte, sie nahm ihm die Vaterlandsliebe, den opfermutigen Stolz, der dankbar für den Gemeinbesitz wirbt und stirbt.«[145]

Auch hier knüpfte die Heimatschutz-Bewegung unmittelbar an die konservative Agrarromantik Wilhelm Heinrich Riehls an, der die sozialen Gruppen in Mächte des Beharrens (Aristokratie und Bauernstand) und Mächte der Bewegung (Bürgertum und Proletariat) geschieden hatte. Es ging ihm mit seiner konservativen Sozialutopie darum, im Prozeß des Wandels ein organologisches Gesellschaftsmodell gegen die Folgen der Industrialisierung zu verteidigen. In seiner Analyse der sozialen Realitäten und historischen Prozesse erhob er die erdverwurzelten Bauern zu den Figuren der nationalen Zukunft und den vierten Stand zur Kraft der gesellschaftlichen Zersetzung. Für ihn stellten sich das Volk und die Nation dar als quasinatürliche Organismen. Während der kulturelle und völkische Niedergang seinen Ausgang in der modernen Großstadt nahm, waren ihm die gesellschaftlichen Gruppen, die in unmittelbarer Beziehung zur Scholle und zur lokalen Landschaft standen, also die Bauern, Garanten gegen den Verfall und Fundament eines intakten Volkstums. Die Großstädte als Versammlungsorte und Exerzierstätten der modernen Kräfte entvölkerten das sie umgebende Land physisch und geistig, biologisch und moralisch. Hier, in den Schmelztiegeln »unserer bedürfnißreichen überfeinerten Civilisation«,[146] die nichts anderes seien als »Symptome der Widernatur«[147] und »Wasserköpfe der modernen Civilisation«,[148] beginne die Zersetzung der organischen Ständegesellschaft durch den vierten Stand. Dieses Proletariat, »dessen Patriotismus die Zerstörung des eigenen Volksthumes ist«,[149] sei im Zeitalter der Industrialisierung mit seinem »Wahnsinne der Gleichmacherei«,[150]

---

145 Wagener 1913, S. 7f.

146 Riehl 1854, S. 73.

147 Ebda., S. 75.

148 Ebda.

149 Wilhelm Heinrich Riehl: Die bürgerliche Gesellschaft (= Die Naturgeschichte des Volkes als Grundlage einer deutschen Social-Politik), 6. Auflage, Stuttgart 1866, S. 288.

150 Ebda., S. 284.

seiner »Geschichtslosigkeit« und »Vaterlandslosigkeit«[151] zur maßgeblichen Kraft der Nivellierung natürlicher Unterschiede und der Zerstörung jeglicher »Eigenart« und Lokalvernunft geworden.

So verstand sich der Heimatschutz als Gegenbewegung zu dieser zersetzenden Kraft. Ernst Rudorff:

»Fahren wir weiter fort, so zu wirtschaften, wie bisher, so werden wir bald ein ausgelebtes Volk sein, dessen religiöses Empfinden samt allen übrigen Kräften des Gemüts verdorrt oder verflacht, das keines geistigen Aufschwungs mehr fähig ist, keinen Dichter, keinen großen Künstler, überhaupt keine wahrhaft schöpferische Persönlichkeit mehr hervorzubringen vermag, höchstens in leerer Scheingröße fortvegetirt. Ja noch mehr: wir arbeiten den Ideen der roten Internationale mit unsrer Gleichmacherei geradezu in die Hände. Es ist bezeichnend, daß die Vaterlandslosigkeit fast ausschließlich in den Fabrikbezirken großgezogen wird. Was gibt es auch an vaterländischen Gütern besondres zu schützen, wofür das Leben einzusetzen wäre, wenn jede Eigenart der Heimat in ihrem landschaftlich und geschichtlich gewordnen Charakter, jede Volkstümlichkeit und Besonderheit in Wesen, Sitte und Erscheinung vertilgt wird?«[152]

151 Ebda., S. 288.

152 Rudorff 1897, S. 466f.

8. Heimat und Landschaft: Politische Utopie, sentimentale Idylle, kosmischer Lebenszusammenhang

Mit der Entfaltung des industriellen Systems im wilhelminischen Kaiserreich geriet »Heimat« zu einer Sehnsuchtslandschaft, die weniger mit äußeren Realitäten der Industriegesellschaft korrespondierte, sondern eher schon mit mißlungenen psychischen Anpassungsprozessen an das moderne Leben, mit Entfremdungserfahrungen und kulturellen Verunsicherungen. Präziser als Begriff und Gehalt der »Heimat«[153] wurden die Forderungen nach ihrer Erhaltung vorgetragen; beklagt wurde der Schwund von etwas, das kaum jemand verbindlich zu benennen vermochte. Es ging um ein zunächst legitimes, möglicherweise naives, in jedem Fall unverbindliches Projekt: »Jeder Mensch sollte lernen sich irgendwo zu Hause zu fühlen.«[154] Das Programm »Heimat« bündelte ein höchst heterogenes Konvolut an Reaktionen auf Modernisierungszumutungen und brachte dabei individuelle Erfahrungen und gesellschaftliche Entwürfe ineins. Auf die Veränderungen des modernen Lebens reagierten Stichwortgeber des Heimatschutzes wie Ernst Rudorff mit der schlichten, politisch freilich folgenschweren Frage: »Kann man denn nicht Dinge und Menschen lassen, wo sie hingehören?«[155] Heimat als Versprechen eines ganzheitlichen und organischen Lebenszusammenhangs geriet zum Gegenentwurf zu einer für bildungs- und kleinbürgerliche Gruppen unbewältigbar erscheinenden Moderne. Während diese von den Individuen Mobilität, Anonymität, Funktionalität und unkalkulierbare Lebensplanungen abverlangte, verhießen die Prophezeiungen des Heimatlichen Vetrautheit, Geborgenheit, Verwurzelung,

153 Zum Heimatdiskurs im 19. u. 20. Jahrhundert vgl. Bundeszentrale für politische Bildung (Hrsg.): Heimat. Analysen, Themen, Perspektiven, Bonn 1990; Heinz Gollwitzer: Der kulturgeschichtliche Ort der Heimatbewegung, in: Westfälische Forschungen, 27. Jg. (1975), S. 12-21; Museumsdorf Cloppenburg/ Kulturamt der Stadt Oldenburg/ Stadtmuseum Oldenburg (Hrsg.): Regionaler Fundamentalismus? Geschichte der Heimatbewegung in Stadt und Land Oldenburg, Oldenburg 1999; Katharina Weigand (Hrsg.): Heimat. Konstanten und Wandel im 19./20. Jahrhundert. Vorstellungen und Wirklichkeiten, München 1997.

154 Rudorff 1880, S. 272.

155 Rudorff 1897, S. 464.

Individualität und eine Übereinstimmung von innerer und äußerer Wirklichkeit. Im Zeitalter wachsender Mobilität und unkalkulierbarer Zukunftserwartungen gewann die Rede von »Entwurzelung« und »Heimatlosigkeit« konkrete wie metaphorische Plausibilität. Im Gegenzug wurden mit der Auflösung tradierter räumlicher und sozialer Beziehungen der Heimat umso vehementer Anziehungs- und Erlösungskraft zugeschrieben. In der Forderung nach Heimat und im Programm ihrer Verteidigung und ihres Schutzes artikulierte sich zunächst also vor allem der Schwund an verläßlichen Orientierungen, Werten und Traditionsbeständen.

Jene freilich, deren reales Leben in der Heimat spielte – die beschworenen Moorbauern und Heideschäfer, Müller, Knechte und Mägde – erfuhren ihren sozialen, natürlichen und kulturellen Lebensraum kaum als die mit Gefühls- und Gemütswerten gezuckerte Heimat, die sie für die Apologeten des intakten Daseins in überschaubaren Umwelten zu sein schien. Die ländlichen Heimatidyllen waren verklärende, aus Unbehagen und kultureller Unsicherheit geborene Erfindungen gebildeter Städter. Getragen wurde die Bewegung des Heimatschutzes von städtischen Bürgern, die dem Ländlichen und Volkstümlichen sentimentalisch zugetan waren. Heimat avancierte zu einem Krisenmythos, der deshalb Plausibilität entwickelte, weil er der Komplexität des modernen Lebens das Versprechen der Überschaubarkeit einfacher Ordnungen entgegensetzte. Heimat wurde zu einem Programm, das die Wiederherstellung der zerrissenen Lebenszusammenhänge und eine Rückbindung an die Daseinsgrößen Familie, Stamm, Volk, Nation, Geschichte, Boden, Landschaft und Natur versprach. Weil das Programm »Heimat« im Unverbindlichen verblieb und vor allem Gemüt und Gefühl stimulierte, wurde es über die sozialen, politischen und ideologischen Grenzen hinweg konsensfähig. Dem Versprechen des Heimatlichen konnten sich nur wenige entziehen, und es wurde deshalb für so viele verbindlich, weil die Heimat im unverbindlichen Irgendwo zwischen pittoresker Idylle und kosmischer Weltschau, zwischen folkloristischer Inszenierung und raunender Schollenmystik, zwischen »Kraftfeld und Kulisse«[156] verblieb.

Heimat zählte in der Welt um 1900 zum diffusen Begriffsinventar der Modernitätskritik aus dem Umfeld von Volk, Gemeinschaft, Nation. Mit ihrer Thematisierung wurde ein Bedarf nach kultureller Stabilität deutlich, und so steht der Diskurs um Heimat für eine höchst uneindeutige Suchbewegung nach verläßlicher geschichtlicher Herkunft, sozialer Gemeinschaft, kultureller Identität und Eingebundenheit in natürliche Zusammenhänge. Heimatschutz hieß für seine

---

156 Hermann Bausinger: Volkskultur in der technischen Welt. Frankfurt a.M. u. New York 1986, S. 85. [1961]

Protagonisten, »wirkliche Kulturarbeit zu leisten dadurch, daß er auf allen Gebieten des geistigen Lebens die Beziehung zu einem nationalen, stammesartlich entwickelten Volkstum« herstellte.[157] Für den bürgerlichen Heimatbegriff gilt denn die Funktion, die ihm Hermann Bausinger zugeschrieben hat:

»Heimat ist hier Kompensationsraum, in dem die Versagungen und Unsicherheiten des eigenen Lebens ausgeglichen werden, in dem aber auch die Annehmlichkeiten des eigenen Lebens überhöht erscheinen: Heimat als ausgeglichene, schöne Spazierwelt. In den Bildern und Sprachbildern mendeln sich damals die festen Formeln des Pittoresken heraus, die bis heute für diese Vorstellungen von Heimat maßgebend sind – Heimat als Besänftigungslandschaft, in der scheinbar die Spannungen der Wirklichkeit ausgeglichen sind.«[158]

Der historische Hintergrund für den Bedeutungsverlust von Heimat als Rechtsort und ihre emotionale und ideologische Überhöhung ist der sozioökonomische Prozeß der Industrialisierung, durch den die Bedeutung realer Ortsbindungen immer unmaßgeblicher wurde und dafür die symbolischen Raumbezüge umso wichtiger. Je verläßlicher die vormoderne Welt zum Untergang verurteilt war, desto entschiedener erstand sie als Projektionsfeld »Heimat«. Die Konturierung des Heimatbegriffs im Kaiserreich korrespondierte mit dem Absterben ländlicher Lebensformen, der rasanten Zunahme räumlicher und sozialer Mobilität, der Industrialisierung ländlicher Arbeitsformen, Urbanisierung und den für viele als beängstigend erfahrenen Veränderungen der natürlichen und kulturellen Umwelt. Heimat wird im Kontext des Kaiserreichs zu einem mental stabilisierenden Kompensationsbegriff, der deshalb Plausibilität als Deutungskategorie des historischen Wandels entwickelte, weil er kollektive Verlusterfahrungen aufgriff und ihre Abgeltung versprach. Heimat als Benennung einer realen und symbolischen Bindung von Individuen an lokale Räume besitzt in der modernen Industriegesellschaft keinen prospektiven Orientierungsgehalt, sondern verweist auf einen geschönten Vergangenheitszustand, der als dauerhaftes Leitbild stillgestellt werden soll.

Was eigentlich war gemeint, wenn von Heimat die Rede war? Heimat war in ihrer schlichtesten Benennung die von Rudorff formulierte Sehnsucht nach dem »Boden, der uns trägt.«[159] In jedem Fall erschien sie als eine innere Bindung an einen übergeordneten Lebenszusammenhang, wie sie der frühe Öko-Philosoph

157 Robert Mielke: Die Entwicklung des Heimatgedankens in Deutschland, in: Konrich 1910, S. 8.

158 Hermann Bausinger: Heimat in einer offenen Gesellschaft. Begriffsgeschichte als Problemgeschichte, in Jochen Kelter (Hrsg.): Die Ohnmacht der Gefühle. Heimat zwischen Wunsch und Wirklichkeit, Weingarten 1986, S. 96.

159 Rudorff 1897, S. 465.

Raoul H. Francé bestimmte: »Also Natur und Kultur ist es, was man als Heimat empfindet. Sie ist ein gemeinsamer Nenner für beides. Noch schärfer gedacht: Irgendeine Beziehung zwischen uns und den Dingen, ein noch unklares Gesetz des Zusammenhanges der Dinge, das ist es, was dem Worte Heimat seine Zauberkraft verleiht.«[160] Und diese Bindung ließ sich mühelos zur säkularen Religion erheben: »Dein Vaterland, deine Ahnen, dein Volk, dein Heimatsort, dein Herkommen und deine heimische Natur, das seien deine Heiligtümer. Ihnen mußt du dich einordnen, denn nichts anderes ist der Sinn des Lebens, als daß wir nur ein Teil sind, kreisend, wirkend in einem Ganzen und für das Ganze.«[161] Heimat erschien so als natürlicher Ursprungsort, und das Motiv ihrer Erhaltung folgte einem dorthin weisenden Impuls der Regression, wie Francé ein Jahrzehnt zuvor in einem gleichnamigen Aufsatz offenbart hatte: »Harmonie zwischen Natur und Menschengeist, das scheint es nur zu sein, was unser Instinkt in all diesen Taten sucht. Er sehnt sich nach einer Harmonie, die wir in einem materialistisch-technischen Zeitalter verloren haben.«[162] Es ist die Sehnsucht nach harmonischen Lebenszusammenhängen und unmißverständlichen Ordnungen, die zweierlei vermitteln sollten: die Überschaubarkeit des individuellen Lebens und seine Einbindung in den übergeordneten Zusammenhang eines Großen und Ganzen, das ganz unterschiedlich definiert sein mochte – theologisch als Schöpfung, biologisch als Prinzip des Lebens, ethnisch als Stamm und Volk oder politisch als Nation.

Im Falle der modernitätskritischen Berufungsinstanz Heimat war in der Regel die Rede von der Vergangenheit, von der Schönheit der Natur und der Landschaft, von Sitten und Gebräuchen, von einem unverwechselbaren Menschenschlag oder Stammescharakter, wobei vor dem Ersten Weltkrieg noch offen blieb, ob sich dessen »Eigenart« seiner biologischen Rasse oder historischen Prozessen verdankt. In der Heimat verortete die Zivilisationskritik einen natürlich verfaßten und historisch gewordenen Lebensraum. Sie erschien als ein Ort ursprünglicher und unschuldiger Harmonie. Verortet in den regional und lokal unverwechselbaren Dörfern oder den mittelalterlichen Klein- und Mittelstädten mit ihren »natürlichen«, d.h. nicht-entfremdeten und authentischen Menschen, wurde die Heimat entdeckt als ein Daseinsort, an dem überlieferte Ordnungen ein Leben regulierten, das eingebunden schien in eine intakte Umwelt aus vormoderner Kulturlandschaft und unberührter Natur. Hier, so die Lesarten des Heimatschutzes, waren in

160 Raoul H. Francé: Die Entdeckung der Heimat, Stuttgart 1923, S. 6.

161 Ebda., S. 67.

162 Raoul H. Francé: Die Entdeckung der Heimat, in: Österreichische Rundschau, 23. Bd. (1910), S. 194.

harmonischer Anpassung an die natürlichen Verhältnisse unverwechselbar eigenartige Welten entstanden, die gegen die Nivellierungstendenzen der Moderne nicht nur bewahrt werden mußten, sondern, mehr noch, Leitbilder zur Bewältigung der Zukunft abgaben. Die Differenz der Landschaft, die sichtbare »Eigenart«, bezeugte so eine vermeintlich natürliche Differenz der Menschen. Die als Ganzheit erfahrene Landschaft verkörperte eine Einheit von Mensch und Raum bzw. Volk und Natur, die es wiederzuerlangen und zu verteidigen galt.

Heimat und Landschaft erschienen als einheitlicher Lebenszusammenhang, der gemeinsame innere Gefühlsbindungen an eine räumliche Herkunft und eine gemeinsame Werteordnung implizierte. Betrachtet als Relikt historisch überlebter gesellschaftlicher Verhältnisse, repräsentierte die Ideallandschaft in der konservativen Wahrnehmungstradition des Natur- und Heimatschutzes die Erinnerung an verlorene Mensch-Umwelt-Beziehungen, die wiederzuerlangen waren.[163] Konstitutiv für die Begriffe der Landschaft und der Heimat ist damit ihre Verknüpfung mit gelungenen, vor allem aber mit mißlungenen Identitätserfahrungen. Landschaft und Heimat erwuchsen zu Räumen, in denen Menschen eine Übereinstimmung ihrer selbst mit der Welt zu erleben schienen. In und an ihnen konnten gleichermaßen Entfremdungs- und Identitätserfahrungen nachvollzogen werden, so daß das Leitbild Heimat einen maßgeblichen Parameter zur Bewertung historischen Wandels abzugeben vermochte.

Ziel des Heimatschutzes sollte es sein, diese Heimaten in ihrer natürlichen und geschichtlichen »Eigenart« gegen innere und äußere Einflüsse der Zersetzung zu schützen. Mit der relativistischen Berufung auf natürliche und kulturelle »Eigenart« fungierte das Projekt Heimat nicht nur als Versuch der Selbstzuschreibung, sondern als Instrument der Abwehr und der Abweisung all dessen, was in diesem Weltbild nicht als übereinstimmend, d.h. die Vertrautheit, Geborgenheit und die Harmonie zwischen Mensch und Natur bedrohend, ausgewiesen wurde. Damit implizierte schon die Bezugnahme auf »Eigenart« die Intention von Aus-

163 Vgl. Antonia Dinnebier: Die Innenwelt der Außenwelt. Die schöne »Landschaft« als gesellschaftstheoretisches Problem, Berlin 1996; insbesondere S. 12-130. Zum Landschaftsbegriff allgemein u.a. Joachim Ritter: Landschaft. Zur Funktion des Ästhetischen in der modernen Gesellschaft, Münster 1963; Jörg Zimmermann: Zur Geschichte des ästhetischen Naturbegriffs, in Ders. (Hrsg.): Das Naturbild des Menschen, München 1982, S. 118-154; Ulrich Eisel: Die schöne Landschaft als kritische Utopie oder als konservatives Relikt, in: Soziale Welt, 33. Jg. (1982), S. 157-168; Manfred Smuda (Hrsg.): Landschaft, Frankfurt a.M. 1986; Ruth u. Dieter Groh: Weltbild und Naturaneignung. Zur Kulturgeschichte der Natur, Frankfurt a.M. 1991; Ruth u. Dieter Groh: Die Innenwelt der Außenwelt, Frankfurt a.M. 1996.

grenzung und Abschottung. Kulturelle Verunsicherungen, soziale Bedrohungen und die mit »Moderne« verknüpften Entfremdungserfahrungen wurden beantwortet mit Säuberungssehnsüchten und auch vor dem Ersten Weltkrieg schon mit biologischen Reinheitsgeboten. Die Bezugnahme auf das »Eigenartige« beinhaltete mehr als jede positive Zuschreibung die Abweisung ihres Gegenteils: des Fremden. Als immer mitzudenkende Opposition der »Eigenart« zählte in der völkischen Orchestrierung nationaler Identitätsentwürfe das »Artfremde«. Moderne wurde auch von weiten Kreisen des Heimatschutzes als ein Prozeß der »Entartung«, also als ein Vorgang des Verfalls, gedeutet. Mühelos ließ sich denn auch dieser Prozeß der »Entartung« als ein biologischer Prozeß interpretieren, denn umgekehrt wurde das »Eigenartige« in einen unmittelbaren Zusammenhang mit Natur gestellt. Das Volk, so die von der Romantik ererbte und vulgarisierte Idee, erhalte von der Natur bzw. der heimatlichen Erscheinungsform der Landschaft ein unverwechselbares Gepräge, einen Charakter, eine »Eigenart«. Das Volk ist also in der Natur, im heimatlichen Boden, verwurzelt. Entwurzelt dagegen sind die Mächte der Moderne, die so zur Bedrohung werden: das Kapital, die Juden, das Proletariat. Sie gefährden als Kräfte der Nivellierung die organische Einheit von Volk, Landschaft und Herkunft und werden deshalb strikt abgewehrt.

Die Ordnung der Heimat wurde als eine ahistorische und naturhafte Ordnung gesehen, durch die das Verhältnis der Menschen zueinander und zu ihrer Umwelt unverrückbar vorgegeben war. Wer besser als Natur vermochte als Kronzeugin ersten Ranges zu beglaubigen, was gut ist und was falsch, veränderbar oder unabänderlich, determiniert oder gewählt? Was als Natur in den Zeugenstand gerufen wurde, erschien als schlechterdings nicht hinterfragbare und unwandelbare Norm. Mit ihr als Kronzeugin konnte selbstbewußt eine Naturalisierung der gesellschaftlichen Diskurse betrieben werden. Ein verbindliches Verständnis von Heimat präzisierte sich erst in Opposition zum Gegenbegriff des Fremden, das dem Vertrauten implantiert wurde oder in seinen Organismus eindrang. Abzuwehren galt also alles, was als ihrem Wesen fremd ausgemacht war und damit ihre geschlossene Ordnung zu gefährden schien: die Zivilisation wahlweise amerikanischer oder romanischer Provenienz, der volksfremde jüdische Kapitalist, die kulturfeindliche Technik, zersetzende Urbanität, die vaterlandslose Linke oder planende Rationalität. Der ambivalente Begriff der Heimat erwies sich als prädestiniert für eine Instrumentalisierung als ideologisierter Kampfbegriff, der dann im Ersten Weltkrieg sein ganzes Mobilisierungspotential zu entfalten vermochte. Jetzt galt es, nationalen Selbstbehauptungswillen zu demonstrieren und die traute Heimat nicht mehr nur gegen die »inneren« Feinde, sondern im Bewußtsein kultureller Überlegenheit gegen eine ganze Welt von Feinden zu verteidigen. Hier erhielt die ursprünglich militärische Bedeutung von »Heimatschutz« als territoriale Verteidigung neue Realitätsmächtigkeit. Das ideologische Potential einer Bewegung, die sich stets auf einen Zustand der Bedrohung berufen hatte, entfaltete im Krieg der deutschen Kulturnation gegen den Materialismus fremder Zivilisationen eine gänzlich neue Dynamik. Der in der Außenbedrohung gewachsene Gemein- und Gemeinschaftssinn, so die Hoffnung der Heimatschützer, sollte eine nationalkulturelle Reinigung befördern:

»Pflegen wir also während und nach dem Krieg mit allen Kräften unsere Heimat, schützen wir die Denkmäler ihrer Vergangenheit wie ihrer Natur, ihre Wohlfahrt, entwickeln wir ihre Eigenart, wecken wir überall tätigen Gemeinsinn – das ist eine heilige Aufgabe, die uns dieser Krieg stellt und mit deren Lösung wir der großen, deutschen Staatsidee auf unsere Weise dienen und nützen. (...) An der Front haben unsere Feldgrauen für die Heimat, die ihnen oft in Träumen erscheinen mag, ihr kostbares Blut vergossen, Hunderttausend haben zu Hause durchgehalten und gedarbt, damit die geliebte Heimat unversehrt aus den Gefahren hervorgehe – soll es einem einzelnen künftig erlaubt sein, dieses Bild der Heimat nach Belieben zu zerstören? Soll der zufällige Besitzer eines Berges, der den Charakter der ganzen Landschaft bestimmt, diesen einfach abtragen lassen dürfen zugunsten eines gewinnbringenden Steinbruches? Soll wegen ein paar Millionen Kosten mehr bei einem Unternehmen, das Millionen einbringt, die Naturschönheit eines grandiosen Wasserfalles zerstört werden? Soll eine alte Straße, die unsere Urväter gebaut, unsere Väter erhalten, in ihrem Bild durch einen einzelnen Bauherrn, irgend einen Spekulanten vernichtet werden, damit er eine höhere Miete erzielt? Wer steigert denn den Wert des Bodens, wenn nicht die Allgemeinheit? Soll irgendein größenwahnsinniger Techniker unsere Städte amerikanisieren dürfen, damit wir unsern wasserliefernden Vettern jenseits des Meeres immer ähnlicher werden? Soll einer uns einen Protzenkasten mitten in eine schöne Landschaft stellen, weil er zufällig soviel Geld hat, um dort Terrain zu kaufen? Nein und tausendmal nein. (...) Unsere deutsche Staatsidee, durch die allein wir in diesem Kriege siegen, sie weist uns auf eine innere stärkere Verwirklichung eines Ideals der Gemeinsamkeit – und diese Gemeinsamkeit kann nicht dulden, daß, was allen gehört, von einem angetastet wird. So stellt der Krieg uns neue Aufgaben (...), so vertieft er unsere Gefühle für die Heimat.«[164]

Schon im Prozeß des Übergangs von der Agrar- zur Industriegesellschaft wurde die Idee der Heimat zur kulturellen, sozialen und biologischen Integrations- und Ausgrenzungsideologie. Heimat wurde zum Kampfbegriff gegen rassische Überfremdung und biologische Degeneration, gegen großstädtische »Un- und Afterkultur«,[165] gegen das Fremde und Unvertraute schlechthin. Während die Heimat Geborgenheit und Behaustsein versprach, stand die moderne Welt für das Fremde. Landschaft und Heimat bildeten naturwüchsige Geschlossenheiten. Diesseits

164 Max Wingenroth: Unsere Heimat und der Krieg, in: Mein Heimatland. Badische Blätter für Volkskunde, ländliche Wohlfahrtspflege, Denkmal- und Heimatschutz, 2. Jg. (1915), S. 59f.

165 Rudorff 1897, S. 466.

ihrer Grenzen erschien die Wirklichkeit vertraut; jenseits des vertrauten Horizonts begann die Fremde, die den heimatlichen Kosmos bedrohte. Im Prozeß der deutschen Nationalstaatsbildung wirkte der Rückgriff auf Heimat integrativ und ermöglichte die Verknüpfung einer Vielfalt lokaler und regionaler Heimaten mit der imaginären Geimeinschaft der Nation. Seine Anziehungskraft entwickelt der Begriff durch seine Offenheit: Er wurde als Integrationsideologie verfügbar sowohl für regionalistische Gegenströmungen gegen die politischen und kulturellen Zentralisierungstendenzen im Deutschen Reich wie für nationalistische Ideologien, die einer Vielfalt regionaler Heimaten die Einheit der Nation überordneten. Heimat als Basis ermöglichte den Konnex zwischen individuellen Erfahrungsräumen und der imaginären Gemeinschaft der Nation; sie war aufgrund entwicklungsgeschichtlicher Merkmale der deutschen Nationalstaatsbildung ein unersetzliches Konstruktionselement für den Entwurf der Nation als historische und natürliche Abstammungsgemeinschaft.

Es ging der Heimatschutzbewegung weniger um die Thematisierung unmittelbarer Industrialisierungsfolgen und um die Lösung von Problemen industrieller Umweltverschmutzung. Ihr Interesse und ihre Leidenschaften galten dem historisch Überständigen in Natur und Kultur. Gleichwohl die programmatischen Beiträge gerade die Anbindung der Moderne an die Tradition und die Anpassung des Neuen in organisch gewachsene Landschaften akzentuierten, galt in der Praxis der Verbandsarbeit weithin der Primat des Bewahrens. Auch der Heimatschutz blendete die industriell verursachten und die aus Urbanisierungsprozessen resultierenden Umweltschäden aus. Das Manko sozialer Begründungen für die Erhaltung von Natur und Landschaft und die Vernachlässigung der sozialen Frage ließen den Heimatschutz die Lebensverhältnisse in den Städten und die Gestaltung industrieller Umwelten ausblenden. Er überantwortete – mit wenigen Ausnahmen – deren Verbesserung der Hygiene. Sein primäres Interesse galt der Bewahrung »ursprünglicher« Natur bzw. einer Kulturlandschaft, die den Zustand ursprünglicher Harmonie suggerierte. Damit folgte der Heimatschutz genauso wie die Naturdenkmalpflege der entzweienden Vorstellung, daß innerhalb der Industriegesellschaft Reservate einer heilen und unschuldigen Welt des Ländlichen erhalten werden könnten. Mit dieser dichotomisierenden Weltsicht, in der die verderbliche Großstadt und das unberührte Land strikt auseinandergehalten wurden, betrieb auch der Heimatschutz die Zersplitterung der Wirklichkeit in Bereiche, in denen sich die Moderne ungebremst entfalten konnte, und in Reservate der Erinnerung, wo intakte Landschaften und Ortsbilder die Existenz einer Welt suggerierten, deren sozioökonomische Grundlage realiter längst abhanden gekommen war. Ihre von antiquarischen Interessen getragene Politik der Konservierung und

Musealisierung war die Voraussetzung dafür, daß Heimat zur klischierten Kulissenwelt mit den Requisiten aus pittoresker Landschaft, Tracht, Folklore und Geschichtsdenkmal erstarren konnte, hinter der die Moderne umso unaufgeregter Realität zu werden mochte. Hermann Bausinger benannte die Ablösung der Heimatästhetik von ihren sozioökonomischen Grundlagen, also den Prozeß der Entkoppelung von Schein und Sein, der am Ende des 20. Jahrhunderts in der Gleichzeitigkeit von Hightech und Heimattracht kulminiert, in der Kulissenformel: »Heimat wird zur Kulisse, hinter der sich ganz anderes abspielt.«[166] Auf diese Weise – und hierin lieg die mentalitätsstabilisierende Funktion der Heimatbewegung – schienen Prozesse der technologischen Modernisierung weitaus besser bewältigbar. Technologischer Fortschritt und ästhetischer Konservatismus, industrielle Moderne und ideologische Regression standen stets in einer Wechselbeziehung, die sich dann in der Janusköpfigkeit des Nationalsozialismus mit seiner ideologischen Heimat- und Schollengestrigkeit einerseits und der Entfesselung industrieller und technologischer Potenzen andererseits in ihrer ganzen Radikalität entfalten sollte. So muß also im Effekt selbst den antimodernistischen Strömungen des Natur- und Heimatschutzes innerhalb des historischen Wandels eine stabilisierende Funktion attestiert werden. Herkunft und Natur jedenfalls gingen auf in einer stillgestellten dekorativen Ästhetik, die im Prozeß des Wandels Stabilität und die scheinbare Gewißheit von Dauer suggerierte.

Wiewohl auch die Naturdenkmalpflege oder der Artenschutz ästhetische Motive zur Legitimierung ihres Handelns aufgriffen, leistete der Heimatschutz mit seiner ästhetischen Kritik einen wichtigen Beitrag zur Begründung des Natur- und Landschaftsschutzes. Die Artikulation ästhetischen Unbehagens ist weniger Flucht in eine sozial exklusive Innerlichkeit. Ästhetische Kritik lieferte hinlänglich erfahrbare Beschreibungskriterien, um die Dominanz moderner Nützlichkeitsideologien anzugreifen. Dahinter verbarg sich also nicht nur die Verteidigung des guten Geschmacks, sondern auch die Frage, wie die Umwelten der Gegenwart und Zukunft aussehen sollten. Mit dem Konzept der »Kulturlandschaft«, das natürliche und kulturelle Einflußgrößen in einen vermittelnden Zusammenhang brachte, eröffnete sich die Chance, Natur nicht nur in Vergangenheitszuständen zu bewahren. Die Erkenntnis einer anthropogen geprägten Landschaft, die erst eine spezifische Artenvielfalt und bestimmte Ökosysteme erzeugt hatte, bot zumindest potentiell die Möglichkeit, einen Naturschutz zu betreiben, dessen maßgebliche Bezugsgröße nicht die Vergangenheit, sondern die Gegenwart war.

---

166 Bausinger 1986, S. 103.

Die von Gradmann oder Schultze-Naumburg vorgetragenen Konzepte der »Kulturlandschaft« überwanden zwar potentiell den Virginitätskult um vermeintlich unberührte Urnaturen, indem sie die Dimension kultivierender Durchformung explizit als Einflußgröße berücksichtigten. So hätte Landschaft tendenziell auch als historischer Raum verstanden werden können. Weil sich in der Landschaft aus dem Blick des Heimatschutzes aber ein kulturelles Handeln artikulierte, das natürlichen Zwecken folgte und sich natürlichen Gegebenheiten anpaßte, erschien sie eben doch nicht als spezifisch historisches Erzeugnis, sondern erneut als eine naturhafte Ordnung. Indem der Heimatschutz die vormoderne Kulturlandschaft im Gegensatz zu den geplanten und vergangenheitslosen Räumen der Moderne gewissermaßen geschichtsblind als naturhaft-organisch gewachsenen Raum auswies, war dennoch die Essentialisierung dieses Leitbilds möglich. In der Landschaft artikulierte sich für den Heimatschutz eine Idee, nämlich die Idee einer harmonischen Symbiose von Natur und Kultur. Mit diesem Leitbild der enthistorisierten Kulturlandschaft schien die Revision der Entgegensetzung einer anfänglichen Natur und einer sich aus ihr emanzipierenden und sie schließlich unterwerfenden Kultur möglich. Als gesellschaftliche Utopie versprach sie die Rückkehr in einen Ursprungszustand konfliktfreier Harmonie zwischen Menschenwerk und Natur. Nicht die Zukunft, sondern die Vergangenheit verhieß eine angemessene Organisation der Mensch-Natur-Beziehungen.

Landschaft avancierte so zu einem naturhaften Lebensraum, der gefühlt, sinnlich angeeignet und über das Gemüt erfahren werden mußte. Der Landschaft wurde der Rang des Ontologischen oder einer mythischen Größe zuerkannt. Alle durch die Moderne vorgenommenen Eingriffe, welche die Landschaft zu einem Raum der instrumentellen Zwecke degradierten, mußten so als moralisch verwerfliche Handlungen kommentiert werden: als »Verunstaltung«, »Verunglimpfung«, »Schändung«, »Vernichtung«, »Verstümmelung«[167], »Entstellungen«, »Grausamkeiten«[168], »Entartung«[169], »Vandalismus«. Mit Landschaft verband sich nicht die Vorstellung dynamischen Wandels, sondern dauerhafter Stabilität. In jedem Fall wurden die Veränderungen der Landschaft als Störung erfahren, als Verfremdung des Vertrauten, die mit zunächst auf Rettung und Bewahrung zielender Gegenwehr beantwortet wurde.

---

167 Rudorff 1897, S. 402. Bei den hier nicht einzeln nachgewiesenen Aufführungen handelt es sich um das Vokabular, das in zeitgenössischen Beschreibungen des Natur- und Heimatschutzes stereotyp wiederkehrt.

168 Ebda., S. 409.

169 Z.B. Mielke 1908, S. 144.

In seiner Sichtweise auf Landschaft war Wilhelm Heinrich Riehl allerdings schon »aufgeklärter« gewesen als der Heimatschutz, der sich stets auf den Volkskundler und Kulturhistoriker berief. Riehl erachtete in der Landschaft im Gegensatz zur Natur keine ontologische Größe, band er doch die Wahrnehmung von Landschaft an spezifische historische Voraussetzungen, so daß sie keinesfalls ein zeitenthobenes und normatives Leitbild abzugeben vermochte. »Denn jedes Jahrhundert«, so Riehl, »hat nicht nur seine eigene Weltanschauung, sondern auch seine eigene Landschaftsanschauung.«[170] Riehl beobachtete, daß noch in der »Zopfzeit« die Umgegend von Städten wie Berlin, Mannheim oder Leipzig als angenehme Landschaften erfahren wurden, während in der Gegenwart der Jahrhundertmitte eben jene Gebirge des Thüringer Waldes, des Harzes oder des Schwarzwaldes, die damals als »öde« und einförmig betrachtet worden waren, nun als »malerisch« gesehen wurden. Ähnliche Bewertungswechsel führte er für das Rheingau, das sich im inneren Auge des Betrachters von einer nützlich-fruchtbaren Ideallandschaft in eine öde Gegend verwandelt hätte oder für die Alpen an, wo aus anfänglich menschenabweisend-unwirtlicher Gebirgsnatur hinreißende Naturschönheit wurde. Ästhetische Anziehungskraft gewannen im 19. Jahrhundert also genau jene urtümlich-urwüchsigen Landschaften, die der Heimat- und Naturschutz zu Ideallandschaften erhob. Dasselbe gilt für den Wald, denn »ein landschaftliches Auge für denselben gewannen die Menschen erst, als sie aus dem Walde herausgekommen, als sie ihm fremder gewoden waren und er selber zu verschwinden begann.«[171] Damit schuf er einen Zusammenhang zwischen Schwund und ästhetischer Anziehungskraft und machte als eine Voraussetzung für die ästhetische Erfahrung der Natur eine Distanz zu ihr aus: »Als der Wald noch die Regel und das Feld die Ausnahme in Deutschland bildete, galten unstreitig die Rodungen, die Oasen des geklärten Landes, das Lichte, Freie für das landschaftlich Anziehendste, während uns, die wir zu viel des Lichten erhalten haben, jetzt wieder die Oasen des Waldesdunkels verlockender erscheint.«[172]

Landschaft war für Riehl also keine zeitlose Größe, sondern das Produkt eines künstlerischen Vorganges, der an das Innere des wahrnehmenden Subjekts gebunden war. Wenn Riehl die Voraussetzungen für den landschaftlichen Blick

170 Wilhelm Heinrich Riehl: Das landschaftliche Auge, in Ders.: Culturstudien aus drei Jahrhunderten, Stuttgart 1859, S. 57.

171 Ebda., S. 65.

172 Ebda., S. 66.

in das wahrnehmende Subjekt verlagerte, so unterstrich er den Konstruktcharakter der Landschaft:

»Eine Landschaft, wie sie sich draußen unsrem Blicke zeigt, ist nicht schön an sich, sie hat nur möglicherweise die Fähigkeit in dem Auge des Beschauers zur Schönheit vergeistigt und geläutert zu werden. Sie ist nur insofern ein Kunstwerk, als die Natur den rohen Stoff zu einem solchen gegeben, während jeder einzelne Betrachter denselben erst in dem Spiegel seines Auges kunstmäßig gestaltet und beseelt. Die Natur wird nur schön durch einen Selbstbetrug des Beschauers.«[173]

Der sich auf Riehl berufende Heimatschutz hingegen fiel zurück in ein essentialistisches Verständnis von Landschaft und Heimat; sie wurden zum räumlichen Ausdruck eines inneren Zustandes. Ihre Verfaßtheit korrespondierte mit dem Zustand der Kultur. Innenwelt und Außenwelt traten in ein determinierendes Wechselverhältnis. Eine »schöne« Umwelt, so die ästhetische Ideologie von Heimatschutz und Kulturreform, mußte zwangsläufig versittlichend wirken. Die Bestandsaufnahmen des Jetztzustands – Ausbeutung der Naturressourcen, Übergriffe der Industrie auf die Kulturlandschaft, Industrialisierung der Landwirtschaft – signalisierten elementare kulturelle Störungen, Brüche und Verwerfungen. Die Erhaltung von äußerer Natur und sichtbarer Landschaft galt deshalb nicht nur diesen selbst, sondern wies zurück und zielte auf eine innere Erneuerung der Menschen. Der Heimatschutz wollte, so Klaus Bergmann pointiert, »durch Erhaltung von Äußerlichkeiten Innerlichkeit erreichen.«[174] Oder, in den zeitgenössischen Worten Georg Bonnes über Gewässerverunreinigungen:

»Wehmut und Scham, Sorge und Zorn erfaßt uns, wenn wir der heutigen Zustände in unseren Flüssen und der Rückwirkung dieser Zustände auf unsere Kinder und Enkel gedenken! Hier treffen die Bestrebungen des Heimatschutzes und der Jugendpflege zusammen: denn die Reinheit unserer Umgebung strahlt zurück auf die Reinheit unserer Seele, wie der Schmutz der Umgebung vergiftend einwirkt auf die Menschen, die in ihr leben!«[175]

Zusammen mit der Architektur, den materiellen Dingwelten des alltäglichen Lebens, Kunst und Literatur wurden Natur und Landschaft einer ganzheitlichen Umwelt zugewiesen, deren Zustand erziehend und veredelnd auf die Menschen wirken sollte. Weil die Bestandsaufnahmen des Jetztzustands auf einen maroden Zustand der Kultur schließen ließen, lieferte die ästhetische Erziehung Ansätze

173 Ebda., S. 67.
174 Bergmann 1970, S. 133.
175 Bonne 1913, S. 190f.

zur Umkehr. Die Misere der Natur- und Landschaftszerstörung erschien nicht nur Robert Mielke als eine kulturelle Misere:

»Dazu ist in einer Entartung des natürlichen ästhetischen Empfindens, die sich in einer Mischung von geschichtlichem Wissen und einer einseitigen Ausbildung der Technik zeigte, das Land mit Schöpfungen übersät worden, die in ihrer verstandeskühlen Nüchternheit oder protzenhaften Aufdringlichkeit die Sinne verwirrten und das Gefühl für die künstlerischen Werte der Vergangenheit, vornehmlich aber auch für die Landschaft, abstumpften. So sind wir einem Tiefstand der inneren Kultur nahegekommen, von dem wir uns jetzt immer mehr überzeugen, nachdem das überlaute Gebaren der Reklame, die Hilflosigkeit unserer Kunstbestrebungen und die zunehmende Gleichgültigkeit gegen Heimat und Volk vereint bewirkt haben, die besseren und tieferen Naturen unseres Volkes zu der Organisation eines Heimatschutzes zusammenzurufen.«[176]

---

176 Mielke 1908, S. 144.

9. Zusammenfassung

Der originäre Beitrag des Heimatschutzes für die Ausbildung eines Bewußtseins über die Gefährdung der Natur und hinsichtlich der Strategien ihres Schutzes bestand vor allem in der Thematisierung der Landschaftsveränderungen. Wiewohl sich die Frage des Heimatschutzes zunächst an der Transformation vormoderner Kulturlandschaften zu modernen Agrareinöden entzündete, wirkte er für den engeren Naturschutz wenig innovativ. Der Intention einer umfassenden kulturellen Erneuerung von Kultur und Gesellschaft untergeordnet und als eines neben mehreren Handlungsfeldern definiert, gelangten die Bemühungen um Naturbewahrung im Heimatschutz kaum über die engere Naturdenkmalpflege hinaus. Die Entfaltung industrieller Systeme über eine ästhetische Kritik an den Veränderungen in Natur und Landschaft zu kommentieren, erwies sich freilich als probater Weg, diesem Thema öffentliches Gewicht zu verleihen.

Es ging den Stichwortgebern in der Heimatschutzbewegung keinesfalls um eine Negation der Moderne, sondern eher – wie dargelegt – um eine Versöhnung von Tradition und Moderne durch Ästhetik. Nicht Technik und Industrie wurden abgelehnt, sondern ihre Selbstzwecklichkeit und ihre Dominanz über die Kultur. Das Spektrum der ästhetischen Reform war dabei breit und keinesfalls ein Privileg des politischen Konservatismus. Heimatschutz-Fragen ließen sich verknüpfen mit der sozialen Frage, mit dem Selbstverständnis liberaler Gesellschaften, Vorbehalten gegen die kapitalistische Organisation der Ökonomie, mit eskapistischen Fluchtbewegungen zurück zur Natur, Schöpfungsprojekten des Neuen Menschen oder rassistischen Biologisierungen des Gesellschaftlichen. Die Akteure des Heimatschutzes präsentierten sich dabei äußerst vielgesichtig. Einerseits war die Vereinsarbeit in Sachfragen, in der Lobbypolitik, in der Beratungsarbeit etc. von nüchternem Pragmatismus geprägt. Andererseits war da das sakrale Pathos der kulturellen Erneuerung, das vor allem Heimatschutz-Nestor Ernst Rudorff angestimmt hatte. Der Heimatschutz agierte in einem weiten Spannungsfeld zwischen pragmatischer Sacharbeit und quasireligiöser Naturanbetung. In seinem Programm knüpften sich an die Renaissance von Giebeldächern gesellschaftliche Erlösungserwartungen und an moderne Flachdächer kulturpessimistische Untergangsphantasien. Überhaupt nicht antiquiert präsentierte sich der Heimatschutz allerdings dann, wenn er virtuos moderne Möglichkeiten der Kommunikation nutzte, um große Öffentlichkeiten für seine Projekte zu mobilisieren. Auch hier leistete der Heimatschutz einen Beitrag zur Ausbildung moderner Politikformen.

Das Wirken des organisierten Heimatschutzes bis zum Ersten Weltkrieg ist einerseits von großer öffentlicher Resonanz, andererseits von institutioneller Erfolglosigkeit gekennzeichnet. Das Ziel des »Bundes Heimatschutz«, zu einer institutionell und programmatisch führenden Reichsorganisation zu werden, scheiterte auch an der regionalen und lokalen Orientierung der Heimatorganisationen. Während so die Zahl der Einzelmitglieder vergleichsweise gering blieb, gelang es andererseits, den Heimatschutz innerhalb kurzer Zeit zu einem Thema zu machen, das in Staat und Gesellschaft als Frage des Gemeinwohls betrachtet wurde und Unterstützung genoß. In Fragen der Gesetzgebung und der Ausbildung neuer Administrationszweige übte die vergleichsweise kleine Organisation also – mehr allerdings als im Naturschutz in der Baupflege und Architekturberatung – einen vergleichsweise großen Einfluß aus. Der zentralistische Anspruch des Heimatschutzes, als gesellschaftliche Bewegung der Kulturreform Meinungsführerschaft und politischen Einfluß auf den Feldern der Denkmalpflege, des Naturschutzes und der Volkstumspflege zu sichern, scheiterte allerdings nach dem Ersten Weltkrieg. Jetzt führten Prozesse der Verwissenschaftlichung, Bürokratisierung und Professionalisierung zu einer weitgehenden Verselbständigung dieser Handlungsfelder.

Schlußwort

Wenn Natur nicht mehr als die menschliche Zivilisation bedrohende, sondern selbst als bedrohte Größe wahrgenommen wird, dann signalisiert dies einen grundlegenden Wechsel der materiellen und symbolischen Beziehungen zwischen Natur und Kultur. Nicht mehr die chaotische Dynamik natürlicher Prozesse gefährdete seit der Entfaltung der industriellen Moderne die vage Stabilität kultureller Systeme; jetzt schien, umgekehrt, die Harmonie natürlicher Ordnungen durch entfesselte zivilisatorische Entwicklungen angegriffen. Mit den Möglichkeiten der Naturbeherrschung, die moderne Gesellschaften mit Hilfe von Wissenschaft und Technik erzeugt hatten, waren bestimmte Tiere, Pflanzen, Landschaften und Lebensräume nicht nur zu Objekten der Ausbeutung, sondern auch der bewahrenden Zuwendung geworden. Eine in vormodernen Gesellschaften noch paradoxe Vorstellung verwandelte sich in der Moderne innerhalb kurzer Zeit zu einer Selbstverständlichkeit. Zwischen Reichsgründung und Erstem Weltkrieg, vor allem nach den Industrialisierungsschüben der 1890er Jahre, war in Deutschland die biologische und ästhetische Verfassung der Natur für viele Menschen zu einer maßgeblichen Frage des gesellschaftlichen Lebens geworden. Mit dem Zustand der Wälder, dem Erscheinungsbild der Landschaft oder der Vielfalt der Tier- und Pflanzenwelt verband sich die Frage nach dem Zustand der Gesellschaft überhaupt. »Und darum kann ich es nicht glauben«, mutmaßte 1910 der Öko-Philosoph Raoul H. Francé, »daß diese Entdeckung der Heimat nur eine Mode sei, die spurlos vorübergehen kann, wie Jugendstil oder Symbolismus. Was so elementar aller Orten hervorbricht, das mutet viel mehr wie ein lebenserhaltender Instinkt an. Es ist ungewollt und unbewußt und darum eine echte Notwendigkeit, wenn zu gleicher Zeit im Bereiche der Kultur, von Amerika bis Australien, ohne Führer und Plan, bald mit schwachen Kinderhänden und unbehilflich, mehr gut gemeint als gut getan, bald wieder mit allen Machtmitteln des Staates und der Überlegtheit wissenschaftlicher Arbeit die Natur auf einmal geschützt wird – vor uns selbst… Ein Kulturphilosoph muß angesichts dieses Anblickes das wehmütige Lächeln finden, das allein ihm ziemt bei Wägung der menschlichen Kultur. Denn es ist wahrhaft ein kurioses Problem, daß derselbe Mensch, der seiner ganzen Veranlagung nach darauf angewiesen ist, sich durch die Vergewaltigung der Natur zu erhalten, der nur leben kann, wenn er sie zerstört, daß er sich doch wieder selbst hemmen und sich in den Arm fallen muß bei diesem Beginnen, will er nicht zugrunde gehen. Weil er fühlt, daß seine Wurzeln und feinste Fasern von ihm zu jener Erde gehen, an die er nicht rühren darf. Wenn ich es in eine Formel bringen soll, so möchte ich sagen: Man hat es endlich empfunden, daß der Mensch nicht der Herr, sondern das Kind der Erde ist.«[1]

Tatsächlich ist in der Gesellschaft des wilhelminischen Kaiserreichs die Sorge um die Natur nicht nur Anliegen kauziger Vogelkundler, sonderlicher Schmetterlingsliebhaber oder vereinsamter Pflanzenkenner. Die massive Gründungswelle von Vereinen und staatlichen Institutionen zeigt, daß die Frage nach dem Zustand der Natur als eine zentrale Frage erachtet wurde, wenn es um das Selbstverständnis moderner Kulturstaaten ging. Mit der Entfaltung industrieller Systeme war einer Ökonomie, die Natur zu einer primär nutzbaren Ressource degradierte, zunächst nahezu uneingeschränkt zugesprochen worden, sie würde ein allgemeines Interesse repräsentieren. Gegen diese Zweckreduzierung meldeten nun allerdings mehr und mehr Menschen Bedenken an. Sie forderten – aus welchen Gründen zunächst auch immer – die Bewahrung der Natur. Wenn auch der Rahmen eine jeweils nationale Natur abgeben sollte, erweist sich der Schutz von Natur und Landschaft wie jener des historischen Erbes als ein kultureller Reflex auf beschleunigten Wandel in allen modernen Gesellschaften. Die Bewahrung von Natur und Landschaft blieb in Deutschland nicht nur eine Forderung marginaler bildungsbürgerlicher Strömungen; der Staat akzeptierte in erstaunlich kurzer Zeit, daß es für den Zustand der natürlichen Umwelt regulierender Maßnahmen und korrigierender Eingriffe bedurfte. In konkreten Konflikten zwischen Naturnutzern und Naturschützern war die Bereitschaft, die Interessen der Ökonomie jenen der Natur unterzuordnen, allerdings minimal. Den staatlichen Institutionen des Naturschutzes blieben weiterreichende gesetzliche Kompetenzen und finanzielle Möglichkeiten versagt. Versuche der Regulierung der Ökonomie durch Naturschutzgesetze scheiterten im Kaiserreich regelmäßig an der Eigentumsfrage. Indem Naturschutz so in der halbamtlichen Grauzone zwischen Staat und Gesellschaft plaziert wurde, erfolgte einerseits eine inhaltliche Aufwertung des Naturthemas, das quer durch die politischen und gesellschaftlichen Lager zu einem zentralen Thema wurde. Gleichzeitig war so die Gelegenheit eröffnet, den

---

1 Francé 1910, S. 192.

Naturschutz auf Staatslinie zu trimmen und sein gesellschaftskritisches Potential zu stutzen.

Die Interventionen in die Natur durch neue Technologien blieben zunächst lokal und regional begrenzt. Wenn auch die Distribution von Waren eine nationale und internationale Infrastruktur von Verkehrswegen benötigte, blieb die industrielle Produktion räumlich gebunden und damit auch die durch sie bedingten Umweltbelastungen. Die totale Transformation der Kulturlandschaft in landwirtschaftliche Produktionsräume wurde in Mitteleuropa erst mit dem Übergang in die Konsumgesellschaft der 1950er Jahre geleistet. Erst mit dem Massenkonsum der Nachkriegsgesellschaften nahmen Umweltprobleme globale Ausmaße an. Demgegenüber präsentierten sich die Verhältnisse im wilhelminischen Zeitalter zumindest aus der Vogelperspektive als gleichzeitiges Nebeneinander unterschiedlicher Zugriffsformen auf Natur, das weithin biologische und ästhetische Vielfalt zu gewährleisten vermochte. Dennoch nahm der Naturschutz des Kaiserreichs diese sich ankündigenden Prozesse bereits als umfassende Umgestaltung wahr und thematisierte sie als fundamentalen Verlust von vertrauten Eingebundenheiten in Zeit und Raum. In Reaktion auf Erfahrungen des beschleunigten Wandels, des Rückgangs ökologischer Vielfalt und des Verlusts räumlicher Bindungen zielte Naturschutz zunächst auf denkmalhafte Erinnerung an natürliche Vergangenheit, auf die Konstruktion des Raumes »Heimat« und die Sicherung nicht-instrumenteller Beziehungen zu Tieren und Pflanzen.

Sowohl in der umwelthistorischen Forschung wie in modernisierungstheoretischen Arbeiten historischer Wissenschaften wird die Frage aufgeworfen, ob zivilisationskritische Bewegungen als Kräfte kultureller Modernisierung verstanden werden können oder strikt antimodernistischen Verweigerungshaltungen zuzurechnen sind. Die Frage nach den Grenzen der Naturbeherrschung, nach dem Verbleib natürlicher Relikte und der ästhetischen Verfassung der natürlichen Umwelt ist zunächst eine Sichtweise, die überhaupt erst in Prozessen gesellschaftlicher und technologischer Modernisierung ermöglicht wird. Erst eine bestimmte Distanz zur Natur, die Emanzipation aus ihren Abhängigkeiten und neue Formen der Naturbeherrschung machen ihre Wahrnehmung als bedrohte Sphäre möglich. Insofern ist die für vormoderne Gesellschaften paradoxe Vorstellung, die Natur müsse durch die Kultur vor der Kultur geschützt werden, ein durch und durch modernes Phänomen. Innerhalb von Modernisierungsprozessen erhält Naturschutz die Funktion, Bestände des natürlichen Erbes der vormodernen Welt zu sichten, zu dokumentieren und als bewahrenswert klassifizierte Bestandteile in die moderne Welt zu transformieren. Dadurch wird Naturschutz einerseits zu einer Praxis, die real in natürliche Prozesse interveniert und den Stoffwechsel zwischen

Natur und Gesellschaft beeinflußt. Andererseits wirkt die Praxis des Bewahrens symbolisch in Prozessen beschleunigten gesellschaftlichen Wandels mentalitätsstabilisierend.

Die von der historischen Forschung vielfach vorgenommene Gleichung in Freunde und Feinde des Fortschritts verschleiert also, daß es dem Naturschutz und anderen zivilisationskritischen Bewegungen nicht um die Ablehnung, sondern um eine andere Gestaltung der modernen Welt ging. Wiewohl seine Bezugsgrößen und Maßstäbe zur Bewertung der modernen Gegenwart stets in die Vergangenheit wiesen, ging es weniger um eine Flucht zurück als vielmehr um eine Transformation und Integration des Erbes in die Moderne. Im Zentrum der Überlegungen standen weniger Ausstiege aus der Moderne, sondern alternative Wege. Die Positionierungen erfolgten keinesfalls einhellig, und die Kommentierungen der zivilisatorischen Entwicklungen wurden vielstimmig vorgetragen. Der breiten Mitte im Natur- und Heimatschutz ging es jedoch um eine Vermittlung von Tradition und Moderne, von Technik und Natur, von Alt und Neu.

Welchen Regeln und Mustern folgte die zwischen Reichsgründung und Erstem Weltkrieg ausgebildete Praxis des Bewahrens? Der Naturschutz thematisierte weniger die Formen der Naturaneignung oder suchte nach Praktiken der Naturnutzung, die einen Erhalt der materiellen Ressource und ökologischen Größe »Natur« auf Dauer garantiert hätten. Naturschutz folgte eher einem Reglement der Tabuisierung und zielte auf die Konservierung solcher Naturphänomene, die eigentlich historisch überlebten Zeitläuften angehörten. Naturschutz entzog und enthob bestimmte Naturen als Denkmale oder Reservate den ansonsten in modernen Gesellschaften verbindlichen (Nutzungs-)Regeln der Zweckreduzierung und Effektivitätsmaximierung. Solche Naturen erhielten statt dessen den Status des Unantastbaren und sollten von zivilisatorischen Einflüssen rein gehalten werden. Alle Regeln, die also ansonsten in der Moderne für den Umgang mit Natur gängig waren, wurden hier außer Kraft gesetzt und in ihr Gegenteil verkehrt. Insofern spiegeln und festigen sich in der Praxis des Naturschutzes Entzweiungsstrukturen der Moderne und die Ambivalenzen ihrer Naturbeziehungen. Natur wird geschieden in Objekte, Phänomene und Erscheinungsformen, die bedenkenlos genutzt, versachlicht und instrumentell angeeignet werden und in andere, die verheiligt, unberührbar und bewahrt werden.

Solchermaßen organisiert die Moderne ihre Beziehungen zur Natur um die Pole der Ausbeutung und der Anbetung. Signifikant dabei ist die gleichzeitige Radikalisierung der jeweiligen Naturbeziehungen. Während die Beziehungen am instrumentellen Pol zu Versachlichung, Entzauberung, Mechanisierung und Zweckreduzierung tendieren, erfahren gleichzeitig auch immaterielle Naturbeziehungen wie ästhetische Erfahrungsmöglichkeiten oder Wahrnehmungen bestimmter Naturphänomene in ihrem Eigenwert eine idealistische Überhöhung. Die Auseinandersetzung um den Primat der Nutzung der Natur oder jenen ihrer Bewahrung wird so gelöst, daß beides möglich wird. Während manche Tiere, wie die Vögel, verheiligt werden, ist die industrielle Produktion, Tötung und Verarbeitung von Nutztieren wie Schweinen oder Rindern problemlos möglich. Beides, Tierliebe und Industrialisierung der Fleischproduktion, sind Symptome der Moderne und bedingen sich gegenseitig. Während Landschaften wie das Siebengebirge oder die Lüneburger Heide als sakrosankt deklariert werden, ist andernorts die Verwandlung zu Agrareinöden oder Industrierevieren problemlos möglich. Beide, die entzauberte Nutzungslandschaft und die geheimnisvolle Wildnis, stehen dabei in enger Beziehung und verweisen aufeinander. Die totale Transformation des Vorgefundenen wurde nur möglich, wenn gleichzeitig die verlorenen Aspekte möglicher Naturbeziehungen mittels Merkzeichen, Erinnerungsinseln, Denkmalen und Reservaten präsent gehalten wurden. Indem Naturschutz so symbolisch den Bezug zu alternativen Naturbeziehungen offen hielt, stützte er gleichzeitig die Etablierung instrumenteller Naturbeziehungen und machte Wandel kulturell aushaltbar. Die Gleichzeitigkeit von Bewahrung und Vernichtung erscheint damit als Doppelgesicht der Moderne.

Moderne Gesellschaften erhalten sich also vor allem solche Natur- und Landschaftsformen, die historisch abgeschlossenen Zeiten zuzuordnen sind. Ob im Falle aussterbender Tiere oder Pflanzen, greiser Baumveteranen oder Moore, urtümlicher Flußlandschaften oder erratischer Blöcke – immer fungierte Naturschutz analog zur historischen Denkmalpflege als Erinnerungstechnik, welche die Transformation natürlicher Herkunftsbestände in das kulturelle Gedächtnis moderner Gesellschaften zu gewährleisten vermochte und so deren Vergangenheitsbezüge beglaubigte. Vormoderne Kulturlandschaften wie Streuobstwiesen oder Wacholderheiden haben nichts mehr mit den sozialen und ökonomischen Grundlagen moderner Gesellschaften zu tun. Dennoch gibt es einen kulturellen Bedarf nach ihnen, und der Naturschutz ging später dazu über, mittels Pflege solche vormodernen Nutzungsformen zu simulieren, um diese Landschaften und Lebensräume zu erhalten, obwohl ihre Existenz keine soziale oder ökonomische Basis mehr hatte. Die Sinnhaftigkeit der Wacholderheide wurde entkoppelt von ihren sozialen und ökonomischen Grundlagen; ihre Existenz legitimierte sich nun durch sich selbst. Sie wird zu einem Ort des interesselosen Wohlgefallens, das funktionale Zweckbestimmungen nicht kennt. Ihre Sinnhaftigkeit wird jetzt konstituiert durch ästhetische Erfahrungsmöglichkeiten. Moderne Gesellschaften benötigen also vormoderne Museumsnatur zur Erinnerung an ihre Herkunft.

Der Naturschutz konzentrierte seine Aufmerksamkeit zunächst vor allem auf von zivilisatorischen Einflüssen unbelassene Ur-Natur, später auch auf solche anthropogen geprägten Kulturlandschaften vormoderner Provenienz, die eine organische und ursprünglich-harmonische Geschlossenheit von Natur und Kultur suggerierten. Die Dominanz solcher Leitbilder verhinderte weithin die Ausbildung eines Problembewußtseins für neue Umweltgefährdungen in den Städten und Industrierevieren. Die Reaktion auf solche Umweltbelastungen war weniger deren Thematisierung, sondern vielmehr die Ausbildung von Sehnsüchten, den Zwängen und Problemen der modernen Welt in eine ländliche und historisch vergangene Welt zu entfliehen. Die entzweiende Sicht auf die Wunschlandschaften des ländlichen Daseins und die Schrecklandschaften der Städte wurde reproduziert in der Ausbildung eines vornehmlich konservierenden Naturschutzes einerseits und eines weitgehend davon unabhängigen Umweltschutzes im Rahmen kommunaler Daseinsvorsorge und naturwissenschaftlicher Hygiene andererseits. Angelegenheit des Naturschutzes war seit der Gründung staatlicher Institutionen und privater Vereine ab 1900 die Rettung des Überkommenen, während bei urban-industriellen Umweltproblemen (Verschmutzung von Luft, Gewässern, Abfall etc.) auf wissenschaftlich-technologische Lösungsversuche der Hygiene gesetzt wurde.

Nachdem Bemühungen des Vogelschutzes bereits früher eingesetzt hatten und diese Bewegung als Avantgarde fungierte, war die kurze Geschichte des Naturschutzes zwischen 1900 und dem Ausbruch des Ersten Weltkrieges nachhaltig prägend für seine Geschichte bis zur Politisierung, Verwissenschaftlichung und Professionalisierung des Umweltschutzes in den 1970er Jahren. Innerhalb dieser kurzen Zeitspanne bildeten sich nicht nur die lange Zeit tragenden institutionellen Strukturen des Naturschutzes zwischen gesellschaftlicher Selbstorganisation und staatlicher Verwaltung aus, sondern auch ein bereits höchst differenziertes Problembewußtsein und Instrumentarium an Schutzstrategien, die für dieses Jahrhundert maßgeblich bleiben sollten. Natur- und Heimatschutz waren ein Signal bürgerlicher Mündigkeit. Wenn der Staat den Primat der Ökonomie als Allgemeininteresse akzeptierte, wurde er von den bürgerschaftlichen Bewegungen hinterfragt. Dabei feierten sie recht schnell große Erfolge, arrangierten sich allerdings auch rasch mit Staat und Wirtschaft. Naturschutz wurde von seinen Akteuren, vom Staat und von der Wirtschaft bald als Korrektiv und damit als integraler Bestandteil der industriellen Entwicklung und gesellschaftlichen Modernisierung verstanden.

Im Gegensatz zu den naturwissenschaftlichen Begründungen, die heute vor allem für den Schutz der Natur herangezogen werden, ist für den Naturschutz des Kaiserreichs eine diffuse Gemengelage aus sozialen, ethischen, ästhetischen, materiellen, biologischen oder religiösen Argumenten signifikant. Diese unspezifische Gemengelage erwies sich in der Etablierungsphase nicht etwa als Mobilisierungsbremse, sondern, im Gegenteil, als Integrationsmöglichkeit. Die Gleichzeitigkeit unterschiedlicher Sichtweisen auf Natur und die Mannigfaltigkeit verschiedener Naturbilder ermöglichte die Zusammenfassung einer Klientel aus unterschiedlichsten Bereichen der Gesellschaft. Die Sehnsucht nach Natur und der Wunsch, sie zu erhalten, vereinte die Menschen.

Es war eine bunte Szene, die sich mit vielfältigen Motiven für den Schutz der Natur engagierte. Der Naturschutz des Kaiserreichs war zwar eine einheitliche Bewegung, was die Leitbilder, Zeitdiagnosen und Verarbeitungsmuster von Modernisierungserfahren anbelangte. Er war aber auch höchst differenziert hinsichtlich der politischen Orientierungen seiner Mitglieder, der Traditionen, auf die sie sich beriefen, und der Strategien, mit denen das alle vereinende Ziel des Naturschutzes umgesetzt werden sollte. Entsprechend bunt war die Vereinslandschaft, die sich um 1900 formierte. Neben Versuchen, die Bewegungen in reichsweiten Organisationen zu bündeln bzw. den Schutz der Natur der Erneuerungsbewegung des Heimatschutzes unterzuordnen, gab es zahllose lokal und regional engagierte Vereine und solche mit Partikularinteressen. All diese Institutionen waren eingebunden in ein Netzwerk an weitergehenden Reformbestrebungen und blieben doch eigenständig.

Wenn auf eine zu bewahrende Natur Bezug genommen wurde, dann war dies nicht nur Angelegenheit einer sozialen Bewegung oder ein politisches Anliegen. Natur als Bezugsgröße erschien in ganz unterschiedlichen Dimensionen in der Kultur, und Naturschutz produzierte und popularisierte dabei Anschauungsweisen und Deutungen, die unterschiedliche Sphären des Denkens und Handelns regulieren sollten. Vorstellungen der Patronage für eine destabilisierte Natur erzeugten auf einer Alltagsebene neue bürgerliche Betätigungen wie das Vogelfüttern oder das Anbringen künstlicher Nistgelegenheiten. Durch solche Praxen beschützender Zuwendung wurden nicht nur die menschlichen Beziehungen zu selbstzwecklichen Geschöpfen reguliert, sondern auch deren Eigenwert und Eigenrecht bestätigt. Die Suche nach unberührter und unversehrter Natur förderte die Ausbildung neuer Freizeitformen wie Wandern oder Baden. Beobachtung und Bestimmung von Tieren und Pflanzen wurde Bestandteil bürgerlicher Erziehung, Freizeitbeschäftigung und amateurwissenschaftliche Betätigung zugleich.

Wenn Natur geschützt werden sollte, dann waren die Begründungen, die hierfür herangezogen wurden, selten eindeutig, denn in der Natur schien jeder das wiederzuerkennen, was er suchte. Der Schutz eines alten Baumes ließ unterschiedliche Bezugnahmen zu: Ihm konnte die Axt erspart bleiben, weil er in der Stadt einen Sauerstoffspeicher abgibt, weil er als Lebensraum von Insekten, Kleinlebewesen oder Vögeln fungiert oder weil er im Kontrast zum geplanten Stadtraum schlicht eine ästhetische Bereicherung darstellt. Er konnte als Dorflinde die soziale Gemeinschaft oder als deutsche Eiche Verwurzelung, Kraft und Dauer der Nation symbolisieren. Er wurde als Zeuge natürlicher oder historischer Vergangenheit gesehen und damit als Bestandteil einer Landschaft, in der sich eine spezifische nationale Eigenart artikulierte, welche sich wiederum just jener unverwechselbaren Landschaft verdankte.

Normativ ließen sich aus einer Natur, die zum Maßstab und zur letztgültigen handlungsleitenden Instanz erhoben wurde, autoritäre Staatsmodelle ableiten. Auch hier gilt freilich, auch wenn der Verweis banal daherkommen mag, daß dies nicht in der Natur begründet ist, sondern in der Deutungsweise, durch die auf sie Bezug genommen wurde und wird. Die im Kaiserreich aus dem Gemeinwohl abgeleitete Begründung des Naturschutzes führte zur Integration in die öffentlichen Administration, während sie sich gleichzeitig als prädestiniert erwies, zum Kampfbegriff gegen eine als marode erfahrene Gesellschaft zu avancieren. Naturschutz, verstanden als gesellschaftliche Arbeit an gemeinsamem Besitz, eröffnete einerseits Partizipationsmöglichkeiten und förderte Demokratisierungstendenzen. Die Parole des Gemeinnutzes, der vor Eigennutz gehe, ließ sich allerdings genauso, wie die Entwicklung nach dem Ersten Weltkrieg zeigen sollte, für Modelle sozialer Fürsorge, sozialistische und völkische Ideen als Legitimationsgrundlage heranziehen. Die Thematisierung der Naturfrage eröffnete also Pluralisierungs- wie Autokratisierungstendenzen.

Wiewohl die Entscheidungen, welche Naturen wie geschützt werden sollen, heute weitgehend professionellen Institutionen, den Wissenschaften und der Politik überantwortet werden, ist die Vorstellung, daß eine außermenschliche Natur der menschlichen Obhut bedarf, längst selbstverständliche und quasinatürliche Sichtweise moderner Menschen geworden. Dies betrifft nicht nur Politik, Wissenschaft und Planung, sondern den Alltag der Menschen und ihre verinnerlichten und selbstverständlich gewordenen Wahrnehmungsweisen der Natur. Wie tief die Vorstellung bewahrenswerter Natur kulturell verankert sein kann, zeigte das Beispiel der Tabuisierung von Singvögeln zu Nahrungszwecken. Natur ist hier so nachhaltig in ein moralisches Subjekt verwandelt worden, daß sich gegen ihren Verzehr zumindest in den verprotestantierten Kulturen Europas die Magensäfte und Emotionen der Menschen sträuben. Die Leitbilder ursprünglicher und unverfälschter Natur, denen der Naturschutz folgte und die er gleichzeitig produzierte und popularisierte, sind beileibe nicht nur Traumbilder irrationaler Modernitätsflüchtlinge. Sie sind als Ideale ursprünglicher Harmonie permanent und allerorten in zweckfreien Beziehungen zur Natur präsent und artikulieren sich als touristische Sehnsüchte und Freizeitbeschäftigungen. Sie erscheinen millionenfach auf Postkarten. Die Sehnsucht nach verlorenen natürlichen Zeitrhythmen läßt Menschen massenhaft auf untergehende Sonnen starren. Sie diktieren die Immobilienpreise, wenn der Feierabendblick von der Halbhöhenlage sich in Richtung des nahen Mittelgebirges weiten soll. Für einen alten Baumrecken auf einem Baugrundstück, der allen Stadtplanungen widerstanden hat, müssen Architekten für teures Geld ihre Planungen ändern. Natur ist tatsächlich ein kostbares Gut, und der Bedarf an echter, unverfälschter und authentischer Natur ist selbstverständlicher Bestandteil der Massenkultur geworden.

Wenn der Entwicklung des Naturschutzes von seiner wilhelminischen Etablierungsphase hin zu den völkischen Verengungen im Nationalsozialismus eine deterministische Logik zugeschrieben wird, so zielt dies ganz sicher am zeitgenössischen Selbstverständnis des Naturschutzes während des Kaiserreichs vorbei. Dieser Naturschutz war offener und vielgesichtiger, als es der historische Rückblick suggeriert. Antisemitische Affekte waren – vor allem im Vergleich mit anderen Strömungen der Kulturreform – selten. Zwar gab es Stimmen, die auch vor dem Ersten Weltkrieg schon den Zusammenhang von Volk und Natur an die biologische Größe der Rasse banden und gesellschaftlichen Wandel als biologische Degeneration beschrieben. Aber es waren (noch) Einzelstimmen unter anderen. Rassenbiologische Interpretationen von Kultur und Gesellschaft nahmen sich eher randständig aus. In der Berufung auf Natur und der Forderung ihrer Bewahrung bündelte sich statt dessen zunächst ein heterogenes Konvolut aus unterschiedlichen Strömungen mit unterschiedlichen Traditionen, das sich eindeutigen politischen Zuordnungen entzieht. Die Naturfrage stellte keinesfalls ein Monopol des Konservatismus dar. Wie gezeigt, wohnten auch Konflikten wie dem Kampf um Reklame in der freien Landschaft, Ängsten vor dem Schwund letzter unberührter Naturrelikte, der Fütterung hungernder Vögel im Winter oder der Rettung alter Baumbestände durch und durch rationale Motive inne. Durch ihre Thematisierung wurden wichtige Fragen an das Selbstverständnis moderner Gesellschaften gestellt, auch wenn die Konflikte vor allem nach dem Ersten Weltkrieg zunehmend irrationaler ausgetragen werden sollten. Vorläufig aber wurde mit dem Rekurs auf Natur und die Zerstörungspotentiale moderner Zivilisation lediglich thematisiert, wie sich Ökonomie und Kultur zueinander verhalten sollten, wie öffentliche und private Interessen abzuwägen seien oder wie die Umwelt der Menschen aussehen sollte.

Dennoch hat die Allianz zwischen Naturschutz und Nationalsozialismus natürlich Vorläufer, die in das Kaiserreich verweisen. Auch damals modellierte der

Naturschutz bereits Vorstellungen naturwüchsiger Eigenart, die sich später als prädestiniert für gesellschaftliche Ausgrenzungs- und Vernichtungsideologien erweisen sollten. Da war zum einen die Verengung des diffusen Antikapitalismus auf einen vulgären Antisemitismus, die eine Anknüpfung des Nationalsozialismus an die zivilisationskritischen Bewegungen der Jahrhundertwende ermöglichte. Die vom Naturschutz vorgenommenen Deutungsmuster des historischen Wandels eigneten sich zum anderen bestens für einen Transfer für gesellschaftliche Interpretationen. Die Verknüpfungen von Volk und Natur, Nation und Landschaft sowie Vorstellungen einer organischen Geschlossenheit von Natur und Kultur zielten in ihrem Umweltdeterminismus auf eine Biologisierung des Gesellschaftlichen. Die nationalsozialistische Obsession von einer biologisch reinen und unverfälschten deutschen Rasse korrespondierte mit Vorstellungen einer ebenso unverdorbenen und unberührten natürlichen Umwelt. Die Sehnsucht nach unverfälschter Natur, an die sich Vorstellungen versittlichender Wirkungen für das Volk banden, war kein Privileg völkischer Sichtweisen, sondern weithin selbstverständliche Wahrnehmungs- und Deutungsweise der natürlichen Umwelt. Die Nazis intensivierten lediglich den Transfer von Beschreibungen der Natur in gesellschaftliche Deutungsmuster und radikalisierten Vorstellungen naturhafter Ordnungen.

Insofern ist die frenetische Begrüßung des Nationalsozialismus durch den offiziellen Naturschutz, wie hier durch den württembergischen Landeskonservator Hans Schwenkel, nur konsequent:

> »Was das nationale Deutschland will, das will und wollte schon immer der Heimatschutz in seinem Teil: Unser Eigenleben verteidigen und erhalten, der internationalen Farblosigkeit, der rein technisch-wirtschaftlichen Lebensauffassung, dem Amerikanismus, entgegenwirken, der Entwurzelung steuern und die Entwurzelten wieder in den Heimatboden pflanzen, also dem Menschen zu einer neuen, bewußten Verbindung mit der Heimat und ihren Gütern verhelfen. Steht doch die deutsche Kultur auf dem Spiel, und die städtische Gleichmacherei drohte die wertvollsten und heiligsten Dinge zu verschlingen, die einem Volk allein die Kraft geben, sich selbst treu zu bleiben und in Zukunft zu bestehen.«[2]

Dennoch verhieß der Nationalsozialismus allenfalls ideologisch eine Aufwertung des Naturschutzes. Faktisch bedeutete er für den Naturschutz eine Radikalisierung moderner Entzweiungsstrukturen, die sich in der Gleichzeitigkeit von Bewahrung und Vernichtung artikulierten. Einerseits bedeuteten nicht nur die Blut- und Bodenmythen, sondern auf sachlicher Ebene die lange vorbereitete Verabschie-

---

2 Hans Schwenkel: Heimatschutz im nationalen Deutschland, in: Mein Heimatland. Badische Blätter für Volkskunde, ländliche Wohlfahrtspflege, Denkmal- und Heimatschutz, 20. Jg. (1933), S. 230f.

dung des Reichsnaturschutzgesetzes und die Einrichtung der »Reichsstelle für Naturschutz« eine Aufwertung seiner Anliegen. Andererseits zielten Technisierung, Militarisierung und die landwirtschaftliche Autarkiepolitik des Deutschen Reiches auf Effizienz und die Aufwertung instrumenteller Naturbeziehungen. In seinen Beziehungen zur Natur war der Nationalsozialismus beides: vorgestrig und ultramodern. Lassen sich die Beziehungen moderner Gesellschaften zu Natur durch die paradoxe Gleichzeitigkeit von Anbetung und Ausbeutung, Heiligung und Verachtung, Bewahrung und Vernichtung kennzeichnen, so fanden sie sich im Nationalsozialismus in ihrer jeweils radikalsten Ausprägung. Hier schien mühelos vereinbar, als »artfremd« naturalisierte Menschengruppen nach den Maximen instrumenteller Zweckrationalität zu vernichten und gleichzeitig einer sakrosankt überhöhten Natur – den »gefiederten Freunden«, knorrigen deutschen Eichen oder in Urzeiten zurückverweisende Moore – die Pietät des Bewahrens zukommen zu lassen. Die Nazis münzten so Ernst Rudorffs regressive Sehnsucht, man solle die »Dinge und Menschen lassen, wo sie hingehören«,[3] in ein unabänderliches Prinzip und in ein Programm der kulturellen und biologischen Vernichtung.

3 Rudorff 1897, S. 464.

Quellen und Literatur

Ungedruckte Quellen

Ahrensburg
Archiv »Verein Jordsand«

Berlin
Geheimes Staatsarchiv Preußischer Kulturbesitz (GStAPK)
I. HA Rep. 84A Justizministerium, Nr. 10746-10748
I. HA Rep.87B Landwirtschaftsministerium, Nr. 3131-3136, Nr. 3144, Nr. 3145, Nr. 3149, Nr. 19978-20040
I. HA Rep.89H Geheimes Zivilkabinett, Nr. 20785, Nr. 20786
Geheime Staatsbibliothek Preußischer Kulturbesitz
Nachlaß Hugo Conwentz; Nachlaß Robert Mielke

Detmold
Nordrhein-Westfälisches Staatsarchiv
D 107 B, Heimatschutz

Freiburg
Adelshauser Museum
Nachlaß Konrad Guenther

Gera
Naturkundemuseum
Nachlaß Carl R. Hennicke; »Deutscher Verein zum Schutze der Vogelwelt«

Giengen a.d. Br.
Familienarchiv Hähnle

Hannover
Stadtbibliothek
Löns-Archiv

Koblenz
Bundesarchiv Koblenz (BAK)
B 245, Reichsstelle für Naturschutz/ Zentralstelle für Naturschutz und Landschaftspflege/ Bundesanstalt für Naturschutz und Landschaftspflege

München
Archiv »Isartalverein«

Stuttgart
Hauptstaatsarchiv (HStAS)
E151/07, Ministerium des Innern

Tübingen
Universitätsbibliothek
Nachlaß Carl Johannes Fuchs, Md 875, Md 876, Md 878

Berichte, Protokolle, Gesetzessammlungen etc.

Sammlung sämmtlicher Drucksachen des Reichstages, 1887/88.

Gesetz, betreffend den Schutz von Vögeln. Vom 22. März 1888 (Nr. 1784). Reichsgesetzblatt Nr. 13 vom 26. März 1888, S. 111.

Vogelschutzgesetz für das Deutsche Reich. Vom 30. Mai 1908, Reichgesetzblatt 1908, Nr 31, S. 314.

Stenographische Berichte über die Verhandlungen des Preußischen Hauses der Abgeordneten 1898, 1907, 1910, 1911, 1912.

Stenographische Berichte über die Sitzungen des Reichstages 1876, 1877, 1879, 1888.

Aus dem stenographischen Bericht der Verhandlungen des Reichstages über die Vogelschutz-Konvention. 187. Sitzung, 5. Juni 1902, in: Ornithologische Monatsschrift, 27. Jg. (1902), S. 342-358.

Das Vogelschutzgesetz im Reichstage. Der stenographische Bericht über die Verhandlungen. 76. Sitzung, 10. Januar 1908, in: Ornithologische Monatsschrift, 33. Jg. (1908), S. 129-186.

Geschäftsberichte des Verschönerungs-Vereins Siebengebirge, 1910-1930er Jahre, Bundesarchiv Koblenz, B245/189.

Jahrbücher des Internationalen Frauenbundes für Vogelschutz, 1904ff.

Jahresberichte des Isartalvereins, Verein zur Erhaltung der landschaftlichen Schönheiten in der Umgebung Münchens, besonders des Isartals, 1903-1919.

Jahreshefte und Jahresberichte des Bundes für Vogelschutz, 1899-1918.

Jahresberichte des Vereins zum Schutze und zur Pflege der Alpenpflanzen, 1901ff.

Primärliteratur

Abt, Ernst: Aussterbende Tiere, in: Die Gartenlaube, Jg. 1906, S. 84-89.

Aitinger, Johann Conrad: Kurzer und einfältiger Bericht vom Vogelstellen. Jetzo auffs new mit Fleiß übersehen und vermehret, Cassel 1653.

Ankenbrand, Ludwig: Naturschutz und Naturschutzparke, München 1911.

Anonym: Der kleine Vogelfänger. Ein Buch zunächst für Knaben, welche Jäger, oder Oekonomen werden und ihre Leibeskräfte auf eine nützliche Art üben wollen; auch für diejenigen brauchbar, welche Vogelliebhaber sind, 5 Hefte, Leipzig 1798-1801.
—: Chronik der Waldverheerungen durch Raupenfraß, in: Der besorgte Forstmann 1798, Vol. I., S. 19-24.
—: Etwas über die Fichtenraupe in einigen Gegenden des Voigtlandes, und den Mitteln zu ihrer Verminderung, in: Der besorgte Forstmann 1798, Vol. III., S. 351-366.
—: Uebersicht der durch Schönheit, Größe und Form merkwürdigen Bäume der sächsischen Staatswälder, in: Jahrbuch der königl. sächs. Akademie für Forst- und Landwirthe zu Tharand. Des forstwirthschaftlichen Jahrbuches neunter Band. Neue Folge. Zweiter Band, Leipzig 1853, S. 67-77.
—: Zum Heimatschutz, in: Die Grenzboten, 56. Jg. (1897), Nr. 3, S. 49-53.
—: Vogelmord zu Putz und Leckerei, in: Der Kunstwart, 11,1 (1897/1898), S. 134.
—: Naturdenkmäler, in: Vossische Zeitung, 8. April 1900.
—: Die Erhaltung unserer heimischen Naturdenkmäler, in: Kölnische Zeitung, 14. Juli 1900.
—: Das Vordringen der Schwarzamsel in den Städten, in: Die Gartenlaube, Jg. 1900, S. 136.
—: Der Deutsche Verein zum Schutze der Vogelwelt in den ersten 25 Jahren seines Bestehens, in: Ornithologische Monatsschrift, 25. Jg. (1900), S. 4-14.
—: Bericht über die Gesellschaft zum Schutz der Landschaften in Frankreich, in: Das Land, 10. Jg. (1901/02), S. 45.
—: Wie die Eisenbahn bei der Erhaltung von Naturdenkmälern Rücksicht nimmt, in: Das Land, 11. Jg. (1902/03), S. 105.
—: Deutschland. Für die sieben Berge, in: Kölnische Zeitung, 22. Februar 1904.
—: Naturdenkmalpflege in Preußen, in: Dorfzeitung, 13. Juli 1907.
—: Landwirtschaft und Naturdenkmalpflege, in: Berliner Korrespondenz, 20. Juli 1907.
—: Naturdenkmäler im Verwaltungsbereich der Königlichen Klosterkammer zu Hannover, Hannover 1907.
—: Großbanken und Heimatschutz, in: Der Kunstwart, 23,1 (1909), S. 278-280.
—: Das Naturschutzgebiet in der Lüneburger Heide. Eine Rundfrage, in: General-Anzeiger für Hamburg-Altona, 1. Februar 1911.
—: Heimatschutz und Naturschutzparke, in: Kosmos, 9. Jg. (1912), S. 350f.
—: Der wahre Naturschutz, in: Deutsche Tageszeitung, 10. April 1913.
—: Die Aufgaben und das Arbeitsgebiet des Landesvereins Sächsischer Heimatschutz, in: Mitteilungen des Landesvereins Sächsischer Heimatschutz, 4. Jg. (1914/15), S. 13-14.
—: Die wirtschaftliche Bedeutung der Amsel (Forstmeister Dr. Schinzinger im Württ. Wochenblatt für Landwirtschaft), in: Süddeutsche Thier-Börse, 24. Jg. (1915), S. 194-195.
—: Der Sperling, in: Süddeutsche Thier-Börse, 24. Jg. (1915), S. 91.
—: Gegen ein gewisses Engländertum, in: Dorfzeitung, 17. März 1915.
—: Vogelleichen auf Hüten, in: Der Vortrupp, 4. Jg. (1915), Nr. 21, S. 429f.
—: Vogelleichen auf Hüten, in: Der Vortrupp, 5. Jg. (1916), Nr. 21, S. 669f.
Arnold, Friedrich: Die Vögel Europas. Ihre Naturgeschichte in Freiheit und Gefangenschaft. Nebst Anleitung zur Aufzucht, Eingewöhnung, Pflege, samt Fang- und Jagdmethoden, Stuttgart 1897.
Arnswaldt, G.: Ueber Naturdenkmalpflege. Vortrag, gehalten bei der dritten Hauptversammlung des Heimatbundes Mecklenburg zu Neustrelitz, in: Mecklenburg. Zeitschrift des Heimatbundes Mecklenburg, 3. Jg. (1908), S. 113-124.

Avenarius, Friedrich: Heimatschutz, in: Der Kunstwart, 17,1 (1903/1904), S. 653-657.
Baldamus, Eduard: Schützet die Vögel!, Bielefeld 1878.
—: Der Würzburger Amselprozeß und die Amsel, Frankfurt a.M. 1880.
Bayerischer Landesausschuß für Naturpflege (Hrsg.): Einführung in die Geschäfte der Naturpflege, München 1913.
Bechstein, Johann Matthäus: Kurze aber gründliche Musterung aller bisher mit Recht oder Unrecht von dem Jäger als schädlich geachteten und getödeten Thiere nebst Aufzählung einiger wirklich schädlichen, die er, diesem Berufe nach, nicht darfür erkennt, Gotha 1792.
—: Gründliche Anweisung alle Arten von Vögeln zu fangen, einzustellen, nach dem Geschlecht und andern Merkmalen zu unterscheiden, zahm zu machen, abzurichten, ihre merkwürdigen Eigenschaften zu erkennen, sie fremde Gesänge zu lehren, und zum Aus- und Einfliegen zu gewöhnen. Nebst einem Anhange von Joseph Mitelli Jagdlust. Aufs neue ganz umgearbeitet herausgegeben von Johann Matthäus Bechstein, Nürnberg und Altdorf 1796.
—: Forstinsectologie oder Naturgeschichte der für den Wald schädlichen und nützlichen Insecten nebst Einleitung in die Insectenkunde überhaupt, für angehende und ausübende Forstmänner und Cameralisten, Gotha 1818.
—: Die Jagdwissenschaft nach allen ihren Theilen, 4 Bde., Gotha 1820-1822.
Beckmann, Johann: Grundsätze der teutschen Landwirthschaft, 4. verb. u. verm. Aufl., Göttingen 1790.
Behn, Fritz: Naturerhaltung und Wildmord in Deutsch-Ostafrika – ein Kulturskandal, in: Naturwissenschaftliche Wochenschrift, N.F. X. Bd. (1911), S. 801-807.
Bemerkenswerte Bäume im Großherzogtum Hessen in Wort und Bild. Herausgegeben vom Großherzoglichen Ministerium der Finanzen, Abteilung für Forst- und Kameralverwaltung, Darmstadt 1904.
Benecke, Otto u. Theodor (Hrsg.): Lüneburger Heimatbuch, 2 Bde., Bremen 1914.
Berger, Karl: Die Verbreitung des Utilitaritätsprinzips im Vogelschutz, in: Ornithologische Monatsschrift, 29. Jg. (1904), S. 448-454.
—: Fink und Lerche auf der Speisetafel, in: Mitteilungen über die Vogelwelt, 6. Jg. (1906), S. 27.
Berlepsch, Hans von: Die Vernichtung unserer Vögel im Süden und der daraus resultierende Schaden, in: Zweiter Internationaler Ornithologischer Congress Budapest 1891, Budapest 1892, S. 187.
—: Der gesamte Vogelschutz, seine Begründung und Ausführung, Gera 1899.
—: Der Krammetsvogelfang, in: E. Oustalet u. J. de Claybrooke (Hrsg.): Comptes rendues des Séances du IIIème Congres ornithologique international Paris 1900, Paris 1901, S. 339-341.
—: Die Vernichtung unserer Zugvögel in Italien im Lichte gerechter Beurteilung, in: Ornithologische Monatsschrift, 27. Jg. (1902), S. 301-308.
—: Vogelschutzgehölze und naturgemäße Nistkästen als Hauptbedingungen eines erfolgreichen Vogelschutzes, in: Mitteilungen der Deutschen Dendrologischen Gesellschaft, 15. Jg. (1906), S.107-114.
Bock, Wilhelm: Die Naturdenkmalpflege. Die Bestrebungen zur Erhaltung der Naturdenkmäler und ihre Durchführung, Stuttgart 1910.
—: Naturdenkmäler in der Provinz Brandenburg und ihre Erhaltung, Berlin 1911.
—: Schutz der deutschen Landschaft, in: Naturwissenschaftliche Wochenschrift, N.F. XI. Bd. (1912), S. 417-420.

Bode, Wilhelm: Heimat- und Naturschutz. Die Heimatschutzbewegung, in: Benecke 1914, S. 841-848.

—: Der Naturschutzpark in der Lüneburger Heide, in: Benecke 1914, S. 849-866.

Boie, Margarete: Hugo Conwentz und seine Heimat. Ein Buch der Erinnerungen, Stuttgart 1940.

Bolle, Carl: Bruchstücke eines Briefes über Helgoland, in: Journal für Ornithologie, 3. Jg. (1855), S. 428-432.

Bonde, Carl: Der Vogelheerd in allen einzelnen Theilen. Oder gründliche und specielle Anleitung zu dem Vergnügen, alle Arten von Krammetsvögeln auf dem Heerde zu fangen, und über das Verhalten dabei in allen vorkommenden Fällen. Nach theoretischen und praktischen Grundsätzen bearbeitet, und nach vieljährigen Erfahrungen und geprüften Maßregeln dargestellt von Carl Bonde, Herzoglichem Förster, Leipzig 1830.

Bonne, Georg: Die Notwendigkeit der Reinhaltung der deutschen Gewässer vom gesundheitlichen, volkswirtschaftlichen und militärischen Standpunkte aus erläutert durch das Beispiel der Unterelbe bei Hamburg-Altona, Leipzig 1901.

—: Deutsche Flüsse oder deutsche Kloaken? Eine ernste Mahnung in letzter Sekunde an unsere Regierungen und an unser Volk, Hamburg 1907.

—: Die Klagen der deutschen Binnenfischer über die zunehmende Verunreinigung der Gewässer, Hamburg 1912.

—: Die Verunreinigung unserer Gewässer und ihre Verhütung, in: Zweite Gemeinsame Tagung für Denkmalpflege und Heimatschutz. Dresden 25. und 26. September 1913. Stenographischer Bericht, Berlin 1913, S. 163-198.

—: Die Verunreinigung der deutschen Gewässer, ihre Bedeutung und ihre Verhütung, München 1913. (= 120. Flugschrift des Dürerbundes)

Borggreve, Bernard Robert: Die Vogelschutzfrage, nach ihrer bisherigen Entwickelung und wahren Bedeutung, mit besonderer Rücksicht auf die Versuche zu ihrer Lösung durch Reichsgesetzgebung und internationale Vereinbarungen. Zweite vermehrte und verbesserte Ausgabe, Leipzig 1888. [1878]

Bovet, Ernest: Heimatschutz und Bergbahnen, in: Heimatschutz, 9. Jg. (1913), Heft 9, S. 27-48.

Bräss, Martin: Die Raubvögel als Naturdenkmäler, Berlin 1912.

—: Schutz der heimischen Tierwelt, in: Naturwissenschaftliche Wochenschrift, N.F. XI. Bd. (1912), S. 427-432.

Brandes, Gustav: Forstbotanisches Merkbuch. Nachweis der beachtenswerten und zu schützenden urwüchsigen Sträucher, Bäume und Bestände im Königreich Preußen. Hannover, Hannover 1907.

Brauns, Walter: Der Heidepastor. Das Leben und Werk Wilhelm Bodes, Hamburg 1929.

Bredt, Friedrich Wilhelm: Deutsche Gesetzgebung auf dem Gebiete des Heimatschutzes, München o.J. [1909] (= 53. Flugschrift des Dürerbundes)

—: Die Heimatschutzgesetzgebung in den deutschen Bundesstaaten, Düsseldorf 1912.

Bregenzer, Ignaz: Thier-Ethik. Darstellung der sittlichen und rechtlichen Beziehungen zwischen Mensch und Thier, Bamberg 1894.

Brehm, Alfred Edmund: Schutz den Vögeln! Eine Bitte an alle vernünftigen Menschen, in: Die Gartenlaube, 6. Jg. (1858), S. 615-617.

—: Das Leben der Vögel, dargestellt für Haus und Familie, Glogau 1861.

—: Gefangene Vögel, Leipzig u. Heidelberg 1872.

Brehm, Alfred Edmund: Unsre Bodenwirthschaft und die Vögel. Vortrag, gehalten am 19. September 1873 im internationalen Congresse der Land- und Forstwirthe zu Wien, in: Journal für Ornithologie, 22. Jg. (1874), S. 26-39.

Brehm, Christian Ludwig: Beiträge zur Vögelkunde, 3 Bde., Neustadt a.d. Orla 1820-1822.

—: Die Frage: »Ist eine Besteuerung der Sinvögel nothwendig und rathsam?«, in: Mittheilungen aus dem Osterlande. Gemeinschaftlich herausgegeben von dem Kunst- und Handwerks-Vereine, der Naturforschenden und der Pomologischen Gesellschaft zu Altenburg, 1. Bd. (1837), S. 210-220.

—: Brehm's letztes Wort über die Besteuerung einiger Singvögel zur Verständigung mit einem landschaftlichen Abgeordneten, ein Wort des Friedens, in: Mittheilungen aus dem Osterlande. Gemeinschaftlich herausgegeben von dem Kunst- und Handwerks-Vereine, der Naturforschenden und der Pomologischen Gesellschaft zu Altenburg, 2. Bd. (1838), S. 40-47.

—: Vollständiger Vogelfang, Weimar 1855.

Breidenstein, Johann Philipp: Naturgeschichte des Sperlings teutscher Nation nebst vielen Mitteln dessen Anzahl zu vermindern, und ihn von den reifen Feldfrüchten, jungen Saamen und Pflanzen, Kirschbäumen, Fruchtböden und Scheuern abzuhalten. Zum Nutzen des Landwirths, Gießen 1779.

Bund für Vogelschutz (Hrsg.): Kalender für 1900. Herausgegeben im Auftrage des Bundes von Friedrich Arnold, Stuttgart o.J. [1899]

Bund Naturschutz in Bayern (Hrsg.): Das Naturschutzgebiet am Königssee in den Berchtesgadener Alpen, München 1921.

Burckhardt, Heinrich: Säen und Pflanzen nach forstlicher Praxis. Handbuch der Holzerziehung. Vierte verbesserte Auflage, Hannover 1870. [1855]

Burckhardt: Ueber Krammetsvogelfang, in: Kritische Blätter für Forst- und Jagdwissenschaft, 44. Bd. (1861), Heft 1, S. 222-224.

Christoleit, Ernst: Zum neuen Kurs im Vogelschutze, in: Mitteilungen über die Vogelwelt, 10. Jg. (1910), S. 57-59.

Clemenz, Bruno: Naturdenkmalpflege und Schule, Breslau 1909.

Clevisch, Anton: Die Vögel als Mode- und Handelsartikel, in: Ornithologische Monatsschrift, 23. Jg. (1898), S. 279-285 u. S. 304-310.

Conwentz, Greta: Bibliographia Conwentziana 1874-1922, in: Beiträge zur Naturdenkmalpflege, 9. Bd. (1923), S. 417-441.

Conwentz, Hugo: Forstbotanisches Merkbuch. Nachweis der beachtenswerten und zu schützenden urwüchsigen Sträucher, Bäume und Bestände im Königreich Preußen. Westpreußen, Berlin 1900.

—: Die Erhaltung der Naturdenkmäler. Nach einem Vortrag, gehalten in der Gesamtsitzung der beiden wissenschaftlichen Hauptgruppen d. Ges. deutscher Naturforscher und Ärzte in Cassel am 23. September 1903, in: Verhandlungen deutscher Naturforscher und Ärzte, Versammlung 75, Cassel 1903 [gedruckt Leipzig 1904], T.2, Hälfte 1, Naturw. Abt., S. 237-245.

—: Die Gefährdung der Naturdenkmäler und Vorschläge zu ihrer Erhaltung. Denkschrift, dem Herrn Minister der geistlichen, Unterrichts- und Medizinal-Angelegenheiten überreicht, Berlin 1904. (= Conwentz 1904a)

—: Die Heimatkunde in der Schule. Grundlagen und Vorschläge zur Förderung der naturgeschichtlichen und geographischen Heimatkunde in der Schule, Berlin 1904. (= Conwentz 1904b)

—: Schutz der natürlichen Landschaft, ihrer Pflanzen und Tierwelt, in: Zeitschrift der Gesellschaft für Erdkunde, Jg. 1904, S. 194-203. (= Conwentz 1904c)

Conwentz, Hugo: Schutz der natürlichen Landschaft, vornehmlich in Bayern. Nach einem Vortrag in der zu München am 1. Oktober 1906 abgehaltenen Jahresversammlung des Bundes Heimatschutz, Berlin 1907.

—: Die Erhaltung der Naturdenkmäler, besonders im Regierungsbezirk Cassel, in: Mitteilungen des Bezirkskomitees für Naturdenkmalpflege im Regierungsbezirk Cassel und im Fürstentum Waldeck, Nr. 1, Cassel 1908, S. 2-18.

—: The Care of Natural Monuments with special reference to Great Britain and Germany, University Press Cambridge 1909.

—: Über Geschichte und Aufgaben der Naturdenkmalpflege in Preußen, in: Beiträge zur Naturdenkmalpflege, 2. Bd. (1912), S. 112-138. (= Conwentz 1912a)

—: Naturschutzgebiete, München o.J. [1912] (= 98. Flugschrift des Dürerbundes) (= Conwentz 1912b)

—: Naturdenkmalpflege, in: Handwörterbuch der Naturwissenschaften, Bd. 7, Jena 1912, S. 38-50. (= Conwentz 1912c)

—: Über nationalen und internationalen Naturschutz. Rede bei der Internationalen Naturschutzkonferenz in Bern, am 18. November 1913, in: Aus der Natur, 10. Jg. (1914), S. 289-300. (= Conwentz 1914a)

—: On national and international protection of nature, in: Journal of Ecology, 2. Jg. (1914), S. 109-122. (= Conwentz 1914b)

—: Über die Berücksichtigung des Naturschutzes bei Ingenieuranlagen (Vortrag auf dem baltischen Ingenieurkongreß in Malmö), in: Prometheus, 26. Jg. (1915), S. 497-500, S. 513-517, S. 533-537. (= Conwentz 1915a)

—: Naturschutzgebiete in Deutschland, Österreich und einigen anderen Ländern. Vortrag, gehalten in der allg. Sitzung der Gesellschaft für Erdkunde zu Berlin am 2. Januar 1915, in: Zeitschrift der Gesellschaft für Erdkunde, Jg. 1915, S. 29-51. (= Conwentz 1915b)

—: Merkbuch für Naturdenkmalpflege und verwandte Bestrebungen, München 1918.

—: Die Beziehungen der Naturdenkmalpflege zur Vorgeschichte und zur Volkskunde. Nach einem Vortrag in der Gesellschaft für Anthropologie, Ethnologie und Urgeschichte zu Berlin am 21. Juni 1919, in: Zeitschrift für Ethnologie, 51. Jg. (1919), S. 31-60.

Dann, Christian Adam: Bitte der armen Thiere, der unvernünftigen Geschöpfe, an ihre vernünftigen Mitgeschöpfe und Herrn die Menschen, Tübingen 1822.

—: Notgedrungener Aufruf zur Linderung der unsäglichen Leiden der in unserer Umgebung lebenden Tiere, o.O. 1833.

Der besorgte Forstmann. Eine Zeitschrift über Verderbniß der Wälder durch Thiere, und vorzüglich Insecten überhaupt, besonders aber durch die jetzt in Deutschland herrschenden Kiefer= Fichten= Tannen= und Birken=Raupen, Vol. I-IV, Weimar 1798.

Dietrich, Franz: Die Seevögel an den deutschen Küsten und die Bestrebungen des Vereins »Jordsand«, in: Ornithologische Monatsschrift, 33. Jg. (1908), S. 113f.

Diezel, Karl Emil: Erfahrungen aus dem Gebiete der Niederjagd, Offenbach 1849.

Dimitz, Ludwig: Über Naturschutz und Pflege des Waldschönen, Wien 1903. (= Grüne Zeit- und Streitfragen 1)

Döbel, Heinrich Wilhelm: Neueröffnete Jäger-Practica, Oder der wohlgeübte und erfahrene Jäger, Darinnen Eine vollständige Anweisung zur gantzen Hohen und Niedern Jagd-Wissenschaft, Leipzig 1754.

Döring, H.: Über die Drosselzüge bei Elbing, in: Neue Preussische Provinzialblätter, 7. Bd. (1849), S. 428-430.
Droste-Hülshoff, Ferdinand von: Die Vogelschutzfrage. Ein Referat, Münster 1872.
Dürigen, Bruno: Schutz den Vögeln, Leipzig 1901.
Eberts: Vogelfang und Vogelschutz, in: Forstliche Blätter. Zeitschrift für Forst- und Jagdwesen. Dritte Folge, 7. Jg. (1888), S. 15-18.
Eckardt, Wilhelm R.: Vogelzug und Vogelschutz, Leipzig 1910.
Eckart, K.: Zur Dohnenstiegsfrage, in: Mitteilungen über die Vogelwelt, 15. Jg. (1915), S.115-116.
Effenberger, Walter: Die Photographie im Dienste des Naturschutzes, in: Schoenichen 1926, S. 158-178.
Eichholz, Johann Heinrich: Winke über Aufklärung und Humanität, nebst einer Abhandlung über die Bestimmung und über die Pflichten der Thiere, Mannheim 1805.
Eigner, Gottfried: Über den Schutz der Naturdenkmäler und insbesondere der Flora unter besonderer Berücksichtigung der bayerischen Rechtsverhältnisse. Vortrag, gehalten in der Monatsversammlung der Bayerischen Botanischen Gesellschaft zur Erforschung der heimischen Flora (E.V.) zu München am 13. Oktober 1903, München 1904.
Eigner, Gottfried: Der Schutz der Naturdenkmäler insbesondere in Bayern, in: Naturwissenschaftliche Zeitschrift für Land- und Forstwirtschaft, 3. Jg. (1905), S. 369-384, S. 415-429, S. 441-450 u. S. 508-510.
—: Naturpflege in Bayern, München 1908. (= Veröffentlichungen des Bayerischen Landesausschusses für Naturpflege 3)
Favre, Alphonse: Conservation des blocs erratiques, in: Verhandlungen der Schweizerischen Naturforschenden Gesellschaft, 50. Jg. (1866), S. 44-88.
Festschrift Kurt Floericke zum 50. Geburtstag und zum 25. Doktorjubiläum gewidmet von seinen Freunden, Stuttgart 1917.
Feucht, Otto: Der Naturschutz in Württemberg. Aufgaben und Möglichkeiten, Stuttgart 1922.
Finckh, Ludwig: Der Kampf um den Hohenstoffeln, Gaienhofen 1952.
Fischer, Wilhelm J.: Die Vogelwelt Württembergs, Stuttgart 1914.
Fleming, Hans Friedrich von: Der Vollkommene Teutsche Jäger, Darinnen die Erde, Gebürge, Kräuter und Bäume, Wälder, Eigenschaft der wilden Thiere und Vögel, so wohl Historice, als Phyce und Anatomice: Dann auch die behörigen Groß- und kleinen Hunde, und der völlige Jagd-Zeug; Letztlich aber Die hohe und niedere Jagd-Wissenschaft Nebst einem Immer-Währenden Jäger-Calender, Leipzig 1719.
Floericke, Curt: Die Vögel des deutschen Waldes, Stuttgart 1907 (= Floericke 1907a).
—: Deutsches Vogelbuch für Forst- und Landwirte, Jäger, Naturfreunde und Vogelliebhaber, Lehrer und die reifere Jugend und für alle Gebildeten des deutschen Volkes gemeinverständlich geschildert, Stuttgart 1907 (= Floericke 1907b).
—: Umschau über die Naturschutzbewegung, in: Kosmos, 6. Jg. (1909), S. 97-103 (= Floericke 1909a).
—: Der gegenwärtige Stand der Naturschutzpark-Bewegung, in: Kosmos 6. Jg. (1909), S. 369-372 (= Floericke 1909b).
—: Stand und Aussichten der Naturschutzparkbewegung, in: Mitteilungen über die Vogelwelt, 10. Jg. (1910), S. 137-138, S. 145-146, S. 153-154.
—: Bedeuten Naturschutzparke eine Forstgefahr?, in: Kosmos, 8. Jg. (1911), S. 106f. (= Floericke 1911a).

Floericke, Curt: Die Naturschutzbewegung und der Vogelschutz, in: Mitteilungen über die Vogelwelt, 11. Jg. (1911), S. 45-49 (= Floericke 1911b).
—: Vom zweiten deutschen Vogelschutztag, in: Mitteilungen über die Vogelwelt, 11. Jg. (1911), S. 143-147 (= Floericke 1911c).
—: Der deutsche »Bund für Vogelschutz« und seine Gründerin, in: Mitteilungen über die Vogelwelt, 13. Jg. (1913), S. 114-118.
—: Mit Volldampf voraus!, in: Mitteilungen über die Vogelwelt, 14. Jg. (1914), S. 1-5.
—: Vogelbuch. Gemeinverständliche Naturgeschichte der mitteleuropäischen Vogelwelt. Zweite, bedeutend vermehrte, gänzlich umgearbeitete und neu illustrierte Auflage, Stuttgart u. Wiesbaden 1922.
Floericke, Melanie: Zum Gedächtnis des 70. Geburtstags Dr. Kurt Floericke, o.O. u. o.J. [Stuttgart, ca. 1940]
Förster, J.Chr. u. J.D. Knopf: Braunschweigisches Kochbuch für angehende Köche, Köchinnen, Haushälterinnen und Hausmütter, Braunschweig 1789.
Förster, Paul: Naturschutzparke, in: Der Tag, 8. Oktober 1910.
Francé, Raoul H.: Die Entdeckung der Heimat, in: Österreichische Rundschau, 23. Bd. (1910), S. 191-194
—: Denkmäler der Natur, Leipzig 1910.
—: Ewiger Wald. Ein Buch für Wanderer, Leipzig 1922.
—: Die Entdeckung der Heimat, Stuttgart 1923.
—: Phoebus. Ein Rückblick auf das glückliche Deutschland im Jahre 1980, München 1927.
Franz, F. Ch.: Aufruf an die Polizey-, Forst- und Schulbehörden zur Verhütung der unnötigen Verfolgung von Vögeln und anderer Thiere, deren sich die Natur zur Erhaltung ihres Gleichgewichts sehr zweckmäßig bedient, Dresden 1816.
Frauenfeld, Georg von: Die Grundlagen des Vogelschutzes, Wien 1871.
Friderich, Carl G.: Naturgeschichte aller deutschen Zimmer-, Haus- und Jagdvögel, nebst einem Anhange über die ausländischen Vögel, welche in Deutschland im Handel vorkommen, Stuttgart 1849.
Fuchs, Carl Johannes: Heimatschutz und Volkswirtschaft, in: Mitteilungen des Bundes Heimatschutz, 1. Jg. (1904/05), S. 17-23.
—: Heimatschutz und Volkswirtschaft, Halle a.d. S. 1905. (= 1. Flugschrift des Bundes Heimatschutz)
—: Denkmalpflege und Heimatschutz, in: Handbuch der Politik. Zweiter Band, Berlin u. Leipzig 1912/13, S. 607-612.
— u. Paul Schultze-Naumburg: Die Stromschnellen des Rheins bei Laufenburg und ihre Erhaltung, Halle a.d.S. 1906. (= 3. Flugschrift des Bundes Heimatschutz)
Fürst, Hermann (Hrsg.): Illustriertes Forst- und Jagdlexikon, Berlin 1888.
Gätke, Heinrich: Die Vogelwarte Helgoland. Hrsg. von Rudolf Blasius. Zweite vermehrte Auflage, Braunschweig 1900.
Gatterer, Christoph Wilhelm: Abhandlung vom Nutzen und Schaden der Thiere, nebst den vornehmsten Arten, dieselben zu fangen und die schädlichen zu vermindern. Zweyter Band. Von den Vögeln, Leipzig 1782.
Giannoni, Karl: Naturschutz und Verkehr, Berlin 1919.
Giebel, Christoph Gottfried Andreas: Vogelschutzbuch, Berlin 1872.

Ginzberger, August: Naturschutz – eine Forderung der Kultur, München 1919. (= 190. Flugschrift des Dürerbundes)
Glogau, Arthur: Schutz des natürlichen Landschaftsbildes, in: Konrich 1910, S. 26-29.
Gloger, Constantin W.L.: Zu der Frage über den land-, forst- und volkswirthschaftlich so wünschenswerthen Schutz der Höhlenbrüter, in: Journal für Ornithologie, 1. Jg. (1853), S. 110-129.
—: Die nützlichen Freunde der Land- und Forstwirtschaft unter den Tieren, als die von der Natur bestellten Verhüter und Bekämpfer von Ungezieferschäden und Mäusefraß, 4. Aufl., Berlin 1858.
—: Kleine Ermahnung zum Schutze nützlicher Tiere, 3. Aufl., Berlin 1858.
—: Anleitung zur Hegung der Höhlenbrüter, Berlin 1865.
Göller, Friedrich Karl: Über die Singvögel als Insektenvertilger, in: Correspondenzblatt des Württembergischen Landwirtschaftlichen Vereins, N.F. 14. Jg. (1838), 2. Bd., S. 249-253.
Götz, Johann Kaspar: Der Vogelheerd oder vollständiger Unterricht in der Kunst, verschiedene Arten von Vögeln auf dem Heerde zu fangen. Mit Angabe der Natur und Behandlung der auf dem Heerde fangbaren Vögel und einer kurzen Abhandlung über den Hehrenfang mit der Eule und dem Lerchenfang mit Bodenschlingen, oder mit Steckgarnen und dem Lerchenfalken. Zweite Auflage, Nördlingen o.J. [1827]
Gradmann, Eugen: Heimatschutz und Landschaftspflege, Stuttgart 1910.
Gradmann, Robert: Zur Erhaltung der vaterländischen Naturdenkmäler, in: Blätter des Schwäbischen Albvereins, 12. Jg. (1900), Sp. 409-414.
—: Zum Schutz der Torfmoore, in: Schwäbisches Heimatbuch 1916. Kriegsheft des Bundes Heimatschutz in Württemberg und Hohenzollern, Stuttgart 1916, S. 98-103.
—: Lebenserinnerungen. Zur 100. Wiederkehr seines Geburtstages herausgegeben von Karl Heinz Schröder, Stuttgart 1965.
Graebner, P.: Die Bedrohung unserer Pflanzenwelt, in: Naturwissenschaftliche Wochenschrift, N.F. XI. Bd. (1912), S. 424-427.
Grottewitz, Curt: Sonntage eines Großstädters in der Natur, Berlin 1925.
—: Unser Wald. Ein Volksbuch. Herausgegeben von Wilhelm Bölsche, Berlin 1924.
— u. Wilhelm Bölsche: Der Mensch als Beherrscher der Natur, Berlin 1928.
Guenther, Konrad: Rückkehr zur Natur? Eine Betrachtung über das Verhältnis des Menschen zur Natur und die Entwicklung desselben, Leipzig 1907.
—: Der Naturschutz, Freiburg 1910.
—: Deutsches Naturerleben, Stuttgart 1935.
—: Ein Leben mit der Natur. Studienzeit an Hochschule und Meeresstrand, Stuttgart 1938.
Günther, Willy: Naturdenkmalpflege, in: Die Gartenlaube, Jg. 1907, S. 324-326.
—: Neues aus der Naturdenkmalpflege, in: Naturwissenschaftliche Wochenschrift, N.F. IX. Bd. (1910), S. 497-504.
—: Naturzerstörung und Naturschutz, in: Himmel und Erde. Illustrierte naturwissenschaftliche Monatsschrift, 25. Jg. (1913), S. 439-449 u. S. 489-503.
Haarhaus, Julius R.: Ziele und Ergebnisse der Naturschutzbewegung, in: Die Grenzboten. Zeitschrift für Politik, Literatur und Kunst, 72. Jg. (1913), S. 33-39.
Hähnle, Hermann: Elektrizität und Vogelschutz, Stuttgart 1913.
Haenel, Karl: Unsere heimischen Vögel und ihr Schutz, Würzburg 1913.
Hammer, A.: Zur Vogelschutzfrage, in: Aus der Heimat, 14. Jg. (1901), S. 1-3.
Hartert, Ernst: Einige Worte der Wahrheit über den Vogelschutz, Neudamm 1900.

Hartig, Georg Ludwig: Lehrbuch für Jäger und die es werden wollen, 2 Bde., Tübingen 1811.
Hassenpflug, Eduard: Lehrer als Natur- und Heimatforscher, in: Kosmos, 15. Jg. (1918), S. 44-46.
Haushofer, Max: Der Schutz der Natur, München 1906. (= Veröffentlichungen des Bayerischen Landesausschusses für Naturpflege, Nr. 1)
Hausmann, F.L.: Der Oberharzer Bergmann als Vogelsteller, in: Ornithologisches Centralblatt, 3. Jg. (1878), S. 14ff.
Hedinger, A.: Die Amselfrage. Schwäbische Kronik, 24. Januar 1880.
Heering, Wilhelm: Forstbotanisches Merkbuch. Nachweis der beachtenswerten und zu schützenden urwüchsigen Sträucher, Bäume und Bestände im Königreich Preußen. Schleswig-Holstein, Berlin 1906.
Heerwagen, August: Die Kultur als Hauptfeind der Natur, o.O. u. o.J.[Nürnberg 1909]
Heick, G.: Die Eisenbahndämme und der Naturschutz, in: Kosmos, 10. Jg. (1913), S. 157f.
Heicke: Die deutsche Naturschutzparkbewegung, in: Die Gartenkunst, 14. Jg. (1912), S. 65-70.
Hellweg, Werner: Die Außenreklame in Stadt und Land. Ein Beitrag zur Beseitigung und Verhütung der Verunstaltungen des deutschen Landes durch die Auswüchse der Außenreklame unter besonderer Berücksichtigung der freien und Hansestadt Hamburg, Hamburg 1919.
Hempel, R.: Heimatschönheit und Bodenkultur. Ein Mahnwort, Cassel 1914.
Hennicke, Carl R.: Einiges über den Vogelfang zur Zeit des dreissigjährigen Krieges und sein Verhältnis zum Krammetsvogelfang unserer Zeit, in: Der Zoologische Garten. Zeitschrift für Beobachtung, Pflege und Zucht der Tiere, 36. Jg. (1895), S. 178-182 u. S. 206-210.
—: Vogelschutzbuch, Stuttgart 1911.
—: Handbuch des Vogelschutzes, Magdeburg 1912.
—: Vögel, in: Handwörterbuch der Naturwissenschaften, 10. Bd., Jena 1915, S. 285-330.
—: Schwindende Vogelarten in Deutschland, Berlin 1917. (= Naturdenkmäler. Vorträge und Aufsätze. Hrsg. von der Staatl. Stelle für Naturdenkmalpflege, Bd. 2, 4/5, Heft 14/15)
Heppe, Johann Christoph: Die Jagdlust oder die hohe und niedere Jagd nach allen ihren Verschiedenheiten, 3 Bde., Nürnberg 1783 u. 1784.
—: Der Vogelfang nach seinen verschiedenen Arten praktisch nach der Erfahrung beschrieben nebst Anleitung zur Jagd des Federwildprets, 2 Bde., Nürnberg 1798 u. 1805.
Herrle, Theo: Die deutsche Jugendbewegung in ihren wirtschaftlichen und gesellschaftlichen Zusammenhängen, Gotha 1921.
Hermann, Rudolf: Geschichte des Vogelschutzes, in: Hennicke 1912, S. 321-366.
Heuss, Theodor: Heimatschutz, in: Die Hilfe, 11. Jg. (1905), Nr. 30, Beiblatt, S. 10-11.
Heyck, Eduard: Heimatschutz, in: Die Gartenlaube, Jg. 1908, S. 188-190.
Heyer, Karl: Denkmalpflege und Heimatschutz im deutschen Recht, Berlin 1912.
Hirschfeld, Christian: Der Winter. Leipzig 1763.
—: Das Landleben. Dritte verbesserte Auflage, Frankfurt und Leipzig 1776.
Hoffmann, Julius: Die Amsel vor Gericht, in: Das Neue Buch der Welt, 1879, S. 287-288.
Hofinger [Peter]: Die Vögel, als die besten Raupen- und Insekten-Vertilger in unsern Obstgärten, in: Allgemeine deutsche Garten-Zeitung. Herausgegeben von der praktischen Gartenbau-Gesellschaft in Frauendorf, 2. Jg. (1824), S. 91-96, S. 100-104, S. 110-111 u. S. 118-120.
—: Die Vögel als die besten Rauben- und Insektenvertilger in unserem Obstgarten, in: Allgemeine Deutsche Gartenzeitung, 6. Jg. (1828), S. 97-103.

Hohberg, Wolf Helmhard von: Georgica Curiosa Aucta. Oder: Des auf alle in Teutschland übliche Land= und Haus=Wirthschafften gerichteten hin und wieder mit vielen untermengten raren Erfindungen und Experimenten versehenen auch einer mercklichen Anzahl Kupffer weiter vermehrt und gezierten Adelichen Land= und Feld=Lebens Anderer Theil, Nürnberg 1716.

Hohenzollern, Fürst Wilhelm zu: Gedanken und Vorschläge zur Naturdenkmalpflege in Hohenzollern, Berlin 1911.

Homeyer, Eduard Ferdinand: Ornithologische Briefe. Blätter der Erinnerung, Berlin 1881.

—: Auch ein letzter Vogelherd. Eine Erinnerung aus alter Zeit, in: Ornithologische Monatsschrift, 8. Jg. (1883), S. 327-329.

Hopf, Ludwig: Die Vögel und die Landwirtschaft. Eine kurze Belehrung über des Landmanns Freunde und Feinde unter den Vögeln, Stuttgart 1880.

Horn: Heimatschutz. Vortrag des Regierungs- und Baurats Horn in Minden auf dem Landgemeindetag in Minden am 30. Mai 1908. Herausgegeben vom Minden-Ravensbergischen Hauptverein für Heimatschutz und Denkmalpflege, o.O. u. o.J.

Humboldt, Alexander von: Reise in die Äquinoktial-Gegenden des Neuen Kontinents. Herausgegeben von Ottmar Ette, 1. Bd., Frankfurt a.M. 1991.

Jaedicke, Marie: Naturschutz-Brevier. Dichtungen und Aussprüche, Neudamm 1927.

Jahresbericht 1875 der Commission zur Erforschung der Kunst-, Geschichts- und Natur-Denkmäler Westfalens, in: Vierter Jahresbericht des Westfälischen Provinzial-Vereins für Wissenschaft und Kunst pro 1875, Münster 1876, S. 28-47.

Jentzsch, Alfred: Nachweis der beachtenswerten und zu schützenden Bäume, Sträucher und erratischen Blöcke in der Provinz Ostpreußen, Königsberg 1900.

—: Schutz den Natururkunden, in: Naturwissenschaftliche Wochenschrift, N.F. X. Bd. (1911), S. 9-10.

Joachim, Johannes und Andreas Moser (Hrsg.): Briefe von und an Joseph Joachim. Dritter Band: Die Jahre 1869-1907, Berlin 1913.

Keller, Gottfried: Das verlorene Lachen, in Ders.: Die Leute von Seldwyla II, Basel 1978, S. 241-348.

Kemmerich, Max: Naturschutzparke. Ein Mahnruf, in: Die Hilfe, 13. 11. 1910, Beiblatt.

—: Naturschutzparke, in: Sauerländischer Gebirgsbote, 18. Jg. (1910), S. 152-153.

Killermann, Sebastian: Amsel und Drossel in den Städten, in: Naturwissenschaftliche Wochenschrift, N.F. V. Bd. (1906), S. 321-325.

Klages, Ludwig: Mensch und Erde (1913), in Ders.: Mensch und Erde. Sieben Abhandlungen, dritte, erweiterte Auflage, Jena 1929, S. 9-41.

Klein, Franz: Das Organisationswesen der Gegenwart. Ein Grundriß, Berlin 1913.

Klose, Hans: Das westfälische Industriegebiet und die Erhaltung der Natur, Berlin 1919.

—: Ernst Rudorffs Heimatland unter Landschaftsschutz. Mit Auszügen aus seinen Tagebüchern, in: Naturschutz, 20. Jg. (1939), S. 117-121.

—: Hermann Löns und seine Stellung im deutschen Naturschutz, in: Naturschutz, 20. Jg. (1939), S. 209-213.

—: Ernst Rudorff und der deutsche Naturschutz, in: Heimatleben. Monatszeitschrift für Heimatschutz und Heimatpflege, 3.Jg. (1940), S. 7-19.

—: Der Weg des deutschen Naturschutzes, Egestorf 1949.

—: Fünfzig Jahre Staatlicher Naturschutz. Ein Rückblick auf den Weg der deutschen Naturschutzbewegung, Gießen 1957.

Klunzinger, Carl Benjamin: Der Krammetsvogelfang oder der deutsche Vogelmassenmord, in: Süddeutsche Thier-Börse (Unsere Vögel), 14. Jg. (1905), S. 7-8, S. 19-20, S. 31-32, S. 42-43.
—: Über das Ergänzungsgesetz (Novelle) zum deutschen Vogelschutzgesetz von 1888, insbesondere über die Krammetsvogelfangfrage, in: Jahreshefte des Vereins für vaterländische Naturkunde in Württemberg, 65. Jg. (1909), S. XXXV-XL.
Knackfuss: Über Schädigung und Schutz der Naturschönheit, Kassel 1909.
Knauer, Friedrich: Der Naturschutz im Kampfe gegen die Frauenmode, in: Österreichische Rundschau, 26. Bd. (1911), S. 449-454.
—: Naturschutzfragen, in: Österreichische Rundschau, 27. Bd. (1911), S. 182-193.
—: Jagd, Schule und Naturschutz, in: Österreichische Rundschau, 27. Bd. (1911), S. 301-310.
—: Vogelschutz und Federindustrie. Eine Streitfrage der Zeit, Wien und Leipzig 1914.
—: Der Niedergang unserer Tier- und Pflanzenwelt. Eine Mahn- und Werbeschrift im Sinne moderner Naturschutzbestrebung, Leipzig o.J. [1912]
—: Naturschutztage. Anregungen zur Erziehung unserer Jugend zum Naturschutz für Eltern und Lehrer, Leipzig o.J.
Kneer, August: Die Denkmalpflege in Deutschland. Mit besonderer Berücksichtigung der Rechtsverhältnisse, Mönchen-Gladbach 1915.
Koch, Fritz: Von der Heimatschutzarbeit und vom Organisieren, in: Heimatschutz, 5. Jg. (1909), Heft ½, S. 1-7.
—: Heimatschutz und internationale Verständigung, in: Korrespondenz des Verbandes für internationale Verständigung, 3. Jg. (1914), S. 10-11.
Königliche Württembergische Forstdirektion (Hrsg.): Schwäbisches Baumbuch, Stuttgart 1911.
Koepert, Otto: Christian Ludwig Brehm und der Vogelschutz, in: Ornithologische Monatsschrift, 21. Jg. (1896), S. 7-10 .
Konrich, Georg Friedrich (Hrsg.): Hannoverland. Ein Buch der Heimatpflege, Hannover 1910.
—: Heimat und Heimatschutz, in: Konrich 1910, S. 5-6.
Krähe, in: Zedler, Johann Heinrich: Grosses Vollständiges Universal-Lexikon, Bd. 15, Halle u. Leipzig 1737, Sp. 1629-1631.
Krieger, Otto von: Über Lerchenjagd und Lerchenfang, in: Journal für Ornithologie, 24. Jg. (1876), S. 67-76.
Küber, Marie Susanne: Das Hauswesen, 17. Aufl., Stuttgart o.J. [1919]
Landau, Georg: Beiträge zur Geschichte der Jagd und der Falknerei in Deutschland. Die Geschichte der Jagd und der Falknerei in beiden Hessen, Kassel 1849.
Lauffer, Otto: Singvögel als Hausgenossen im deutschen Glauben und Brauch, Berlin 1939.
Lenau, Nikolaus: Das Lied vom armen Finken, in Ders.: Werke und Briefe. Bd. 2. Neuere Gedichte und lyrische Nachlese. Hrsg. v. Antal Madl, Wien 1995, S. 140-142.
Lenz, Othmar Harald: Aufforderung zur Schonung und Pflege der nützlichen Vögel, Gotha 1851.
Lessel, W.: Die Naturdenkmäler in Elsaß-Lothringen, Straßburg 1912.
Levenstein, Adolf: Die Arbeiterfrage. Mit besonderer Berücksichtigung der sozialpsychologischen Seite des modernen Großbetriebes und der psycho-physischen Einwirkungen auf die Arbeiter, München 1912.
Lezius, Hermann: Das Recht der Denkmalpflege in Preußen. Begriff, Geschichte und Organisation der Denkmalpflege, Berlin 1908.
Lewald, Fanny: Erinnerungen aus dem Jahre 1848, 2 Bde., Braunschweig 1850.

Liebe, Karl Theodor: Die Brutvögel Ostthüringens und ihr Bestand, in: Journal für Ornithologie, 26. Jg. (1878), S. 1-88.
—: Winke, betreffend das Aufhängen der Nistkästen für Vögel, Gera 1883.
—: Futterplätze für Vögel im Winter. Im Auftrage der Sektion Tierschutz bearbeitet von K. Th. Liebe. Zweite, verbesserte und vermehrte Auflage, Gera und Leipzig 1887.
—: Zum Vogelschutz, in: Ornithologische Monatsschrift, 16. Jg. (1891), S. 27-30 u. S. 124-128.
—: Die Eisenbahnen und unsere Vogelwelt, in: Liebe 1893, S. 14-22. [1874]
—: Die Gera-Eichichter Eisenbahn, in: Liebe 1893, S. 52-54. [1883]
—: Die der Umgebung von Gera angehörigen Brutvögel, in: Liebe 1893, S. 393-429. [1873]
—: Ornithologische Rundschau in Ostthüringen 1877-1879, in: Liebe 1893, S. 429-446. [1879]
—: Die Häufigkeit der Meisen in Ostthüringen, in: Liebe 1893, S. 22-29. [1877]
—: Ornithologische Schriften. Gesammelt und herausgegeben von Carl R. Hennicke, Leipzig 1893.
Liebkecht, Karl: Die Natur schützen und dem Volke näherbringen! Reden im preußischen Abgeordnetenhaus zu einem Antrag der Fortschrittlichen Partei (11. Dezember 1912), in Ders.: Gesammelte Reden und Schriften, Bd. V, Berlin 1963, S. 479-485.
Linde, Richard: Die Lüneburger Heide, Bielefeld u. Leipzig 1904.
Lindner, Friedrich: Die Preußische Wüste einst und jetzt, Osterwieck 1898.
Löns, Hermann: Die Erhaltung unserer Tierwelt, München o.J. [1909] (= 45. Flugschrift des Dürerbundes)
—: Das Naturdenkmal, in Ders.: Haidbilder. Neue Folge von Mein braunes Buch, Hannover 1913, S. 19-26.
—: Nachgelassene Schriften. Hrsg. von Wilhelm Deimann. Erster Band, Leipzig u. Hannover 1928.
—: Der Naturschutz und die Naturschutzphrase. Ein noch unbekannter Kampfruf von Hermann Löns (Nachdruck eines Vortrags vor einem Lehrerverein in Bremen, 1911; nach dem Originalmanuskript), in: Der Waldfreund. Zeitschrift für Naturschutz, Wandern und Naturerkenntnis, 5. Jg. (1929), S. 3-13.
Loos, Adolf: Richtlinien für ein Kunstamt, in: Der Friede III (1919), S. 234-238.
Loosst, Marcus: Nieder-Sächsisches Kochbuch oder Sieben hundert und zehn Anweisungs-Regeln, Lübeck 1778.
Lübbecke, Friedrich: Gegen die maßlose Reklame, in: Schwäbisches Heimatbuch 1918. Herausgegeben vom Bund Heimatschutz für Württemberg und Hohenzollern, Stuttgart 1918, S. 38-41.
Lutz, Karl Gottlob: Die Raubvögel Deutschlands. Nebst einem Anhang über Vogelschutz, Stuttgart 1887.
—: Unsere Hecken, in: Aus der Heimat, 8. Jg. (1895), S. 7-18 u. S. 43-47.
Lux, Joseph August: Baumpredigt, in: Hohe Warte, 3. Jg. (1906/07), S. 58-61.
—: Baumpredigt, München o.J. [1911] (= 81. Flugschrift des Dürerbundes)
Lynkeus, W.W.: Naturschutzparks in Deutschland, in: Das freie Wort. Frankfurter Halbmonatsschrift für Fortschritt auf allen Gebieten des geistigen Lebens, 10. Jg. (1910/11), S. 751-754.
Macpherson, Hugh Alexander: An History of Fowling, Edinburgh 1897.
Mammen, Franz von: Der Wald als Erzieher. Eine volkswirtschaftlich-ethische Parallele zwischen Baum und Mensch und zwischen Wald und Volk, Dresden u. Leipzig 1934.
Meigen, W. u. A. Schlatterer: Naturschutz in Baden, in: Mitteilungen des Badischen Landesvereins für Naturkunde, Nr. 242-244 (1909); S. 325-344.

Mielke, Robert: Die Separation, in: Das Land, 15. Jg. (1906/07), S. 1-3.
—: Heimatschutz und Landesverschönerung, in: Die Gartenkunst, 10. Jg. (1908), S. 143-145, S. 156-160, S. 182-186.
—: Die Entwicklung des Heimatgedankens in Deutschland, in: Konrich 1910, S. 6-8.
—: Meine Beziehungen zu Ernst Rudorff und die Gründung des Bundes Heimatschutz, in: Brandenburgia, 38. Jg. (1929), S. 1-16.
Moewes, Franz: Schutz der Naturdenkmäler des Waldes, in: Das Land, 11. Jg. (1902/03), S. 59f.
—: Zur Geschichte der Naturdenkmalpflege, in: Schoenichen 1926, S. 28-71.
Müller, Adolf u. Karl: Die einheimischen Säugethiere und Vögel nach ihrem Nutzen und Schaden in der Land- und Forstwirthschaft, Leipzig 1873.
—: Thiere der Heimat. Deutschlands Säugethiere und Vögel. 2 Bde., Kassel u. Berlin 1882/83.
Muschner, Georg: Aufgaben und Organisation der Vogelschutzbewegung, in: Mitteilungen über die Vogelwelt, 8.Jg. (1908), S. 1-2, S. 31-33 u. S. 38-40.
Naumann, Johann Andreas: Der Vogelsteller oder die Kunst allerley Arten von Vögeln sowohl ohne als auch auf dem Vogelherd bequem und in Menge zu fangen, Leipzig 1789.
—: Johann Andreas Naumanns meistens selbst erfundene Fallen und Fänge zum Vogelstellen. Vom Verfasser des Vogelstellers und der Naturgeschichte der Land- und Wasservögel des nördlichen Deutschlands als Ergänzung zu diesen Werken am Lebensabend niedergeschrieben. Nach dem Originalmanuskript von 1818 erstmals herausgegeben von Ludwig Baege und Joachim Neumann, Köthen 1989.
Naumann, Johann Friedrich: Johann Andreas Naumann's Naturgeschichte der Vögel Deutschlands, nach eigenen Erfahrungen entworfen. 13 Bde., Leipzig 1820-1860.
—: Beleuchtung der Klage über Verminderung der Vögel in der Mitte von Deutschland, in: Rhea. Zeitschrift für die gesammte Ornithologie, 2. Jg. (1849), S. 131-144.
—: Reminiscenzen über stufenweise Entwickelung der Ornithologie in der ersten Hälfte unseres Jahrhunderts, in: Naumannia, 4. Jg. (1854), S. 149-160.
—: Naturgeschichte der Vögel Mitteleuropas. Neubearb. von namhaften Ornithologen. Hrsg. von Carl R. Hennicke, Gera 1905.
Neues Hannöverisches Kochbuch. In zwey Theilen. Verbessert und vermehret von einem praktischen Koche, Hannover 1800.
Nordhausen, Richard: Die Begradigung der Natur, in: Mitteilungen der Deutschen Dendrologischen Gesellschaft, 22. Jg. (1913), S. 318-320.
Oechelhaeuser, Adolf von: Die Auswüchse des Reklamewesens, in: Zweite Gemeinsame Tagung für Denkmalpflege und Heimatschutz. Dresden 25. u. 26. September 1913. Stenographischer Bericht, Berlin 1913, S. 55-80.
Oetker, Friedrich: Helgoland. Schilderungen und Erörterungen, Berlin 1855.
Otto, Hugo: Die Kramtsvogelherde an der rheinisch-westfälischen Grenze, in: Zoologischer Beobachter, 48. Jg. (1907), S. 75-81.
—: Auf dem Kramtsvogelherde an der rheinisch-westfälischen Grenze, in: Zoologischer Beobachter, 49. Jg. (1908), S. 44-51.
—: Der Krammetsvogel. Seine Jagd mit besonderer Berücksichtigung des Vogelherds, Neudamm 1910.
—: Wie fingen die Alten die Drosseln?, in: Zoologischer Beobachter, 54. Jg. (1913), S. 253-256.
Paasche, Hans: Deutscher Naturschutz, in: Der Vortrupp, 1. Jg. (1912), S. 609-617 u. S. 641-645.
—: Der Jagdfilm, in: Der Vortrupp, 3. Jg. (1914), S. 334-338.

Paasche, Hans: Die Federmode, in: Der Vortrupp, 3. Jg. (1914), S. 129-142.
—: »Ändert Euren Sinn!« Schriften eines Revolutionärs. Herausgegeben von Helmut Donat und Helga Paasche, Bremen 1992.
Passarge, Louis: Aus baltischen Landen, Glogau 1878.
Pernau, Ferdinand Adam von: Angenehmer Zeitvertreib, welchen das liebliche Geschöpf, die Vögel auch ausser dem Fang den Menschen schaffen können, Nürnberg 1716.
Pernau, Ferdinand Adam von: Angenehme Land-Lust Deren man in Städten und auf dem Lande, ohne sonderbare Kosten, unschuldig geniessen kan, Oder von Unterschied/ Fang/ Einstellung und Abrichtung der Vögel, Franckfurt und Leipzig 1720.
—: Gründliche Anweisung alle Arten Vögel zu fangen, einzustellen, abzurichten, zahm zu machen, ihre Eigenschaften zu erkennen, Pastarden zu ziehen, ihnen fremden Gesang zu lernen, und sie zum aus- und einfliegen zu gewöhnen. Nebst Anmerkungen über Hervieux von Canarien Vögeln und Joseph Mitelli Jagdlust, Nürnberg 1754.
Petter, Franz: Die Vogelfeder im Dienste der Industrie, in: Mittheilungen des Österreichischen Reichsbundes für Vogelkunde und Vogelschutz, 1. Jg. (1901), S. 17-18.
—: Vögel als Hutputz!, in: Mittheilungen des Österreichischen Reichsbundes für Vogelkunde und Vogelschutz, 3. Jg. (1903), S. 88-89.
Peuckert: Krähe, in: Handwörterbuch des deutschen Aberglaubens. Bd. 5, Berlin u. Leipzig 1933, Sp. 352-370.
—: Sperling, in: Handwörterbuch des deutschen Aberglaubens. Bd. 8, Berlin u. Leipzig 1937, Sp. 235-256.
Pleyel, Joseph von: Die Naturschutzbewegung, in: Mitteilungen über die Vogelwelt, 13. Jg. (1913), S. 63-69 u. S. 83-88.
Polontié, Robert: Ueber den Wert des Grunewalds als Naturdenkmal, in: Vossische Zeitung, 30. Januar 1908.
—: Ein Naturdenkmal des Grunewalds, in: Vossische Zeitung, 2. März 1914.
Quantz, Bernhard: Dr. C. W. L. Gloger's wissenschaftlicher Vogelschutz, in: Naturschutz, 7. Jg. (1926), S. 354-362.
Rasch, Edgar: Heimatschutz, in: Die Gartenkunst, 15. Jg. (1913), S. 59-63.
Ratzeburg, Julius Theodor Christian: Die Waldverderber und ihre Feinde. Ein Handbuch für Forstmänner, Ökonomen, Gärtner und alle mit Waldbäumen Beschäftigten, Berlin 1841.
—: Jagdstatistik des zollvereinten und nördlichen Deutschlands 1858/1868. Hrsg. von Sigrid Schwenk, Bonn 1982. (= Homo Venator. Schriften zur Geschichte und Soziologie der Jagd, Bd. 6)
Regensberg, Friedrich: Umschau über die Naturschutzbewegung, in: Kosmos, 7. Jg. (1910), S. 441-444.
—: Zweck und Ziele der Naturschutzparkbewegung, in: Kosmos, 8. Jg. (1911), S. 347f.
Reinhardt, Ludwig: Kulturgeschichte der Nutztiere, München 1912.
Riehl, Wilhelm Heinrich: Land und Leute, Stuttgart u. Tübingen 1854. (= Die Naturgeschichte des Volkes als Grundlage einer deutschen Social-Politik, 1. Bd.)
—: Land und Leute. Achte durch viele Zusätze vermehrte Auflage, Stuttgart 1883. (= Die Naturgeschichte des Volkes als Grundlage einer deutschen Social-Politik, Erster Band)
—: Volkskunde als Wissenschaft, in Ders.: Wissenschaftliche Vorträge gehalten zu München im Winter 1858, Braunschweig 1858, S. 411-431.
—: Das landschaftliche Auge, in Ders.: Culturstudien aus drei Jahrhunderten, Stuttgart 1859, S. 57-79.

Riehl, Wilhelm Heinrich: Die bürgerliche Gesellschaft, 6. Aufl., Stuttgart 1866. (= Die Naturgeschichte des Volkes als Grundlage einer deutschen Social-Politik)
—: Rheinlandschaft. Gesprochen im ›Verein für wissenschaftliche Vorträge‹ zu Crefeld am 24. Oktober 1871, in Ders: Freie Vorträge, Erste Sammlung, Stuttgart 1873, S. 57-91.
Riesenthal, Eberhard von: Über Vogelschutzbestrebungen, in: Mitteilungen über die Vogelwelt, 12. Jg. (1912), S. 135-145.
Riesenthal, Otto von: Die Raubvögel Deutschlands und des angrenzenden Mitteleuropas, Gera 1894.
Ritters, Carl: Der Naturschutzpark in der Lüneburger Heide, in: Hamburgische Geschichtsblätter, 1. Jg. (1926), S. 122-127.
Rörig, A.: Forstbotanisches Merkbuch. Nachweis der beachtenswerten und zu schützenden urwüchsigen Sträucher, Bäume und Bestände im Königreich Preußen. Hessen-Nassau, Berlin 1905.
Rörig, Georg: Die wirtschaftliche Bedeutung der Vogelwelt als Grundlage des Vogelschutzes, Berlin 1910.
—: Wild, Jagd und Bodenkultur. Ein Handbuch für Jäger, Landwirt und Forstmann, Neudamm 1912.
Roland, Paul: Naturdenkmalpflege, in: Der Tag, 31. August 1907.
Rossmässler, Emil August: Forstinsekten. Naturgeschichte derjenigen Insekten, welche den bei uns angebauten Holzarten am meisten schädlich werden, Leipzig 1834.
Rudorff, Ernst: Ueber das Verhältnis des modernen Lebens zur Natur, in: Preussische Jahrbücher, 45. Bd. (1880), S. 261-277.
—: »Antrag auf Schutz der landschaftlichen Natur«, in: Korrespondenzblatt des Gesammtvereins der deutschen Geschichts- und Alterthumsvereine, 36. Jg. (1888), S. 86-88.
—: Der Schutz der landschaftlichen Natur und der geschichtlichen Denkmäler Deutschlands, Berlin, Allgemeiner Deutscher Verein, 1892.
—: Heimatschutz, in: Grenzboten, 56. Jg. (1897), Nr. 2, S. 401-414 u. S. 455-468.
—: Abermals Heimatschutz, in: Grenzboten, 56. Jg. (1897), Nr. 4, S. 111-117.
—: Heimatschutz, Leipzig 1901.
—: Naturschutzgebiete, in: Der Kunstwart, 24,4 (1911), S. 233-238.
Ruß, Karl: Zum Vogelschutz. Eine Darstellung der Vogelschutzfrage in ihrer geschichtlichen Entwicklung bis zur Gegenwart, Leipzig 1882.
— u. Bruno Dürigen (Hrsg.): Schutz den Vögeln! C.W.L. Glogers Schrift über Vogelschutz und den Schutz nützlicher Thiere überhaupt, Leipzig 1880.
Salisch, Heinrich von: Forstästhetik, Berlin 1885.
Salvadori, Giovanni: Schützt die Insecten und gebt den Vogelfang frei!, Wien 1884.
Sarasin, Paul: Ueber die Aufgaben des Weltnaturschutzes. Denkschrift gelesen an der Delegiertenversammlung zur Weltnaturschutzkommission in Bern am 18. November 1913, Basel 1914.
Saussure, Horace Benedicte de: Reisen durch die Alpen, nebst einem Versuche über die Naturgeschichte der Gegenden von Genf, aus dem Französischen übersetzt und mit Anmerkungen bereichert, Erster Theil, Leipzig 1781.
Schacht, Heinrich: Die Dohnenstiege, in: Der Zoologische Garten, 23. Jg. (1882), S. 33-39.
Schäfer, B.: Über Naturdenkmäler, mit besonderer Berücksichtigung auf die Aufnahmen im Kreise Herrschaft Schmalkalden, Schmalkalden 1910.

Schäff, Ernst: Kritische Betrachtungen zur Frage der Naturschutzparks in Deutschland, in: Welt und Wissen. Hannoversche Blätter für Kunst, Literatur und Leben. Beilage zum Hannoverschen Courier, 10. August 1910.

Schaeffer, B.: Über Naturdenkmalpflege mit besonderer Rücksicht auf die Schule, Homberg 1909.

Schiller, Friedrich: Ueber die ästhetische Erziehung des Menschen in einer Reihe von Briefen, in: Schillers Werke. Nationalausgabe. Unter Mitwirkung von Helmut Koopmann herausgegeben von Benno von Wiese, 20. Bd., Weimar 1962, S. 309-412.

Schillings, Carl Georg: Mit Blitzlicht und Büchse. Neue Beobachtungen und Erlebnisse in der Wildnis inmitten der Tierwelt von Äquatorial-Ostafrika, 2. Aufl., Leipzig 1905.

—: Vogelausrottung für Frauenputz, München o.J. [1911] (= 88. Flugschrift des Dürerbundes)

—: Zur Frage des Naturschutzes in den deutschen Kolonien, namentlich in Deutsch-Ostafrika, in: Naturwissenschaftliche Wochenschrift, N.F. X. Bd. (1911), S. 807-814.

Schlatterer, A.: Naturschutz-Fortschritte ausserhalb Badens, in: Mitteilungen des Badischen Landesvereins für Naturkunde, Nr. 249-250 (1910), S. 381-390.

—: Naturschutz-Fortschritte in Baden, in: Mitteilungen des Badischen Landesvereins für Naturkunde, Nr. 261-262 (1911), S. 77-91, Nr. 283 (1913), S. 253-259, Nr. 289-290 (1914), S. 301-303, Nr. 297-300 (1915), S. 393-394.

Schlicht, Oscar: Die Kurische Nehrung in Wort und Bild, Königsberg 1924.

Schlieckmann, Emil: Westfalens bemerkenswerte Bäume. Ein Nachweis bemerkenswerter Bäume und Waldbestände, Bielefeld 1904.

Schmolz, Carl: Ueber den derzeitigen Stand der gesetzlichen Schutzbewegung zu Gunsten der Alpenflora unter besonderer Berücksichtigung der Tätigkeit des ›Vereins zum Schutze und zur Pflege der Alpenpflanzen‹, in: 7. Bericht des Vereines zum Schutze und zur Pflege der Alpenpflanzen, Bamberg 1907, S. 61-102.

Schnurre, Otto: Die Vögel der deutschen Kulturlandschaft, Marburg 1921.

Schoch: Heimische Schutzgebiete und Landesverschönerung, in: Die Gartenkunst, 4. Jg. (1902), S. 65-71.

Schoenichen, Walther (Hrsg.): Wege zum Naturschutz, Breslau 1926.

— (Hrsg.): Heimatmuseum – Wesen und Gestaltung. Namens der Staatlichen Stelle für Naturdenkmalpflege in Preußen, Berlin 1928.

—: Wilhelm Wetekamp zum siebzigsten Geburtstag, in: Naturschutz, 10. Jg. (1928/29), S. 370-371.

—: Der Umgang mit Mutter Grün, Berlin-Lichterfelde 1929.

—: Das deutsche Volk muß gereinigt werden – und die deutsche Landschaft?, in: Naturschutz, 14. Jg. (1932/33), S. 205-209.

—: Naturschutz im Dritten Reich. Einführung in Wesen und Grundlagen zeitgemäßer Naturschutz-Arbeit, Berlin 1934.

—: Biologie der Landschaft, Neudamm u. Berlin 1939.

—: Naturschutz als völkische und internationale Kulturaufgabe. Eine Übersicht über die allgemeinen, die geologischen, botanischen, zoologischen und anthropologischen Probleme des heimatlichen wie des Weltnaturschutzes, Jena 1942.

—: Von deutschen Bäumen, Berlin 1950.

—: Naturschutz, Heimatschutz. Ihre Begründung durch Ernst Rudorff, Hugo Conwentz und ihre Vorläufer, Stuttgart 1954.

Schröder, Caspar: Neue Lustige und Vollständige Jagd-Kunst, So wohl von denen Vögeln als auch anderen Thieren, Frankfurt und Leipzig 1728.
Schröter: Gedanken über die jetzt herrschenden Waldraupen, über die Mittel, sie zu vertilgen, und über andre damit verbundene Gegenstände, in: Der besorgte Forstmann 1798, Bd. I., S. 83-110.
Schultz, Georg E.F.: Natur-Urkunden, Berlin 1908.
—: Film und Naturschutz, in: Schoenichen 1926, S. 179-209.
Schultze-Naumburg, Paul: Heimatschutz, in: Der Kunstwart, 18,1(1904/05), S. 19-22 u.S. 77-79.
—: Die Entstellung unsres Landes. Zweite verbesserte Auflage. Hrsg. vom Bund Heimatschutz, Halle a.S. 1908. (= Schultze-Naumburg 1908a)
—: Aufgaben des Heimatschutzes, in: Der Kunstwart, 21,2 (1908), S. 221-227. (= Schultze-Naumburg 1908b)
—: Kulturarbeiten. Bd. VII-IX. Die Gestaltung der Landschaft durch den Menschen. Herausgegeben vom Kunstwart, München 1915-1917.
Schulze, Ernst: Vogelschutz in den Vereinigten Staaten, in: Naturwissenschaftliche Wochenschrift, N.F. VIII. Bd. (1909), S. 49-52.
Schumann, Wolfgang: Über den Dürerbund. Bemerkungen über Geschichte, Wesen und Aufgabe des Dürerbundes und seiner Unternehmungen, München 1919.
Schuster, Wilhelm: Der Massenmord unter den weissen Reihern und roten Ibissen auf dem Amazonenstrom, in: Naturwissenschaftliche Wochenschrift, N.F. IV. Bd. (1905), S. 620-621.
—: Kein Vernichtungskrieg den Sperlingen und Raben. Mit Vorschlägen zu einer Verwertung des Fleisches dieser Vögel, in: Süddeutsche Thier-Börse, 24. Jg. (1915), S. 139-141.
Schwalbe, Ernst: Schutz der Tierwelt als Naturdenkmal, in: Naturwissenschaftliche Wochenschrift, N.F. X. Bd. (1911), S. 481-489.
Schwantje, Magnus: Hans Paasche. Sein Leben und Wirken, Berlin 1921.
Schwappach, Adam: Die Entwickelung der Jagd, in: Krämer, Hans (Hrsg.): Die Tiere als Freunde und Feinde des Menschen, 1. Bd., Berlin 1918. [1906]
Schwarz, L.: Naturschutz und die Jugend, München o.J. [1913] (= 118. Flugschrift des Dürerbundes)
Schwenkel, Hans: Vom Naturschutz in Württemberg, in: Veröffentlichungen der Staatlichen Stelle für Naturschutz beim Württembergischen Landesamt für Denkmalpflege, Heft 2, Stuttgart 1925, S. 173-239.
—: Naturschutz und Landschaftspflege. Ihre Vorbedingungen, Begründung, Zielsetzung und die in ihrem Dienst angewandten Mittel, Stuttgart 1927.
—: Heimatschutz im nationalen Deutschland, in: Mein Heimatland. Badische Blätter für Volkskunde, ländliche Wohlfahrtspflege, Denkmal- und Heimatschutz, 20. Jg. (1933), S. 227-242.
Schwerin, Fritz Graf von: Übertreibungen und falsche Wege zum Schutz der Naturdenkmäler, in: Mitteilungen der Deutschen Dendrologischen Gesellschaft, 15. Jg. (1906), S. 116-124.
Semper, Carl: Mein Amsel-Prozeß, die Amsel-Fanatiker und der Vogelschutz, Würzburg 1880.
Senone, Adolf: Der Vogelfang in Italien, in: Der Zoologische Garten, 23. Jg. (1882), S. 267-274 u. S. 298-303.
Sombart, Werner: Gewerbewesen. Zweiter Teil, Leipzig 1904.
—: Die Juden und das Wirtschaftsleben, Leipzig 1911.
—: Vom Menschen. Versuch einer geisteswissenschaftlichen Anthropologie, Berlin 1938.
Sperling, Spatz, Spar, in: Zedler, Johann Heinrich: Grosses Vollständiges Universal-Lexikon, Bd. 38, Halle u. Leipzig 1743, Sp. 1509-1516.

Spitzio, Felice: Tractatio Juris Canonici de Clerico venatore, Vom Rechte Der Geistlichen zu Jagen, Halle 1735. [1687]

Stadelmann, Rudolf: Der Schutz der nützlichen Vögel in seiner Notwendigkeit für den Land-, Forst- und Gartenbau, 2. Aufl., Halle 1867.

Strauss, Emil: Der Laufen, in Ders.: Hans und Grete. Novellen, Frankfurt a.M. 1909.

Studer, Bernhard u. Alphonse Favre: Appel aux Suisses pour les engager à conserver les blocs erratiques, in: Verhandlungen der Schweizerischen Naturforschenden Gesellschaft, 51. Jg. (1867), S. 153-160.

Stützer, Friedrich: Die großen, ältesten oder sonst merkwürdigen Bäume Bayerns in Wort und Bild, München 1900.

Sunkel, Werner: Die biologische Ornithologie als Grundlage des praktischen Vogelschutzes, in: Mitteilungen über die Vogelwelt, 10. Jg. (1910), S. 73-74.

—: Der Vogelfang für Wissenschaft und Vogelpflege, Hannover 1929.

—: Der Vogelfang des Ornithologen, in: Journal für Ornithologie, 97. Jg. (1956), S. 73-89.

Tangl, Michael: Die Briefe des heiligen Bonifatius. Nach der Ausgabe in den Monumenta Germaniae Historia, Leipzig 1912.

Thienemann, Johannes: Krähenzug und Fang auf der Kurischen Nehrung, in: Der Wanderer durch Ost- und Westpreußen, 2. Jg. (1905), S. 54-56.

—: Rossitten. Drei Jahrzehnte auf der Kurischen Nehrung, Neudamm 1927.

Thies, Georg: Naturschutz an Eisenbahndämmen, in: Der Vortrupp, 7. Jg. (1917), S. 339f.

Verein Naturschutzpark e.V. (Hrsg.): Naturschutzparke in Deutschland und Oesterreich. Ein Mahnwort an das deutsche und oesterreichische Volk, Stuttgart o.J. [1910]

—: Der Naturschutzpark in der Lüneburger Heide. Eine Werbeschrift, Stuttgart o.J. [ca. 1920]

Verein zur Rettung des Siebengebirges (Hrsg.): Zur Rettung des Siebengebirges. Mit fünf lithographirten Tafeln in Tondruck, Bonn 1886.

—: Zur Rettung des Siebengebirges. II. Eine Rechtfertigungsschrift, Bonn 1887.

Vogel, in: Zedler, Johann Heinrich: Grosses Vollständiges Universal-Lexikon, Bd. 50, Leipzig u. Halle 1746, Sp. 162-178.

Vogelfang, in: Zedler, Johann Heinrich: Grosses Vollständiges Universal-Lexikon, Bd. 50, Leipzig u. Halle 1746, Sp. 195-202.

Vogelfang, in: Meyer's Conversations-Lexicon, 14. Bd., Hildburghausen 1852, S. 240-241.

Vogel-Fleisch, in: Zedler, Johann Heinrich: Grosses Vollständiges Universal-Lexikon, Bd. 50, Leipzig u. Halle 1746, Sp. 202-203.

Vogelschutz, in: Brockhaus' Konversations-Lexikon. 16. Bd., Leipzig 1903, S. 370.

Vogelsteller, in: Zedler, Johann Heinrich: Grosses Vollständiges Universal-Lexikon, Bd. 50, Leipzig u. Halle 1746, Sp. 231-233.

Volckmann, Johann Friedrich Ludwig: Menschenstolz und Thierqualen. Eine Vertheidigung der seufzenden Creatur vor dem Richterstuhle der Menschlichkeit, Helmstädt 1799.

Waase, Karl: Flora und Fauna des Schützengrabens, in: Kosmos, 13. Jg. (1916), S. 306f.

Wagener, Clemens: Natur und Heimat. Eine praktische Einführung in die Natur- und Heimatpflege, Mönchen-Gladbach 1913.

Wagner, Martin: Städtische Freiflächenpolitik. Grundsätze und Richtlinien für Größe und Verteilung der verschiedenen Arten von sanitärem Grün im Stadtplane mit besonderer Berücksichtigung von Groß Berlin, Berlin 1915.

Wahnschaffe, F.: Gefährdung und Schutz geologischer Naturdenkmäler, in: Naturwissenschaftliche Wochenschrift, N.F. XI. Bd (1912), S. 420-424.
Walther, Friedrich Ludwig: Grundlinien der teutschen Forstgeschichte und der Geschichte der Jagd, des Vogelfangs, der wilden Fischerei und der Waldbienenzucht, Gießen 1816.
Weber, Ernst von: Die Folterkammern der Wissenschaft. Eine Sammlung von Thatsachen für das Laienpublikum. Sechste sehr vermehrte Auflage, Berlin u. Leipzig 1879.
Weber, Paul: Heimatschutz, Denkmalpflege und Bodenreform, Berlin 1906. (= Soziale Zeitfragen. Beiträge zu den Kämpfen der Gegenwart, Bd. 26)
Weil, Franz: Naturschutz, in: Mitteilungen über die Vogelwelt, 10. Jg. (1910), S. 9-10 u. S. 15.
Weiss, Eugen: Fremdbäume im deutschen Wald?, in: Der Kunstwart, 26,3 (1913), S. 96-98.
Wendt, Ulrich: Kultur und Jagd. Ein Birschgang durch die Geschichte, 2 Bde., Berlin 1908.
Wetekamp, Wilhelm: Rede über Naturschutz, in: Stenographische Berichte über die Verhandlungen der durch die Allerhöchste Verordnung vom 22. Dezember 1897 einberufenen beiden Häuser des Landtages. Haus der Abgeordneten, 18. Legislat.-Periode, 5. Session, 1898, 3. Bd., Berlin 1898, S. 1958ff.
—: Ueber Heimatschutz in Bezug auf Naturdenkmalpflege. Vortrag, gehalten auf dem 32. Ordentlichen Brandenburgischen Städtetage in Rixdorf am 22. Sept. 1909. Nach dem stenographischen Bericht des Städtetages, Berlin o.J. [1909]
—: Aus der Geschichte der staatlichen Naturdenkmalpflege, in: Mitteilungen des Brandenburgischen Provinzialkomitees für Naturdenkmalpflege, Berlin 1914, S. 207-218.
Wilhelmi, J.: Kultur und Natur am Meeresstrand. Betrachtungen über die Verunreinigungen von Küsten durch Abwässer, mit einem einleitenden Abschnitt über die biologische Analyse des Süßwassers, in: Naturwissenschaftliche Wochenschrift, N.F. XII. Bd. (1913), S. 452-456.
Winckell's Handbuch für Jäger und Jagdfreunde. Hrsg. von J. J. V. Tschudi. 5. umgearb. Aufl., Leipzig 1878.
Wingenroth, Max: Unsere Heimat und der Krieg, in: Mein Heimatland. Badische Blätter für Volkskunde, ländliche Wohlfahrtspflege, Denkmal- und Heimatschutz, 2. Jg. (1915), S. 36-60.
Winkelmann, Johannes: Forstbotanisches Merkbuch. Nachweis der beachtenswerten und zu schützenden urwüchsigen Sträucher, Bäume und Bestände im Königreich Preußen. Pommern, Berlin 1905.
Wodzicki, Casimir Graf von: Ueber den Einfluss der Vögel auf die Feld- und Waldwirthschaft im Allgemeinen, wie insbesondere auf die waldschädlichen Insecten, in: Journal für Ornithologie, 1. Jg. (1853), S. 293-296.
Wolf, Benno: Das Recht der Naturdenkmalpflege in Preußen, Berlin 1920. (= Beiträge zur Naturdenkmalpflege, Bd. 7)
Wolff: Schutz der Vögel, in: Amtlicher Bericht über den Zweiten internationalen Thierschutz-Congreß zu Hamburg am 30. und 31. Juli, 1. und 2. August 1862, Hamburg 1863, S. 63-72.
Wussow, Alexander von: Die Erhaltung der Denkmäler in den Kulturstaaten der Gegenwart. 2 Bde., Berlin 1885.
Zimmermann, Rudolf: Deutsche Vogelfreistätten, in: Heimat und Welt, 1. Jg. (1910/11), S. 251-255.
Zinke, Georg Gottfried: Naturgeschichte der schädlichen Nadelholz-Insecten nebst Anweisung zu ihrer Vertilgung, in: Der besorgte Forstmann 1798, Vol. I., S. 25-82.
—: Kriecht die Waldraupe im Herbste oder Frühjahre aus? und was ist in Absicht ihrer Vertilgung von Vögeln zu erwarten?, in: Der besorgte Forstmann 1798, Vol. IV., S. 415-460.

Zorn, Johann Heinrich: Petino-Theologie oder Versuch, die Menschen durch nähere Betrachtung der Vögel zur Bewunderung, Liebe und Verehrung ihres mächtigsten, weissesten und gütigsten Schöpffers aufzumuntern, I. Theil, Pappenheim 1742, II. Theil, Schwabach 1743.

Zückert, Johann Friedrich: Von den Speisen aus dem Thierreich, Berlin 1777.

Zweck, Albert: Litauen. Eine Landes- und Volkskunde, Stuttgart 1898.

Zweite Gemeinsame Tagung für Denkmalpflege und Heimatschutz. Dresden 25. u. 26. September 1913. Stenographischer Bericht, Berlin 1913.

Sekundärliteratur

Abelshauser, Werner (Hrsg.): Umweltgeschichte. Umweltverträgliches Wirtschaften in historischer Perspektive, Göttingen 1994. (= Geschichte und Gesellschaft, Sonderheft 15)

Adam, Thomas: Ökonomie und Vogelschutz. Eine historische Betrachtung, in: Der Falke. Monatsschrift für Ornithologie und Vogelschutz, 41. Jg. (1994), S. 366-369.

—: Parallele Wege. Geschichtsvereinigungen und Naturschutzbewegung in Deutschland, in: Geschichte in Wissenschaft und Unterricht, 48. Jg. (1997), S. 413-428.

—: Rettung der Geschichte – Bewahrung der Natur. Ursprung und Entwicklung der Historischen Vereine und des Umweltschutzes in Deutschland von 1770 bis zur Gegenwart, in: Blätter für deutsche Landesgeschichte, 133. Bd. (1997), S. 239-277.

—: Die Verteidigung des Vertrauten. Zur Geschichte der Natur- und Umweltschutzbewegung in Deutschland seit Ende des 19. Jahrhunderts, in: Zeitschrift für Politik, 45. Jg. (1998), S. 20-48.

Agulhon, Maurice: Das Blut der Tiere. Das Problem des Tierschutzes im Frankreich des 19. Jahrhunderts, in Ders.: Der vagabundierende Blick. Für ein neues Verständnis politischer Geschichtsschreibung, Frankfurt a.M. 1995, S. 114-153.

Alpers, Else: Ernst Rudorff 1840-1916, in: Niedersächsische Lebensbilder, 3. Bd., Hildesheim 1957, S. 240-254.

Andersen, Arne: Heimatschutz. Die bürgerliche Naturschutzbewegung, in: Brüggemeier u. Rommelspacher 1987, S. 143-157.

— u. Reinhard Falter: Lebensreform und Heimatschutz, in: Prinz, Friedrich u. Marita Krauss (Hrsg.): München – Musenstadt mit Hinterhöfen. Die Prinzregentenzeit 1886-1912, München 1988, S. 295-300.

— (Hrsg.): Umweltgeschichte. Das Beispiel Hamburg, Hamburg 1990.

—: Umweltgeschichte und Fortschrittsparadigma. Plädoyer für eine Erweiterung der Geschichtswissenschaft, in: Andersen 1990, S. 7-25.

—: Über das Schreiben von Umweltgeschichte, in: Simon 1993, S. 44-57. (= Andersen 1993a)

—: Umweltgeschichte. Forschungsstand und Perspektiven, in: Archiv für Sozialgeschichte, 33. Jg. (1993), S. 672-701. (= Andersen 1993b)

—: Historische Technikfolgenabschätzung am Beispiel des Metallhüttenwesens und der Chemieindustrie 1850-1933, Stuttgart 1996.

Ant, Herbert: Daten zur Geschichte des Naturschutzes, in: Jahrbuch für Naturschutz und Landschaftspflege, 21. Bd. (1972), S. 124-135.

Applegate, Celia: A Nation of Provincials. The German Idea of Heimat, Berkeley 1991.

Baranzke, Heike/Gottwald, Franz-Theo/Ingensiep, Hans Werner (Hrsg.): Leben – Töten – Essen. Anthropologische Dimensionen, Leipzig 2000.

Barlösius, Eva: Naturgemäße Lebensführung. Zur Geschichte der Lebensreform um die Jahrhundertwende, Frankfurt a.M. u. New York 1997.

Barthelmess, Alfred: Wald. Umwelt des Menschen. Dokumente zu einer Problemgeschichte von Naturschutz, Landschaftspflege und Humanökologie, Freiburg u. München 1972.

—: Vögel. Lebendige Umwelt. Probleme von Vogelschutz und Humanökologie geschichtlich dargestellt und dokumentiert, Freiburg u. München 1981.

—: Landschaft. Lebensraum des Menschen. Probleme von Landschaftsschutz und Landschaftspflege geschichtlich dargestellt und dokumentiert, Freiburg u. München 1988.

Bauman, Zygmunt: Moderne und Ambivalenz. Das Ende der Eindeutigkeit, Frankfurt a.M. 1995.

Bausinger, Hermann: Zwischen Grün und Braun. Volkstumsideologie und Heimatpflege nach dem Ersten Weltkrieg, in: Cancik 1982, S. 215-229.

—: Heimat in einer offenen Gesellschaft. Begriffsgeschichte als Problemgeschichte, in: Kelter 1986, S. 89-115.

—: Volkskultur in der technischen Welt, Frankfurt a.M. u. New York 1986. [1961]

Bayerl, Günther/Fuchsloch, Normann/Meyer, Thorsten (Hrsg.): Umweltgeschichte – Methoden, Themen, Potentiale, Münster 1996.

Becker, Siegfried u. Andreas C. Bimmer (Hrsg.): Mensch und Tier. Kulturwissenschaftliche Aspekte einer Sozialbeziehung, Marburg 1991. (= Hessische Blätter für Volks- und Kulturforschung; Bd. 27)

Beer, Wolf-Dietrich: Über die Anfänge des Naturschutzes in Sachsen und seine Träger, in: Naturschutzarbeit und naturkundliche Heimatforschung in Sachsen, 11 Jg. (1969), S. 10-14.

Benjamin, Walter: Das Kunstwerk im Zeitalter seiner technischen Reproduzierbarkeit, in Walter Benjamin: Gesammelte Schriften. Hrsg. von Rolf Tiedemann und Hermann Schweppenhäuser. Bd. I.2, Frankfurt a.M. 1974, S. 431-470.

Berenbaum, May R.: Blutsauger, Staatsgründer, Seidenfabrikanten. Die zwiespältige Beziehung von Mensch und Insekt, Berlin 1997.

Bergmann, Klaus: Agrarromantik und Großstadtfeindschaft, Meisenheim 1970.

Beringer, Carl Christoph: Geschichte der Geologie und des Geologischen Weltbildes, Stuttgart 1954.

Best, Heinrich (Hrsg.): Vereine in Deutschland. Vom Geheimbund zur freien gesellschaftlichen Organisation, Bonn 1993.

Biesing, Winfried: Drachenfelser Chronik. Geschichte eines Berges, seiner Burg und seiner Burggrafen, Köln 1980.

Blackbourn, David u. Geoff Eley: The Pecularities of German History. Bourgeois Society and Politics in Nineteeth-Century Germany, Oxford u. New York 1984.

— u. Richard J. Evans: The German Bourgeoisie. Essays on the Social History of the German Middle Class from the Late Eigthteenth to the Early Twentieth Century, London u. New York 1991.

Bondietti, P.: Laßt sie leben! Sammlung von Informationen über den Vogelfang in Italien und das Schicksal der gefangenen Vögel, Lugano 1977.

Borrmann, Norbert: Paul Schultze-Naumburg. Maler – Publizist – Architekt 1869-1949, Essen 1989.

Borscheid, Peter u. Clemens Wischermann (Hrsg.): Bilderwelt des Alltags. Werbung in der Konsumgesellschaft des 19.u. 20. Jahrhunderts. Festschrift für Hans Jürgen Teuteberg, Stuttgart 1995.

Brand, Karl-Werner/Eder, Klaus/Poferl, Angelika: Ökologische Kommunikation in Deutschland, Opladen 1997.

Brimblecombe, Peter u. Christian Pfister (Hrsg.): The Silent Countdown. Essays in European Environmental History, Berlin 1990.

Brock, Franz: Naturschutzgebiet Siebengebirge. 120 Jahre Verschönerungs-Verein für das Siebengebirge (VVS), in: Rheinische Heimatpflege, NF, 26. Jg. (1989), S. 289-292.

Bruch, Rüdiger vom/Graf, Friedrich Wilhelm/Hübinger, Gangolf (Hrsg.): Kultur und Kulturwissenschaften um 1900. I. Krise der Moderne und Glaube an die Wissenschaft, Stuttgart 1989.

Brückner, Wolfgang: »Angewandte Volkskunde« zwischen Heimatschutz und Moderne, in: Salzburger Landesinstitut für Volkskunde (Hrsg.): Volkskunde und Brauchtumspflege im Nationalsozialismus in Salzburg, Salzburg 1996, S. 35-50.

Brüggemeier, Franz-Josef: Umweltgeschichte – warum, wozu und wie? Überlegungen zum Stellenwert einer neuen Disziplin, in: Thomas-Morus-Akademie 1992, S. 9-26.

—: Das unendliche Meer der Lüfte. Luftverschmutzung, Industrialisierung und Risikodebatten im 19. Jahrhundert, Essen 1996.

—: Tschernobyl, 26. April 1986. Die ökologische Herausforderung, München 1998.

— u. Thomas Rommelspacher (Hrsg.): Besiegte Natur. Geschichte der Umwelt im 19. und 20. Jahrhundert, München 1987.

— u. Thomas Rommelspacher: Blauer Himmel über der Ruhr. Geschichte der Umwelt im Ruhrgebiet 1840-1990, Essen 1992.

— u. Michael Toyka-Seid (Hrsg.): Industrie – Natur. Lesebuch zur Geschichte der Umwelt im 19. Jahrhundert, Frankfurt a.M. u. New York 1995.

Buchner, Jutta: Kultur mit Tieren. Zur Formierung des bürgerlichen Tierverständnisses, Münster u. New York 1996.

Buchner-Fuhs, Jutta: Das Tier als Freund. Überlegungen zur Gefühlsgeschichte im 19. Jahrhundert, in: Münch 1998, S. 275-294.

Buchwald, Konrad: Geschichtliche Entwicklungen von Landschaftspflege und Naturschutz in Deutschland während des Industriezeitalters, in: Buchwald, Konrad u. Wolfgang Engelhardt (Hrsg.): Handbuch für Landschaftspflege und Naturschutz, Bd. 1, München 1968, S. 97-131.

Büschenfeld, Jürgen: Flüsse und Kloaken. Umweltfragen im Zeitalter der Industrialisierung (1870-1918), Stuttgart 1997.

Bundeszentrale für politische Bildung (Hrsg.): Heimat. Analysen, Themen, Perspektiven, Bonn 1990. (= Schriftenreihe der Bundeszentrale für politische Bildung, Bd. 294/1)

Burckhardt, Dieter: Die Wiege des Naturschutzes stand in Basel. Streiflichter auf Entstehung und Entwicklung des Naturschutzes in der Schweiz, in: Verhandlungen der Naturforschenden Gesellschaft Basel, 102. Jg. (1992), S. 3-45.

Burckhardt-Seebass, Christine: »Schützenswert«. Anmerkungen zur Frühzeit des Schweizer Heimatschutzes, in: Weigand 1997, S. 307-318.

Cadoret, A.: Protection de la nature. Histoire et idéologie, Paris 1985.

Calliess, Jörg/ Rüsen, Jörn/ Striegnitz, Manfred: Mensch und Umwelt in der Geschichte, Pfaffenweiler 1989.

Cancik, Hubert (Hrsg.): Religions- und Geistesgeschichte der Weimarer Republik, Düsseldorf 1982.

Cartmill, Matt: Tod im Morgengrauen. Das Verhältnis des Menschen zu Natur und Jagd, Zürich 1993.

Christiansen, Jörn: »Die Heimat«. Analyse einer regionalen Zeitschrift und ihres Umfelds, Neumünster 1980.

Confino, Alon: The Nation as a Local Metaphor. Württemberg, Imperial Germany, and National Memory, 1871-1918, Chapel Hill u. London 1997.

Dahmen, Friedrich: Vom Naturdenkmal zur Roten Liste. Gedanken zur Entwicklung des deutschen Natur- und Heimatschutzes, in: Rheinische Heimatpflege, NF, 25. Jg. (1988), S. 103-110.

Dann, Otto (Hrsg.): Vereinswesen und bürgerliche Gesellschaft in Deutschland, München 1984. (= Historische Zeitschrift, Beiheft, N.F. 9)

Darnton, Robert: Das große Katzenmassaker. Streifzüge durch die französische Kultur vor der Revolution, München 1989.

Daum, Andreas: Das versöhnende Element in der neuen Weltanschauung. Entwicklungsoptimismus, Naturästhetik und Harmoniedenken im populärwissenschaftlichen Diskurs der Naturkunde um 1900, in: Drehsen/Sparn 1996, S. 203-215.

Daum, Andreas W.: Wissenschaftspopularisierung im 19. Jahrhundert. Bürgerliche Kultur, naturwissenschaftliche Bildung und die deutsche Öffentlichkeit, 1848-1914, München 1998.

Dinnebier, Antonia: Die Innenwelt der Außenwelt. Die schöne »Landschaft« als gesellschaftstheoretisches Problem, Berlin 1996.

Ditt, Karl: Raum und Volkstum. Die Kulturpolitik des Provinzialverbandes Westfalen 1923-1945, Münster 1988.

—: Die deutsche Heimatbewegung 1871-1945, in: Bundeszentrale 1990, S. 135-154.

—: Naturschutz zwischen Zivilisationskritik, Tourismusförderung und Umweltschutz. USA, England und Deutschland 1860-1970, in: Frese, Matthias u. Michael Prinz (Hrsg.): Politische Zäsuren und gesellschaftlicher Wandel im 20. Jahrhundert. Regionale und vergleichende Perspektiven, Paderborn 1996, S. 499-534.

—: Nature Conservation in England and Germany 1900-1970, in: Contemporary European History, 5 (1996), S. 1-28.

Dominick, Raymond H.: Nascent Environmental Protection in the Second German Empire, in: German Studies Review, 9, 2 (May 1986), S. 257-291.

—: The Nazis and the Nature Conservationists, in: The Historian, 49,4 (August 1987), S. 508-538.

—: The Roots of the Green Movement in the United States and West Germany, in: Environmental Review, 12.3 (Fall 1988), S. 1-30.

—: The Environmental Movement in Germany. Prophets and Pioneers 1871-1971, Bloomington u. Indianapolis 1992.

Douglas, Mary: Reinheit und Gefährdung. Eine Studie zu Vorstellungen von Verunreinigung und Tabu, Frankfurt a.M. 1988.

Drehsen, Volker u. Walter Sparn (Hrsg.): Vom Weltbildwandel zur Weltanschauungsanalyse. Krisenwahrnehmung und Krisenbewältigung um 1900, Berlin 1996.

Dülmen, Richard van u. Norbert Schindler (Hrsg.): Volkskultur. Zur Wiederentdeckung des vergessenen Alltags, Frankfurt a.M. 1984.

Dupke, Thomas: Mythos Löns. Heimat, Volk und Natur im Werk von Hermann Löns, Wiesbaden 1993.

Eckardt, Hans Wilhelm: Herrschaftliche Jagd, bäuerliche Not und bürgerliche Kritik. Zur Geschichte der fürstlichen und adligen Jagdprivilegien vornehmlich im südwestdeutschen Raum, Göttingen 1976.

Eder, Klaus: Die Vergesellschaftung der Natur. Studien zur sozialen Evolution und praktischen Vernunft, Frankfurt a.M. 1988.

Eichberg, Henning: Stimmung über der Heide. Vom romantischen Blick zur Kolonisierung des Raumes, in: Grossklaus u. Oldemeyer 1983, S. 197-233.

Eisel, Ulrich: Die schöne Landschaft als kritische Utopie oder als konservatives Relikt, in: Soziale Welt, 33. Jg. (1982), S. 157-168.

Elias, Norbert: Über Natur, in: Merkur, 40, 1986, S. 469-481.

Erdmann, Wulf u. Jochen Zimmer: Hundert Jahre Kampf um die freie Natur. Illustrierte Geschichte der Naturfreunde, Essen 1991.

Erz, Wolfgang: Zur zeitgeschichtlichen Entwicklung von Naturschutz und Landschaftspflege, in: Rheinischer Verein für Denkmalpflege und Landschaftsschutz (Hrsg.): Erhalten und Gestalten. 75 Jahre Rheinischer Verein für Denkmalpflege und Landschaftsschutz, Neuss 1981, S. 367-388.

—: 75 Jahre Bundesforschungsanstalt für Naturschutz und Landschaftspflege im Spiegel deutscher Naturschutzgeschichte, in: Jahrbuch für Naturschutz und Landschaftspflege, 33. Bd. (1983), S. 177-199.

—: Naturschutz im Wandel der Zeit, in: Geographische Rundschau, 39. Jg. (1987), S. 307-315.

—: Geschichte des Naturschutzes. Rückblicke und Einblicke in die Naturschutzgeschichte, in: Natur und Landschaft, 65. Jg. (1990), S. 103-106.

—: Sozialpolitischer Naturschutz für das Ruhrgebiet vor 80 Jahren. Ein Blick in ein Konzept von Hans Klose, in: Natur und Landschaft, 70. Jg. (1995), S. 493.

—: Naturdenkmalpflege. Vom »Pritzelkram« zum Welterbe. Zum 75. Todestag von Hugo Conwentz, in: Natur und Landschaft. 72. Jg. (1997), S. 245-247.

—: Von den Anfängen des parlamentarischen Naturschutzes in Deutschland vor 100 Jahren, in: Natur und Landschaft, 73. Jg. (1998), S. 271.

—: Geschichte der Naturschutzbewegung, in: Kowarik/Schmidt/Sigel 1998, S. 57-66.

Eser, Uta: Der Naturschutz und das Fremde. Ökologische und normative Grundlagen der Umweltethik, Frankfurt a.M. u. New York 1999.

Evans, David: A History of Nature Conservation in Britain, London u. New York 1992.

Evans, Richard: Tod in Hamburg, Hamburg 1990.

Falter, Reinhard: Achtzig Jahre Wasserkrieg? Das Walchensee-Kraftwerk, in: Linse/Falter/Rucht/Kretschmer 1988, S. 63-127.

Feldner, Josef C.: Der Vogelfang. Ein kulturhistorischer Überblick von der Steinzeit bis zur Gegenwart, in: Land Kärnten (Hrsg.): Alles Jagd.... Eine Kulturgeschichte. Kärntner Landesausstellung Ferlach 1997 unter der Leitung vom Günther Hödl und Hartwig Pucker, Klagenfurt 1997, S. 199-206.

Felmayer-Brunswick, Johanna/Middeldorf-Kosegarten, Antje/Philiüüovich, Eugen von: Feder, in: Reallexikon zur Deutschen Kunstgeschichte, Bd. 7, München 1981, S. 915-967.

Fischer, Helmut: 90 Jahre für Umwelt und Naturschutz. Geschichte eines Programms. Herausgegeben vom Deutschen Heimatbund, Bonn 1994.

Frecot, Janos: Die Lebensreformbewegung, in: Vondung 1976, S. 138-152.

Gall, Lothar: Natur und Geschichte – eine spezifische Antinomie des 20. Jahrhunderts?, Heidelberg 1996. (= Heidelberger Universitätsreden, Bd. 11)

Gasser, Christoph: Vogelschutz zwischen Ökonomie und Ökologie. Das Beispiel der Sperlingsverfolgungen (17.-20. Jhrd.), in: Becker u. Bimmer 1991, S. 41-60.

Giedion, Sigfried: Die Herrschaft der Mechanisierung. Ein Beitrag zur anonymen Geschichte, Frankfurt a.M. 1987. [1948]

Gilhaus, Ulrike: »Schmerzenskinder der Industrie«. Umweltverschmutzung, Umweltpolitik und sozialer Protest im Industriezeitalter in Westfalen 1845-1914, Paderborn 1995.

Gilsenbach, Reimar: Kein Gesetz zum Schutze der Naturdenkmäler in Preußen. Eine vergessene Episode aus der Geschichte der deutschen Arbeiterbewegung und des Naturschutzes, in: Archiv für Naturschutz und Landschaftsforschung, 23. Jg. (1983), S. 117-121.

Gollwitzer, Heinz: Der kulturgeschichtliche Ort der Heimatbewegung, in: Westfälische Forschungen, 27 Jg. (1975), S.12-21.

Gorke, Martin: Artensterben. Von der ökologischen Theorie zum Eigenwert der Natur, Stuttgart 1999.

Grimm, Reinhold u. Jost Hermand (Hrsg.): Natur und Natürlichkeit. Stationen des Grünen in der deutschen Literatur, Königstein/Ts. 1981.

Gröning, Gert: Naturschutz und Nationalsozialismus, in: Zeitschrift des Studienarchivs Arbeiterkultur und Ökologie, 10. Jg. (1996), S. 4-25.

— u. Joachim Wolschke: Naturschutz und Ökologie im Nationalsozialismus, in: Die alte Stadt, 10. Jg. (1983), S. 1-17.

— u. Joachim Wolschke: Soziale Praxis statt ökologischer Ethik. Zum Gesellschafts- und Naturverständnis der Arbeiterjugendbewegung, in: Jahrbuch des Archivs der deutschen Jugendbewegung, 15. Jg. (1984/85), S. 201-252.

— u. Joachim Wolschke-Bulmahn: Die Liebe zur Landschaft. Teil 1. Natur in Bewegung. Zur Bedeutung natur- und freiraumorientierter Bewegungen der ersten Hälfte des 20. Jahrhunderts für die Entwicklung der Freiraumplanung, München 1986.

— u. Joachim Wolschke-Bulmahn: Landschafts- und Naturschutz, in Kerbs u. Reulecke 1998, S. 23-34.

Groh, Ruth u. Dieter: Weltbild und Naturaneignung. Zur Kulturgeschichte der Natur, Frankfurt a.M. 1991.

—: Die Innenwelt der Außenwelt, Frankfurt a.M. 1996.

Grossklaus, Götz u. Ernst Oldemeyer (Hrsg.): Natur als Gegenwelt. Beiträge zur Kulturgeschichte der Natur, Karlsruhe 1983.

Hagel, Jürgen: Zur Geschichte der Verschönerungsvereine in Südwestdeutschland, in: Zeitschrift für Württembergische Landesgeschichte, 46. Jg. (1987), S. 351-367.

Hajos, Géza: Heimatschutz und Umweltschutz. Kritik an einer biologistischen Ästhetik, in: Ehalt, Hubert Ch. (Hrsg,): Zwischen Natur und Kultur. Zur Kritik biologistischer Ansätze, Wien 1985, S. 397-412.

Hammer, Felix: Die geschichtliche Entwicklung des Denkmalrechts in Deutschland, Tübingen 1995.

Hanemann, Horst u. Jürgen M. Simon: Deutscher Bund für Vogelschutz e.V. Die Chronik eines Naturschutzverbandes von 1899-1984, Wiesbaden 1987. (= Schriftenreihe Verbände der Bundesrepublik Deutschland, Bd. 23)

Hardenberg, Theo: Der Drachenfels – Seine »Conservation vermittelst Expropriation«. Der Rechtsstreit um die Erhaltung des Drachenfelskegels mit seiner aufstehenden Ruine. Der früheste Akt staatlichen Landschaftsschutzes in Preußen (1828-1832), in: Rheinische Denkmalpflege, N.F., 4. Jg. (1968), S. 274-310.

Harris, Marvin: Wohlgeschmack und Widerwillen. Die Rätsel der Nahrungstabus, Stuttgart 1988.

Hartung, Werner: Denkmalpflege und Heimatschutz im wilhelminischen Deutschland, in: Österreichische Zeitschrift für Kunst und Denkmalpflege, XLIII (1989), S. 173-181.

—: Konservative Zivilisationskritik und regionale Identität. Am Beispiel der niedersächsischen Heimatbewegung 1895-1919, Hannover 1991.

Hassenpflug, Dieter (Hrsg.): Industrialismus und Romantik. Geschichte und Perspektiven der Ökologisierung, Wiesbaden 1991.

Hays, Samuel P.: Conservation and the Gospel of Efficiency. The Progressive Conservation Movement 1890-1920, Cambridge Mass. 1959.

Henke, Hanno: Grundzüge der geschichtlichen Entwicklung des internationalen Naturschutzes, in: Natur und Landschaft, 65. Jg. (1990), S. 106-112.

Hermand, Jost: Gehätschelt und gefressen: Das Tier in den Händen des Menschen, in: Grimm u. Hermand 1981, S. 55-76.

—: Grüne Utopien in Deutschland. Zur Geschichte des ökologischen Bewußtseins, Frankfurt a.M. 1991.

—: Heimatschutz als Forderung der Völkischen Opposition, in: Hermand 1991, S. 82-91.

— (Hrsg.): Mit den Bäumen sterben die Menschen. Zur Kulturgeschichte der Ökologie, Köln, Weimar, Wien 1993.

Hettling, Manfred/Heurkamp, Claudia/Nolte, Paul/Schmuhl, Hans-Walter (Hrsg.): Was ist Gesellschaftsgeschichte? Positionen, Themen, Analysen, München 1991.

Heyder, R.: Hundert Jahre Gartenamsel, in: Beiträge zur Vogelkunde, 4. Jg. (1955), S. 64-81.

Heyen, Erk Volkmar (Hrsg.): Naturnutzung und Naturschutz in der europäischen Rechts- und Verwaltungsgeschichte, Baden-Baden 1999. (= Jahrbuch für europäische Verwaltungsgeschichte, Bd. 11)

Hölzinger, Jochen (Bearb.): Die Vögel Baden-Württembergs (Avifauna Baden-Württemberg), Bd. 1 Gefährdung und Schutz, Teil 3 Artenschutzrecht, Historischer Teil, Stuttgart 1987.

Hokema, Dorothea: Ökologische Bewußtheit und künstlerische Gestaltung. Über die Funktionsweise von Planungsbewußtsein anhand von drei historischen Beispielen: Willy Lange, Paul Schultze-Naumburg. Hermann Mattern, Berlin 1996. (= Beiträge zur Kulturgeschichte der Natur, Bd. 5)

Hoplitschek, Ernst: Der Bund Naturschutz in Bayern. Traditioneller Naturschutzverband oder Teil der neuen sozialen Bewegungen?, Berlin 1984.

Hoseder, Ilse u. Gerhard Stinglwagner: Knaurs Großes Jagdlexikon, München 1996.

Hübinger, Gangolf/ Bruch, Rüdiger vom/Graf, Friedrich Wilhelm (Hrsg.): Kultur und Kulturwissenschaften um 1900. II. Idealismus und Positivismus, Stuttgart 1997.

Jäger, Helmut: Einführung in die Umweltgeschichte, Darmstadt 1994.

Johler, Reinhard: Vogelmord und Vogelliebe. Zur Ethnographie konträrer Leidenschaften, in: Historische Anthropologie, 5. Jg. (1997), S. 1-35.

Kagel, Martin: Widersacher des Fortschritts. Zu Ludwig Klages' ökologischem Manifest »Mensch und Erde« (1913), in Hermand 1993, S. 199-220.

Kathan, Bernhard: Verschwundene und seltene Gäste der Speisekarte. Ein Kochbuch, Innsbruck 1992.

—: Die Geflügelschlachtschere oder die Erfindung der Tierliebe, Innsbruck 1993.

Kelter, Jochen (Hrsg.): Die Ohnmacht der Gefühle. Heimat zwischen Wunsch und Wirklichkeit, Weingarten 1986.

Kerbs, Diethart u. Jürgen Reulecke (Hrsg.): Handbuch der deutschen Reformbewegungen 1880-1933, Wuppertal 1998.

Kienzle, Michael (Hrsg.): Natur-Schauspiele. Vom Umgang mit der Natur in der Stadt, Tübingen u. Stuttgart 1993.

Klueting, Edeltraud (Hrsg.): Antimodernismus und Reform. Beiträge zur Geschichte der deutschen Heimatbewegung, Darmstadt 1991.

—: Heimatschutz, in: Kerbs u. Reulecke 1998, S. 47-57.

Kluge, Thomas u. Engelbert Schramm: Geschichte als Naturschauspiel, in: Freibeuter, Nr. 40, Berlin 1989, S. 56-65.

Knaut, Andreas: Der Landschafts- und Naturschutzgedanke bei Ernst Rudorff, in: Natur und Landschaft, 65 Jg. (1990), S. 114-118.

—: Ernst Rudorff und die Anfänge der deutschen Heimatbewegung, in: Klueting 1991, S. 20-49.

—: Zurück zur Natur! Die Wurzeln der Ökologiebewegung. Landschafts- und Heimatschutz im wilhelminischen Zeitalter. Herausgegeben von der Arbeitsgemeinschaft beruflicher und ehrenamtlicher Naturschutz e.V., Greven 1993.

—: Die Anfänge des staatlichen Naturschutzes. Die frühe regierungsamtliche Organisation des Natur- und Landschaftsschutzes in Preußen, Bayern und Württemberg, in: Abelshauser 1994, S. 143-162. (= Knaut 1994a)

—: Paul Schultze-Naumburgs »Kulturtheorie« um 1900, in: John, Jürgen (Hrsg.): Kleinstaaten und Kultur in Thüringen vom 16. bis zum 20. Jahrhundert, Weimar 1994, S. 541-554. (= Knaut 1994b)

—: »Diese unselige Nachahmung städtischen Wesens«. Aspekte des Heimatschutzes in Bayern bis 1918, in: Weigand 1997, S. 245-261.

Konrad, Helmut u. Arne Andersen (Hrsg.): Ökologie, technischer Wandel und Arbeiterbewegung, Wien 1990.

Koselleck, Reinhart: »Erfahrungsraum« und »Erwartungshorizont« – zwei historische Kategorien, in Ders.: Vergangene Zukunft. Zur Semantik geschichtlicher Zeiten, Frankfurt a.M. 1989, S. 349-375.

Kowarik, Ingo/Schmidt, Erika/Sigel, Brigitt (Hrsg.): Naturschutz und Denkmalpflege. Wege zu einem Dialog im Garten, Zürich 1998.

Krabbe, Wolfgang R.: Gesellschaftsveränderung durch Lebensreform. Strukturmerkmale einer sozialreformatorischen Bewegung im Deutschland der Industrialisierungsperiode, Göttingen 1974.

Kratzsch, Gerhard: Kunstwart und Dürerbund. Ein Beitrag zur Geschichte der Gebildeten im Zeitalter des Imperialismus, Göttingen 1969.

—: Der Kunstwart und die bürgerlich-soziale Bewegung, in: Mai, Ekkehard/Waetzoldt, Stephan/Wolandt, Gerd (Hrsg.): Ideengeschichte und Kunstwissenschaft. Philosophie und bildende Kunst im Kaiserreich, Berlin 1983, S. 371-396.

Kühne, Thomas: Das Deutsche Kaiserreich 1871-1918 und seine politische Kultur: Demokratisierung, Segmentierung, Militarisierung, in: neue politische literatur. Berichte über das internationale Schrifttum, XLIII. Jg. (1998), S. 206-263.

Küster, Hansjörg: Geschichte der Landschaft in Mitteleuropa. Von der Eiszeit bis zur Gegenwart, München 1995.

—: Geschichte des Waldes. Von der Urzeit bis zur Gegenwart, München 1998.

Kuntz, Andreas: Der Drachenfels. Ein volkskundlicher Beitrag zur Naturschutzgeschichte, in: Simon, Michael u. Hildegard Friess-Reimann (Hrsg.): Volkskunde als Programm. Updates zur Jahrtausendwende, Münster 1996, S. 49-60.

Lamberty, Christiane: Reklame in Deutschland 1890-1914. Wahrnehmung, Professionalisierung und Kritik der Wirtschaftswerbung, Berlin 2000.

Lamprecht, Ingolf (Hrsg.): Umweltprobleme einer Großstadt. Das Beispiel Berlin, Berlin 1990.

Leach, Edmund: Anthropologische Aspekte der Sprache. Tierkategorien und Schimpfwörter, in: Eric H. Lenneberg (Hrsg.): Neue Perspektiven in der Erforschung der Sprache, Frankfurt a.M. 1972, S. 32-73.

Le Dinh, Diana: Le Heimatschutz, une ligue pour la beauté. Esthétique et conscience culturelle au début du siècle en Suisse, Lausanne 1992.

Leidinger, Paul: Von der historischen Umweltforschung zur Historischen Ökologie. Ein Literaturbericht, in: Westfälische Forschungen, 41. Jg. (1991), S. 495-516.

Lesch, Walter (Hrsg.): Naturbilder. Ökologische Kommunikation zwischen Ästhetik und Moral, Basel 1996.

Lindemann, Carmelita: Verbrennung oder Verwertung: Müll als Problem um die Wende vom 19. zum 20. Jahrhundert, in: Technikgeschichte, 59. Jg. (1992), S. 91-107.

Lindner, Kurt: Die Jagd im frühen Mittelalter, Berlin 1940.

— (Hrsg.): Deutsche Jagdtraktate des 15. und 16. Jahrhunderts, 2 Bde., Berlin 1959. (= Quellen und Studien zur Geschichte der Jagd V u. VI)

—: Deutsche Jagdschriftsteller. Biographische und Bibliographische Studien. Teil 1, Berlin 1964. (= Quellen und Studien zur Geschichte der Jagd IX)

Linse, Ulrich: Ökopax und Anarchie. Eine Geschichte der ökologischen Bewegungen in Deutschland, München 1986.

—: »Der Raub des Rheingoldes«. Das Wasserkraftwerk Laufenburg, in: Linse/Falter/Rucht/Kretschmer 1988, S. 11-62.

—: Das Proletariat – Komplize der kapitalistischen Naturausbeutung?, in: Hermand 1993, S. 149-182.

—: Die Vernichtung der Laufenburger Stromschnellen. Ein klassischer historischer Konflikt zwischen Volkswirtschaft und Heimatschutz, in: Geschichte in Wissenschaft und Unterricht, 48. Jg. (1997), S. 399-412.

—/ Falter, Reinhard/Rucht, Dieter/Kretschmer, Winfried (Hrsg.): Von der Bittschrift zur Platzbesetzung. Konflikte um technische Großprojekte, Bonn 1988.

Lipp, Wilfried: Natur, Geschichte, Denkmal. Zur Entstehung des Denkmalbewußtseins der bürgerlichen Gesellschaft, Frankfurt a.M. u. New York 1987.

Löfgren, Orvar: Our Friends in Nature. Class and Animal Symbolism, in: Ethnos. Vol. 50 III-IV 1985, S. 184-213.

—: Natur, Tiere, Moral. Zur Entwicklung der bürgerlichen Naturauffassung, in Jeggle, Utz/Korff, Gottfried/Scharfe, Martin/Warneken, Bernd Jürgen (Hrsg.): Volkskultur in der Moderne. Pro-

bleme und Perspektiven empirischer Kulturforschung, Reinbek bei Hamburg 1986, S. 122-144.
Lorenz, Klaus-Peter: Früher deutscher Heimatschutz. Oder: Aus der Perspektive der ästhetischen Revolte sind alle politischen Katzen grau, in: Grüner Weg 31a. Zeitschrift des Studienarchivs Arbeiterkultur und Ökologie Baunatal, 10. Jg. (1996), September, S. 3-31.
Lukács, Georg: Die Theorie des Romans. Ein geschichtsphilosophischer Versuch über die Formen der großen Epik, Darmstadt 1962.
Ludwig, Volker: Die Entstehung des Naturschutzgebietes Hohenstoffeln, in: Hegau. Zeitschrift für Geschichte, Volkskunde und Naturgeschichte des Gebietes zwischen Rhein, Donau und Bodensee, 42. Jg. (1997), Jahrbuch 54/55, S. 153-190.
Lübbe, Hermann: Der Fortschritt und das Museum. Über den Grund unseres Vergnügens an historischen Gegenständen, London 1982.
— u. Elisabeth Ströker (Hrsg.): Ökologische Probleme im kulturellen Wandel, München 1986.
Lüer, Rolf: Geschichte des Naturschutzes in der Lüneburger Heide, Niederhaverbeck 1994.
Malcolmson, Robert W.: Volkskultur im Kreuzfeuer. Der Kampf um die Abschaffung des Bullenrennens in Stamford im 18. und 19. Jahrhundert, in: Dülmen u. Schindler 1984, S. 282-298.
Meise, Wilhelm: Fünfzig Jahre Seevogelschutz. Festschrift des Vereins Jordsand zur Begründung von Vogelfreistätten an den deutschen Küsten, Hamburg 1957.
Meyer, Enno: Pastor Bode kauft den Wilseder Berg. Der erste deutsche Naturpark entsteht, in Ders.: Zwölf Ereignisse deutscher Geschichte zwischen Harz und Nordsee 1900-1931, Hannover 1979, S. 27-32. (= Schriftenreihe der Niedersächsischen Landeszentrale für politische Bildung, Zeitgeschichte 16)
Meyer, Heinz: Der Mensch und das Tier. Anthropologische und kultursoziologische Aspekte, München 1975.
Milnik, Albrecht: Hugo Conwentz. Naturschutz, Wald und Forstwirtschaft, Berlin 1997.
Mogge, Wilfried: Naturverständnis und Kulturkritik. Der Hohe Meißner als Symbol der Jugendbewegung, in: Jahrbuch des Archivs der deutschen Jugendbewegung, 15. Jg. (1984/85), S. 171-200.
Mohrmann, Ruth-E.: »Blutig wol ist Dein Amt, o Schlachter…« Zur Errichtung öffentlicher Schlachthäuser im 19. Jahrhundert, in: Becker u. Bimmer 1991, S. 101-118.
Morris-Keitel, Peter: Paradiesische Zustände. Zu Hans Paasches Weltnaturschutzkonzept, in: Hermand 1993, S. 221-240.
Müller-Using, Detlev: Die Bedeutung der Vogeljagd und die Entwicklung der Vogelstrecken in Mitteleuropa, in: Suppl. recerche Di Zoologia Appl. Alla Caccia 4 (1962), S. 297-304.
Münch, Paul: Stadthygiene im 19. und 20. Jahrhundert. Das kommunale Engagement in der Wasserversorgung und Abwasser- und Abfallbeseitigung unter besonderer Berücksichtigung Münchens, Göttingen 1993.
— (Hrsg.): Tiere und Menschen. Geschichte und Aktualität eines prekären Verhältnisses, Paderborn, München, Wien, Zürich 1998.
Museumsdorf Cloppenburg/Kulturamt der Stadt Oldenburg/Stadtmuseum Oldenburg (Hrsg.): Regionaler Fundamentalismus? Geschichte der Heimatbewegung in Stadt und Land Oldenburg, Oldenburg 1999.
Narr, Dieter und Roland: Menschenfreund und Tierfreund im 18. Jahrhundert, in: Studium Generale, 20. Jg. (1967), S. 293-303.

Neurath, Otto: Empirische Soziologie, in Ders.: Gesammelte philosophische und methodologische Schriften, Bd. 1, hrsg. von Rudolf Haller u. Heiner Rutte, Wien 1981, S. 423-527. [1931]
Nipperdey, Thomas: Deutsche Geschichte. 2 Bde., München 1990 u. 1992.
Nora, Pierre: Zwischen Geschichte und Gedächtnis, Berlin 1990.
Nowosadtko, Jutta: Zwischen Ausbeutung und Tabu. Nutztiere in der Frühen Neuzeit, in: Münch 1998, S. 247-274.
Olschowy, Gerhard: Natur- und Umweltschutz in der Bundesrepublik Deutschland, Hamburg u. Berlin 1978.
Ott, Konrad/Potthast, Thomas/Gorke, Martin/Nevers, Patricia: Über die Anfänge des Naturschutzgedankens in Deutschland und den USA im 19. Jahrhundert, in: Heyen 1999, S. 1-56.
Otto, Christian F.: Modern Environment and Historical Continuity. The Heimatschutz Discource in Germany, in: Art Journal, 43 Jg. (1983), S. 148-157.
Passmore, John: Man's Responsibility for Nature. Ecological Problems and Western Traditions, London 1974.
Pfauch, W.: Naturschutz und Tierschutz im Lebenswerk des Dr. Johann Matthäus Bechstein (1757-1822), in: Landschaftspflege und Naturschutz in Thüringen, 8. Jg. (1971), S. 35-41.
Pflug, Wolfram: 200 Jahre Landespflege in Deutschland, in: Stadt und Landschaft – Raum und Zeit. Festschrift für Erich Kühn, Köln 1969, S. 237-280.
Puschner, Uwe/Schmitz, Walter/Ulbricht, Justus H. (Hrsg.): Handbuch zur »Völkischen Bewegung«, München 1996.
Radkau, Joachim: Holzverknappung und Krisenbewußtsein im 18. Jahrhundert, in: Geschichte und Gesellschaft, 9. Jg. (1983), S. 513-543.
—: Unausdiskutiertes in der Umweltgeschichte, in: Hettling/Huerkamp/Nolte/Schmuhl 1991, S. 44-57.
—: Was ist Umweltgeschichte?, in: Simon 1993, S. 86-107.
—: Natur und Macht. Eine Weltgeschichte der Umwelt, München 2000.
— u. Frank Uekötter (Hrsg.): Naturschutz und Nationalsozialismus, Frankfurt/M. u. New York 2003.
Raschke, Joachim: Soziale Bewegungen. Ein historisch-systematischer Grundriß, Frankfurt a.M. u. New York 1987.
Reinhardt, Dirk: Von der Reklame zum Marketing. Geschichte der Wirtschaftswerbung in Deutschland, Berlin 1993.
Ritter, Joachim: Landschaft. Zur Funktion des Ästhetischen in der modernen Gesellschaft, Münster 1963.
Rohkrämer, Thomas: Eine andere Moderne? Zivilisationskritik, Natur und Technik in Deutschland 1880-1933, Paderborn 1999.
Rollins, William: Bund Heimatschutz. Zur Integration von Ästhetik und Politik, in: Hermand 1993, S. 149-182.
—: A Greener Vision of Home. Cultural Politics and Environmental Reform in the German Heimatschutz Movement, 1904-1918, Michigan 1997.
Rösener, Werner (Hrsg.): Jagd und höfische Kultur im Mittelalter, Göttingen 1997.
Rubner, Heinrich: Naturschutz, Forstwirtschaft und Umwelt in ihren Wechselbeziehungen, besonders im NS-Staat, in: Kellenbenz, Hermann: Wirtschaftsentwicklung und Umweltbeeinflussung (14.-20. Jahrhundert). Berichte der 9. Arbeitstagung der Gesellschaft für Sozial- und Wirtschaftsgeschichte (30.3.-1.4.1981), Wiesbaden 1983, S. 105-124.

Sabean, David Warren: Die Sünden des Glaubens. Ein dörfliches Rezept gegen Viehseuchen, in Ders.: Das zweischneidige Schwert. Herrschaft und Widerspruch im Württemberg der frühen Neuzeit, Frankfurt a.M. 1990, S. 203-229.

Sandner, Günther: Die Natur und ihr Gegenteil. Politische Diskurse der sozialdemokratischen Kulturbewegung bis 1933/34, Frankfurt a.M. 1999.

Schama, Simon: Der Traum von der Wildnis. Natur als Imagination, München 1996.

Scharfe, Martin: Kollektaneen zur Geschichte der Tierschutzidee, in: Die Schulwarte, 21. Jg. (1968), S. 826-846.

—: Wider die Thierquälerei! Der Tierschutzgedanke im 19. Jahrhundert, in: Schwäbische Heimat, 35. Jg. (1984), Heft 1, S. 32-40.

Schauerte, Heinrich: Krammetsvogelfang im Sauerlande, in: Rheinisch-westfälische Zeitschrift für Volkskunde, 4. Jg. (1957), S. 260-262.

Schildt, Gerhard: Die Gestaltung der modernen Kulturlandschaft durch Gemeinheitsteilung und Flurbereinigung, in: Calliess/Rüsen/Striegnitz 1989, S. 229-256.

Schivelbusch, Wolfgang: Geschichte der Eisenbahnreise. Zur Industrialisierung von Raum und Zeit, München u. Wien 1977.

Schmoll, Friedemann: Vogelleichen auf Frauenköpfen. Ein Streitfall aus der Geschichte des Vogelschutzes, in: Rheinisch-westfälische Zeitschrift für Volkskunde, Bd. XLIV (1999), S. 155-169.

—: Bewahrung und Vernichtung. Über Beziehungen zwischen Naturschutz und Antisemitismus in Deutschland, in: Freddy Raphaël (Hrsg.): »...das Flüstern eines leisen Wehens...« Beiträge zu Kultur und Lebenswelt europäischer Juden, Konstanz 2001, S. 345-368.

—: La Nature blessée. La métaphore corporelle dans l'histoire des mouvements écologistes allemands, in: Revue des Sciences Sociales, 30 (2003), S. 60-65.

Scholtyseck, Joachim: Deutsches Kaiserreich 1871-1918, Teil I. u. II, in: Geschichte in Wissenschaft und Unterricht, 47. Jg. (1996), S. 693-706 u. S. 753-764.

Schramm, Engelbert: Gleichgewicht, in: Archiv der Geschichte der Naturwissenschaften, 7 (1983), S. 355-358.

—: Ökologie-Lesebuch. Ausgewählte Texte zur Entwicklung ökologischen Denkens, Frankfurt a.M. 1984.

—: Naturhaushalt, in: Archiv der Geschichte der Naturwissenschaften, 12 (1985), S. 649-652.

—: Historische Umweltforschung und Sozialgeschichte des 19. und 20. Jahrhunderts, in: Archiv für Sozialgeschichte, 27. Jg. (1987), S. 439-485.

—: Ökologie – die Geschichte einer wissenschaftlichen Theorie und ihre Folgen, in: Ökologie und Politik. Hrsg. v. d. Fachschaft Biologie Tübingen, Tübingen 1988, S. 11-20.

—: Arbeiterbewegung und industrielle Umweltprobleme. Wahrnehmung und Theoriediskussion seit der zweiten Hälfte des 19. Jahrhunderts (bis 1918), in: Konrad u. Andersen 1990, S. 1-32.

Schreiner, Klaus: Hof (curia) und höfische Lebensführung (vita curialis) als Herausforderung an christliche Theologie und Frömmigkeit, in: Kaiser, Gert u. Jan-Dirk Müller (Hrsg.): Höfische Literatur, Hofgesellschaft, höfische Lebensformen um 1200, Bielefeld 1986, S. 67-139.

Schubert, Ernst (Hrsg.): Von der Angst zur Ausbeutung. Umwelterfahrung zwischen Mittelalter und Neuzeit, Frankfurt a.M. 1994.

Schüz, Ernst: Vogelfang-Poesie vor 120 Jahren, in: Gefiederte Welt, 93. Jg. (1969), S. 58-59.

Schwartz, Frederic J.: Der Werkbund. Ware und Zeichen 1900-1914, Amsterdam u. Dresden 1999.

Schwenk, Sigrid: Zur Terminologie des Vogelfangs. Eine sprachliche Untersuchung auf Grund der deutschen didaktischen Literatur des 1. bis 19. Jahrhunderts, Diss., Marburg 1967.
— (Hrsg.): Preußische Jagdstatistiken von 1865-1892, Bonn 1982. (= Homo venator. Schriften zur Geschichte und Soziologie der Jagd, Bd. 7/8)
—: Vogelfang, in: Lexikon des Mittelalters, Bd. 8, München 1997, Sp. 1810.
Seligmann, Siegfried: Die magischen Heil- und Schutzmittel aus der belebten Natur. Aus dem Nachlaß bearb. und hrsg. von Jürgen Zwernemann, Berlin 1999.
Sengle, Friedrich: Wunschbild Land und Schreckbild Stadt. Zu einem zentralen Thema der deutschen Literatur, in: Studium Generale, 16. Jg. (1963), S. 619-631.
Setzwein, Monika: Zur Soziologie des Essens. Tabu. Verbot. Meidung, Opladen 1997.
Sheail, J.: Nature in Trust. The History of Nature Conservation in Britain, Glasgow u. London 1976.
Siebeck, Wolfram: Ganz ohne Hemmungen, in: Zeit-Magazin, Nr. 8, 14. Februar 1997.
Sieferle, Rolf Peter: Fortschrittsfeinde? Opposition gegen Technik und Industrie von der Romantik bis zur Gegenwart, München 1984.
—: Heimatschutz und das Ende der romantischen Utopie, in: Arch+ 81, August 1985, S. 38-42.
—: Entstehung und Zerstörung der Landschaft, in: Smuda 1986, S. 238-265.
— (Hrsg.): Fortschritte der Naturzerstörung, Frankfurt a.M. 1988.
—: Aufgaben einer künftigen Umweltgeschichte, in: Simon 1993, S. 29-43.
—: Rückblick auf die Natur. Eine Geschichte des Menschen und seiner Umwelt, München 1997.
Siegrist, Hannes u. David Sugarman (Hrsg.): Eigentum im internationalen Vergleich. 18.-20. Jahrhundert, Göttingen 1999.
Simmel, Georg: Die Ruine, in Ders.: Philosophische Kultur. Gesammelte Essais, Leipzig 1911, S. 137-146.
Simon, Christian (Hrsg.): Umweltgeschichte heute. Neue Themen und Ansätze der Geschichtswissenschaft – Beiträge für die Umweltwissenschaft, Mannheim 1993. (= Environmental history newsletter, Sonderheft 1)
Simson, John von: Die Flußverunreinigungsfrage im 19. Jahrhundert, in: Vierteljahresschrift für Sozial- und Wirtschaftsgeschichte, 65. Bd. (1978), S. 370-390.
Smuda, Manfred (Hrsg.): Landschaft, Frankfurt a.M. 1986.
Södergvist, Thomas: The Ecologists. From Merry Naturalists to Saviors of the Nation, Stockholm 1986.
Speitkamp, Winfried: Denkmalpflege und Heimatschutz in Deutschland zwischen Kulturkritik und Nationalsozialismus, in: Archiv für Kulturgeschichte, 70. Jg. (1988), S. 149-193.
—: Die Verwaltung der Geschichte. Denkmalpflege und Staat in Deutschland 1871-1933, Göttingen 1996.
—: Eigentum, Heimatschutz und Denkmalpflege in Deutschland seit dem ausgehenden 19. Jahrhundert, in: Siegrist u. Sugarman 1999, S. 209-224.
Spelsberg, Gert: Rauchplage. Hundert Jahre saurer Regen, Aachen 1984.
Spiekermann, Uwe: Elitenkampf um die Werbung. Staat, Heimatschutz und Reklameindustrie im frühen 20. Jahrhundert, in: Borscheid u. Wischermann 1995, S. 126-149.
Sprondel, Walter M.: Kulturelle Modernisierung durch antimodernistischen Protest, in Friedhelm Neidhardt (Hrsg.): Kultur und Gesellschaft, René König zum 80. Geburtstag (= Sonderheft der Kölner Zeitschrift für Soziologie und Sozialpsychologie, Bd. 27), Opladen 1986, S. 314-330.

Stahl, Dietrich: Wild. Lebendige Umwelt. Probleme von Jagd, Tierschutz und Ökologie geschichtlich dargestellt und dokumentiert, Freiburg u. München 1979.

Steffek, Hans-Wolfgang: Der Vogelfang in den Sudetengebieten, in: Jahrbuch für ostdeutsche Volkskunde, 19. Jg. (1976), S. 274-295.

Stern, Fritz: Kulturpessimismus als politische Gefahr. Eine Analyse nationaler Ideologie in Deutschland, Bern 1963.

Stipproweit, Adelheid: Naturschutzbewegung und staatlicher Naturschutz in Deutschland – ein historischer Abriß, in: Calliess, Jörg u. Reinhold E. Lob (Hrsg.): Handbuch Praxis der Umwelt- und Friedenserziehung, Düsseldorf 1987, S. 29-41.

Stolberg, Michael: Ein Recht auf saubere Luft? Umweltkonflikte am Beginn des Industriezeitalters, Erlangen 1994.

Stresemann, Erwin: Beiträge zu einer Geschichte der deutschen Vogelkunde, in: Journal für Ornithologie, 73 Jg. (1925), S. 594-628.

—: Vor- und Frühgeschichte der Vogelforschung auf Helgoland, in: Journal für Ornithologie, 108. Jg. (1967), S. 367-429.

—: Die Entwicklung der Ornithologie, Berlin 1951.

Szabó, Thomas: Die Kritik der Jagd. Von der Antike zum Mittelalter, in: Rösener 1997, S. 167-230.

Tambiah, S.: Animals are good to think und good to prohibit, in: Ethnology, 8. Jg. (1969), S. 423-459.

Teuteberg, Hans Jürgen: Der Fleischverzehr in Deutschland und seine strukturellen Veränderungen, in: Teuteberg, Hans Jürgen u. Günter Wiegelmann: Unser tägliche Kost. Geschichte und regionale Prägung, 2. Aufl., Münster 1986, S. 63-73.

Thomas, Keith: Man and the Natural World. Changing Attitudes in England 1500-1800, London 1983.

Thomas-Morus-Akademie (Hrsg.): Historische Umweltforschung. Wissenschaftliche Neuorientierung – aktuelle Fragestellungen, Bensberg 1992. (= Bensberger Protokolle, 71)

Thomsen, Peter u. Erwin Stresemann: Johann Friedrich Naumann der Altmeister der deutschen Vogelkunde, Leipzig 1957.

Tolksdorf, Ulrich: Der Vogelfang in Ost- und Westpreußen, in: Jahrbuch für ostdeutsche Volkskunde, 19. Jg. (1976), S. 299-305.

Trepl, Ludwig: Geschichte der Ökologie. Vom 17. Jahrhundert bis zur Gegenwart, Frankfurt a.M. 1987.

—: Zur politischen Geschichte der biologischen Ökologie, in: Hassenpflug 1991, S. 193-210

Troitzsch, Ulrich: Historische Umweltforschung. Einleitende Bemerkungen über Forschungsstand und Forschungsaufgaben, in: Technikgeschichte, 48. Jg. (1981), S. 177-190.

Trom, Danny: Natur und nationale Identität. Der Streit um den Schutz der ›Natur‹ um die Jahrhundertwende in Deutschland und Frankreich, in: François, Etienne/Siegrist, Hannes/Vogel, Jakob (Hrsg.): Nation und Emotion. Deutschland und Frankreich im Vergleich 19. und 20. Jahrhundert, Göttingen 1995, S. 147-167.

Tschofen, Bernhard: Berg, Kultur, Moderne. Volkskundliches aus den Alpen, Wien 1999.

Verband Deutscher Gebirgs- und Wandervereine e.V. (Hrsg.): Deutsches Wandern 1883-1983, o.O. 1983.

Vietinghoff-Riesch, Arnold von: Zur internationalen Geschichte des forstlichen Naturschutzes und zur Entwicklung des allgemeinen Naturschutzgedankens, in: Zeitschrift für Weltforstwirtschaft, 4. Jg. (1936/37), S. 525-532.

Vondung, Klaus: Das wilhelminische Bürgertum. Zur Sozialgeschichte seiner Ideen, Göttingen 1976.

Walter, François: Bedrohliche und bedrohte Natur. Umweltgeschichte der Schweiz seit 1800, Zürich 1996.

Wehler, Hans-Ulrich: Modernisierungstheorie und Geschichte, Göttingen 1975.

—: Deutsche Gesellschaftsgeschichte. III. Bd. Von der »Deutschen Doppelrevolution« bis zum Beginn des Ersten Weltkrieges 1849-1914, München 1995.

Weigand, Katharina (Hrsg.): Heimat. Konstanten und Wandel im 19./20. Jahrhundert. Vorstellungen und Wirklichkeiten (= Alpines Museum des Deutschen Alpenvereins, Schriftenreihe Bd. 2), München 1997.

Weiner, Douglas R.: Models of Nature. Ecology, Conservation, and Cultural Revolution in Soviet Russia, Bloomington u. Indianapolis 1988.

Weissenborn, Helmuth: Federschmuck im Wandel der Zeiten. Ein Beitrag zur Kulturgeschichte der Schmuckfeder, Leipzig 1937,

Wettengel, Michael: Staat und Naturschutz 1906-1945. Zur Geschichte der Staatlichen Stelle für Naturdenkmalpflege in Preußen und der Reichsstelle für Naturschutz, in: Historische Zeitschrift, 257 Bd. (1993), S. 355-399.

Wey, Klaus-Georg: Umweltpolitik in Deutschland. Kurze Geschichte des Umweltschutzes in Deutschland seit 1900, Opladen 1982.

Wiedenmann, Rainer: Neuer Totemismus. Überlegungen zur Genese und Semantik moderner Tierbestattungen, in: Soziale Welt, 44. Jg. (1993), S. 199-222.

Wiedenmann, Rainer E.: Protestantische Sekten, höfische Gesellschaft und Tierschutz. Eine vergleichende Untersuchung zu tierethischen Aspekten des Zivilisationsprozesses, in: Kölner Zeitschrift für Soziologie und Sozialpsychologie, 48. Jg. (1996), S. 35-65.

—: Die Fremdheit der Tiere. Zum Wandel der Ambivalenz von Mensch-Tier-Beziehungen, in: Münch 1998, S. 351-382.

Wohlleben, Marion: Schützen, was verloren zu gehen droht. Über Hintergründe des Schutzverhaltens gegenüber Denkmälern der Kultur und Denkmälern der Natur, in: Kowarik/Schmidt/Sigel 1998, S. 67-76.

Wolf, Rainer: Der Stand der Technik. Geschichte, Strukturelemente und Funktion der Verrechtlichung technischer Risiken am Beispiel des Immissionsschutzes, Opladen 1986.

Wolschke-Bulmahn, Joachim: Auf der Suche nach Arkadien. Zu Landschaftsidealen und Formen der Naturaneignung in der Jugendbewegung und ihre Bedeutung für die Landespflege, München 1990.

—: Die Ästhetisierung der Landschaft in der bürgerlichen Jugendbewegung – oder: Brauchen wir eine ökologische Ästhetik?, in: Hermand 1993, S. 183-198.

Worster, Donald (Hrsg.): The Ends of the Earth. Perspectives on Modern Environmental History, Cambridge 1988.

—: Nature's Economy. A History of Ecological Ideas. 2. Aufl., Cambridge 1994.

Zerbel, Miriam: Tierschutz im Kaiserreich. Ein Beitrag zur Geschichte des Vereinswesens, Frankfurt a.M. 1993.

Zimmermann, Jörg: Zur Geschichte des ästhetischen Naturbegriffs, in Ders. (Hrsg.): Das Naturbild des Menschen, München 1982, S. 118-154.

Zirnstein, Gottfried: Ökologie und Umwelt in der Geschichte, Marburg 1994.

Zucchi, Herbert: Heimatbewegung – Heimatschutz – Naturschutz, in: Museumsdorf Cloppenburg 1999, S. 140-152.

Zum Naturbegriff der Gegenwart. Kongreßdokumentation zum Projekt »Natur im Kopf«, Stuttgart, 21.-26. Juni 1993, 2 Bde., Stuttgart 1994.

Zwanzig, Günter W.: Das Reichsvogelschutzgesetz 1888/1908. Vorgeschichte – Entstehung – Bedeutung – Weiterentwicklung – Ausblick, in: Natur und Landschaft 63. Jg. (1988), S. 99-105.

Dank

für allerlei Unterstützung an die wechselnden Runden im Tübinger Stehcafé »Hanseatica«, die Kicker vom »KAK«, Jörg Steiner, Katja Herzke, die Kollegen und Kolleginnen vom Ludwig-Uhland-Institut für Empirische Kulturwissenschaft, Gottfried Korff, Utz Jeggle, Franz-Josef Brüggemeier, Gudrun M. König, Karin Priem, Richard van Ess, Reinhard Brunner, Little Wittle, Heidrun Henschel, Wendelin, Benedikt, Lorenz und Jakob Emperle, die Mitarbeiter und Mitarbeiterinnen der aufgeführten Archive, Bibliotheken und Institutionen und die Stiftung Naturschutzgeschichte in Königswinter.